KB091918

한국어 연구의 새로운 모색

한국어 연구의 새로운 모색

조오현 외 지음

도서출판 박이정

한국어 연구의 새로운 모색

초판 인쇄 2014년 6월 23일
초판 발행 2014년 6월 27일

저 자 조오현 외
펴 낸 이 박찬익
편 집 장 김려생
책임편집 정봉선

펴 낸 곳 도서출판 박이정
주 소 서울시 동대문구 천호대로 16가길 4
전 화 02) 922 - 1192~3
팩 스 02) 928 - 4683
홈페이지 www.pjbook.com
이 메 일 pijbook@naver.com
등 록 1991년 3월 12일 제1-1182호

ISBN 978-89-6292-662-0 (93710)

* 책값은 뒤표지에 있습니다.

머리말

21세기의 특징을 말하라면 모든 패턴이 너무 빨리 변한다는 것이다. 국어학도 여기에서 벗어나지 않아 연구의 패러다임이 해의 흐름과 함께 바뀌고 있다. 잠시만 관심을 갖지 않으면 자기의 관심 분야 이외의 학문이 어떻게 변하는지 전혀 감을 잡을 수 없을 정도이다. 학문과 학문 사이는 보이지 않는 선으로 연결되어 있어서 인접 학문과 서로 관련을 가지고 있고 관련된 학문의 변화를 읽어야 새로운 연구 방향이 잡히는데 지금의 변화 추세로는 따라가기 어려운 것이 현실이다.

이 책은 서로 다른 주제를 가지고 하나의 책으로 엮었기 때문에 통일된 체계를 갖추지 못했다는 생각을 가질 수 있다. 그러나 바꾸어 생각하면 변화하는 학문의 흐름을 다양한 시각에서 읽을 수 있다는 장점을 지닌다.

이 책은 4장으로 이루어졌다. 제1장은 한국어의 음운과 연구사라는 주제로 낱말의 변화, 방언학, 1990년대 이후의 한국어 연구의 흐름 등을 다루었고, 제2장은 한국어의 문법이라는 주제로 토씨, 씨끝, 마디, 품사 등을 새로운 시각에서 살폈다. 제3장은 한국어 교육을 주제로 한국어 교육 문법 체계, 학습 모델, 유학생들의 오류 분석을 통한 교육 방안 제시까지 한국어 학습 모델을 제시하였다. 제4장은 텍스트와 글쓰기란 주제로 광고, 연설문, 설명서, 캠페인, 시어 등 다양한 주제를 연구자의 학문적 관점에서 분석하였다.

5년 전에도 어떤 일을 계기로 공저를 발행한 일이 있다. 무려 24명이나 되는 사람들이 뜻을 모아 공동으로 전문서적을 낸다는 것은 장점과 단점의 양면성을 가진다. 단점은 연구자들의 전공 분야가 다르기 때문에 하나의 주제로 한정할 수 없다는 점이나. 그러나 다양한 분야의 전문가들이 각기 관심 분야를 깊이 있게 다루기 때문에 현재 처한 국어학의 현안을 폭넓게 살피고 연구의 새로운 방향을 모색할 수 있다. 이 책도 이러한 장점을 살려 국어학의 발전 방안을 제시하려는 의도로 만들어졌다.

이 책의 집필진은 모두 건국대학교 대학원에서 함께 공부한 동학이라는 특징을 갖는다. 5년 전에도 나의 어떤 일을 계기로 동학끼리 모여 공동으로 책을 간행한 일이 있는데 5년 만에 다시 모여 공동의 작업을 했다는 것은 그만큼 더 가치 있는 일이라 생각한다. 앞으로도 자주 모여 학문을 논하고 시대에 맞는 업적을 냈으면 하는 소망을 가진다.

어려운 시기임에도 출판을 맡아준 도서출판 박이정의 박찬익 사장님에게 저자 모두의 마음을 모아 고맙다는 인사를 전한다. 그리고 이 책이 나올 때까지 원고를 모으고 연락한 최영미 교수님, 편집을 맡은 정봉선님에게도 고마움을 표한다.

2014년 6월 17일

일감호가 내려다보이는 연구실에서

조 오 현 씀

차　례

제3장 한국어 교육

제4장 텍스트와 글쓰기

제1장

한국어의 음운과 연구사

원인별로 살핀 낱말 변화 체계

조 오 현

1. 머리말

이 글은 15세기 이후에 꾸준히 변해온 낱말의 모습을 체계화하는 것을 목적으로 한다. 우리말의 낱말이 변화하는 모습을 체계화시킨 연구로는 허웅(1985:514~575)이 있다. 허웅(1985)에서는 낱말의 소리 변화를 결합적 관계로 일어나는 변화와 연합적 관계로 일어나는 변화로 나누어서 자세히 설명하였다. 허웅의 변화 체계를 요약하면 다음과 같다.

(1) 결합적(통합적) 관계로 일어나는 변화
  (1-1) 노력 경제에서 일어나는 변화
  (1-2) 표현을 똑똑하게 하려는 데서 일어나는 변화
  (1-3) 무의식적인 잘못으로 일어나는 변화
(2) 낱말의 연합적(기억적) 관계로 일어나는 변화

낱말이 변하는 원인을 변천에 의한 변화와 변동에 의한 변화를 제외하고 규칙에 의한 변화와 심리적 요인에 의한 변화로만 살피면 더 이상 완벽할 수 없을 것 같다. 그러나 이 체계는 규칙에 의한 낱말의 변화와 심리적 요인에 의한 변화로 한정함으로써 낱말이 변화하는 모습을 모두 담지 못했다. '텬디'가 '천지'로 바뀐 것, 'ᄆᆞᅀᆞᆷ'이 '마음'으로 바뀐 것, '셔ᄫᅳᆯ'이 '서울'로 바뀐 것, '혤믈'이 '썰물'로 바뀐 것 등에 대해서는 설명이 없다. 텬디〉천지, ᄆᆞᅀᆞᆷ〉마음, 셔블〉서울, 혤믈〉썰물은 모두 낱말의 모습이 바뀐 것인데 이에 대한 설명이 없다.

허웅(1985)에서는 말소리가 바뀌는 범주를 변천, 변동, 변화로 나누어 설명하고 있다. 이 범주에 따르면 '텬디'가 '천지'로 바뀐 것에 대해 변동이기 때문에 포함시키지 않았다고 할 수 있고, 'ᄆᆞᅀᆞᆷ'이 '마음'으로 바뀐 것은 음소의 변천에 의한 것이기 때문에 낱말의 소리 변화에서 제외시켰다고 할 수 있다. 그러나 '텬디'가 '천지'로 변동이 된 뒤에 변동된 낱말이 새로운 형태로 굳어졌다면 이것도 낱말의 변화로 볼 수 있는데 허웅(1985)에서는 이를 반영하지 못했다. 변동하는 과정은 공시적 현상이지만 만일 변동된 현상이 형태로 굳어졌다면 이는 통시적인 현상인데 이에 대한 설명이 없다. 또한 'ㆍ'나 'ㅿ'이 소실되는 것은 음소체계의 변천에 해당하지만 소실로 인해 낱말의 모습이 달라진 것은 낱말의 변화인데 이에 대한 설명도 없다.

이 글에서는 이러한 문제점을 보완하기 위해 낱말의 모습이 변화한 것을 되도록 많이 담아보도록 하겠다. 그러기 위해 낱말의 변화 유형을 새로 세우도록 한다. 세우는 방법은 허웅(1985)에 음소의 변천에 의한 변화와 변동에 의한 변화를 추가하고 (1-1)과 (2)를 이웃한 음소의 영향에 의한 변화(규칙에 의한 변화)로 하며 (1-2), (1-3)을 심리적 요인에 의한 변화로 체계화하도록 한다.

낱말의 변화 유형

1. 음소의 변천에 의한 낱말의 변화
   ㄱ. 음소의 소실에 의한 낱말의 변화
   ㄴ. 음가의 변천에 의한 낱말의 변화
2. 이웃한 음소의 영향에 의한 낱말의 변화
   ㄱ. 결합적 관계로 일어나는 변화

ㄴ. 연합적 관계로 일어나는 변화

3. 심리적 요인에 의한 변화

ㄱ. 표현을 똑똑하게 하려는 데서 일어나는 변화

ㄴ. 무의식적인 잘못으로 일어나는 변화

2. 음소의 변천에 의한 낱말의 변화

15세기의 음소와 현재의 음소를 비교하면 세 종류로 나눌 수 있는데 첫째는 15세기에도 사용되었으며 현재도 사용되고 있는 소리, 둘째는 15세기에는 사용되었으나 그 어느 시기에 소실되고 현재는 사용되지 않는 소리, 셋째는 15세기에 사용되었고 현재도 글자의 꼴로는 사용되고 있으나 말소리가 달라진 것으로 나눌 수 있다. 없어진 소리와 말소리가 달라진 소리는 낱말의 모습을 변화시켰는데 이를 살피면 아래와 같다.

2.1. 음소에 소실에 의한 낱말의 변화

15세기에 쓰이다가 소실된 글자는 ㅸ, ㆍ, ㅿ, ㆅ, 합용병서, ㆆ 등이 있는데 이 글자들의 소실은 이 글자로 읽히던 소리들이 소실되었기 때문이다. 한국어는 1문자 1음소 체계이다. 따라서 낱말의 소리가 변하면 이에 따라 글자가 달라진다.[1] /ㅸ/가 소실됨으로 인해 'ᄒᆞᄫᆞᅀᅡ'가 'ᄒᆞ오ᅀᅡ'로 바뀐 뒤에 몇 차례의 변화를 거처 '혼자'가 되었으며, /ㆅ/가 소실됨으로 인해 'ᅘᅧᆯ믈'이 '썰믈'이 되고 다시 '썰물'이 되었다. 또 /ㅿ/가 소실됨으로 'ᄆᆞᅀᆞᆯ'이 '마ᄋᆞᆯ'이 되고 다시 '마을'이 되었다. 이와 같이 음가의 소실은 바로 그 음가를 나

1) 이에 비해 중국의 글자는 읽는 방법이 달라져도 글자는 그대로 변하지 않는다. 그렇기 때문에 옛날의 중국 글자를 읽으려면 당시의 운서를 살펴야 한다. 어느 글자는 읽는 방법만 달라진 것이 아니라 뜻도 달라졌다. 그래서 중국의 옛 글자의 음과 뜻을 알기 위해서는 당시에 간행된 운서의 도움을 받아야 한다.

타내던 글자의 소실로 가져오고 그 글자의 소실은 다시 그 글자로 쓰이어 진 낱말의 모습을 바꾸게 된다.

2.1.1. /ㅸ/ 소실에 의한 변화

/ㅸ/은 /ㅂ/를 낼 때에 입술을 닫으려다가 닫지 않고(또는 가볍게 닿고) 공기가 많이 섞여서 나는 마찰음인데 15세기에는 음소로서의 기능을 했다. 다만 배치가 제한적이고 사용 연대가 짧다는 이유에서 어떤이는 음소로 인정하려하지 않기도 하지만 훈민정음이 1음소 1문자의 원칙에 의해 창제되었다는 점으로 볼 때 음소로 보는 것이 옳다고 생각한다. /ㅸ/은 "용비어천가, 훈민정음, 월인천강지곡, 석보상절과 같은 정음을 만들던 때의 문헌에 쓰여 있으나, 1466년대 세조조의 불경언해류에는 나타나지 않"(허웅,1985:466)는다. 이런 점으로 미루어 1450-1460년 사이에 음소로서의 기능을 상실한 것으로 추정되는데 이로 인해 /ㅸ/는 /w/로 변하거나 탈락하거나 /ㅂ/으로 강화되거나 다른 말로 바뀐다.

㉠ /w/로

어드ᄫᅥ〉어두워, 갓가ᄫᆞ〉가까워, 셜ᄫᅥ〉서러워, 글ᄫᅡᆯ〉글월, 말ᄫᅡᆷ〉말왐, 사ᄫᅵ〉새우, 셔ᄫᅮᆯ〉서울, 이ᄫᅳᆯ다〉이울다

㉡ 탈락

/ㅸ/ 뒤에 /ㅣ/가 올 때에는 /ㅸ/이 탈락되는 것이 일반적이다.

갓가ᄫᅵ〉갓가이, 수ᄫᅵ〉수이, 더러ᄫᅵ〉더러이

㉢ /ㅂ/으로

대ᄫᅡᆫ〉대밭, 대ᄫᅥᆷ〉큰범, 셔ᄫᅡᆼ〉서방, 메ᄫᅡᆺ다〉한쪽 어깨를 벗다(袒), ᄀᆞᄅᆞᄫᅵ〉가랑비,

㉣ 다른 말로

드ᄫᅴ〉뒤웅박, 말ᄫᅡᆷ〉마름쇠, 셜ᄫᅥ이다〉숣습니다, 쇠ᄫᅧᄅᆞ〉땅이름,

2.1.2. /ᅘ/ 소실에 의한 변화

'ᅘ'은 /j/ 앞에서만 나타난다. 이러한 환경의 영향으로 볼 때 음가는 /ç/의 된소리인 /ç'/였을 것으로 추정된다. '용가, 월인석보 등에서는 물론 쓰였고, 그리고 세조 때의 불경언해류에도 나타나는데, 1481년에 나온 두시언해 이후의 문헌에 나타나지 않'(허웅,1985:467)는다. 이 소리는 /ㅎ/으로 약화되기도 하고 탈락되기도 하며 /ㅋ/이나 /ㅆ/으로 바뀌기도 한다.

① 첫 음절에서

㉠ /ㅆ/으로의 변화

ᅘᅧ다> 썰다(톱으로 썬다), ᅘᅧᆯ믈> 썰물

㉡ /ㅋ/으로 변화

ᅘᅧ다> 켜다(불을 켜다), ᅘᅧ다> 켜다(톱으로 켜다), ᅘᅧ다> 켜다(물을 켜다)

㉢ 다른 말로 바뀜

ᅘᅧ다> 끌다, ᅘᅧ다> 실혀다

② 두 번째 이하 음절에서

㉠ /ㅋ/으로의 변화

도ᄅᆞᅘᅧ다> 돌이키다, ᄂᆞᆾ 도ᄅᆞᅘᅧ 보아(능엄해 9:67), 치ᅘᅧ다> 치키다(올리 끌다), 두르ᅘᅧ다> 돌이키다, 니르ᅘᅧ다> 일으키다, 내ᅘᅧ다> 내켜다, 두루ᅘᅧ다> 돌이키다, 드위ᅘᅧ다> 뒤켜다

㉡ 탈락

도ᄅᆞᅘᅧ> 도리어, 드위ᅘᅧ다> 뒤집다, ᄲᅡᅘᅧ다> (발)빼다, ᄲᅡᅘᅧ나다> 빼어나다, ᄲᅡᅘᅧ내다> 빼어내다, ᄲᅡᅘᅧ다> 빼다, ᄲᅢᅘᅧ다> 빼다

㉢ 다른 말로

지ᅘᅧ다> 의지하다

2.1.3. /ㅿ/ 소실에 의한 변화

'ㅿ'은 울림소리 사이에서만 나타난다. 이러한 배치로 볼 때 'ㅿ'의 음가는 /z/이었던 것으로 추정된다. "16세기 초에 나온 박통사언해, 노걸대언해에서는 15세기와 같이 쓰이고 있다. 칠대만법(1569), 선가귀감, 소학언해(1587) 사서언해 등에는 불규칙하나마 가끔 나타나지만 언해태산집요(1608), 두시언해중간(1632), 첩해신어(1676), 박통사언해중간(1677), 노걸대언해중간(1670)에는 나타나지 않"(허웅,1985:468-470 참조)는다. 이런 점으로 미루어 /ㅿ/는 16세기에 동요하기 시작하여 임진왜란이 일어난 1592년에는 완전히 소실된 것으로 보인다. /ㅿ/는 탈락되거나 /ㅅ/로 강화되거나 다른 말로 바뀌었다.

①초성에서

㉠ /ㅅ/으로

무ᅀᅳᆺ〉무슨, 브ᅀᅳ름〉부스럼, 새ᅀᅡᆷ〉새삼, 어ᅀᅳ름〉어스름, 일ᅀᅡᆷ다〉일삼다, 프ᅀᅥ리〉푸서리, 프ᅀᅥᆼ귀〉푸성귀, 한ᅀᅡᆷ〉한삼, 한ᅀᅮᆷ〉한숨, ᄇᆞᅀᆞ다〉바수다, ᄇᆞᅀᆞᄎᆞ다〉바스러지다

㉡ 탈락

거ᅀᅴ〉거의, 겨ᅀᅳ사리〉겨우살이, 겨ᅀᅳᆯ〉겨울, 구ᅀᅲ〉구유, 그ᅀᅳ기〉그윽이, 그ᅀᅳ름〉그으름, 그ᅀᅳᆨ다〉그윽하다, 그ᅀᅳᆷ〉기음, 그ᅀᅳᆷᄆᆡ다〉기음매다, 그ᅀᅵ다〉기이다(속이다), 나ᅀᅡ가다〉나아가다, 나ᅀᅡ오다〉나아오다, 너ᅀᅥᆷ니ᅀᅥ〉이엄이엄, 니ᅀᅥ티다〉이어 치다, 뎡ᄌᆡᅀᅵᆫ〉정재인, 두ᅀᅥ〉두어, 마ᅀᅳᆯ〉마을, 관청, 뫼ᅀᅡ리〉뫼아리, 무ᅀᅮ〉무우, 무ᅀᅳ다〉모으다, 뵈ᅀᅩᆸ다〉보이옵다, 브ᅀᅥ〉부어, 브ᅀᅥᆸ〉부엌, 사ᅀᅵ〉사이, 쇼ᅀᅵᆫ〉소인, 아ᅀᆞ〉아우, 어버ᅀᅵ〉어버이, 여ᅀᆞ〉여우, 요조ᅀᆞᆷ〉요즈음, 우ᅀᅮᆷ〉웃음, 우ᅀᅮᆷ우ᅀᅵ〉웃음웃기, 이ᅀᅳᆨ고〉이윽고, 주ᅀᅮᆷ〉주움(捨), 주ᅀᅮᆷ〉주음(際), 처ᅀᅥᆷ〉

처음, 혜ᅀᅳᆯ을〉세울, ᄀᆞᅀᆞ말다〉가말다, ᄀᆞᅀᆞᆯ〉가을, ᄆᆞᅀᆞᆯ〉마을, ᄆᆞᅀᆞᆷ〉마음, ᄆᆞᅀᆞᆷ〉마음, ᄆᆡ일〉매일, ᄆᆡ샹〉매양, ᅀᅭ〉요, ᅀᅭᆨᄃᆞᄫᆡᆫ〉욕된, ᅀᅵᆫ졍〉인정, ᄌᆞᅀᆞ〉자위, 니ᅀᅳ리〉이을 사람

㉢ 다른 말로

그ᅀᅳ다〉끌다, 그ᅀᅳᆷ〉끝, 그ᅀᅳᆷ〉한, 그ᅀᅳᆷᄒᆞ다〉한하다, 무ᅀᅥ나다〉쌓다, 무ᅀᅳᆯ〉섬돌, 므ᅀᅴ다〉두려워하다, 브ᅀᅴ다〉흑보다(斜視), 수ᅀᆞ〉인끈(印綬), 수ᅀᆞ다〉둘레다, 떠들다, 아ᅀᆞ린〉아득한, 아ᅀᆞᆷ〉겨레, 친족, 친척, 이ᅀᅳᆨ다〉한참 있다. 조금 있다, 일ᄫᅥᇫ다〉도둑질하다, 조ᅀᆞ롭다〉중요롭다, 조ᅀᆞᄅᆞ외다〉중요롭다, 주ᅀᅮᆷ치다〉격(隔)하다, 즈ᅀᅳᆷ츠다〉막히다, 즈ᅀᅴ〉찌꺼기, ᄃᆞᅀᆞᆷ〉사랑함, ᄇᆞᅀᆞ와ᄆᆡ다〉눈부시다, ᄇᆞᅀᆡ다〉눈부시다, ᄉᆞᅀᅵᆺ히〉중년, ᅀᅭᄒᆞ다〉용서하다, 나ᅀᅩ오다〉대접하다

② **종성에서**

피조ᇫ다〉자자 지르다(黥刑), 헐므ᇫ다〉헐다(瘡), 여ᇫ다〉엿보다, 우ᇫ다〉웃다, 조ᇫ다〉조아리다, 즈ᇫ〉짓, 모양, 지ᇫ다〉짓다(作)

2.1.4. /ㆍ/ 소실에 의한 변화

/ㆍ/가 없어진 시기는 첫음절과 두 번째 이하 음절에서 서로 다르게 소실되는데 첫 음절에서는 /ㅏ/로 두 번째 이하 음절에서는 /ㅡ/로 바뀌었다. /ㆍ/가 없어진 것은 1780년경으로 추정되는데 글자로는 계속 쓰이다가 한글맞춤법통일안이 나올 때 표기에서 완전히 없앴다.

① **첫 음절에서**

ᄀᆞᄅᆞ치다〉가르치다, ᄀᆞᆺ〉갓, ᄀᆞᄆᆞᆯ〉가뭄, ᄀᆞᅀᆞᆯ〉가을, ᄀᆞᆺ다〉갖다, ᄀᆞᄂᆞᆯ다〉가늘다, ᄀᆞᆯ〉갈대, ᄀᆞᄅᆞ〉가루, ᄂᆞᆷ〉남, ᄂᆞᆯ다〉날다, ᄂᆞᄅᆞ〉나루, ᄃᆞ리〉다리, ᄃᆞᆯ〉달, ᄆᆞᅀᆞᆷ〉마음, ᄇᆞᄅᆞᆷ〉바람

② 두 번째 이하 음절에서 서로 다르게

ᄀᆞᄅᆞ치다〉가르치다, ᄀᆞᄃᆞᆨᄒᆞ다〉가득하다, ᄀᆞᅀᆞᆯ〉가을, ᄀᆞᄂᆞᆯ다〉가늘다, 가ᄉᆞᆷ〉가슴, 다ᄅᆞ다〉다르다, 말ᄊᆞᆷ〉말씀, ᄯᆞᄅᆞᆷ〉따름, 사ᄉᆞᆷ〉사슴, 아ᄃᆞᆯ〉아들, ᄆᆞᅀᆞᆷ〉마음, ᄇᆞᄅᆞᆷ〉바람, 사ᄅᆞᆷ〉사람

2.1.5. 합용병서 소실에 의한 변화

15세기에는 첫소리에 합용병서를 사용하였다. 합용병서는 ㅅ-계, ㅂ-계, ㅄ-계가 있었다.

2.1.5.1. ㅅ-계 합용병서 소실에 의한 변화

ㅅ-계 합용병서로는 ㅺ, ㅼ, ㅽ, ㅆ이 있었다. "「ㅅ」-계병서의 첫 /ㅅ/는, 공깃길이 좁고 마찰이 약해서 혀끝 닫음소리의 [t˺]에 가까운 소리였다. 그러므로 /ㅽ, ㅺ, ㅼ/는 된소리로 될 만한 충분한 조건을 갖추고 있었다. 그러므로 15세기 끝에서부터 된소리되기가 진행된 듯하여, 「ㅅ」-계를 된소리로 보아야 할 만한 예들이 16세기 문헌에서 상당수 나타난다."(허웅, 1985:471) "「ㅅ」-계병서가 된소리로 된 것은 서기 16세기 초까지에는 이미 거의 완성되어 있었던 것으로 생각된다."(허웅, 1985:473)

그러나 모두 된소리로 바뀐 것은 아니고 때에 따라서는 /ㅌ/나 /ㄷ/로 바뀌기도 했다. 아래는 「ㅅ」-계가 현대 언어에서 어떻게 변했는지를 살핀 것이다. 이 글은 낱말의 소리 변화를 목적으로 쓴 것이기 때문에 편의상 중간의 변화 과정은 생략하고 15세기와 현대의 낱말의 모습을 비교하는 것으로 한다.

2.1.5.1.1. /ㅺ/의 소실에 의한 변화

① 첫음절에서

㉠ /ㄲ/로

ᄭᅡ야> 깨어, 깨달아, ᄭᅡ여디다> 깨어지다, ᄭᅡ이다> 깨다(覺),깨닫다, ᄭᅡᆨ다> 깎다, ᄭᆡ> 깨, ᄭᆡ다> 깨다(覺), ᄭᆡᄀᆞ지> 깨끗이, ᄭᅩ아리> 꽈리, ᄭᅩᆯ> 꼴, ᄭᅩᆺᄯᆞ림> 꽃달임(花煎), ᄭᅬ> 꾀, ᄭᅬ다> 꺼리다, ᄭᅬᄡᅳ다> 꾀쓰다, ᄭᅬᄒᆞ다> 꾀하다(계책 세우다), ᄭᆡᆺ긋ᄒᆞ다> 깨끗하다, ᄭᅮ다> 꾸이다(貸), ᄭᅮ다> 꿇다(跪), ᄭᅮ미다> 꾸미다, ᄭᅮ아리> 꼬아리, ᄭᅮ죵> 꾸중, ᄭᅮ지나모> 꾸지뽕나무, ᄭᅮᆯ> 꿀, ᄭᅮᆯ다> 꿇다, ᄭᅮᆷ> 꿈, ᄢᅮᆷ> 끼움, ᄭᅳ으다> 끌다, ᄭᅳ스다> 끌다, ᄭᅳᅀᅵ다> 끌리다, ᄭᅳᆯ탄ᄒᆞ다> 끌탕하다, ᄭᅳᇙ다> 끓다, ᄭᅳᆺ다> 끊다, ᄭᅳᆺ다> 끌다, ᄭᅳᇫ> 끌다, ᄭᅴ모롭> 끼무릇, ᄭᅵ다> 끼다, ᄭᅥᆯᄭᅥᆯᄒᆞ다> 깔깔하다(목이), ᄭᆞ다> 까다,축가다(감축)

㉡ /ㅌ/로

ᄯᅳᆷ> 틈, ᄯᅵᆷ> 틈

㉢ 다른 말로

ᄭᅬ오다> 에누리하다

② 두 번째 이하 음절에서

㉠ /ㄲ/로

걸ᄭᅵ다> 거리끼다, 괴ᄭᅩ리> 꾀꼬리, 돗ᄭᅩ말이> 도꼬마리, 블ᄭᅥ디다> 불꺼지다, ᄌᆞ음ᄭᅵ다> 사이에 끼다, 힘ᄭᅳᆺ> 힘껏, 힘ᄭᆞ장> 힘껏, ᄎᆞᆷᄭᆡ> 참깨, ᄒᆞᆫᄭᅵ> 함께

㉡ /ㄱ/

귀ᄭᅥᆺ> 귀것(귀신), 답ᄭᅵ다> 닶기다(들복이다), 듧ᄭᅥᄫᅥ> 거들거려, 듧ᄭᅥᆸ다> 거들거리다, 들까부르다, 듧ᄭᅥᇦ다> 거들거리다(돌까부르다), 목ᄭᅮ무> 목구멍, 뫼ᄭᅩᆯ> 묏골, 물ᄭᅥᆺ> 갚을 것, 안ᄭᅵᆸ> 안깁(안을 받치는 비단)

㉢ 다른 말로

기ᄡᅥ〉기뻐하여, 돈ᄡᅴ〉돈자리에, 섭ᄡᅥᆸ다〉나약하다, 안ᄡᅢ〉포의(胞衣)

2.1.5.1.2. /ᄮ/의 소실에 의한 변화

ᄮᅡᄒᆡ〉사내

2.1.5.1.3. /ᄯ/의 소실에 의한 변화

① 첫 음절에서

㉠ /ㄸ/로

ᄯᅡ〉땅, ᄯᅡ보〉따비(耒:쟁기), ᄯᅡ히다〉때다, ᄯᅩ〉또, ᄯᅩ애〉또아리, ᄯᅳ다〉뜨다(그릇에 담긴 물건을), ᄯᅳ다〉뜨다(둔하다,느리다), ᄯᅳ믈〉뜨물, ᄯᅳ여〉띠어(帶:허리에 차다, 두르다), ᄯᅴ〉띠(帶), ᄯᅴ〉띠(茅), ᄯᅴ다〉띠다(두르다), ᄯᅴ돈〉띠돈(관복에 칼 차려고 매단 갈고리), ᄯᅴ와치〉띠바치, ᄯᅴ차다〉띠다, ᄯᆞ〉땅, ᄯᆞ님〉따님, ᄯᆞ로〉따로, ᄯᆞ로다〉따르다, ᄯᆞ름〉따름, ᄯᆞᆯ〉딸, ᄯᆞᆯ으다〉따르다, ᄯᆞᆷ〉땀, ᄯᆞᆷ도야기〉땀띠

㉡ /ㅌ/로

ᄯᅡ디다〉터지다, ᄯᅳᆺ글〉티끌

㉢ /ㅉ/로

ᄯᅳᆫ덥다〉찐덥다, ᄯᅵ드다〉찌들다

㉣ 다른 말로

ᄯᅩ약〉땀띠, ᄯᅳ리〉종기, ᄯᅵᆺ다〉불때다, ᄯᆞ리다〉깨뜨리다, ᄯᆞᆯ〉근원, ᄯᆞᆷ어치〉말 등에 얹는 언치, ᄯᅴ실다〉때 끼다

② 두 번째 이하 음절에서

㉠ /ㄸ/로

듧ᄯᅳ다〉들뜨다, 말ᄯᅩᆼ구우리〉말똥구리, 맛ᄯᅡᆼᄒᆞ다〉마땅하다, 블ᄯᅵᆫ다〉불때다, 아ᄎᆞᆫᄯᆞᆯ〉조카딸, ᄆᆞᆯᄯᅩᆼ〉말똥, ᄠᅳᆷᄯᅳ다〉뜸뜨다, 쇠ᄯᅩᆼ〉쇠똥, ᄎᆞᆯᄯᅥᆨ〉찰떡

㉡ /ㄷ/로

감ᄯᅩᄂᆞ니〉감도느니, 감ᄯᅩᆯ다〉감돌다, 닷ᄯᅳ다〉닻 들다, 닻을 감다, 맛ᄯᆞᆯ〉말을(맛ᄃᆞ다), 밤ᄯᅲᆼ만〉밤중만[2)]

㉢ /ㅊ/로

넘ᄶᅵ다〉넘치다

㉣ 다른 말로

헤ᄯᅳ다〉허둥거리다

2.1.5.1.4. /ㅅㅂ/의 소실에 의한 변화

㉠ /ㅃ/로

ᄲᅡ〉빼어,뽑아(ᄲᅡ다), ᄲᅡ나다〉빼어나다, ᄲᅡ다〉빼다, ᄲᅡ디다〉빠지다, ᄲᅡ부〉따비, ᄲᅡ여나다〉빼어나다, ᄲᅡ이다〉빼다,빼어나다, ᄲᅢ티다〉빼다, ᄲᅦ〉뼈, ᄲᅧ〉뼈, ᄲᅨ〉뼈, ᄲᆞᆷ〉뺨, ᄲᅩᆼ나모〉뽕나무, ᄲᅳ리다〉뿌리다, ᄲᅵ유기〉삘기, ᄲᅵ타〉뿌리다, ᄲᅵ혀〉뿌리어, ᄲᅵᇂ다〉뿌리다, ᄲᅧ고도리〉뼈고도리(뼈로 만든 고두리살)

㉡ /ㅂ/로

ᄲᅴ다〉비비다

㉢ /ㅍ/로

ᄲᅵᆯ〉필(匹)

㉣ 다른 말로

ᄲᅧᄌᆞᆺᄒᆞ다〉비슷하다, ᄲᅧᄒᆞ다〉빼개지다, ᄲᅧ타〉뿌리다, ᄲᅭ로디〉뾰죽하

---

2) 밤ᄯᅲᆼ〉밤듕〉밤즁〉밤중으로 변한 것이다.

게, ᄲᅩ론다〉날카롭다, ᄲᅩᆷ노솟다〉솟아오르다, ᄲᅩᆺ보시〉깍은 듯이, ᄲᅵ양〉빵대, ᄲᅵ짓〉매의 꼬리 위에 있는 것, ᄲᅢ즈기ᄒᆞ다〉비슷이 하다

② 두 번째 이하 음절에서

㉠ /ㅃ/로

감ᄲᆞᆯ다〉감빨다(감칠맛이 있게 빨다), 돌ᄲᅳᆯ〉돌뿌리, 묏ᄲᅩᆼ〉꾸지뽕나무, 쇠ᄲᅳᆯ〉쇠뿔, 뉘으ᄲᅳ다〉뉘우쁘다(후회)

2.1.5.1.5. /ㅺ/의 소실에 의한 변화

① 첫 음절에서

㉠ /ㅉ/로

ᄶᅩᆨ직새〉쫍집개, ᄶᅵ여디다〉찢어지다

② 두 번째 이하 음절에서

㉠ /ㅈ/로

ᄉᆞᆷᄶᅮᆯ〉탯줄

㉡ /ㅊ/으로

넘ᄶᅵ다〉넘치다

2.1.5.2. ㅂ-계 소실에 의한 변화

문헌에 보이는 「ㅂ」-계 병서는 「ㅲ, ㅄ, ㅶ, ㅷ」 네 글자다. "문헌 상으로는 서기 17세기 끝까지도 「ㅂ」-계는 아직 옛 모습을 그대로 유지하고 있었다. 그러다가 1736년에 나온 '여사서'에서는, …「ㅂ」을 「ㅅ」으로 바꾼 예가 나타나고,…「ㅂ」을 쓰지 않을 자리에 「ㅂ」을 쓰고 있다."(허웅, 1985:474-475) 「ㅂ」-계 합용병서는 「ㅅ」으로 바뀌었다가 "17세기 끝에서

18세기 초에 걸쳐 이루어진 것임을 알 수 있으니, 1730년 경에는 이미 된소리로 굳어진 듯하다."(허웅, 1985:476)

그러나 /ㅃ, ㅉ, ㅆ/와 같은 된소리 뿐 아니라 /ㅌ/로 바뀐 예도 있다. 「ㅂ」-계 합용병서가 현대 국어에서 바뀐 모습은 아래와 같다.

2.1.5.2.1. /ㅲ/의 소실에 의한 변화

㉠ /ㄲ/로

ᄞᅢ다〉깨다(깨드리다), ᄞᅥ디다〉꺼지다, ᄞᅵ다〉끼다

2.1.5.2.2. /ㅳ/의 소실에 의한 변화

① 첫 음절에서

㉠ /ㄸ/로

ᄠᅡ〉따아, ᄠᅡ히라〉땅이라, ᄠᅡᆯ기〉딸기, ᄠᅥ〉떠(떠서), ᄠᅥ가다〉떠가다, ᄠᅥ나다〉떠나다, ᄠᅥ니〉떠니(떨다), ᄠᅥ뎌오니〉뒤떨어져오다, ᄠᅥ디다〉떨어지다, ᄠᅥ러디다〉떨어지다, ᄠᅥ러ᄇᆞ리다〉떨어버리다, ᄠᅥᄇᆞ리다〉떨어버리다, ᄠᅥᆯ기〉떨기, ᄠᅥᆯ다〉떨다, ᄠᅥᆯ잇다〉떨다, ᄠᅥᆯ티다〉떨치다, ᄠᅥᆯ블〉떫은, ᄠᅥᆲ다〉떫다, ᄠᅦ〉떼(무리), ᄠᅦ〉떼(筏:뗏목), ᄠᅦᆺ다〉떠 있다(泛:뜨다), ᄠᆞ로〉따로, ᄠᆞ야기〉뙈기, ᄠᆞᆷ〉땀(摘:따다), ᄠᅮ리니〉뜨리니, ᄠᅮᆶ다〉뚫다, ᄠᅮᆲ다〉뚫다, ᄠᅳᆷ〉뜸(開眼:눈을), ᄠᅳᆷ〉뜸(사이가 뜨다), ᄠᅱ〉띠, ᄠᅱ놀다〉뛰놀다, ᄠᅱ다〉뛰다, ᄠᅱ어나다〉뛰어나다, ᄠᅳ다〉뛰다(그네), ᄠᅳ다〉뜨다(開眼), ᄠᅳ다〉뜨다(浮), ᄠᅳ다〉사이가 뜨다, ᄠᅳᆮ〉뜻(생각), ᄠᅳᆮ다〉뜯다, ᄠᅳᆮ다〉뜯다, ᄠᅳᆮ다ᄫᅵ〉뜻대로, ᄠᅳᆮ드러〉떨어져, ᄠᅳᆯ〉뜰, ᄠᅳᆷ〉뜸(灸), ᄠᅳᆺ드ᄂᆞ니〉떨어지느니, ᄠᅳᆺ듣다〉떨어지다, ᄠᅴ우다〉띄우다, ᄠᅴ워ᄒᆞ다〉떠나게 하다, ᄠᆞ다〉따다(摘:과일을), ᄠᆞ다〉타다(彈:가락), ᄠᆞ로〉

따로, ᄣᆞ로다〉따르다, ᄠᆞᆫ〉딴(다른), ᄠᆞᆯ기〉딸기, ᄣᅵ〉때, ᄣᅵ즘〉때 묻음, ᄣᅵ지다〉때 끼다

㉡ /ㅌ/로

ᄩᅡ디다〉터지다, ᄩᅥ뎻다〉터져 있다, ᄩᅥ디다〉터지다

㉢ /ㅉ/로

ᄧᅵ다〉찌다, ᄧᅵ르다〉찌르다

㉣ 다른 말로

ᄠᅮᆨ삼〉삼, 수삼, ᄠᅳ리〉종기, ᄠᅳᆺ드롬〉떨어짐, ᄠᅵ〉바퀴, ᄠᅵ통〉수레바퀴통, ᄣᆞ려디다〉깨어지다, ᄣᆞ려디다〉깨지다,찢기다, ᄣᆞ리다〉깨뜨리다

② 두 번째 이하 음절에서

㉠ /ㄸ/로

ᄆᆞᆮᄠᅳᆮ〉첫뜻, 걷내ᄠᅱ다〉건너뛰다, 나모ᄠᆞᆯ기〉나무딸기, 듣글ᄠᅵ〉티끌과 때, 듧ᄠᅳ다〉들뜨다

㉡ 다른 말로

나라ᄠᅳᆯ〉조정, 헤ᄠᅳ다〉허둥거리다

2.1.5.2.3. /ㅄ/의 소실에 의한 변화

① 첫 음절에서

㉠ /ㅆ/로

ᄡᅡ다〉싸다(包), ᄡᅡ다〉쌓다(성을), ᄡᅡ호다〉싸우다, ᄡᅡᆼ〉쌍(雙), ᄡᅥ〉써, ᄡᅥ근〉썩은, ᄡᅩ다〉쏘다(射), ᄡᅩ이다〉쏘이다(薰), ᄡᅮᆨ〉쑥, ᄡᅮᆨ븕〉뜸, 쑥심지, ᄡᅳ다〉쓰다(苦), ᄡᅳ다〉쓰다(冠), ᄡᅳ다〉쓰다(用), ᄡᅳ다ᄃᆞᆷ다〉쓰다듬다, ᄡᅳ러디다〉쓰러지다, ᄡᅳ레딜〉쓰레질, ᄡᅳ르치다〉쓸어 치우다, ᄡᅳ서리ᄒᆞ다〉쓰레질하다, ᄡᅳ설니다〉쓸어 치우게하다, ᄡᅳ설다〉쓰레질하다,

ᄡᅳ설다〉쓰레질하다, ᄡᅳ설다〉쓸어 서릇하다, ᄡᅳ스릿기〉쓸어치우기, ᄡᅥ리〉쓰레질, ᄡᅳᆫ너삼〉쓴너삼, ᄡᅳᆯ개〉쓸개, ᄡᅳᆯ게〉쓸게, ᄡᅳᆯ다〉쓸다, ᄡᅵ〉씨, ᄡᅵ디다〉씨가 떨어지다, ᄡᅵᆺ다〉씻다, ᄡᆞ놋다〉쌓도다, ᄡᆞ눈〉싸라기눈, ᄡᆞ다〉싸다(소변을), ᄡᆞ다〉싸다(包), ᄡᆞ다〉쌓다, ᄡᆞ라기〉싸라기, ᄡᆞ리〉싸리

㉡ /ㅉ/로

ᄧᅵᆼ긔다〉찡기다, ᄧᅵᆼ의다〉찡기다

㉢ 다른 말로

빼디다〉꺼지다,빠지다, ᄡᅩ아가ᄂᆞᆫ별〉별똥, ᄡᅮ다〉만지다,부비다, ᄡᅳ렛ᄒᆞ다〉비스듬ᄒᆞ다, ᄡᅳᆫ박〉고호로,호리병박, ᄡᅵ〉끼,때

② **두 번째 이하 음절에서**

/ㅄ/가 두 번째 이하 음절에서 쓰이는 말은 'ᄡᆞ리, ᄡᆞᆯ, ᄡᅳ다 ᄡᅮ시다, ᄡᅳᆯ다' 다섯 낱말뿐이다. 즉 /ㅄ/는 두 번째 이하 음절에서 쓰인 예는 합성어뿐인데 모두 /ㅆ/로 변화되었다.

㉠ /ㅆ/로

ᄃᆡᄡᆞ리〉댑싸리, 출ᄡᆞᆯ〉찹쌀, ᄒᆡᆫᄡᆞᆯ〉흰쌀, 니ᄡᅲ시개〉이쑤시개, 니ᄡᆞᆯ〉입쌀, 대ᄡᆞ리〉댑싸리, 댓ᄡᆞ리〉댑싸리, 몯ᄡᅳᆯ말〉몹쓸 말, 뫼ᄡᆞᆯ〉멥쌀, 손ᄡᅵ〉솜씨, 좁ᄡᆞᆯ〉좁쌀, 후리ᄡᅳᆯ다〉휩쓸다, 힘ᄡᅴ우다〉힘쓰게 하다

2.1.5.2.4. /ㅶ/의 소실에 의한 변화

/ㅶ/은 첫 음절이거나 두 번째 이하 음절이거나 모두 /ㅉ/로 바뀌었다.

① **첫 음절에서**

㉠ /ㅉ/로

ᄧᅡ다>짜다(織), ᄧᅡ다>짜다(搾:즙내다), ᄧᅡᆨ>짝, ᄧᅡᆨ눈>짝눈, ᄧᅡᆨ배>짝배(片舟), ᄧᅩ각>쪼각, ᄧᅩ치다>쫓기다, ᄧᅩᆨ>쪽(조각), ᄧᅩᆾ다>쫓다, ᄧᅬ다>쬐다, ᄧᅳ이다>째다, ᄧᅳᆮ다>찢다, ᄧᅳᆽ다>찢다, ᄧᅴ여디다>찢어지다, ᄧᅵᆷ>찜, ᄧᆞ다>짜다(鹽), ᄧᆞ다>짜다(織), ᄧᆞ다>짜다(搾)

㉡ 다른 말로

ᄧᅳ디다>돌보다,근념(勤念)하다, ᄧᅵᆼ긔다>주름지다, ᄧᆞᆫᄒᆞ다>간절하다

② **두 번째 이하 음절에서**

㉠ /ㅉ/로

ᄃᆞᆰᄧᅵᆷ>닭찜, 내ᄧᅩᆾ다>내쫓다, 대ᄧᅡ개>대쪽, 대ᄧᅩᆨ>대쪽, 두ᄧᅡᆨ>두짝, 뵈ᄧᅡᆼ이>베짱이, 뵈ᄧᅪᆼ이>베짱이, 뵈ᄧᆞ다>베짜다, 코ᄧᅵᆫᄆᆞᆯ>코째진말

2.1.5.2.5. /ㅷ/의 소실에 의한 변화

㉠ /ㄸ/로

ᄩᅳᆮ다>뜻다, ᄩᅳᆺ다>뜯다

㉡ /ㅌ/로

ᄩᅡ다>타다(쪼개다), ᄩᅡ헤티다>타 헤치다(해부하다), ᄩᅥ디다>터지다, ᄩᅥᆨ>턱, ᄩᅱ다>튀다(跳:도약하다), ᄩᅳ다>트다, ᄩᆞ다>타다(섞다), ᄩᆞ다>타다(彈)

㉢ 다른 말로

ᄩᅡ내다>가르다, 쪼개다

2.1.5.3. ㅄ-계 소실에 의한 변화

「ㅄ」-계 합용병서로는 「ㅴ」, 「ㅵ」 두 종류가 있는데 "그 무거운 닿소리 연결 때문에 15세기부터 「ㅂ」이 없는 꼴이 나타나는 일이 매우 드물게나마

있다."(허웅, 1985:476-477) 소학언해(1587)까지는 이러한 표기법이 어느 정도 지켜졌으나 그 뒤에 ᄉᆞᆯ, 흠ᄭᅴ, ᄭᅳ면 등과 같이 「ㅂ」이 떨어진 것과 뎌ᄢᅴ, ᄇᆞᆯ, ᄠᆞ리ᄂᆞᆫ 등과 같이 「ㅅ」이 떨어진 모습이 보인다. "「ㅄ」-계는 16세기부터 동요하기 시작하여, 1730년 경에는 그 변천은 완성되었다."(허웅, 1985:478) 다음은 「ㅄ」-계 합용병서가 어떤 모습으로 변화하였는지 현대국어와 비교한 내용이다.

2.1.5.3.1. /ᄢ/의 소실에 의한 변화

① 첫 음절에서

㉠ /ㄲ/로

ᄢᅡ〉까아,까서, ᄢᅢ다〉깨다(쪼개다), ᄢᅢ티다〉깨뜨리다, ᄢᅢᅘᅧ다〉깨뜨리다, ᄢᅥ디다〉꺼지다, 빠지다, ᄢᅦ들우다〉꿰뚫다, ᄢᅦ윰〉꿤, ᄢᅮ다〉꾸다(借), ᄢᅮ이다〉꾸이다(貸), ᄢᅮᆯ〉꿀, ᄢᅳ다〉끄다, ᄢᅳ듣0 〉꺼지다, ᄢᅳ리다〉꾸리다, 에우다, ᄢᅳᆯ〉끌(鑿), ᄢᅴ니〉끼, 때, 끼니, ᄢᅴ리다〉꾸리다, ᄢᅵ〉끼, 때, ᄢᅵ니〉끼니, ᄢᅵ다〉끼다, ᄢᅵ들다〉껴들다, ᄢᅵ우다〉끼우다

㉡ /ㄱ/로

ᄢᅰ다〉궤다, ᄢᆞ다〉가다(剝)

㉢ 다른 말로

ᄢᅳ〉때, ᄢᅳᆯ〉때를, ᄢᅳᆷ〉틈, ᄢᅴ〉때, ᄢᅴᆫ〉때에는, ᄢᅵᆷ〉틈

② 두 번째 이하 음절에서

㉠ /ㅆ/로

뎌주숨ᄢᅴ〉저즈음께, 들ᄢᅢ〉들깨, 듧ᄢᅢ〉들깨, 빌ᄢᅮ다〉빌어꾸다, ᄎᆞᆷᄢᅢ〉참깨, ᄒᆞᆫᄢᅴ〉함께, ᄒᆞᆫᄢᅵ〉함께, ᄒᆞᆫᄢᅵ롬〉함께

2.1.5.3.2. /ㅄㄷ/의 소실에 의한 변화

① 첫 음절에서

㉠ /ㄸ/로

ᄠᅡ〉따(손가락을 따다), ᄣᅳ리다〉때리다, 때려 깨뜨리다

㉡ /ㅉ/로

ᄧᅵᆯ어〉찔러, ᄧᅵᆯ여〉찔려

㉢ 다른 말로

ᄣᅳ리〉종기

② 두 번째 이하 음절에서

㉠ /ㄸ/로

ᄃᆞᆰᄣᅢ〉닭때(유시)

㉡ /ㅊ/로

넘ᄣᅵ다〉넘치다

2.2. 음가의 변천에 의한 낱말의 변화

글자는 그대로 있으나 읽는 방법이 달라진 글자들이 있다. 이에는 'ㅈ, ㅊ, ㅉ', 'ㅔ, ㅐ, ㅚ, ㅖ, ㅒ, ㅘ, ㅝ', 'ㅣ', 음절 끝에서의 'ㅅ' 등이 있다. 이들의 낱글자는 글자의 꼴은 변하지 않았지만 음가는 변하여 15세기와 다른 소리로 읽힌다. 한 음소의 음가 변천은 그 글자의 음가 변천으로 끝나지 않고 그 소리들에 이웃해 있는 다른 소리들에 영향을 주어 이웃한 소리도 바꾸게 된다. 이렇게 해서 나타난 낱말의 변화로는 ㄴ머리소리규칙, 센입천장소리 되기, ㅣ치닮기 등이 있다.

2.2.1. /ㅣ/의 음가 변천에 의한 변화

15세기의 'ㅣ'의 소리값과 현재 'ㅣ'의 소리값이 같다는 것은 학계의 일반적인 이론이었다. 그러나 조오현(1998)에서는 15세기 'ㅣ'의 소리값과 현재 'ㅣ'의 소리값은 다를 수 있다고 제시하고 그 이유로 15세기에 없던 ㄴ머리소리규칙, ㄷ입천장소리되기, ㅣ치닮기 등을 제시하였다. 이어서 조오현(1999)에서는 /ㅣ/의 변천이 내림겹홀소리를 홑홀소리로 변천시키는 원인이 되었다고 설명하였다. ㄴ머리소리규칙, 입천장소리되기(구개음화), ㅣ치닮기를 /ㅣ/의 음가 변천에 의한 변화에 넣은 것은 이러한 이론적 배경에 바탕을 둔 것이다.

㉠ ㄴ머리소리 규칙

녀자〉여자, 뇨도〉요도, 익명〉익명

ㄴ머리소리규칙이 일어난 시기에 대해 허웅(1985-ㄱ,509)은 18세기말에서 19세기 초로 보고 ㄴ머리소리규칙이 일어나는 요인에 대해서는 입천장소리되기를 들고 있다. 이근영(1990:101)에서는 입천장소리되기가 일어나는 시기를 방언적 요소에 따라서 16세기말로 설정하였는데 이의 영향을 받은 극히 임의적 요소들이 16세기에 나타날 수 있다고 가정하고, 이와 더불어 문자의 보수성을 감안하면 17세기에도 이 변동은 미약하나마 임의적 변동으로 존재하였을 것으로 추정하였다.

㉡ ㄷ,ㅌ,ㄸ의 파찰음화(/t,t^h,t'/ 〉 /ʦ,$ʦ^h$,ʦ'/)

텬디〉천지, 둏다〉죻다, 댱ᄉᆞ〉쟝사(商業), 댱샹〉쟝샹(長常), 뎌러ᄒᆞ다〉져러ᄒᆞ다, 듕미〉즁미, 튱령〉츙졍

ㄷ입천장소리되기에 대해 조오현(2006)에서는 단계별로 나누어 설명하였다. 즉 'ㄷ'은 치조파열음 /t/인데 어떤 원인에 의해 파찰음 /ʦ/으로 바뀌었고 파찰음 /ʦ/은 경구개음 /ʧ/으로 바뀌게 되었다고 설명하고 있다. 그러면서 잇몸파찰음 /ʦ/이 경구개파찰음 /ʧ/으로 바뀌게 되는 원인에 대해서는 당시 입천장에는 파열음인 /t,t^h,t'/과 마찰음인 /s, s'/, 그리고 파찰음인 /ʦ,ʦ^h,ʦ'/이 있어서 너무 많은 소리가 밀집해 있었다. 여기에 비음인 /n/까지 합할 경우 한 음역에 너무 많은 음소가 모여 있어서 발음상으로나 청각상으로 구별하기가 어려웠을 것이다. 이에 비해 바로 옆 자리인 경구개 자리는 비어 있었기 때문에 치조에서 조음되던 /ʦ,ʦ^h,ʦ'/이 옆 빈자리인 경구개 자리로 옮겨서 경구개음인 /ʧ,ʧ^h,ʧ'/이 발생하게 되었다. 따라서 ㄷ구개음화는 /t/〉/ʧ/이 아니라 /t/〉/ʦ/〉/ʧ/으로 보아야 한다[3].

㉢ 구개음화(/ʦ,ʦ^h,ʦ'/ 〉/ʧ,ʧ^h,ʧ'/)

쳔지〉천지, 죻다〉좋다, 쟝사〉장사, 쟝샹〉장상, 져러ᄒᆞ다〉저러하다, 즁ᄆᆡ〉중매, 츙졍〉충정

지금까지 /ㄷ,ㅌ,ㄸ/이 /ㅈ,ㅊ,ㅉ/으로 바뀐 것을 구개음화로 보았다. 그러나 이 글에서는 /ㄷ,ㅌ,ㄸ/이 /ㅈ,ㅊ,ㅉ/으로 바뀐 것을 /ㄷ,ㅌ,ㄸ/의 파찰음화로 보고 이어서 나타난 잇몸파찰음 /ʦ,ʦ^h,ʦ'/이 경구개파찰음 /ʧ,ʧ^h,ʧ'/으로 변천한 것을 구개음화라 정의하였다. 그리고 구개음화의 원인에

---

3) 입천장소리되기는 학자들에 따라서 그 나타나는 시기가 각각 다르게 추정하고 있으나 허웅(1964) 이후 17세기 이전의 시기로 추정하려는 시도는 거의 없다고 본다. 그러나 이명규(1974)와 이근영(1988)에서 제시한 방언적 성격을 가진 적은 자료들은 16세기 전라도 간행 중심의 문헌에서 찾아지는 예로 주목할 만하다. 즉, 이러한 예들은 음운규칙으로서의 입천장소리되기가 16세기 후반에 전라도 중심의 남부지방으로부터 일어나는 것을 알 수 있다. 17세기에 이르러 이러한 음운규칙은 중앙어로 확산을 하게 되는데 이때에 형태소와 형태소 사이에서도 입천장소리되기가 일어나게 되어 임의적인 입천장소리되기 변동규칙이 생겨나게 된다[1].(이근영,1990:72~73)

대해서는 앞에서 제시한 /ㅣ/의 음가 변천으로 본다.

㉣ ㅣ치닮기

돌팡이〉달팽이, 올창이〉올챙이, 삿기〉새끼, 굼벙이〉굼벵이, 둗거비〉두께비, 귀더기〉구더기, 본도기〉본되기〉본데기, 모밀〉뫼밀[4)]

ㅣ치닮기를 /ㅣ/음가 변천에 의한 변화에 넣은 이유는, /ㅣ/가 구개음화된 것을 원인으로 하여 내림겹홀소리이던 /aj,əj,oj,uj/가 홑홀소리인 /ɛ,e,ϕ,ɥ/로 변천되었고, 홑홀소리 /ɛ,e,ϕ,ɥ/의 발생으로 ㅣ치닮기가 이루어질 조건이 성립되었기 때문이다.

3. 이웃한 음소의 영향으로 인한 변화

말소리는 낱음소만으로는 의미를 이룰 수 없고 다른 음소와 결합하여 음절을 이루고 음절이 결합하여 낱말을 이루어야 의미를 이룰 수 있다. 그런데 이렇게 음소끼리 결합하면서 서로 영향을 주고받아 다른 음소를 닮기도 하고 달라지기도 하며 통합되기도 하는 등 여러 가지 현상이 나타난다. 음소가 결합하는 방식은 연합적 관계로 결합하기도 하고 통합적 관계로 결합하기도 한다. 이 방식은 허웅(1985)에서 제시한 방법인데 허웅에서는 발음의 편의로 일어나는 변화로 보던 것을 이 글에서는 이웃한 음소의 영향으로 인한 변화로 고쳤으며 일부를 제외하고는 허웅의 체계를 그대로 옮겨왔다.[5)]

---

4) 예는 허웅(1985:521)에서 옮겨옴.
5) 연합적 관계와 통합적 관계에 대해서는 허웅(1985:85-86)를 참조하기 바람.

3.1. 결합적 관계로 일어나는 변화

3.1.1 노력 경제에서 일어나는 변화

3.1.1.1. 줄임(축약)

가히〉개, 가히-〉개-, 자히-〉재-, 버히-〉베-, 며느리〉메누리, 며주〉메주, 별〉벨, 쇠야기〉쐐기, 가야미/개야미〉개미, ᄇᆞ얌/ᄇᆡ얌〉뱀, 머유기/에유기〉메기, 주으리-〉주리-

3.1.1.2. 없앰(생략)

㉠ 겹쳐진 소리 없앰

간난ᄒᆞ-〉가난ᄒᆞ-, ᄃᆞᆮ니-〉ᄃᆞ니-〉다니-, 녹각〉노각, 출렴〉추렴, 목과〉모과, *ᄒᆞᆫ녁〉ᄒᆞ녁, *쉰나ᄆᆞᆫ〉쉬나ᄆᆞᆫ, *마ᄉᆞᆫ나ᄆᆞᆫ〉맘ᄆᆞ나ᄆᆞᆫ, 회로리ᄇᆞᄅᆞᆷ〉회오리바람, 괴외ᄒᆞ-〉고요하-, 울월-〉울얼-〉우럴-, 다와기〉따오기, 골와라〉골오래〉고라, 쉬ᄫᅵ〉숩이, 쉬이〉수이

㉡ 홀소리 부딪침에서

ᄃᆞᄫᅵ-〉ᄃᆞ외-〉되-, ᄀᆞᄫᆞᆯ〉ᄀᆞ올〉골, *ᄀᆞᄫᅵ〉ᄀᆞ외〉괴(koj 〉괴(kø:), *수ᄫᅳᆯ〉수을〉술, *두ᄫᅳᆯ〉둘

㉢ 약한 음절에서

기ᄅᆞ마〉길마, 드르ㅎ〉들, 거우루〉거울, 그르메〉글메, 시므-〉심-, 주머귀〉주먹, 가마괴〉가막(가치), 가지-〉갖-, 브르지지-〉부르짖-, 서의여ᄒᆞ-〉서의ᄒᆞ-, 하야ᄒᆞ-〉하얗-, 거머ᄒᆞ-〉거멓-, 파라ᄒᆞ-〉파랗-, 누러ᄒᆞ-〉누렇-, 바느질〉반짇(그릇, 고리)

㉣ 겹홀소리의 경우

귀더기〉구더기, 그력〉그려기〉긔려기〉기러기, 스싀로〉스스로, 옆-〉

얹-, 녛-〉넣-, 귀향〉구향, 귀밑〉구밑, 녜〉녀, 반되〉반도, 뮈우-〉무우-, 됫고마리〉돗고마리, 뫼호-〉모호-, 귓것〉굿것

ⓜ 센입천장소리+i,j

쇼〉소, 니〉이, 녀자〉여자, 양양〉야양, 평양〉펴양, 통영〉토영, 공양〉고양, 동양〉도양

ⓑ 안울림소리 앞의 /ㄹ/

알ᇁ〉앞, 알ᄑᆞ-〉아프-, 골ᄑᆞ-〉고프-, ᅀᆞᆲ-〉-ᅀᆞᆸ-, 뭀결〉뭇결, 뭀ᄃᆞᆰ〉뭇ᄃᆞᆰ, *뭀을히〉뭇을히, 밠바당〉밧바당, 밠등〉밧등, 바ᄅᆞᆳ〉바ᄅᆞᆺ, 븘〉븟, *섨ᄃᆞᆯ〉섯ᄃᆞᆯ(섣달), 뭀〉뭇

ⓢ 토씨와 씨끝의 /ㄱ/

-거늘, -거나, -거뇨, -거니, -거든, -건마ᄅᆞᆫ, -거ᅀᅡ, -고, -고도, -고라, -과라, -관ᄃᆡ, -고져, -곡, -곤, -과뎌, -게, -긔

ⓞ 합성어에서의 /ㄱ/

ᄌᆞᆯ애산, ᄇᆡ애, 몰애오개, ᄀᆞ래올, 제오도리, 가지아짓내, ᄀᆞᆯ아마괴, ᄒᆞᆫᄀᆞᆯᄋᆞ티

3.2. 연합적 관계로 일어나는 변화

3.2.1 유추

㉠ 줄기 통일

냅다〉내웁다, 겹다〉겨웁다, 뜨겁다〉뜨거웁다, 맵다〉매웁다, 반갑다〉반가웁다, 사납다〉사나웁다, 고맙다〉고마웁다, 쉽다〉쉬웁다

㉡ 파생어

ᄀᆞ초, ᄌᆞ조, 너무, 비로소, 골오, 바ᄅᆞ〉바로, 서르〉서로

㉢ 짝말

하나비〉하라비, 할미, 긇다, 옳다

㉣ 이은말

오너라 가너라(올바른 말은 '오라 가라', '오너라 가거라'이다)

2.1.1.5. 잘못 분석

ᄑᆞᆯ〉파리, 낛〉낙시, 굼벙〉굼벙이, 벌〉버리

2.1.1.6. /ㄹ/ 끝소리

놀애(노래), 몰애(모래), 달아(달라), 달애(달래)

3.2.2. 민간 어원

소내기〉소나기, 힝ᄌᆞ〉행주, 힝ᄌᆞ쵸마〉행주치마, 나록(羅祿)〉나락, 아ᄎᆞᆫ설〉까치설날, ᄀᆞ외(珂背)〉고의, 디새〉기와

3.2.3. 뒤섞임

후살이, 거렁이, 거렁뱅이, 걸뱅이 = 거러지, 거지 + 비렁이, 비렁뱅이, 껄끔거리다 = 껄끄럽다+뜨끔거리다, 입초 = 잎담배+엽초, 막배기=막걸리+틱배기

4. 심리적인 요인에 의한 변화

말 쓰임은 음운환경에 의해서만 변화하지 않고 다른 요인에 의해서도 변화하는데 다른 요인 가운데 가장 큰 요인은 심리적 요인이다. 이 글에서 제시한 심리적 요인에 의한 변화도 대부분 허웅(1985)를 따른 것이다.

4.1. 표현을 똑똑하게 하려는 데서 일어나는 변화

4.1.1. 달라짐(이화)

붑>북, 거붑>거북, 브ᅀᅥᆸ>부억, 고봄>고곰>고금, 처ᅀᅥᆷ>처엄>처음, 아ᅀᆞ>아ᄋᆞ>아으>아우, 여ᅀᅳ/여ᅀᆞ>여으/여ᄋᆞ>여우, 눉ᄌᆞᅀᆞ/눈ᄌᆞᅀᆞ>눉ᄌᆞᄋᆞ/눈ᄌᆞᄋᆡ>눈자위,

4.1.2. 덧보탬

㉠ 말 가운데 덧보탬

ᄒᆞᄫᆞᅀᅡ>ᄒᆞ오ᅀᅡ(ᄒᆞ온ᅀᅡ>호ᅀᅡ(*혼ᅀᅡ))>혼자, 나ᅀᅵ>낭이>냉이, 죠ᄒᆡ>*죠ᄋᆡ>죵ᄒᆡ>종이, 버워리>벙어리, 우훔>움큼

㉡ 말 끝 덧보탬

ᄯᅡㅎ>ᄯᅡ>땅, 니마ㅎ>니마>니망, ᄌᆞ모>ᄌᆞ못

㉢ 말본 형태소 겹침

셔샤>셰시니

㉣ 똑똑한 말에도

머추->멈추-, 더디->던지-, 너출>넌출, 가치>간치, ᄀᆞ초->갖추-, ᄀᆞᆷ초->감추-, 그르메>그림제, 비두리>비ᄃᆞᆯ기>비들기, 머리>멀리, 겨집>계집, 져비>졔비, 겨시->계시, 녀->녜-, 곳고리>굇고리>(꾀꼬리), ᄲᅡᆷ>ᄲᅣᆷ

㉤ 가지 덧보탬

녑>녑구레>(옆구리), 겯>겨드랑이, 긷>기동, 잇>잇기, 납>짓납>(잔나비)

㉥ 음소 조직으로

싸히>ᄉᆞ나ᄒᆡ

4.1.3. 강화

몸ᅀᅩ>몸소, 가치>까치, 곶>꽃, 곳고리>꾀꼬리, 버국새>뻐꾹새, 불휘>뿌리, 곶>꽃, 닷>탓, 불무>풀무, 녁>녘, 시기->시키-

4.1.4. 잘못 돌이킴

포리>파리, 질쌈>길쌈, 짗>깃, 치>키

4.2. 무의식적인 잘못으로 일어나는 변화 561

4.2.1. 자리바꿈

㉠ 음절 내에서

빗복>빗곱>배꼽, 하야로비>해야로비>해오라비, 아야로시>애야로시>애오라지, 시혹>혹시

㉡ 음절끼리 바꿈

-더시->-시더-, -거시ᄂᆞᆯ>-시거늘, -거신마ᄅᆞᆫ>시건마는, -거시니와>-시거니와

4.2.2. 서로 통합

㉠ /ㄴ/와 /ㅁ/의 통합

니장>미장이, 누리>무리(우박), 보ᄆᆡ>보ᄂᆡ>보늬

㉡ /ㄴ/와 /ㄹ/의 통합

아ᄅᆞᆷ>아람, 아름

㉢ /ㅁ/와 /ㅂ/의 통합

멎>벚, ᄆᆞᆮ동기->ᄇᆞᆮ동기-, ᄆᆞᆺ>ᄇᆞᆺ

㉣ /ㅁ/와 /ㅇ/의 통합

이럼〉이랑/이렁

㉤ /ㄱ/와 /ㄷ/의 통합

더품〉거품, 규화〉듀화, 디새〉기와

㉥ 된소리 또는 안울림 약한소리와 거센소리도 통용된다.

맛다〉마타, 맛ᄃᆞ니〉마트니, 소ᇇ돕~손톱, ᄉᆞᆷ씨다〉삼키다, ᄣᅳᆷ〉ᄡᅳᆷ〉틈, 드틀~듣글, 두텁〉둗거비, 닷홉〉닷곱

5. 맺음말

이 글은 낱말이 변화한 모습을 원인별로 분류하여 체계화하려는 목적으로 썼다. 낱말의 모습이 바뀐 원인에 대해 허웅(1985)에서는 이웃한 음소 사이에 나타나는 변화와 심리적인 요인에 의한 변화를 중심으로 체계를 세웠다면 이 글은 규칙에 의한 변화 뿐 아니라 음가의 소실이나 음가의 변화로 인해 발생하는 변화도 포함하였다. 그렇게 함으로 인해 더 많은 자료를 담을 수 있었다.

참고 문헌

김주필(1985), "구개음화에 대한 통시론적 연구", 국어연구 제68호.
김차균(1998), "축약의 관점에서 본 현대 국어의 구개음화", 한글 제 242호, 한글학회.
남광우(1982), 『고어사전』, 일조각.
유창순(1990), 『이조어사전』, 연세대학교 출판부.
이근영(1990), "국어 변동규칙의 통시적 연구", 건국대학교 대학원 박사학위 청구논문.
이명규(1992), "구개음화에 대한 통시적 연구", 숭실대학교 박사학위논문.
조오현(1995), "낱말 안에서의 'ㅎ'의 소리 변화", 한말연구1. 한말연구학회.
조오현(1998), "15세기 ㅣ의 소리값에 대한 한 가설",『한글』242호, 한글학회.

조오현(1999), "내림겹홀소리의 홑홀소리 되기 원인", 건국어문학 23 · 24합집, 건국대학교 국어국문학연구모임.
조오현(2006), "ㄷ구개음화 발생의 역사적 전개 과정", 동남어문논집, 동남어문학회.
조오현(2010), 『자료로 찾아가는 국어사』, 박이정.
허 웅(1965), 『국어음운학』, 정음사.
허 웅(1985), 『국어음운학』, 샘문화사.

대학생 겹받침 발음의 사회언어학적 실현 양상

김 연 희

1. 머리말

본 연구의 목적은 서울, 경기 지역에서 태어나 거주하고 있는 20대 대학생을 대상으로 종성에 위치한 겹받침의 발음이 남녀 성별에 따라 어떻게 실현되는지 조사하고 그 차이를 관찰하는 것이다. 더불어 표준어를 구사하는 이들 대학생들의 아버지, 어머니 출신 지역에 따라 겹받침의 실현에 영향을 주는가도 관찰해 보고자 한다.

겹받침은 뒤에 결합하는 형태소와 음절의 구조를 맞추기 위해 '소리 이음'이나 '겹받침 줄이기'와 같은 변동규칙이 적용되어 발음된다. '소리 이음'이 적용된 경우는 겹받침 모두가 발음이 되지만 어휘에 따라 '겹받침 줄이기'가 나타나기도 한다. '겹받침 줄이기'가 적용된 경우는 탈락하는 자음이 일정하지 않아 겹받침의 종류에 따라서 혹은 뒤에 결합하는 형태소의 음성적 환경에 따라서 달리 실현된다.

(1) 김선철(2003:153) 표준발음실태연구 중 겹받침 자료

		발음	20대	30대	40대	50대	60대
맑고	ㄹ	말꼬	49	69	66	69	84
	ㄱ	막꼬	0	1	3	2	7
맑지	ㄹ	말찌	39	44	40	32	26
	ㄱ	막찌	10	26	29	39	65

김선철(2003) 연구에서는 세대 차이에 따른 겹받침의 발음양상을 조사하였다. 그 결과 겹받침의 오류발음에 있어 세대라는 변인에 따라 그 차이가 위와 같이 나타났다. (1)에서는 사회적인 변인으로서 '연령'을 중심으로 겹받침 양상을 다루었다. 그리고 국어의 발음 현상을 사회언어학적 관점에서 다룬 그밖의 연구에서는 '계층'을 다룬 연구도 있었지만 '성별'에 따른 연구는 없었다. '성별'을 변인으로 둔 연구로는

성차이에 따른 언어현상을 연구한 Labov(1966)와 Trudgill(1974)에서는 여성이 남성보다 더 표준어에 가까운 발음을 사용하는 경향이 있다 하였다. 이는 여성이 남성보다 언어사용에 있어서 더 보수적이라는 사실과 연관성을 갖는다.[1] 즉, 여성의 보수적인 언어사용으로 인하여 남성보다 표준어나 표준발음에 민감하게 반응한다는 것이다. 이러한 결과는 여성이 남성보다 사회적 지위 차이로 인하여 나타난 사회적 변이 현상으로 여성들이 남성들에 비하여 지위의식을 더 갖고 있다고 하였다[2]. 따라서 표준발음에 어긋나거나 비문법적인 문장의 사용은 사회적으로 지위가 낮은 사람들의 말이기 때문에 지위에 민감한 여성들은 정확한 표준발음과 표준어 사용을 선호하게 된다는 것이다.

우혜정(1997:30)에서는 남성들의 언어사용의 특성으로 집단에 대한 소속감과 동료간의 유대의식이 강하여 남성들이 속한 집단에서 사용하는 언어형을 그대로 유지하려는 경향이 여성보다 강하고, 특히 하류층에서는 이러한 현상이 더 뚜렷하게 나타나 비표준형을 많이 사용한다고 서술하였다. 이는 Trudgill이 숨은 위세(covert prestige)[3]라 부른 남성들의 언어 사용 변이형의 원인으로 본다.

---

1) 우혜정(1997:29)참고.
2) 김우달(1998:214)에서 재인용.
3) Trudgill이 남자가 여자보다 표준적 규범에서 일탈하는 경향이 강함을 설명한 용어이다.

남녀 성별 차이에 따른 언어 변이의 연구 결과가 겹받침의 실현에서도 앞선 연구의 결과처럼 여성은 표준발음을 지향하고 남성은 자신들이 사용하는 언어형을 그대로 유지하려는 경향이 강한지를 본 연구에서는 살펴보도록 한다.

조사는 2012년 5월부터 11월 말까지 겹받침이 들어간 40개의 문장 녹음과 설문지 조사에 의해 진행되었다. 설문 조사에는 조사 대상의 부모님의 출신 지역을 묻고, 조부모와의 동거여부도 물었다. 이는 조사 대상자들의 발음이 부모님과 조부모로 인한 영향을 알아보기 위함이다.

본 연구를 위한 제보자 선정은 무작위 표본추출과 판단표본추출 방법을 적절히 활용하였다. 서울과 경기도에서 태어난 누구나가 제보자의 대상이 될 수 있기 때문에 무작위 표본추출 방식이 사용되었고, 본고에서 살펴보고자 하는 것은 표준어를 구사하는 교양있는 사람들의 남녀 발음차이이므로 현재까지 거주하고 있는 사람들 중 20년 이상 살고 타지에서 3년 미만 거주한 대학생을 선정하기 위해 판단 표본 추출 방식이 사용되었다.

제보자는 모두 100명으로 통계의 편의성을 고려해 남자 50명, 여자 50명 5대 5의 비율로 조사하였다.

본고의 조사를 위해 선정된 분석 대상 어휘는 다음과 같다.

(2) ㄱ. 체언 목록[4)]
ㄳ : 넋, 몫
ㅄ : 값

4) 체언 목록들은 겹받침 어휘 목록을 모두 조사한 후 모국어 화자들이 자주 사용하는 빈도수가 높은 어휘들만 선정한 것으로 21세기 세종기획 말뭉치에서 빈도수를 조사하여 참고하였다. 단, 겹받침 'ㄺ'은 '흙'이 빈도수가 가장 높았고 그 다음이 '닭'이었다. 그러나 '닭'과 '통닭'의 경우는 겹받침이 실현되는 음성적 환경이 동일하지만 두 어휘의 겹받침 실현에 있어 차이가 있을 것이라는 생각에 '흙'보다 '닭'을 선택하여 '통닭'과 비교하고자 하였다. 그리고 겹받침 'ㄻ'이 들어간 체언으로는 '삶'과 앎'뿐이어서 빈도수와 상관없이 두 어 모두 조사하였다.

ㄺ : 닭, 통닭
ㄻ : 삶, 앎
ㄼ : 여덟
ㄳ : 외곬

ㄴ. 용언 목록[5)]
ㄵ : 얹다, 앉다
ㄶ : 애끊다, 끊다
ㄺ : 읽다, 늙다, 밝다, 붉다, 굵다, 긁다, 맑다
ㄻ : 옮다
ㄼ : 넓다, 밟다, 넓죽하다, 넓둥글다, 짧다, 엷다, 섧다, 떫다
ㄾ : 핥다, 훑다
ㄿ : 읊다
ㅀ : 잃다, 뚫다
ㅄ : 없다

2. 성별에 따른 겹받침 실현양상

이 장에서는 사회언어학적인 다양한 변인 중 성별 차이로 인한 대학생들의 겹받침 발음양상을 '체언+조사'와 '용언 어간+어미'의 구성으로 구분하여 살펴보고자 한다. Labov(1966)와 Trudgill(1974)의 연구결과처럼 국어에서도 남성들에 비하여 여성들의 표준발음 실현 비율이 높게 나타나는지 확인하도록 한다.

2.1. '체언 + 조사' 의 구성에서

(2ㄱ)에서 제시한 체언에 조사가 결합하였을 때 겹받침의 남녀 발음 실

5) 용언 어휘 목록들은 김선철(2003)과 정재설(2008), 남경완 · 오재혁(2007)에서 다룬 것과 21세기 세종기획 말뭉치에서 빈도수를 조사하여 선정하였다.

현 양상을 정리하면 다음과 같다.

(3)		표준발음	오류발음		
ㄱ.넋+이		[넉씨]	[너기]	[넉#이]	[너씨]
	여	97%	3%	0%	0%
	남	82%	14%	2%	2%
ㄴ.몫+을		[목쓸]	[모글]	[목츨]	[목#을]
	여	98%	2%	0%	0%
	남	90%	8%	1%	1%
ㄷ.닭+은		[달근]	[다근]	[닥#은]	[닥쓴]
	여	5%	95%	0%	0%
	남	3%	95%	1%	1%
ㄹ.삶+은		[살믄]	[사믄]		
	여	100%	0%		
	남	98%	2%		
ㅁ.앎+만		[암만]	[알만]	[알ㅁ만]	[얄만]
	여	37%	56%	5%	2%
	남	45%	43%	9%	1%
ㅂ.여덟+을[6]		[여덜블]	[여더를]	[여덜#을]	[여더블]
	여	4%	81%	2%	10%
	남	0%	71.7%	0%	19.2%
ㅅ.여덟+하고도		[여덜파고]	[여덜#하고]	여덥파고	여덥하#고
	여	23.2%	70.7%	4%	1%
	남	19%	72%	7%	0%
ㅇ.외곬+로		[외골로]	[외골쓰로]	[외고르로]	[외꼴로]
	여	96.9%	2%	1%	0%
	남	92%	3%	0%	2%
ㅈ.값+을		[갑쓸]	[가블]	[갑플]	[갑츨]
	여	93%	5%	2%	0%
	남	88%	8%	3%	1%

6) '여덟+을'의 구성에서는 많은 변이형태로 발음되었다. 따로 정리하면 다음과 같다.

여덟+을	[여덜블]	[여더를]	[여덜쓸]	[여덥쓸]	[여더올]	[여덜#을]	[여더블]	[여더슬]

위의 표를 보면 근소한 차이로는 남자에 비하여 여자들이 표준발음을 구사한다고 볼 수 있다.

(3ㄱ)이나 (3ㄴ), 그리고 (3ㅈ)에서 여자가 표준발음 [넉쓸], [목쓸], [갑쓸]로 발음하는 비율이 높게 나타났으며 남자들은 [너기], [모글], [가블] 발음의 비율이 여자에 비하여 높았다.

(3ㄷ)의 '닭은'의 경우 [달근] 표준발음 구사 비율이 여자가 약간 높게 나타났지만 오류발음인 [다근]이 남녀 모두에게서 95%로 나타나는 것으로 보아 표준발음 비율보다는 체언의 겹받침 'ㄺ'이 [ㄱ]으로 발음됨을 보여주는 자료로 그 의미를 찾아야 할 것이다. 이와 유사한 경우는 겹받침 'ㄼ'의 체언 '여덟'의 발음 (3ㅂ)과 (3ㅅ)에서도 나타난다.

겹받침이 들어간 '체언+조사'의 구성에서 남녀의 발음 특성을 찾는다면 오류발음에서 그 차이를 볼 수 있다.

먼저, 남자들은 겹받침 중 하나만을 발음하려는 경향이 높다. (3ㄱ)의 [너기], (3ㄴ)의 [모글], (3ㄹ)의 [사믈], (3ㅈ)의 [가블]에서 볼 수 있다. 이는 겹받침이 결합된 체언이 단독형으로 발음될 때의 발음인 [넉], [목], [삼], [갑]에 모음으로 시작하는 조사가 결합하면 그대로 연음하여 발음한 것으로 남자들은 비교적 편하게 발음하려는 경향이 높다고 할 수 있다. (3ㅁ) '앎만'에서는 겹받침 'ㄻ' 중 /ㄹ/가 탈락한 [암만]의 표준발음 비율이 남자가 높게 나타난 이유도 같은 이유로 볼 수 있다.

그리고 남자들은 겹받침의 발음을 좀더 강하게 발음하려는 경향이 있다. 이러한 경향은 (3ㄱ)의 [너씨], (3ㄴ)의 [목쓸], (3ㅈ)의 [갑플]과 [갑쓸]에서 나타난다. 이러한 오류발음을 '강조'의 경향으로 파악할 수 있는가 하는 문제를 제기할 수도 있으나 여자에게는 나타나지 않는 현상이므로 설명할 필

여자	4%	81%%	0%	0%	1%	2%	10%	3%
남자	0%	71.7%	3%	2%	4%	0%	19.2%	0%

요가 있다고 생각한다. '강조'라고 보는 이유는 된소리를 거센소리로 발음하는 경향 때문이다.[7]

2.2. '용언 어간 + 어미' 의 구성에서

겹받침을 가진 용언 어간이 어미와 결합하는 경우 어미의 음성적 조건에 따라 겹자음의 앞자음이 발음되기도 하고 뒷자음이 발음되기도 한다. 그리하여 2.1.의 '체언+조사'의 구성에서보다도 오류발음의 비율이 더 높다는 사실을 관찰할 수 있다. 오류발음의 비율이 더 높다는 사실은 남자와 여자의 발음차이가 두드러질 수 있다는 것을 의미하기도 한다.

겹받침을 가진 용언의 활용에서 남자와 여자의 성별에 따른 발음 차이를 구체적으로 살펴보고자 한다.

(4)		표준발음	오류발음		
ㄱ.애끊+는		[애끈는]	[애끌른]	[애끌#는]	[애끄른]
	여	41%	47%	11%	1%
	남	46%	52%	0%	1%
ㄴ. 끊이지		끄니지	끈히지	끈키지	끈치지
	여	30%	67%	0%	1%
	남	70%	18%	3%	3%
ㄷ.읽-+-는		[잉는]	[일른]	[일#는]	
	여	92%	4%	4%	

7) /ㅆ/로 발음해야 할 것을 /ㅊ/로 발음하는 것이 '강조'라 할 수 있는, 이를 뒷받침 할 수 있는 근거 자료는 체언 어간말의 /ㅊ/의 실현 양상에서 찾아볼 수 있다.
{빛이}의 표준발음은 /비치/이지만 젊은 세대일수록 /비시/로 발음한다. /ㅊ/를 /ㅅ/로 발음하는 이유는 음운론적 강도 위계로 인한 발음의 편의성 때문이라고 설명하고 있다. 즉 무성파찰음인 /ㅊ/보다 무성마찰음 /ㅅ/의 음운론적 강도가 약하므로 조음시 소요되는 에너지의 양이 적으므로 발음하기가 편하다는 것이다. 이와는 반대로 겹받침 발음에서는 '강조'하려는 화자의 의도로 인하여 무성마찰음 /ㅆ/보다 음운론적 강도 위계가 강한 /ㅊ/로 발음하는 것으로 볼 수 있다는 것이다.

	남	86%	6%	8%	
ㄹ. 늙+지		[늑찌]	[늘찌]		
	여	33.3%	66.7%		
	남	33%	76%		
ㅁ.밝+도록		[박또록]	[발또록]		
	여	4%	96%		
	남	8.1%	91.9%		
ㅂ.굵습니다		국씀니다	굴씀니다	굴ㄱ#씀니다	
	여	52%	45%	2%	
	남	60.6%	39%	0%	
ㅅ.긁+는		[긍는]	[글른]	[글#는]	
	여	96%	1%	3%	
	남	100%	0%	0%	
ㅇ. 맑+다가		[막따가]	[말따가]	말갇따가	
	여	21%	75%	4%	
	남	49.5%	60.6%	0%	

(4)에서는 겹받침 'ㄶ'과 'ㄺ'이 결합된 용언의 활용을 정리한 것이다. 이 표에서 가장 두드러진 특징은 여자의 표준발음 비율이 높지 않다는 것이다.

(4ㄱ) '애끊는'에서 관찰할 수 있는 것은 '애끓는'과의 형태적으로 혼란스러워 하는 모습이다.

(4ㄴ) '끊이지'에서 알 수 있는 사실은 여자들이 /ㅎ/를 탈락하지 않고 연음하여 발음하는 경향이 두드러진다는 점이다. 이는 뒤에서도 언급하겠지만 형태를 정확하게 읽으려고 하는 노력에서 비롯되었다고 말할 수 있다.

(4ㄷ)의 '읽는'의 경우와 (4ㄹ)의 '늙지'의 경우를 제외한 (4ㅁ) '밝도록', (4ㅂ)'굵습니다', (4ㅅ)'긁는', (4ㅇ)'맑다가' 에서는 여자가 남자에 비하여 겹받침 'ㄺ' 중 /ㄹ/로 발음하려는 경향이 높다는 사실을 확인할 수 있다. 이는 여자들이 부드러운 발음을 선호하는 것으로 해석된다.

(5)		표준발음	오류발음				
ㄱ. 넓+네		[널레]	[넘네]	[널#네]	[널ㅁ네]	[넌네]	
	여	0%	52.5%	**25.3%**	21.2%	1%	
	남	7%	51%	**15%**	27%	0%	
ㄴ. 떫+게		[떨께]	[떱께]	[떨ㅂ께]	[떨게]		
	여	68%	13.4%	**18.6%**	0%		
	남	71%	13%	**10%**	6%		
ㄷ. 짧지		짤찌	짭찌	짤ㅂ#찌	짬찌	짠찌	
	여	46%	5%	**49%**	0%	0%	
	남	60.6%	22.2%	**15.2%**	1%	1%	
ㄹ. 엷다		열따	엽따	열ㅂ#따			
	여	48%	17%	**35%**			
	남	555	19%	**26%**			
ㅁ. 섧+게		[설께]	[섭께]	[설ㅂ께]	[서럽께]	[설게]	[성께]
	여	46.5%	29.3%	**16.2%**	6.1%	2%	0%
	남	57%	38%	**10%**	3%	1%	1%
ㅂ. 떫게		떨께	떱께	떨ㅂ께	떨게		
	여	68%	13.4%	**18.6%**	0%		
	남	71%	13%	**10%**	6%		
ㅅ. 핥+고		[할꼬]	[한꼬]	[할코]			
	여	77%	4%	**19%**			
	남	93%	2%	**5%**			
ㅇ. 훑어		훌터	훈터				
	여	93%	7%				
	남	86%	13%				
ㅈ. 읊고		읍꼬	을꼬	을ㅂ꼬			
	여	45%	42%	**13%**			
	남	23%	70%	**7%**			
ㅊ. 끓는		끌른	끈는	끌#는	끈른		
	여	65%	4%	**30%**	1%		
	남	71%	17%	**12%**	0%		
ㅋ. 뚫네		뚤레	뚠네	뚤#네			
	여	5%	23%	**72%**			
	남	17%	32%	**51%**			

(5)에서는 겹받침 'ㄼ', 'ㄾ', 'ㄿ', 'ㅀ'을 가진 용언의 활용 발음 실태를 정리해 놓은 것이다. (5)에서도 (4)와 다름없이 표준발음의 실현비율이 여자가 낮다는 것을 알 수 있다. 더불어 (4ㄴ)에서도 나타난 현상으로 오류발음에서 여자들이 표기를 정확하게 읽으려하는 노력이 두드러짐을 알 수 있다. 겹받침은 둘다 발음될 수 없으므로 둘 중 하나의 자음은 탈락해야 한다. 그리고 겹자음이 탈락할 때에는 양순임(2007:188)에서도 언급하였지만 위치 강도 차이가 날 경우는 약한 소리가 탈락하고, 위치 강도 차이가 없을 경우에는 장애음이 탈락하여 공명음이 남는데 음절 끝소리로 장애음보다 공명음을 선호하는 것은 범언어적 현상임을 언급하였다. 따라서 (5ㄱ), (5ㄴ), (5ㄷ), (5ㄹ), (5ㅁ), (5ㅂ), (5ㅈ)에서는 장애음이 탈락하고 /ㄹ/로 발음해야 하는데 여자들은 남자에 장애음을 탈락시키지 않고 둘다 발음하려는 노력이 두드러짐을 알 수 있다.

그리고 (5ㅊ), (5ㅋ)에서는 겹받침 'ㅀ' 중 /ㅎ/가 탈락하고 남은 /ㄹ/가 뒤의 첫소리 /ㄴ/와 연쇄되어 표준발음인 [ㄹㄹ]로 발음된다. 그런데 [ㄹㄹ]로의 발음은 남자들이 좀더 비율이 높게 나타나고 여자들은 뒤에 결합된 어미의 형태를 유지하여 [ㄹㄴ]로 발음하려는 경향이 두드러지게 나타난다. 이는 발음을 하는데 더 많은 노력을 기울여야 하는 불편함이 있다. 그런데도 형태를 밝혀 발음하려는 것은 표기를 정확하게 읽으려고 하는 노력 때문이라 생각한다.

(6)		표준발음	오류발음				
ㄱ. 넓둥글-		[넙뚱글-]	[널뚱글]	[널ㅂ뚱글-]	[널둥글-]	[넙둥글-]	[널ㅂ둥글]
	여	52.5%	34.3%	5.1%	5.1%	1%	0.5%
	남	52%	33%	3%	6%	4%	0%
ㄴ. 밝게		발께	박께				
	여	99%	1%				
	남	98%	2%				
ㄷ. 넓죽한		넙쭈칸	널쭈칸	널ㅂ쭈칸			

	여	65%	35%	0%			
	남	57%	42%	25%			
ㄹ. 낡고		날꼬	낙꼬				
	여	100%	0%				
	남	99%	1%				

(6)은 겹받침 'ㄺ'에서는 /ㄹ/가 탈락하고, 'ㄼ'에서는 /ㅂ/가 탈락하여야 하는데 예외적으로 'ㄺ'에서 /ㄹ/로, 'ㄼ'에서 /ㅂ/로 발음되는 형태론적 구성에서의 겹받침 발음을 조사한 것이다.

(6ㄷ)의 '넓죽한'을 제외한 (6ㄱ), (6ㄴ), (6ㄹ)에서는 (4)와 (5)의 결과처럼 여자의 표준발음 비율이 남자에 비해 두드러지게 높지 않다. 또한 여자들이 [ㄹ]로의 발음을 선호하거나 형태를 정확하게 발음하려는 노력또한 눈에 띈다. 이러한 특성은 (4), (5)의 일반적인 겹받침 발음과 다르다고 해서 달라지지 않음을 알 수 있다.

(6ㄷ)의 '넓죽한'의 구성은 지금까지 나타난 여자들의 발음적 특성에서 벗어난다. 그 이유는 본고에서 다루는 음운적, 형태적 환경만으로는 설명할 수 없다. 여자들에게 '넓죽한'이 의미적, 통사적, 화용적으로 어떻게 사용되는지를 좀더 구체적으로 살펴볼 필요가 있다고 생각한다.

지금까지 겹받침을 가진 '체언+조사', '용언 어간+어미'의 구성에서 남자와 여자의 발음 양상을 구체적으로 살펴보았다. 본 연구를 통해 얻을 수 있었던 결과를 정리하면 다음과 같다.

첫째, 겹받침에 있어서는 여자의 표준발음 실현이 오히려 남자보다 낮게 나타난다.

둘째, 오류발음에 있어서 남자는 겹받침이 둘다 발음될 수 있는 환경에서도 장애음을 하나 탈락시키고 편하게 발음하는 경향이 나타났으며, 겹받침이 음성적 환경에 의해 된소리로 발음되는 경우에는 좀더 '강조'하여 거센소리로 발음하는 모습도 관찰할 수 있었다.

셋째, /ㄹ/가 들어간 겹받침의 오류발음에 있어서 여자는 부드러운 발음인 /ㄹ/로의 발음을 선호하였으며, 겹받침의 모두를 정확하게 발음하려는 노력이 두드러지게 나타났다. 또한 형태론적 구성에서 뒤에 결합하는 어미의 형태를 밝혀 발음하려는 경향이 눈에 띠게 나타났다. 이는 여자가 형태와 기능을 정확하게 전달하기 위한 노력을 남자에 비해 많이 하고 있음을 알 수 있다.

3. 부모의 지역별 특징에 따른 겹받침 실현양상

대학생 화자를 대상으로 발음을 녹음하기에 앞서 사전 설문지에 부모님의 고향을 적게 한 것은 부모님의 지역적 특성이 화자들에게 영향을 미칠 수도 있을 것이라는 생각에서였다. 그래서 조사 대상자 100명을 아버지 고향 중심으로 정리를 해 보고, 또 다시 어머니 고향 중심으로 정리를 해서 그러한 지역적 변인이 발음에 어떠한 영향을 미치는가를 다루고자 한다.

이진호(2012:286)에서는 겹받침 'ㄺ, ㄼ, ㄿ'에 있어서 어느 한 자음이 일관되게 탈락해야 할 필연적인 이유, 즉 음성학적, 국어사적 이유를 찾을 수 없어 동일한 겹받침이라도 변수에 따라 탈락 자음이 달라진다고 하였다. 그리고 이러한 탈락 자음의 상이함은 보통 방언의 차이에서 비롯된다고 언급하였다.

이진호(2012:278)에서는 겹받침의 지역별 실현 양상을 살펴볼 때 겹받침을 가진 체언으로는 '닭'과 '값'에 주목하였다. '여덟'이나 '외곬'의 경우는 장애음 /ㅂ/와 /ㅅ/가 더 이상 발음되지 않는다고 보았기 때문이다. 따라서 본 연구에서도 이진호(2012)의 연구와 비교 분석하기 쉽게 '닭'과 '값' 위주로 살펴보도록 한다.

그리고 겹받침을 가진 용언의 경우는 겹받침 'ㄺ', 'ㄼ', 'ㄿ'을 중심으로 살펴보도록 한다.

3장에서 살펴볼 어휘 항목은 다음과 같다.

(7) ㄱ. 체언 + 조사
ㄺ : 닭
ㅄ : 값
ㄴ. 용언 어간 + 어미
ㄺ : 읽다, 늙다, 밝다, 붉다, 굵다, 긁다, 맑다
ㄼ : 넓다, 밟다, 넓죽하다, 넓둥글다, 짧다, 엷다, 섧다, 떫다
ㄿ : 읊다

3.1. 아버지 중심으로

아버지의 고향을 중심으로 조사 대상의 발음을 정리해 놓고 오류발음에 나타나는 발음 유형에 아버지의 지역적 특성이 반영되었는가를 살펴보고자 한다.

(8)	변이형태 아버지고향	[달근]	[다근]	[닥#은]	[닥쓴]
ㄱ.	서울	37.5%	17.4%	0	0
ㄴ.	경기도	25%	20%	0	0
ㄷ.	강원도	0%	6.3%	0	0
ㄹ.	충청도	0%	15.8%	0	0
ㅁ.	전라도	37.5%	23.7%	100%	100%
ㅂ.	경상도	0	16.8%	0	0

(8)은 겹받침 'ㄺ'을 가진 체언 '닭'에 조사 '은'이 결합된 '닭은'의 형태론적 구성이 아버지의 고향 중심으로 발음되는 현황을 정리해 놓은 것이다. 이진호(2012:279)에서는 겹받침 'ㄺ'이 모두 실현되는 지역은 경기도, 충청북도, 경상북도, 강원도 등에 분포되어 있지만 다소 산발적인 모습이며, 겹받침 대신 홑받침으로 실현되는 지역은 그 분포가 훨씬 넓다고 하였다. 특

히 [다리], [다릴]과 같이 /ㄹ/로 발음되는 지역은 주로 경상도 동부에 위치한다고 하였다. 위의 표에서 특징적인 것은 서울, 경기도 출신 아버지를 둔 대학생이 표준발음인 [달귿]으로 구사한 비율이 [달귿]으로 발음한 전체 중 62.5%로 나타난다. 그리고 [닥#읃]이나 [닥쓷]과 같은 변이형태를 발음한 20대의 경우는 전라도 출신의 아버지를 둔 화자가 발음한 것으로 나타난다.

(9)	변이형태 아버지고향	[갑쓸]	[가블]	[갑플]	[갑츨]
ㄱ.	서울	20.1%	0%	0%	0%
ㄴ.	경기도	21.2%	13.3%	0%	0%
ㄷ.	강원도	6.7%	0%	0%	0%
ㄹ.	충청도	16.7%	0%	0%	0%
ㅁ.	전라도	23.5%	40%	20%	100%
ㅂ.	경상도	11.7%	46.7%	80%	0%

(9)에서도 전라도, 경상도 출신의 아버지를 둔 20대 화자들의 경우는 [가블], [갑플], [갑츨]과 같은 다양한 변이형태로 발음함을 살펴볼 수 있다. 경기도 출신 아버지를 둔 화자 중 [가블]로 발음한 경우 어머니를 살펴보니 전라도 출신이었다.

(11)	변이형태 아버지고향	[짤찌]	[짭지]	[짤ㅂ찌]
	서울	20.8%	18.5%	12.5%
	경기도	16.9%	33.3%	18.8%
	강원도	7.5%	0%	4.7%
	충청도	17.9%	18.5%	9.4%
	전라도	22.6%	18.5%	32.8%
	경상도	14.2%	11.1%	21.9%

(26ㅁ)에서 [짤ㅂ찌]로 발음하는 화자 중 전라도, 경상도 출신 아버지를 둔 20대 화자가 54.7%에 해당되었다. 그에 반해서 [짭찌]로 발음하는 화자 중 서울과 경기도 출신 아버지를 둔 화자는 51.8%로 나타났다.

(12)	변이형태 아버지고향	[밥또록]	[발또록]
	서울	15%	18.3%
	경기도	25%	19.4%
	강원도	5%	6.1%
	충청도	5%	32.8%
	전라도	20%	25.6%
	경상도	30%	14.4%

(12ㅂ)의 표에서는 [밥또록]으로 발음하는 화자의 경우 전라도 경상도 출신 아버지를 둔 화자가 50%로 나타났다. [발또록]으로 발음하는 화자의 경우 전라도와 경상도 그리고 충청도 출신 아버지를 둔 화자 72.8%로 나타났다.

(12)에서 제시한 것 이외의 겹받침 발음에서는 지역적 특성이 두드러지게 나타나지 않았다. 그리고 어머니의 출신 지역에 따른 발음적 특성또한 아버지에 비하여 특성이 잘 드러나지 않아 본고에서는 언급하지 않도록 하겠다.

제시한 자료만을 갖고 아버지의 출신 지역이 20대의 발음에 영향을 미친다고 단정적으로 주장할 수는 없지만 일부 영향을 끼친다는 사실은 인정하여야 할 것이다.

4. 맺음말

지금까지 서울·경기 지역 출신의 20대 대학생들의 겹받침 발음 현상을 살펴보았다. 그 결과 겹받침이 들어간 형태론적 구성 중 '용언+어미'의 구성보다는 '체언+조사'의 구성에서 표준발음 실현 비율이 비교적 높게 나타났다. 그리고 대학생들에게 부모님의 출신 지역이 적게나마 영향을 미친다는 사실도 확인할 수 있었다.

부족한 자료이지만 본 연구를 통하여 앞으로 겹받침의 발음 실태를 조사에 필요한 내용을 언급하자면 다음과 같다. '용언+어미'의 구성에서 오류발음이 나타나는 원인을 좀더 구체적으로 살펴볼 필요가 있다. 그리고 부모님의 출신 지역에 따른 영향을 명확하게 하기 위해서는 좀더 많은 모집단을 대상으로 연구할 필요가 있다고 생각한다.

참고문헌

김 현(2004ㄱ), "음운규칙과 형태음운규칙의 구분에 대하여", 『국어교육』112, 한국국어교육연구학회.

김 현(2004ㄴ), "활용상에 보이는 형태음운론적 변화의 원인과 유형", 서울대 박사학위논문.

김승곤(1987), "겹받침 가운데 한 받침의 묵음화에 관한 생리 음성학적 원인 고찰", 『장태진 박사 회갑기념 국어국문학 논총』, 삼영사.

김연희(2010), "형태·통사적 구성에서의 /ㄹ/음의 결합 양상 연구", 건국대박사학위논문.

김연희(2011), "형태적 구성에 나타나는 겹받침 발음 연구Ⅰ-표준 발음을 중심으로", 『겨레어문학』46집, 겨레어문학회.

김우달(1998), "언어의 성차이에 관한 사회언어학적 설명" 『현대문법연구』Vol. 13, No.1, 현대문법학회.

김완진(1971), "음운현상과 형태론적 제약", 『학술원 논문집』10, 대한민국학술원.

배주채(1989), "음절말자음과 어간말자음의 음운론", 『국어연구』91, 서울대국어연구회.

배주채(2003), 『한국어의 발음』, 삼경문화사.

양순임(2002), "음절 끝 닿소리와 된소리되기", 부산대 박사학위 논문.

양순임(2007), 『말소리』, 제이앤씨.

오정란(1995), "국어 'ㄹ'음의 특성과 결합 제약", 『한국어학』2-1, 한국어학회

우혜정(1997), "여성어 연구에 대한 비판적 고찰: 사회언어학적 방법론을 중심으로, 한국외국어대학교 석사학위 논문.

이근영(2004ㄴ). "국어 음소 /ㄹ/에 관한 연구", 『제20회 한말연구학회 전국국어학 학술대회 발표논문집』, 한말연구학회.

이동석(2000), "ㄹ탈락 현상의 적용 환경과 발생 및 소멸 시기에 대하여", 「한국어학』6-1, 한국어학회.

이동석(2003), "모음간 ㄹ탈락 현상에 대하여", 『민족문화연구』38, 민족문화연구.

이병근·박창원 편(1998), 『음운II』, 태학사.
이병근·송철의 편(1998), 『음운 I 』, 태학사.
이병근(1981), “유음 탈락의 음운론과 형태론”, 한글 173-174호, 한글학회.
이세창(2006), “설정성 자음의 비음화와 설측음화에 관한 연구”, 『음성·음운·형태론 연구』 12-3, 한국음운론학회.
이진호(1997), “ㄽ ~ㄹ’ 표기의 공존에 대한 음운론적 해석”, 『관악어문연구』22, 서울대학교 국어국문학과.
이진호(1998), “국어 유음화에 대한 종합적 고찰”, 『국어학』31집, 국어학회.
이진호(2005), 『국어음운론강의』, 삼경문화사.
이진호(2012), 『한국어의 표준발음과 현실발음』, 아카넷.
이희승·안병희(2003), 『새로 고친판 한글 맞춤법 강의』, 신구문화사.
허 웅(1985), 『국어음운학 : 우리말 소리의 어제 · 오늘』, 샘문화사.
허 웅(1985), 『국어학-우리말의 오늘 · 어제』, 샘문화사.
홍미주(2003), “체언 어간말 (ㅊ), (ㅌ)의 실현에 대한 사회언어학적 분석”, 사회언어학 제11권 1호, 사회언어학회.

『한글맞춤법』(1988)과 『조선말규범집』(1987) 비교

김 병 건

1. 머리말

분단 이후 국어학계는 북한말에 대해 꾸준한 관심을 가져왔다. 하지만 분단이 고착화 · 장기화되면서 남북 언어 이질화[1]에 대한 걱정도 또한 늘어갔다. 남북 언어의 이질화는 '언어정책', 사회 · 경제 · 정치 체제 등의 영향으로 인한 '단어의 의미'[2], 남한의 『한글맞춤법』(1988)[3]과 북한의 『조선말규범집』(1987)[4]의 차이로 인한 '단어의 표기' 등에서 찾을 수 있다. 이 중 본 논문에서는 남북의 맞춤법 규정을 자세하게 비교해 봄으로써 남북 언어의 차이 중 '단어의 표기'의 차이를 알아보고자 한다.[5]

---

1) 처음부터 남북의 언어는 방언 간 차이 정도로 달랐기 때문에 '이질화'라는 용어는 맞지 않은 말일 수도 있다. 그러나 언어정책, 단어의 의미, 단어의 표기 등에서 큰 차이를 보이고 있는 것도 사실이기 때문에 남북 언어의 간극이 벌어짐에 대한 표현으로 '이질화'라는 용어를 사용하기로 한다. 남북 언어 '이질화'를 보다 정확하게 살피기 위해서는 단어와 그 의미에 대한 연구가 필수적이나, 이는 후속 연구로 미루도록 하겠다.

2) 남북 단어의 차이에 대해서는 최용기(2013) 참조.

3) 이하 『맞춤법』이라 한다.

4) 이하 『규범집』이라 한다.

5) 최호철(2012)에 따르면, 『조선말규범집』(1987)이 2010년에 개정되었다고 한다. 본 논문의 대상이 되는 '맞춤법' 규정은 제1항 일부와 제14항, 제15항이 소폭 바뀌었다고 한다. 이에 저자도 2010년 개정판 원본을 확인을 위해 백방으로 노력했으나 찾을 수가 없었다. 이렇듯 2010년 개정판이 1987년판과 비교해 많이 다르지 않다고 알려져 있고 원본 확인에 어려움이 있기 때문에 본 논문에서는 1987년판을 중심으로 남북의 맞춤법 규정을 비교하고, 최호철(2012)의 내용을 바탕으로 2010년 개정판의 내용을 반영토록 하겠다.

잘 알려져 있다시피 『맞춤법』과 『규범집』은 조선어학회의 『한글마춤법 통일안』(1933)이라는 하나의 뿌리에서 나온 두 개의 가지이다. 이들은 "'형태'와 '소리'의 절충"이라는 점에서는 같으나 "'형태'와 '소리' 중 어느 쪽을 우선으로 하는가"에서 차이를 보인다. 남한은 실제 발음을 우선으로 하고 형태를 밝혀 적는 체계로, 북한은 가능한 한 일정한 형태로 적고 그 외는 현실 발음을 반영하는 체계로 각각 발전했다. 이는 총칙에서 확인할 수 있는데, 이 방향성의 차이가 단어의 표기에서 어떤 차이를 만들어 내는지 본 논문에서 자세하게 살펴보려 한다.

본 논문에서는 띄어쓰기를 제외한 '맞춤법' 규정을 남한의 규정을 중심으로 북한의 규정과 비교하려 한다.[6] 크게 '총칙과 자모', '소리', '단어', '굴절', '준말' 다섯 부문으로 나눠 『맞춤법』과 『규정집』을 비교한다. 그리고 본 논문에서는 남북의 각 규정에 대한 개인적 평가는 가능한 한 하지 않고 차이점을 기술하는 태도를 취한다.

2. '총칙과 자모' 관련 규정 비교

2.1. '총칙' 규정 비교

총칙은 맞춤법의 전체를 지배하는 원칙에 해당하는 부분으로 남북은 각각 아래와 같이 정하고 있다.

6) 이하 편의를 위해 '남한'은 [남]으로, '북한'은 [북]으로 표기한다. 비교 대상이 되는 규정의 수는 [남]은 『맞춤법』에서 띄어쓰기 10개 항을 제외한 47개 항이며, [북]은 띄어쓰기가 독립되어 있기 때문에 『규범집』 중 '맞춤법' 27개 항이다.

『맞춤법』[7]	『규범집』
제1항 한글 맞춤법은 표준어를 소리대로 적되, 어법에 맞도록 함을 원칙으로 한다.	조선말맞춤법은 단어에서 뜻을 가지는 매개 부분을 언제나 같게 적는 원칙을 기본으로 하면서 일부 경우 소리나는대로 적거나 관습을 따르는것을 허용한다.

[남]은 총칙에서 표준어를 맞춤법의 대상으로 삼으며, 표준어의 발음대로 충실히 적어야 하며, 어법에 맞도록 표기해야 함을 밝히고 있다. 표기의 원칙에는 표음주의, 형태주의, 역사주의 등이 있을 수 있는데, [남]은 표음주의 원칙을 우선으로 하고 언어의 규칙성(=어법)에 따라 표기를 정리하는 형태주의 원칙이 뒤따르고 있음을 알 수 있다. 표음주의 원칙은 '엇개, 억개'로 적지 않고 '어깨'로 적는 근거('[남] 제5항' 참조)를 제공하고 있으며, 형태주의 원칙은 '같이'를 '가치'로 적지 않는 근거('[남] 제6항' 참조)를 제공해 준다.

반면 [북]은 '뜻을 가지는 부분을 언제나 같게 적는 원칙을 기본으로 하면서'라고 밝혀 [남]과 달리 형태주의 원칙을 우선으로 하고, '일부 경우 소리나는대로 적거나 관습을 따르는것을 허용한다'고 하여 표음주의 혹은 역사주의 원칙이 뒤따름을 알 수 있다.[8] 『《조선말규범집》 해설』[9]에 따르면, 형태주의 원칙을 기본으로 삼는 것은 "첫째, 단어에서 뜻을 가지는 매개부분을 언제나 꼭같은 모양으로 밝혀적기때문에 글을 보면서 그 뜻을 동시에 알수 있게 한다. 둘째, 써놓은 단어를 보고 동음이의어를 쉽게 가려낼수 있게 한다. 셋째, 지방에 따라 단어의 발음이 서로 다른 경우라도 약속된 규정대로 적기때문에 우리의 말과 글이 하나의 규범에 의하여 빨리 통일되고

---

7) [남]의 제2항과 제3항은 각각 띄어쓰기와 외래어표기법에 대한 것이어서 생략했다.

8) [북]의 이러한 형태주의 원칙 우선은 『조선어 신철자법』(1950)에서 이어져 내려온 것으며, 이는 김두봉의 학설에 영향을 받은 것으로 알려져 있다.(안병희 2001, 리의도 2013)

9) 『《조선말규범집》 해설』(1971, 사회과학출판사). 이하 『조_해설』로 줄여쓰도록 하겠다.

보급될수 있다."(2쪽)는 장점과 "우리 말이 가지고있는 여러가지 특성을 잘 나타낼수 있게 한다"(3쪽)고 밝히고 있다. 한편, ㊍에서 '불-삽'을 '부삽'으로 적는 것('㊍ 제16항' 참조)은 표음주의 원칙에 따르는 것이며, '짓밟다'의 '짓-'의 받침을 'ㅅ'으로 한 것은 관습에 따른 것으로('㊍ 제3항' 참조) 이는 역사주의 원칙을 바탕으로 한 것이다.

이런 표음주의 원칙과 형태주의 원칙의 적용 순서의 차이는 소리와 관련한 현상을 표기에 충실히 반영한 '두음법칙, 사이시옷' 등의 중대한 표기 차이를 가져오게 된다.

2.2. '자모' 규정 비교

『맞춤법』	『규범집』
제4항 한글 자모의 수는 스물넉 자로 하고, 그 순서와 이름은 다음과 같이 정한다.	제1항 조선어자모의 차례와 그 이름은 다음과 같다.

먼저 '자모의 이름'을 비교해보면 ㊐은 『訓蒙字會』(1527)에서 'ㄱ基役, ㄴ尼隱, ㄷ池㊟, ㄹ梨乙, …'이라고 표기한 전통을 따라 '기역, 니은, 디귿, 리을, …'이라고 쓰고 있는 데 반해 ㊍은 '기윽, 니은, 디읃, 리을, …'로 'ㅣ ㅡ'를 기본으로 이름을 새로이 만들었다. 'ㄲ, ㄸ, ㅃ, ㅆ, ㅉ'도 ㊐은 '쌍기역, 쌍디귿, 쌍비읍, …'으로 부르는 데 반해 ㊍은 '된기윽, 된디읃, 된비읍, …'으로 부른다.

『맞춤법』	『규범집』[10)
ㄱ(기역) ㄴ(니은) ㄷ(디귿) ㄹ(리을) ㅁ(미음) ㅂ(비읍) ㅅ(시옷) ㅇ(이응) ㅈ(지읒) ㅊ(치읓) ㅋ(키읔) ㅌ(티읕) ㅍ(피읖) ㅎ(히읗) ㄲ(쌍기역) ㄸ(쌍디귿) ㅃ(쌍비읍) ㅆ(쌍시옷) ㅉ(쌍지읒)	ㄱ(기윽) ㄴ(니은) ㄷ(디읃) ㄹ(리을) ㅁ(미음) ㅂ(비읍) ㅅ(시읏) ㆁ(이응) ㅈ(지읒) ㅊ(치읓) ㅋ(키읔) ㅌ(티읕) ㅍ(피읖) ㅎ(히읗) ㄲ(된기윽) ㄸ(된디읃) ㅃ(된비읍) ㅆ(된시읏) ㅉ(된지읒)

사전의 올림말 순서와 밀접한 관련이 있는 '자모의 순서'도 아래와 같이 남북이 다르다.

자음	『맞춤법』	ㄱㄲㄴㄷㄸㄹㅁㅂㅃㅅㅆㅇㅈㅉㅊㅋㅌㅍㅎ
	『규범집』	ㄱㄴㄷㄹㅁㅂㅅㅇㅈㅊㅋㅌㅍㅎㄲㄸㅃㅆㅉ
모음	『맞춤법』	ㅏㅐㅑㅒㅓㅔㅕㅖㅗㅘㅙㅚㅛㅜㅝㅞㅟㅠㅡㅢㅣ
	『규범집』	ㅏㅑㅓㅕㅗㅛㅜㅠㅡㅣㅐㅒㅔㅖㅚㅟㅢㅘㅝㅙㅞ

특히 (북)은 사전에서[11) '아, 야, 어, 여, …'와 같이 초성에 소리가 없는 단어들을 'ㅉ' 뒤에 놓고 있다. 반면 (남)은 'ㅆ'과 'ㅈ' 사이에 놓고 있다. 이는 "남한이 글자의 형태를 중시했다면 북한은 발음을 중시했다고 할 수 있다."[12)13)

---

10) 『규범집』에서는 자음글자의 다른 이름으로 '그, 느, 드, 르, 므, 브, 스, 응, 즈, 츠, 크, 트, 프, 흐, 끄, 뜨, 쁘, 쓰, 쯔'를 제시하고 있다. 최호철(2012; 262-263)에 따르면, 2010년 개정판에서는 '응'은 '으'로 부르도록 바뀌었다고 한다.

11) 『조선말대사전(증보판)』(2006) 참조. 이하 『조선말대사전(증보판)』은 『조_사전』으로 줄여쓰도록 하겠다.

12) 조오현 외(2005; 66-67) 참조.

13) 겨레말큰사전 남북공동편찬사업회(www.gyeoremal.or.kr)의 소식지인 『겨레말』(통권 10호)에 따르면, 《겨레말큰사전》 에서는 '기윽, 디읃, 시읏, …, 쌍기윽, 쌍디읃, …'으로 명칭과, 'ㄱ,ㄴ,ㄷ,ㄹ,ㅁ,ㅂ,ㅅ,ㅇ,ㅈ,ㅊ,ㅋ,ㅌ,ㅍ,ㅎ,ㄲ,ㄸ,ㅃ,ㅆ,ㅉ'으로 순서를 통합했다고 한다. 명칭에서는 "홑자음은 북측대로 '이으' 방식으로 통일하고, 겹자음은 북측의 '된-' 대신 남측의 '쌍-'으로 하여 절묘한 조화를 이루었다"고 밝히고 있으며, 순서에서는 "남측처럼 ㅇ을 앞에 위치시키도록 북측이 양보하고, ㄲ, ㄸ, ㅃ 등 된소리는 북측을 따라 남측이 양보"한 결과이다.

초성	『맞춤법』	ㄱㄲㄴㄷㄸㄹㅁㅂㅃㅅㅆㅇㅈㅉㅊㅋㅌㅍㅎ
	『규범집』	ㄱㄴㄷㄹㅁㅂㅅㅈㅊㅋㅌㅍㅎㄲㄸㅃㅆㅉㅇ
종성	『맞춤법』	ㄱ ㄲ ㄳ ㄴ ㄵ ㄶ ㄷ ㄹ ㄺ ㄻ ㄼ ㄽ ㄾ ㄿ ㅀ ㅁ ㅂ ㅄ ㅅ ㅆ ㅇ ㅈ ㅊ ㅋ ㅌ ㅍ ㅎ
	『규범집』	ㄱ ㄳ ㄴ ㄵ ㄶ ㄷ ㄹ ㄺ ㄻ ㄼ ㄽ ㄾ ㄿ ㅀ ㅁ ㅂ ㅄ ㅅ ㅇ ㅈ ㅊ ㅋ ㅌ ㅍ ㅎ ㄲ ㅆ

3. '소리' 관련 규정 비교

이 장에서는 구개음화, 'ㄷ'받침소리, 'ㅔ'로 발음되는 'ㅖ' 등 소리와 관련된 표기를 다룬다.

남북 모두 구개음화('[남] 제6항'), 'ㄷ'받침 소리('[남] 제7항', '[북] 제3항')의 표기에 대해서는 같다. 『규범집』에는 구개음화 관련 규정이 없으나 '[북] 제23항 1) (1) 례 ①'의 '벼훑이, 해돋이', '[북] 제23항 1) (1) 례 ④'의 '낱낱이, 샅샅이' 등과 『문화어 발음법』 '제8장 제21항'[14]에서 『맞춤법』과 같음을 확인할 수 있다.

내용	『맞춤법』	『규범집』	비교
구개음화	제6항 'ㄷ, ㅌ' 받침 뒤에 종속적 관계를 가진 '-이(-)'나 '-히-'가 올 적에는, 그 'ㄷ, ㅌ'이 'ㅈ, ㅊ'으로 소리나더라도 'ㄷ, ㅌ'으로 적는다. (예) 맏이, 핥이다, 해돋이,	×	같음

14)

제8장 닮기현상이 일어날 때의 발음 제21항 받침 《ㄷ, ㅌ, ㄾ》 뒤에 토나 뒤붙이인 《이》가 올 때 그 《이》는 각각 [지, 치]로 발음한다. 례: 가을걷이[가을거지], 굳이[구지], 해돋이[해도지], 같이[가치], 붙이다[부치다], 벼훑이[벼훌치], 핥이다[할치다]

	걷히다		
‘ㄷ’ 받침 소리	제7항 ‘ㄷ’ 소리로 나는 받침 중에서 ‘ㄷ’으로 적을 근거가 없는 것은 ‘ㅅ’으로 적는다. 예: 덧저고리, 돗자리, 엇셈, 웃어른	제3항 받침 《ㄷ, ㅌ, ㅅ, ㅆ, ㅈ, ㅊ》 가운데서 어느 하나로 적어야 할 까닭이 없는것은 관습대로 《ㅅ》으로 적는다. 례: 무릇, 빗나가다, 사뭇, 숫돌	같음

하지만 한자음의 표기는 아래와 같이 『규범집』 제25항과 『맞춤법』 제10 · 11 · 12항(두음법칙)의 차이를 보인다. [북]은 한자음대로 적는 것을 원칙으로 하나, [남]은 ‘녀, 뇨, …’, ‘랴, 려, 례, …’, ‘라, 래, …’ 등이 단어 첫머리에 오면 ‘여, 요, …’, ‘야, 여, 예, …’, ‘나, 내, …’ 등으로 발음하는 습관을 표기에 반영한다.

<table>
<tr><th>내용</th><th>『맞춤법』</th><th>『규범집』</th><th>비교</th></tr>
<tr><td rowspan="3">두음 법칙</td><td>제10항 한자음 ‘녀, 뇨, 뉴, 니’가 단어 첫머리에 올 적에는, 두음 법칙에 따라 ‘여, 요, 유, 이’로 적는다.
예: 여자(女子), 연세(年歲), 요소(尿素)</td><td rowspan="3">제25항 한자말은 소리마디마다 해당 한자음대로 적는것을 원칙으로 한다.
례: 국가, 녀자, 뇨소, 당, 락원, 로동, 례외, 천리마, 풍모

그러나 아래와 같은 한자말은 변한 소리대로 적는다.
례: 궁냥, 나사, 나팔, 류월, 시월, 오뉴월, 요기</td><td rowspan="3">다름</td></tr>
<tr><td>제11항 한자음 ‘랴, 려, 례, 료, 류, 리’가 단어의 첫머리에 올 적에는, 두음 법칙에 따라 ‘야, 여, 예, 요, 유, 이’로 적는다.
예: 양심(良心), 역사(歷史), 예의(禮儀)</td></tr>
<tr><td>제12항 한자음 ‘라, 래, 로, 뢰, 루, 르’가 단어의 첫머리에 올 적에는, 두음 법칙에 따라 ‘나, 내, 노, 뇌, 누, 느’로 적는다.
예: 낙원(樂園), 내일(來日), 노인(老人)</td></tr>
</table>

『맞춤법』의 '두음법칙'은 『한글마춤법통일안』(1933)의 제42 · 43 · 44항을 그대로 계승한 것이며, 1930년대에 어두에서 'ㄹ' 음과 'ㄴ' 음이 제대로 발음되지 않는 현상을 존중한 것이다. 하지만 『조_해설』에서는 '라지오, 로케트' 등의 예를 들며, "단어의 첫머리에서 《ㄹ》은 제대로 발음되지 않는 것으로 되여있었다. 그러나 실지 언어실천에서는 단어 첫머리의 《ㄹ》을 그대로 발음하는 새로운 발음현상이 발전하게 되었다."(263쪽)고 보고 있다. 즉, ㉯은 단어 첫머리의 'ㄹ'의 발음이 외래어 유입의 영향 등으로 가능해 졌다고 판단해, 이를 한자어 등에까지 확대시킨 것이다.

이러한 ㉯의 두음법칙 미적용은 형태주의 원칙의 하나의 결과이다. '녀성'의 '녀'는 '남녀'일 때도 같은 형태를 유지하므로 글자로 女의 의미를 바로 이해할 수 있다는 것이다. 이는 '여성/녀성, 낙원/락원' 등과 같은 차이뿐만 아니라, '겹쳐나는 소리'(㉰ 제13항[15])의 '연연불망(戀戀不忘), 유유상종(類類相從), 누누이(屢屢-)'와 '련련불망, 류류상종, 루루이'의 차이를 만들어낸다.

이와 같이 두음법칙은 남북의 표기와 발음 모두에 결정적 차이를 가져오는 대표적 예이며, '㉯ 총칙'의 '형태주의 원칙 우선'의 대표적인 예가 된다.

몇몇 모음 표기에서도 남북이 차이가 난다.

내용	『맞춤법』	『규범집』	비교
모음 표기	제8항 '계, 례, 몌, 폐, 혜'의 'ㅖ'는 'ㅔ'로 소리나는 경우가 있더라도 'ㅖ'로 적는다. 예 : 계수(桂樹), 혜택(惠澤), 사례(謝禮), 계집, 연몌(連袂), 핑계, 폐품(廢品), 계시다	제26항 한자말에서 모음 《ㅖ》가 들어있는 소리마디로는 《계》, 《례》, 《혜》, 《예》만을 인정한다. 례 : 계산, 계획, 례절, 례의, 실례, 세계, 혜택	다름

15) 『규범집』에서는 '㉰ 제13항'과 똑같은 규정은 없지만, 두음법칙 외의 차이는 발견되지 않는다.

	다만, 다음 말은 본음대로 적는다. 예: 게송(偈頌), 게시판(揭示板), 휴게실(休憩室)	그러나 그 본래소리가 〈게〉인 한자는 그대로 적는다. 례 : 게시판, 게재, 게양대	다름
	제9항 '의'나, 자음을 첫소리로 가지고 있는 음절의 'ㅢ'는 'ㅣ'로 소리나는 경우가 있더라도 'ㅢ'로 적는다. 예 : 의의(意義), 닁큼, 본의(本義), 무늬[紋], 보늬, 오늬, 희망(希望), 하늬바람, 희다, 늴리리, 유희(遊戲)	제27항 한자말에서 모음 《ㅢ》가 들어있는 소리마디로는 《희》, 《의》만을 인정한다. 례 : 순희, 회의, 희망, 유희, 의견, 의의	다름

"'예, 례'와는 달리 '계, 몌, 폐, 혜'의 'ㅖ'는 'ㅔ'로도 발음되기도 하지만[16] 'ㅖ'로 적도록" 한 '㉰ 제8항'은 '㉯ 제26항'과 '한자어', '몌, 폐'라는 두 가지 점에서 차이가 난다. 즉 ㉯에서는 한자어라고 할지라도 '몌, 폐'라면 '메, 페'로 쓴다는 것이며(1ㄱ), '한자어'가 아니라면 'ㅖ'를 ㉰과는 달리 'ㅔ'로 쓰는 경우가 있다(2ㄴ)는 말이 된다.

(1)		남	북
	ㄱ.	폐품(廢品)	페품
		개폐(開閉)	개페
		폐단(弊端)	페단
		분몌(分袂)	분메
		연몌(連袂)	련메
	ㄴ.	핑계	핑게[17]
		계면쩍다	게면쩍다

16) 『표준 발음법』 '제5항 다만 2' 참조.

17) '계집'과 '계시다' 등은 남북이 같다.

'㉠ 제8항 다만'과 '㉡ 제26항 그러나'에서 보듯, 한자어의 본래 소리를 무엇으로 보느냐에 따라 남북이 달라지기도 한다. 게시판(揭示板) 등의 揭는 남북이 같으나 휴게실(休憩室)의 憩는 ㉠에서는 '게', ㉡에서는 '계'로 쓴다는 점에서 다르다. 歪, 醵 등도 歪曲은 왜곡(歪曲,㉠)/외곡(㉡), 갹출(醵出,㉠)/거출(㉡)로 차이가 난다.[18)]

또 '㉠ 제9항'과 '㉡ 제27항'도 '한자어'라는 차이점을 가지기 때문에 ㉡에선 ㉠과 달리 고유어에서 'ㅢ'가 아닌 'ㅣ'로 표기되기도 한다.

(2) ㉠ ㉡
늴리리 닐리리

한자어 본음과 속음의 해석에서도 약간의 차이가 있다.

『맞춤법』	
제52항 한자어에서 본음으로도 나고 속음으로도 나는 것은 각각 그 소리에 따라 적는다.	
(본음으로 나는 것)	(속음으로 나는 것)
승낙(承諾)	수락(受諾), 쾌락(快諾), 허락(許諾)
만난(萬難)	곤란(困難), 논란(論難)
안녕(安寧)	의령(宜寧), 회령(會寧)
분노(忿怒)	대로(大怒), 희로애락(喜怒哀樂)
토론(討論)	의논(議論)
오륙십(五六十)	오뉴월, 유월(六月)
목재(木材)	모과(木瓜)
십일(十日)	시왕(十王), 시월(十月)
팔일(八日)	초파일(初八日)

18) 최용기(2013; 6)에 따르면, 이외에 '개전(改悛)-개준, 객담(喀痰)-각담, 발췌(拔萃)-발취, 사주(使嗾)-사촉, 준설(浚渫)-준첩, 항문(肛門)-홍문'(앞 ㉠-뒤 ㉡) 등의 독음이 다르다.

'[남] 제52항'은 [북]에는 명시적인 규정이 없으나 대체적으로 같다. 다만 [북]에서는 難의 속음을 인정하지 않고 곤난(困難), 론난(論難)으로 적으며, 論도 본음만을 인정해서 의론(議論, "어떤 문제에 대하여 서로 론의하는것"), 론의(論議, "의견을 내놓고 토론하거나 서로의 의견을 주고받는것")로 적는다는 차이를 가진다.[19]

또, 2음절 이상의 하나의 형태소 내부를 어떻게 적을지에 대한 규정인 '[남] 제5항 1.'과 '[남] 제5항 2.'는 각각 '[북] 제4항 례 2)', '[북] 제6항'과 내용이 같다. 이는 반드시 경음화가 일어나는 환경('[남] 제5항 다만' 참조)이 아님에도 불구하고 된소리로 난다면 된소리로 적어야 한다는 것이다. 예를 들어, '어깨'는 '엇-개' 또는 '억-개'처럼 적을 수도 있으나 두 형태소가 결합한 것이 아니기 때문에 된소리로 적는 것이 마땅하다는 것이다.

<table>
<tr><th>내용</th><th>『맞춤법』</th><th>『규범집』</th><th>비교</th></tr>
<tr><td rowspan="3">형태소 내부 표기</td><td>제5항 한 단어 안에서 뚜렷한 까닭 없이 나는 된소리는 다음 음절의 첫소리를 된소리로 적는다.</td><td rowspan="2">제4항 한 형태부안의 두 모음사이에서 나는 자음은 혀옆소리가 아닌 한에서 받침으로 적지 않는다.
례: 2) 기쁘다, 바싹, 부썩, 해쓱하다, 아끼다</td><td></td></tr>
<tr><td>1. 두 모음 사이에서 나는 된소리
예: 소쩍새, 어깨, 오빠, 으뜸, 아끼다, 기쁘다, 깨끗하다, 어떠하다, 해쓱하다, 가끔, 거꾸로, 부썩, 어찌, 이따금</td><td>같음</td></tr>
<tr><td>2. 'ㄴ, ㄹ, ㅁ, ㅇ' 받침 뒤에서 나는 된소리</td><td>제6항 한 형태부안에서 받침 《ㄴ, ㄹ, ㅁ, ㅇ》 다음의</td><td>같음</td></tr>
</table>

19) 『조_사전』에 따르면, '의논'은 앞의 '의론'과는 다른 말로 "어떤 문제를 풀기 위하여 의견을 주고받으며 토의하는것"이라는 뜻으로 한자어로 보지 않는다. 단어에 대한 구체적인 분석에 들어가면 한자어의 독음 차이에서 오는 다름이 더 확인될 가능성이 있지만, 현재로서 확인된 것은 본문에 서술된 정도이다. 추후 발전된 논의를 기대해 본다.

	예: 산뜻하다, 잔뜩, 살짝, 훨씬, 담뿍, 움찔, 몽땅, 엉뚱하다	소리가 된소리로 나는 경우에는 그것을 된소리로 적는다. 례: 걸써, 말씀, 뭉뚝하다, 반짝반짝, 벌써, 활짝, 훨씬, 알뜰살뜰, 옴짝달싹	
	다만, 'ㄱ, ㅂ' 받침 뒤에서 나는 된소리는, 같은 음절이나 비슷한 음절이 겹쳐 나는 경우가 아니면 된소리로 적지 아니한다. 예: 국수, 깍두기, 딱지, 색시, 싹둑(~싹둑), 법석, 갑자기, 몹시	×	같음

[북]에서는 하나의 형태소 내부 표기에 대해 '제4항 1)'과 '제5항' 등을 통해 [남]보다 자세히 규정하고 있는 것도 특징이다.

『규범집』
제4항 한 형태부안의 두 모음사이에서 나는 자음은 혀옆소리가 아닌 한에서 받침으로 적지 않는다. 례: 1) 겨누다, 디디다, 미덥다, 메추리, 비치다, 소쿠리, 시키다, 지키다, 여기다
제5항 한 형태부안의 두 모음사이에서 나는 혀옆소리는 《ㄹㄹ》로 적는다. 례: 걸레, 놀라다, 벌레, 실룩실룩, 빨래, 알락달락, 얼른

4. '단어' 관련 규정 비교

이 장은 새로운 단어를 만드는 방법인 파생법과 합성법으로 만들어진 파생어와 합성어의 표기에 대해 다룬다.

4.1. '합성어' 관련 규정 비교

둘 이상의 단어가 어울릴 때(즉 합성어일 때) 각각 그 형태를 밝혀서 적는 것은 남북 모두 같다. 이는 '칼날, 꽃잎'과 같은 명사뿐 아니라(㉰ 제27항) '넘어지다, 늘어나다'와 같은 용언에서도(㉰ 제15항 [붙임1] (1)) 동일하다. ㉯에서도 "《떨어지다》는 제8항을 좇아서 《떨어》로 어간과 토를 밝혀적어야 한다. 왜냐 하면 《낟알을 떨다》에서와 같이 동사 《떨다》가 있으며 거기서부터 《떨어》가 왔기때문이다."(『조_해설』 23쪽)라고 밝히고 있으며, 이는 ㉰과 차이가 없다.

내용	『맞춤법』	『규범집』	비교
합성어	제27항 둘 이상의 단어가 어울리거나 접두사가 붙어서 이루어진 말은 각각 그 원형을 밝히어 적는다. 예: 국말이, 꺾꽂이, 꽃잎, 끝장, 물난리, 칼날, 팥알, 값없다, 겉늙다, 굶주리다, 낮잡다, 맞먹다	제14항 합친말은 매개 말뿌리의 본래형태를 각각 밝혀 적는것을 원칙으로 한다. 례: 1) 걷잡다, 낮보다, 눈웃음, 돋보다, 물오리, 밤알, 손아귀, 철없다, 꽃철, 끝나다 2) 값있다, 겉늙다, 몇날, 빛나다, 칼날, 팥알, 흙내	같음
	제15항 용언의 어간과 어미는 구별하여 적는다. [붙임1] 두 개의 용언이 어울려 한 개의 용언이 될 적에, 앞말의 본뜻이 유지되고 있는 것은 그 원형을 밝히어 적고, 그 본뜻에서 멀어진 것은 밝히어 적지 아니한다. (1) 앞말의 본뜻이 유지되고 있는 것 예: 넘어지다, 늘어나다, 늘어지다, 돌아가다, 되짚어가다	제8항 말줄기와 토가 어울릴 적에는 각각 그 본래형태를 밝혀 적는것을 원칙으로 한다. 례: 같다, 같으니, 같아, 같지	같음

둘 이상의 단어가 어울릴 때 그 어울린 단어의 어원이 분명하지 않거나([남] 제27항 [붙임1], [남] 제27항 [붙임2]), 본뜻에서 멀어지면([남] 제15항 [붙임1] (2)) 원형을 밝히어 적지 않는 점도 남북이 같다. '오라비, 며칠'과 '드러나다, 쓰러지다'와 같은 예를 '올아비, 몇일', '들어나다, 쓸어지다'로 적지 않는 것이다.

내용	『맞춤법』	『규범집』	비교
합성어	제27항 둘 이상의 단어가 어울리거나 접두사가 붙어서 이루어진 말은 각각 그 원형을 밝히어 적는다.	×	
	[붙임1] 어원은 분명하나 소리만 특이하게 변한 것은 변한 대로 적는다. 예: 할아버지, 할아범		같음
	[붙임2] 어원이 분명하지 아니한 것은 원형을 밝히어 적지 아니한다. 예: 골병, 골탕, 끌탕, 며칠, 아재비	제14항 그러나 오늘날 말뿌리가 뚜렷하지 않은것은 그 본래 형태를 밝혀 적지 않는다. 례: 며칠, 부랴부랴, 오라버니, 이틀, 이태	같음
	제15항 [붙임1] (2) 본뜻에서 멀어진 것 예: 드러나다, 사라지다, 쓰러지다	제9항 말줄기에 토가 붙은 것으로 인정되는 경우에도 뜻이 딴 단어로 바뀐것은 그 말줄기와 토를 밝히지 않는다. 례: 드러나다, 쓰러지다	같음

둘 이상의 단어가 어울릴 때 앞말의 끝소리가 바뀌는 경우가 있다. '따님, 화살' 등은 '딸-님, 활-살'에서 'ㄹ'이 탈락한 경우이고, '사흗날, 숟가락' 등은 '사흘-날, 술-가락'에서 'ㄹ'이 'ㄷ'으로 바뀐 것이다. 'ㄹ'탈락은 '바늘-질 → 바느질'과 같이 접미사와의 결합에서도 나타난다. [남]에서는 합성어와 파생어의

'ㄹ'탈락 모두를 '[남] 제28항'에서 다루고 있으나 '[북] 제16항'에서는 합성어에서, '[북] 제20항'에서는 파생어에서 'ㄹ'이 탈락하는 현상을 따로 다루고 있다.

이들을 소리 나는 대로 적도록 되어 있는 점도 남북이 같다.[20)]

내용	『맞춤법』	『규범집』	비교
합성어와 파생어: ㄹ탈락	第28항 끝소리가 'ㄹ'인 말과 딴 말이 어울릴 적에 'ㄹ' 소리가 나지 아니하는 것은 아니 나는 대로 적는다. 예: 다달이, 따님, 마되, 바느질, 여닫이	第16항 합친말을 이룰적에 빠진 소리는 빠진대로 적는다. 례 : 다달이, 마소, 무넘이, 부나비, 부넘이, 부삽, 부손, 소나무, 수저, 화살, 여닫이 第20항 말뿌리와 뒤붙이가 어울려 파생어를 이룰적에 빠진 소리는 빠진대로 적는다. 례 : 가으내, 겨우내, 무질, 바느질	같음
합성어: ㄹ→ㄷ	第29항 끝소리가 'ㄹ'인 말과 딴 말이 어울릴 적에 'ㄹ' 소리가 'ㄷ' 소리로 나는 것은 'ㄷ'으로 적는다. 예: 반짇고리, 사흗날, 삼짇날	第17항 합친말에서 앞말뿌리의 끝소리 《ㄹ》이 닫김소리로 된것은 《ㄷ》으로 적는다. 례 : 나흗날, 사흗날, 섣달, 숟가락, 이튿날	같음

둘 이상의 단어가 어울릴 때 아래 명사의 첫소리가 된소리로 나거나 'ㅂ, ㅎ, ㄴ' 등의 소리가 덧나는 등 발음에 변화가 생기는 일이 있다. 이 중간의 발음 변화를 정확하게 표기하기 위한 표기법으로 '[남] 제30항', 일명 '사이시옷' 관련 규정과 '[남] 제31항'의 'ㅂ덧나기 · ㅎ덧나기', '[남] 제27항 [붙임3]'의 'ㄴ덧나기' 관련 규정이 있다.

---

20) '[북] 제16항'의 예인 '무넘이, 부넘이'를 [남]에서는 '무넘기, 부넘기'로 쓴다는 정도로만 다르다.

내용	『맞춤법』	『규범집』	비교
합성어: 사이시옷	제30항 사이시옷은 다음과 같은 경우에 받치어 적는다.	제15항 [붙임] 소리같은 말인 다음의 고유어들은 혼동을 피하기 위하여 아래와 같이 적는다. 례: 샛별 - 새 별(새로운 별) 빗바람(비가 오면서 부는 바람) - 비바람(비와 바람)	다름
합성어: ㅂ덧나기 · ㅎ덧나기	제31항 두 말이 어울릴 적에 'ㅂ' 소리나 'ㅎ' 소리가 덧나는 것은 소리대로 적는다. 1. 'ㅂ' 소리가 덧나는 것 예: 댑싸리, 멥쌀, 볍씨, 입때, 입쌀, 접때, 좁쌀, 햅쌀 2. 'ㅎ' 소리가 덧나는 것 예: 머리카락, 살코기, 수캐, 수컷, 수탉, 안팎, 암캐, 암컷, 암탉	제15항 합친말을 이룰적에 《ㅂ》이 덧나거나 순한소리가 거센소리로 바뀌여나는 것은 덧나고 바뀌여나는대로 적는다. 례: 마파람, 살코기, 수캐, 수퇘지, 좁쌀, 휘파람, 안팎	같음
합성어: ㄴ덧나기	제27항 둘 이상의 단어가 어울리거나 접두사가 붙어서 이루어진 말은 각각 그 원형을 밝히어 적는다. [붙임3] '이[齒, 虱]'가 합성어나 이에 준하는 말에서 '니' 또는 '리'로 소리날 때에는 '니'로 적는다. 예: 간니, 덧니, 사랑니, 송곳니, 앞니, 어금니, 윗니, 젖니, 톱니, 틀니, 가랑니, 머릿니	제25항 한자말은 소리마디마다 해당 한자음대로 적는것을 원칙으로 한다. 례: 국가, 녀자, 뇨소, 당, 락원, 로동, 례외, 천리마, 풍모	다름

먼저 '사이시옷'은 조선어학회의 『한글 마춤법 통일안』(1933)과 한글학회의 『한글맞춤법』(1980)에서 이어진 규정으로 ㉯에서도 『조선말규범집』(1966) 이전까지 사이표(')로 유지되었으나[21] 현재에는 『문화어발음법』 '제

21) 『조선말규범집』(1966)에서는 아래와 같은 규정을 두어 사이표(=사이시옷)를 삭제하고,

9장'[22]을 통해 발음현상으로만 처리하고 표기법에서는 반영하고 있지 않다. 즉 '사이시옷'과 관련하여, 남북은 발음상 차이는 없으나 표기에서 달라지게 된 것이다.[23] ㊍의 '사이시옷' 표기법 미반영은 두음법칙과 같이 '형태주의 원칙'을 반영한 것이다. 예를 보이면 아래와 같다.(예의 앞은 ㊏, 뒤는 ㊍)

(3) ㄱ. 고랫재-고래재, 귓밥-귀밥, 나룻배-나루배 등
ㄴ. 멧나물-메나물, 냇물-내물, 빗물-비물 등
ㄷ. 두렛일-두레일, 베갯잇-베개잇, 깻잎-깨잎 등
ㄹ. 귓병-귀병, 머릿방-머리방, 찻잔-차잔 등
ㅁ. 곗날-계날, 제삿날-제사날, 양칫물-양치물

조선말규범집(1988)에서는 이 조항마저 없애서 맞춤법에서는 사이표가 완전히 사라지게 된다.

> 제18항 종전에 써오던 사이표(')는 발음교육 등을 목적으로 하는 특수한 경우를 제외하고는 모두 없앤다.

사이표(=절음부) 관련 규정이 있는 『조선어 신철자법』(1950), 『조선어 철자법』(1954)는 리의도(2013; 199, 206) 참조.

22) 제9장 사이소리현상과 관련한 발음

> 제26항 합친말(또는 앞붙이와 말뿌리가 어울린 단어)의 첫 형태부가 자음으로 끝나고 둘째 형태부가 《이, 야, 여, 요, 유》로 시작될 때는 그사이에서 [ㄴ]소리가 발음되는것을 허용한다.
> 례: ―논일[논닐], 밭일[받일→반닐], 꽃잎[꼳입→꼰닙], 어금이[어금니]
> ―짓이기다[짇이기다→진니기다], 옛이야기[옏이야기→옌니야기]
> 제27항 합친말(또는 앞붙이와 말뿌리가 어울린 단어)의 첫 형태부가 모음으로 끝나고 둘째 형태부가 《이, 야, 여, 요, 유》로 시작될 때에는 적은대로 발음하는것을 원칙으로 하면서 일부 경우에 《ㄴ ㄴ》을 끼워서 발음하는것을 허용한다.
> 례: ―나라일[나라일], 바다일[바다일], 베개잇[베개잇]
> ―수여우[순녀우], 수양[순냥]
> 제28항 앞말뿌리가 모음으로 끝나고 뒤말뿌리가 순한소리나 울림자음으로 시작된 합친말 또는 단어들의 결합에서는 적은대로 발음하는것을 원칙으로 하면서 일부 경우에 《ㄷ》을 끼워서 발음하는것을 허용한다.
> 례: ―개바닥[개바닥], 노래소리[노래소리], 사령부자리[사령부자리]
> ―가위밥[가윋밥→가위빱], 배전[밷전→배쩐], 쇠돌[쇧돌→쇠똘], 이몸[읻몸→인몸]

23) '두음법칙'은 표기와 발음 모두 남북이 다르나, '사이시옷'은 표기면에서의 차이만을 가진다는 점이 다르다.

ㅂ. 가윗일-가외일, 사삿일-사사일 등

ㅅ. 곳간[庫間]-고간, 셋방[貰房]-세방, 숫자[數字]-수자, 찻간[車間]-차간, 툇간[退間]-퇴간, 횟수[回數]-회수

㉿은 '제15항 [붙임]'에서 보듯, 고유어 동음이의어(=소리같은 말)의 구별을 위해 '사이시옷'을 한정적으로 사용하고, 몇몇에 개별적으로 설정한다. 개별적으로 설정된 예는 '㉿ 제18항'의 예 '뒷일, 햇가지, 아랫집, 웃집, 옛말, 헛디디다' 등에서도 확인할 수 있다.

『규범집』
제18항. 앞붙이와 말뿌리가 어울릴적에는 각각 그 본래형태를 밝혀적는것을 원칙으로 한다. 례 : -갖풀, 덧신, 뒷일, 맏누이, 선웃음, 참외, 햇가지, 아랫집, 웃집, 옛말 -빗보다, 싯허옇다, 짓밟다, 헛디디다

『조_사전』에 따르면, '해:햇-', '예:옛-' '허:헛-'의 '해, 예, 허'는 명사, '햇-, 옛-, 헛-'은 접두사(=앞붙이)이다. 하지만 '뒷-, 아랫-, 웃-' 중 '웃-'[24]은 『조_사전』에 접두사로 올라 있으나, '뒷-, 아랫-'은 없다. 즉, 북 제18항의 예 '뒷일, 아랫집'은 『조선말규범집』(1966)에서는 없던 예로[25] 『규범집』에서 추가되었으나 현재는 사용하지 않는 것으로 보인다.[26]

덧붙여, '㉿ 제18항'의 예에서는 '싯허옇다'가 눈에 띈다. ㉰에서는 '새-/시-'는 된소리와 거센소리 앞에서 쓰고, '샛-/싯-'은 울림소리 앞에서 쓰고 있다.

---

24) ㉰의 '윗-'과 '웃-'의 의미를 모두 포함하는 말로서 '우'(=㉰ 위)와 관련있는 접두사이다.

25)

제19항 접두사와 어근이 어울릴적에는 각각 그 본디형태를 밝혀적는다. 례: 덧신, 덧저고리, 맏누이, 빗보다, 선웃음, 짓밟다, 참외, 헛디디다

26) 최호철(2012; 264)에 따르면, 『조선말규범집』 2010 개정판에서는 '제15항 [붙임]' 항목이 삭제되었다고 한다. '뒷일, 아랫집'이 『조_사전』의 올림말이 아닌 것은 이런 개정의 흐름이 반영된 것으로 보인다.

(4) ㄱ. 새까맣다, 시꺼멓다 / 새빨갛다, 시뻘겋다 / 새파랗다, 시퍼렇다 / 새하얗다, 시허옇다
ㄴ. 샛노랗다, 싯누렇다

즉, '㉥ 제18항'의 '싯허옇다'는 ㉯에서는 잘못된 표기가 된다.

『조_사전』 확인 결과, ㉥에서는 '새-/시-'와 '샛-/싯-'의 구분 방식이 ㉯과 다르다. ㉥에서는 '하얗다, 허옇다'뿐 아니라 '노랗다, 누렇다'도 ㉯과 달리 '새-/시-', '샛-/싯-' 모두 결합 가능하다. 이들은 조금 다른 뜻으로 쓰이고 있다.

(5) ㄱ. 새하얗다 : 매우 하얗다.
ㄴ. 샛하얗다 : 아주 산뜻하게 하얗다.
ㄷ. 시허옇다 : 매우 허옇다.
ㄹ. 싯허옇다 : 다할 수 없이 아주 허옇다.
(6) ㄱ. 새노랗다 : 산뜻하고 짙게 노랗다.
ㄴ. 샛노랗다 : 매우 산뜻하게 노랗다.
ㄷ. 시누렇다 : 아주 누렇다.
ㄹ. 싯누렇다 : 선명하고 짙게 누렇다.

'㉯ 제31항'과 '㉥ 제15항'에서 보듯, 'ㅂ' 소리가 덧나면 그 소리를 표기에 반영한다. 하지만 몇몇 단어는 남북이 다르다.

(7) ㄱ. ㉯ 볍씨, 입쌀, 햅쌀
ㄴ. ㉥ 벼씨, 흰쌀, 햇쌀

'㉯ 볍씨/㉥ 벼씨'와 같이 ㉯에서는 'ㅂ' 소리가 덧난 것으로 인정하는 말이 ㉥에서는 그렇지 않은 경우가 있으며, 남북 모두 "그 해에 새로 난"이라는 의미로 '햇가지, 햇감자, 햇강냉이, 햇강아지, …'처럼 쓰이는 '햇-'은 ㉯에서는 쌀에는 특별히 '햅-'(햅쌀)으로 표기한다는 점에서 다르다.

'ㅎ'이 덧나는 소리는 『규범집』과 『조_사전』의 올림말이 차이 난다. 『규

범집』의 규정과 예는 ㊔과 차이가 없으나, 『조_사전』에서는 '㊍ 제15항'과는 다르게 '살코기, 수캐, 수탉, 암캐, 암퇘지' 등을 '살고기, 수개, 수닭, 암개, 암돼지'의 잘못으로 보고 있다. 하지만 '수컷, 암컷'은 '수것, 암것'으로 표기하지 않는데, 이를 보아 완전히 굳어진 것은 인정하고, 'ㅎ' 소리가 덧나는 많은 단어들의 표기에서 'ㅎ' 소리를 제외하고 발음현상의 하나로 취급하여[27] '형태주의 원칙'을 반영하려 하는 것으로 보인다.[28]

'㊔ 제27항 [붙임3]'의 'ㄴ덧나기'는 '간-이, 덧-이, 사랑-이' 등이 '간니, 덧니, 사랑니' 등으로 발음되는 것을 표기에 반영한 것이다. ㊍에서는 이를 표기에서 반영하지 않고 발음 현상으로 처리한다.[29] 虱의 뜻인 '이'도 이와 한가지이다.

'이'[齒, 虱]에 대한 표기 차이를 정리하면 아래와 같다.

『맞춤법』	『규범집』
간니 덧니 사랑니 송곳니 앞니 어금니 윗니 젖니 톱니 틀니 가랑니 머릿니	간이 덧이 사랑이 송곳이 앞이 어금이 웃이 젖이 톱이 틀이 가랑이 머리이

4.2. '파생어' 관련 규정 비교

'접두사' 관련 규정은 '㊔ 제27항', '㊍ 제18항'에 있다. 접미사가 붙어서

---

27) 이와 관련된 『조_사전』의 예를 하나 들어보이면 아래와 같다.

살고기 [명] [ㅡ코ㅡ] 뼈, 비계, 힘줄 같은것이 섞이지 않은 살로만 된 고기.

28) 최호철(2012; 264)에서 소개된, 2010 개정판 제14항에는 『규범집』과 달리 아래와 같은 항목이 추가되었다.

> 《암,수》와 결합되는 동물의 이름이나 대상은 거센소리로 적지 않고 형태를 그대로 밝혀 적는다.
> 례: 수돼지, 암돼지, 수개, 암개, 수기와, 암기와

29) 이와 관련된 『조_사전』의 예를 하나 들어보이면 아래와 같다.

덧이 [명] [던니] 이가 가지런히 난 줄에서 밖으로 삐여져 덧붙은것처럼 난 이.

된 말은 [남]은 제19항에서 제26항에 이르는 긴 규정이고, [북]은 '제6장 말뿌리와 뒤붙이기(또는 일부 토)의 적기'의 '제19항, 제21항~제23항'과 '제3장 말줄기와 토의 적기'의 '제9항 일부'와 관련이 있다.

'접두사'가 붙은 말은 그 원형을 밝혀 적는다. 이는 남북이 같다.

내용	『맞춤법』	『규범집』	비교
접두사	제27항 둘 이상의 단어가 어울리거나 접두사가 붙어서 이루어진 말은 각각 그 원형을 밝히어 적는다.	제18항 앞붙이와 말뿌리가 어울릴적에는 각각 그 본래형태를 밝혀적는것을 원칙으로 한다.	같음

'접미사'가 붙은 말의 규정도 남북이 대체적으로 같으나, 아래의 몇몇에서 차이를 보인다.[30)]

내용	『맞춤법』	『규범집』	비교
접미사	제22항 용언의 어간에 다음과 같은 접미사들이 붙어서 이루어진 말들은 그 어간을 밝히어 적는다. 2. '-치-, -뜨리-, -트리-'가 붙는 것 예: 놓치다, 부딪뜨리다/부딪트리다,	제19항 자음으로 시작한 뒤붙이가 말뿌리와 어울릴적에는 각각 그 형태를 밝혀적는것을 원칙으로 한다. 3) 힘줌을 나타내는 《치》 례: 놓치다, 덮치다, 받치다, 뻗치다, 엎치다	같음
	제21항 명사나 혹은 용언의 어간 뒤에 자음으로 시작된 접미사가 붙어서 된 말은 그 명사나 어간의 원형을 밝히어 적는다. 다만 다음과 같은 말은 소리	제21항 《ㄺ, ㄼ, ㄾ, ㅀ》 등의 둘받침으로 끝난 말뿌리에 뒤붙이가 어울릴적에 그 둘받침중의 한 소리가 따로 나지 않는것은 안나는대로 적는다.	일부 다름

30) 차이를 보이지 않는 나머지 접미사 관련 규정을 비교하면 아래 표와 같다. 몇몇은 『규범집』에 같은 조항이 없으나, 실제로는 차이가 나지 않는다. '[남] 제19항 [붙임] (3)'도 '[북] 제9항'과 같으나 '5. '굴절' 관련 규정 비교'에서 설명하기 위해 이 표에서는 제외했다.

	대로 적는다. (1) 겹받침의 끝소리가 드러나지 아니하는 것 예: 할짝거리다, 널따랗다, 널찍하다	례: 말끔하다, 말쑥하다, 실쭉하다, 할짝할짝하다, 얄팍하다	
	제23항 '-하다'나 '-거리다'가 붙는 어근에 '-이'가 붙어서 명사가 된 것은 그 원형을 밝히어 적는다. 예: 깔쭉이, 꿀꿀이, 더펄이, 살살이, 쌕쌕이	×	일부 다름
	제25항 '-하다'가 붙는 어근에 '-히'나 '-이'가 붙어서 부사가 되거나, 부사에 '-이'가 붙어서 뜻을 더하는 경우에는 그 어근이나 부사의 원형을 밝히어 적는다. 2. 부사에 '-이'가 붙어서 역시 부사가 되는 경우 예: 곰곰이, 더욱이, 생긋이, 오뚝이, 일찍이, 해죽이	×	일부 다름
	제54항 다음과 같은 접미사는 된소리로 적는다. 예: 심부름꾼, 때깔, 빛깔, 성깔, 귀때기, 뒤꿈치, 코빼기, 객쩍다, 겸연쩍다	×	일부 다름

'[남] 제22항 2.'는 '-치-, -뜨리-, -트리-'가 붙은 말은 어간을 밝혀적는다는 규정인 반면 '[북] 제19항 3)'은 '-치-'에 대한 규정이어서 '-뜨리-, -트리-'에 대한 규정은 [북]에는 따로 있지 않음이 확인된다. 하지만 『조_사전』에서 '부딪뜨리다, 쏟뜨리다, 젖뜨리다, 찢뜨리다'가 확인되기 때문에 '-뜨리-'에 대해서는 [북]에 규정이 없으나 차이가 없음을 알 수 있다. 반면 '-트리-'(예를 들어, 부딪트리다, 쏟트리다, 젖트리다 등)가 붙은 말은 『조_사전』에서 찾을 수 없는바 접미사 '-트리-'는 [북]에선 인정하지 않는 것으로 보인다.

'[남] 제21항 다만 (1)'은 명사나 용언의 어간 뒤에 자음으로 시작된 접미사가 붙어서 새말을 만들 때 어간 등의 겹받침의 끝소리가 드러나지 않으면 소리대로 적는다는 규정이다. '할짝거리다, 말끔하다, 실쭉하다' 따위는 '핥-, 맑-, 싫-'과 관련이 있으나 'ㄾ, ㄺ, ㅀ' 중 'ㅌ, ㄱ, ㅎ'이 소리 나지 않기 때문에 어간의 형태를 밝혀 적지 않는 것이다. '[북] 제21항'에서도 같은 규정을 찾을 수 있다. 하지만 '널따랗다'([남])와 '넓다랗다/널다랗다'([북])에서 보듯 'ㄼ'의 경우 차이가 발생한다. 이는 겹받침의 어느쪽이 발음되는가에 대한 해석이 달라서 발생하는 것이다. '여덟'과 '밟다'의 발음은 남북이 모두 [-덜], [밥-]으로 같지만 '넓다, 짧다, 얇다'는 [남]은 [널-], [짤-], [얄-]로 발음하고 [북]

『맞춤법』	『규범집』
제19항 1.	제23항 1) (1)
제19항 2.	제23항 1) (2)
제19항 3.	제23항 1) (1)
제19항 4.	×
제19항 다만, -음	제23항 1) (2) 그러나
제19항 다만, -이	×
제19항 [붙임] (1),(2)	제23항 2) (1)
제20항 1.	제23항 1) (1)
제20항 2.	제23항 1) (1)
제20항 [붙임]	제23항 2) (1)
제21항	제19항 1)
제21항 다만 (2)	×
제22항 1.	제19항 2),4) / 제23항 1) (3)
제22항 다만	제22항
제22항 [붙임]	제23항 2) (3)
제23항 [붙임]	제23항 1) (1) 그러나 / 제23항 2) (2)
제24항	제23항 1) (6)
제25항 1. '-이'	제23항 1) (4)
제25항 1. '-히'	제19항 5)
제25항 [붙임]	제23항 2) (2)
제26항 1.	×
제26항 2.	제23항 1) (5)
제51항	제24항

은 [넙-], [짭-], [얍-]으로 발음하여 '널따랗다, 얄따랗다, 짤따랗다'(남)와 '넓다랗다/널다랗다[31], 얇다랗다, 짧다랗다'(북)로 차이가 나게 된다. 또, '넓적하다/넙적하다, 넓죽하다/넙죽하다, 널찍하다'(남)와 '넙적하다, 넙죽하다, 널직하다'(북)의 차이도 있다. 남의 '넓적하다, 넓죽하다'는 '넓다'에서 파생된 [넙쩌카-, 넙쭈카-]로 발음되는 형용사이고, '넙적하다, 넙죽하다'는 부사 '넙적, 넙죽'에서 파생된 동사이다. 남의 '널찍하다'는 '넓다'와 관련 있지만 겹받침의 앞엣것만 발음되기 때문에 소리 나는 대로 적는다. 반면 북은 둘을 구분하지 않고 '넙적하다, 넙죽하다'로 통일했으며, '널직하다'[32]는 '말끔하다, 말쑥하다, 말짱하다' 등과 같이 "'넓다', '맑다'라는 본래 말과는 그 뜻의 련계가 상당히 멀어졌기 때문에 소리 나지 않는 받침소리는 군더더기로 적을 필요없이 실제적으로 소리 나는 대로 받침을 밝혀서 적는다."[33]고 밝히고 있다. 『조선말규범집』(1966)에서는 남과 같이 '널찍하다'를 바른 표기로 보았으나 『규범집』에서 현재의 '널직하다'로 바뀌었다. '꺼림직하다(남-꺼림칙하다), 도리암직하다, 부지직하다, 뽀지직하다'와 같이 '-직하다'로 형태를 통일한 것이다. 이는 형태를 통일시킴으로 해당 단어의 의미를 곧바로 정확히 이해할 수 있도록 한 '형태주의 원칙'을 바탕으로 한 것이다. 남이 '-다랗다'와 '-따랗다' 모두 사용하는 반면, 북은 '-다랗다'만 사용하는 것도 같은 이유로 보인다. 이를 정리하면 아래와 같다.

31) 북에서는 둘을 서로 다른 뜻으로 사용한다. 남의 '널따랗다(꽤 넓다)'는 (ㄱ)에 가깝다.
ㄱ. 넓다랗다 [형] [넙-태 '훤하게 넓다.'
ㄴ. 널다랗다 [형] [-따-태 '시원하게 넓다.'

32) 하지만 발음은 [-찌카-]로 남북이 거의 차이나지 않는다.

33) 『조_해설』(62쪽) 참조.

『맞춤법』	『규범집』
할짝거리다, 말끔하다, 실쭉하다	할짝거리다, 말끔하다, 실쭉하다
널따랗다, 얄따랗다, 짤따랗다	넓다랗다/널다랗다, 얇다랗다, 짧다랗다
넓적하다/넙적하다, 넓죽하다/넙죽하다, 널찍하다	넙적하다, 넙죽하다, 널직하다

"'-하다'나 '-거리다'가 붙을 수 있는 어근에 '-이'가 붙어 명사가 된 것은 그 원형을 밝혀 적는다"는 '[남] 제23항'은 [북]에 관련 규정이 없다. [북]에서는 '-이'가 붙어 명사가 되는 것과 관련한 규정은 '[북] 제23항 1) (1)'[34]에서만 나오는데 '네눈이, 삼발이'의 예에서 알 수 있듯 '-하다'나 '-거리다'가 붙는 어근이 아니다. [북]에서는 이처럼 '-하다'나 '-거리다'가 붙는 어근을 개별적으로 처리해 (8)처럼 [남]과 다른 표기를 가지게 되는 경우가 있다.[35]

(8) [남] [북]
더펄이 더퍼리
살살이 살사리
쌕쌕이 쌕쌔기

부사에 '-이'가 붙어서 역시 부사가 되는 '[남] 제25항 2.'도 [북]에서는 관련 규정 없이 단어 개별적으로 처리해서 일부가 남북이 다르다. [남]의 '곰곰이,

34)

> 제23항. 모음으로 된 뒤붙이가 말뿌리와 어울릴적에는 다음과 같이 갈라 적는다.
> 1) 말뿌리와 뒤붙이를 밝혀 적는 경우
> (1) 명사나 부사를 만드는 뒤붙이 《이》
> 례 : ① 길이, 깊이, 높이, 미닫이, 벼훑이, 살림살이, 손잡이, 해돋이
> ② 네눈이, 삼발이
> ③ 같이, 굳이, 깊이, 많이, 좋이
> ④ 곳곳이, 낱낱이, 샅샅이, 집집이

35) '[남] 제23항'의 예 중 '눈깜짝이'는 [북]에서는 '눈껌적이'로 쓰고, '홀쭉이'도 없다. 다만 '홀쭉이, 홀쪽이'라는 부사만 있을 뿐이다.

더욱이, 일찍이'는 ㊍에서는 '곰곰히, 더우기, 일찌기'이다.

된소리로 적는 접미사에 대한 규정인 '㊔ 제54항'도 ㊍에는 없다. 『조_사전』을 통해 확인해 본 결과, '-꾼 → -군, -깔 → -깔/-갈, -쩍다 → -쩍다/-적다'의 차이를 보인다. 즉 ㊔의 '-꾼'은 북에서는 모두 '-군'으로 적으며(심부름군, 익살군, 일군, 장군, 장난군, 지게군 등), '-깔'과 '-쩍다'는 아래처럼 단어마다 다르게 적는다.[36]

(9) ㄱ. -깔/-갈 : 때깔, 성깔 / 빛갈
ㄴ. -쩍다/-적다 : 겸연쩍다 / 객적다

5. '굴절' 관련 규정 비교

이 장은 체언 등에 조사가 붙거나 용언이 활용할 때의 표기에 대해 다룬다.

5.1. '체언+ 조사' 관련 규정 비교

체언은 조사와 구별해서 적는다는 점은 남북이 같다.

내용	『맞춤법』	『규범집』	비교
체언 +조사	제14항 체언은 조사와 구별하여 적는다. 예: 떡이, 떡을, 떡에, 떡도, 떡만	제8항 말줄기와 토가 어울릴적에는 각각 그 본래형태를 밝혀 적는것을 원칙으로 한다. 례: 집이, 집을, 집에	같음

36) '-다랗다', '-직하다'의 형태를 통일한 것과 달리 이들 접미사들은 표음주의적 입장을 취했다는 점에서 이채롭다.

5.2. '어간+어미' 관련 규정 비교

어간과 어미를 구별해서 적는다는 점은 남북이 같다.

내용	『맞춤법』	『규범집』	비교
어간 +어미	제15항 용언의 어간과 어미는 구별하여 적는다. 예: 먹다, 먹고, 먹어, 먹으니	제8항 례: 같다, 같으니, 같아, 같지	같음

하지만 특정 어미의 쓰임과 어미의 형태에 대해서는 조금 다르다.

<table>
<tr><th>내용</th><th>『맞춤법』</th><th>『규범집』</th><th>비교</th></tr>
<tr><td rowspan="2">어미
형태</td><td>제53항 다음과 같은 어미는 예사소리로 적는다.
예: -(으)ㄹ거나, -(으)ㄹ걸,
-(으)ㄹ게, -(으)ㄹ세</td><td rowspan="2">제6항 한 형태부안에서 받침 《ㄴ, ㄹ, ㅁ, ㅇ》 다음의 소리가 된소리로 나는 경우에는 그것을 된소리로 적는다.
그러나 토에서는 《ㄹ》 뒤에서 된소리가 나더라도 된소리로 적지 않는다.
례: ~ㄹ가, ~ㄹ수록, ~ㄹ지라도, ~올시다</td><td>같음</td></tr>
<tr><td>다만, 의문을 나타내는 다음 어미들은 된소리로 적는다.
예: -(으)ㄹ까?, -(으)ㄹ꼬?,
-(스)ㅂ니까?, -(으)리까?,
-(으)ㄹ쏘냐?</td><td>다름</td></tr>
<tr><td>어미
형태:
'-오'</td><td>제15항
[붙임2] 종결형에서 사용되는 어미 '-오'는 '요'로 소리나는 경우가 있더라도 그 원형을 밝혀 '오'로 적는다.
예: 이것은 책이오.</td><td>×</td><td>조금
다름</td></tr>
<tr><td>어미
형태:
'-이요'</td><td>제15항
[붙임3] 연결형에서 사용되는 '이요'는 '이요'로 적는다.
예: 이것은 책이요, 저것은 붓이요, 또 저것은 먹이다.</td><td>×</td><td>조금
다름</td></tr>
<tr><td>어미</td><td>제17항 어미 뒤에 덧붙는 조</td><td>×</td><td>조금</td></tr>
</table>

형태: '요'	사 '-요'는 '-요'로 적는다. 예: 읽어 읽어요 참으리 참으리요 좋지 좋지요		다름

'[남] 제53항'은 '[북] 제6항 그러나'와 관련 있다. '[북] 제6항'에서는 "받침 ㄴ, ㄹ,ㅁ,ㅇ 다음의 소리가 된소리로 나는 경우 그것을 된소리로 적는다"고 규정하고 있지만, '[북] 제6항 그러나'를 통해 토(=어미)는 예사소리로 적는다고 규정함으로써 "어미는 예사소리로 적는다"는 '[남] 제53항'과 같게 되었다. 하지만 의문을 나타내는 어미들은 된소리로 적게끔 규정해 놓은 '[남] 제53항 다만'으로 남북은 의문 어미 표기에서 차이를 가지게 되었다. 즉 '-ㅂ니까, -리까'는 남북의 표기가 같으나, '-ㄹ까:-ㄹ가, -ㄹ꼬:-ㄹ고, -ㄹ쏘냐:-ㄹ소냐'(앞 [남], 뒤 [북])의 차이를 보이게 되었다. 정리하면 [북]은 의문이든 아니든 모든 어미를 예사소리로 표기하고, [남]은 의문어미를 된소리로 표기함으로써 의문어미 표기에서 달라지게 되었다.[37]

'[남] 제15항 [붙임2]', '[남] 제15항 [붙임3]'과 '[남] 제17항'의 '-오19'와 '-요18', '요17'[38]는 [북]에서는 명시적인 규정이 없다. '-오19'와 '-요18'는 남북이 같으나, [북]에서는 '요17'를 맺음을 나타내는 풀이토[39]의 하나로도 본다는 점에서도 조사로 보는 [남]과는 다르다.[40] 즉 "이것은 책이요."는 [남]에서는 잘못된 표기이나 [북]에서는 그렇지 않다.

어간과 어미의 결합에서는 아래와 같은 차이가 발생한다.

---

37) 이는 한글학회의 『한글맞춤법』(1980) 제4차 개정(1957)에 따른 결과이다. 리의도(2013; 177) 참조.

38) 구분을 위해 『표준국어대사전』의 어깨번호를 그대로 가져와 썼다.

39) [북]에서는 '맺음토, 이음토, 얹음토, 꾸밈토'를 통틀어 '풀이토'라 한다. 이들은 [남]의 '어말어미, 연결어미, 관형사형 어미, 부사형 어미'에 해당한다. [북]에서는 '명사형 어미'와 '서술격 조사'를 합쳐 '용언→체언', '체언→용언'의 기능을 가졌다 하여 '바꿈토'라 부른다. 문법 체계가 우리와 조금 다름을 알 수 있다.

40) '요17'의 『조_사전』의 뜻풀이를 보이면 아래와 같다.

내용	『맞춤법』	『규범집』	비교
모음 조화	제16항 어간의 끝음절 모음이 'ㅏ, ㅗ'일 때에는 어미를 '- 아'로 적고, 그 밖의 모음일 때에는 '- 어'로 적는다. 예: 나아, 나아도, 나아서 개어, 개어도, 개어서	제11항 말줄기가 《아, 어, 여》 또는 《았, 었, 였》과 어울릴적에는 그 말줄기의 모음의 성질에 따라 각각 다음과 같이 구별하여 적는다. 1) 말줄기의 모음이 《ㅏ, ㅑ, ㅗ, ㅏ—, ㅗ—》인 경우에는 《아, 았》으로 적는다. 례: 막다 - 막아, 막았다 따르다 - 따라, 따랐다	같음
		2) 말줄기의 모음이 《ㅓ, ㅕ, ㅜ, ㅡ, ㅓ—, ㅜ—, ——, ㅣ—》인 경우에는 《어, 었》으로 적는다. 례: 거들다 - 거들어, 거들었다 부르다 - 불러, 불렀다	같음
		3) 말줄기의 모음이 《ㅣ, ㅐ, ㅔ, ㅚ, ㅟ, ㅢ》인 경우와 줄기가 《하》인 경우에는 《여, 였》으로 적는다. 례: 기다 - 기여, 기였다 개다 - 개여, 개였다	다름
	×	[붙임] 부사로 된 다음과 같은 단어들은 말줄기와 토를 갈라 적지 않는다. 례: 구태여, 도리여, 드디여	다름
불규칙 용언	제18항 다음과 같은 용언들은 어미가 바뀔 경우, 그 어	제10항 일부 형용사, 동사에서 말줄기와 토가 어울릴적	같음

-요[1] [토] 맺음을 나타내는 풀이토의 하나. 체언의 용언형에서 《높임》 말차림으로 일정한 억양이 붙어서 해당 사실을 알리거나 묻는데 쓰인다. | 우리 나라는 참 좋은 세상이요. [참고] 토 《요》는 말차림이 《ㅂ니다》보다 좀 낮으며 용언에서 쓰이는 토 《오(소)》보다는 좀 높은 위치에 있다. 그리고 토 《ㅂ니다》, 《오(소)》는 용언에서 쓰이지만 토 《요》는 주로 체언의 용언형에서 쓰인다.

물론, '[남] 요[17]'과 비슷한 '[북] -요[3]'도 있다.

-요[3] [토] 《높임》, 《강조》의 뜻을 더해주기 위하여 각종 형태의 단어에 자유롭게 붙는 토. ‖ 어디를 가십니까~. 그렇게 해주시기만 하면~. 어서~. 가시자~.

	간이나 어미가 원칙에 벗어나면 벗어나는 대로 적는다.	에 말줄기의 끝소리가 일정하게 바뀌여지는것은 바뀐대로 적는다.	
	제18항 6. 어간의 끝 'ㅂ'이 'ㅜ'로 바뀔 적 예: 깁다: 기워, 기우니, 기웠다 굽다[炙]: 구워, 구우니, 구웠다	제10항 5) 말줄기의 끝 《ㅂ》을 《오(우)》로도 적는 경우 례: 고맙다 - 고맙고, 고맙지, 고마우니, 고마와 춥다 - 춥고, 춥지, 추우니, 추워	다름

먼저 '남 제16항'은 일명 '모음조화'의 규칙성에 따른 구별이다. 이는 '북 제11항 1)', '북 제11항 2)'와 일치한다. 하지만 전설모음인 'ㅣ, ㅐ, ㅔ, ㅚ, ㅟ, ㅢ'와 줄기가 '하'인 경우 '여, 였'으로 적는다는 '북 제11항 3)'은 '남 제18항 7.'[41]을 통해 '하'만을 '-아'가 '-여'로 바뀌는 불규칙용언로 보는 남과는 다르다. 이로 인해 아래와 같은 차이가 발생한다.[42]

(10)

남	북
기어	기여
개어	개여
베어	베여
되어	되여
쥐어	쥐여
희어	희여

이와 관련하여 『조_해설』에서는 '북 제11항 [붙임]'의 "'구태여'는 '굳하여'에서 온 것이고, '드디여'도 역사적으로 '듸듸다'와 결부되어 있는 것으로 이

41)

> 제18항 7. '하다'의 활용에서 어미 '-아'가 '-여'로 바뀔 적
> 예: 하다, 하여, 하여서, 하여도, 하여라, 하였다

42) '길다-길었다, 심다-심었다, 짓다-지었다'처럼 받침이 있는 경우는 남과 같다. '북 제11항 3) 그러나' 참조.

들은 모두 어간적요소에 '하'나 모음 'ㅐ, ㅣ'가 들어있으므로 부사로 된 경우 'ㅓ'가 아니라 'ㅕ'로 적어야 한다"(37쪽)고 밝히고 있다. 이로써 ㉯의 '구태여, 도리어, 드디어'와 달라진다.

그리고 '불규칙용언' 관련 규정인 '㉯ 제18항'은 '㉰ 제10항'과 순서만 다를 뿐 거의 일치한다. 일부분만 차이가 나는데, 우선 앞에 언급한 '㉯ 제18항 7.'이 다르며, ㅂ불규칙용언 규정인 '㉯ 제18항 6.'과 '㉰ 제10항 5)'가 모음조화[43]의 적용에서 다르다. ㉰은 'ㅂ'이 'ㅗ'나 'ㅜ'로 바뀔 적에 모음조화에 충실히 따르나, ㉯은 '돕다, 곱다'만 'ㅂ'이 'ㅗ'로 바뀐다고 인정하고 있다. 그래서 '아름답(다)+-아/어 → 아름다워(㉯)/아름다와(㉰), 가깝(다)+-아/어 → 가까워(㉯)/가까와(㉰)' 등으로 그 표기에서 차이 나게 된다.

어원적으로 용언의 활용형이 부사나 조사로 쓰일 때 그 원형을 밝혀 적지 않는 점은 남북이 같다. '㉯ 제40항 [붙임3]'과 같은 규정이 『규범집』에는 없으나 차이는 없다.

내용	『맞춤법』	『규범집』	비교
어원적 용언 활용형 -부사	제40항 어간의 끝음절 '하'의 'ㅏ'가 줄고 'ㅎ'이 다음 음절의 첫소리와 어울려 거센소리로 될 적에는 거센소리로 적는다. [붙임3] 다음과 같은 부사는 소리대로 적는다. 예: 결단코, 결코, 기필코, 무심코, 아무튼, 요컨대, 정녕코, 필연코, 하마터면[44], 하여튼, 한사코	×	같음
어원적 용언 활용형 -조사	제19항 어간에 '-이'나 '-음/-ㅁ'이 붙어서 명사로 된 것과 '-이'나 '-히'가 붙어서 부사로 된 것은 그 어간의 원형을	제9항 말줄기에 토가 붙은것으로 인정되는 경우에도 뜻이 딴 단어로 바뀐것은 그 말줄기와 토를 밝히지 않는다.	같음

43) '㉯ 제16항', '㉰ 제11항' 참조.

	밝히어 적는다. [붙임] 어간에 '-이'나 '-음' 이외의 모음으로 시작된 접미사가 붙어서 다른 품사로 바뀐 것은 그 어간의 원형을 밝히어 적지 아니한다. (3) 조사로 바뀌어 뜻이 달라진 것 예: 나마, 부터, 조차	례: (열흘)나마, (고개)너머	

6. '준말' 관련 규정 비교

내용	『맞춤법』	『규범집』	비교
준말	제32항 단어의 끝모음이 줄어지고 자음만 남은 것은 그 앞의 음절에 받침으로 적는다. 예: 기럭아, 엊그저께, 엊저녁, 갖고, 갖지, 딛고, 딛지	제7항 형태부의 소리가 줄어진 경우에는 준대로 적되 본래형태를 잘 파악할수 있도록 받침을 바로잡아 적는다. 례: 갖가지, 갖고, 기럭아, 딛고, 엊저녁, 온갖	같음
	제33항 체언과 조사가 어울려 줄어지는 경우에는 준 대로 적는다. 예: 그것은 그건 그것이 그게 나는 난 나를 날 무엇을 뭣을/무얼/뭘 무엇이 뭣이/무에	×	같음

"단어 또는 어간의 끝음절 모음이 줄어지고 자음만 남은 경우, 그 자음을 앞 음절의 받침으로 올려붙여 적는다"는 '[남] 제32항'은 '[북] 제7항'과 같고,

---

44) [북] 하마트면

"체언과 조사가 결합할 때 어떤 음이 줄어지거나 음절의 수가 줄어지는 것은 그 본 모양을 밝히지 않고 준 대로 적는다"는 '[남] 제33항'은 [북]에는 명시적으로 일치하는 규정은 없지만 같다. 『조_해설』에 따르면, "모음으로 끝난 어간 다음의 토가 그의 받침으로 되는 경우 즉 《나는-난》, 《오빠는-오빤》, 《나를-날》, 《너를-널》, …… 《그것+이-그게, 그것+ㄹ-그걸, 그것+ㄴ-그건》 등이 여기에 속한다"(37쪽)고 적고 있어, [북]에는 규정은 없지만 표기는 [남]과 같음을 알 수 있다.

'[남] 제34~38항'을 [북]에서는 '제12항' 하나에 압축하고 있다.

<table>
<tr><th>『맞춤법』</th><th>『규범집』</th></tr>
<tr><td>제34항 모음 'ㅏ, ㅓ'로 끝난 어간에 '-아/-어, -았-/-었-'이 어울릴 적에는 준 대로 적는다.
[붙임 1] 'ㅐ, ㅔ' 뒤에 '-어, -었-'이 어울려 줄 적에는 준 대로 적는다.
[붙임 2] '하여'가 한 음절로 줄어서 '해'로 될 적에는 준 대로 적는다.</td><td rowspan="5">제12항. 모음으로 끝난 말줄기와 모음으로 시작한 토가 어울릴적에 소리가 줄어든것은 준대로 적는다.</td></tr>
<tr><td>제35항 모음 'ㅗ, ㅜ'로 끝난 어간에 '-아/-어, -았-/-었-'이 어울려 'ㅘ/ㅝ, ㅘㅆ/ㅝㅆ'으로 될 적에는 준 대로 적는다.
[붙임 1] '놓아'가 '놔'로 줄 적에는 준 대로 적는다.
[붙임 2] 'ㅚ' 뒤에 '-어, -었-'이 어울려 'ㅙ, ㅙㅆ'으로 될 적에도 준 대로 적는다.</td></tr>
<tr><td>제36항 'ㅣ' 뒤에 '-어'가 와서 'ㅕ'로 줄 적에는 준 대로 적는다.</td></tr>
<tr><td>제37항 'ㅏ, ㅕ, ㅗ, ㅜ, ㅡ'로 끝난 어간에 '- 이 -'가 와서 각각 'ㅐ, ㅖ, ㅚ, ㅟ, ㅢ'로 줄 적에는 준 대로 적는다.</td></tr>
<tr><td>제38항 'ㅏ, ㅗ, ㅜ, ㅡ' 뒤에 '-이어'가 어울려 줄어질 적에는 준 대로 적는다.</td></tr>
</table>

준말과 관련한 이들 규정은 다소 복잡하지만 정리하면 아래와 같다.[45)]

	남	북
제34항	‘ㅏ, ㅓ’+‘-아/-어, -았-/-었-’ → ‘-ㅏ/-ㅓ, -ㅏㅆ-/-ㅓㅆ-’ 가아 → 가, 가았다 → 갔다 서어 → 서, 서었다 → 섰다 켜어 → 켜, 켜었다 → 켰다	[그러나 3)] ‘ㅏ, ㅓ(ㅕ)’+‘ㅏ, ㅓ’ → ‘ㅏ, ㅓ’ *사아 → 사, 샀다, *켜어 → 켜, 켰다
제34항 [붙임1]	‘ㅐ, ㅔ’+‘-어, -었-’ → ‘-ㅐ/-ㅔ, -ㅐㅆ-/-ㅔㅆ-’ 개어 → 개, 개었다 → 갰다 베어 → 베, 베었다 → 벴다	⑧ ‘ㅐ, ㅔ’+‘ㅕ’ → ‘ㅐ, ㅔ’ 개여서 → 개서, 개였다 → 갰다, 개여야 → 개야 메여서 → 메서, 메였다 → 멨다, 메여야 → 메야
제34항 [붙임2]	‘하여’가 한 음절로 줄어서 ‘해’로	⑦ ‘되-’, ‘하-’ + ‘-여’ → ‘돼’, ‘해’
제35항	‘ㅗ, ㅜ’+‘-아/-어, -았-/-었-’ → ‘-ㅘ/-ㅝ, -ㅘㅆ-/-ㅝㅆ-’ 꼬아 → 꽈, 꼬았다 → 꽜다 두어 → 둬, 두었다 → 뒀다	③ ‘ㅗ’+‘ㅏ’ → ‘ㅘ’ 보아 → 봐, 보았다 → 봤다 ④ ‘ㅜ’+‘ㅓ’ → ‘ㅝ’ 주다 → 줘, 주었다 → 줬다
제35항 [붙임1]	‘놓아’ → ‘놔’	없음
제35항 [붙임2]	‘ㅚ’+‘-어, -었-’ → ‘-ㅙ, -ㅙㅆ-’ 되어 → 돼, 되었다 → 됐다 괴어 → 괘, 괴었다 → 괬다	⑦ ‘되-’, ‘하-’ + ‘-여’ → ‘돼’, ‘해’
제36항	‘ㅣ’+‘-어’ → ‘ㅕ’ 가지어 → 가져, 가지었다 → 가졌다	⑥ ‘ㅣ’가 줄어질 적 가지여 → 가져, 가지여서 → 가져서, 가지였다 → 가졌다 [그러나 1)] ‘ㅣ’가 줄어들 적 *지여 → 져, 졌다
제37항	‘ㅏ, ㅕ, ㅗ, ㅜ, ㅡ’ + ‘-이-’ → ‘-ㅐ-, -ㅖ-, -ㅚ-, -ㅟ-, -ㅢ-’ ‘ㅏ’+‘-이-’ → ‘ㅐ’ : 싸이다 → 쌔다 ‘ㅕ’+‘-이-’ → ‘ㅖ’ : 펴이다	① ‘ㅡ’+‘ㅣ’ → ‘ㅢ’ 뜨이다 → 띄다, 뜨이여 → 띄여, 뜨이였다 → 띄였다 ② ‘ㅗ’+‘ㅣ’ → ‘ㅚ’, ‘ㅗ’[46)] 모이다 → 뫼다, 모이여 → 뫼여

45) 북 규정의 번호(①,②,③,④,…)는 『조_해설』(37~43쪽)을 참고로 했다.

	→ 폐다 'ㅗ'+'-이-' → 'ㅚ' : 보이다 → 뵈다 'ㅜ'+'-이-' → 'ㅟ' : 누이다 → 뉘다 'ㅡ'+'-이-' → 'ㅢ' : 뜨이다 → 띄다	/모여, 모이여서 → 뫼여서/모여서, 모이였다 → 뫼였다/모였다 ⑤ 'ㅗ'+'ㅣ' → 'ㅚ'[47] 고이다 → 괴다, 고이여 → 괴여, 고이여서 → 괴여서, 고이였다 → 괴였다
제38항	'ㅏ, ㅗ, ㅜ, ㅡ'+'-이어' → '-ㅐ어, -ㅏ여', '-ㅚ어, -ㅗ여', '-ㅟ어, -ㅜ여', '-ㅢ어, -ㅡ여'	
	'ㅏ'+'-이어' → '-ㅐ어, -ㅏ여' : 싸이어 → 쌔어/싸여 'ㅗ'+'-이어' → '-ㅚ어, -ㅗ여' : 보이어 → 뵈어/보여 'ㅜ'+'-이어' → '-ㅟ어, -ㅜ여' : 누이어 → 뉘어/누여 'ㅡ'+'-이어' → '-ㅢ어, -ㅡ여' : 트이어 → 틔어/트여	
		[그러나 2)] 'ㅡ'+'ㅏ, ㅓ' → 'ㅏ, ㅓ' *건느어 → 건너, 건넜다, *아프아 → 아파, 아팠다

남의 '제34항, 제35항, 제36항'은 북과 같다.[48] '제36항'은 '-ㅣ어'가 줄어들어 '-ㅕ'가 되었다고 보는 남과는 달리 북은 'ㅣ'가 줄어졌다고 본다는 점에서 차이가 난다. 동일한 언어 현상에 대한 해석은 다르지만 준말 형태는 같다. '남 제35항 [붙임2]'의 '되어→돼, 되었다→됐다', '괴어→괘, 괴었다→괬다'는 북에서는 '되여→돼, 되였다→됐다'(⑦)만 인정한다. 북은 '제11항 3)'으로 인해 '괴어'가 아닌 '괴여'가 되기 때문에 'ㅙ'(괘)로 줄어들지 않는 것이다. '남 제37항'의 '보이다→뵈다', '뜨이다→띄다'는 북과 같으나, '남

46) 북에서는 '모이여'가 '모여'가 되는 것을 "'ㅣ'가 줄어지는 현상"으로 본다.

47) ②와 ⑤의 차이는 '모여'처럼 'ㅗ여'형이 있느냐 없느냐에 있다. 『조_해설』(38~39쪽)에 따르면 ②는 '모이다, 보이다', ⑤는 '고이다, 꼬이다, 쏘이다, 쪼이다'가 예가 된다. 현재로서는 이들을 구분하는 차이점을 알 수 없다.

48) 다만 '북 제11항 3)'에 의해 '개어, 베어(남)-개여, 베여(북)'의 차이는 발생한다.

제37항'의 '싸이다→쌔다, 펴이다→폐다'는 Ⓑ에서는 인정하지 않는 준말 형태이다. 'Ⓝ 제38항'의 '싸이어→쌔어'가 안 되는 것도 이와 같은 맥락이다. 'Ⓝ 제38항'의 '보이어→뵈어, 보여', '트이어→틔어'는 Ⓑ에서는 '제11항 3)'으로 '보이여→뵈여', '트이여→틔여'가 되며, '모이여 → 뫼여/모여'(②)로 '보이여→뵈여/보여'가 가능함을 알 수 있다. 하지만 '싸이어→싸여', '트이어→트여'는 Ⓑ에서는 '싸이여→싸여', '트이여→트여'가 될 것이나 '싸여', '트여'는 준말로 인정하지 않고 '싸이여', '트이여'만 쓰인다(⑤). '-ㅣ여'의 줄임 '-ㅕ'를 인정하지 않는 것이다. 이들은 '가지여→가져', '지여→져'처럼 'ㅣ'가 줄어지는 환경[49]도 아니다. 'Ⓝ 제37항'의 '누이다→뉘다', 'Ⓝ 제38항'의 '누이어→뉘어/누여'의 'ㅜ이'는 북에는 규정이 없다. 'ㅜ이'형은 '누이다'가 유일하기 때문에 개별적으로 처리하는 듯 보인다. 『조_사전』에 따르면 '뉘다'는 가능한 형태이며, '싸이다, 보이다, 트이다'의 예로 미루어 '뉘여', '누이여'가 가능한 것으로 여겨진다.

'Ⓝ 제35항 [붙임1]'은 북에는 명시적으로 일치하는 규정이 없으나 차이가 없으며, 'Ⓑ 제12항 그러나 2)'는 'Ⓝ 제18항 4.'와 'Ⓑ 제10항 8)'과 관련된 'ㅡ' 모음 탈락과 관련한 규정으로 남북이 차이가 없다.

논의한 바를 차이나는 점을 중심으로 정리하면 아래와 같다.

『맞춤법』		『규범집』
제35항 [붙임2]	되어 → 돼, 되었다 → 됐다 괴어 → 괘, 괴었다 → 괬다	되여 → 돼, 되였다 → 됐다 괴여 → ×, 괴였다 → ×
제37항	싸이다 → 쌔다 펴이다 → 폐다 보이다 → 뵈다	싸이다 → × 펴이다 → × 보이다 → 뵈다

49) 'Ⓝ 제36항'과 관련 있는 'Ⓑ 제12항 ⑥'에 대한 명시적인 설명은 없으나 예로 미루어 '자음+ㅣ'(살찌다-살쪄, 살쪘다, 지다-져, 졌다, 치다-쳐, 쳤다, 찌다-쪄, 쪘다)일 때 'ㅣ'가 줄어지는 것으로 보인다.

	누이다 → 뉘다 뜨이다 → 띄다	누이다 → 뉘다 뜨이다 → 띄다
제38항	싸이어 → 쌔어/싸여 보이어 → 뵈어/보여 누이어 → 뉘어/누여 트이어 → 틔어/트여	싸이여 → × / × 보이여 → 뵈여/보여 누이여 → 뉘여 / × 트이여 → 틔여 / ×

'준말'과 관련한 마지막 규정들은 '하-'가 줄어드는 현상과 관련 있다. 어간의 끝음절 '하'의 'ㅏ'가 줄어 'ㅎ'이 다음 음절 첫소리와 어울려 거센소리가 되는 '[남] 제40항'은 '[북] 제13항'과 같으며, '아니하다'를 '않다'로 적는 '[남] 제40항 [붙임1]'은 '[북] 제13항 그러나'와 같다.[50)]

『맞춤법』	『규범집』	비교
제39항 어미 '-지' 뒤에 '않-'이 어울려 '-잖-'이 될 적과 '-하지' 뒤에 '않-'이 어울려 '-찮-'이 될 적에는 준 대로 적는다. 예: 그렇지 않은 → 그렇잖은 적지 않은 → 적잖은 만만하지 않다 → 만만찮다 변변하지 않다 → 변변찮다	제13항 [붙임] 이와 관련하여 《않다》, 《못하다》의 앞에 오는 《하지》를 줄인 경우에는 《치》로 적는다. 례 : 고려치 않다, 괜치 않다, 넉넉치 않다, 만만치 않다, 섭섭치 않다, 편안치 못하다, 풍부치 못하다, 똑똑치 않다, 우연치 않다	다름
제40항 어간의 끝음절 '하'의 'ㅏ'가 줄고 'ㅎ'이 다음 음절의 첫소리와 어울려 거센소리로 될 적에는 거센소리로 적는다. 예: 간편하게 → 간편케 다정하다 → 다정타 정결하다 → 정결타 가하다 → 가타 흔하다 → 흔타	제13항 말줄기의 끝소리마디 《하》의 《ㅏ》가 줄어지면서 다음에 온 토의 첫 소리 자음이 거세게 될 때에는 거센소리로 적는다. 례: 가하다 → 가타 다정하다 → 다정타 례하건대 → 례컨대 발명하게 → 발명케 선선하지 못하다 → 선선치 못하다	같음

50) [북]은 [남]과 달리 '그렇다, 아무렇다, 어떻다, 이렇다, 저렇다'와 관련한 규정이 없으나, '아무렇지(도) 않다'라는 『조_사전』의 예를 통해 남북이 같음을 알 수 있다.

	시원하지 못하다 → 시원치 못하다	
[붙임1] 'ㅎ'이 어간의 끝소리로 굳어진 것은 받침으로 적는다. 예: 않다, 않고, 않지, 않든지 그렇다, 그렇고, 그렇지, 그렇든지	제13항 그러나 《아니하다》가 줄어든 경우에는 《않다》로 적는다. 례: 넉넉하지 아니하다 → 넉넉치 않다 서슴지 아니하다 → 서슴지 않다	같음
[붙임2] 어간의 끝음절 '하'가 아주 줄 적에는 준 대로 적는다. 예: 거북하지 → 거북지 생각하건대 → 생각건대 넉넉하지 않다 → 넉넉지 않다 못하지 않다 → 못지않다 생각하다 못해 → 생각다 못해 섭섭하지 않다 → 섭섭지 않다 깨끗하지 않다 → 깨끗지 않다 익숙하지 않다 → 익숙지 않다	제13항 [붙임]	다름

다만 '하다'에서 'ㅎ'만 줄어든 것인지 '하' 전체가 줄어든 것인지에 대한 해석에서 다른데('남 제40항', '남 제40항 [붙임2]'), 남에서는 안울림소리 받침(ㄱ,ㄷ,ㅂ) 뒤에서는 '하' 전체가 줄어든다고 보지만, 북에서는 '-하다' 풀이씨라면 줄어들더라도 'ㅎ' 소리가 남아있는 것으로 처리한다. 즉 '갑갑하지, 넉넉하지, 깨끗하지, 답답하지'의 줄임말은 남에서는 '갑갑지, 넉넉지, 깨끗지'이지만 북에서는 '갑갑치, 넉넉치, 깨끗치'가 된다. 이로 인해 '-지'와 '않-'이 어울릴 적에 '-잖-'이 되는지, '-찮-'이 되는지와 관련해서(남 제39항)도 다르게 나타난다. '북 제13항 [붙임]'의 예에서 알 수 있듯이 북은 '넉넉찮다(←넉넉치 않다), 섭섭찮다(←섭섭치 않다), 똑똑찮다(←똑똑치 않다)'가 될 것이지만, 남은 '넉넉잖다(←넉넉지 않다), 섭섭잖다(←섭섭지 않다), 똑똑잖다(←똑똑지 않다)'가 될 것이다.

7. 맺음말

남한의 『한글맞춤법』(1988)과 북한의 『조선말규범집』(1987)을 '맞춤법' 규정을 중심으로 비교한 본 논문에서는 아래와 같은 규정으로 인한 차이를 발견했다.

<table>
<tr><th colspan="2">내용</th><th>『한글맞춤법』</th><th>『조선말규범집』</th></tr>
<tr><td colspan="2">총칙</td><td>제1항</td><td>총칙</td></tr>
<tr><td colspan="2">자모</td><td>제4항</td><td>제1항</td></tr>
<tr><td rowspan="4">소리</td><td>'ㅖ'</td><td>제8항</td><td>제26항</td></tr>
<tr><td>'ㅢ'</td><td>제9항</td><td>제27항</td></tr>
<tr><td>두음법칙</td><td>제10 · 11 · 12항</td><td>제25항</td></tr>
<tr><td>한자어 속음</td><td>제52항</td><td>×</td></tr>
<tr><td rowspan="2">합성어</td><td>사이시옷</td><td>제30항</td><td>제14항
제15항 [붙임]</td></tr>
<tr><td>ㄴ덧나기</td><td>제27항 [붙임3]</td><td>제14항
제25항</td></tr>
<tr><td colspan="2" rowspan="5">파생어(접미사)</td><td>제22항 2.</td><td>제19항 3)</td></tr>
<tr><td>제21항 다만 (1)</td><td>제21항</td></tr>
<tr><td>제23항</td><td>×</td></tr>
<tr><td>제25항 2.</td><td>×</td></tr>
<tr><td>제54항</td><td>×</td></tr>
<tr><td rowspan="7">활용(어간+어미)</td><td>어미 형태</td><td>제53항 다만</td><td>제6항 그러나</td></tr>
<tr><td>'-오'</td><td>제15항 [붙임2]</td><td>×</td></tr>
<tr><td>'-이요'</td><td>제15항 [붙임3]</td><td>×</td></tr>
<tr><td>'요'</td><td>제17항</td><td>×</td></tr>
<tr><td>모음조화</td><td>제16항</td><td>제11항 3)</td></tr>
<tr><td>모음조화</td><td>×</td><td>제11항 [붙임]</td></tr>
<tr><td>'ㅂ'불규칙</td><td>제18항 6.</td><td>제10항 5)</td></tr>
<tr><td colspan="2">준말</td><td>제35항 [붙임2]</td><td>제12항</td></tr>
</table>

	제37항	제12항
	제38항	제12항
	제39항	제13항 [붙임]
	제40항 [붙임2]	제13항 [붙임]

남북은 하나의 말을 쓰는 한겨레이기 때문에 『한글맞춤법』과 『조선말규범집』은 하나의 표기 규정으로 통합됨이 바람직할 것이다. 사실 맞춤법 상의 차이는 '두음법칙, 사이시옷' 정도를 제외하고, 큰눈으로 본다면 크지 않기 때문에 맞춤법 차이에서 오는 통합의 어려움은 작을 것으로 예상한다.

『한글마춤법통일안』에서 출발한 두 개의 가지인 『한글맞춤법』과 『조선말규범집』의 통합 논의는 현재 '겨레말큰사전 남북공동편찬사업회'를 중심으로 이루어지고 있다고 한다. 이곳에는 남북 공동의 '형태 · 표기 위원회'가 공식적인 기구로 존재한다고 한다.[51] 이 논문이 이 통합 논의에 자그마한 힘이라도 되었으면 하고 바란다.

참고문헌

고영근 편(1989), 『북한의 말과 글』, 을유문화사.
리의도(2013), "한국어 한글 표기법의 변천", 『한글』 301, 한글학회, 143-218쪽.
안병희(2001), "북한의 맞춤법과 김두봉의 학설", 정신문화연구 24권 제1호, 97-115쪽.
이희승 · 안병희(1989), 『한글 맞춤법 강의』, 신구문화사.
조오현 외(2005), 『북한 언어 문화의 이해』, 경진문화사.
최용기(2013), "남북한 언어 정책과 통합 방안 연구", 『제38회 한말연구학회 전국 학술대회 발표집』, 한말연구학회, 1-14쪽.
최호철(2012), "북한 「조선말규범집」의 2010년 개정과 그 의미", 『어문논집』 65, 민족어문학회, 251-286쪽.
한용운(2013), "남북의 규범어와 표기법 통일 방안 일고", 『제38회 한말연구학회 전국학술대회 발표집』, 한말연구학회, 18-29쪽.

51) 한용운(2013; 18) 참조.

홍윤표(2013), "남북한 언어의 통합적인 연구", 『제38회 한말연구학회 전국 학술대회 발표집』, 한말연구학회, 49-68쪽.

『조선말규범집』(1966), 사회과학출판사.
『조선말규범집』(1988), 사회과학출판사.
『《조선말규범집》 해설』(1971), 사회과학출판사.
『조선말대사전(증보판)』(2006), 사회과학출판사.
『한글마춤법통일안』(1933), 조선어학회.
『한글맞춤법』(1980), 한글학회.

정선지역어의 음운체계와 음운현상

최 영 미

1. 머리말

이 연구의 목적은 정선지역어의 음운 체계를 설정하고 음운 변동을 설명하는 것이다.

강원방언은 태백산맥을 중심으로 언어적으로 동서로 양분되어 있다. 즉, 영동방언권과 영서방언권으로 구분된다. 다시 북단 영동방언권, 강릉방언권, 삼척방언권, 서남 영동방언권, 서남 영서방언권으로 세분하여 방언구획하고 있다(이익섭 1981:145). 정선지역어는 서남 영동방언권에 속한다.

이 연구의 조사 지역은 정선군 화암면 석곡리이다. 정선군은 지리적으로 영서지역이지만 주민의 생활권은 강릉, 동해, 삼척 등의 영동 지역에 속한다. 특히 화암면은 2009년 5월 1일자로 동면에서 개칭되었다. 화암면은 동으로 삼척 하장면을, 북으로 정선 임계면과 북면을, 남으로 사북읍과 남면을, 서로 정선읍을 경계로하고 있다. 특히 석곡리는 전형적인 농촌마을로, 화암면의 관문으로 역곡과 석항의 이름을 합해 석곡리라 하였다. 행정구역 개편 때 후평, 마덕, 수류동등 3개 마을을 합하여 석곡리가 되었다.

정선방언 말소리에 대한 앞선 연구는 김봉국(2002), 손웅일(2006), 최영미(2009, 2010, 2012, 2013) 등이 있다. 김봉국(2002)는 강릉, 삼척, 정선, 원주 등의 강원도 남부지역어의 언어를 비교하여 연구하고, 손웅일(2006)은 정선지역어의 음운체계와 운소체계, 음운 현상에 대한 고찰을 하고 있다. 김봉국(2002)와 손웅일(2006)은 정밀한 운소 체계와 운소 현상에 대한 기술을 정밀화해야 하고, 최영미(2009, 2010, 2013)은 운소에 대한 체계는 정밀하게 이루어져 있으나 분절음에 대한 논의를 정밀하게 기술할 필요가 있다. 따라서 이 연구는 기존의 음운론적 논의를 참고하되, 분절음과 운소의 체계 및 음운 현상을 치밀하게 기술하도록 한다.

제보자는 다음과 같은 4가지 조건[1)]을 갖춘 정선지역 토박이 두 분을 선정했다.

(1) 최승준(76) 남, 국졸, 농업, 3대 이상 거주 화암면 석곡리 출생.
유춘옥(78) 여, 국졸, 농업, 3대 이상 거주 남 면 광덕리 출생.

이 논문에서는 필자가 박사학위논문[2)]을 준비하면서 조사했던 자료와 음운 현상을 살피기 위한 추후 보충 조사를 통해서 얻어진 자료를 함께 다루기로 한다.

2. 음운체계

2.1. 닿소리체계

음소로써 기능하는 닿소리 목록을 설정하기 위해 최소대립어를 제시하면 아래와 같다.

---

1) 첫째, 3대 이상 같은 마을에서 거주한 사람으로, 2년 이상 외지에 나가서 산 경험이 없는 사람이어야 한다. 둘째, 치아가 건강하고 발음 상태가 양호한 사람 사람으로 나이가 60세 이상인 사람이어야 한다. 셋째, 직업은 농업이어야 한다. 넷째, 학력은 초등학교를 졸업했거나 그 이상의 소양을 갖춘 사람으로, 언어에 센스가 있는 사람으로 한다.

2) 최영미(2009), 정선방언의 성조체계와 그 역사적 변천에 대한 연구, 건국대학교 국어국문학과 박사학위논문.

(2) ㄱ. 불(火):풀(草):뿔(角):물(水)
ㄴ. 달(月):탈(假面):딸(女息):날(日):살(皮):쌀(禾) // 발(足):방(房)
ㄷ. 자다(眠):차다(冷):짜다(織)
ㄹ. 가다(去):까다// 칼(刀):알(卵) // 방(房):발(足)
ㅁ. 하다(爲):타다(乘)

(2)를 보면, 이 지역에서 음소로 기능하는 자음은 19개를 설정할 수 있다. (2ㄱ)의 최소대립어는 /ㅂ, ㅍ, ㅃ, ㅁ/을 음소로 설정하는 근거가 되고, (2ㄴ)의 최소대립어는 /ㄷ, ㅌ, ㄸ, ㄴ, ㅅ, ㅆ, ㄹ/을 음소로 설정하는 근거가 되며, (2ㄷ)의 최소대립어는 /ㅈ, ㅊ, ㅉ/을 음소로 설정할 수 있는 근거되며, (2ㄹ)의 최소대립어는 /ㄱ, ㄲ, ㅋ, ㅇ/을 음소로 설정할 수 있는 근거가 되며, (2ㅁ)의 최소대립어는 /ㅎ/을 음소로 설정할 수 있는 근거가 된다. (2)에서 제시된 최소대립어를 통해서 닿소리 목록은 표준어의 닿소리 목록과 다르지 않다.

그러나 정선지역어에서 'ㆆ'을 음소로 설정해야 하는 점은 표준어이 닿소리 목록과 다르다. 이 지역어에서 'ㆆ'은 풀이씨의 굴곡에서 확인할 수 있다.

(3) ㄱ. 싫다(載) : 싫지[실찌], 싫고[실꼬], 싫더라[실떠라], 싫어서[시러서]
ㄴ. 싫다(厭) : 싫지[실치], 싫고[실코], 싫더라[실터라], 싫어서[시러서]

(3)의 '싫다'(載)와 '싫다(厭)'은 최소대립어를 이루고 있다. (3ㄱ)은 표준어에서는 '싣다'로 'ㄷ' 불규칙 풀이씨(걷고, 걷지, 걷더라, 걸어서, 걸었다)이나 이 지역에서는 '싫다'로 규칙적인 활용을 하는 풀이씨이다. (3)를 통해 'ㆆ'이 이 지역에서 음소로서 기능을 수행하고 있음을 알 수 있다. (2)과 (3)에 제시한 최소대립어를 통해서 정선지역어의 닿소리 체계는 아래와 같이 제시할 수 있다.

〈표 1〉 닿소리 체계

위치 방법 내는 힘		입술	치조	센입천장	여린입천장	목청
터짐	예사소리	ㅂ	ㄷ		ㄱ	ㆆ
	거센소리	ㅍ	ㅌ		ㅋ	
	된소리	ㅃ	ㄸ		ㄲ	
붙갈이	예사소리			ㅈ		
	거센소리			ㅊ		
	된소리			ㅉ		
갈이	예사소리		ㅅ			ㅎ
	된소리		ㅆ			
콧소리		ㅁ	ㄴ		ㅇ	
흐름소리			ㄹ			

2.2. 홀소리체계

2.2.1. 홑홀소리체계

홑홀소리의 음소 목록을 제시하기 위해 최소대립어를 제시하면 아래와 같다.

(4) ㄱ. 볼(顔) : 불(火)
　　ㄴ. 발(足) : 벌(蜂) // 들(野) : 달(月)
　　ㄷ. 쉬(蛇卵), [sül]) : 쇠(鐵, [söl]) // 배(梨) : 베(痲)
　　ㄹ. 이(齒) : 애(腸)

(4)를 보면, 정선지역어의 홑홀소리는 10로 구성된다. (4ㄱ)의 최소대립어에서 홑홀소리 /ㅗ, ㅜ/가 음소임을 확인할 수 있고, (4ㄴ)의 최소대립어에서 홑홀소리 /ㅡ, ㅓ, ㅏ/를 음소로 설정할 수 있으며, (4ㄷ-ㄹ)의 최소대

립어에서 홑홀소리 /ㅟ, ㅚ, ㅔ, ㅐ, ㅣ/를 음소로 설정할 수 있다.

(4)을 토대로 정선지역어의 홑홀소리체계를 표로 제시하면 아래와 같다.

〈표 2〉 홑홀소리체계

혀의 위치 입술 모양 혀의 높이	전설		후설	
	평순	원순	평순	원순
고	ㅣ	ㅟ[ü]	ㅡ	ㅜ
중	ㅔ	ㅚ[ö]	ㅓ	ㅗ
저	ㅐ		ㅏ	

2.2.2. 겹홀소리체계

이 지역어에서 반모음은 /j, w, ï/ 등이 존재한다. 겹홀소리의 음소 목록을 분류할 때, 반모음에 따라 분류하여 제시하기로 한다.

(5) /j/계

ㄱ. /ㅑ/ : 야구, 고양이

ㄴ. /ㅕ/ : 여자, 여섯

ㄷ. /ㅛ/ : 요리, 효자, 교통

ㄹ. /ㅠ/ : 규칙, 휴일

ㅁ. /ㅖ/ : 예순, 옛날, 예의, 예장

ㅂ. /ㅒ/ : 얘기

ㅅ. /ㅢ/ : 읠(膽)[jïl], 읠쇠[jïlse](열쇠)

(6) /w/계

ㄱ. /ㅚ/ : 외(오이)

ㄴ. /ㅟ/ : 위(上), 귀

ㄷ. /ㅘ/ : 왕, 광주리, 과부

ㄹ. /ㅝ/ : 원수, 원망, 대궐

ㅁ. /ㅙ/ : 쫑이

ㅂ. /ㅞ/ : 궤짝

(7) /ï/ 계

ㄱ. /ㅢ/ : 의자

(5-7)을 보면 이 지역어의 겹홀소리는 3계열로 나눌 수 있다. 즉, (5)에 제시한 /j/계 겹홀소리는 /ㅑ, ㅕ, ㅛ, ㅠ, ㅒ, ㅖ, ᆜ/ 등 7개가 존재하고, (6)에 제시한 /w/계 겹홀소리는 /ㅚ, ㅟ, ㅘ, ㅝ, ㅙ, ㅞ/ 등 6개가 있으며, (7)에 제시한 /ï/계 겹홀소리는 /ㅢ/ 하나가 있다.

이 지역어의 겹홀소리 체계에서 특이한 점은 /ᆜ/[jïl]의 존재이다. /ᆜ/는 '영감, 율, 열' 등에 표준어의 /ㅕ/에 대응이 되지만 겹홀소리 /ᆜ/은 〈훈민정음〉 해례의 합자해에 /ㅣ/와 /ㅡ/ 두 자가 합쳐진 글자에 그 기원을 두고 있다[3]. (5)-(7)을 바탕으로 이 지역어의 겹홀소리 체계를 제시하면 아래와 같다.

〈표 3〉 홑홀소리체계

구분	겹홀소리
/j/계	ㅑ, ㅕ, ㅛ, ㅠ, ㅖ, ㅒ, ᆜ[jï]
/w/계	ㅚ, ㅟ, ㅘ, ㅝ, ㅙ, ㅞ
/ï/ 계	ㅢ

2.2.3. 운소체계

김봉국(2002)은 음장 방언과 성조 방언의 전이지대로 기술하고 있다. 또한, 손웅일(2006)은 이원론적으로 운소를 기술하고 있다. 즉, 성조는 고조와 저조를 인정하고 상승조는 저조와 고조의 병치로 파악했으며, 성조보다

3) 兒童之言 邊野之語或有之當合二字而用如 기기 之類.

음장이 우선적으로 대립하고 있다고 보았다. 그러나 최영미(2009, 2012, 2013)을 바탕으로 보면, 정선방언의 운소 체계는 일원적으로 기술할 필요가 있으며, 삼척, 강릉의 성조와 큰 차이를 갖지 않는 성조 언어의 특성을 가지고 있다.

삼척방언과 정선방언에서 거성형은 단음절 어절에서만 유지된다. 반면에 동남방언에서는 평측형, 거성형, 상성형의 세 가지 성조형이 음운론적으로 기능한다.

(8)	정선방언		삼척방언	
ㄱ.	손(客)	/H/[H˥]	손(客)	/H/[H˥]
	말(馬)	/H/[H˥]	말(馬)	/H/[H˥]
	눈(目)	/H/[H˥]	눈(目)	/H/[H˥]
ㄴ.	· 꿀(客)	/M/[M̌]	· 꿀(客)	/M/[M̌]
	· 꿈(馬)	/M/[M̌]	· 꿈(馬)	/M/[M̌]
	· 돌	/M/[M̌]	· 돌	/M/[M̌]
ㄷ.	:샘	/M̌/[M̌]	:샘	/Ḧ/[M̌]
	:솜	/M̌/[M̌]	:솜	/Ḧ/[M̌]
	:일(事)	/M̌/[M̌]	:일(事)	/Ḧ/[M̌]

(8ㄱ)은 어절의 방점형이 평성형으로 변별적 기능을 수행하고 있으며, (8ㄷ)도 어절의 방점형이 상성형으로 음운론적으로 기능을 하고 있다. 그러나 (8ㄴ)은 어절의 방점형이 거성형이나 음조형은 상성형으로 실현되어 상성형과 구분이 되지 않는다. 이처럼 단음절 어절에서만 거성형을 인정하는 이유는 거성형의 음조 실현에서 측성으로써의 성격을 가지고 있기 때문이다. 만약 단음절 거성형의 음조가 평성형과 같다면 정선 방언에서 거성형은 음운론적으로 기능하지 못하고, 장단이 변별적인 기능을 하는 음장 방언과 다르지 않을 것이다.

정선방언의 다음절 어절에서 거성형은 존재하지 않는다. 다음 예를 보자.

(9) 창원방언 정선방언

·구·름	/M²/[HH]	구름	H²[MH]
·에·미	/M²/[HH]	에미	H²[MH]
·무·지·개	/M³/[HHM]	무지 · 개	H²M[MHM]

정선 방언에서 다음절 거성형은 (9)에서처럼 평측형(평2형)으로 실현되어 거성형이 존재하지 않는다. 이러한 점은 김차균(2006ㄱ)은 강릉 방언에서도 거성형은 평측형으로 변하여 거성형이 존재하지 않고 있음을 지적했다. 반면에 창원 방언의 거성형이 변별적으로 기능하고 있다.

정선방언에서 다음절 거성형은 평측형(평2형)으로 실현되는 예는 곡용의 예에서도 발견된다. 다음의 예를 보자.

(10) 창원방언 정선방언

·꿀·부·터	/M³/[HHM]	·꿀·부·터(·□³→)/H²M/[MHM]
·꿈·부·터	/M³/[HHM]	·꿈·부·터(·□³→)/H²M/[MHM]
·돌·부·터	/M³/[HHM]	·돌·부·터(·□³→)/H²M/[MHM]

(10)는 1음절 명사와 조사가 결합하여 다음절 어절을 이룬 것으로, 정선 방언에서 거성형이 평측형(평2형)으로 바뀌어 실현되나 창원 방언에서 거성형으로 실현된다.

(10)처럼 다음절 거성형이 평측형(평2형)으로 실현되는 것은 정선방언과 삼척방언이 같다. 그러나 정선방언에서 다음절 거성형은 평측형 중의 평2형과 평3형으로 변이 음조가 실현된다. 반면. 삼척방언에서 평2형으로 변이 음조를 가지지 않는다.

(11) 정선방언 삼척방언

·꿀·부·터 (·□³→)/H³/[MHH]

·꿈·부·터 (·□³→)/H³/[MHH] 고정적으로 실현

·돌·부·터 (·□³→)/H³/[MHH]

정선 방언에서 거성형은 (10)의 평측형(평2형)과 (11)의 평측형(평3형)으로 실현되어 변이음조가 실현된다. 이러한 평복형의 자유변동은 강릉 방언에서도 나타난다(김차균 2006ㄱ). 반면에 삼척 방언에서 거성형은 평측형(평2형)으로 변한 후 변이음조 실현이 없는 것을 알 수 있다. 따라서 정선 방언의 성조 체계는 아래와 같이 정리할 수 있다.

〈표 4〉 정선방언의 성조체계

성조 분류		중세 국어	정선방언
평성		가장 낮은 음조 /L/ □	고 /H/ □
측성	거성	가장 높은 음조 /H/ ·□	저 /M̆/ ·□
	상성	높아가는 음조 /R/ :□	저: /M̆/ :□

3. 음운현상

변동은 한 형태소의 음소가 그 놓이는 환경에 따라 다른 음소로 바뀌는 현상이고, 이 현상에 적용되는 규칙을 변동규칙이라 한다. 변동은 그 원인에 따라 음소의 가로체계의 제약성에 의한 것, 발음의 편의를 위한 자연적 경향에 말미암은 것, 말의 청취를 똑똑히 하려는 데서 일어나는 것 등 3가지로 구분된다(허웅, 1985:264). 이러한 구분에 따라 이 지역어의 특징이 드러나는 음운의 변동을 살펴보고자 한다.

3.1. 음소의 가로체계의 제약성에 의한 것

음소가 결합할 때는 제약이 있는데, 이것이 가로체계이다. 이 가로체계의 제약에 의해 일어나는 변동은 음절 짜임새 맞추기[4], 머리소리규칙[5], 닿소리 이어 바뀜[6]이 있는데, 각 변동에 적용되는 규칙은 소리이음, /ㅎ/ 끝소리 자리 바꾸기, 겹받침 줄이기, 일곱 끝소리 되기, /ㄹ/ 머리소리 되기, /ㄴ/ 머리소리 되기, /ㄴ/의 /ㄹ/ 되기, /ㄹ/의 /ㄴ/ 되기, 콧소리되기 등 9가지가 있다.

3.1.1. 소리이음

닿소리로 끝나는 형태소 다음에 홀소리로 시작하는 형태소가 결합할 때 앞 형태소의 끝소리가 다음 형태소의 첫소리로 이어지는 변동규칙이다. 이것은 형태소의 경계와 음절 경계가 일치하지 않을 때, 음절 짜임새를 조정하는 규칙이다.

(12) ㄱ.	/주걱+이/	[tʃu-gək-i]	→	/주거기/	[tʃu-gə-**gi**]
	/주걱+을/	[tʃu-gək-ɨl]	→	/주거글/	[tʃu-gə-**gɨl**]
	/주걱+에/	[tʃu-gək-e]	→	/주거게/	[tʃu-gə-**ge**]
ㄴ.	/가물+어도/	[ka-mul-**ə**-do]	→	/가무러도/	[ka-mu-**rə**-do]
	/가물+어서/	[ka-mul-**ə**-sə]	→	/가무러서/	[ka-mu-**rə**-sə]
	/가물+었다/	[ka-mul-**ət̚**-t'a]	→	/가무렀다/	[ka-mu-**rət̚**-t'a]

(12ㄱ)은 준굴곡의 경우로, 닿소리로 끝나는 {주걱}[7]의 /ㄱ/이 토씨 {이}의 첫소리로 이어나고 있고, (12ㄴ)은 굴곡의 경우로, 줄기 {가물-}의 /ㄹ/

4) 음절 짜임새 맞추기에는 소리이음, /ㅎ/ 끝소리 자리 바꾸기, 겹받침 줄이기, 일곱 끝소리 되기가 있다.
5) 머리소리규칙에는 /ㄹ/ 머리소리 되기, /ㄴ/ 머리소리 되기가 있다.
6) 닿소리 이어 바뀜에는 /ㄴ/의 /ㄹ/ 되기, /ㄹ/의 /ㄴ/ 되기, 콧소리되기가 있다.
7) 이 지역어에서 표준어 {주걱}에 대응되는 방언형은 {주걱}과 {박쭉~빡쭉}이 사용한다.

은 씨끝 {-어도, -어서, -었다}의 첫소리로 이어나고 있다.

3.1.2. /ㅎ/ 끝소리 자리 바꾸기

/ㅎ/ 끝소리 다음에 거센소리 짝이 있는 예사소리가 따르면 서로 자리를 바꾼다. /ㅎ/ 끝소리 자리 바꾸기는 겹받침 줄이기 규칙에 앞서며, 이 규칙 다음에는 거센소리되기 규칙이 적용된다.

	1단계	2단계		3단계	
(13)		/ㅎ/ 끝소리 자리 바꾸기	→	거센소리되기	
	/끓+지/	[k'ɨlh + tʃi] → [k'ɨlt + hʃi]	→	/끌치/	[k'ɨltʃhi]
	/끓+고/	[k'ɨlh + ko] → [k'ɨlk + h o]	→	/끌코/	[k'ɨlkho]
	/끓+더라/	[k'ɨlh + tʃi] → [k'ɨltʃ + h i]	→	/끌터라/	[k'ɨlthəra]

(13)은 줄기 {끓-}의 끝소리가 /ㅎ/이고, 다음에 씨끝 {-지, -고, -더라}의 첫소리가 거센소리의 짝이 있는 예사소리들이므로 /ㅎ/ 끝소리 자리 바꾸기가 적용된다. 1단계에서 겹받침 줄이기 규칙이 적용되면, /ㅎ/ 끝소리 바꾸기 규칙이 적용되는 환경이 안 되므로 /ㅎ/ 끝소리 자리 바꾸기가 겹받침 줄이기 규칙이 앞선다. 이 규칙이 적용되면, 3단계 거센소리되기 규칙이 적용되는 것이 필연적이다.

3.1.3. 겹받침 줄이기

현대국어는 음절의 끝소리 위치에서 두 개의 닿소리가 소리 날 수 없다는 음절 제약을 갖는다. 이로 인해 음절의 끝소리가 두 개인 음절의 끝소리는 하나의 닿소리로 줄어야 한다. 이 지역어에서 음절의 끝소리로 쓰이는 겹받침은 /ㄳ, ㄺ, ㄾ, ㅀ, ㄼ, ㄿ, ㄻ, ㅄ, ㄶ, ㄵ/과 /ㅀ/을 포함해 모두 11개이다.

(14) ㄱ. /ㄱㅅ/ → /ㄱ/ : 몫[mok˺], 넋[nək˺], 삯[sak˺]
　　/ㄹㄱ/ → /ㄱ/ : 흙[hɨk˺], 닭[tak˺], 밝고[pak˺k'o], 긁고[k'ɨk˺kho]
ㄴ. /ㄹㄱ/ → /ㄹ/ : 붉고[pulk'o], 낡고[nalk'o], 맑고[malk'o]
　　/ㄹㅌ/ → /ㄹ/ : 핥고[həlkho], 훑고[hulkho]
　　/ㄹㅎ/ → /ㄹ/ : 곯고[kolkho], 꿇고[k'ulkho], 끓고[k'ɨlkho], 앓고 [alkho],
　　/ㄹㅂ/ → /ㄹ/ : 얇고[jalk'o], 밟고[palk'o], 떫고[t'ɨltʃ'i]
　　/ㄹㅍ/ → /ㄹ/ : 읊고[ɨlk'o]
　　/ㄹㆆ/ → /ㄹ/ : 싫고[ɕilk'o]
ㄷ. /ㄹㅁ/ → /ㅁ/ : 굶고[kumk'o], 삶고[s'amk'o], 옮기고[omgigo],
ㄹ. /ㅂㅅ/ → /ㅂ/ : 없고[kop˺kho]
ㅁ. /ㄴㅎ/ → /ㄴ/ : 많고[mankho], 끊고[k'ɨnkho], 끊기고[k'ɨnkhigo]
ㅂ. /ㄴㅈ/ → * : 언지고[əndʒigo], 안지고[andʒigo]

(14ㄱ)은 /ㄳ, ㄺ/이 /ㄱ/으로 줄고 있는 예이고, (14ㄴ)은 /ㄺ, ㄾ, ㅀ, ㄼ, ㄿ, ㄻ, ㅀ/이 /ㄹ/로 줄고 있다. 또한 (14ㄷ)은 /ㄻ/이 /ㅁ/으로 줄고 있는 예이며, (14ㄹ)과 (14ㅁ)은 /ㅄ/과 /ㄶ/이 각각 /ㅂ/과 /ㄴ/으로 줄고 있는 예들이다.

이 지역어에서 겹받침 줄이기 규칙이 두 가지 점에서 특이하다. 첫째, /ㆆ/를 자음 음소로 설정하여 /ㅀ/을 겹받침으로 인정한 점이다. 둘째, 겹받침 줄이기 규칙이 겹받침 /ㄵ/에는 적용이 되지 않는 것이다. 왜냐하면 이 지역어에서 표준어의 {앉-, 얹-}이 {언지-}, {안지-}로 실현되기 때문이다. 이것은 줄기의 기저형이 다른 것을 알 수 있는데, 이 지역어에서 기저형이 달라 겹받침 줄이기가 적용되지 않는 경우가 상당히 있다[8]. 그 예는 아래 (15)와 같다.

---

8) 이 지역어에서 표준어 어형 {앉-, 얹-}이 존재하지 않는 것은 아니나, {안지-, 얹지-}가 자연 발화에서 더 많이 사용되고 있다.

(15) 표준어 지역어 굴곡형태
뚫다 뚤쿠다 뚤쿠지, 뚤쿠고, 뚤쿠더라
넓다 너르다 너르지, 너르고, 너르더라
짧다 짜르다 짜르지, 짜르고, 짜르더라

3.1.4. 일곱 끝소리 되기

음절 끝소리 자리에서 쓰일 수 있는 소리는 /ㅂ, ㄷ, ㄱ, ㅁ, ㄴ, ㅇ, ㄹ/ 7개밖에 없다. 이것은 현대국어의 음절 제약 중의 하나이다. 이로 이하여, /ㅍ, ㅋ, ㄲ, ㅌ, ㅅ, ㅆ, ㅈ, ㅊ, ㅉ, ㅎ/은 음절 끝소리 자리에서 다른 소리로 중화된다. 그 실현을 정리하면 아래와 같다.

(16) ㄱ. /ㅋ/ → /ㄱ/ : 부엌[pak˺t'o],
ㄴ. /ㄲ/ → /ㄱ/ : 꺾고[k'ək˺k'o], 낚고[nak˺k'o]
ㄷ. /ㅍ/ → /ㅂ/ : 숲[pup˺t'o], 보섶[pop˺t'o], 앞[ap˺t'o], 잎[ip˺t'o]
ㄹ. /ㅌ/ → /ㄷ/ : 밭[pat˺t'o], 솥[sot˺t'o], 팥[phat˺t'o]
ㅁ. /ㅅ/ → /ㄷ/ : 옷[ot˺t'o], 이웃[iut˺t'o]
ㅂ. /ㅆ/ → /ㄷ/ : 있고[it˺k'o]
ㅅ. /ㅈ/ → /ㄷ/ : 빚[pit˺t'o], 젖[tʃət˺t'o], 꽂고[k'ot˺k'o]
ㅇ. /ㅊ/ → /ㄷ/ : 쫓고[tʃ'ot˺k'o]
ㅈ. /ㆆ/ → /ㄷ/ : 찧고[tʃ'it˺k'o]
ㅊ. /ㅎ/ → /ㄷ/ : 노랗다[norɛt˺k'o], 빻고[p'at˺kho] 닿고[t'a:t˺kho]

(16ㄱ-ㄴ)은 /ㄲ, ㅋ/이 음절 끝소리 자리에서 /ㄱ/으로 중화되는 예이고, (16ㄷ)은 /ㅍ/이 음절 끝소리 자리에서 /ㅂ/으로 중화되는 예이며, (16ㄹ-ㅊ)은 /ㅌ, ㅅ, ㅆ, ㅈ, ㅊ, ㆆ, ㅎ/이 /ㄷ/으로 음절 끝소리 자리에서 /ㄷ/으로 중화되는 예이다. 정리하면, 음절 끝소리자리에서 나는 장애음은 같은 자리 예사소리로 중화되고, /ㅈ, ㅊ, ㆆ, ㅎ/은 혀끝으로 자리 옮겨 실현된다. 이들은 규칙으로 나타내면 (17)과 같다.

(17) ㄱ. ㅋ, ㄲ → ㄱ / (C)(G)V____
ㄴ. ㅍ → ㅂ / (C)(G)V____
ㄷ. ㅌ, ㅅ, ㅆ, ㅈ, ㅊ, ㆆ, ㅎ → ㄷ / (C)(G)V____

3.1.5. 머리소리규칙 : /ㄹ/ 머리소리 되기와 /ㄴ/ 머리소리 되기

현대국어의 음절 제약에는 /ㄹ, ㄴ/이 음절의 첫소리로 실현될 수 없다는 제약이 있다.9) 이로 인해 음절 첫소리의 /ㄹ/은 /ㄴ/으로 바뀌고, 음절 첫소리 /ㄴ/은 /j, i/ 앞에서 없어는데, 전자는 /ㄹ/ 머리소리 되기이고, 후자는 /ㄴ/ 머리소리 되기이다. 이 지역에서 /ㄹ/ 머리소리 되기와 /ㄴ/ 머리소리 되기의 예를 정리하면 아래와 같다.

(18) ㄱ. /ㄹ/ → /ㄴ/ : 로인[noin], 래일[nɛil],
ㄴ. /ㄴ/ → 탈락 : 녀자[jədʒa], 념주[ɲjəmdʒu], 년세[jənse]
ㄷ. /ㄹ/ → /ㄴ/→ 탈락 : 리유[iju], 례의[jei]

(18ㄱ)은 /ㄹ/ 머리소리 되기의 예이고, (18ㄴ)은 /ㄴ/ 머리소리 되기의 예이며, (18ㄷ)은 /ㄹ/ 머리소리 되기 규칙이 적용된 후에 /ㄴ/ 머리소리 되기 규칙이 적용된 예이다.

3.1.6. 닿소리 이어 바뀜 : /ㄴ/의 /ㄹ/ 되기와 /ㄹ/의 /ㄴ/ 되기, 콧소리되기

음절의 일곱 끝소리와 열아홉 첫소리가 이어날 때, 4가지 제약이 있다. 첫째, /ㄹ/과 /ㄹ/은 그 차례와 상관없이 이어나지 못한다. 둘째, 첫소리 /ㄹ/은 /ㄹ/ 이외의 다른 끝소리에는 이어나지 못한다. 셋째, 끝소리 /ㄱ. ㄷ. ㅂ/은 /ㄴ, ㅁ/에 앞설 수 없다. 넷째, /ㅇ/은 어떠한 끝소리에도 이어나지 않는다.

9) 외래어는 예외이다.

이로 말미암아 형태소 안에서 닿소리가 이어나게 되면, 둘 중 어느 하나는 이어날 수 있는 소리로 바뀌게 되어 이를 "닿소리 이어 바뀜"이라고 한다. 닿소리 이어 바뀜에는 /ㄴ/의 /ㄹ/ 되기와 /ㄹ/의 /ㄴ/ 되기, 콧소리되기가 있다. 이 지역어에서 실현되는 예는 아래와 같다.

(19) ㄱ. /ㄹ/+/ㄴ/→/ㄹㄹ/ : 칼날[khallal], 팔년[phaʎʎjən]
ㄴ. /ㄴ/+/ㄹ/→/ㄹㄹ/ : 만리[malli], 난로[nallo]

(20) ㄱ. /ㅁ/+/ㄹ/→/ㄴ/ : 침략[tʃimɲjək]
ㄴ. /ㅇ/+/ㄹ/→/ㄴ/ : 중력[tʃuŋɲjək˺], 공로[koŋno]
ㄷ. /ㄱ/+/ㄹ/→/ㄴ/ : 백로[pɛŋno], 백리[pɛŋɲi]
ㄹ. /ㄷ/+/ㄹ/→/ㄴ/ : 몇 량[mjənɲjaŋ], 맏양반[manɲjaŋban]
ㅁ. /ㅂ/+/ㄹ/→/ㄴ/ : 압력[amɲjək˺]

(21) ㄱ. /ㄱ/→/ㅇ/ : 독립[toŋrip˺], 국물[kuŋmul], 녹는다[noŋnɨnda]
ㄴ. /ㄷ/→/ㄴ/ : 맏며느리[manmenuri], 믿는다[minnɨnda]
ㄷ. /ㅂ/→/ㅁ/ : 밥물[pammul], 없네[əmne], 값만[kamman]

(19ㄱ-ㄴ)은 /ㄹ/과 /ㄴ/이 이어나서 /ㄴ/이 /ㄹ/로 바뀌는 예이고, (20ㄱ-ㅁ)은 /ㅁ, ㅇ, ㄱ, ㄷ, ㅂ/과 /ㄹ/이 이어나서 /ㄹ/이 /ㄴ/으로 바뀌는 예이다. 또한 (21ㄱ-ㄷ)은 /ㄱ, ㄷ, ㅂ/이 콧소리와 이어나서 /ㅇ, ㄴ, ㅁ/로 바뀌는 예이다. 이 규칙은 겹받침 줄이기, 일곱 끝소리 되기, /ㄹ/의 /ㄴ/ 되기에 뒤따른다. 위에서 제시된 {몫만, 없네, 값만}은 겹받침 줄이기에 뒤따라 닿소리 이어나기가 적용된 예이고, {솥만}은 일곱 끝소리 되기에 뒤따라 닿소리 이어나기가 적용된 예이며, {독립}은 /ㄹ/의 /ㄴ/ 되기에 뒤따라 닿소리 이어나기가 적용된 예이다.

3.2. 발음의 편의를 위한 자연적 경향에 말미암은 것

발음의 편의를 원인으로 하는 변동은 3가지 유형이 있다. 첫째, 앞뒤의 소리가 닮아서 같아지거나 비슷해지는 닮음이고, 둘째, 두 소리가 한 음절로 줄어지는 줄임이며, 셋째, 한 소리가 없어지는 없앰이다. 닮음에는 입천장소리되기, 홀소리 어울림, /ㅂ/ 공깃길 닮기, /ㄷ/ 공깃길 닮기, /ㅣ/ 치닮기, 끝소리자리 옮기기가 있고, 줄임은 반홀소리 되기, 홑홀소리 되기, 된소리되기가 있으며, 없앰에는 /ㅡ/ 없애기, 고룸소리 없애기, /ㅓ/ 없애기, /j/ 없애기, /ㄹ/ 없애기, /ㅅ/ 없애기. /ㅎ/ 없애기, /(ㅎ)ㅏ 없애기/, 짧은 소리되기가 있다.

3.2.1. 입천장소리되기

입천장소리되기는 입천장소리가 아닌 /ㄷ, ㅌ/과 /ㄱ, ㅋ/이 /j, l/ 앞에서 /ㅈ, ㅊ/으로 바뀐다.

(22) ㄱ. /ㄷ, ㅌ/→/ㅈ, ㅊ/ : 밭+이[patʃhi], 솥+이[sotʃhi] 받+이+다 [patʃhida].
ㄴ. /ㄱ, ㅋ/→/ㅈ, ㅊ/ : 길+이[tʃiri], 길거리[tʃilk'əri], 키[tʃhi] 겨울+에[tʃəulge], 기저구[tʃidʒəgu]

(22ㄱ)은 /ㄷ, ㅌ/이 /j, l/ 앞에서 /ㅈ, ㅊ/으로 바뀌는 /ㄷ, ㅌ/의 입천장소리되기이고, (22ㄴ)은 /ㄱ, ㅋ/이 /j, l/ 앞에서 /ㅈ, ㅊ/으로 바뀌는 /ㄱ, ㅋ/의 입천장소리되기이다. 입천장소리되기는 현대국어에서 보편 필수적인 변동으로 이 지역어에서도 실현된다.

3.2.2. 홀소리 어울림

/ㅓ/로 시작하는 씨끝은 줄기의 홀소리가 /ㅏ, ㅗ/이면 /ㅏ/로 바뀌는데, 이를 홀소리 어울림 규칙이라 한다. 이 지역어의 홀소리 어울림의 예를 제시하

면 다음과 같다.

(23) ㄱ. 줄기 홀소리 'ㅏ' + 어서 : 삼다, 남다, 적다, 갖다, 팔다,
ㄱ' 줄기 홀소리 'ㅏ' + 아서 : 밟다 자다. 밝다, 곪다, 알다, 낫다, 감다,
ㄱ'' 줄기홀소리 'ㅏ' +아/어서 : 낡다, 팔다, 살다,
ㄴ. 줄기 홀소리 'ㅗ' + 아서 : 보다, 좋다, 돕다, 곱다, 졸다, 놓다, 높다,

(24) ㄱ. 줄기 홀소리 'ㅜ' + 어서 : 울다, 웃다, 묻다, 두다, 굵다, 줍다
ㄴ. 줄기 홀소리 'ㅚ' + 어서 : 쐬다, 쬐다
ㄷ. 줄기 홀소리 'ㅟ' + 어서 : 꿰다, 쥐다, 되다, 쉬다
ㄹ. 줄기 홀소리 'ㅐ' + 어서 : 새다, 내다, 재다, 뱉다
ㅁ. 줄기 홀소리 'ㅔ' + 어서 : 메다,
ㅂ. 줄기 홀소리 'ㅓ' + 어서 : 떨다, 거두다, 섧다, 얻다, 없다, 얼다
ㅅ. 줄기 홀소리 'ㅣ' + 어서 : 시다(세다), 띠다(떼다), 밀다, 빌다, 길다
ㅇ. 줄기 홀소리 'ㅡ' + 어서 : 뜳다(떫다), 늦다, 듣다,

(23)과 (24)를 보면, 이 지역어에서 홀소리 줄기가 'ㅏ, ㅗ'일 때, '-아서'가 결합되고, 홀소리 줄기가 'ㅜ, ㅚ, ㅟ, ㅐ, ㅔ, ㅓ, ㅣ, ㅡ'일 때, '-어서'가 결합되는 것을 알 수 있다.

(23ㄱ)은 줄기의 홀소리가 'ㅏ'인 것으로 '-아서'가 결합한 예이고, (19ㄴ)은 줄기의 홀소리가 'ㅗ'인 것으로 '-아서'가 결합한 예이다. 이 지역어에서 줄기홀소리가 'ㅗ'인 경우는 홀소리 어울림 규칙이 예외 없이 적용되지만, 줄기홀소리가 'ㅏ'인 경우는 예외가 존재한다. (23ㄱ')은 홀소리줄기가 'ㅏ'인데, 씨끝 '어서'가 결합되는 예들이고, (23ㄱ'')은 홀소리줄기가 'ㅏ'인데 '-아서/어서' 줄 모두가 결합되는 예들이다.

3.2.3. /ㄷ/의 공깃길 닮기와 /ㅂ/의 공깃길 닮기

/ㄷ/과 /ㅂ/을 끝소리를 가진 풀이씨 가운데 특별한 것은 /ㄷ/과 /ㅂ/이 홀소리 사이에 놓이게 되면, 홀소리의 큰 공깃길을 닮아 각각 /ㄹ/과 /w/로 바뀐다.

(24) ㄱ. 듣+어서[tɨt˺+əsə] → 들어서[tɨrəsə]
걷+어서[kət˺+əsə] → 걸어서[kərəsə]
묻+어서[mut˺+əsə] → 물어서[murəsə]
싣+어서[ɕit˺+əsə] → 실어서[ɕirəsə]
ㄴ. 묻+어서[tɨt˺+əsə] → 무더서[tɨtəsə]
받+아서[kət˺+asə] → 바다서[kətasə]
닫+어서[tat˺+əsə] → 다더서[tatəsə]

(24ㄱ)은 음절 끝소리 /ㄷ/이 홀소리 사이에서 홀소리의 큰 공깃길을 닮아 /ㄹ/로 바뀐 예이고, (24ㄴ)은 음절 끝소리 /ㄷ/이 홀소리 사이에서 홀소리의 공깃길을 닮지 않고 그대로 실현되고 있는 예이다. 따라서 이 지역어에서 /ㄷ/ 공깃길 닮기는 한정적이고 특수한 규칙임을 알 수 있다.

(25) ㄱ. 돕+아서 [top˺ + asə] → 도와서[towasə]
무굽+아서[mugup˺ + asə] → 무구와서[muguwasə]
매굽+아서[mɛp˺ + asə] → 매구와서[mɛwasə]
개룹+아서[kɛrup˺ + asə] → 개루와서[kɛruwasə]
드룹+어서[tɨrup˺ + əsə] → 드루워서[tɨruwəsə]
어둡+어서[ətup˺ + əsə] → 어두워서[ətuwəsə]
ㄴ. 잡+아서[tʃap˺+asə] → 자바서[tʃabasə]
뽑+아서[p'op˺+asə] → 뽀바서[p'obasə]
입+어서[ip˺+əsə] → 이버서[ibəsə]
씹+어서[ɕ'ip˺+əsə] → 씨버서[ɕ'ibəsə]

(25ㄱ)은 음절 끝소리 /ㅂ/이 홀소리 사이에서 홀소리의 큰 공깃길을 닮아 /w/로 바뀌는 예이고, (25ㄴ)은 음절 끝소리 /ㅂ/이 홀소리 사이에서 홀소리의 큰 공깃길을 닮지 않고 그대로 /ㅂ/으로 실현되는 예이다. 따라서 이 지역어에서 /ㅂ/ 공깃길 닮기는 한정적이고 특수한 규칙임을 알 수 있다.

3.2.4. /ㅣ/ 치닮기

앞 음절에 있는 뒤홀소리 계열은 음절의 /ㅣ/를 닮아, 혀의 높이와 혀의 모양에 관해 같은 바탕을 가진 앞홀소리 계열로 바리를 옮겨 바뀌는데, 이를 /ㅣ/ 치닮기라고 한다.

(26) ㄱ. /ㅏ/→/ㅐ/ : 당기다[t'ɛŋgida], 다리다[tɛrida], 차리다[tʃhɛrida]
/ㅓ/→/ㅔ/ : 먹이다[megida], 절이다[tʃerida], 덥히다[tephida]
/ㅗ/→/ㅚ/ : 모시다[ő6ida],
/ㅜ/→/ㅟ/ : 죽이다[tʃűida]
/ㅡ/→/ㅣ/ : 뜯기다[t'it˺k'ida]
ㄴ. /ㅏ/→/ㅏ/ : 만지다, 마치다, 다치다, 달리다, 마시다, 따시다
/ㅓ/→/ㅓ/ : 꺼리다, 꺼지다, 버리다, 바치다, 어기다, 더디다
/ㅗ/→/ㅗ/ : 모질다, 옮기다, 고치다, 돌리다, 곪기다
/ㅜ/→/ㅜ/ : 무치다, 굽히다, 부리다
/ㅡ/→/ㅣ/ : 그치다, 느리다, 흘리다

(26ㄱ)은 /ㅏ, ㅓ, ㅗ, ㅜ, ㅡ/가 뒤따르는 /ㅣ/를 닮아 /ㅐ. ㅔ. ㅗ. ㅜ. ㅣ/로 바뀌는 예이고, (26ㄴ)은 /ㅏ, ㅓ, ㅗ, ㅜ, ㅡ/가 동일한 환경에서 바뀌지 않고 그대로 실현된다. 이것을 보면 /ㅣ/ 치닮기가 한정적이고 특수한 규칙임을 알 수 있다.

3.2.5. 끝소리 자리 옮기기

혀끝 /ㄷ, ㄴ/ - 입술 /ㅂ, ㅁ/ - 여린입천장 /ㄱ/의 닿소리가 끝소리와 첫소리로 이어나면, 앞소리는 뒷소리의 자리(서열)로 바뀌는 현상이 있는데, 이를 끝소리 자리 옮기기라고 한다.

(27) ㄱ. 혀끝 - 입술
/ㄷ-ㅂ/→/ㅂ-ㅂ/ : 밭보다[pap˺p'oda~pat˺p'oda]
/ㄴ-ㅂ/→/ㅁ-ㅂ/ : 군불[kumbul~kunbul], 신발 [ɕimbal~ɕinbal]
/ㄴ-ㅂ/→/ㅁ-ㅂ/ : 민물[mimmul~minmul],
눈물[nummul~nunmul]
ㄴ. 혀끝 - 여린입천장
/ㄷ-ㄱ/→/ㄱ-ㄱ/ : 벗고[pək˺k'o~pət˺k'o], 받고[pak˺k'o~pat˺k'o]
/ㄴ-ㄱ/→/ㅇ-ㄱ/ : 손가락[soŋgarak˺~songarak˺]
ㄷ. 입술 - 여린입천장
/ㅂ-ㄱ/→/ㄱ-ㄱ/ : 밥그릇[pak˺k'ɨt ~pap˺k'ɨt˺]
/ㅁ-ㄱ/→/ㅇ-ㄱ/ : 감기[kaŋgi~kamgi]

(27ㄱ)은 혀끝소리 /ㄷ, ㄴ/과 입술소리 /ㅂ/이 이어나서, /ㄷ/은 /ㅂ/으로 바뀌고, /ㄴ/은 /ㅁ/으로 바뀌는 예이고, (27ㄴ)는 혀끝소리 /ㄷ, ㄴ/과 여린입천장소리 /ㄱ/이 이어나서, /ㄷ/은 /ㄱ/으로 바뀌고, /ㄴ/은 /ㅇ/으로 바뀐 예이며, (27ㄷ)은 입술소리 /ㅂ, ㅁ/과 여린입천장소리 /ㄱ/이 이어나서, /ㅂ/이 /ㄱ/으로 바뀌고, /ㄴ/이 /ㅇ/으로 바뀐 예이다. 이 지역어에서 끝소리 자리 옮기기는 임의적인 규칙이다.

3.2.6. 반홀소리 되기

성절 홀소리가 반홀소리가 되어 뒤의 홀소리와 한 음절을 이루는 현상이 있는데, 이를 반홀소리 되기 규칙이라고 한다.

(28) ㄱ. /ㅡ/ → / ï / : 뜨이어→ 띄:어~띠:어
ㄴ. /ㅣ/ → / j / : 삐어서→ 뼈:서, 굼기어서→굼겨:서, 두드리어서→ 두드려:서, 드시어서→ 드셔:서, 들리어서→ 들려:서, 뜯기어서→ 뜯겨:서, 웃기어서→ 웃겨:서
ㄷ. /ㅗ/ → /w/ : 꼬아서→ 꽈:서, 되어서→ 돼:서, 오아서→ 와:서
ㄹ. /ㅜ/ → /w/ : 두어서→ 둬:서, 푸어서→ 풔:서, 치우어서→ 치워:서, 메우어서→ 메워:서, 띠우어서→ 띠워:서(띄우다), 가꾸어서→ 가꿔:서, 가두어서→ 가둬:서, 감추어서→ 감춰:서, 겨루어서→ 겨뤄:서,

(28ㄱ)은 /ㅡ/가 뒤따르는 /ㅣ/와 결합하여 하나의 음절을 이루면서, 반홀소리 / ï /로 바뀐 예이고, (28ㄴ)은 /ㅣ/가 뒤따르는 홀소리 /ㅓ/와 하나의 음절을 이루면서, 반홀소리 / j /로 바뀐 예이며, (28ㄷ-ㄹ)은 /ㅗ, ㅜ/가 뒤따르는 홀소리 /ㅓ/와 하나의 음절을 이루면서 반홀소리 /w/로 바뀐 예이다.

3.2.6. 거센소리되기

거센소리되기는 거센소리의 짝이 있는 예사소리에 /ㅎ/이 이어나면 거센소리로 줄어지는 현상이다.

(29) ㄱ. /ㄱ, ㄷ, ㅂ, ㅈ + ㅎ/ → /ㅋ, ㅌ, ㅍ, ㅊ/
멕히다→멕키다, 넓히다→널피다, 입히다→이피다, 잽히다→재피다(잡히다), 맥히다→매키다(막히다), 뎁히다→데피다(덥히다), 끊기다→끈키다.
ㄴ. /ㅎ + ㄱ, ㄷ, ㅂ, ㅈ/ → /ㅋ, ㅌ, ㅍ, ㅊ/
좋다→조타, 점잖다→점잔타, 파랗다→파래타, 노랗다→노래타, 빻지→빠치, 닿:지→다:치

(29ㄱ)은 /ㄱ, ㄷ, ㅂ, ㅈ/이 뒤따르는 /ㅎ/과 이어나서, /ㄱ, ㄷ, ㅂ, ㅈ/과 /ㅎ

/이 줄어서 /ㅋ, ㅌ, ㅍ, ㅊ/이 된 예이고, (29ㄴ)은 /ㅎ/이 뒤따르는 /ㄱ, ㄷ, ㅂ, ㅈ/과 이어나서, /ㅎ/과 /ㄱ, ㄷ, ㅂ, ㅈ/이 줄어서 /ㅋ, ㅌ, ㅍ, ㅊ/이 되는 예이다. 이 거센소리되기는 보편적이고 필연적인 규칙이다.

3.2.7. 된소리되기

된소리되기는 된소리의 짝이 있는 예사소리가 겹쳐지거나, 같은 서열의 예사소리와 된소리가 겹쳐지면 두 소리는 한 소리로 줄면서 된소리가 되는 현상이다.

(30) 파열음 뒤에서 된소리되기

ㄱ. /ㄱ/ + /ㄱ, ㄷ, ㅂ, ㅅ, ㅈ/

① -ㄱ+ㄱ- → -ㄲ- : 떡국[떡꾹], 학교[학꾜], 국거리[국꺼리], 목구멍[목꾸멍]

② -ㄱ+ㄷ- → -ㄸ- : 고약되[고약뙤], 규칙되[규칙뙤], 계획되[계획뙤], 가닥되[가닥뙤], 맛되[맏뙤], 목되[목뙤], 속되[속뙤], 흙되[흑뙤], 작대기[작때기],

③ -ㄱ+ㅂ- → -ㅃ- : 흙벽[흑뼉],

④ -ㄱ+ㅅ- → -ㅆ- : 목숨[목쑴],

⑤ -ㄱ+ㅈ- → -ㅉ- : 궤짝되[궤짝뙤], 박쥐[박쮜], 갉지[각찌], 목젖이[목쩌시],

ㄴ. /ㄷ/ + /ㄱ, ㄷ, ㅂ, ㅅ, ㅈ/ :

① -ㄷ+ㄱ- → -ㄲ- : 걷고[걷꼬], 뜯기고[뜯끼고~띧끼고], 맡기지[맏끼지], 냇가[낻까], 옷깃[옫낃], 고깃국[고긷꾹], 귓구멍[귇꾸멍], 밑구멍[믿꾸멍],

② -ㄷ+ㄷ- → -ㄸ- : 횃대[홷때], 여섯되[여섣뙤], 끝되[끋뙤], 낫되[낟뙤], 낮되[낟뙤], 꽃되[꼳뙤], 덫되[덛뙤], 솟돌[솓똘], 밭두둑[받뚜둑],

③ -ㄷ+ㅂ- → -ㅃ- : 못(淵)보다[몯뽀다], 젖보다[젇뽀다], 밭보다[받뽀다], 낮빛[낟삗], 촛불[촏뿔], 햇빛[핻삗],

④ -ㄷ+ㅅ- → -ㅆ- : 숫소[숟쏘], 옛사람[옏싸람],
⑤ -ㄷ+ㅈ- → -ㅉ- : 팥죽[팓쭉], 꽂지[꼳찌], 얹지[얻찌~은찌], 뱉지 [밷찌],

ㄷ. /ㅂ/ + /ㄱ, ㄷ, ㅂ, ㅅ, ㅈ/ :
① -ㅂ+ㄱ- → -ㄲ- : 업고[업꼬], 없고[없꼬], 돕고[돕꼬], 줍고[줍꼬],
② -ㅂ+ㄷ- → -ㄸ- : 삽도[삽또], 숲도[숩또], 앞도[압또], 집도[집또], 값도[갑또], 톱도[톱또], 앞뒤[압뛰],
③ -ㅂ+ㅂ- → -ㅃ- : 법보다[법뽀다], 밥보다[밥뽀다], 배꼽보다[배꼽 뽀다],
④ -ㅂ+ㅅ- → -ㅆ- : 입술[입쑬], 집사람[집싸람],
⑤ -ㅂ+ㅈ- → -ㅉ- : 새롭지[새롭찌], 서릅지[서릅찌], 시겁지[시겁 찌], 싱겁지[싱겁찌], 아쉽지[아쉽찌], 껍질[껍찔], 밟지[밥찌], 없 지[업찌], 돕지[돕찌], 줍지[줍찌] 깁지[집찌]

ㄹ. /ㅎ/ + /ㄱ, ㄷ, ㅂ, ㅅ, ㅈ/ :
① -ㅎ+ㄱ- → -ㄲ- : 싫고[실꼬], 찧고[찌꼬],
② -ㅎ+ㄷ- → -ㄸ- : 싫더라[실떠라]
③ -ㅎ+ㅈ- → -ㅉ- : 싫지[실찌], 찧지[찌찌]

(31) 공명음 뒤에서 된소리되기

ㄱ. /ㄴ/ + /ㄱ, ㄷ, ㅂ, ㅅ, ㅈ/ :
① -ㄴ+ㄱ- → -ㄲ- : 손가락[송까락,앉고[안꼬], 신고[신꼬~신꾸]
② -ㄴ+ㄷ- → -ㄸ- : 손등[손뜽],
③ -ㄴ+ㅂ- → -ㅃ- : 손바닥[손빠닥],
④ -ㄴ+ㅅ- → -ㅆ- : 눈섭[눈썹], 눈병[눈뼝], 안방[안빵]
⑤ -ㄴ+ㅈ- → -ㅉ- : 눈자위[눈짜위], 앉지[안찌], 신지[신찌]

ㄴ. /ㅁ/ + /ㄱ, ㄷ, ㅂ, ㅅ, ㅈ/ :
① -ㅁ+ㄱ- → -ㄲ- : 쓰다듬고[쓰다듬꼬], 지름길[지름낄], 남고[남 꼬], 곪고[곰꼬], 감고[감꼬], 뿜고[뿜꼬], 참고[참꼬], 심고[심꼬~ 싱꼬], ※감기[*감끼]
② -ㅁ+ㅈ- → -ㅉ- : 쓰다듬지[쓰다듬찌], 삼지[쌈찌], 옮지[옴찌], 남지[남찌], 감지[감찌], 참지[참찌], 심지[심찌~싱찌], ※감재

ㄷ. /ㅇ/ + /ㄱ, ㄷ, ㅂ, ㅅ, ㅈ/

① -ㅇ+ㄱ- → -ㄲ- : 외양간[외양깐], 강가[강까] ※강과[강과],

ㄹ. /ㄹ/ + /ㄱ, ㄷ, ㅂ, ㅅ, ㅈ/ :

① -ㄹ+ㄱ- → -ㄲ- : 물결[물껼], 길거리[질꺼리], 길가[질까], 물가[물까], 물고기[물꼬기], 발고락[발꼬락], 술그릇[술끄릇], 뜳고[뜰꼬], 낡고[날꼬], 붉고[불꼬], 맑고[말꼬],

② -ㄹ+ㅈ- → -ㅉ- : 뜳지[뜰찌], 낡지[날찌], 맑지[말찌], 섧지[설찌]

(30)는 /ㄱ, ㄷ, ㅂ/과 /ㄱ, ㄷ, ㅂ, ㅅ, ㅈ/이 줄어져서 된소리되기가 실현된 예이고, (31)은 /ㄴ, ㄹ, ㅁ, ㅇ/에 뒤따르는 /ㄱ, ㄷ, ㅂ, ㅅ, ㅈ/이 된소리되기가 실현된 예이다. (30)의 예는 보편적이고 필연적으로 된소리되기가 실현되지만, (31)의 예는 한정적으로 필연적으로 실현되는 것을 알 수 있다.

3.2.8. / ɨ / 없애기

/ㅡ/로 끝나는 줄기는 /ㅓ/로 시작하는 씨끝과 뒷가지 /-이/ 앞에서 /ㅡ/가 없어지는데, 이를 /ㅡ/ 없애기라고 한다.

(32) ㄱ. 뜨다 → 떠어도 → 떠도, 모으다 → 모으아도 → 모아도 → 모아서, 크다 → 커어도 → 커도, 슬프다 → 슬프어도 → 슬퍼도 → 슬퍼서, 끄다 → 끄어도 → 커도

ㄴ. 구르다 → 굴러도 → 굴러서, 무르다 → 물러도 → 물러서, 누르다 → 눌러도 → 눌러서, 이르다 → 일러도 → 일러서, 그르다 → 글러도 → 글러서 부르다 → 불러도 → 불러서, 고르다 → 골라도 → 골라서 다르다 → 달라도 → 달라서 찌르다 → 찔러도 → 찔러서, 서투르다 → 서툴러도 → 서툴러서 어지르다 → 어질러도 → 어질러서, 주무르다 → 주물러도 → 주물러서

ㄷ. 아프다 → 아프아서 → 아파서, 모르다 → 몰라도 → 몰라서

(32ㄱ)은 /ㅡ/로 끝나는 줄기에 /ㅓ/로 시작하는 {-어도, -어서}와 이어날 때, /ㅡ/가 없어지고 있는 예이고, (32ㄴ)는 /르/로 끝나는 줄기에 /ㅓ/로 시작하는

{-어도, -어서}가 이어나서 /ㄹ/이 겹쳐나고 /ㅡ/가 없어지는 예이다. /ɨ/ 없애기는 홀소리어울림에 뒤따르는 규칙이다. (32ㄷ)은 홀소리어울림을 적용받고 /ɨ/ 없애기가 적용된 예이다.

3.2.9. 고룸소리 없애기

고룸소리 없애기는 고룸소리 /ㅡ/가 줄기 끝 홀소리와 /ㄹ/ 뒤에서 없어지는 현상에 적용되는 규칙이다.

(33) ㄱ. 보다 → *보으면 → 보면
서다 → *서으면 → 서면
사다 → *사으면 → 사면
쬐다 → *쬐으면 → 쬐면
쎄다 → *쎄으면 → 쎄면
ㄴ. 쓸다 → *쓸으면 → 쓸면
팔다 → *팔으면 → 팔면
빨다 → *빨으면 → 빨면

(33ㄱ)은 줄기 끝 홀소리 뒤에서 고룸소리 /ㅡ/가 없어지는 예이고, (33ㄴ)는 줄기 끝 /ㄹ/ 뒤에서 /ㅡ/가 없어지는 예이다.

3.2.10. /ㅓ/ 없애기

/ㅓ/로 시작하는 씨끝의 /ㅓ/는 줄기 끝 홀소리 /ㅏ, ㅓ, ㅗ, ㅔ, ㅐ, ㅣ, ㅟ, ㅚ/ 뒤에서 없어지는 현상이 있는데, 이에 적용되는 규칙을 /ㅓ/ 없애기라고 한다.

(34) ㄱ. /ㅓ/+ {-어도, -어서} : 서다 서도 서서
ㄴ. /ㅏ/+ {-어도, -어서} : 자다 자도 자서, 사다 사도 사서, 싸다 싸도 싸서, 짜다 다 짜도 짜서

ㄷ. /ㅔ/+ {-어도, -어서} : 케다 케도 케서(點燈), 데다 데:도 데:서
ㄹ. /ㅐ/+ {-어도, -어서} : 매다 매:도 매:서, 캐다 캐도 캐서(採),
때다 때도 때서(불을 때다), 재다 재도 재서

(35) ㄱ. /ㅚ/+ {-어도, -어서} : 죄다 죄:도 죄:서
ㄴ. /ㅟ/+ {-어도, -어서} : 튀다 튀:도 튀:서, 뛰다 뛰도 뛰서
ㄷ. /ㅣ/+ {-어도, -어서} : 이다 이:도 이:서, 씨다 씨:도 씨서(洗),
비다 비:도 비:서(空), 비다 비도 비서(枕)
ㄹ. /ㅗ/+ {-어도, -어서} : 쪼다 쪼:도 쪼:서

(34ㄱ-ㄹ)에서는 줄기 끝 홀소리 /ㅓ, ㅏ, ㅐ, ㅔ/ 뒤에서 없어지는 예이고, (34ㄱ-ㄹ)에서는 줄기 끝 홀소리 /ㅚ, ㅟ, ㅣ, ㅗ/ 뒤에서 없어지는 예이다. (34)의 예는 표준어에서도 확인되는 /ㅓ/ 없애기이지만, (35)의 예는 표준어와는 다른 예로, 이 지역어의 특징을 보여주는 것이다.

3.2.11. 반홀소리 없애기

반홀소리 없애기는 갈이소리와 붙갈이소리에 / j /가 이어날 때 / j /가 없어지는 현상이다.

(35) ㄱ. 드시다 → 드시어서 → 드**셔**서[드**서**서]
뜨시다 → 뜨시어서 → 뜨**셔**서[뜨**서**서]
ㄴ. 넘치다 → 넘치어서 → 넘**쳐**서[넘**처**서]
다치다 → 다치어서 → 다**쳐**서[다**처**서]
닫히다 → 닫히어서 → 닫**쳐**서[닫**처**서]
ㄷ. 지다 → 지어서 → **져**서[**저**서]
치다 → 치어서 → **쳐**서[**처**서]
만지다 → 만지어서 → 만**져**서[만**저**서]
뒤지다 → 뒤지어서 → 뒤**져**서[뒤**저**서]

(35ㄱ)은 갈이소리 /ㅅ/에 / j /가 이어나서 / j /가 없어지는 예이고, (35ㄴ-

ㄷ)은 붙갈이소리 /ㅊ, ㅈ/에 / j /가 이어나서 / j /가 없어지는 예이다. 이 규칙은 보편적이고 필연적인 규칙으로 이 지역어에서도 실현된다.

3.2.12. /ㄹ, ㅅ, ㅎ, ㆆ/ 없애기

/ㄹ/ 없애기는 줄기의 끝소리 /ㄹ/은 /ㄴ, ㅂ, ㅅ, ㅗ/와 매김꼴 씨끝 {-을} 앞에서 줄어지는 것이고, /ㅅ/ 없애기는 줄기의 끝소리 /ㅅ/은 홀소리 사이에서 없어지는 것이며, /ㅎ, ㆆ/ 없애기는 줄기의 끝소리 /ㅎ/이 홀소리 사이에서 없어지는 것이다.

(36) ㄱ. 놀다 → 노니 → 놉니다 → 노시오
밀다 → 미니 → 밉니다 → 미시오
빌다 → 비니 → 빕니다 → 비시오
떨다 → 떠니 → 떱니다 → 떠시오
얼다 → 어니 → 업니다 → *
열다 → 여니 → 엽니다 → 여시오
울다 → 우니 → 웁니다 → 우시오
팔다 → 파라 → 팝니다 → 파시오
ㄴ. 긋다 → 그어 → 그어도 → 그어서
잇다 → 이어 → 이어도 → 이어서
낫다 → 나아 → 나아도 → 나아서
붓다 → 부어 → 부어도 → 부어서
ㄷ. 낳다 → 나아 → 나아도 → 나아서
놓다 → 노아 → 노아도 → 노아서
닿다 → 다아 → 다아도 → 다아서
넣다 → 너어 → 너어도 → 너어서
ㄹ. 찧다 → 찌어 → 찌어도 → 찌어서

(36ㄱ)는 줄기의 끝소리 /ㄹ/은 /ㄴ, ㅂ, ㅅ, ㅗ/와 매김꼴 씨끝 {-을} 앞에서 줄어지는 예이고, (36ㄴ)는 줄기의 끝소리 /ㅅ/은 홀소리 사이에서 없어지는

예이며, (36ㄷ)은 줄기의 끝소리 /ㅎ/이 홀소리 사이에서 없어지는 예이다. (36ㄹ)은 줄기의 끝소리 /ㆆ/이 홀소리 사이에서 없어지는 예인데, 이 지역어에서 'ㆆ'를 닿소리 음소목록으로 인정했기 때문에 /ㆆ/도 홀소리 사이에서 없어지는 예가 있는 것이다.

3.2.13. /(ㅎ)ㅏ/ 없애기

'하다' 풀이씨의 변동은 4가지로 정리할 수 있다. 첫째, 씨끝 앞에서 /ㅏ/가 없어지는 것이고, 둘째, 거센소리 짝이 있는 예사소리 앞에서만 /ㅏ/가 없어지는 것이고, 셋째, /ㄱ, ㄷ, ㅂ/ 사이에서 /하/가 없어지는 것이고, 넷째, 뒷가지 {-이} 앞에서 /ㅏ/가 없어지는 것이다.

(37) ㄱ. 아이+하다 → *아이하다
ㄴ. 다정+하다 → 다정타, 흔하다 → 흔타
ㄷ. 생각하자 → 생각지[생각찌] ※못하지[모타지]
ㄹ. 단단히, 깨끗히, 곰곰히, 똑똑히

(37ㄱ)은 씨끝 앞에서 /ㅏ/가 없어지는 예인데, 표준어에서 {않다}는 {아니+하다}에서 /ㅏ/가 없어진 형태이지만, 이 지역어에서 {아이+하다}는 /ㅏ/가 없어지지 않는다. 이 지역어에서는 "아니[aɲi]"가 아니라 "아이[aŋi]로 실현되기 때문에 /ㅏ/가 없어지지 않는다. (37ㄴ)은 거센소리 짝이 있는 예사소리 앞에서만 /ㅏ/가 없어지는 예이다. (37ㄷ)은 /ㄱ, ㄷ, ㅂ/ 사이에서 /하/가 없어지는 예로 임의적인 성격을 갖는다. (37ㄹ)은 뒷가지 {-이} 앞에서 /ㅏ/가 없어지는 예이다.

3.3. 표현을 똑똑하게 하려는 데서 일어나는 변동

청자가 말을 표현을 똑똑하게 알아듣게 하기 위해서 화자는 말의 표현을 똑똑히 발음하고자 하는 심리에 의해서 변동이 일어난다. 이로 인하여 발생하는 변동은 /ㄴ/ 덧나기, /ㄷ/ 덧나기, /ㄹ/ 겹치기가 있다.

3.3.1. /ㄴ/ 덧나기

겹이름씨나 또는 이에 준하는 말에서, 뒷말의 첫소리가 /j, i/일 때는 /ㄴ/가 덧나는 현상이 있는데, 이를 /ㄴ/ 덧나기라고 한다.

(38) ㄱ. 물+약 → 물냑 → 물략
ㄴ. 집+일 → 집닐 → 짐닐
잡+일 → 잡닐 → 잠닐
예+일 → 예닐 → 옌닐
ㄷ. 밭+일 → 받닐 → 반닐
앞+일 → 압닐 → 암닐

(38ㄱ)은 뒷말의 첫소리가 /j, i/여서 /ㄴ/가 덧나고 /ㄴ/의 /ㄹ/되기가 뒤따르는 예이고, (38ㄴ)은 뒷말의 첫소리가 /j, i/여서 /ㄴ/가 덧나고 콧소리되기가 뒤따르는 예이고, (38ㄷ)은 일곱 끝소리 되기를 겪고, 뒷말의 첫소리가 /j, i/여서 /ㄴ/가 덧나면서 콧소리되기가 뒤따르는 예이다.

3.3.2. /ㄷ/ 덧나기

겹이름씨나 또는 이에 준하는 말에서, 뒷말의 첫소리가 된소리의 짝이 있는 예사소리이거나 콧소리일 때, 두 말 사이에 /ㄷ/이 덧나고 있는데, 이를 /ㄷ/ 덧나기라고 한다.

(39) ㄱ. 코+등 → 콛등 → 코뜽
손+등 → 손ㄷ등 → 손뜽
ㄴ. 이+몸 → 읻몸 → 인몸

	코+날	→	콛날	→	콘날		
	농사+일	→	농삳닐	→	동산닐		
ㄷ.	내+가	→	낻가	→	낵가	→	내까
	초+불	→	촏불	→	촙불	→	초뿔
	귀+구멍	→	귇구멍	→	귁구멍	→	귀꾸멍
	고기+국	→	고긷국	→	고긱국	→	고기꾹
	등+불	→	등ㄷ불	→	등뿔	→	등뿔

(39ㄱ)은 두 말 사이에 /ㄷ/이 덧나고 된소리가 뒤따르는 예이고, (39ㄴ)은 두 말 사이에 /ㄷ/이 덧나고 콧소리되기가 뒤따르는 예이고, (39ㄷ)은 /ㄷ/이 덧나고 끝소리 자리 옮기기를 겪은 후에 된소리되기가 뒤따르는 예이다.

3.3.3. /ㄹ/ 겹치기

/ㄹ/과 홀소리 사이에 형태소의 경계가 있을 때, /ㄹ/이 다음 음절로 이어나지 않고 끝소리로 남을 때에는 /ㄹㄹ/로 겹쳐지는 현상이 있는데 이를 /ㄹ/ 겹치기라고 한다. 그 예를 제시하면 (40)과 같다.

(40) 할+일 → 할닐 → 할릴
     볼+일 → 볼닐 → 볼릴

4. 결론

이 연구는 강원방언의 하위 방언인 정선지역어를 연구대상으로 하고, 공시 음운론적 연구방법을 사용해서 음운론적 특징을 살펴보았다. 정선지역어의 음운체계와 음운현상에 대해 논의를 정리하면 아래와 같다.

첫째, 정선지역어의 음운체계를 닿소리체계, 홑홀소리체계, 겹홀소리체계, 운소체계로 나누어 설명했다.

ㄱ. 닿소리체계는 20개의 닿소리를 음소로 설정했다. 표준어에서 설정한 /ㅂ, ㅍ, ㅃ, ㄷ, ㅌ, ㄸ, ㅅ, ㅆ, ㅈ, ㅊ, ㅉ, ㄱ, ㅋ, ㄲ, ㄴ, ㅁ, ㄹ, ㅇ, ㅎ/ 등 19개에다가 /ㆆ/를 추가하여 20개의 닿소리를 닿소리 음소로 설정했다.

ㄴ. 홀소리 체계 중에 홑홀소리체계는 표준어에서 설정한 /ㅣ, ㅟ[ü], ㅚ[ö], ㅔ, ㅐ, ㅡ, ㅗ, ㅜ, ㅓ, ㅏ/ 10개의 홀소리를 음소로 설정했고, 겹홀소리체계는 /w/ 계열 /ㅟ[wi], ㅞ, ㅙ, ㅝ, ㅘ/와 /j/ 계열 /ㅖ, ㅒ, ㅕ, ㅑ, ㅛ, ㅠ/는 표준어에서 설정한 겹홀소리 음소목록과 같으나, 이 지역어에서는 /j/ 계열 겹홀소리 음소목록에 /ᆜ/[jɨ]를 추가하여 음소로 인정하였다.

ㄷ. 이 지역어의 운소는 성조이다. 즉, 성조가 단어의 뜻을 구별하는 변별적 기능을 수행한다. 정선지역어의 성조는 1음절 어절의 성조형은 평성형(/M/), 거성형(/H/), 상성형(/M̆/) 등 세 가지이며, 2음절 이상의 어절은 평측형과 상성형만 존재하고, 거성형은 평2형으로 변하여 평측형 중 평2형과 구별이 되지 않는다.

둘째, 이 지역어에서 한 형태소의 음소가 그 놓이는 환경에 따라 다른 음소로 바뀌는 변동현상을 설명했다. 이 지역어의 변동규칙의 체계는 다음 표와 같다.

〈표 4〉 정선지역어의 변동 규칙 체계

구분	변동원인	변동규칙 분류	변동규칙
음소의변	가로체계의 제약성	음절 짜임새 맞추기	소리이음, /ㅎ/ 끝소리 자리 바꾸기, 겹받침 줄이기, 일곱 끝소리 되기
		머리소리규칙	/ㄹ/ 머리소리 규칙, /ㄴ/ 머리소리규칙

<table>
<tr><td rowspan="6">동
규
칙</td><td></td><td>닿소리 이어 바뀜</td><td>/ㄴ/의 /ㄹ/ 되기, /ㄹ/의 /ㄴ/ 되기,
콧소리되기,</td></tr>
<tr><td rowspan="4">발음의
편의성</td><td>닮음</td><td>입천장소리 되기, 홀소리 어울림,
/ㄷ/ 공깃길 닮기, /ㅂ/ 공깃길 닮기,
/ㅣ/ 치닮기, 끝소리 자리 옮기기.</td></tr>
<tr><td>줄임</td><td>반홀소리 되기, 거센소리되기, 된소리되기</td></tr>
<tr><td>없앰</td><td>/ㅡ/ 없애기, 고룸소리 없애기, /ㅓ/ 없애기, 반홀소리 없애기, /ㄹ/ 없애기, /ㅅ/ 없애기, /ㅎ/ 없애기, /ㆆ/ 없애기, /(ㅎ)ㅏ/ 없애기,</td></tr>
<tr><td>표현의
강조</td><td>덧나기</td><td>/ㄴ/ 덧나기, /ㄷ/ 덧나기, /ㄹ/ 겹치기</td></tr>
</table>

또한, 이 지역어의 변동현상의 독특한 특징을 정리하면 다음과 같다.

ㄱ. 겹받침 줄이기는 표준어와 다르게 두 가지 차이점이 있는데, 첫째, /ㆆ/를 자음 음소로 설정하여 /ㅭ/을 겹받침으로 인정한 점이고, 둘째, 겹받침 /ㄵ/에는 적용이 되지 않는데, {앉-, 얹-}은 이 지역어에서 {언지-}, {안지-}로 실현되기 때문이다. 즉, 기저형이 달라 겹받침 줄이기가 적용되지 않는 경우가 상당히 있다.

ㄴ. 일곱 끝소리 되기는 /ㅌ, ㅅ, ㅆ, ㅈ, ㅊ, ㅎ/이 /ㄷ/으로 음절 끝소리 자리에서 /ㄷ/으로 중화되는 것은 표준어와 같으나 이 지역어에서 /ㆆ/을 닿소리 음소 목록에 추가하여 /ㆆ/도 음절 끝소리 자리에서 /ㄷ/으로 중화된다는 것이 다르다.

ㄷ. /ㅓ/ 없애기는 표준어와 다르다. 즉, 표준어에서는 줄기 끝 홀소리 /ㅓ, ㅏ, ㅐ, ㅔ/ 뒤에서 /ㅓ/가 없어지는데, 이 지역어에서는 줄기 끝 홀소리 /ㅚ, ㅟ, ㅣ, ㅗ/ 뒤에서도 /ㅓ/가 없어진다.

ㄹ. /ㆆ/ 없애기는 표준어에 없는데, 이 지역어에서는 있다. 즉, 홀소리 사이에서 /ㆆ/가 없어진다.

ㅁ. /(ㅎ)ㅏ/ 없애기는 이 지역어에서도 있다. 그러나 표준어와 그 실현

양상이 다르다. 표준어에서 {않다}는 {아니+하다}에서 /ㅏ/가 없어진 형태이지만, 이 지역어에서 {아이+하다}는 /ㅏ/가 없어지지 않는다. 이 지역어에서는 "아니[aɲi]"가 아니라 "아이[aŋi]로 실현되기 때문에 /ㅏ/가 없어지지 않는다.

참고문헌

김봉국(1998), "삼척지역어의 성조 연구", 서울대학교 석사학위논문.

김봉국(2002), "강원도 남부지역 방언의 음운론", 서울대학교 박사학위논문.

김차균(1985), "중세국어와 경상도 방언의 성조 대응 관계 기술의 방법론", 『역사언어학』(김방한 선생 화갑 기념 논문집).

김차균(1997), "우리말 성조 연구의 성과와 미래의 방향", 『언어』18, 충남대학교 어학연구소.

김차균(1998), 『음운학 강의』, 태학사.

김차균(1999), "훈민정음 시대 우리말 성조체계와 방언들에서 비성조 체계로의 변천 과정", 『언어의 역사』, 국어사연구회.

김차균(2003), "우리말 성조 방언에서 반평성과 반거성", 『한말연구』13, 한말연구학회.

문효근(1969), "영동방언의 운율적 자질에 관한 연구", 『인문과학』22, 연세대학교.

문효근(1972), "영동북부방언의 운율음소", 『연세논총』 9, 연세대학교.

박종철(1982), "고성지역 향토문화 조사보고 : 방언부문", 『강원문화연구』 2, 강원대학교 강원문화연구소.

박성종(1998), "강원도 방언의 성격과 특징", 『방언학과 국어학』, 태학사.

손웅일(2006), "정선방언의 음운론적 연구", 강원대학교 석사학위논문.

이근영(1989), "국어 변동규칙의 통시적 연구", 건국대학교 박사학위논문.

이익섭(1972), "영동방언의 Suprasegmental Phoneme 체계", 『동악어문』 2, 동덕여자대학교.

이익섭(1981), 『영동영서의 언어분화-강원도의 언어지리학』, 서울대학교출판부.

전성탁(1979), "고성지방의 방언 연구", 『관동향토문화연구』 3, 춘천교육대학교.

조오현(1993), "15세기의 모음체계에 대한 연구 흐름", 『한중 음운학 논총』 1, 서광학술자료사.

조오현(1998), "15세기 'ㅣ'의 소리 값에 대한 한 가설", 『한글』 242, 한글학회.

조오현(1999), "내림겹홀소리의 홑홀소리 되기 원인", 『건국어문학』 23-24, 건국대학교 국어국문학 연구회.

최영미(2001), "삼척지역어의 운소체계 연구", 건국대학교 석사학위논문.

최영미(2001), "어중 된소리되기와 운율구조", 『한말연구』 9, 한말연구학회.
최영미(2002), "삼척지역어의 고저와 장단에 대한 청취실험", 『국어교육』 110, 한국어교육연구학회.
최영미(2003), "안면지역어 "ㅚ", "ㅟ"의 음소 설정에 관한 연구", 『한말연구』 12, 한말연구학회.
최영미(2006), "〈소학언해〉에 나타난 합성어의 성조 변동", 『우리말 음운 연구의 실제』, 경진문화사.
최영미(2009), "삼척지역어의 고저와 장단에 대한 청취실험", 『국어교육』 110, 한국어교육연구학회.
최영미(2010), 『정선방언 성조체계와 그 역사적 변천』, 역락.
최영미(2013), "정선방언의 비음절화와 성조의 변동", 『한말연구』, 한말연구학회, 269-300.
허 웅(1963), 『중세 국어 연구』 정음사.
허 웅(1985), 『국어음운학』, 샘출판사.
Ramsey, S, Robert, 1974, "함경·경상 양방언의 악센트 연구", 『국어학』 2. 국어학회.

지역 방언의 어두 경음화 연구사

한 명 숙

1. 머리말

이 연구는 각 지역에서 어두 경음화 현상에 대해 언급한 연구들을 정리하는 것이 목적이다. 방언을 연구하는 앞선 연구자들은 지역 방언에서 어두 경음화 현상을 주요한 특성으로 논의했다. 그러나 대부분의 연구들이 어두 경음화 목록만을 제시하고 있어서 이들이 지니고 있는 가치를 알기가 어렵다.

오종갑(2011:242)에서는 어두 경음화와 관련된 비교, 대조적 연구가 이루어지지 않음으로써 방언 상호간의 수수 관계를 파악하기 어려운 실정이라고 하였다. 또한 방언 상호간의 비교, 대조에 의한 연구, 특히 전국 차원에서의 비교 대조가 부진한 것은 방언 자료의 수집에 어려움이 있기 때문이라고 하였다. 따라서 어두 경음화와 관련된 비교 · 대조 연구가 제대로 이루어지기 위해서는 각 지역 방언별 앞선 연구가 먼저 이루어져야만 이에 따른 관계를 밝히는 일도 가능해진다.

이에 본 연구는 지역 방언의 어두 경음화 연구사를 살펴보고자 한다. 지역별 어두 경음화를 살피기 위해서는 방언 구획에 대한 논의가 먼저 심도 있게 되어야 한다. 그러나 방언 구획에 대한 의견도 다양하다. 따라서 이 논문에서는 이해의 편의를 위해 행정구역상의 구분과 명칭을 그대로 이용하고자 한다.[1)]

2. 지역별 어두 경음화 개관

2.1. 전국 방언의 어두 경음화

어두 경음화 현상을 전국적으로 다룬 연구는 강윤호(1959), 김형규(1974), 오종갑(1999, 2011), 한명숙(2011) 등이다. 강윤호(1959:180)에서는 국어 방언에 있어서의 두음 경음화 어휘의 분포상을 살피고 국어 방언에 나타나는 두음 경음화 어휘 유형을 5가지로 나누어 그 자료로 139개의 어휘를 가지고 분포상을 제시하였다. 방언 지도를 보면 두음 경음화 어휘가 나타나는 지역은 충청남북도, 경상남북도, 제주도, 함경남북도(일부), 평안남북도(일부), 강원도(일부) 등으로 거의 전국에 걸쳐 있는 것같이 보이나, 그 분포가 가장 조밀한 곳이 경상남북도임을 밝히고 있다. 또한 국어에 나타나는 두음 경음화 현상은 남에서 중앙으로 그리고 다시 북으로 파급된 것으로 볼 수 있다고 판단하였다.

김형규(1974)는 현재 표준말에서 평음으로 되어 있는 많은 어휘가 방언에서 강한 발음으로 나타나는 것이 많다고 하면서 105개의 강음화 방언의 예를 들었다. 그 지역적 분포를 보면, 경상남도, 전라남북이 가장 심하다고 보았다. 김형규(1974:84)에 따르면 강음화 현상은 이미 조선초기 또는 그 이전부터 나타나기 시작해서 조선중기 이후 강하게 나타나 오늘의 된소리 또는 거센소리로 표기되는 많은 어휘가 그 결과 형성된 것이다. 그러나 현재도 새로이 강음화 현상은 진행되고 있으니 그 예를 전라도를 중심으로 알아볼 수 있다고 하였다.

오종갑(1999)는 「한국방언자료집」의 「음운」편에 수록된 자료들을 활용하여 전국언어지도를 그리고 경음화가 영남 방언에서 어떻게 전개되고 있

1) 한명숙(2011), 한국어의 어두 경음화 현상 연구, 건국대학교 대학원 박사학위논문, 59쪽.

는지 밝히고자 하였다. 그 결과 영남 이외의 지역에서 발생하여 영남 지역으로 전파되어 온 것으로 추정하고 경음화 규칙은 강원도를 통해 그 세력이 경북의 북부 지역으로 남하하고, 또 한편으로는 전라도와의 접경 지역을 통해 그 세력이 동진하였으나 상대적으로 먼 거리에 위치한 경남의 동부 및 남부의 해안 도서 지역은 경음화의 세력이 가장 약한 지역으로 남아 있다고 보았다.

오종갑(2011)은 중세나 근대 국어에서 어두 복자음을 가졌던 어사 57개와 어두 단자음을 가졌던 어사 69개의 현대국어 방언형을 「한국방언자료집」에서 찾아 어두 경음화 실상을 분석하고 그 결과를 바탕으로 어두 경음화의 빈도를 군 단위로 통계 처리하였다. 또한 그 변화 빈도를 바탕으로 해서 전국언어지도를 작성하고 각각의 개신지와 개신파의 전파 과정을 추정하였다. 이 연구는 어두 경음화 양상을 전국적으로 비교하면서 'ㄱ, ㄷ, ㅂ, ㅅ, ㅈ' 각각의 경음화 개신지를 추정하였다는 데에 의의가 있다.

한명숙(2011)은 각 지역 방언의 어두 경음화 실태를 파악하기 위해 〈2007 한민족 언어 정보화 통합 검색 프로그램〉을 이용하였다. 이 논문에서는 그간 방언의 어두 경음화 현상에 대해서 단편적인 언급밖에 없었다는 것을 지적하고 각 지역별 어두 경음화 목록을 작성하였다. 또한 각 지역별 어두 경음화 실태를 비교하고 어두 음소별 순위와 품사별 빈도를 살펴보았다.[2)]

---

2) 각 지역별 어두 경음화 목록 통계표(한명숙, 2011:131)

	경기	강원	충북	충남	경북	경남	전북	전남	제주	계
ㄲ	26	80	77	68	107	134	76	152	21	741
ㄸ	8	33	32	20	34	44	23	69	15	278
ㅃ	10	35	23	27	42	59	26	85	10	317
ㅆ	9	41	24	21	89	126	26	99	53	488
ㅉ	7	45	31	24	42	54	25	98	8	334
총계	60	234	187	160	314	417	176	503	107	2,158

2.2. 경기 방언의 어두 경음화

경기 방언을 대상으로 한 어두 경음화 연구는 김계곤(1977), 정영주(1985), 김계곤(1991, 1992) 등이다. 이들 연구들은 방언 채집 가운데 어두 경음화 현상이 실현되는 어휘들을 보여 주었다.

김계곤(1977)은 파주군 탄현면 방언을 채집하여 품사별로 구분하여 제시하였는데, 그중 "쬐금(조금), 째끔(조끔)"의 2개의 어두 경음화 어휘를 보였다. 김계곤(1977, 1991, 1992) 일련의 논문들이 경기도 방언 어휘 목록 채집에 주목적을 두었다면, 정영주(1985)는 경기도 옹진군 영종도의 방언에 나타나는 음운 현상을 연구하면서 어두 경음화 현상에 대해 논하였다.

정영주(1985)는 경기도 옹진군 영종도(영종도)에 현재 거주하고 있는 3대 이상 살아온 토박이로서 70대의 언어와 50대의 언어에 나타난 음운 현상을 비교하였다. 경기도 옹진군 영종도에 나타나는 어두 경음화 어휘들은 다음과 같다.

(1) 까시나무(가시나무), 깔쿠리(갈쿠리), 꺼꾸리(거꾸로), 꼭갱이(곡괭이), 꽂감(곶감), 깽이(괭이), 딲다(닦다), 땡기다(당기다), 뽄(본), 쏘낙비(소낙비), 씨누이(시누이), 쪼끔(조금), 쪽제비(족제비), 쭐거리(줄기), 찝게(집게)

김계곤(1991, 1992)는 인천직할시 경기도 방언을 채집하였다. 어휘를 채집하여 품사별로 분류하고 거기서 나타나는 특징을 말하고, 말소리의 유동성이라는 측면에서 어두 경음화 현상에 대해 지적하였다. 김계곤(1991)은 인천직할시 중구 운서동, 운남동, 운북동, 중산동 지역 방언을 채집하였고 김계곤(1992)는 인천직할시 소래 지역 방언을 채집하였다. 이 논문에서 제시된 어두 경음화 어휘를 보면 다음과 같다.

(2) 까꾸로/까꾸루(거꾸로), 깨구리(개구리), 꺼적(거적), 꼬뿔(고뿔), 꼬추(고추), 꼬치장(고추장), 뽈때기(볼때기), 쐮이다(섞이다), 씨래기(시래기), 쬐그맣다(조그맣다:쬐그마서 몰랐지요), 쬐금/쬐끔(조금), 쬐끄맣다(조그맣다:쬐그메서)

김계곤(1991:21)에서 반대로 경음이 평음으로 나는 "겁데기(껍데기), 지르다(찌르다), 조가리(쪼가리)" 3개의 어휘를 보였다. 김계곤 일련의 논문에서는 11개의 어두 경음화 어휘 목록이 나왔고 정영주(1985)에서는 15개의 어두 경음화 어휘 목록이 나왔다. 김계곤(1977, 1991, 1992)와 정영주(1985)에서 공통적으로 나온 단어는 '거꾸로', '조금'이다. 이들 어휘도 어두 경음화로 실현되었을 때는 다르게 나타나고 있음을 보인다. 김계곤(1977, 1991, 1992)에서는 '거꾸로'가 '까꾸로, 까꾸루'로 조사되었고 정영주(1985)에서는 '거꾸로'가 '꺼꾸리'로 조사되었다. 이는 경기도 지역이라고 하더라도 인천과 옹진 지역이 어두 경음화 실현이 다르게 나타남을 보여 준다.

2.3. 강원 방언의 어두 경음화

강원도 지역의 어두 경음화 현상을 논의한 연구는 전성탁(1971, 1982), 원훈의(1978, 1990, 1991, 1992), 전광현(1982), 전성탁(1987), 이익섭(1987), 이상복(1985, 1995), 김옥영(1998), 박진석(1999), 은상현(2006), 손웅일(2006) 등이다. 이들 모두 어두 경음화 어휘를 제시하고 은상현(2006)은 10개의 어두 경음화 어휘를 바탕으로 사동과 피동을 연구하였다.

전성탁(1971)은 영동 지방 방언의 음운을 연구하면서 강음화 현상을 언급하였다. 이 강음화 현상은 현재 우리말의 일반적인 경향으로서 경상도, 전라도, 함경도, 충청도 남부 및 강원도 동해안 지방의 방언에 현저히 나타나는 현상이다. 영동 방언에서는 삼척, 강릉 지방 방언의 첫 음절에서 강음화 현상이 나타나고 있으며 양양, 고성 지방은 강음화가 점차 진행 중에 있는 현상을 나타내고 있다.[3] 전성탁(1971:9)에서는 어두 경음화가 실현되는 어휘 10개[4]를 울진, 삼척, 강릉, 양양, 고성 지역과 비교하였다.

원훈의(1978, 1990, 1991, 1992)에서 강원도 방언을 연구하였다. 원훈의 일련의 논문에서는 '경음화'라는 용어와 '농음화'라는 두 가지 단어를 혼용하고 있다. 원훈의(1978, 1992)에서는 '농음화'라고 쓰고, 원훈의(1990, 1991)에서는 '경음화'라고 하였다. 두 가지 용어를 사용하다 보니 때로는 평음이 경음으로 바뀐 경음화 현상만을 포함시킨 경우도 있고, 경음화(어두, 어중) 현상뿐만 아니라 유기음인 /ㅋ/, /ㅍ/가 경음으로 바뀐 것도 경음화 현상에 포함시켜 예를 제시하였다. 원훈의(1990, 1991)에서는 '경음화'라는 용어를 사용하고 이 고장 방언의 경음화에는 /ㄱ(k)/, /ㄷ(t)/, /ㅂ(p)/, /ㅅ(s)/, /ㅈ(c)/ 등의 음소가 경음으로 실현된다고 보았다. 그 예를 보이면 다음과 같다.

(3) /ㄱ(k)/ → /ㄲ(k')/ : 고깔→꼬깔
/ㄷ(t)/ → /ㄸ(t')/ : 잔디→잔띠[5]
/ㅂ/ → /ㅃ(p')/ : 돌배→돌빼, 번데기→뻔데기
/ㅅ/ → /ㅆ(s')/ : 사립문→싸립문, 서캐→써개, 수염→쒐, 슳다→씰다
/ㅈ/ → /ㅉ(c')/ : 잠자리→짬자리, 족제비→쪽제비, 족집게→쪽집게, 진드기→찐드기

원훈의(1991:50)에서 위의 경음화는 거의 전국적인 방언 현상인데, 〈돌빼〉는 이 고장 특유의 방언형으로 보이며 〈써개〉는 평창, 정선, 영월 등지 및 홍천군 지역 방언에서도 더러 쓰인다. 원훈의(1990, 1991)에서는 '경음화'라는 용어를 사용하다가 다시 원훈의(1992)에서는 '농음화'라고 하였다.

3) 전성탁(1971), 영동 지방 방언의 연구, 『논문집』 10, 춘천교육대학, 9쪽.
4) 사위, 가시, 고깔, 개비, 고추, 각다귀, 시어머니, 그치다, 자르다, 그슬리다
5) '잔띠, 돌빼'의 경우처럼 2음절에서 나타나는 경음화 현상도 어두 경음화 현상으로 보았다.

강원도 지방의 농음화에는 /ㄱ(k)/→/ㄲ(k')/, /ㄷ(t)/→/ㄸ(t')/, /ㅂ(p)/→/ㅃ(p')/, /ㅅ(s)/→/ㅆ(s')/, /ㅈ(c)/→/ㅉ(c')/ 등이 주종을 이룬다고 보고 그 예는 아래와 같다.

(4) /ㄱ(k)/의 농음화 : 가시→까시, 가리랭이→까시랭이, 감(素材)→깜, 개구리→깨구리, 개암→깨금, 고깔→고깔, 고수레→꼬수레, 고쟁이→꼬쟁이, 고추장→꼬치장, 꼬추장, 곡괭이→꼬괭이, 그슬리다→끄슬리다, 그치다→끄치다

/ㄷ(t)/의 농음화 : 던진다→떤진다

/ㅂ(p)/의 농음화 : 발제→빨찌, 번데기→뻔데기

/ㅅ(s)/의 농음화 : 사납다→싸납다, 사립문→싸립문, 소주→쏘주

/ㅈ(c)/의 농음화 : 자귀→짜구, 자르다→짤르다, 잠자리→짬자리, 조금→쪼꼼, 조린다→쪼린다, 족집게→쪽집게, 진드기→찐드기, 찐데기

/ㅋ(k')/, /ㅍ(p')/의 농음화 : 바퀴→바꾸, 휘파람→희빠람

원훈의(1992:70)에서 위의 농음화는 거의 전국적인 발음 현상으로 〈던진다→떤진다〉는 경남·북을 비롯한 충남북과 영동 방언의 영향이며, 〈잔디→잔띠〉와 〈돌배→돌빼〉는 영서 지역에서 더러 나타난다고 지적하였다. 〈바퀴→바꾸〉, 〈휘파람→희빠람〉도 경음화 현상으로 보고 있다. 이에 대해 원훈의(1992:71)에서 〈바퀴→바꾸〉는 /ㅋ(k)/→/ㄲ(k')/의 단순한 자음의 교체로 볼 수도 있지만, 한편으로는 /ㅋ/의 농음화로도 볼 수 있는데, 〈바꾸〉는 경남북, 충남북과 강원도의 영동, 영서 지역에서 널리 쓰이고, 〈휘파람→희빠람〉은 함남 방언에서 보이는데, 이것은 〈휫-바람〉으로 분석할 수도 있고 /ㅍ/의 평음화로도 볼 수 있다.

전성탁(1982)는 철원 지방 음운의 특징으로 경음화 현상을 제시한다. 어두 경음화의 유형을 /k/→/k'/, /p/→/p'/, /s/→/s'/, /c/→/c'/ 4가지 유형으

로 나누고 22개의 어두 경음화 예를 보여 주었다. 다만 /t/의 /t'/ 현상이 없음이 특이하다고 하였다. 그리고 전성탁(1987)도 강원도 인제 지방의 방언 연구를 하였다. 형태소의 어두음이 /k'/, /t'/, /s'/, /č'/로 되는 것을 경음화로 보고 30개의 어휘를 제시하였다.

이상복(1986)은 강원도 태기산 주변 지역의 방언 조사를 하였다. 해당 지역으로는 횡성군 둔내면, 평창군 봉평면, 홍천군 내면, 홍천군 서석면이다. 이들 지역의 방언 어휘를 품사별로 나누어 보여 주었는데, 어두 경음화 현상이 실현되는 어휘들도 있었다. 이상복(1995)에서도 강원도 방언의 두드러진 특징으로 어두 경음화 현상을 지목하였다.

(5) 개구리→깨구리, 가위→까새, 갓난아이→깐난애기
도랑→또랑, 두꺼비→뚜꺼비, 두레박→뜨레박
박쥐→빡쮜, 벗기다→뻿기다, (콩을)불리다→뿔구다
사례→싸레, 삶다→쌂다, 시래기→씨래기
지린내→찌린내, 주름살→쭈굼살

김옥영(1998)은 강릉 방언에서 어두 경음화가 활발하게 나타나는 특징을 설명하고 57개의 어휘를 제시하였다. 그리고 대체로 어두에 /k, s/가 올 때 어두 경음화가 활발하다고 하였다. 강릉 방언에서 경음으로 발음되는 첫 음절이 대부분 모음으로 끝나기는 하나 자음으로 끝날 경우에도 유성 자음에 국한되지 않고 나타난다. 이것으로 강릉 방언의 어두 경음화에 대한 제약 조건이 엄격하지 않음을 알 수 있다. 강릉 방언에서는 1음절 경음은 그 예가 극히 드물다. 그러므로 어두 경음화 현상은 음운적으로만 해결 가능한 음운 변화가 아니라 형태적, 의미적, 역사적, 사회 심리적 측면에서 복합적 검토가 필요하다고 보았다.

박진석(1999)는 태백 방언의 어두 경음화를 조사하고 그에 해당하는 74

개의 어휘와 요인에 대해 검토하였다. 박진석(1999:35)에 따르면 어두 경음화의 요인으로는 음성 환경과 표현 대상에 대한 언중들의 심리가 작용한 것으로 생각된다. 외딴 이웃끼리 이쪽 산과 저쪽 산의 일터에서 분명한 의사 소통을 위해서는 강렬한 발음이 전제된 것으로 보여지며 또한 우리 언어상 특징으로 어두 첫음절을 강하게 발음하는 것도 큰 원인이라 여겨진다. 특히 지역적으로 경상도와 인접한 산촌 마을이라 경상 방언의 영향을 입은 것으로 추측된다. 또한 태백 지역에 나타난 어두 경음화의 특징은 체언이나 용언에서 주로 나타나며, 첫 음절이 모음 또는 받침이 /l/, /m/, /n/, /ŋ/ 등이 올 때 매우 활발하다. 그리고 국어의 음운사에 비추어 볼 때, 고형과 관련이 있는 어원적인 것이 아니고 후대 방언적 발달이라고 단정할 수 있다.[6]

손웅일(2006)은 정선 방언을 대상으로 하였다. 정선 방언에서도 어두 경음화 현상이 활발히 나타나며 이것은 표현이 강화되는 현상으로 청각적 인상을 다른 소리보다 크게 하여 전달의 효과를 높이는 결과를 가져온다고 보았다. 어두 경음화의 예로 48개를 보이고 정선 방언에서 /k/의 어두 경음화가 두드러진다는 사실을 언급하였다. 이는 다른 자음에 비해 /k/의 전달 효과가 낮다는 것이다.

2.4. 충북 방언의 어두 경음화

충북 방언에 대한 연구는 방언 구획, 즉 방언 경계를 그으려는 연구가 중심을 이루었다. 그러므로 충북 방언에 대한 음운 현상에 대한 논의는 적은 편이었고 어두 경음화 현상을 논한 연구는 더 적을 수밖에 없었다. 충북 방언의 어두 경음화 현상을 언급한 연구는 노재봉(1974), 김진식(1981, 1987), 박명순(1994), 김순자(1995), 박경래(2000), 박종진(2002), 조성문(2002) 등이다.

---

6) 박진석(1999), 태백 방언 연구, 강릉대학교 석사학위논문, 36쪽.

노재봉(1974)는 충청북도 남부 방언을 대상으로 세대차에 의한 차이점을 살펴보았다. 이 지역에서도 어두 경음화 현상이 나타나고 '어두 경음화'라는 용어 대신에 '강음화'를 사용하였다. 노재봉(1974:111-125)에서 세대차에 따라 강음화 현상이 다르게 나타나고 있는 현상을 예를 통해 설명하였다. 이 연구에서는 노소(老少)에 따른 강음화를 비교하였다. 노(老)는 60세 이상의 노년층 언어이고, 소(少)는 10-15세의 연소층 언어를 의미한다. 그 결과 세대에 따라 강음화의 차이가 나타나는 경우도 있고 세대차에 따른 변이가 없는 어휘도 있다.7)

김진식(1981, 1987)에서는 충북 제천 지역어의 음운 현상으로 어두 경음화를 고찰하였다. 김진식(1981)에서는 /k/계 어두 경음(13개), /č/계 어두 경음(7개), /p/계 어두 경음(3개), /s/계 어두 경음(3개), /t/계 어두 경음(3개)으로 나누어 총 29개의 예를 제시했고 김진식(1987)에서도 /p/, /t/, /k/, /c/, /s/ 환경별로 나누어 31개의 예를 보여 주고 있다.

박명순(1994)도 영동 지역어의 특징으로 어두 경음화 현상을 논의하였다. 박명순(1994:90)에서 형태소의 어두에서 무성평자음 /p, t, k, s, c/에 [+tense]가 가해진 /p', t', k', s', c'/로 후두긴장화하여 실현되는 현상을 어두 경음화라 보았다. 그리고 어두 경음화가 실현되는 예를 /p, t, k, s, c/의 환경별로 나누어 23개의 예를 보였다. 또한 어두 경음화가 제보자의 연령에 따라 다른 양상으로 실현되며, 주로 40대 이하의 연령에서 실현된다고 언급하였다. 그러나 실제로는 수의적인 면을 배제하기 어려운 점도 있음을 말하였다.

김순자(1995)는 청주 지역어를 대상으로 어두 경음화 현상을 살펴보았다. 이 지역에 나타나고 있는 어두 경음화를 /k/→/k'/, /t/→/t'/, /p/→/p'/,

---

7) '그을음(끄을음), 시래기(씨래기), 가시랭이(까래기), 가시나무(까시나무), 족제비(쪽제비), 벚나무(뻔나무)' 이들 어휘는 세대차에 따른 발음 변이가 나타나지 않았다.

/s/→/s'/, /c/→/c'/의 유형으로 나누었다. 또한 김순자(1995:31)에서 노인층과 젊은층에서 어두 경음화 현상이 나타나는 어휘가 다름을 지적하였다. 예를 들어 노인층에서는 괭이를 [꽹이]로 발음하지만, 젊은층에서는 [괭이]로 발음하고, 젊은층에서 소주를 [쏘주, 쌔주]로 발음하는 대신 노인층은 [소주]로 발음한다는 것이다.

박경래(2000)과 조성문(2002)는 단양 방언의 음운적 특징에 대해 논하였다. 박경래(2000)은 단양 방언을 세대별로 비교하였다. 먼저 노년층에서 실현되는 어두 경음화를 제시하고 그 다음에 똑같은 예들이 장년층에서 어떻게 실현되는지 검토하였다. 그 결과 노년층 세대에서는 어떠한 차이를 발견하지 못했다. 반면 장년층 세대에서는 어두 경음화가 실현되는 세 가지 유형을 보여 주었다. 즉 어두에서 경음으로 실현되는 경우, 어두에서 경음으로 실현되지 않는 경우, 어두에서 두 가지가 공존하는 경우이다. 두 가지가 공존하는 것에 대해 박경래(2000:97-98)에서 장년층 스스로가 자연스러운 발화일 때와 보수적인 발화(옛날 말을 기억할 때)일 때 경음으로 실현된다고 보는 태도다. 이러한 태도는 어두에서 평음과 경음이 공존하는 경우 평음으로 실현되는 어형이 신형이므로 이것이 나중에 습득한 발음이라고 할 수 있다. 이에 대해 그 이유를 언어 내적인 조건이 아니라 외적인 조건, 즉 장년층 화자들의 학력과 그들의 사회적인 역할에서 이유을 찾고자 한다.

조성문(2002)에서도 단양 방언이 어두음의 경음화가 두드러지는 경향이 있고 특히 이 현상은 동남, 서남 방언들을 중심으로 한 남부 방언에서 형성되어 북상한 것으로 지금은 중부 방언에서도 발견되는 현상이다. 이것은 자음군 단순화 현상과 마찬가지로 동남 방언의 영향이 중부 방언 지역으로 확산되고 있음을 보여 주는 예라고 할 수 있다.[8)]

8) 조성문(2002), 단양 방언의 음운적 특징에 대한 연구, 『언어연구』 19, 경희대학교 언어연구소, 88쪽.

박종진(2002)는 괴산 지역어에서도 어두 경음화가 나타나며 일률적인 규칙화가 어렵다고 판단하고 어두 경음화가 실현되는 41개의 예를 음운 환경별로 제시하였다.

2.5. 충남 방언의 어두 경음화

충남 방언의 어두 경음화에 대한 논의는 도수희(1965), 조성귀(1983), 김원중(1987), 한영목(1987), 조오현(1997), 전병철(1997), 오연근(2000), 황인권(2004), 류준(2005) 등이다.

도수희(1965)에서는 충남 방언에서 경음화 현상이 강력하다고 밝히고 있다. 또한 조성귀(1983)도 어의를 더 강하게 전달하려는 심리적 작용에서 발생된 경음화는 옥천 방언에서도 강력히 나타난다고 하였다. 그런데 경음화가 날이 갈수록 더욱 적극성을 띨 것이기 때문에 아직은 평음을 유지하고 있지만 전국적으로 파급되어 가는 경음화의 추세에 따라 언젠가는 서부 지역도 결국 경음화의 물결에 휩쓸리게 될 것으로 예측한다.

김원중(1987)은 예산 지역어의 어두 경음화 현상에 대해 언급했다. 이 논문은 전광현(1977)에서 제시한 익산 지역어의 자료와 예산 지역어를 비교했다. 익산 지역어에서는 모두 어두 경음화가 나타나는데 반해 예산 지역어에서는 소극적으로 어두 경음화가 나타났다. 이에 대해 김현중(1987:46)에서 '어두 경음화의 소극성'이라는 용어를 사용하였다. 비록 제한적인 어휘의 비교이지만 예산 지역의 특징으로 삼았다. 또한 김원중(1987:48)에서 어두 경음화 현상은 일률적인 규칙성을 말할 수 없으며 다만 사회 의식에 따른 심리적인 요인밖에 없는 것으로 보고 결국 느린 말투에서 나오는 것으로 [+tense]가 덜 가해지면서 예산 지역어가 남부방언과 차이를 나타내는 한 현상으로 생각하였다.

한영목(1987)과 전병철(1997)은 금산 지역의 어두 경음화에 대해 설명한다. 한영목(1987:63)에 따르면 금산 방언에서 어두 경음화는 두드러진 특징의 하나로 점차 그 언어 현상이 확장되고 있으나 음운 결합에 의하여 나타나는 음운 현상이 아니고, 통시적 음운 변화에 기인하고 있어 수의적으로 실현된다. 그 규칙을 설정하기는 어렵지만 폭넓게 나타나고 젊은 층의 언어에서 더 사용된다.

전병철(1997:89)에서 금산 지역의 어두 자음의 경음화 현상은 음운 결합에 의하여 나타나는 공시적 음운 현상이 아니고 통시적 음운 변화에 기인하고 있으며, 또한 수의적으로 실현되고 있어서 그 규칙을 설정하기는 어렵다고 밝히고 있다. 그러나 그 실현성은 매우 활발하여 광범위한 분포에서 나타난다.[9] 또한 어두 경음화 현상이 언어학적인 면에서 규칙적으로 설명하는 것이 어렵다는 것을 인정하고 음운 환경별로 /k→k'/, /t→t'/, /p→p'/, /s→s'/, /c→c'/로 나누었다.

조오현(1997)은 청양 방언에서 방언이 어떻게 분화하고 개신하는지 살피고자 하였다. 그리고 청양 방언의 음운 특징으로 어두 경음화를 검토하고 예를 보여 주었다.

오연근(2000)은 공주 지역의 경음화를 어두 자음의 경음화와 어중 자음의 경음화로 나누어 살폈다. 어두 경음화 현상은 통시적인 음운 변화에 기인하고 있어 수의적으로 실현된다고 보고 어떤 규칙을 세울 수 없다고 판단하였다. 다만 그동안의 연구 결과에서 말하는 것처럼 청각 인상을 뚜렷이 하려는 화자의 심리와 사회 현실이 반영되는 것이라 할 수 있겠다.

황인권(2004)는 경음화가 실현되는 음절의 환경에 따라 어두 경음화와

---

9) 어두 경음화에 대한 설명에서 일반적인 견해로는 다른 지역에 비해서 경상방언과 전라방언의 빈도가 상대적으로 높다고 나타나 있는데, 이에 대한 논의 중에서 최태영(1983)은 어두 경음화의 진원지를 남부 방언권으로 추정하고 있고, 이돈주(1979)는 이 현상이 남에서 북으로의 이동이라는 견해를 보이고 있어, 이들의 주장은 이 지역의 어두 경음화를 살펴보는 데에도 지지를 받는다.

비어두경음화로 구분한다. 서천 지역에도 어두 경음화가 활발하게 나타나는데 이는 수의적인 현상으로 비표준발음이다. 다른 지역에 비해 많은 예가 제시되었다.

류준(2005)에서도 충남 연기 지역어에서 어두 경음화 현상은 확산되고 있으나 일정한 규칙에 의해 나타나는 것으로 보기 힘들고 심리적인 요인이 크게 작용한 것으로 풀이한다.

2.6. 경북 방언의 어두 경음화

경북 방언의 어두 경음화 현상에 대한 논의는 최원기(1970), 민원식(1982), 고미정(2000), 윤지희 · 김해정(2000), 박선근(2006) 등이다.

최원기(1970)은 김천 방언의 음운상 특징으로 어두 경음화 현상을 밝히고 있다. 어두 경음화 현상은 국어의 일반적인 전국적 현상이라고 생각하는 것이 공통적인 학자들의 의견이지만 최원기(1970:24)에서는 이를 생활환경으로 말미암은 변방 방언의 특수 현상으로 본다.[10] 그 이유는 평안방언이 찬 바람이 날 정도로 거센 감을, 듣는 타지방 사람으로 하여금 느끼게 하는 것과 함경도 방언과 경상도 방언이 다같이 무뚝뚜하다는 평을 듣는 이유의 소재가 나변(那邊)에 있는가 함을 생각해 보기 때문이라고 하였다.

민원식(1982)는 문경 지역에서 어두 경음화가 음운적 환경에 의해 예측할 수 없는 수의적 변화로 문경어에 평음과 경음의 대립이 있어도 의미분

10) 최원기(1970:56)에서 경음화 현상이 표준어에 비해 현저함은 변방어의 특징이라고 말한 바 있지만 김천에서 "사이소(사세요)"가 부산에서는 "싸이쏘"로 경음의 도가 더 심함은 부산이 더 변방인데 그 원인을 찾을 수 있을 것이다라고 하였다. 또한 지역에 따른 경음의 도가 더 심한 이유는 변방에서 원인을 찾을 수 있다고 보고 교육이 낮은 사람일수록, 동일 지역에 살아도, 격어(激語), 경어(硬語)가 많고, 동일인도 생활이 궁핍하면 격어, 경어가 늘어난다. 따라서 교양이 높고 생활에 여유가 있고, 품위가 높으면 자연 말이 부드러워지고 점잖아진다. 변방인의 생활이 더 궁핍하고 교양이 낮다고 보면, 경북 방언에 경음화가 많음은 당연한 일이다. 지금 경향을 막론하고 경음화 현상이 늘어남은 생동적인 현대인의 생리와 사회의 복잡성에서 오는 마음의 여유 상실에서 그 원인이 있다고 본다.

화에 기여하지 못한다고 하였다. 또한 어두에서 평음이 경음으로 자생변화하는데, 이는 대부분 고유어에서 많이 나타나며 어두 경음화가 의미 분화에 기여하지 못하는 것은 단순한 심리적 요인 때문이라고 보았다.

고미정(2000)에서는 영양 지역의 지명에 나타나는 경음화 현상을 살폈다. 그 예로 '빼골, 쌧골, 땍밭골, 까까막골'을 제시하고 이러한 예는 음운적으로 설명이 불가능한 것으로 파악하고 다만 청각 영상을 분명히 하기 위한 것으로 보았다. 또한 이 지역 방언에서 경음화가 생산적으로 실현되는 것과 마찬가지로 지명어에서도 그러한 현상을 보이고 있다.

윤지희 · 김해정(2000)은 영덕 방언의 음운 현상으로 어두 경음화 현상이 아주 강하게 일어나는 현상에 주목하였다. 윤지희 · 김해정(2000:373)에서 경음화가 일어날 때에는 같은 성질을 가진 것끼리의 대응으로 일어난다고 보고, 다만 /s'/는 갖지 못하므로 일어나지 않는다고 하였다.

박선근(2006)은 경북 김천 지역에서도 어두 경음화 현상이 활발히 실행된다. 그런데 남부인 경상남도 창원이나 마산보다는 경음화의 정도가 덜함을 지적하고 어두 경음화 현상은 후행하는 분절음에 제약을 받지 않는 보편적인 현상이라고 언급하였다.

2.7. 경남 방언의 어두 경음화

경남 방언에서 어두 경음화를 언급한 연구는 이영길(1976), 김재문(1977, 1978), 전광현(1979), 박명순(1982/1987), 김형주(1983), 정영주(1987), 강정미(1989), 이재은(1993), 정정덕(1994), 이근열(1996), 김택구(1997), 김정대(2000/2007), 이효신(2004) 등이 있다. 이들은 모두 경남 방언의 음운 특징으로 어두 경음화를 논의하고 어두 경음화 어휘 목록을 최소 5개부터 56개의 어휘 목록을 보여 주었다.

이영길(1976)은 어두 경음화 현상이 통시적인 면에서 볼 때 근대로 내려

올수록 말소리를 되게 내었다는 것을 보여 주고 있다. 그 예로는 '곳→꽂, 거풀→꺼풀, 두에→뚜껑, 그으다→끌다, 그므다→꺼지다, 곱다→꼽다' 등이다. 또한 공시적인 면에서도 서부 경남 방언에서는 타지방에 비해 강음화 현상이 많이 나타나고 있다.[11)]

김재문(1978)은 서부 경남 방언에서 어두 경음화가 나타나며 그 예로 56개를 제시한다. 어두 경음화 현상이 지역적 차이 없이 고루 분포되어 있다는 점을 언급하였으나 어두 경음화 현상에 대한 원인이나 자세한 설명은 나타나지 않았다.

전광현(1979)은 함양 지역에서도 어두 경음화가 실현되며 21개의 예를 보여 주었다. 어두 경음화 현상의 요인에 대해 언어의 생경성을 지적하고 어두 경음화 현상은 변별적 대립의 기능이 없으며 어느 정도 수의적인 성격을 띄고 있다고 하였다. 이러한 어두 경음화는 단지 사회의식에 따른 언중들의 심리적인 요인밖에 없는 듯하다.

박명순(1982:26-27)에서는 어두 경음화 현상은 처음에는 경남 방언의 한 특징이었으나, 근래에는 문화의 발달로 생활양식이 복잡해지고 언중의 의식구조가 긴장된 생활로 일관해짐에 따라 언어도 차츰 강음화하는 경향을 띠게 되었다고 하였다. 이에 따라 경남 방언권의 자연스러운 경음화 현상은 전국적으로 확산되게 이르렀으나 공통어의 경우와는 달리 경남 방언권에 있는 본방언에서는 성조와도 깊은 관계를 가지고 있다고 검토하였다.

박명순(1987:65)에서 경음화의 대상 음소는 상관적 관계를 가지는 p, t, s, c, k에 한정되고 있으나, 후행하는 모음의 종류가 일정하지 않고 이 변화로 인한 변별적 기능을 갖지 않는 점으로 미루어 언어의 생경성이나 격렬성의 표현을 위한 단일한 요인에 의하여 형성되었다고 보았다. 이런 요인에 의한 힘이 중부 방언에 비하여 강했다는 뜻에서 특징적인 변화라고 할

11) 이영길(1976), 서부 경남 방언 연구, 동아대학교 교육대학원 석사학위논문, 44쪽.

수 있다고 하였다.

김형주(1983)은 어두 경음화 현상이 중앙 방언보다 남해 방언에서 더욱 현저히 나타나며, 경남 방언에서도 공히 현저하게 실현됨은 이미 알려진 사실이라고 논의하였다. 그리고 /s/의 어두 경음화는 타지역에서는 경음화가 많이 나타나는데, 남해 지방에서는 덜 나타나는 것도 있으며, 대개는 중앙 방언과 같다.[12)]

이재은(1993:164)은 보통 어두 경음화 현상이 음운적 조건에 의한 것과 형태적 조건에 의한 것으로 나누었다. 어두 경음화 현상은 음운적 조건 때문에 나타나는 현상이 아니라 형태적 조건에 의한 것으로 보여진다고 밝히고 있다.

이근열(1996)은 방언의 음운 현상은 특이하거나 예외적인 현상으로 다루어지는 것보다 그것을 지배하는 일정한 규칙과 원인이 규명되어야 한다고 보고 부산을 중심으로 한 창원, 양산, 김해 등지를 방원권을 대상으로 공시적으로 실현되는 말머리 된소리되기를 중심으로 기본 음조의 변화를 통한 초성의 강화 현상임을 보이려고 하였다. 이근열(1996:79)에서는 강윤호(1959:31-38)에서 제시된 46개 어휘를 기준으로 경남 방언이 28개로 가장 높은 빈도로 된소리되기를 실현시키고 있음을 보여주고 있다.

〈표 1〉 된소리되기 분포 통계표(이근열, 1996)

	제주	전남	전북	경남	경북	충남	충북	강원	황해	황남	함북	평남	평북	계
g→k	0	13	11	11	6	3	4	3	1	4	4	0	1	61
d→t	2	2	2	3	3	1	2	2	1	1	0	1	1	21
b→p	1	3	3	5	3	0	0	2	1	1	1	0	0	20
s^h→s	3	4	3	7	3	0	0	1	0	0	0	0	0	21
j→c	0	1	0	2	2	1	1	2	0	1	0	0	0	10
총계	6	23	19	28	17	5	7	10	3	7	5	1	2	133

12) 김형주(1983), 남해 방언의 음운 연구, 『석당논총』 7, 동아대학교 석당학술원, 61-62쪽.

이근열(1996:80)은 이러한 통계에 따라 방언 지도에 말머리 된소리되기 어휘가 나타나는 지역은 충청남북도, 전라남북도, 경상남북도, 제주도, 함경남북도 일부, 평안남북도 일부, 강원도 일부 등으로 전국에 걸쳐 있는 것 같이 보이나 그 분포가 가장 조밀한 곳은 경상남북도임을 밝히며 경남 방언에 된소리되기가 많이 일어나는 이유를 밝히고 있다.[13)]

김택구(1997:165)에서 경남 사천 지역에도 어두에서 된소리로 변한 음소가 있어 다른 경상도 지역과 마찬가지로 어두 초성에서 된소리가 이루어지는 경우가 많다고 하였다.

강돈목(1998)도 거제 지역에서 어두 경음화가 나타난다고 하였다. 다른 지역과 마찬가지로 어두 경음화 현상은 실현 범위나 환경이 일정하지 않고 이것들은 변별적 대립의 기능을 갖지 않으며 수의적인 성격을 띄고 있다고 언급하였다. 이에 대한 예를 보면 다음과 같다.

(6) /k/→/k'/ : 가지→까지, 그을음→끄시름, 구겨지다→꾸겨지다. 고쟁이→꼬장주, 구린내→꾸룽내, 고린내→꼬랑내, 갈매기→깔매기, 가시→까시
/t/→/t'/ : 도랑→또랑, 두꺼비→뚜끼비
/p/→/p'/ : 벗기면→뻬끼믄, 부수다→뿌사다, 볼→뽈
/s/→/s'/ : 쇠→쌔, 수수→쑤시, 시래기→씨래기, 서까래→쌔까래
/ʧ/→/ʧ'/ : 잔디→짠디, 줄기→쭐기

13) 그 이유에 대해 이근열(1996:80)에서 다음과 같이 말했다. 첫째 문헌어에 나타나는 된소리되기 현상의 시대적 발달은 영남 지방을 그 토대로 하고 있을 가능성이 있다. 둘째, 문헌어에서 나타나는 된소리되기 현상의 시대적 발달을 영남 지방을 중심으로 하는 지역에서 차츰 전국적으로 파급한 것으로 본다. 셋째, 문헌상에 나타나는 된소리되기 어휘의 발생권을 영남 지방에 둘 수 있고, 그 발생권을 영남 지방에 둘 수 있다면 적어도 신라어의 역사적 배경을 지닌 영남 방언이 국어사에 나타나는 된소리되기 근간층을 점유하고 있다고 가정할 수 있겠다. 그래서 된소리되기 현상은 남에서 중앙으로, 다시 북으로 파생된 것이며, 북족으로 파급된 남부 방언의 된소리 음운 어휘가 중앙어권에 이르러서는 중앙어가 지니는 음운상의 특징으로 말미암아 흡수 당하여 그 세력을 유지하지 못하고 다만 산발적으로 북부어권 내에 들어간 여파가 현재 산재하고 있다고 밝히고 있다.

강돈묵(1998:91)에 따르면 이러한 어두 경음화 현상이 나타나는 것은 화자의 의도에서 비롯된다고 보고 평음보다는 경음을 쓰면 상대에 대한 자신의 주장을 분명히 전달할 수 있다고 보았다.

김정대(2000)은 어법면에서 경남 방언의 구획과 어휘면에서의 경남 방언의 구획을 시도하였다. 김정대(2000:225)에 따르면 어두 경음화 현상은 바닷가 쪽에서 상대적으로 강하게 일어나 육지 쪽으로 들어간 것으로 보이며 경남의 경우 사천, 거제, 창원, 김해, 함안 등지가 전형적인 어두 경음화 지역이고 하동, 남해, 고성, 진주, 양산, 울산 등도 거기에 준하는 지역임이 자료에서 드러난다. 반면에 거창, 합천, 창녕, 함양 등지는 상대적으로 예사소리가 우세한 지역인데 이는 경북, 전북, 전남 내륙 지방의 방언과 무관하지 않을 것이다. 경북의 경우 경남보다 월등히 어두 예사소리가 많은데 월성, 울진, 청송 등 경북 동해안 쪽이 상대적으로 어두 된소리 발음이 많고 경남과 접경한 금릉, 달성, 청도 등도 같은 해석을 받을 수 있는 지역이다.

2.8. 전북 방언의 어두 경음화

전북 방언에서 어두 경음화 현상을 고찰한 연구는 이규창(1975), 전광현(1977), 권병로(1979), 이금자(1979), 전광현(1981), 김해정 외(1982), 이영석(1986), 김해정(1988, 1989), 김규남(1998), 이남윤(2002) 등이 있다.

이규창(1975)는 국어과 교육에 있어서 국어 순화를 위해 방언의 교육적 정리 방안을 위해 전북 방언의 분포 실태를 조사하였다. 전북 지방의 방언을 1,200개 정도 수집하여 품사별로 정리하고 어휘면에서 살펴본 전북 지방의 특수성으로 두음 경음화 현상이 농후하다는 사실을 설명하였다.[14)]

14) 이규창(1975)에서 제시한 어두 경음화가 실현되는 어휘를 보면 다음과 같다.
· 명사 : 가지(架子)(까지), 가시(까시, 까시렁이), 가죽신(까죽신), 가재(까제, 까지), 가마귀(까마구, 까마기), 갈고리(깔꾸리), 갓난아이(깟난아이, 깟난애기), 강아지(깽아지), 걱정(꺽정), 고갯길(깔끄막길), 고랑창(꼬랑창), 고두밥(꼬두밥), 곱슬머리(꼬시락머리,

전광현(1977)은 익산 지역어의 음운적 특징으로 어두 경음화 현상을 살펴보았다. 어두 경음화 현상에 대하여 역사적인 여러 요인보다는 단일 요인에 의해 형성된 것으로 보고 수의적인 양상을 보인다고 하였다.[15] 중부 방언과 비교함에 있어서 익산 지역어는 좀더 확대된 것으로 추정하고 남부 방언에서 형성된 어두 경음화 현상이 북상되는 과정 중의 중간적 위치에 있다고 보았다.[16]

권병로(1979)는 무주 지역어의 음운 현상의 하나로 어두 경음화 현상을 고찰하고 무주 방언에서 실현되는 어두 경음화를 /k/계, /t/계, /p/계, /s/계, /c/계로 나누어 어두 경음화 예를 제시하였다. 그리고 전남, 경상도 방언에서 현저하게 나타나지만 무주 방언에서도 그 현상이 두드러지게 나타나고 있는 이유를 가까운 경상도와의 접촉에 의한 영향으로 보았다.

꼬시락쟁이), 고사리(꼬사리), 고갈(꼬갈, 꽂갈), 고추(꼬초, 꼬치), 고삐(꾀삐), 괭이(꽹이), 개구리(깨고락찌), 곡괭이(꼭갱이), 곶감(꼭감), 구정물(꾸정물), 구으름(끄시럼, 끄시름끼니), 다름박질(뛸박질), 댁(땍), 당나귀(땅나구), 도랑(또랑, 꼬랑), 되놈(뙤놈), 두부(뚜부), 번데기(뻔데기), 병아리(삥아리, 삐아리, 삐알리), 본때(뽄때), 부스러기(뿌시레기, 뿌시럭지), 비둘기(삐들기, 삐들키), 비탈길(깔크막길), 소나기(쏘내기), 수수(쑤시), 시궁창(깨골창), 자귀(짜구), 작두(짝두), 장어(짱어), 절름발이(쩔둑발이, 쩔룩베기), 조개(쪼갑팽이, 쪼갑지), 집게(찍개)

· 대명사 : 저것(찌것)
· 동사 : 자르다(짜르다), 감다(깜다), 보시락거리다(뽀시락거리다)
· 형용사 : 새빨갛다(씨뻘겋다), 조그마하다(쬐깐하다), 작다(짝다), 질기다(찔기다),
· 부사 : 가득(까득), 갸우뚱(짜우뚱), 조금(쪽금, 쪼깨, 쪼꿈, 쬐개, 쪼금)

15) 전광현(1977:77)에서 이러한 어두 경음화 어휘들에 대하여 어떠한 일률적인 규칙성은 보이지 않으며 다만 사회 의식에 따른 심리적 요인밖에 없는 듯하고 어두에 오는 폐쇄음, 마찰음, 파찰음에 [+glottal] 혹은 [+tense]가 가해지면서 수의적으로 형성되는 하나의 현상으로만 이해될 뿐이라고 논하였다.

16) 어두 경음화가 실현되는 어휘들을 보면 다음과 같다.
/k/계 : 고추(꼬추), 가죽신(까죽신), 가지(까지), 곶감(꽂감), 곡괭이(꼭괭이), 고삐(꼬삐), 그으름(끄으름), 그을러(끄실러), 곽(꽉)
/t/계 : 다듬이질(따듬이질), 도랑(또랑), 두꺼비(뚜께비), 두부(뚜부)
/p/계 : 병아리(삐아리), 비둘기(삐둘키), 반듯이(빤듯이), 번데기(뻔데기)
/s/계 : 소주(쏘주), 삶아서(쌂아서), 소나기(쏘내기), 사납구요(싸납구요)
/c/계 : 줄거리(쭐거리), 좁은(쫍은거시), 족제비(쪽지비), 조금(쪼금)

전광현(1977)에 이어 전광현(1981)도 옥구 지역어의 음운적 특징으로 어두 경음화 현상을 조사하였다. 어두 경음화가 나타나는 음운 환경인 /k/계, /t/계, /p/계, /s/계, /c/계로 나누어 어두 경음화 예를 보였다. 또한 이 현상이 매우 폭넓게 이루어지고 있음을 지적하고 이것은 언어의 생경성의 확장에서 비롯된 것이라 밝히고 있다. 전광현(1981:9)에서 어두 경음화의 대상 음운은 상관적 대립을 가지는 5개 음운에 한정되고 있으나, 그 실현 빈도나 환경적 제약에 따르는 규칙을 도출하기는 매우 어려우며, 또한 이들 음운의 대립이 곧 변별적 기능을 보이지 않아 이 지역에 있어서도 그 경음화의 실현이 수의적 성격을 띠고 있어 전술한 생경성은 사회의식에 따른 언중들의 심리적 요인에서부터 출발되는 것인 바 이 현상은 어중의 경우와 일치한다고 본다.

이금자(1979)는 남원 지역어의 음운적 고찰을 위해 모음론과 자음론으로 나누어 살폈다. 남원 지역에서는 중부 방언에서 보이지 않는 어두 경음화가 강하게 실현되고 있으며 그에 대한 예를 음운 환경별로 나누어 36개를 제시하고 있다.

김해정 · 손주일 · 이기동(1982)은 전북 임실 방언을 대상으로 어두 경음화 현상과 격음화 현상에 대해 언급하고 경음화 현상이 강음화 현상의 하나로 역사적 변화를 거쳐 오늘날에 매우 특징적인 현상으로 보았다. 또한 어두 경음화 현상이 주로 1음절에서 많이 나타나지만 복합어의 제2음절 이하에서도 자유스럽게 나타나는 사실을 논하였다.

이영석(1986)은 남원 지역어의 음운 특징으로 어두 경음화 현상을 논하고 /k/계, /t/계, /p/계, /s/계, /c/계로 나누어 31개의 예를 보여준다. 어두 경음화의 원인으로는 김형규(1976)의 견해와 동일하게 심리적인 요인으로 보고 인간사회 복잡화와 경쟁의 격화에 따라 인간의 언어도 차차 강한 발음을 가지게 되며 역시 중부 방언보다 남부 방언에서 강하게 나타나며 북상하는 것으로 보여진다.

최태영(1983)은 전주 지역을 집중적으로 조사하였다. 최태영(1983:53-54)에서 몇 가지 특징을 추출하고 있다. 첫째, 경음으로 발음되는 대부분의 어사들이 주로 다음절이다. [k'o: ŋ]만이 단음절인 예외에 속한다.[17] 둘째, 경음으로 발음되는 첫 음절이 대체로 모음으로 끝나거나 또는 자음으로 끝날 경우에도 그것은 /m, n, l, ŋ/ 등 유성자음임을 보여준다. 또한 중부 방언에서는 대체로 부사에서 특히 의성어, 의태어에서 어두 경음화가 많이 일어나고 있음에 비하여 전주 지역어에서는 한 걸음 나아가 동사, 심지어는 명사의 경우에도 어두 경음화가 확대되고 있다.

김해정(1988, 1989)는 각각 선유도 방언과 위도 방언의 특징으로 어두 경음화 현상을 살피고 선유도 방언에서는 14개의 어휘 목록을, 위도 방언에서는 5개의 어휘 목록만 제시했다. 어두 경음화 원인에 대해서도 원인은 확실하지 않으나 심리적 요인인 청각 영상 강화 현상으로 보며 국어 전반에 걸쳐 확산되고 있는 어두 자음의 경음화가 이 지역에서도 널리 나타난다고 검토하였다.

김규남(1998)은 전북 정읍시에서도 어두 경음화 현상[18]이 나타나 다른 여타 지역과 거의 유사하게 나타나고 있음을 밝히고 있다.[19] 또한 국어의 경음화 현상 연구에 있어서 어중 경음화와 어두 경음화 현상을 달리 처리

---

17) 최태영(1983)은 전주 지역어에 공[k'o: ŋ]은 예외라 밝혔으나, 한명숙(2011)에서 〈2007 한민족 언어 정보화 통합 검색 프로그램〉을 통해 충남 방언에서 1음절어에서 어두 경음화가 나타나는 예를 제시했다. 그 예로 '게/끼, 도(윷)/떼, 둑/뚝, 속(內)/쏙, 잘/짤'이다.

18) 이 지역에서 실현되는 어두 경음화 목록은〈가시(까시), 가지(까지), 걱정(꺽정), 고추(꼬추), 닦다(딲다), 당기다(땡기다), 세다(씨다), 수세미(쑤세미), 자르다(짜르다), 번데기(뻔데기, 뻔디기), 던저(뗀져, 던져), 다듬어(따듬어), 두부(뚜부), 병아리(뻥아리), 두꺼비(뚜께비), 반듯하다(빤듯하다), 소나기(쏘내기), 삶어(쌂어), 잘어(짤어)〉이다.

19) 김규남(1998)은 순수한 지역 방언 연구보다는 전북 정읍시 정해 마을 언어 사회의 음운 변이를 연구한 것으로 사회언어학적 연구 방법이다. 그러나 본고에서는 지역 방언을 대상으로 했다는 점에 주목하고 방언 부분에서 언급하였다.

한 것을 지적하고 어두 경음화 현상을 상당한 시간적 간격을 두고 어휘에 따라 서서히 진행되고 있는 현상으로 파악했다.[20]

이남윤(2002)는 운봉 지역어의 음운 특징으로 어두 경음화 현상을 언급하고 어두 경음화 실현 예를 /k/계, /t/계, /p/계, /s/계, /ʧ/계로 나누어 31개의 목록을 제시한다. 최태영(1983)은 전주 지역어에서 어두 경음화가 다음절일 때 일어나고 단음절인 경우는 예외에 속한다고 하였는데, 실제 운봉 지역어에서는 단음절에서도 어두 경음화가 나타나는 예를 볼 수 있어서 운봉 지역어의 어두 경음화 범위가 확대되었다고 할 수 있다.

2.9. 전남 방언의 어두 경음화

전남 방언에서 어두 경음화에 대한 논의는 이돈주 · 홍순탁(1965), 김희수 · 서상순(1983), 기세관(1986), 서성원(2002), 한경호 · 기세관(2002), 서은지 · 이태영(2002), 김광헌(2003), 기세관(2004), 위진(2008), 배영환(2009) 등이다.

이돈주 · 홍순탁(1965)은 거문도 방언에서도 어두 경음화가 나타남을 언급하고 그 이유에 대해 두 가지로 추측하고 있다. 그 중 하나는 심리적 조건이오, 또 하나는 기후 및 자연환경의 조건으로 본다. 이돈주 · 홍순탁(1965:76-77)에서 도서나 해안지방일수록 자연환경에 의한 심리작용이 첨가되어 평음보다는 경음, 격음을 쓰지 않을 수 없는 이유를 인정해야 한다고 하면서 타지방에서 도서부와 해안지방 주민들이 강한 accent를 사용하는 것을 볼 수 있다고 하였다. 이것은 자연환경이 언어에 미치는 영향이라고 생각할 수 있다는 것이다. 그리고 거문도 방언에서 어두 경음화가 실현

---

20) 그 예로 '가마괴〉까마구, 가치〉가치-깐치, 갓가〉깎어, 것그니〉꺾어, 곶〉 꽃, 곳고리〉꾀꼬리, 불휘〉뿌리, 석으니〉썩으니, 구짖다〉꾸짖다, 곶다〉꽂다, 그치다-근치다〉끄치다-끈치다'를 제시했다.

되는 어휘 15개를 들었다.[21)]

김희수 · 서상준(1983)은 광양 지역 방언에 대하여 설명하였다. 김희수 · 서상준(1983:119)에 따르면 광양 지역에서도 어두 자음 'ㄱ, ㄷ, ㅂ, ㅅ, ㅈ'이 경음으로 실현되는 추세를 보인다. 그런데 현대어에서도 중부 이북의 경음화 현상은 남부 지방에 비하여 그 경향이 미미한 듯하다고 논하고 광양 지역의 어두 경음화는 광양 방언의 특징이라기 보다는 남부 방언의 일반적인 성격이라 고찰하였다.

(7) ㄱ → ㄲ : 가지(茄子)→까지, 간장→깐장
ㄷ → ㄸ : 두꺼비→뚜께비, 두드러기→뚜드레기
ㅂ → ㅃ : 박쥐→뽁쥐
ㅅ → ㅆ : 쇠→쐬, 시래기→씨래기
ㅈ → ㅉ : 장아치→짱아치, 조각→쪼각, 쪼가리

위의 어례들에서 보는 바와 같이, 다른 어두 평음과는 달리 어두 위치에서 'ㅂ'의 경음 실현은 광양 방언에서는 보기를 찾기 어렵다. 조사 항목의 숫적 제약에서 말미암은 것일 수도 있지만 이돈주(1980)의 자료편을 보아도 이런 예는 극히 소수에 지나지 않는다.[22)]

남정식(1990)은 전남 내륙 방언의 음운을 살피면서 어두 경음화 현상을 언급하였다. 내륙 지역 방언(나주, 영암, 강진)과 해안 지역 방언(해남, 완도, 진도)의 예를 비교하여 나열했다. 전북 지방에 있어서도 어두 경음화 현상이 내륙 지역 보다는 도서 지역에서 월등하게 실현되고 있는 것으로 보아 지리적인 요인에 의해 좌우된다는 것을 보여 준다.

---

21) 그 예를 음운 환경인 /k/〉/kk/, /t/〉/tt/, /p/〉/pp/, /c/〉/cc/로 나누어 보였다. 그러나 /s/예는 하나도 나오지 않았다.

22) 김희수 · 서상준(1983), 광양지역의 방언에 대하여, 『호남문화연구』 13, 전남대학교 호남문화연구소, 119-120쪽.

기세관(1986, 1996, 2004) 일련의 논문은 어두 경음화 현상이 어휘에 따라 지역적 차이를 보임에 착안하여 어휘에 따라 진원지를 달리 설정한다. 기세관(1986)은 나로도 방언의 어휘 자료를 조사하여 목록을 제시했다. 그 중 어두 경음화가 실현되는 어휘 목록이 53개에 해당한다. 기세관(1996)은 여수 방언의 음운적인 특성을 파악하고자 하였다. 여수 방언에서도 어두 경음화가 실현되고 있는데, 이를 확인하기 위해 /ㄱ, ㄷ, ㅂ, ㅅ, ㅈ/를 어두 음소로 갖는 어휘 155개를 선정하여 조사하였다. 그 결과 이 방언 어휘가 공통어와는 어원이 달라 이 현상과는 직접적인 관련이 없는 일부 어휘를 포함하여 모두 30개의 어휘가 경음화를 보여주지 않을 정도로 어두 경음화가 강하게 나타나고 있음을 확인하였다.

기세관(1996:162)에서도 어두 경음화 현상이 어휘에 따라 다르게 나타나는 것에 착안하여 어휘에 따라 진원지를 달리 설정하였다. 23개 어휘 자료를 살펴보면 '갈치, 두부, 개미, 구린내, 두꺼비, 강냉이, 구들장, 게으르다, 잔디, 거칠다, 두드러기, 당나귀, 번개, 소나기, 갓난아이, 시숙, 시누이, 쇠, 수캐, 새우, 살구, 조끼, 갈퀴'이다. 개신의 물결이 차츰 퍼져 나간다는 파동설을 원용하여 그 개신의 방향을 그 진원지가 어디냐에 따라 동쪽과 서쪽 두 방향에서 동시에 중앙으로 밀려오는 경우, 서쪽에서 동쪽으로 퍼져나가는 경우, 동쪽에서 서쪽으로 퍼져 나가는 경우, 중앙에서 동서 양쪽으로 퍼져 나가는 경우 등으로 구분하였다. 기세관(2004)는 광양 방언의 어두 경음화 현상을 살피고 있는데, 그 방법은 기세관(1996)과 동일하다.

김광헌(2003)은 신안 지역에서 통시적으로 어두 초성 자음의 된소리화 경향이 아주 농후하다고 보고 38개의 예를 제시한다.

위진(2008)에서는 전남 방언에서 나타나는 어두 경음화를 통시적 관점과 공시적 관점에서 보고 어두 경음화의 발생 시기와 원인, 적용되는 음운적 환경을 밝히고자 하였다. 통시적 관점으로는 전남 고문헌에서 어두 경음화된 어휘를 다른 지역과 비교하면서 추적하였고 공시적 관점으로는 『진남방언사전』에서 어두 경음화된 방언형을 추출하여 음운환경과 특징을 해석하였다. 위진(2008:115)은 어두 경음화에 의한 최대의 혜택을 의미 분화로 보고 경음 성립 이전에 어두음을 평음으로 가진 다의어가 있다면, 경음이 성립되어 평음과 변별되면서 다의어의 의미가 분화되었을 것이다. 그 예로 다의어인 '가지'를 '가지(枝)'와 까지(茄子)로 구분하고 '소'는 '소(牛)/쏘(김치 만두의 속에 채워 넣는 것)'로 의미를 분화시킨다.

배영환(2009)에서는 광주 지역을 대상으로 음운 연구를 고찰하였다. 다른 지역과 마찬가지로 광주 지역에서도 어두 경음화가 실현되며 그 예는 다음과 같다.

(8) 까시(가시), 깨구리(개구리), 꼬갱이(고갱이), 꼬추(고추), 꽹이(괭이), 끄름(그을음), 뚜꺼비(두꺼비), 쌂다(삶다), 짤르다(자르다), 쪼끔(조금), 쬐끔(조금), 뻔뜨다(본뜨다), 빼룩(벼룩)

배영환(2009:46)에서 위의 예들이 표준어와는 달리 뚜렷한 이유가 없이 어두에서 경음화를 겪은 어형이라고 하고 특히 위와 같이 어두 경음화를 겪은 예들은 'ㄱ'과 같이 연구개음이 상대적으로 많다는 사실을 제시하였다. 또한 이에 대해 이것은 경음화를 가져오는 'ㅎ'이 후음이기 때문에 이것과 조음 위치가 가장 가까운 연구개음과 쉽게 결합되어 어두 경음화를 촉진시키는 결과를 가져온 것으로 이해된다고 하였다.

2.10. 제주도 방언의 어두 경음화

제주 방언은 음운적으로 중앙 방언과는 많은 차이를 보이고 있다. 음운 및 형태적으로 보수성을 유지하고 있기 때문이다.[23] 특히 제주 방언은 모음 체계에서 /ㆍ/가 아직까지 존재한다. 제주도 방언을 대상으로 어두 경음화 현상을 검토한 연구는 서정범(1965), 이신항(1981) 등이다.

서정범(1965:11)에서 제주 방언이 육지어보다 그 변천이 특수한 면에서 비교적 앞섰다고 보고 그 원인을 조사하였다. 제주도에서 실현되는 어두 경음화 예를 보면 다음과 같다.

(9) ㄱ 〉 ㄲ : 값(깝), 굴(꿀), 갈대(ᄁᆞᆯ대), 가볍다(까볍다)
ㄷ 〉 ㄸ : 다시(또시), 다르다(ᄄᆞ다), 다르다(ᄄᆞ나다)
ㅂ 〉 ㅃ : 빗다(삐지다), 비지다(삐지다), 본(뽄)
ㅅ 〉 ㅆ : 시집(씨집), 성내다(썽내다), 실(씰), 솜씨(쏨씨), 스물(쓰물, 씨물), 속(쏙), 숫돌(씬돌), 쇠(쒜), 심지(씸지), 쇠비름(쒜비늠), 세다(쎄다), 소나기(쏘나기), 소가지(쏘가지), 힘(씸. 힘〉심)
ㅈ 〉 ㅉ : 짚(찝, 찍), 깃(깃, 羽)(찍, 찍세)

또한 서정범(1965)에서 반대로 평음어로 나타나는 것도 제시하고 있다. 그 예를 보면 아래와 같다.

(10) 꼽다(곱다), 깎다(가끄다), 까마귀(가마귀, 가나귀, 가메기), 껍데기(겁데기), 꽃(곶, 고장), 까끄라기(ᄀᆞ스락, ᄀᆞ시락), 꼬꼬댁(닭울음소리)(ᄀᆞ고댁), 꼬기오(닭울음소리)(고개곡), 뻐꾸기(버국새), 쏟다(ᄉᆞ다), 쌀보리(ᄉᆞᆯ보리), 쪼다(ᄌᆞᆽ다), 찡그리다(징그리다)

서정범(1965:37)에 따르면 제주어가 육지어에 비해 자음이나 모음 그리고 형태적인 면의 변천이 현저한 것의 직접적 요인으로 강음화, 노력 절약 현상들의 이유를 들고 있다. 그러나 이러한 현상도 육지어에도 적용되는

---

23) 조성문(2008), 산포 이론에 의한 제주 방언의 음운적 특성,『동북아 문화연구』14, 동북아시아문화학회, 123쪽.

일반적인 원인이며 제주어의 변화를 밀고 나간 것은 제주도가 지니는 지리적 조건에 의한 기후인 바람이 잦고 세차게 분다는 데서 생업과 지리적 조건과 연관되어 보다 간편하고 보다 청각 영상을 강조할 수 있는 욕구에 의한 것이라 하였다. 그러므로 제주어가 지역어에 비해 변천이 현저한 이유를 "바람" 때문으로 보았다.

이신성(1981)에서는 제주 방언에서 고어가 가장 많이 알려진 사실이며 경음화뿐만 아니라 격음화, 평음화가 골고루 발화되고 있다는 사실을 검토하였다. 제주 방언에서 실현되는 경음화와 격음화 그리고 평음화의 예를 보이면 다음과 같다.

(11) 경음화 : 값-깞, 성내다-썽내다, 다시-또시, 실-씰, 시집-씨집, 솜씨-쏨씨, 스물-쓰물, 속-쏙, 쇠-쐐, 심지-씸지, 쇠비늠-쐐비늠, 세다(强)-쎄다, 소나기-쏘나기

격음화 : 구수하다-구싱허다, 번개-펀개, 가지런하다-ㅋ찡허다, 도(윷)-토, 병-팽, 떨어지다-털어지다, 보자기-포따리, 짝-착, 자루-찰리, 끄르다-클르다, 짝짝이-착클레기, 딴사람-튼사람, 굵다-훍다, 딱굴질-틀곡질, 끈-친, 째여지다-채여지다, 뜨다-트다

평음화 : 깎다-가끄다, 까끄라기-고시락, 까마귀-가메기, 꼬꼬댁-극고댁, 껍데기-겁데기, 쏟다-솓다, 껍질-거죽, 쑥-숙, 꽃-고장, 쌀보리-슬오리

이신성(1981:30)에 따르면 이처럼 제주 방언에서는 특이하게 강음화 현상이 발달해 있고 더구나 듣기 거북하고 날카로운 경음화 현상보다도, 훈민정음 제자해에 나타난 원리대로 격음화를 통한 강음화 현상이 많이 나타나고 있다.

3. 맺음말

이 연구는 지역 방언의 어두 경음화 연구사를 보았다. 지역 방언의 어두 경음화 현상을 개관한 이유는 연구사적 관점에서 그 성과와 문제점을 살피고 앞으로 방언의 어두 경음화 현상이 나아가야 할 방향을 모색해 보고자 함이다.

각 지역마다 어두 경음화 현상에 대한 언급은 있었다. 그러나 이들 방언이 지역에서 어떻게 영향을 미쳤는지 정확히 알 수가 없다. 또한 지역 방언에서 제시하고 있는 어휘들이 그 지역만의 독특한 어휘는 아니라는 점이다. 그렇다면 각 지역마다 다른 지역의 영향을 받고 복잡한 관계를 형성했을 것이라는 것을 생각해 볼 수가 있다.

앞으로 지역 방언을 대상으로 하는 어두 경음화 현상은 특정 지역만의 어두 경음화 현상만으로 살펴보아야 할 것이 아니라 전국적인 차원에서 관찰해서 각 지역의 위상을 밝혀야 한다. 또한 공통적으로 나타나는 어휘들을 통해서 전국적인 언어지도를 작성해 지역 간의 상호 관계를 추정해 가야 한다.

참고문헌

강돈묵(1998), "거제 지역어에 대한 음운론적 고찰", 『논문집』 7, 거제전문대학, 85-98쪽.
강윤호(1959ㄱ), "국어 방언에 있어서의 두음경화 어휘의 분포에 대하여", 『국어국문학』 20, 국어국문학회, 24-26쪽.
강윤호(1959ㄴ), "국어 방언에 있어서의 두음경화 어휘의 분포에 대하여", 『한글』 124, 한글학회, 179-191쪽.
강정미(1989), "경남 거창 방언 연구", 『사림어문연구』 6, 창원대학교 국어국문학과 사림어문학회, 191-26쪽.
고미정(2000), "영양 지역의 지명 연구", 안동대학교 교육대학원 석사학위논문.
권병로(1979), "무주 지역어의 음운론적 연구", 전북대학교 대학원 석사학위논문.

기세관(1986), "나로도 방언의 어휘 자료", 『남도문화연구소』 2, 순천대학교 남도문화연구소, 329-345쪽.
기세관(1996), "여수 방언의 음운론적 특성", 『선청어문』 24, 서울대사범대학 국어교육과, 147-172쪽.
기세관(2004), "광양 방언의 음운론과 형태론", 『배달말』 35, 배달말학회, 5-58쪽.
김계곤(1977), "경기도 방언 채집", 『새국어교육』 25, 한국국어교육학회, 211-232쪽.
김계곤(1991), "경기도 방언 채집", 『기전문화연구』 20, 인천교육대학 기전문화연구소, 1-32쪽.
김계곤(1992), "경기도 방언 채집", 『기전문화연구』 21, 인천교육대학 기전문화연구소, 185-206쪽.
김광헌(2003), "신안 지도 지역어의 음운론적 연구", 목포대학교 교육대학원 석사학위논문.
김규남(1998), "전북 정읍시 정해마을 언어 사회의 음운 변이 연구", 전북대학교 대학원 박사학위 논문.
김순자(1995), "청주 지역어의 음운론적 연구", 『청람어문학』 13, 청람어문교육학회, 7-46쪽.
김옥영(1998), "강릉 방언의 음운론적 연구", 강릉대학교 대학원 석사학위논문.
김원중(1987), "예산 지역어의 음운론적 연구", 충남대학교 대학원 석사학위논문.
김재문(1977), "서부 경남 방언의 음운 연구", 『논문집』 15, 진주교육대학교, 91-124쪽.
김재문(1978), "서부경남 방언의 음운 연구", 건국대학교 대학원 석사학위논문.
김정대(2000), "경남 방언의 언어지리학적 성격", 『교육이론과 실천』 10권 2호, 경남대학교 교육문제연구소, 219-238쪽.
김정대(2007), "산청 지역어의 성격", 『어문론총 47』, 한국문학언어학회, 131-183쪽.
김진식(1981), "충북 제천 지역어의 음운론적 연구", 충북대학교 교육대학원 석사학위논문.
김진식(1987), "제천 방언의 자음 변동", 『어문연구』 16, 충남대학교 문리과대학 어문연구회, 5-24쪽.
김충회(1979), "청주 지역어에 대한 일고찰", 『논문집』 17, 충북대학교, 43-54쪽.
김충회(1990), "충청북도의 언어 지리학", 단국대학교 대학원 박사학위논문.
김택구(1997), "경남 사천시 서포 지역어의 음운 체계 고찰", 『한말연구』 3, 한말연구학회, 49-68쪽.
김해정(1988), "전북 선유도 방언 연구", 『한국언어문학』 26, 한국언어문학회, 85-104쪽.
김해정(1989), "전북 위도 방언의 음운과 어휘", 『인문논총』 2, 우석대 인문과학연구소, 1-16쪽.
김해정·손주일·이기동(1982), "전북 임실 방언", 『논문집』 4, 우석대학교, 1-65쪽.
김형규(1961), "국어 강음화 현상에 대한 고찰", 『국어국문학』 24, 국어국문학회, 104-113쪽.

김형규(1964), “경상남북도 방언 연구”, 『논문집』 10, 서울대학교, 175-223쪽.
김형규(1974), 『한국 방언 연구』, 서울대학교 출판부
김형주(1983), “남해 방언의 음운 연구”, 『석당논총』 7, 동아대학교 석당학술원, 35-74.
김희수 · 서상준(1983), “광양지역의 방언에 대하여”, 『호남문화연구』 13, 전남대학교 호남문화연구소, 115-170쪽.
남정식(1990), “전남 내륙 방언의 음운고”, 수원대학교 대학원 석사학위논문.
노재봉(1974), “충청북도 남부 방언의 일고찰”, 『한국국어교육연구회 논문집』 5, 한국어교육학회, 105-264쪽.
도수희(1965), “충청도 방언의 위치에 대하여”, 『국어국문학』 28, 국어국문학회, 237-239쪽.
도수희(1987), “충청도 방언의 특징과 그 연구”, 『국어생활』 9, 국어연구소, 88-101쪽.
류준(2005), “충남 연기 지역어의 음운론적 연구”, 충남대학교 대학원 석사학위논문.
민원식(1982), “문경 지역어의 음운론적 연구”, 충남대학교 대학원 석사학위논문.
박경래(2000ㄱ), “단양 방언의 음운에 대한 세대별 비교 고찰”, 『개신어문연구』 17, 개신어문학회, 65-114쪽.
박경래(2000ㄴ), “충청북도 방언의 특징과 하위 방언권”, 『충북과 중원문화』, 충북개발연구원, 77-95쪽.
박경래(2003), “충청북도 방언의 연구와 특징”, 『한국어학』 21, 한국어학회, 17-63쪽.
박명순(1982), “경남 거창 방언 연구”, 『논문집』 11, 서원대학교, 7-56쪽.
박명순(1987), “거창 지역어의 음운 연구”, 성균관대학교 대학원 박사학위논문.
박명순(1994), “영동 지역어의 음운 연구”, 『호서문화논총』 8, 서원대학교 호서문화연구소, 79-99쪽.
박선근(2006), “경북 김천 방언의 음운론적 연구”, 충남대학교 대학원 석사학위논문.
박종진(2002), “괴산 지역어 연구”, 한국교원대학교 교육대학원 석사학위논문.
박진석(1999), “태백 방언 연구”, 강릉대학교 교육대학원 석사학위논문.
배영환(2009), “광주 지역어의 음운론적 연구”, 『개신어문 연구』 29, 개신어문학회, 29-60쪽.
서성원(2002), “순천 지역어의 음운 현상에 대한 사회언어학적 연구”, 순천대학교 대학원 석사학위논문.
서은지 · 이태영(2002), “전라남도 고흥 방언의 특징”, 『동국어문학』 14, 동국어문학회, 365-384쪽.
서정범(1965), “제주 방언의 음운변화고”, 『논문집』 4, 경희대학교, 11-38쪽.
손웅일(2006), “정선 방언의 음운론적 연구”, 강원대학교 대학원 석사학위논문.
오연근(2000), “공주 지역어의 음운론적 연구”, 순천향대학교 교육대학원 석사학위논문.
오종갑(1999), “경음화와 영남방언”, 『어문학』 67, 한국어문학회, 79-106쪽.

오종갑(2011), "국어 방언에 반영된 어두경음화", 『한민족어문학』 58, 한민족어문학회, 239-271쪽.
원훈의(1978), "강원도 방언 연구(1)", 『관동향토문화연구소』 2, 춘천교육대학교, 5-66쪽.
원훈의(1990), "강원도 방언 연구(6-2)", 『관동향토문화연구』 8, 관동향토문화연구소, 51-75쪽.
원훈의(1991), "강원도 방언 연구(6-2)", 『논문집』 31, 춘천교육대학교, 31-55쪽.
원훈의(1992), "강원도 방언 연구(7-2)", 『관동향토문화연구』 10, 춘천교육대학교, 45-75쪽.
위진(2008), "전남 방언에 나타난 어두 경음화", 『한국언어문학』 65, 한국언어문학회, 111-135쪽.
윤지희 · 김해정(2000), "경상북도 영덕 방언의 특징", 『동국어문학』 12, 동국대학교 국어교육과", 357-386쪽.
은상현(2006), "강원 지역어의 사동 · 피동 연구", 상지대학교 교육대학원 석사학위논문.
이규창(1975), "국어과 교육에 있어서 국어순화를 위한 방언의 교육적 정리 방안과 전라북도 지방의 방언 분포 실태에 관한 조사 연구", 『논문집』 8, 군산대학교, 183-233쪽.
이근열(1996), "경남 방언의 말머리 된소리되기", 『국어국문학지』 33, 문창어문학회, 71-88쪽.
이근열(1996), "경남 방언의 음절 구조와 음운 현상 연구", 부산대학교 대학원 박사학위논문.
이금자(1979), "남원 지역어의 음운론적 고찰", 『국어교육연구』 1, 원광대학교 사범대학 국어교육과, 95-115쪽.
이남윤(2002), "운봉 지역어의 음운 연구", 공주대학교 교육대학원 석사학위논문.
이돈주 · 홍순탁(1965), "거문도 방언에 대하여", 『호남문화연구』 3, 전남대 호남문화연구소, 49-90쪽.
이상복(1986), "방언 부문", 『강원문화연구』 6, 강원대학교 강원문화연구소, 175-198쪽.
이상복(1995), "강원도 방언에 대한 고찰", 『강원문화연구』 14, 강원대학교 강원문화연구소, 105-129쪽.
이영길(1976), "서부 경남 방언 연구", 동아대학교 교육대학원 석사학위논문.
이영석(1986), "남원 지역어의 음운론적 고찰", 『모악어문학』 1, 전주대 국어국문학회, 93-113쪽.
이익섭(1987), "강원도 방언의 특징과 그 연구", 『국어생활』 10, 국어연구소, 61-71쪽.
이재은(1993), "경남 진양 방언의 형태음운론적 연구", 『사림어문연구』 9, 창원대학교 국어국문학과 사림어문학회, 153-175쪽.
이효신(2004), "부산 방언의 음운현상에 관한 연구", 명지대학교 대학원 석사학위논문.
전광현(1977), "전라북도 익산 지역어의 음운론적 연구", 『어학』 4, 전북대학교 어학연구소, 71-92쪽.
전광현(1979), “경남 함양 지역어의 음운론적 고찰”, 『동양학』 9, 단국대학교 동양학연구소, 37-58쪽.
전광현(1981), “전라북도 옥구 지역어의 음운론적 고찰”, 『국문학논집』 10, 단국대 인문대학 국어국문학과, 3-27쪽.
전광현(1983), “영동 무주 접촉 지역어의 음운론적 고찰”, 『동양학』 13, 단국대학교 동양학연구소, 1-20쪽.
전병철(1997), “금산 지역어의 음운 현상에 대한 사회언어학적 연구”, 충북대학교 대학원 박사학위논문.
전성탁(1971), “영동 지방 방언의 연구”, 『논문집』 10, 춘천교육대학교, 1-14쪽.
전성탁(1982), “철원 지방 방언 연구”, 『논문집』 22, 춘천교육대학교, 77-98쪽.
전성탁(1987), “인제 지방의 방언 연구”, 『관동향토문화연구』 5, 춘천교육대학교, 55-83쪽.
정영주(1985), “경기도 옹진군 영종도 방언의 음운 현상”, 『겨레어문학』 9·10, 겨레어문학회, 1099-1130쪽.
정영주(1987), “경상남도 창녕 지역 방언의 세대차에 의한 음운 현상”, 『건국어문학』 11, 건국대 국어국문학회, 411-464쪽.
정정덕(1994), “경남 고성군 방언 자료”, 『인문논총』 1, 인문과학연구소, 153-171쪽.
조성귀(1983), “옥천 방언 연구”, 충남대학교 대학원 석사학위논문.
조성문(2002), “단양 방언의 음운적 특징에 대한 연구”, 『언어연구』 19, 경희대학교 언어연구소, 81-90쪽.
조오현(1997), “청양 방언의 분화에 관한 연구”, 『한말연구』 3, 한말연구학회, 111-134쪽.
최원기(1970), “금천 방언을 중심으로 한 경북 방언”, 『논문집』 11, 부산공업대학교, 1-57쪽.
한경호 · 기세관(2002), “여수지역어의 음운현상에 대한 사회언어학적 고찰”, 『과학과 교육』 10, 순천대학교 사범대학 부속 과학교육연구소, 1-17쪽.
한명숙(2011), “한국어의 어두 경음화 현상 연구”, 건국대 대학원 박사학위논문.
한영목(1987), “금산 지방의 방언 연구”, 『인문학연구』 제14권 제1호, 충남대학교 인문과학연구소, 55-91쪽.
황인권(2004), “충남 서천 지역어의 자음 변화에 대하여”, 『우리말글』 30, 우리말글학회, 81-103쪽.

1990년대 이후 한국어 연구의 새 경향

박동근

1. 머리말

이 연구는 1990년대 초부터 지금까지 한국어 연구의 새로운 흐름에 주목하여 연구사적인 입장에서 그 특징을 살피는 것이 목적이다. 국어학사는 국어학의 한 분야이긴 하지만 그 자체가 국어 연구의 목적이 아니라는 점에서 국어학의 다른 분야와 구별된다. 박동근(2000)에서는 국어학사의 특징을 다음과 같이 제시한 바 있다.

(1) 국어학사의 특징(박동근, 2004)

① 국어학사는 앞선 국어 연구를 전제로 한다. 국어학의 여러 분야 즉, 음운론, 형태론, 문법론 등에 대한 연구 성과가 축적되어 있어야만 이를 대상으로 한 국어학사가 성립될 수 있다.

② 국어학사는 그 자체가 국어학의 연구 목적이 아니라 국어 연구의 수단이다. 지난 연구들을 연구사적인 관점에서 시대적으로 살피고 그 성과를 검토 · 비판하여 앞으로의 연구 방향을 제시한다.

③ 국어학의 다른 분야와 달리 국어학사는 이론 분야로 정착되지 못했다. 연구자는 해당 분야에 대한 지식과 비판적 능력, 그리고 객관적인 시각이 요구되지만 국어학사 기술을 위해 특별한 이론이 요구되는 것은 아니다.

이 중 우리는 특히 세 번째 특징에 주목한다. 국어학사가 학문으로서 이론적인 성격이 약하다는 것은 국어학의 다른 분야와 달리 '○○론(論)'이니 '○○학(學)'이니 하는 이름을 갖지 않는 것에서도 알 수 있다. 하지만 연구사에서는 앞선 연구에 대한 객관적인 '평가'가 이루어져야 점에서 이를 위한 평가 지표를 마련하는 일이 중요하며 체계적인 기술 방법을 모색하는 등 이론적인 면을 간과할 수 없다.1)

특히 국어학에 대한 사적 기술이나 평가는 양적인 면과 질적인 면이 모두 고려되어 하며, 학문의 흐름을 확인할 수 있는 다양한 지표를 마련하는 일이 필요하다고 본다. 또한 그간의 시대에 따른 국어학사 연구가 분야별 연구에 초점이 놓였던 데 반해 '분야' 외에 '대상', '방법'에 대한 분석이 같이 이루어져야 한다는 점에 주목하고자 한다.

본 연구는 구체적인 연구 내용에 주목하기 보다 거시적인 차원에서 1990년대 이후 국어학 연구의 조류를 파악하려는 것이다.

2. 연구사 기술 방법

2.1. 연구사의 체계

이 연구가 1990년대 이후 한국어 연구에 관심을 갖는 것은 90년대 이후 한국어 연구가 그 어느 시대에 비해 '다양성'을 보인다는 점이다. 지금까지 국어 연구의 거시적 흐름은 '음운 - 문법 - 의미'의 순서를 보였으며 이러한 흐름은 국어학사를 미시적으로 기술할 때 일반적인 체계가 되었다. 예를 들어 고영근(1985)에서는 국어학사 성과를 다음과 같이 하위 분야로 나누어 기술하고 있다.

---

1) 이런 점에서 박동근(2000)과 박동근(2004)는 국어학사 평가 방법으로 계량적 연구 방법과 상위 연구사적 방법을 제안한 것이라 할 수 있다.

(1) 부분별 국어학 연구의 흐름과 동향(고영근, 1985)
- 음운론의 연구
- 문법론의 연구
- 어휘론의 연구
- 방언학의 연구
- 국어사의 연구
- 문법사의 연구
- 어휘론의 연구
- 어원론의 연구
- 차자표기의 연구
- 한자음의 연구
- 계통론의 연구
- 인접학문의 연구

(2)『국어학 연감』의 기술 체계
- 국어 정책
- 국어 교육
- 한국어 교육
- 음성학 · 음운론
- 형태론
- 통사론
- 어휘론 · 의미론 · 화용론
- 국어사 · 국어학사
- 사회 언어학
- 방언학
- 국어 정보학 · 사전학

국립국어원에서 매해 발간하는『국어학 연감』역시 (2)와 같이 국어학의 하위 학문 분야별로 그 해의 연구 성과를 정리하고 있다. 하지만 1990년대 이후 다양성을 특징으로 하는 한국어의 새로운 연구 경향을 파악하는 데 분야별로만 연구 성과를 구분하는 것은 국어학의 흐름을 총체적으로 파악하는 데 제한적이다. 특히 1990년대 급격히 무너지기 시작한 학문 간의 경계는 국어학 내에서도 '음운 – 문법 - 의미'로 구분되었던 절대 영역이 무너지고 서로 간의 영역을 넘나들면서 연구하는 경향이 두드러지게 나타난다.

예를 들어 90년대 이후 활발히 연구가 진행되고 있는 '구어 연구'는 국어학의 어느 한 부분에 소속되는 것이 아니라 '음운', '문법', '의미(담화)' 등 국어학의 모든 분야에 걸쳐있는데 사적 연구를 학분 분야별로 나누어서 다루게 되면 90년대 이후 활성화된 '구어 연구'의 흐름을 독자적으로 조망하는 데 한계가 있다. 마찬가지로 90년대 이후 대두된 주요 연구 방법인 "계량언어학" 역시 음운, 문법, 의미의 모든 분야에 걸쳐 활발하게 활용되었는데 연구사를 분야별로 기술하면 방법론에 대한 성과를 파악하기 어렵다.

이에 우리는 국어에 대한 사적 연구가 '연구 분야', '연구 대상', '연구 방법'으로 나누어 입체적으로 조망되어야 한다고 믿는다. 이러한 원칙에 따라 1990년대 초부터 현재까지 한국어 연구에서 특히 부각되었던 연구들을 부문별로 보면 다음과 같다.

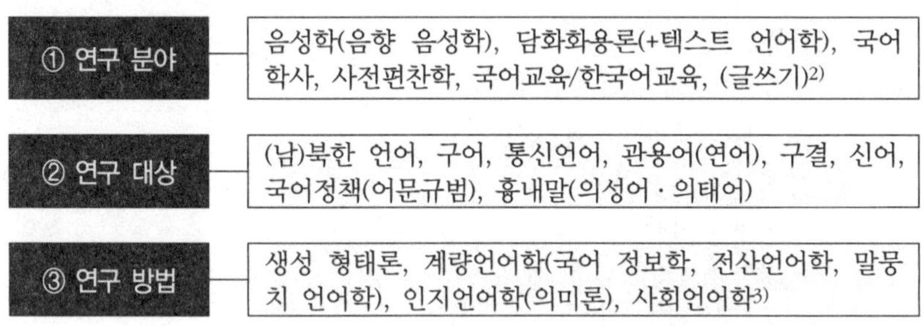

① 연구 분야
음성학(음향 음성학), 담화화용론(+텍스트 언어학), 국어학사, 사전편찬학, 국어교육/한국어교육, (글쓰기)[2]
② 연구 대상
(남)북한 언어, 구어, 통신언어, 관용어(연어), 구결, 신어, 국어정책(어문규범), 흉내말(의성어 · 의태어)
③ 연구 방법
생성 형태론, 계량언어학(국어 정보학, 전산언어학, 말뭉치 언어학), 인지언어학(의미론), 사회언어학[3]

〈그림 1〉 1990년대 이후 한국어 연구에서 대두된 요소들[4]

---

2) 2000년대 들어 각 대학에서 유행처럼 교양교과로 글쓰기 교육이 강화되었다. 이에 많은 국어학 전공자들이 관련 연구 성과를 내놓고 있는데 이도 이전에 볼 수 없었던 연구 경향이다. 하지만 '글쓰기'는 엄밀하게 '국어학'의 하위 분야라고 하기 어려우므로 본 연구에서는 다루지 않도록 하겠다.

3) '생성형태론', '인지언어학' 등을 '언어 이론'으로 구분할 여지가 있으나, 언어 이론 역시 방법론의 하나라는 점에서 하나로 묶었다.

①의 '연구 분야'는 90년대 들어 새롭게 등장한 연구 영역이나 기존에 있었지만 새롭게 주목 받은 분야들이다. 예를 들어 '음성학'이나 '화용론'은 기존에 있었던 연구 분야이지만 국어학의 변방에 있다가 90년대 이후 주류가 된 연구 분야이다. 반면에 '한국어 교육'은 새로운 영역으로 볼만하다.[5] ②의 '연구 대상'은 음운, 형태, 통사를 넘어 연구 대상에 따른 구분으로, 연구 분야와 마찬가지로 '통신언어'와 같이 새롭게 등장한 대상이나 90년대 이후 특히 주목을 받은 대상들이다. ③ '연구 방법' 역시 연구 분야를 떠나 특히 90년대 이후 새롭게 주목 받은 연구 방법론들이다.

2.2. 연구 경향을 확인할 수 있는 지표들

지금까지 연구사들은 주로 연구 실적을 근거로 연구 동향을 파악해 왔다. 하지만 연구 동향을 파악할 수 있는 지표들은 다음과 같이 다양하다.

(3) 연구 지표들
- ① 연구 실적물– 단행본, 학위 논문(석사학위논문, 박사학위논문), 소논문, 연구보고서
- ② 학술 단체의 활동 - 창립, 성격 변경, 학술대회 주제 등
- ③ 상위 연구사적 방법
- ④ 국어 정책
- ⑤ 사회적 관심

4) 본 목록은 통계적이기보다 경험적이다. 빈도면에서 절대적인 우위에 주목하는 것이 아니라 새롭게 부각된 분야에 주목한다. 물론 연구자의 관심사 밖에 있거나 무지로 목록에서 빠진 것이 있을 수 있다.

5) 물론, 한국어 교육이 이전에 전무하였던 것은 아니다. 하지만 국어학 개론서에서조차 한국어교육이 거의 논의되지 않았다는 점에서 실질적으로 90년대 이후 새롭게 자리매김한 분야로 설정할 만하다.

연구 실적은 연구 동향을 파악할 수 있는 가장 중요한 지표이다. 크게 단행본, 학위 논문, 소논문, 연구보고서 등을 들 수 있다. 주목할 것은 이들이 모두 비슷한 양상으로 실적이 드러나지는 않는다는 점이다. 분야나 대상에 따라 학위논문으로 소논문으로는 잘 발표되지 않거나 반대인 경우도 있다. 그러므로 연구 실적을 통해 연구 동향을 파악할 때 특정한 지면의 성과만 가지고 판단해서는 안 된다.[6] 연구 실적 중 단행본의 출판은 대개 그 분야의 연구가 어느 정도 활성화되었을 때 나타난다.

학술 단체의 활동도 당대의 연구 현황을 살펴볼 수 있는 지표가 된다. 관련 분야의 학술 단체가 새로 창립하거나 경우에 따라서는 학회의 성격을 바꾸기도 하고 학술대회의 주제도 당대 학술적 관심사를 살필 수 있는 지표가 된다.

'상위 연구사적 방법'은 박동근(2004)에서 제안한 것으로 기존에 발표된 국어학사 논문을 통해서 국어학 연구 동향을 살피는 것이다. 1990년대 이후 시대별 연구 동향을 살피는 데는 1992년부터 매해 발간된 국립국어원의 『국어학 연감』을 활용할 수 있다.

국립국어원이 국어정책 기관으로 위상을 높여가면서 국어정책의 변화는 직간접적으로 국어 연구에 영향을 미치고 있는 실정이다. 그러므로 국어정책의 변화 양상 또한 국어 연구의 동향을 파악하는 지표가 될 수 있다. 또한 남북 관계나, 한류 등 사회적 관심사 또한 국어 연구의 동향을 살필 수 있는 지표가 된다.

이에 본 연구에서는 이와 같은 요소들을 고려하여 1990년대 이후 〈그림 1〉에서 제시한 연구들이 어떻게 이루어졌는지 살펴보고 이를 바탕으로 1990년대 이후 지금까지 한국어 연구의 특징을 살펴보고자 한다.

---

6) 예를 들어 '통신언어'나 '의성어 · 의태어' 연구는 단행본이나 소논문보다 학위논문 특히 석사학위논문으로 발표되는 경우가 많다. 반면에 남북한 언어 연구는 단행본에 의한 실적이 상대적으로 많다.

3. 1990년대 이후 국어학의 연구 동향

3.1. 연구 분야별 연구 경향

연구 분야	음성학(음향 음성학), 담화화용론, 국어학사, 사전편찬학, 국어교육/한국어교육, (글쓰기)

〈그림 2〉 1990년대 이후 주요 한국어 연구 분야

3.1.1. 음성학(음향 음성학)

90년대 이전 음성학은 국어학(언어학)의 변방에 있었다. 이는 소쉬르(1916)년 이래 언어의 주연구 대상을 랑그로 보는 관점과 맥을 같이하는 것이다. 하지만 90년대 후반에 들어 음성학 연구가 부각되었으며 2000년대 들어 더욱 활발해진다.[7)]

이러한 배경에는 컴퓨터를 활용한 실험 방법이 용이해 지고, 유학파 등 음성학 연구자가 증대된 것과 무관하지 않다. 문어 중심의 연구에서 실제 발화인 구어에 관심이 증대된 것도 관련이 깊다. 또한 연구 방법면에서 국어정보학의 발달도 연구 활성화 크게 기여하였다.

단행본으로는 신지영(2000)의 『말소리의 이해』를 주목할 수 있다. 음성학 전반을 체계적으로 다루고 있으면서도 이해하기 쉽고 흥미롭게 접근할 수 있도록 하여 초학자들이 음성학을 이해하는 데 도움을 주고 있다. 2002년~2003년에는 주로 계량언어학적 방법에 의한 빈도 분석의 실험 음성학적 논의가 활발하였으며 특히 구어 연구 활성화와 맥을 같이한다. 고려대학교 민족문화연구원 국어연구소는 2001년 6월 '음성언어의 연구 및 응용'이라는

7) 『국어학연감 2001』 수록된 엄태수(2001)에서도 음성학의 발전이 전년도에 비해 괄목한 것으로 여겨진다고 분석하였다.

주제로 전국 학술 대회를 개최하였고 발표 내용을 주로 하여 다듬고 보완하여 2003년에 『음성 언어 자료와 국어 연구』를 단행본으로 출판하였다. 하지만 이진호(2006)은 음성학이 아직 국어학에서 독립된 중심 분야로 인식되지는 못하고 있다고 보았다. 그 근거로 음성학 연구가 주로 다른 분야의 전공자들에 의해 이루어지고 있으며 조음 음성학보다는 음향 음성학쪽 연구가 매우 활발하게 이루어지고 있다는 점을 들었다. 2007년에 운율이나 억양에 대한 관심이 지속적으로 증대되고 있는 것으로 보인다.(신승용, 2007). 그러나 다른 분야에 비해 논문이 많지는 않으며 음성학 분야의 학위 논문은 여전히 미미하였다. 2009년에는 언어 치료학 분야의 연구가 다수 발표되며 국어학 범주 내에서 음성학 연구가 쇠퇴한 감이 있다(김현, 2009). 2010년 들어서는 한국어 교육, 언어 병리학, 한국어 발음 교육 등으로 저변이 확대되었다(이봉주, 2010).

3.1.2. 담화화용론 및 텍스트 언어학

90년대 이전 '화용론'은 음성학과 더불어 국어 연구의 변방에 있었다. 하지만 90년 이후 의사소통의 중요성이 부각되고 실용주의 언어 이론의 대두하였으며 구어에 대한 관심이 높아지면서 문장 차원의 연구를 넘어 발화 의미론, 인지 의미론 등과 더불어 담화화용론 및 텍스트 언어학이 국어 연구의 중심 대상으로 떠오른다.

1991년에는 담화문법, 인지언어학, 화용론에서 대상으로 삼는 언어현상 연구를 목적으로 하는 담화인지언어학회 창립되었으며, 이어 1992년에는 '텍스트언어학회'가 창립하였다.

구현정(1999)의 『대화의 기법』 등 대화 이론을 쉽게 설명한 개론서를 포함하여 적지 않은 자기 계발서 등이 출판되었다.

상위연구사적 관점에서 연구 경향을 살펴보면, 2000년에는 발화 행위에 대한 연구가 많았는데 이는 당시에 주된 관심 분야였기 때문이다. 2000년에는 화행 특히 간접화행에 대한 연구가 많았으며 화용 표지에 대한 논의도 적지 않았다(윤평현). 2001년 역시 어휘 의미나 문장 의미에 대한 전통적인 논의보다 인지 언어학적 접근, 텍스트 및 담화 분석에 관한 관심이 점차 대두되었다(양태식, 2002). 2006년에는 양적인 면에서 특히 성장하였다. 순수 이론적인 연구보다는 실용 목적의 연구들이 많이 발표되었으며 특히 의미 교육과 담화 분석이 두드러진다(이찬규, 2007). 2007년은 담화 연구에서 텍스트 연구로 기우는 경향을 보인다. 의사소통 및 화법과 관련해서는 의사소통 능력 향상과 말하기 능력을 평가하는 방안에 대한 논의가 집중적으로 이루어졌다(도원영, 2008). 이후 의미론 분야에서 단어와 문장의 의미 연구는 담화 연구에 비해 상대적으로 저조하였다.

3.1.3. 국어학사

90년 이전의 국어학사는 거시적 측면에서 국어연구의 큰 흐름을 살피는 것이 주를 이루었으며 주로 단행본의 형태로 발표되었다.

(4) 90년도 이전의 국어학사 연구서들
小倉進平(1920), 『朝鮮語學史』, 동경: 大阪屋號書店
김윤경(1938), 『조선문자급 어학사』, 조선기념도서출판관.
김윤경 · 강신항(1961), 『국어학사: 국어국문학 강좌』, 민중서관.
최현배(1942), 『한글갈』, 정음사.
방종현(1948), 『훈민정음 통사』
김형규(1954), 『국어학사(상)』, 백영사.
이숭녕(1956), 국어학사 (1~6,完) 『사상계』 4: 5~12월호.
유창균(1959), 『국어학사』, 〈어문학연구 총서〉 1. 영문사.
강신항(1958), 이조 중기 국어학사 시론, 『국어연구』 4, 서울대학교 국어연구회.

김민수(1964), 『신국어학사』, 일조각.
김석득(1983), 『우리말 연구사』, 정음문화사.
고영근(1985), 『국어학 연구사 - 흐름과 동향』, 학연사.
권재선(1987), 『국어학 발전사 - 현대국어학편』, 한국고시사.
박종국(1994), 『국어학사』, 문지사.[8]

이러한 연구 경향은 1990년대 중반 『국어연구 어디까지 왔나』(1996)를 기점으로 뚜렷하게 주제별 연구사로 바뀐다. 『국어연구 어디까지 왔나』(1996)는 국어학 연구의 주요 주제를 망라하고 있으며 참고문헌을 충실히 제시하여, 관련 분야에 관심을 갖는 연구자들에게 좋은 지침이 되었다. 이후 이와 같은 성격의 기획 도서나 연구사를 특집으로 다룬 학회지들이 다수 출간되는데, 이러한 연구 경향은 21세기 초기까지 계속된다.

(5) 주제별 국어학사 엮음(박동근, 2004)
서울대학교 대학원 국어연구회 편(1991), 『국어연구 어디까지 왔나』, 동아출판사.
김방한 편(1991), 『언어학 연구사』, 서울대학교출판부.
국어국문학회 편(1992), 『국어국문학 40년』, 집문당
고영근 외(1992), 『국어학 연구백년사 I - 총론, 음성학, 음운론, 문법론』, 일조각.
고영근 외(1992), 『국어학연구백년사 II - 의미론, 국어사』, 일조각.
고영근 외(1992), 『국어학연구백년사 III - 방언론, 응용론, 북한의 국어학, 해외의 한국어학-』, 일조각.
김민수 편(1993), 『현대의 국어연구사 1945~1992』, 서광학술자료사.
김민수 편(1999), 『현대의 국어 연구사(수정 증보판), 1945~1998), 박이정.
장석진 엮음(1994), 『현대 언어학 지금 어디로』, 한신문화사.
김승곤 엮음(1996), 『한국어의 토씨와 씨끝의 연구사』, 박이정.
서태룡 외(1998), 『문법의 연구와 자료 -이익섭 선생 회갑기념 논총』,

8) 더 많은 목록은 박동근(2004) 참조.

태학사.
한국어학회 편(1999), 『국어의 격과 조사』, 월인.
이화여자대학교 한국문화연구원 편(2002), 『국어학 연구 50년』, 혜안
박영순 편(2002), 『21세기 국어학의 현황과 과제』, 한국문화사.
국어학회(1989), 『국어학-국어학회 창립 30주년 기념 특집』 19, 국어 학회.
한국어학회(2002), 『한국어학 - 기획특집』 16, 한국어학회.
임용기 · 홍윤표 편(2006), 『국어사 연구 어디까지 와 있는가』, 태학사.

90년대 이후 2000년 초까지 주제별 국어학사 연구는 이 시대 연구의 뚜렷한 특징으로 인정할 만하다. (5)와 같이 주제별 국어학사를 묶은 단행본의 출판이나 학회지의 특집으로 국어학사를 다룬 것이 적지 않다. 그 외에도 다수의 소논문이 이 시기에 발표되었다. 2000년을 전후하여 국어학사가 주제별 소논문 형태로 바뀐 것은 그동안 국어학의 연구 성과가 양적인 면에서 상당히 많이 축적되어 온 것과 무관하지 않다. 국어학의 모든 분야를 통합하여 전반적인 흐름을 기술하는 연구사보다 실질적인 연구 수행에 도움이 되는 주제별 연구에 대한 소개가 더 요구되었을 것으로 보인다. 1992년부터 국립국어원에서는 매해 분야별로 연구 실적을 묶은 『국어학 연감』을[9] 발간하고 있는데 이는 1990년 이후 주제별 연구사에 대한 관심이 높아진 것과 맥을 같이 한다.

2000년대 중반 이후 주제별 연구사에 대한 연구는 한풀 꺾인다. 이는 국어원이 1992년 이후 『국어 연감』을 통해 지속적으로 연구 성과를 정리하여 주제별 연구사의 성격을 대신하고 있으며, 무엇보다 인터넷을 통한 원문 서비스가 일반화되면서 주제별 선행 연구를 찾는 것이 어렵지 않게 되었다.

국어학사 연구를 목적으로 하는 전문 학회나 학술지는 없다. 다만 『주시

---

9) 『국어학 연감』은 2005년 판부터 이름을 『국어 연감』으로 바꾸고 지금까지 계속 매년 발간하고 있다.

경 학보』는[10] '국어학사의 재조명'이라는 난을 두어 지속적으로 연구사 관련 논문을 발표하는 코너를 할애하였다.

3.1.4. 사전편찬학

사전편찬학 또한 1990년대 이후 뚜렷이 새롭게 부각된 연구 분야이다. 1999년 정부 차원의 『표준국어대사전』이 발간되면서 민간 출판사나 학회 중심의 사전 출판은 정부 중심으로 기울게 된다. 특히 『표준국어대사전』 발간과 관련한 각종 연구보고서나 전문 인력의 양성은 사전학 활성화에 크게 기여하게 된다. 민간이나 학회 중심의 사전편찬은 대학으로 넘어가 연세대학교 언어정보연구원의 『연세 한국어 사전』(2006), 고려대학교 민족문화 연구소의 『고려대 한국어 대사전』(2009)가 출판되기도 하였다. '다음'이나 '네이버' 등의 포탈 사이트에서는 국어사전을 주요 서비스로 제공하기 시작하였고, 남북한 합작의 '겨레말 큰사전 사업' 또한 이 시기에 진행되었으며, 현재 국립국어원의 개방형 한국어 사전 사업이 진행 중이다.

사전편찬학은 1990년대 이후 대두된 국어정보학(말뭉치 언어학), 신어 조사와 관련을 맺는다. 관련학회로는 2002년 창립된 '한국사전학회'를 들 수 있다. 2001년 8월 8일부터 10일까지 연세대학교 언어정보개발연구원의 주관으로 열린 아시아 사전학회 제2차 국제 대회에 기간에 한국인 참여자들끼리 〈한국 사전학회〉 창립 준비 모임을 가졌으며 2003년 『한국 사전학』 창간하였고 2013년 현재 21호 발간되었다. 사전학 관련 최초의 단행본이었던 조재수(1984)의 『국어 사전 편찬론』 이래 『한국어 사전 편찬학 개론』(2008), 『국

---

10) 『주시경 학보』는 1988년 주시경 연구소에서 제1집이 발간된 뒤(탑출판사) 1994년 제13집을 낸 뒤 폐간된 학술지로 젊은 학자 중심으로 실험적 연구 다수 발표되었다. 기획논문, 연구 논문, 문제 제기와 토론, 국어학사 재조명, 서평, 한힌샘 자료, 자료 발굴과 소개 등의 세션으로 이루어졌다.

어사전학 개론』(2009)가 출판된 것도 최근의 일이다.

3.1.5. 국어교육 및 한국어 교육

국어교육 및 한국어 교육 분야가 전면에 드러난 것도 이 시대 국어 연구의 주목할 만한 특징이다. 국어 교육은 이전부터 있었던 영역이나 2004년 3월 한국문법교육학회가 창립 대회를 열고 빠른 시간에 중등 문법교육 분야에 영향력 있는 학회로 자리 매김하였으며 연구재단 등재지 『문법 교육』을 발간하고 있다.

한국어 교육은 1990년대 이후 가장 뚜렷이 성장한 분야이다. 1992년 한중 수교 후 한국 드라마나 대중 가수들의 중국 진출 등의 영향으로 1990년대 후반 한류가 가시화되면서 한국어 교육에 대한 관심이 증대된다.

2005년 〈국어 기본법〉은 관련 학과 커리큘럼 충족 기준과 한국어 교원 자격증에 대한 조건을 명시하고 이후 관련 학과가 신설되거나 국어국문학과에서 외국어로서 한국어 학과로 전환하는 등 한국어 교육 열기를 반영하는 지표들이 나타난다. 한국어 교원 양성 과정 단기 과정이 여러 대학에 개설되었으며 최근에는 학점인정제 과정에서 적지 않은 한국어 교육 자격자를 배출하고 있다.

학회 및 관련 단체의 설립도 두드러진다. 2001년 1월에는 '한국어 세계화 재단'이 설립되었으며, 외국어 또는 제2언어로서 한국어를 배우고자 하는 자를 대상으로 한국어와 한국 문화를 알리고 교육하는 기관을 국가에서 지정하는 세종학당이 현재 51개국 117개소에 이른다.

1981년 1월 재외 동포의 한국어 교육을 목적으로 창립한 이중언어학회는 최근 외국어로서의 한국어 교육 분야에 치중하고 있는 듯하다. 1997년 9월 한국 멀티미디어 언어교육학회 창립, 2001년 국제한국언어문화학회 창립(학회지: 한국언어문화학), 2003년 한국언어문화교육학회 창립, 2004년 한국문법교육학회 창립, 2004년 5월 국어교육연구회가 한국어교육학회로 학회 명칭 개정, 2006년 1월 한국어문화교육학회 창립 등 관련 학회의 창립이 이 시기에 이루어졌다.

관련 학회의 학술대회는 다른 분야의 학술단체에서 보기 어려운 성황을 이루는 것도 특징적이다. 관련한 연구 성과는 해당 학회의 학술지뿐만 아니라 기타 국어학 학술지 지면의 상당 부분을 차지하고 있다. 특징적인 연구 지표로는 중국 유학생들의 한국어 교육 성과의 폭발적인 증가를 들 수 있다. 주로 한중 대조 연구를 주제로 한 석사학위논문이 대중을 이룬다.

짧은 시간에 성장한 만큼 아직 정비하고 가야할 길도 험난하다. 교육적인 면에서 한국어 교사의 수준 향상, 다양한 교재 개발, 교육 표준화 및 적절한 교수법이 마련되어야 한다. 한국어 교육 시장이 동남아시아에 치우쳐 있다는 점과 교사와 학습자의 수요 공급 문제, 교사에 대한 처우 문제 등이 개선되어야 할 것으로 보인다. 학술적인 면에서 한국어 교육 연구자의 전문성이 확보되어야 하며 이를 위해 한국어 교육자와 연구자의 미분리 등이 해결되어야 한다고 본다.

3.2. 연구 대상별 연구 경향

연구 대상	(남)북한 언어, 구어, 통신언어, 관용어(연어), 구결, 신어, 국어정책, 어문규범, 흉내말(의성어 의태어)

〈그림 3〉 1990년대 이후 주요 한국어 연구 대상

3.2.1. 북한 언어

2000년 6월 15일에 발표된 6.15 남북공동선언은 남북한 화해 무드와 더

불에 북한에 대한 관심을 끄는 데 기여했다. 대학들은 북한학과를 신설하고 국문학의 전공 교과 또는 교양과목으로 남북한언어 관련 과목이 개설되었다. 이보다 앞서 국립국어원에서는 89년 이후 남북한 언어 관련한 연구 보고서들이 이어져 나왔다. 또한 남한에서는 접하기 어려웠던 북한의 전문 서적들이 남한에서 영인 출판되었다.

90년대 이후 북한 언어 동향을 살필 수 있는 분명한 지표로는 관련 단행본의 출판을 들 수 있다.

(6) 북한 언어 연구 단행본들

- 1985년: 김민수(1985), 『북한의 국어 연구』, 고려대학교 출판부.[11]
- 1989년: 전수태 · 최호철, 『남북한 언어 비교』, 분단시대 민족어 통일을 위하여, 녹진
- 1990년: 남성우 · 정재영, 『북한의 언어 생활』, 고려원.
- 1990년: 고영근, 『북한의 말과 글』, 을유문화사.
- 1992년: 이은정, 『남북한 어문 규범 고찰』, 백산출판사.
- 1993년: 하치근, 『남북한 문법 비교 연구』, 한국문화사.
- 1997년: 김민수, 『김정일 시대의 북한 언어』, 태학사.
- 1997년: 임홍빈, 『북한의 문법론 연구』, 한국문화사.
- 1997년: 이옥련 외, 『남북한 언어 연구』, 박이정
- 1998년: 연구동, 통일시대의 한글 맞춤법, 박이정.
- 1999년: 고영근, 『북한의 언어 문화』, 서울대학교 출판부.
- 2000년: 고영근 편, 북한 및 재외 교민의 철자법 집성
- 2000년: 김응모 · 최호철, 『통일대비 남북한어 이해』, 세종출판사.
- 2002년: 김민수, 『남북의 언어 어떻게 통일할 것인가』, 김민수.
- 2002년: 김상준, 『남북한 보도방송 언어연구』, 커뮤니케이션 북스
- 2002년: 조오현 외, 『남북한 언어의 이해』, 역락.
- 2003년: 우리어문학회, 『남북한 어문 규범과 그 통일 방안』, 국학자료원.

11) 김민수(1989), 『북한의 국어 연구』(증보판), 1989

- 2003년: 최용기, 『남북한 국어 정책 변천사 연구』, 박이정.
- 2004년: 고영근, 『북한의 문법 연구와 문법 교육』
- 2004년: 남상권, 『북한의 언어와 문학』, 영남대학교 출판부.
- 2005년: 조오현 외, 『북한 언어문화의 이해』, 경진.
- 2006년: 권재일, 『남북 언어의 문법 표준화』, 서울대학교 출판부.
- 2006년: 남북한 한글 맞춤법 통일을 위한 조선로동당 규약 문장 연구
- 2007년: 박종갑, 『북한의 언어와 문학』, 영남대학교 출판부.
- 2008년: 고영근: 북한의 문법 연구와 문법 지식의 응용화

국어학 연구사에서 특정 연구대상에 대한 관심이 대두되어 집중적으로 단행본이 출판된 것으로는 규모면에서 유례가 없는 것으로 보인다.

학술지 또한 북한 언어 관련 주제를 특집으로 다루거나 학술대회의 단골 주제가 되었다.

(7) 북한 언어를 특집으로 다룬 학술지
- 1988년: 『국어생활』 제15호 – 특집: 북한의 말과 글
- 1991년: 『한글』 213호 - 북한 언어학 연구 1 특집호
- 1993년: 『한글』 222호 - 북한 언어학 연구 2 특집호
- 1997년: 『한글』 237호 - 북한 언어학 연구 3 특집호
- 2001년: 『새국어생활』 제11권 1호 – 특집: 남북 언어 동질성 회복을 위하여

국립국어원과 문과관광부에서는 남북한 관련 연구보고서와 학술대회 논문집을 최근까지 발간하고 있다.

(8) 북한 언어 연구 보고서 및 학술대회 논문집(국립국어원, 문화관광부)
- 1989년: 남북한 언어 차이 조사(1) - 발음, 맞춤법 편
- 1989년: 남북한 언어 차이조사(2) - 고유어 편
- 1990년: 남북한 언어 차이조사(3) - 한자어, 외래어 편
- 1992년: 북한의 언어 정책

- 1993년: 북한의 한자어 외래어 사용 실태 조사
- 1994년: 북한의 국어사전 분석 II
- 1994년: 북한의 국어사전 분석 III
- 1995년: 북한의 국어사전 분석 IV
- 1995년: 남북한 외래어의 비교 연구
- 1996년: 북한의 국어사전 분석 V
- 1986년: 컴퓨터 처리 분야 남북한 언어동질화 방안 연구(문화관광부 편)
- 1998년: 북한 문학 작품의 어휘
- 1999년: 북한 주민이 모르는 남한 외래어 조사
- 1999년: 남북한 한자어 어떻게 다른가
- 1999년: 남북한 한자어 어떻게 다른가
- 2000년: 북한어 연구 논저 해제집
- 2001년: 북한 시나리오 어휘 조사 연구
- 2001년: 북한 영화 어휘 조사 연구
- 2001년: 남한정착 북한 출신 주민의 언어적응 실태 조사 연구(문화관광부 편)
- 2002년: 북한의 〈조선말사전(학새용)〉 분석
- 2002년: 북한 신문 용어 조사 연구
- 2002년: 북한 방송 용어 조사 연구
- 2002년: 남북한어의 공동 순화 방안 연구(문화관광부 편)
- 2002년: 남북 언어 동질성 회복을 위한 제1차 국제학술회의 논문집
- 2002년: 남북 언어 순화 자료집 1
- 2003년: 북한 사전 미등재어 조사 연구
- 2003년: 북한의 우리말 의미연구 자료집
- 2003년: 제2차 남북 국제 학술 회의 논문집
- 2003년: 제3차 남북 국제 학술 회의 논문집
- 2004년: 남북한 어문 규범 비교 연구
- 2003년: 제5차 남북 국제 학술 회의 논문집 (5)
- 2005년: 남북한 어문 규범 연구사[2005]
- 2005년: 북한 국어학 용어 분류 체계에 관한 연구
- 2007년: 남북 고문헌 자료 조사 연구 사업을 위한 기초 연구 결과 보고서

- 2007년: 남북 교과서 학술 용어 비교 연구 2
- 2008년: 남북한 무역용어 비교 연구
- 2009년: 2009년 남북 언어 학술대회 논문집
- 2011년: 남북 언어 통합과 재일동포 언어 국제학술대회 논문집

2000년을 전후해, 북한언어 조사 사업은 국립국어원의 주된 연구 과제였으며, 이러한 정책적 관심은 2000년대 이후 남북 언어 연구 활성화에 큰 영향을 끼친다. 이러한 즈음에 2004년 '겨레말 큰사전 남북한 편찬 사업회가 출범'하였다.

남북한 언어 연구는 언어 사용에 대한 비교뿐만 아니라 분단 이후 각자 수행된 국어 연구에 대한 관심 또한 커졌다. 이는 특히 북한에서 출판된 국어 연구 자료가 남한에서 영인되어 출판됨으로써 남북한 언어 연구에 대한 비교가 수월해 진 것이 큰몫을 한다.

(9) 북한 국어학 자료 출판(영인)
- 1990년: 『북한어학자료 총서』, 탑출판사. (총 26권)
- 1992년~: 북한 서적 영인
- 1996년: 해외 우리 어문학연구 총서 외, 한국문화사
- 2000년:『조선언어학 연구 총서』, 박이정
- 2001년:『조선어학전서』, 박이정 (총 65권)
- 2001년:『조선어연구』 1~3, 역락 (고영근)

90년대 이전 북한 언어에 대한 학위논문은 이용욱(1983)[12] 외에 찾기가 어렵다. 1990대 이후 주로 남북한 맞춤법 비교에 관한 다수의 학위논문들이 발표되는데 최용기(2001), 양수경(2013)[13]을 제외하면 박사학위논문은 없다.

---

12) 이용욱(1983), 북한 언어 정책의 특징에 관한 연구, 한양대 교육대학원 석사.
13) 최용기(2001), 남북한 국어 정책 변천사 연구, 단국대학교 박사학위논문.
양수경(2013), 북한 이탈주민의 언어 적응 실태에 관한 연구, 서울대학교 박사학위논문.

소논문 역시 1989년 이전에는 거의 없으며 90년대 들어 특히 2000년 이후 다수의 연구실적들이 학술지를 통해 집중적으로 발표된다. 연구의 주요 쟁점은 남북한 맞춤법 통일 방안 및 남북 언어의 이질성 극복 문제였다. 2000년 후반 이후에 북한 언어에 대한 연구는 한풀 꺾인다.

북한 언어를 주 연구로 하는 학회나 학술지는 없으나 『주시경 학보』의 자료 발굴 및 소개란에 북한의 국어연구 동향을 10회 연재되었다.

3.2.2. 구어

90년대 들어 학문의 실용성이 대두되면서 실제 언어 사용에 대한 관심이 높아졌다. 학문 영역으로 담화화용론의 부상하였으며 말뭉치 구축과 계량 언어학이 연계되면서 구어에 대한 관심 역시 높아졌다.

연구 경향을 살필 수 있는 지표로 먼저 단행본을 보면 다음과 같다.

(10) 구어 연구 단행본들

- 1996년: 노대규, 『한국어의 입말과 글말』, 국학자료원.
- 2002년: 서상규 외, 『한국어 구어 연구 1』, 한국문화사.
- 2004년: 권재일, 『구어 한국어의 의향법 실현 방법』, 서울대학교 출판부.
- 2005년: 서상규 외, 『한국어 구어 연구 2』, 한국문화사.
- 2006년: 지현숙, 『한국어 구어 문법과 평가』, 하우.
- 2007년: 강소영, 『구어와 문어 자료의 실제적 연구 방법론』, 한국문화사
- 2013년: 서상규 외, 『한국어 구어 말뭉치 연구』, 한국문화사.
- 2013년: 배진영 외, 『말뭉치 기반 구어 문어 통합 문법 기술의 탐색』, 박이정.

90년대 이전 국어학 분야에서 '구어'를 제목으로 하는 학위논문은 찾아보기 어려우며 90년대 이후 석사학위논문들이 보이기 시작한다. 박병선(1996)[14]에서는 계량적 방법 시도되었으며 양승연(1999)[15]은 전사 자료를

활용한 연구로 말뭉치와 연계된 연구들이 나타나기 시작한다. 2000년대 이후 본격적으로 구어 연구들이 나오기 시작하며, 임혜원(2004)와, 안의정(2007) 등의 박사학위논문이 나온다.

관련 학회로는 1991년에 창립한 담화인지언어학회와 1997년에 창립한 한국어의미학회가 있다.

3.2.3. 통신언어

80년 말에 케텔이 무료 통신 사업을 실시하고 1989년부터 국내에서 최초로 대화방 서비스를 개설하여, 큰 인기를 끈다. 1994년 11월 16일 YWCA 청소년 유해 환경 감시단에서 개최한 '컴퓨터 통신이 청소년 언어 생활에 미치는 영향'이란 주제의 세미나는 통신언어에 대한 본격적인 논의의 출발이다. 90년대 중반 PC통신과 인터넷이 통합되고, 90년대 말부터 초고속 인터넷이 가정에 보급되면서 인터넷 사용 인구의 증가와 더불어 통신언어 사용이 급격히 늘어나게 된다. 통신언어에 대한 사회적 관심이 증대되면서 긍정적인 면과 부정적인 영향에 대한 주장이 쟁점이 되기도 하였다.[16)]

통신언어는 이전에 없던 국어학의 전혀 새로운 연구 대상이라는 점에서 여타 연구 대상들과 구별된다. 통신언어에 대한 연구는 학술 소논문으로부터 시작한다.

(11) 초기 통신언어 관련 소논문들
- 1997년: 무명씨, 컴퓨터 통신어 연구, 인하대학교

---

14) 박병선(1996), 한국어 구어의 어휘 사용 특성 - 코퍼스를 이용한 분석, 고려대학교 석사학위논문.

15) 양승연(1999), 담화 이해 과정에서의 귀추추론- 구어 전사 자료를 중심으로, 고려대학교 석사학위논문.

16) 2001년 7월 24일자 조선일보에서는 국어사전에 통신언어를 수록하는 문제에 대해 찬성하는 김광해 교수의 글과 반대하는 노형남 교수의 글이 실리기도 하였다.

- 1998년: 이정복, 컴퓨터 통신 분야의 외래어 사용 실태, 『새국어생활』 8-2, 국립국어원.
- 1998년: 권연진, 컴퓨터 통신어의 언어학적 특징, 「언어과학」 5-2, 동남언어학회.
- 2000년: 이정복, 통신언어로서의 호칭어 '님'에 대한 분석, 『사회언어학』 8-2, 한국사회언어학회.
- 2001년: 박동근, 통신언어의 언어학적 유형에 따른 언어학적 기능 연구, 『어문학 연구』 11, 상명대 학교 어문학 연구소.
- 2002년: 구현정, 통신언어-언어 문화의 포스트모더니즘, 『국어학』 39, 국어학회
- 2003년: 박동근, 통신언어의 생성 방식에 따른 생산성 연구, 『한말연구』 12, 한말연구학회.

통신언어는 연구의 출발점이 분명하다는 특징이 있다. 이후 지금까지 학술 논문이 꾸준히 발표되고 있으나 연구자의 층이 넓은 편은 아니다.

그 밖의 지표로는 연구 보고서와 단행본을 들 수 있다.

(12) 통신언어 관련 연구 보고서들
- 2000년: 이정복 외, 바람직한 통신언어 확립을 위한 기초 연구, 문화관광부.
- 2001년: 조오현 · 김용경 · 박동근, 통신언어 어휘집, 문화관광부
- 2008년: 민병철, 권희완, 바람직한 통신언어 문화 정착을 위한 지도 활동 자료집, 국립국어원
- 2008년: 통신 공간의 언어 사용 실태 조사 및 개선 방안 연구, 국립국어원

(13) 통신언어 관련 단행본들
- 2002년: 조오현 외, 『컴퓨터 통신언어 사전』, 역락
- 2002년: 권오경 · 서은아, 『인터넷 통신어휘 사전』, (2002)
- 2002년: 이정복, 『인터넷 통신언어의 이해』, 도서출판 월인.
- 2007년, 서은아, 『네티즌 언어』, 커뮤니케이션북스.

- 2003년: 이정복, 『인터넷 통신언어의 이해』, 월인.
- 2006년: 이정복 외 『인터넷 통신 언어와 청소년 언어문화』, 한국문화사.
- 2009년: 이정복, 『인터넷 통신 언어의 확산과 한국어 연구의 확대』, 소통
- 2010년: 박철주, 『대중매체 언어 연구』, 역락.

통신언어가 언어생활의 주요 문제로 부각되면서 2000년 이후 문화관광부나 국립국어원에서 위탁 연구한 관련 보고서들이 나오기 시작한다. 조오현 외(2002)의 『컴퓨터 통신언어 사전』은 2001년의 연구 보고서를 바탕으로 엮은 것으로 당시 통신언어 사용 양상을 살필 수 있다.

통신언어에 관한 학위논문은 송민규(2000)이 처음이다.[17] 이후 통신언어를 주제로 한 다수의 학위논문이 나오며 특히 교육과 관련한 논문이 많다.[18] 반면에 아직 통신언어를 주제로 한 박사학위논문은 없으며 주로 초학자들이 좋아하는 주제이다.

2002년 10월 4일 문화관광부에서는 통신언어 관련 전문가 초청 좌담회를 개최하고 우리말우리글 바로쓰기 지하철 홍보와 통신 언어 다시보기 전시회를 개최하고 통신언어 바로쓰기를 주제로 중고등학교 순회강연회 프로그램을 운영하기도 하였다. 주요 연구자로는 2003, 2006, 2009년에 관련 연구로 단행본을 낸 이정복을 들 수 있다.

통신언어와 관련한 연구 대상과 방법으로는 '신어'와 '시회언어학'이 있다.

3.2.4. 연어

90년대 초 관용표현 연구에서 시작하여 2000년 전후하여 연어 연구로 발전하였다. 90년대 이후 말뭉치 기반 국어정보학과 계량언어학에 기반한 연

17) 송민규(2000), PC통신언어에 나타난 음절수 감소 현상에 대한 고찰, 고려대학교 석사학위논문.
18) 통신언어 관련 연구로 가장 많은 실적이 나온 것은 석사학위논문이다.

어 조사 연구가 활발히 진행된다.

학위논문으로는 문금현(1990)[19]과 김진해(2000)[20]을 들 수 있다. 1990년대 학술 논문으로는 다음과 같은 것들이 있다.

(14) 1990년대 연어 관련 소논문들
- 1992년: 남기심: 조사 '-로'의 용법에 관한 연어론적 연구(1), 『동양학』22.
- 1994년: 이호석, 말뭉치에 기반한 상호정보를 이용한 연어의 자동 추출, 『정보처리논문지』 1-4.
- 1997년: 강현화, [체언+용언] 꼴의 연어 구성에 대한 연구, 『사전편찬학』 8-1.
- 1999년: 김진해, 연어의 의미 관계에 대하여, 『한국어의미학』 4.

2000년 이전 '연어'를 제목으로 포함하는 논문을 찾아보기 힘들 정도로 용어 사용이 일반화되지 않았다. 하지만 김진해(2000) 이후, 연어 용어 사용이 일반화되고, 국어정보화, 한국어 교육 등 '연어' 관련 연구가 활발해진다.

(15) 2000년대 초 연어 관련 소논문들
- 2000년: 한국어 연어 정보의 분석, 응용에 관한 연구, 『한국어학』 11-1, 한국어학회.
- 2000년: 김진해, 연어의 계열 관계 연구, 『국어학』 35, 국어학회,
- 2002년: 문금현, 한국어 어휘 교육을 위한 연어 학습 방안, 『국어교육』 109, 국어교육학회.
- 2002년: 한영균, 어휘 기술을 위한 연어 정보의 추출 및 활용과 관련된 몇 가지 문제, 『국어학』 39, 국어학회.
- 2003년: 이동혁, 한영기계번역을 위한 연어구의 처리 방법, 『언어과학연구』 24, 언어과학회.
- 2003년: 강현화, 김진해의 『연어』(2000), 다시 읽기, 『형태론』 5-2, 박이정.

19) 문금현(1990), 국어의 관용 표현 연구, 서울대학교 박사학위논문.
20) 김진해(2000), 국어 연어 연구, 경희대학교 대학원 박사학위논문.

연어는 독립된 주제의 연구보다는 통사론적 공기 관계나 의미망 구축을 위한 방법론으로 '연어' 관계를 파악하는 연구가 주를 이룬다. 최근에는 빅 데이터를 활용한 사회 현황 분석 방법으로도 활용 영역을 넓히고 있다.

3.2.5. 구결

구결은 1975년 〈구역 인왕경〉의 석독 구결 자료가 발견되면서 주목 받기 시작한다. 석독 구결 자료의 발견은 국어문법사의 기술을 12세기까지 끌어 올리는 계기가 된다. 2000년 7월에는 일본의 고바야시 교수가 성암고서박물관이 소장하고 있는 초조대장경 〈유가사지론〉 권 8에서 각필로 기록된 점토를 발견하였으며 그 후 새로운 자료들이 지속적으로 발굴되고 있다.

가장 중요한 연구 지표로는 학회의 창립을 들 수 있다. 1988년 2월에 발족한 구결연구회는 1995년 '구결학회'로 바꾸고 구결 연구를 본격화한다. 1996년부터 학회지 『구결』을 출판하고 있으며 연구재단의 인문학 학술지 가운데 인용지수(KCI) 1위를 차지하기도 하였다.

4.2.6. 신어

국립국어원에서는 『표준국어대사전』 증보 사업과 관련하여 1995년부터 ~ 2005년까지 신어 자료집을 발간하였다. 네이버나 다음 등의 포털 사이트는 〈오픈 국어사전〉을 만들어 사용자들이 새로운 어휘를 직접 등재하는 코너를 만들기도 하였다. 또한 국립국어원은 새말을 적극적으로 수용하는 개방형 한국어 사전 사업을 진행하고 있다.

관련 연구 지표로는 국립국어원의 신어 조사 사업과 그 연구 보고서를 들 수 있다.

(16) 국립국어원의 신어 조사 사업 결과 보고서
- 1994년: 신어의 조사 연구
- 1995년: 95년 신어
- 1996년: 신어의 조사 연구
- 2000년: 2000년 신어
- 2001년: 2001년 신어
- 2002년: 2002년 신어
- 2003년: 2003년 신어
- 2004년: 2004년 신어[2004]
- 2005년: 2003년 신어[2005]

단행본으로는 그간 국어원의 신어 조사를 바탕으로 한 『사전에 없는 말 신조어』(2007)이 있다. 이 사전에 수록된 표제어 '노무현스럽다'는 대통령에 대한 비하표현으로 사회문제가 되면서 신어에 대한 언중의 관심을 불러일으키는 계기가 된다.

국어원의 신어 자료집에 기반한 다수의 연구 성과가 소논문 형태로 발표되었으며 국어사전의 신어 표제어 처리에 관한 논의도 활발하였다. 학위논문은 상대적으로 많지 않다.

신어 연구와 관련하여 활기를 띤 연구 분야로는 계량언어학, 통신언어, 조어론, 사전편찬학 등을 들 수 있다.

3.2.7. 그 밖에

1990년대는 국립국어원이 국어정책 기관으로서의 위상을 높여 가면서 학계에 점점 큰 영향력을 발휘하게 된다. 특히 2005년 1월 〈국어기본법〉이 공포되면서 국어원의 역할이 더욱 커지고 국어원의 위탁 사업 내용이 그해 학계의 주요 연구 테마로 부각되기도 하였다. 하지만 국어 정책을 본격적으로 다룬 학위논문은 최용기(2001)[21] 외에는 찾기 어렵다.

흉내말(1990)은 90년대 이전부터 꾸준히 연구되던 분야이지만 1990년대 중반 비슷한 시기에 박사학위논문이 집중적으로 발표되었다는 점에서 특징적이다.

(17) 흉내말 관련 박사학위논문
- 김홍범(1995), 한국어 상징어 연구, 연세대학교 박사학위논문.
- 김인화(1995), 현대 한국어의 음성상징어 연구, 이화여자대학교 박사학위논문.
- 김중섭(1995), 한국어 의태어 어원 연구, 경희대학교 박사학위논문.
- 이문규(1996), 현대국어의 상징어의 음운 · 형태론적 연구, 경북대학교 박사학위논문.
- 박동근(1997), 현대국어 흉내말의 연구, 건국대학교 박사학위논문.
- 안인숙(2007), 의성어와 의태어 연구, 중앙대학교 박사학위논문.

2003년에는 흉내말 관련한 최초의 단행본으로 채완(2003)[22]이 출판되었다. 흉내말의 연구자 층이 넓지는 못하여 많은 논문들이 나오는 것은 아니지만 김홍범, 박동근, 채완 등이 1990년대 중반 이후 지속적으로 관련 연구를 발표해 오고 있다.

학술지의 소논문 형태로는 발표되는 논문이 많지 않은 데 반해 석사학위논문으로는 여전히 많은 논문들이 발표되고 있으며, 특히 2000년 이후 한국어 어휘 교육과 관련하여 한중 흉내말 대조에 관한 석사학위논문이 다수 발표되고 있다(박동근, 2012).

21) 최용기(2001) 남북한 정책 변천사 비교, 단국대학교 박사학위논문.
22) 채완(2003), 『한국어의 의성어와 의태어』, 서울대출판부.

3.3. 연구 방법별 연구 경향

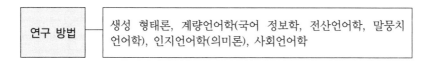

연구 방법	생성 형태론, 계량언어학(국어 정보학, 전산언어학, 말뭉치 언어학), 인지언어학(의미론), 사회언어학

〈그림 3〉 1990년대 이후 주요 한국어 연구 방법

3.3.1. 생성 형태론

생성 형태론에 기반한 최초의 연구로는 아로노프(1976)에 근거하여 파생법을 규칙과 제약으로 설명한 송철의(1977)[23]를 드는 것이 일반적이다. 그런 점에서 생성 형태론의 출발은 90년보다 훨씬 이전이라고 할 수 있다. 하지만 국내에서 생성 형태론 연구가 고조된 것은 90년대 이후이다. 특히 두 가지 '-답-'에 대한 김창섭(1984)[24]의 논의는 90년대 이후 '통사적 접사'와 관련하여 생성형태론의 주요 쟁점이 된다.

90년대는 생성 형태론 연구의 정점을 이루는데 관련 연구 지표로는 박사학위논문을 보면 다음과 같다.

(18) 생성형태론 관련 박사학위논문.
- 1989년, 최규일, 한국어 어형성에 관한 연구, 성균관대학교 박사학위논문.
- 1992년: 정원수, 국어의 단어형성 연구, 충남대학교 박사학위논문.
- 1990년: 송철의, 국어의 파생어 형성 연구, 서울대학교 박사학위논문.
- 1993년: 시정곤, 국어의 단어형성 원리, 고려대학교 박사학위논문.
- 1994년: 김창섭, 국어의 단어 형성과 단어 구조 연구,
- 1995년: 김정은, 현대 국어의 단어 형성법 연구, 숙명여자대학교 박사학위논문.

23) 송철의(1977), 파생어형성과 음운현상, 서울대학교 석사학위논문.
24) 김창섭(1984), 형용사 파생접미사의 기능과 의미 : '-답-', '-스럽-', -롭-', '-하-'와 "-적-'의 경우, 『진단학보』 58, 진단학회

관련 번역서와 단행본의 출판도 두드러진 특징이다.

(19) 생성형태론 관련 단행본 및 번역서
- 1993년: 김영석, 『현대 형태론』, 학연사.
- 1995년: 전상범, 『형태론』, 한신문화사.
- 1998년: 안상철, 『형태론』, 민음사.
- 1992년: 전상범, 『생성 형태론』, 한신문화사. (Sergio Scalise, *Generative morphology*)
- 1994년: 전상범, 김영석, 김진형, 『생성문법에서의 어구조에 대한 소개』, 한신문화사. (Andrew Spencer, *Morphological theory :An Introduction to word structure in generative grammar*)
- 1994년: 한영목, 정원수, 류현미, 형태론: 생성문법에서의 단어 구조, 태학사(John T. Jensen, *Morphology:Word structure in the Generative Grammar*)

생성 형태론을 연구 주제로 하는 학회나 학술지는 따로 없었지만 『주시경 학보』는 생성 형태론 관련한 논문이 발표되는 주요 창구 역할을 하였다. 생성 형태론에 기반한 한국어 연구의 주요 쟁점은 '어휘부의 등재 단위', '통사적 접사', '생산성' 등이었다. 생성형태론에 기반한 연구자들은 대부분 '통사적 접사'를 지지하였으며, 전통적으로 형태론의 영역으로 인정해 왔던, 어미뿐만 아니라 일부 파생접사까지 통사적 단위로 보는 경향이 우세하였다.[25] 90년대 생성 형태론 기반 연구는 한국어 형태 규칙을 정밀화하는 데 크게 기여하였지만 '우측머리어 규칙, 단일어기가설, 어휘고도섬제약, 저지' 등 서구어에 기반한 생성 형태론의 주요 원리들에 무리하게 맞추려는 경향이 없지 않았다. 90년대 활기를 띄었던 생성 형태론은 2000년대 들어 국어학이 기능주의로 돌아서고 응용 분야에 대한 관심이 높아지면서 쇠퇴하였

25) 통사적 접사를 적극적으로 부정하는 입장으로는 박동근(2000)을 들 수 있다.

다. 생성 형태론 연구는 구조에 기반한 연구의 마지막을 고하였다.

3.3.2. 계량언어학(국어 정보학, 말뭉치 언어학)[26]

90년대 PC 보급 및 사용이 일반화되고, 실증적, 기능주의적 연구 방법론이 대두되면서 계량언어학이 국어 연구 방법의 중심으로 떠오른다. 또한 정부의 21세기 세종계획 사업으로 많은 연구자들이 직간접적으로 사업에 참여하게 되고 그 결과물이 다시 연구에 활용되는 등 계량 언어학 연구의 기반이 확고히 마련된다. 연세대학교 언어정보원에서는 국어정보화 아카데미 강좌를 개설하여 국어 정보학 지식을 보급하는 데 기여한다.[27] 계량 언어학과 관련한 말뭉치 구축은 최근 사전 편찬의 전제 조건으로 표준국어대사전(1999) 등 모든 주요 사전 편찬 사업이 말뭉치에 의존하고 있다.

말뭉치 구축은 개인이 수행하기 어려운 작업이어서 연세대학교 언어정보원, 고려대학교 민족문화연구소 등 주로 대학의 연구소 중심으로 이루어졌다.

90년대 이후 계량 언어학 연구 지표로는 단행본의 출판을 들 수 있다.

(20) 계량언어학 관련 단행본
- 1997년 : 임칠성 외,『한국어 계량 연구』, 전남대학교 출판부.
- 1999년 : 서상규 · 한영균,『국어정보학 입문』, 태학사.
- 1999년 : 서상규 편,『언어 정보의 탐색』, 연세대학교 언어정보개발연구원.
- 2000년 : 남윤진『현대국어의 조사에 대한 계량언어학적 연구』, 〈국어학 총서〉 36, 태학사.
- 2000년 : 강범모 · 김흥규,『한국어 형태소 및 어휘 사용 빈도 분석

26) 국어 정보학'은 학문 분야로, 계량언어학 방법론으로 구분할 여지도 있으나 여기서는 함께 다룬다.

27) 국어 정보화 아카데미는 정보화 시대에 요구되는 언어의 정보화 그리고 언어 기술의 전문적인 인력 양성을 위해 국립국어원의 지원으로 만들어지는 교육 프로그램으로 2000년 1회를 시작으로 2006년까지 7회 개최되었다.

1』, 고려대민족문화 연구원.[28]
- 2001년 : 이상억, 『계량국어학 연구』, 서울대학교 출판부.
- 2004년 : 강범모 · 김흥규, 『한국어 형태소 및 어휘 사용 빈도의 분석 2』, 고려대민족문화 연구원.[29]
- 2005년 : 박병선, 『한국어 계량적 연구 방법론』, 역락.
- 2006년 : 황화상, 『한국어와 정보』, 박이정
- 2007년 : 김병선 외, 『한국현대시어 빈도사전』, 한국문화사.[30]
- 2009년 : 강범모 · 김흥규, 『한국어 사용 빈도』, 한국문화사.[31]

계량언어학은 서구어 중심의 규칙 기반 이론의 한계에 대한 반성과 통계에 기반한 객관적인 연구 결과에 대한 기대를 바탕으로 최근에 발표되는 많은 연구들이 통계를 기반으로 하여 발표되고 있는 실정이다.

학회 기반 학술지는 아니지만 학술지 형태로 『계량언어학』이 2001~2003년까지 박이정에서 3회 발간되었으며 2012년에는 계량언어학회가 창립되어 계량언어학에 대한 연구가 당분간 국어 연구의 주요 방법론으로 이어질 전망이다.

계량 언어학은 국어 연구의 전분야에 걸쳐 있는데, 특히 사전편찬학, 말뭉치언어학, 연어, 신어. 기초어휘조사, 어문규범 실태조사, 신문 분석, 한국어교육, 문체, 어휘망과 관련되며 최근에는 빅데이터를 대상으로한 사회현상 분석에까지 폭넓게 활용되고 있다.

3.3.3. 인지 언어학

인지 언어학은 90년대 이후 의미 분석에 중요한 방법론으로 대두된다.

---

28) 150만 어절 규모의 세종 형태분석 말뭉치 기반.
29) 550만 어절 규모의 세종 형태의미 분석 말뭉치 기반
30) 현국현대시의 창작시집(1923~1950)의 시작품 8,200편의 작품으로부터 61만 어절이 넘는 어휘들의 빈도를 조사하였다.
31) 1500만 어절 규모의 세종 형태 의미 분석 말뭉치 대상

윤평현(2002)은 『국어학 연감 2002』에서 2001년 의미론의 연구 경향으로, 어휘형태소, 문법형태소, 문장, 발화, 담화 등 언어의 형식 단위에 관계없이 모든 의미 분석이 인지언어학적인 접근 방식에 따르는 경향을 보였고 문금현(2003) 역시 2002년 의미론 연구의 특징으로 인지언어학적인 접근 방식에 의해서 새롭게 의미 분석이 시도되고 있다는 점을 들었다.

> "기존에 주요 관심의 대상이었던 유의어나 관용어에 대한 관심은 줄어들고, 어휘 분석, 특히 다의어에 대한 의미 분석이 인지언어학 이론에 의해서 많이 이루어졌다. 문법 형태소에 대한 의미 분석도 기존의 연구 방식과 다른 인지의미론적인 입장에서 재검토되었고, 담화에 대한 분석도 인지언어학적인 접근 방식에 의해서 시도되고 있음을 알 수 있었다. 이처럼 인지심리학적인 입장에서 의미를 파악하고자 한 연구가 앞으로 계속될 것으로 보인다." (문금현, 2003)

관련학회로는 1991년에는 담화문법, 인지언어학, 화용론 연구를 목적으로하는 담화 · 인지언어학회가 창립되었으며 등재지 『담화와 인지』를 연 3회 발간하고 있다.

국내에서 담화인지언어학 연구를 주도한 연구자는 뚜렷하다.

(20) 임지룡의 인지언어학 관련 단행본들
- 1997년: 임지룡, 『인지 의미론』, 탑출판사
- 1998년: 임지룡, 『인지언어학 개론』(Friedrich Ungerer 저), 태학사.
- 2003년: 2003, 『인지언어학 입문』(데이비드 리 저), 한국문화사.
- 2004년: 임지룡 외, 『인지언어학 키워드 사전』(Y Tsuji 저), 한국문화사
- 2012년 임지룡 외, 『인지언어학적 어휘 의미론』, (Vyvyan Evans 저), 경북대학교 출판부.
- 2008년: 임지룡 외, 『인지언어학 기초』(V. Evans, M. Green 저), 한국문화사.
- 2008년, 언어의 인지과학 사전,(Tsuji Yukio 저), 박이정

- 2009년: 임지룡, 『의미의 인지언어학적 탐색』, 한국문화사.
- 2013년: 임지룡 외, 『인지언어학 개론(개정판)』 (프리드리히 웅거러, 한스 요르그 슈미트 저)
- 2010년: 임지룡 외, 『언어 마음 문화의 인지언어학적 탐색』(Zoltan Kovecses 저), 역락.
- 2013년: 임지룡 외, 『어휘의미론의 연구 방법 - 역사의미론에서 인지 의미론까지』(Dirk Geeraerts 저), 경북대학교 출판부.

임지룡(경북대 교수)은 저서 및 다수의 인지 언어학 관련 저술을 번역하여 인지 언어학을 소개하고 확산시키는 데 큰 기여를 하였다.

4. 맺음말

이 연구는 1990년대 이후 특히 2000년을 전후하여 국어학 연구에 새롭게 등장하거나 새로 부각된 연구 분야 및 연구 주제, 연구 방법을 살펴 세기 전환기 국어학 연구의 새로운 경향을 살펴보는 것이 목적이었다.

이 연구가 기존의 사적 연구와 다른 것은 '연구 분야'나 '연구 대상' 등 어느 하나에 초점을 두지 않고, '연구 분야', '연구 대상', '연구 방법' 등을 종합적으로 살폈다는 점이다. 또한 연구 동향을 파악하기 위한 연구 지표 개념을 도입하였다.

이에 따라 1990년 이후부터 현재까지 국어학 연구의 동향을 사적인 측면에서 살펴보면 다음과 같다.

첫째, 90년대부터 현재까지 국어사적 특징은 특정 분야에 치우치지 않고 다양한 연구 분야, 연구 대상, 연구 방법이 새로 등장하거나 새로 연구 우위를 차지하였다. 다만 2000년 이후 한국어 교육 분야가 뚜렷이 강세를 보이고 있다.

둘째, 90년대의 생성 문법 연구를 마지막으로 구조 중심의 자율적 문법

이론에 기반한 연구가 쇠퇴하고 기능 및 실용 중심의 연구가 대두되었다.

셋째, 90년 이후 활성화된 연구들은 연구 분야 및 대상, 방법 간에 긴밀한 연계성을 갖고 연구 활성화에 작용한다. 예를 들어 사전편찬학은 '신어', '구어', '어문규범', '계량언어학' 등과 동반 상승효과를 가지며, '구어'는 '음성학', '담화화용론', '사전편찬학', '계량언어학' 연구와 관련되는 것 등이다.

넷째, 연구에 따라 주요 연구 지표가 다르다는 점이다. 예를 들어 '통신언어'에 대한 연구는 주로 '석사학위논문'을 통해 발표되며, 남북한 언어는 상대적으로 '단행본'이나 연구 보고서 실적이 많다.

다섯째, 연구자의 층이 두텁지 못한 국내 연구 실정에서 남북한 언어의 고영근, 인지 의미론의 임지룡 등 특정 연구자가 연구를 주도하는 경향이 있다. 연구의 규모가 커지면서 연구소 중심의 연구가 활발해지는 것도 주목할 만한 특징이다.

90년대 이후 한국어 연구의 특징은 한 마디로 '기능주의에 바탕을 둔 다양성'이라고 할 수 있다. 하지만 국어의 기초적인 문제들을 해결하지 못한 채 주변 여건에 따라 너무 급하게 응용 연구로 넘어온 감이 없지 않다. 결과적으로 국어학이라는 순수 학문이 학문적인 진지함에 위협을 받고 있는 듯하다. 이 시점에서 우리 모두 심사숙고해야 할 필요가 있다.

참고문헌

고영근(1985), 『국어학연구사-그 흐름과 동향』, 학연사.
국이연구회 편(1990), 『국어연구 어디까지 왔다-주제별 국어학 연구사』, 동아출판사.
도원영(2008), "어휘론 · 의미론 · 사전학", 『국어학 연감 2008』, 국립국어원.
박동근(2000), "계량적으로 살펴본 20세기 형태론 연구 경향과 전망", 『겨레어문학』 25, 겨레어문학회, 69-88쪽.
박동근(2000), "한국어의 통사적 접사 설정에 대한 비판적 검토", 『한말연구』 7, 한말연구학회,

박동근(2004) "상위 연구사적 관점에서 본 최근 30년간의 형태론 연구사".
박동근(2012), "한국어 교육에서 흉내말 교육에 대한 연구사적 분석", 『문법교육』 17, 한국문법교육학회.
양태식(2002), "어휘론 · 의미론 · 사전편찬학", 『국어학 연감 2002』, 국립국어원.
엄태수(2001), "음성학 · 음운론", 『국어학 연감 2001』, 국립국어원.
유현경 · 남길임(2008), 『한국어 사전 편찬학 개론』, 도서출판 역락.
윤평현(2001), "어휘론 · 의미론 · 사전편찬학", 『국어학 연감 2001』, 국립국어원.
이찬규(2007), "어휘론 · 의미론", 『국어 연감 2007』, 국립국어원.
조재수(1984), 『국어 사전 편찬론』, 과학사.
홍종선 외(2009), 『국어사전학 개론』, 제이엔씨.

제2장

한국어의 문법

15세기부터 17세기까지의 국어 자리토씨 변천

허 원 욱

1. 머리말

시대에 따라 말은 변한다. 이는 시간의 흐름에 따라 변하지 않는 것이라곤 아무것도 없다는 진리와 다르지 않다.

우리말 토씨의 생성과 소멸의 모습을 보면, 다른 문법형태소보다 그 파란만장이 더 심하다는 것을 알 수 있다. 이 논문에서는 자리토씨 중에서도 임자·부림·위치 자리토씨를 연구의 대상으로 잡았으며, 변화의 시기는 15세기부터 17세기까지로 한정하였다. 자리토씨의 변하는 모습뿐 아니라, 자리토씨가 자리토씨 이외의 토씨와 겹치는 모습도 세기별(15세기부터 17세기까지)로 나누어 자세히 살필 것이다.

자리토씨는 풀이말에 대한 관계(기능)에 따라 다시 '임자자리토씨', '부림자리토씨', '위치자리토씨', '견줌자리토씨', '방편자리토씨', '부름자리토씨'로 나뉜다. 이 논문에서는 지면의 제약상 임자자리토씨, 부림자리토씨, 위치자리토씨만을 연구대상으로 잡았다.

2. 자리토씨의 변천

2.1. 임자자리토씨

설명의 편의상 세기별 대조표를 먼저 보이기로 한다.

자리토씨 \ 시기	15세기	16세기	17세기
1) 「-이/ㅣ」	○	○	○
2) 「-가」			○
3) 「-이라셔」	△	○	○
4) 「-겨셔」		○	
5) 「-씌셔/쎄셔」			○

[1] 「-이/ㅣ」[1)]

〈15세기〉
<u>ᄉᆡ미</u> 기픈 므른 (용 2장) / <u>내</u> 가리이다 (용 94장)

〈16세기〉
<u>복이</u> 하늘와 ᄀᆞᄐᆞ샤 (박통 상:1) / <u>셩쥐</u>…하늘 ᄀᆞᄐᆞ샤 (박통 상:1)

〈17세기〉 [2)]
부리실 <u>ᄲᅮᆫ이</u> 아니라 (첩해초 7:3) / 四寸이 된 <u>者ㅣ</u>… (가례 6:5)

[2] 「-가」

17세기부터 나타나기 시작하는데, 그 예가 극히 드물다.

---

1) 「-이」는 닿소리 밑에 쓰여 성절음이 됨을 나타내고, 「-ㅣ」는 홀소리 밑에 쓰여 반홀소리가 됨을 나타낸다. 이름씨 끝이 /ㅣ/일 때에는 임자자리토씨가 드러나지 않는 것이 원칙이지만, 임자말임을 강조하기 위해 /ㅣ/를 겉으로 드러내는 일이 있다. 이는 이름씨가 한자인 경우에만 적용된다.
〈15세기〉 是ㅣ 物이라 (능엄 2:34) 〈16세기〉 時ㅣ 아니어든 (논어 2:56)
〈17세기〉 그 禮ㅣ 再虞 ᄀᆞᄐᆞ되 (가례 9:7)

2) 다음은 이름씨의 종성을 다음 음절 초성에 겹쳐 쓴 표기이다. 17세기에는 이러한 표기가 더러 나타난다.
굽 <u>속기</u> 턍ᄒᆞ야 알ᄑᆞᆷ이오 (마경 상:77)⇦(속+이)
소늘 <u>졸곡기</u> 디나도록 ᄒᆞ다가 (동신효 5:38)⇦(졸곡+이)

뎌리 늘그신ᄂᆡ가 드러와 (효종편지)
붉고 춍ᄒᆞ기가 비록 어려오나 (인조대왕 행장)
東萊가 요ᄉᆞ이 편티 아냐 ᄒᆞ시더니 (첩해초 1:26)

[3]「-이라셔」

「-이라셔」는 15세기에 이미 위치자리토씨에서 임자자리토씨로 바뀌고 있다.[3] 16세기부터는 임자자리토씨로 자리를 굳히는 듯하지만, 그 예가 극히 드물다.

〈15세기〉
跋提라셔 阿那律이ᄃᆞ려 닐오ᄃᆡ (월석 7:1)
有蘇氏라셔 妲己로 紂의게 드려늘 (내훈 서:3)

〈16세기〉
ᄃᆡ월이라셔 모ᄃᆞᆯ 사ᄅᆞᆷ의손ᄃᆡ 알외라 (여향 37)
제 아비라셔 져믄 주를 어엿비 너겨 (속삼 열:4)
瑞香이라셔…남진 어롤리 업스니라 ᄒᆞ야 (속삼 열:7)
뉘라셔 날 머그라 ᄒᆞ리 이시리 (무덤편지 73)

〈17세기〉
아ᄋᆞ과 아ᄋᆞ누의라셔 형과 ᄆᆞᆺ누의롤 ᄭᅮ지즈면 (경민 5)
뻐곰 그 안해라셔 어믜게 삼가디 아니ᄒᆞᆫ다코 ᄇᆞ리다 (동신효 1:8)
예라셔 그 의롤 감동ᄒᆞ야 (동신효 1:30)

3)「-라셔」는 원래 출발을 나타내는 위치자리토씨인데, 끝의 두 예에서는 임자자리토씨처럼 전용되고 있다. 그러나 그 출발점을 표시하는 뜻은 아직 잊혀지지 않았으므로 위치자리토씨로 보았다. -허 웅(1975 : 347-8쪽)
ᄒᆞᄂᆞᆯ해셔 飮食이 自然히 오나ᄃᆞᆫ 夫人이 좌시고 아모ᄃᆞ라셔 온동 모ᄅᆞ더시니 (월석 2:25)
跋提라셔 阿那律이ᄃᆞ려 닐오ᄃᆡ (월석 7:1)
有蘇氏라셔 妲己로 紂의게 드려늘 (내훈 서:3)

[4] 「-겨셔」

16세기에 오직 한 예가 보이는데, 「-의게셔」(위치자리토씨「-의게」 + 도움토씨「-셔」)에서 온 듯 하다.4)

아바님겨셔 이감넉덥 ᄡᅳ니ᄒᆞ고 유무 가ᄂᆞ니 평양군 ᄃᆡ긔 즉시 면ᄒᆞ라 ᄒᆞ신다 (무덤편지 133)

[5] 「-씌셔/께셔」

17세기에 처음 나타나는, 주체 높임 임자자리토씨이다. 높임의 위치자리토씨 「-씌」와 도움토씨 「-셔」가 합쳐져 이루어진 듯하다.5) 이는 지금말 임자자리토씨 「-께서」로 바뀐 토씨이다.

對馬島主 엿ᄌᆞ오믄 信使씌셔 니르시디 아닌 젼의 (첩해초 8:4)
同居ᄒᆞ니 ᄒᆞᆫ가지로 曾祖께셔 나시면 (가례 1:17)

[6] 다른 토씨와 겹침

〈15세기〉 맞섬이음토 「-과/와」가 앞서고, 도움토 「-셔, -ᅀᅡ, -ᄯᆞ녀」가 뒤따른다.

「-괘」 威嚴과 德괘 自在ᄒᆞ야 (석보 9:19)
「-이셔」 殘廢ᄒᆞᆫ ᄀᆞ올핸 여ᅀᆞ슬기셔 말ᄒᆞ고 뷘 ᄆᆞᅀᆞᆯ힌 버미셔 ᄃᆞ토놋다 (두언 23:4)
「-이ᅀᅡ」 오직 보빗 고디ᅀᅡ 眞實이 ᄃᆞ외며 (법화 3:177)

---

4) 허 웅(1989 : 72쪽) 참조.
5) '행위의 출발점'과 '주체'가 의미적으로 공통점이 있으므로, 「-씌셔」도 「-이라셔」, 「-겨셔」처럼 위치자리토씨에서 전용된 것이라는 설명은 충분히 설득력이 있다. 또 「-씌셔, -이라셔, -겨셔」에는 모두 '움직임의 출발'이라는 의미를 가진 「-셔」가 합쳐졌다는 점에도 주목해야 한다.

「-이ᄯᆞ녀」 ᄒᆞ물며 한 獄이ᄯᆞ녀 (월석 21:81)
「-괘ᅀᅡ」 오직 부텨와 부텨왜ᅀᅡ 能히…다 아ᄂᆞ니라 (법화 1:145)

〈16세기〉 맞섬이음토 「-과/와」가 앞서고, 도움토 「-ᅀᅡ, -ᄯᆞ녀」가 뒤따른다. 방편자리토씨 「-으로」와 도움토 「-브터」가 앞선 「-으로브테」가 보인다.

「-왜」 가마와 노곳자리와 사발와 뎝시왜 다 잇ᄂᆞ녀 (노걸 상:68)
「-이ᅀᅡ/이사/이야」 황회ᅀᅡ 다 디쳐ᄒᆞ야다커니와 (노걸 하:65) / 우리사 (무덤편지 13) / 도힝이야 (발심 29)
「-이ᄯᆞ녀」 ᄒᆞ물며 그 賜ᄅᆞᆯ 受홈이ᄯᆞ녀 (맹자 10:19)[6]
「-으로브테」 西로브터 ᄒᆞ며…北으로브테 思ᄒᆞ야 服디 아니리 업다 (맹자 3:24)

〈17세기〉 맞섬이음토 「-과/와」, 도움토「-ᄲᅮᆫ」이 앞서고, 도움토 「-ᄯᆞ녀, -도」가 뒤따른다.

「-왜」[7] 어미와 ᄯᅩ ᄆᆞᆫ누위와 아ᄋᆞ누의왜 ᄒᆞᆫ가지로 졍토을 비더니 (권념 18)
「-ᄲᅮᆫ이」 先生이 ᄀᆞᆯᄋᆞ샤ᄃᆡ ᄒᆞᆫ갓 書儀ᄲᅮᆫ이 아니라 (가례 3:1)
「-이ᄯᆞ녀」 개며 ᄆᆞᆯ의 니ᄅᆞ러도 다 그러ᄒᆞ곤 ᄒᆞ믈며 사ᄅᆞᆷ이ᄯᆞ녀 (가례 2:12)
「-싀셔도」 奉行ᄃᆞᆯ의 ᄉᆞ셜ᄒᆞᄋᆸ끼ᄂᆞᆫ 信使싀셔도 거스려 니르셔도 (첩해초 8:5)

---

6) 허 웅(1989 : 71쪽) 참조.
7) 17세기에는 자리토씨와 맞섬이음토씨를 함께 연결하는 예가 극히 적다. 15세기와 16세기 초반에는 맞섬이음토씨 「-과/와」에 임자자리토씨가 겹치는 경우가 대부분이다.
-15세기- 威嚴과 德괘 自存ᄒᆞ야 (석보상절 9:19)
-16세기 초- 님금과 신하와 벋괘 (번역소학 7:45)
16세기 중반부터는 두 토씨를 겹쳐 쓰지 않는 경향이 두드러지다가, 17세기부터는 그러한 경향이 더 심해진다.
-16세기 중- 酒와…神明散과 다 업게 ᄒᆞᆯ 법이어니와 (분문온역이해방 2) / 어미와 아ᄃᆞᆯ이 서르 아디 몯호미 (소학언해 6:30)
-17세기- 사ᄅᆞᆷ과 ᄆᆞᆯ이 서ᄅᆞ ᄀᆞᆺᄐᆞ되 (마경 상:50) / 닐굽 설에 ᄉᆞ나히와 겨집이 돗글 ᄒᆞᆫ가지로 아니ᄒᆞ며 (여훈 상:33)

〈둘 겹침〉

시기 / 겹침토		15세기	16세기	17세기
맞섬「-과」		-괘	-괘	-괘
도움토	「-셔」	-이셔		
	「-ᅀᅡ」	-이ᅀᅡ	-이ᅀᅡ	
	「-ᄯᆞ녀」	-이ᄯᆞ녀	-이ᄯᆞ녀	-이ᄯᆞ녀
	「-ᄲᅮᆫ」			-ᄲᅮᆫ이
	「-도」			-씌셔도

〈셋 겹침〉

15세기 : -괘ᅀᅡ(과+이+ᅀᅡ)

16세기 : -<u>으로브</u>테(<u>으로</u>+<u>브</u>터+이)

2.2. 부림자리토씨

시기 / 자리토씨	15세기	16세기	17세기
1) 「-을/ᄋᆞᆯ」	○	○	○
2) 「-를/ᄅᆞᆯ」	○	○	○
3) 「-ᄂᆞᆯ」			○
4) 「-ㄹ」	○	△	

[1] 「-ᄋᆞᆯ/을」

〈15세기〉 닿소리 밑에 쓰이며, 홀소리어울림을 따른다.

<u>나라ᄒᆞᆯ</u> 맛ᄃᆞ시릴ᄊᆡ (용 6장) / <u>天命을</u> 모ᄅᆞ실ᄊᆡ (용 13장)

〈16세기〉 닿소리 밑에 쓰이며, 홀소리어울림을 지키지 않는 예가

더러 보인다.

뎌 사ᄅᆞᄅᆞᆯ (노걸 하:8) / 사ᄅᆞᄆᆞᆯ 어즈러우믈 (번소 7:31)

〈17세기〉 닿소리 밑에서 주로 쓰였으나, 홀소리 밑에 쓰인 예도 보인다. 홀소리어울림은 별 의미가 없다.

닿소리 밑: 오ᄉᆞᆯ ᄀᆞ라 닙고 뵈ᄅᆞᆯ ᄠᅴ여 四脚을 ᄆᆡᆼ글고 (가례 7:11)
홀소리 밑: 명조의 용ᄆᆡᆼᄒᆞᆫ ᄉᆞ쟈을 항복ᄒᆞ기 어려우니라 (권념 7)
이 차반 ᄒᆞᆫ 줄을 부러 御禮을 ᄉᆞᆯ올 써시니 (첩해초 7:8)

[2] 「-ᄅᆞᆯ/를」

〈15세기〉 홀소리 밑에 쓰이며, 홀소리어울림을 따른다.

여슷 ᄒᆡᄅᆞᆯ 苦行ᄒᆞ샤 (석보 6:4) / 我后를 기드리ᅀᆞᄫᅡ (용 10장)

〈16세기〉 홀소리 밑에 쓰이며, 홀소리어울림은 흐려진다.

늘그니ᄅᆞᆯ 가지며 (번소 9:23) / 내 다 뎌를 주마 (노걸 상:24)

〈17세기〉 닿소리 밑에 쓰인 예가 보이고, 「-을/ᄋᆞᆯ」과 마찬가지로 홀소리어울림은 별 의미가 없다.

홀소리 밑: 산 사ᄅᆞᄆᆡ ᄲᅧᄅᆞᆯ 피예 섯거 머그면 됴ᄒᆞ리라 (동신 3)
右之道理 心得ᄒᆞ고 使를 여긔 보내소 (첩해초 7:2)
닿소리 밑: 主人ᄂᆞᆫ 西向ᄒᆞ야 尸신ᄅᆞᆯ 憑ᄒᆞ야 哭ᄒᆞ고 (가례 5:29)
除夕前 사나ᄒᆞᆯᄅᆞᆯ ᄌᆞ음ᄒᆞ야 行事호니 (가례 1:28)[8)]

8) /ㄹ/을 겹쳐 써, 닿소리 아래에 「-ᄅᆞᆯ」을 쓴 결과를 가져왔다.

[3] 「-늘」

17세기에, 「-를」이 쓰일 자리에 「-늘」이 쓰인 예들이 더러 보인다.

입 어귀는 삼쵸늘 응ᄒᆞ여시니 (마경 상:25)
나히 여슌에 두 상스늘 년히여 만나 (동신효 4:85)
믿 주그매 슬허 샹훼ᄒᆞ기늘 녜에 넘게 ᄒᆞ고 (동신효 8:13)

[4] 「-ㄹ」

「-ㄹ」은 16세기 후반부터 잘 쓰이지 않다가 17세기에는 그 자취를 감추고 만다.[9)]

〈15세기〉
가칠 므러 (용 7장) / 진졸 겻구면 (월석 2:71)

〈16세기〉
날 달라 (박통 상:48) / 날 주더라 (박통 살:3)

[5] 다른 토씨와 겹침

〈15세기〉 맞섬이음토「-과/와」가 앞서고, 도움토「-사」가 뒤따른다.

「-과를」 하늘과 싸콰를 範圍ᄒᆞ며 (능엄 2:20)
「-올사」 먼 셔믜 외로오몰사 貪ᄒᆞ야 보노라 (두언 16:45)

〈16세기〉 맞섬이음토「-과/와」, 도움토「-브터」가 앞서고, 도움토 「-다가」가 뒤따른다.

9) 허 웅(1989 : 74쪽) 참조.

「-과ᄅᆞᆯ」 넷 사ᄅᆞ미…고기와 술와ᄅᆞᆯ 머그리 업더니라 (번소 7:11)

안즉 놀애며 춤과ᄅᆞᆯ ᄀᆞ라치고져 식브니라 (번소 6:7)

「-브터를」 衣服과 飮食과브테며 일 잡옴브터를 敢히…(소학 2:17)

「-을다가」 아기ᄅᆞᆯ다가 ᄃᆞᆯ고지예 엿ᄂᆞ니라 (박통 상:56)

〈17세기〉 도움토「-다가, 으란」이 뒤따른다.

「-ᄅᆞᆯ다가」 졍믈 ᄒᆞᆫ 가마ᄅᆞᆯ다가 ᄌᆡ ᄂᆡ여 (자초 8)

「-을란」 움을란 버히고 그 불희ᄅᆞᆯ 도로 ᄀᆞᆺ의 녀흐면 (구황보 15)

〈둘 겹침〉

겹침토 \ 시기		15세기	16세기	17세기
맞섬「-과」		-과ᄅᆞᆯ	-과ᄅᆞᆯ	
도움토	「-ᅀᅡ」	-ᄋᆞᆯᅀᅡ		
	「-브터」		-브터를	
	「-다가」		-을다가	-ᄅᆞᆯ다가
	「-으란」			-을란

2.3. 위치자리토씨

자리토씨 \ 시기	15세기	16세기	17세기
1) 「-에/애/예」	○	○	○
2) 「-의/ᄋᆡ」	○	○	○
3) 「-ᄭᅴ」	○	○	○
4) 「-라셔」	○		
5) 「-(ᄋᆞᆯ)ᄃᆞ려」	○	○	○
6)「-의거긔/ᄋᆡ거긔, -(의/ᄋᆡ/ㅣ)게」		○	○
7) 「-ㅅ게」		○	
8) 「-ᄃᆡ긔」		○	
9) 「-(의)손ᄃᆡ, 손ᄃᆞ로」		○	○

[1] 「-에/애/예」

「-에/애」의 홀소리어울림은 16세기부터 잘 지키지 않다가 17세기에는 더욱 심해진다. 「-예」는 대체로 「이, ㅣ」 밑에 쓰이나, 16세기부터 불규칙이 더러 나타난다.

〈15세기〉
누네 빗 봄 (석보 13:38) / ᄭᅮ메 부텻 모ᄆᆞᆯ 보ᅀᆞᄫᆞ니 (월석 21:54)
바ᄅᆞ래 가ᄂᆞ니 (용 2장) / 山애 오샤 虛空애 住ᄒᆞ시니 (법화 4:167)
서리예 가샤 (용 4장) / 그르메예…ᄡᅳ리어늘 (월석 7:23)

〈16세기〉
팔월에 츄풍이 된 저긔 (박통 상:18) / 님금므로브터 샹인네 니르히 (정속 14)
ᄒᆞᆫ ᄃᆞ래 닷돈 식이라 (박통 상:49) / 그릇 안해 ᄃᆞᆷ가 두면 (박통 상:5)
내 요ᄉᆞᅀᅵ예 (박통 상:47) / 고ᄅᆞ고 굴그니예 (박통 상:32)[10)]

〈17세기〉
四日 後에 (가례 6:1) / 獅子 머리섭 사긴 등ᄌᆞ에 (박통 상:26)
古者애 士ᄂᆞᆫ 襲衣三稱이오 (가례 5:17) / 子ㅣ 맛당히 私室애 졔祀ᄒᆞᆯ디니라 (가례 7:33)
인시예 내여 사긔예 다마 (구황보 9) / 사긔 안팟 ᄉᆞ이예 이시니 (두창 하:2)[11)]

「-애/에」가 쓰일 자리에 「-예」가 쓰이는 예는 15세기부터 17세기까지 더러 보인다.

---

10) 16세기 후기 문헌에, 「-예」가 쓰일 자리에 더러 「-에」가 쓰인다.
이에 (번소 8:10, 논어 1:38, 야운 62)

11) 다음은 「-예」가 쓰여야 할 자리에 「-애」가 쓰인 예이다.
禮記애 師ᄂᆞᆫ 心喪호믈 三年을 ᄒᆞᆯ디니라 (가례 6:34)
王制애 大夫와 士ㅣ 田이 이시면 祭ᄒᆞ고 (가례 10:1)
家禮애 닐오ᄃᆡ (가례 10:22)

〈15세기〉 치마예 (월석 10:24) / 쌔예 (두언 7:22)
〈16세기〉 光祿寺예 (박통 상:2) / 언머예 (노걸 하:59)
〈17세기〉 潮州예 사긴 바 (가례 10:22)

[2] 「-의/ᄋᆡ」

15세기 위치자리토씨는 「-에/애」가 「-의/ᄋᆡ」보다 월등히 우세하였으나, 16세기부터는 「-의/ᄋᆡ」가 더 많이 쓰인다.

〈15세기〉
ᄆᆞᆯ 우희 니ᅀᅥ 티시나 (용 44장) / 지븨 가샤 (용 28장)
나ᄌᆡ 도ᄃᆞ니 (용 101장) / 바ᄆᆡ 비취니 (용 10장)

〈16세기〉
일훔 난 화원의 가 (박통 상:1) / 그릇 우희 (박통 상:5)
ᄃᆞᆯ 초ᄒᆞᄅᆡ(ᄒᆞᄅᆞ+ᄋᆡ) (소학 2:42) / 새 뵈쟐ᄋᆡ 콩 ᄒᆞᆫ 되를 녀허 (온역 2)

〈17세기〉
집의 닐은 四日만의야 이에 성복(成服)ᄒᆞ니 (가례 5:30) / 房의 가··履를 신고 (가례 3:10)
긔일을 돌희 사겨 (동신효 1:64) / ᄒᆞᆫ 덩이를 사발ᄋᆡ 담고 (두창 상:66)

[3] 「-ᄭᅴ」

본래 매인이름씨에서 온 것이나, 15세기부터 높임의 뜻을 가진 토씨로 굳어버렸다.12) 현대국어 「-께」의 전신이다.

〈15세기〉
부텨ᄭᅴ 禮數ᄒᆞᅀᆞ와 (능엄 2:1) / 世尊ᄭᅴ 請ᄒᆞᅀᆞ오ᄃᆡ (월석 7:48-9)

12) 허 웅(1989 : 83쪽)

〈16세기〉

스숭님씌 읍ᄒᆞ고 (박통 상:49) / 님굼씌 진심ᄒᆞ야 셤기ᅀᆞ오며 (박통 상:50)

〈17세기〉

皇后ㅅ씌 밧ᄌᆞᆸ고 (여훈 상:7) / 寺神씌 祭ᄒᆞ여시니 경히 박핑이 틸 빼로다 (박통 상:16)

[4] 「-라셔」

「-라셔」는 이미 15세기부터 임자자리토씨로 바뀌고 있다. 15세기에 위치자리토씨로 볼 수 있는 예는 하나뿐이다.

ᄒᆞᄂᆯ해셔 飮食이 自然히 오나ᄃᆞᆫ 夫人이 좌시고 아모ᄃᆞ라셔 온동 모ᄅᆞ더시니 (월석 2:25)

[5] 「-(을)ᄃᆞ려」

「-ᄃᆞ려」는 「ᄃᆞ리-」의 활용형에서 파생된 토씨인데[13], 16세기에는 「-을」을 앞세워 녹아붙는 예가 더러 있다.

〈15세기〉

世尊이 ᄯᅩ 文殊師利ᄃᆞ려 니ᄅᆞ샤ᄃᆡ (석보 9:11)

ᄂᆞᆷᄃᆞ려 불어 닐어 (석보 9:21)

〈16세기〉

내 너ᄃᆞ려 ᄀᆞᄅᆞ쵸마 (박통 상:10)

집사ᄅᆞᆷᄃᆞ려 여흴 저긔 (번소 9:34)

날ᄃᆞ려 비러ᄂᆞᆯ (박통 상:34)

13) 허 웅(1975 : 348쪽)

샹위 <u>날ᄃᆞ려</u> 무러시ᄃᆞᆫ (번소 9:43)

〈17세기〉
고ᄋᆞᆯ <u>사ᄅᆞᆷᄃᆞ</u>려 닐러 ᄀᆞᆯ오ᄃᆡ (동신충 1:21)
그 <u>ᄉᆡ어미ᄃᆞ려</u> 니로ᄃᆡ (동신열 6:71)

[6] 「-의거긔/ᄋᆡ거긔, -(의/ᄋᆡ/ㅣ)게」

매김말로 활용된 꼴에 연결되는 다음과 같은 예는 토씨로 볼 수 없으므로, 15세기의 「-의거긔, -의게」 따위는 토씨로 보지 않았다.

더우니로 ᄎᆞᆫ <u>게</u> 섯거 (능엄 3:12)
져구믈 두르ᅘᅧ 큰 <u>게</u> 向ᄒᆞ야 (법화 2:46)
한 <u>게</u>도 ᄯᅩ 그리ᄒᆞ야 (법화 3:41)

〈16세기〉
<u>孟氏의거긔</u> 期約ᄒᆞ니 (속삼 열:2)
록 ᄐᆞᆫ 거슬 <u>아ᅀᆞᄆᆡ거긔</u> 골오 주며 (번소 7:49)
사ᄅᆞᆷ이 뼈 <u>즘승의게</u> 다ᄅᆞᆫ 바ᄂᆞᆫ (소학 6:59)
엇디 <u>녯사ᄅᆞᄆᆡ게</u> 몯 미츠리오 (번소 8:24)
아니 <u>내게</u> 셜우녀 (박통 상:11)
사히와 <u>ᄆᆞᆯ게</u> 니르러도 (번소 7:43)

〈17세기〉
이무ᄅᆞᆯ ᄀᆞ초와 使ᄅᆞᆯ 보내여 <u>女氏의게</u> 니거든 (가례 4:7)
얼굴이며 ᄌᆞ식기 <u>사ᄅᆞᆷᄋᆡ게</u> 디나고 (동신열 3:15)
이리 ᄧᅩ차 믈리티고 믄득 <u>쇠게</u> 뛰여 올라 (박통 하:49)
신시 상여ᄅᆞᆯ 조차 가 <u>ᄉᆡ어미게</u> 뵌 후의 (동신열 5:22)

[7] 「-ㅅ게」

사잇소리 'ㅅ'이 「-의」에 갈음한 꼴인데, 그 예가 극히 드물어 16세기에만 보인다.

어미 주글제 그딋게 부촉ᄒᆞ야 (이륜 14)

[8] 「-뎌긔」

「-뎌긔」는 「뎌어긔」에서 온 것인데, 토씨로 쓰인 예가 16세기에 보인다.

큰 형님 아ᄆᆞ란 일 인ᄒᆞ야 우리뎌긔 오나든…모로매 자부로 오고라 (노걸 상:44)

[9] 「-(의)손ᄃᆡ, -손ᄃᆞ로」

매인이름씨였던 「손ᄃᆡ」는 16세기부터 「-의」와 녹아붙어 하나의 토씨가 되었다. 17세기에는 그 예가 극히 드물다.

〈16세기〉
즁의손ᄃᆡ 가니 (박통 상:74) / 네손ᄃᆡ ᄑᆞ로마 (박통 상:74)
네 이리 漢人손ᄃᆡ 글 ᄇᆡ호거니 (노걸 상:6)
수믜게 고은 초샤과 고은 부체 춘개손ᄃᆞ로 가ᄂᆞ니 (무덤편지 69)

〈17세기〉
내 漢ㅅ 사ᄅᆞᆷ의손ᄃᆡ 글 ᄇᆡ호니 (노걸 상:2)

[10] 다른 토씨와 겹침

〈15세기〉 맞섬이음토씨 「-과」가 앞서고, 도움토씨 「-는, -도, -셔, -ᅀᅡ, -곳, -이나, -다가, -ᄲᅳᆫ, -란」이 뒤따른다.

「-과애」
손발와 가ᄉᆞᆷ과애…德相이 겨샤 (법화 2:19)
「-에는, -의는」
모미 겨스렌 덥고 녀르멘 ᄎᆞ고 (월석 1:26)
아ᄎᆞᄆᆡᄂᆞᆫ 虛空애 나아 (석보 13:10)
「-에셔, -의셔, -ᄭᅴ셔」
座애셔 니르샤 (석보 9:29)
지븨셔 치ᄂᆞᆫ 즁ᄉᆡᆼ이라 (월석 1:46)
부텻긔셔 十二部經이 나고 (월석 14:64)
「-에ᅀᅡ, -의ᅀᅡ」
이 날애ᅀᅡ 머리 좃ᄉᆞᄫᆞ니 (천강곡 상 기109)
어젯 바ᄆᆡᅀᅡ (두언 23:6)
「-의곳」
오직 舍利弗 알ᄑᆡ옷 ᄇᆞ리 업슬ᄊᆡ (석보 6:33)
「-에나」
모매나 ᄆᆞᅀᆞ매나 게을움 내리 업더라 (법화 1:106)
「-에다가, -의다가」
네 ᄀᆞᅀᆡ다가 두려뇨 (두언 25:27)
밧긔다가 더뎌 (석보 23:57)
「-에ᄲᅮᆫ」
엇뎨 오직 사호매ᄲᅮᆫ 주거 울리오 (두언 25:3)
「-에란」
利와 爵祿애란 저허 避ᄒᆞ야 (내훈 1:35)
「-에셔는」
中國에션 中國을 하ᄂᆞᆳ 가온ᄃᆡ라 ᄒᆞ고 (월석 1:30)

방편자리토씨 「-으로」가 {방향성}을 가질 때, 위치자리토씨 「-ᄭᅴ」와 겹쳐질 때가 있다.[14] 여기에 다시 도움토 「-는」이 뒤따르는 예도 보인다.

14) 현대 국어의 「-에게로, -께로」 따위는 하나의 위치자리토씨로 보는 것이 좋다.

「-씌로」
부텻긔로 가는 저긔 (석보 6:19)
摩耶씌로 向ᄒᆞ야 (석보 23:29)
「-씌론」
ᄌᆞ갸긔론 三昧力을 나토샤 (월석 18:39)

〈16세기〉 맞섬이음토씨 「-과」가 앞서거나 뒤따르고, 맞섬이음토씨 「-이며」가 뒤따른다. 도움토씨 「-이나, ᄂᆞᆫ, -다가, -도, -ᄯᆞ녀, -란, -이며, -ᄲᅮᆫ, -브터, -ᅀᅡ, -셔, -인ᄃᆞᆯ, -곳」이 뒤따른다.

「-과애, -과ᄋᆡ」
내 가히와 ᄆᆞᆯ와애 달이 호ᄃᆡ (번소 7:43)
몸과 ᄆᆞᅀᆞᆷ과ᄋᆡ 가ᄉᆡᄅᆞᆯ (야훈 60)
「-애와, -의와, -의게와」
口이 味애와 목이 色애와 耳이 聲에와 鼻ㅣ 臭에와 (맹자 14:15)
문 우희와 댱 ᄋᆞᆲᄑᆡ ᄆᆡ야 ᄃᆞᆯ라 (온역 8)
湯이 伊尹의게와 桓公이 管仲의게 곧 敢히 召티 몯ᄒᆞ니 (맹자 4:10)
「-예며」
닐뮈기며 禮義예며 거동에 법이 인ᄂᆞ니 (소학 4:50)
「-에나」
니플…당쉬예나 수우레나 프러 머그라 (벽온 14)
「-애ᄂᆞᆫ, -ᄋᆡᄂᆞᆫ, -ᄋᆡ게ᄂᆞᆫ, -씌ᄂᆞᆫ」
高麗ㅅ ᄶᅡ해ᄂᆞᆫ (노걸 상:51)
보ᄆᆡᄂᆞᆫ 됴ᄒᆞᆫ 야쳥 로이삭 ᄃᆡ녕에 (노걸 하:50)
죵ᄃᆞᆯ희게ᄂᆞᆫ 화열히 호ᄃᆡ 삼가 ᄒᆞ더라 (번소 9:84)
님금씌ᄂᆞᆫ 그 공경홈을 취하ᄂᆞ니 (효경 6)
「-애다가, -의다가」
ᄇᆡᆨ녁 ᄇᆞᄅᆞᆷ 아래다가 ᄇᆡ셜ᄒᆞ고 (여향 38)
머리 우희다가 ᄒᆞᆫ번 텨 (노걸 상:28)
「-에도, -의도, -의게도」
세 서레도 오라디 몯ᄒᆞ야셔 (박통 상:75)

동녀긔도 셕샹 잇고 (박통 상:69)
ᄆᆞᄉᆞᆯ 사ᄅᆞᆷ의게도 ᄡᅳ며 나라해도 ᄡᅥ (번소 6:7)
「-애ᄯᅳ녀」
개며 ᄆᆞᆯ게 니르러도 그리 홀 거시온 ᄒᆞᄆᆞ며 사ᄅᆞᆷ애ᄯᅳ녀 (소학 2:18)
「-예란, -의란」
光祿寺예란…어드라 가게 ᄒᆞ고 (박통 상:3)
대궈릐란…셔리 하야 (박통 상:3)
「-예ᄲᅮᆫ」
설와 동지예ᄲᅮᆫ 명함 ᄀᆞ초와 (여향 20)
「-에브터」
내 젼년 정월에브터 ᄆᆞᆯ와 뵈 가져 (노걸 상:15)
「-애ᅀᅡ, -의사」
ᄯᅩ 엇디 이 즈ᅀᅳ메ᅀᅡ ᄀᆺ 온다 (노걸 하:3)
주글 저긔사 이리 되거고나 (무덤편지 73)
「-애셔, -의셔, -ᄋᆡ게셔」
뎌 노미 고려 ᄡᅡ해셔 온 직샹네손ᄃᆡ 가 (박통 상:33)
北京의셔 ᄠᅥ난다 (노걸 상:1)
아븨 누의 어믜 오라ᄇᆡ게셔 난 형뎨 (노걸 하:34)
「-앤ᄃᆞᆯ」
趙州未出前엔ᄃᆞᆯ 엇뎌 佛祖ㅣ 업스시리오 (선가 15)
「-의곳」
오직 ᄂᆡ월 초ᄉᆡᆼ의곳 가면 시월로 올 거시니 (편지 6)
「-과애ᄂᆞᆫ」
利와 祿과애ᄂᆞᆫ 저허 피ᄒᆞ야 (번소 10:12)
「-의셔ᄂᆞᆫ」
지븨셔ᄂᆞᆫ 이를 읏듬ᄒᆞ여 몯ᄒᆞ게 홀거시니 (번소 7:36)

〈17세기〉 맞섬이음토씨 「-이며, -와」가 뒤따르고, 도움토씨 「-야, -만, -ᄂᆞᆫ, -셔, -이나, -도, -브터, -으란」이 뒤따른다.

「-애며, -의며」
練애며 祥애며 禫애 다 服을 受홈이 이시니 (가례 9:10)
술이 盞의며 注의며 다른 그릇 가온대 잇던 거슬 (가례 10:26)
「-의게와」
父母ㅣ 子의게와 夫ㅣ 妻의게는 븟잡고 (가례 5:29)
「-의야, -의게야」
집의 닐은 四日 만의야 이에 成服ᄒᆞ니 (가례 5:30)
狀이 이시니 오직 親ᄒᆞᆫ 번 分의 厚ᄒᆞᆫ 者의게야 인ᄂᆞ니라 (가례 7:5)
「-에만」
士는 오직 그 紳에만 단ᄒᆞ고 (가례도 5)
「-에는, -의는, -의게는」
四季花 문에는 엿냥은에 ᄒᆞᆫ 필이오 (박통 중:37)
四面의는 담을 두로고 (가례 1:8)
다 산 님자의게는 간셥디 아닌 일이라 (박통 중:10)
「-에셔, -의셔, -의게셔」
百에셔 ᄒᆞᆫ 사ᄅᆞᆷ도 업ᄂᆞ니라 (경민 중:16)
황호 사는 이 어듸 앏픠셔 즉제 은을 주ᄅᆞ오 (노걸 하:52)
노올굴인 사ᄅᆞᆷ의게셔 난 벌에 (동의 2:16)
「-에나, -의나, -의게나」
ᄒᆞᆫ 술 두 술 ᄡᅧ 미음에나 온슈에나 플어 머그라 (태산 16)
은그르싀나 셕탕의나 달혀 홈ᄭᅴ 머그라 (태산 46)
슈고ᄒᆞ턴 對馬島 사ᄅᆞᆷ들희게나 주시소 (첩해초 89)
「-에도, -의게도, -ᄭᅴ도」
船中에도 별히 ᄀᆞᆺ븜도 업고 (첩해초 6:16)
或 뉴리ᄒᆞᆫ 듕원 사ᄅᆞᆷ의게도 질졍ᄒᆞ고 (염소 2)
그리홈을 信使네ᄭᅴ도 니ᄅᆞᄂᆡᆼ이다 (첩해초 7:21)
「-의브터」
근심은 公木 善惡의브터 判事네과 싸흘가 너기오니 (첩해초 4:6)
「-의란」 이리 술온 우희란 자네 ᄒᆞᆯ대로 ᄒᆞ쇼셔 (첩해초 9:8)
「-의게셔도」 女氏의게셔도 또 宗子ㅣ 主ㅣ 될디니 (가례 4:4)

위치자리토씨 「-의게, -ᄭᅴ」에 방편자리토씨 「-으로」와 도움토씨 「-셔」가 붙어, 움직임의 출발점을 나타낼 때가 있다. 높임의 임자자리토씨 「-씌셔」는 「-씌로셔」에서 온 듯 하다. '출발점'과 '행동의 주체'가 의미상으로 비슷하다는 점이 이러한 가능성을 뒷받침해준다.

「-의게로셔, -씌로셔」

三寸 아ᄌᆞ버이ᄂᆞᆫ 내 父母와 ᄒᆞᆫ 사ᄅᆞᆷ의게로셔 나겨시니 (경민 중:6)

江戶 奉行씌로셔 보낸 金子ᄅᆞᆯ 자네 뫼신 사ᄅᆞᆷ의게 녜믈을 ᄒᆞ오니 (첩해초 8:18)

〈둘 겹침〉

겹침토 \ 시기		15세기	16세기	17세기
자리	「-씌」	-씌로		
맞섬	「-과」	-과애	-과애, -과ᄋᆡ -애와, -의와, -의게와	-의게와
	「-이며」		-예며	-애며, -의며
도움토	「-ᄂᆞᆫ」	-에ᄂᆞᆫ, -의ᄂᆞᆫ	-애ᄂᆞᆫ, -ᄋᆡᄂᆞᆫ, -ᄋᆡ게ᄂᆞᆫ, -씌ᄂᆞᆫ	-에ᄂᆞᆫ, -의ᄂᆞᆫ, -의게ᄂᆞᆫ
	「-셔」	-에셔, -의셔, -씌셔	-애셔, -의셔, -ᄋᆡ게셔	-에셔, -의셔, -의게셔
	「-ᅀᅡ, -사, -야」	-에ᅀᅡ, -의ᅀᅡ	-애ᅀᅡ, -의사	-의야, 의게야
	「-곳」	-의곳	-의곳	
	「-이나」	-에나	-에나	-에나, -의나, -의게나
	「-다가」	-에다가, -의다가	-애다가, -의다가	
	「-ᄲᅮᆫ」	-에ᄲᅮᆫ	-예ᄲᅮᆫ	
	「-란」	-에란	-예란, -의란	-의란
	「-도」		-에도, -의도, -의게도	-에도, -의게도, -씌도
	「-ᄯᆞ녀」		-애ᄯᆞ녀	
	「-브터」		-에브터	-의브터
	「-은ᄃᆞᆯ」		-앤ᄃᆞᆯ	
	「-만」			-에만

〈셋 겹침〉

15세기 : -에셔는(에+셔+는) , -ᄣᅴ론(ᄣᅴ+으로+ㄴ)
16세기 : -과애ᄂᆞᆫ(과+애+ᄂᆞᆫ) , -의셔ᄂᆞᆫ(의+셔+ᄂᆞᆫ)
17세기 : -의게셔도(의게+셔+도) , -의게로셔(의게+으로+셔),
-ᄣᅴ로셔(ᄣᅴ+으로+셔)

3. 토씨 겹침 일람표

자리토씨와 다른 토씨가 겹치는 양상을 시대별로 정리하여 표로 보이면 다음과 같다.

3.1. 15세기

〈둘 겹침〉

		임자	부림	위치
자리	-로			-ᄣᅴ로
도움토	-ᄂᆞᆫ			-에는, -의는
	-도			
	-다가			-에다가, -의다가
	-셔	-이셔		-에셔, -의셔, -ᄣᅴ셔
	-ᅀᅡ	-이ᅀᅡ	-ᄋᆞᆯᅀᅡ	-에ᅀᅡ, -의ᅀᅡ
	-곳			-의곳
	-으란			-에란
	-ᄯᆞ녀	-이ᄯᆞ녀		
	-이나			-에나
	-ᄲᅮᆫ			-에ᄲᅮᆫ
	-이어나			
맞섬	-과	-괘	-과ᄅᆞᆯ	-과애

〈셋 겹침〉

맞섬+임자+도움 : -괘ᅀᅡ

위치+도움+도움 : -에셔는, -의셔ᄂᆞᆫ

맞섬+방편+도움 : -과로셔

3.2. 16세기

〈둘 겹침〉

<table>
<tr><th colspan="2"></th><th>임자</th><th>부림</th><th>위치</th></tr>
<tr><td rowspan="13">도움토</td><td>-ᄂᆞᆫ</td><td></td><td></td><td>-애ᄂᆞᆫ, -ᄋᆡᄂᆞᆫ
-ᄋᆡ게ᄂᆞᆫ, -ᄢᅴᄂᆞᆫ</td></tr>
<tr><td>-도</td><td></td><td></td><td>-에도, -의도, -의게도</td></tr>
<tr><td>-다가</td><td></td><td>-을다가</td><td></td></tr>
<tr><td>-셔</td><td></td><td></td><td>-애셔, -의셔, -ᄋᆡ게셔</td></tr>
<tr><td>-곳</td><td></td><td></td><td>-의곳</td></tr>
<tr><td>-다가</td><td></td><td></td><td>-애다가, -의다가</td></tr>
<tr><td>-ᄲᅮᆫ</td><td></td><td></td><td>-예ᄲᅮᆫ</td></tr>
<tr><td>-으란</td><td></td><td></td><td>-예란, -의란</td></tr>
<tr><td>-ᄯᆞ녀</td><td>-이ᄯᆞ녀</td><td></td><td>-애ᄯᆞ녀</td></tr>
<tr><td>-ᅀᅡ,-사</td><td>-이ᅀᅡ</td><td></td><td>-애ᅀᅡ, -의사</td></tr>
<tr><td>-브터</td><td></td><td>-브터를</td><td>-에브터</td></tr>
<tr><td>-은ᄃᆞᆯ</td><td></td><td></td><td>-앤ᄃᆞᆯ</td></tr>
<tr><td>-이나</td><td></td><td></td><td>-에나</td></tr>
<tr><td rowspan="2">맞섬이음</td><td>-과</td><td>-괘</td><td>-과ᄅᆞᆯ</td><td>-과애, -과ᄋᆡ, -애와
-의와, -의게와</td></tr>
<tr><td>-며</td><td></td><td></td><td>-예며</td></tr>
</table>

〈셋 겹침〉

방편+도움+임자 : -으로브테

맞섬+위치+도움 : -과애ᄂᆞᆫ, -의셔ᄂᆞᆫ

방편+도움+도움 : -으로셔브터, -으로브터셔, -으로브터며

3.3. 17세기

〈둘 겹침〉

		임자	부림	위치
도움토	-ᄂᆞᆫ			-에ᄂᆞᆫ, -애ᄂᆞᆫ -예ᄂᆞᆫ, -의ᄂᆞᆫ -의게ᄂᆞᆫ
	-도	-씌셔도		-에도, -애도 -예도, -의게도 -씌도
	-만			-에만
	-다가		-을다가	
	-셔			-에셔, -애셔 -예셔, -의셔 -ᄋᆡ셔, -의게셔
	-조차			
	-ᄲᅮᆫ	-ᄲᅮᆫ이		
	-으란/으랑		-을란	-의란
	-ᄯᆞ녀	-이ᄯᆞ녀		
	-야			-의야, -의게야
	-브터			-의브터
	-이나			-에나, -의나 -ᄋᆡ나, -의게나 -예나
맞섬이음	-과	-괘		-의게와
	-며			-애며, -의며

〈셋 겹침〉

위치+방편+도움 : -의게로셔, -씌로셔

위치+도움+도움 : -의게셔도

방편+도움+도움 : -으로셔도, -으로셔브터

겹치는 양상을 보면, 위치자리토씨가 가장 활발하고 견줌자리토씨가 가장 보수적이라는 것을 알 수 있다.

4. 맺음말

이 논문에서는 국어 자리토씨의 통시적 변천을 15세기부터 17세기까지 살폈다. 연구의 중심 내용을 요약하면 다음과 같다.

① 임자자리토씨

「-이」: 15세기부터 17세기까지 그 쓰임에 변화가 없다.

「-가」: 17세기에 처음 나타난다. 그 용례가 극히 드물다.

「-이라셔」: 15세기에 이미 위치자리토씨에서 임자자리토씨로 바뀌고 있다. 16세기부터는 임자자리토씨로 자리를 굳히는 듯 한데, 그 용례가 극히 드물다.

「-겨셔」: 16세기에 오직 한 예가 보이는데, 「-의게셔」에서 온 듯 하다.

「-씌셔, -쎄셔」: 17세기에 처음 나타나는, 주체높임 임자자리토씨이다.

② 부림자리토씨

「-올/을, -롤/를」: 15세기부터 17세기까지 변함없이 쓰인다.

「-ㄹ」: 16세기 후반부터 잘 쓰이지 않다가 17세기에는 자취를 감춘다.

「-눌」: 17세기에, 「-롤」이 쓰일 자리에 더러 쓰인다.

③ 위치자리토씨

다른 토씨(맞섬이음토씨, 도움토씨)와 활발히 어울려 쓰인다.

「-에/애/예」: 홀소리어울림은 16세기부터 잘 지켜지지 않다가 17세기에는 더욱 심해진다. 「-예」는 대체로 「이, ㅣ」 밑에 쓰이나, 16세기부터 불규칙이 더러 나타난다.

「-의/익」: 15세기에는 「-에/애」가 많이 쓰였으나, 16세기부터는 「-의/익」가 더 많이 쓰인다.

「-씌」: 본래 매인이름씨에서 온 것이나, 15세기부터 높임의 뜻을 가진 토씨로 굳어버렸다.

「-라셔」: 위치자리토씨로 볼 수 있는 예는 15세기 예문 중 하나뿐이다.

「-(을)ᄃᆞ려」: 「-ᄃᆞ려」는 「ᄃᆞ리-」의 활용형에서 파생된 토씨인데, 16세기에는 「-을」을 앞세워 녹아붙는 예가 더러 있다.

「-의거긔/ᄋᆡ거긔, -(의/ᄋᆡ/ㅣ)게」: 16세기부터 녹아붙은 토씨로 쓰인다.

「-ㅅ게」: 사이시옷이 「-의」에 갈음한 꼴인데, 16세기에만 극히 드물게 보인다.

「-뎌긔」: 「뎌어긔」에서 온 것인데, 16세기에 토씨로 쓰인 예가 보인다.

「-(의)손ᄃᆡ, -손ᄃᆞ로」: 16세기부터 녹아붙은 토씨로 쓰인다.

참고문헌

권재일(1992), 『한국어 통사론』, 민음사.
김봉모(1978), "매김말의 기능", 한글 162, 한글학회.
김석득(1992), 『우리말 형태론』, 탑출판사.
김승곤(2003), 『현대표준말본』, 한국문화사.
김영송(1971), 「국어의 변형 구조」, 연구보고서, 문교부.
김영희(1988), 『한국어 통사론의 모색』, 탑출판사.
김주원(1984), "통사변화의 한 양상", 언어학 7, 한국언어학회.
김차균(1990), 『우리말 시제와 상의 연구』, 태학사.
남기심(1996), 『국어 문법의 탐구 II』, 태학사.
서정수(1991), 『한국어 문법 연구의 개관』, 한국문화사.
서태룡(1979), "내포와 접속", 국어학 8, 국어학회.
이현희(1989), 「국어 문법사 연구 30년(1959~1989)」, 국어학 19, 국어학회.
최현배(1978), 『우리말본』, 정음사.
하치근(1999), 『우리 말본의 이해』, 한국문화사.
허 웅(1963), 『중세국어 연구』, 정음사.
허 웅(1975), 『우리 옛말본』, 샘문화사.
허 웅(1983), 『국어학』, 샘문화사.
허 웅(1989), 『16세기 우리 옛말본』, 샘문화사.
허 웅(1995), 『20세기 우리말의 형태론』, 샘문화사.
허 웅(1999), 『20세기 우리말의 통어론』, 샘문화사.

‘너기다’류에 나타난 어찌마디의 통시적 고찰

윤 혜 영

1. 머리말

본 연구는 15세기부터 20세기 초까지 ‘너기다’류에 나타난 어찌마디의 통어적 구조를 연구대상으로 하며, 그 통어적 구조를 체계화하고 어찌마디 변화 과정을 점검하는 것을 연구목적으로 한다.[1)]

본 연구자는 어찌적 인용마디와 인용적 어찌마디를 논의하기 위한 기초작업으로 윤혜영(2008a)에서 목록화한 ‘생각의 인용화’ 인용풀이말을 대상으로 어찌마디를 고찰하고자 하였다. 17세기 국어의 인용구조 연구에서 정리한 ‘생각의 인용화’ 인용풀이말의 종류를 보이면 다음과 같다.

번호	인용풀이말	빈도수	번호	인용풀이말	빈도수
[1]	젛-	49	[12]	ᄇᆞ라-	2
[2]	너기-	48	[13]	ᄉᆞ렴ᄒᆞ-	1
[3]	ᄒᆞ-	35	[14]	推量ᄒᆞ-	1
[4]	시브-	18	[15]	분별ᄒᆞ-	1
[5]	혜-	11	[16]	믿-	1

1) 본 연구는 중세국어와 근대국어가 반영된 문헌을 대상으로 ‘너기다’류의 여러 통어적 구조 중 어찌마디가 나타나는 통어적 구조를 고찰한 것이다. 본 연구의 초점은 ‘너기다’가 취하는 논항의 차이에 따른 통어적 구성을 살피는 것이 아니라 ‘너기다’류 어찌마디가 나타나는 통어적 구조의 실현 양상을 고찰함으로써 구조적 특성과 변화 과정을 점검하는 것이다.

[6]	두리-	10	[17]	근심ᄒᆞ-	1
[7]	싱각ᄒᆞ-	7	[18]	ᄂᆞ기-	1
[8]	의심ᄒᆞ-	6	[19]	벼르-	1
[9]	념녀ᄒᆞ-	5	[20]	알-	1
[10]	민망ᄒᆞ-	5	[21]	ᄒᆞᆫᄒᆞ-	1
[11]	원ᄒᆞ-	3	인용풀이말 없음		7

이상의 인용풀이말에 나타난 어찌마디를 고찰하던 연구자는 특이할 만한 사실을 접하게 되었다. 17세기 '생각의 인용화' 인용풀이말 중 '너기다'류를 제외한 대부분의 경우 어찌마디가 나타나지 않으며, '너기다'류에는 대부분 '-이' 어찌마디가 나타난다는 사실에 주목하였다.[2] 이에 15·16세기 '너기다'류에 나타난 어찌마디의 통어적 구조를 밝히고, 나아가 '-이' 에서 '-게' 어찌마디로 변해가는 과정 연구를 위해 윤혜영(2008b)를 시작으로 공시적 연구를 진행하였다.[3] 현대국어 연구는 현재 진행 중이며 중간점검을 위해 지금까지 선행된 연구를 토대로 통어적 구조를 중심으로 통시적으로 고찰하고자 한다.

지금까지 어찌마디는 그 중심을 종속성에 두느냐, 부사성에 두느냐에 따라 다양한 논의가 있어 왔으며, 설정 범위와 체계에 대한 논의를 바탕으로 구체적인 연구가 진행되었다. 어찌마디의 설정 범위와 체계에 대해서는 남기심(1985), 김인택(1993), 권경희(1997), 이관규(2002) 등에서 깊이 있는 논의가 있었다. 또한, 허원욱(2002, 2003, 2005, 2012), 유현경(2005, 2006) 등에서는 어찌법 씨끝에 따른 통어적 특성과 문법 제약을 연구하였다. 이와 함께 본 연구자는 윤혜영(2008b, 2010, 2011a, 2011b, 2013)에서 어찌마디의 꾸밈을 받는 풀이씨에 따른 어휘적 특성과 통어적 특성을 고찰한 바 있다.

---

2) 본 연구에서 지칭하는 '-이' 어찌마디는 어찌법 씨끝 '-이'가 결합하여 만들어지는 어찌마디를, '-게' 어찌마디는 어찌법 씨끝 '-게'가 결합하여 만들어진 어찌마디를 뜻한다.

3) 차후 통시적 연구의 기본 자료로 활용하고자 윤혜영(2008b)에서와 같은 방법과 기준으로 '너기다'류에 나타난 어찌마디를 고찰하여, 17·18세기 연구인 윤혜영(2010), 19세기 연구인 윤혜영(2011b), 20세기 초 연구인 윤혜영(2013)까지 공시적 연구를 진행하였다.

'너기다'류는 그 어휘의 의미 속성에 따라 그림씨를 어찌마디의 풀이말로 취하게 되며, 'A가 B를 [어찌마디] 너기-'의 기본구조를 이룬다.[4] 그러나 간혹 움직씨가 어찌마디의 풀이말로 나타나는 경우가 있다. 이런 경우의 움직씨는 '심리 움직씨'로 마음의 움직임을 뜻하여 '생각 풀이씨'인 '너기-'를 꾸밀 수 있다. 본 연구는 기본구조에서 변형되어 나타나는 통어적 구조의 변화를 점검하고, 그 변화상을 고찰하는 것에 초점을 둔다.[5]

본 연구의 구체적 대상은 15세기(12개 문헌), 16세기(21개 문헌), 17세기(19개 문헌), 18세기(29개 문헌), 19세기(21개 문헌), 20세기 초(「대한매일신보」)에서 면밀히 검토하여 추출한 2,780여개의 '너기다'류에 나타난 어찌마디 통어적 구조이다.[6] 그 대상 예문은 모두 수록할 수 없으므로 유형에 따라 대표 예문만을 수록하여 보이도록 한다.[7]

---

4) '너기다'류가 풀이말에 위치할 때 실현 가능한 통어적 구조는 '①(~을)~으로 너기다, ②(~을)~게 너기다, ③(~을)~고 너기다, ④(~을)~처럼 너기다, ⑤(~을)~은 듯이 너기다' 등이다. 이 가운데 표면적으로 안은 겹월인 구조는 ②와 ③이다. 옛말에서는 대부분 ③과 같이 인용마디가 '너기-'를 꾸미는 구조가 많이 실현되고, 본 연구의 초점인 어찌마디가 '너기-'를 꾸미는 구조인 ②는 상대적으로 적게 나타난다. 윤혜영(2011b:131)에서 기술한 예를 보이면 다음과 같다.

① 朝鮮 家風이 폐롭디 아닌 일을 폐로올 양으로 너기니(첩해신어초간본5:22b)
② 이ᄂᆞᆫ 정히 공경의 거ᄒᆞ믈 크게 너겨 (경세문답속록언해:47b)
③ 東萊 드르셔도 양병이라ᄂᆞᆫ 너기디 아니ᄒᆞ실 거시니(첩해신어초간본1:31a)
④ 화목지 아니ᄒᆞ고 눈 아래 사ᄅᆞᆷ이 업ᄂᆞᆫ 것쳐럼 녁이며 (텬료력뎡:121b)
⑤ 맛당이 ᄌᆞ긔가 다ᄅᆞᆫ 사ᄅᆞᆷ에셔 나온 톄ᄒᆞ야 눈에 온 셰샹이 업ᄂᆞᆫ ᄃᆞ시 녁이지 말 거시오 (성경직해6:120b)

5) 본 연구에서 다루는 어찌마디는 동일한 조건으로 진행된 공시적 연구와 마찬가지로 '-이' 어찌마디와 '-게' 어찌마디로 한정하며, 매인이름씨에 의한 어찌마디는 다루지 않는다.

6) 선행된 공시적 연구들은 대부분 한 세기를 통틀어 구조적·어휘적 특성을 고찰하였다. 그러나 20세기 연구에 있어서는 사회적 환경에 따른 언어적 차이를 고려하여 '20세기 초', '일제강점기', '해방 이후'로 세분하였다. 또한, 20세기 초 연구는 1904년부터 1910년까지 발행된 「대한매일신보」에서 '너기다'류의 어휘 사용 환경에 적합한 기초자료를 선별하여 진행되었다. 따라서 '너기다'류의 어휘 사용 환경을 고려하여 '생각'과 관련된 텍스트가 상대적으로 많이 실린 '논설, 기사, 별보'에서 추출한 어찌마디의 통어적 구조를 연구대상으로 하였다. 또한, 신뢰할 수 있는 기본자료를 위해 '한국언론진흥재단'에서 제공하는 온라인 서비스(미디어가온 : www.mediagaon.or.kr)를 이용하여 원문을 제공받아 고찰하였다.

7) 향후 현대 국어까지 공시적 연구가 완성되어 통시적으로 면밀하게 구조적 · 어휘적 고찰

2. 통어적 구조 고찰

'너기다'류에 나타나는 어찌마디의 기본 유형은 'A가 B를 [(B가) 풀이말] 어찌마디 너기-'로 설정한다. '너기다'류가 어찌마디를 취할 때는 부림말을 필요로 하므로 어찌마디 속구조의 임자말('B')이 부림말로 변형되어 나타난다. 어찌마디의 통어적 구조는 크게 다음의 5가지 유형으로 나누어 살필 수 있다.[8)]

[1]	'(A가) B를 [(B가) 풀이말]어찌마디 너기-'	유형
[2]	'(A가) (B를) [(B가) 풀이말]어찌마디 너기-'	유형
[3]	'(A에/A로) B에/B로 [(B가) 풀이말]어찌마디 너기-'	유형
[4]	'B(이은마디)(A가) [(B가) 풀이말]어찌마디 너기-'	유형
[5]	'(A가) B를 [(A가) (B를/B에) 풀이말]어찌마디 너기-'	유형

이상의 유형 중에서 [1]~[4] 유형은 어찌마디의 풀이말이 '너기다'류의 의미 속성에 따라 '그림씨'가 올 때 나타나는 통어적 구조이며, '판단 그림씨'인 경우와 '느낌 그림씨'인 경우에 따라 어찌마디 안의 통어적 구조는 다르게 실현된다.[9)] [5] 유형은 어찌마디의 풀이말에 '심리움직씨'가 올 때 나타나는 통어적 구조이다.

을 할 경우, 대상 용례들은 목록화하여 상세히 제시하고자 한다.

8) 어찌마디의 통어적 구조를 4가지 유형으로 정리한 것은 윤혜영(2011b, 2013)에서이다. 이는 윤혜영(2008b, 2010)에서 총 8가지 유형으로 나누어 고찰한 것과 다른 분류로 보이나, 어찌마디의 풀이말 종류에 따라 세분한 유형을 어찌마디를 안은 구조에 따라 통합했을 뿐 새로운 유형 분류는 아님을 밝힌다.
이와는 달리, 본 연구에서 5가지 유형으로 나누어 살피는 것은 17세기 문헌까지 나타나지 않던 구조가 18세기와 19세기 문헌에 나타났기 때문이다. 그러나 18세기와 19세기 문헌에 나타나는 용례가 극히 한정적이었으므로 공시적 연구에서는 유형화하지 않았으며, 20세기 초 문헌에는 보다 많은 용례가 보였으나 통시적 연구에 그 역할을 미루고 따로 유형화하지 않았다.

9) '판단 그림씨'는 '옳다, 그르다' 따위의 판단 또는 생각을 나타내는 풀이씨를, '느낌 그림씨'는 '좋다, 싫다' 따위의 느낌을 나타내는 풀이씨를 말한다. 어찌마디의 풀이말에 '심리 움직씨'가 오는 경우는 다른 통어적 구조를 보이므로 다른 유형으로 처리한다.

2.1. '(A가) B를 [(B가) 풀이말]어찌마디 너기-' 유형

2.1.1. 판단 그림씨

이 유형은 어찌마디의 풀이말이 '판단 그림씨'일 때 '너기다'류에 나타나는 어찌마디의 기본 구조이며, 그 속구조를 20세기 초 예문으로 보이면 다음과 같다.

나라ㅅ사름들이 바다를 경홀ᄒᆞ게 녁엿스나 (1910.1.30. 779호)[10]
← 나라ㅅ사름들이 [바다가 경홀ᄒᆞ-]-게 넉이-

이 유형은 어찌마디 속구조의 임자말이 부림말로 변형되어 나타난다. '너기다'류가 어찌마디를 취할 때는 부림말을 필요로 하므로 어찌마디 속구조의 임자말('B')이 부림말로 변형되어 나타나는 것이다. 기본 구조를 보면, 속구조의 어찌마디 임자말('바다가')이 전체 부림말('바다를')로 변형됨을 알 수 있다. 이것은 말할이가 '바다'를 '너기-'에 대한 부림말로 인식한 결과이다.

이 유형은 '유정물'인 전체 임자말 'A가'가 생략 가능하며, 전체 풀이말이 '시킴'과 '물음'일 때 대화에서 임자말이 생략되는 것은 자연스럽다.[11] 또한, 전체 임자말과 부림말은 도치가 가능하고, 어찌마디의 풀이말에 'ᄀᆞᆮ다/다ᄅᆞ다'류의 견줌 그림씨가 오면 어찌마디는 [임자말+견줌말+풀이말]의 구조를 이룬다. 이러한 기본 유형의 예를 15세기부터 순차적으로 보이면 다음과 같다.

---

10) 본 연구에서 20세기 초 「대한매일신보」의 출처는 발행일과 호수로 표기하고, 예문의 밑줄은 편의를 위해 연구자가 표시한 것임을 밝힌다.

11) 앞선 공시적 연구에서는 '너기-'의 주체를 '유정물'인 경우와 '무정물'인 경우를 따로 구분하지 않아, 윤혜영(2013:227)과 같이 [1]유형과 [2]유형에 포함시켰다. 그러나 본 통시적 연구에서는 '너기-'의 주체가 '국가, 단체, 책'과 같은 '무정물'인 경우는 다른 성분으로 나타나므로 [3]유형으로 분류하여 정리하고자 한다.

(1) ㄱ. 너희 이거슬 날와 달이 너기디 말라 (월석4:60a)

← 너희 [이거시 날와 달-]-이 너기-

ㄴ. 앗기ᄂᆞᆫ 사ᄅᆞᄆᆞᆫ 녯 사ᄅᆞᄆᆡ 어딘 의를 귀히 너기고 (번소8:27b)

← 앗기ᄂᆞᆫ 사ᄅᆞᄆᆞᆫ [녯 사ᄅᆞᄆᆡ 어딘 의(가) 귀ᄒᆞ-]-이 너기-

ㄷ. 도적이 그 절을 노피 녀겨 주기디 아니ᄒᆞ다 (동신烈4:39b)

← 도적이 [그 절이 높-]-이 녀기-

ㄹ. 태샹쇼 경딘공 희량이 ᄌᆡ물을 가ᄇᆡ야이 너기고 (종덕下:7a)

← 태샹쇼 경딘공 희량이 [ᄌᆡ물이 가ᄇᆡ얍-]-이 너기-

ㅁ. 송승이 그 말을 올히 넉여 그ᄃᆡ로 ᄒᆞᆯᄉᆡ (감응2:65a)

← 송승이 [그 말이 옳-]-이 넉이-

ㅂ. 그ᄃᆡ가 이 신문을 올케 녁이ᄂᆞᆫ지 듯고져 ᄒᆞ노라 (1908.6.26. 317호)

← 그ᄃᆡ가 [이 신문이 옳-]-게 녁이-

(1ㄱ)은 어찌마디의 풀이말인 '달-'(異,다ᄅᆞ다)이 견줌 그림씨이므로 견줌말을 필요로 하여 어찌마디는 [임자말+견줌말+풀이말]의 속구조를 띄게 된다.[12]

2.1.2. 느낌 그림씨

이 유형은 어찌마디의 풀이말이 '느낌 그림씨'일 때 '너기다'류에 나타나는 어찌마디의 기본 구조이며, 그 속구조를 20세기 초 예문으로 보이면 다음과 같다.

우리ᄂᆞᆫ 너의 웃ᄂᆞᆫ 거슬 괴이ᄒᆞ게 녁이지 아니ᄒᆞ노니 (1909.5.21. 578호)

← 우리ᄂᆞᆫ [(우리가) [너의 웃ᄂᆞᆫ 거시 괴이ᄒᆞ-]풀이마디]-게 녁이-

12) '다ᄅᆞ-'와 마찬가지로 견줌 그림씨인 'ᄀᆞᇀ-'이 어찌마디의 풀이말로 올 때, 견줌말이 가시적으로 나타나지 않을 경우에는 '조사'로 볼 수도 있다. 그러나 본 통어적 연구에서는 'ᄀᆞᇀ이/ᄀᆞ치/ᄀᆞᆺ치' 등을 'ᄀᆞᇀ-' 풀이씨에 '-이' 어찌법 씨끝이 결합한 어찌꼴로 보고자 한다.

이 유형은 '판단 그림씨'와는 달리 풀이마디의 임자말('너의 웃ᄂᆞᆫ 거시')이 부림말로 변형된 것이다. 이러한 유형의 의미구조를 윤혜영(2008b:241)에서는 다음과 같은 그림으로 설명하고 있다.

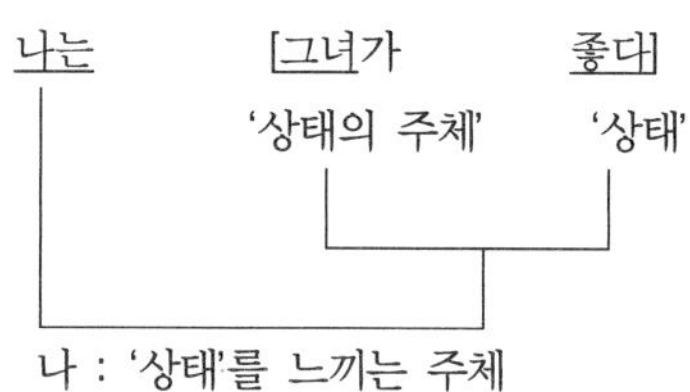

'너기다'류 어찌마디에 이러한 구조가 많이 나타나는 이유는, '상태'를 느끼는 주체를 필요로 하는 '느낌 그림씨'를 어찌마디의 풀이말로 선정할 수 있는 '너기-'의 의미 속성 때문이다.

이 유형은 '판단 그림씨'와 마찬가지로 임자말이 생략되는 구조가 많이 실현된다. 또한, 전체 임자말과 부림말은 도치가 가능하고, 간혹 전체 임자말이 매김마디의 머리말이나 매김말로 변형되어 나타날 수 있다. 이러한 기본 유형의 예를 15세기부터 순차적으로 보이면 다음과 같다.

(2) ㄱ. 부톄 나ᄅᆞᆯ 어엿비 너기샤 나ᄅᆞᆯ 보ᄉᆞᆸ게 ᄒᆞ쇼셔 (석상9:40b)
　　← 부톄 [(부톄) [나ㅣ 어엿브-]풀이마디]-이 너기-
ㄴ. 온 셰상이 위와팀을 됴히 너겨 (소학5:23a)
　　← 온 셰상이 [(온 셰상이) [위와팀이 둏-]풀이마디]-이 너기-
ㄷ. 그 아비 일 홀어미 된 주ᄅᆞᆯ 슬피 녀겨 (동신烈7:25)
　　← 그 아비 [(그 아비) [일 홀어미 된 주리 슬프-]풀이마디]-이 녀겨
ㄹ. 사ᄅᆞᆷ의 아래 되오ᄆᆞᆯ ᄃᆞᆯ게 너기ᄂᆞᆫ 쟈 ᄒᆞᆫ 명으로 (병학2:2a)[13]
　　← 쟈ㅣ [(쟈ㅣ) [사ᄅᆞᆷ의 아래 되오미 ᄃᆞᆯ-]풀이마디]-게 너기-
ㅁ. 우리 부ᄌᆞᄒᆞ믈 ᄒᆞᄂᆞᆯ이 불상이 너기샤 (쌍주:1b)

13) 'ᄃᆞᆯ-'(味)은 '좋다'의 의미로 쓰여 느낌의 주체를 필요로 하는 '느낌 그림씨'로 분류한다.

← ᄒᆞᄂᆞᆯ이 [(ᄒᆞᄂᆞᆯ이) [우리 부ᄌᆞᄒᆞ미 불상ᄒᆞ-]풀이마디]-이 너기-
ㅂ. 우리ᄂᆞᆫ 뎌희를 불샹히 녁이노라 (1909.11.30. 730호)
← 우리ᄂᆞᆫ [(우리가) [뎌희가 불샹ᄒᆞ-]풀이마디]-이 녁이-

(2ㄴ)은 임자말 'A'('온 셰상')가 '온 세상 사람들'을 의미하며, (2ㄷ)은 어찌마디가 다시 매김마디와 풀이마디를 안고 있는 예문이다. 전체 속구조를 평면적으로 분석하면 '임자말 [[임자말+[[임자말]매이+풀이말]풀이마디]어찌마디 너기-'가 된다.[14] 이를 구체적으로 보이면 다음과 같다.

(2ㄷ). 그 아비 일 홀어미 된 주를 슬피 녀겨 (동신烈7:25)
← 그 아비 [(그 아비) [일 홀어미 된 주리 슬프-]풀이마디]-이 녀겨
← 그 아비 [(그 아비) [(딸이) 일 홀어미 되-]-ㄴ 주리 슬프-]풀이마디]-
이 녀겨 매김마디

(2ㄹ)은 전체 임자말이 매김마디의 머리말로 빠져나간 경우로, 연구 대상에서 15세기와 17세기 문헌에는 그 용례가 드물게 나타난다. (2ㅁ)은 임자말과 부림말이 도치되어 나타난 예이다.

2.2. '(A가) (B를) [(B가) 풀이말]어찌마디 너기-' 유형

2.2.1. 판단 그림씨

이 유형은 어찌마디의 풀이말이 '판단 그림씨'일 때 전체 임자말('A가')과 전체 부림말('B를')이나 어찌마디의 임자말('B가')이 나타나지 않는 구조이다. 이와 같은 유형은 문맥에서 알 수 있거나 앞서 들은 구정보이므로 생략할 수 있다. 또한, 전체 부림말이나 어찌마디의 임자말을 다른 성분으로 변형하여

14) 여기에서 '매이'란 '매김마디+이름씨'를 지칭한다.

나타내기도 한다. 이 유형의 예를 15세기부터 순차적으로 보이면 다음과 같다.

(3) ㄱ. 아랫 恩惠ᄅᆞᆯ 니저ᄇᆞ리샤 <u>길 녏 사ᄅᆞᆷ과 ᄀᆞ티</u> 너기시니 (석상6:5a)
← (부텨ㅣ) [(나ㅣ) 길 녏 사ᄅᆞᆷ과 ᄀᆞᇀ-]-이 너기-
ㄴ. 戒ㅣ <u>重히</u> 너교ᄆᆞᆯ 부텨ᄀᆞ티 ᄒᆞ면 부톄 常例 계시다 (선가:36a)
← (사ᄅᆞᆷ이) [戒ㅣ 重ᄒᆞ-]-이 너기-
ㄷ. 孝道를 行ᄒᆞ면 ᄆᆞᅀᆞᆯ 사ᄅᆞᆷ이 <u>重히</u> 너기며 (경민중:36b)
← ᄆᆞᅀᆞᆯ 사ᄅᆞᆷ이 [(너ㅣ) 重ᄒᆞ-]-이 너기-
ㄹ. 의인 태비 더옥 ᄉᆞ랑ᄒᆞ고 <u>듕히</u> 너기오시더라 (선조 3)
← 의인 태비 [(천윤ㅣ) 듕ᄒᆞ-]-이 너기-[15)]
ㅁ. ᄃᆡ경 쥬 왈 [명ᄉᆞᄂᆞᆫ 츙효군ᄌᆡ오나…귀슌ᄒᆞ게 ᄒᆞ미 조흘사 ᄒᆞᄂᆞ이다 / 왕이 <u>올히</u> 너겨 (쌍주:3b)
← 왕이 [(그 말이) 옳-]-이 너기-
ㅂ. 한국 황뎨씌셔ᄂᆞᆫ 당신의 시위 군병을 쥬리고 당신과 당신 인민의 안녕 보호ᄒᆞᆷ을 방히ᄒᆞᄂᆞᆫ 줄노 아시ᄂᆞᆫ 것이 ᄯᅩᄒᆞᆫ <u>이샹히</u> 넉일 것이 아니로다 (1904.12.31. 137호)
← (사람들이) [(한국 황뎨씌셔ᄂᆞᆫ…아시ᄂᆞᆫ 것이 이샹ᄒᆞ-]-게 넉이

(3ㄱ)은 전체 임자말 'A'('부텨')와 어찌마디의 임자말 'B'('나'='耶輸')가 앞선 문맥에 있어 생략하였다. (3ㄴ)은 전체 임자말은 일반 사람을 나타내므로 생략되고, 어찌마디의 속구조가 그대로 드러난 드문 용례이다. (3ㄷ,ㄹ)은 전체 임자말이 나타나고 어찌마디의 임자말은 문맥에 나타나 생략된 경우이다.

(3ㅂ)은 'B'가 문맥에 나타나거나 앞마디에 나타나 생략된 것과는 달리 전체 임자말로 변형된 용례이다. 'A가 B를 [(B가) 이샹ᄒᆞ-] 넉이-'의 기본 구조에서 'A'는 일반적인 사람을 나타내 생략되고, 어찌마디의 임자말 'B'('한국 황뎨씌셔ᄂᆞᆫ…방히ᄒᆞᄂᆞᆫ 줄노 아시ᄂᆞᆫ 것')는 전체 부림말로 변형되지 않고

15) '천윤(天胤)'은 인조의 아명이며, '의인 태비'는 선조의 정비 '의인왕후'를 뜻한다.

전체 임자말로 변형되어 나타난다. 이것은 기움말을 필요로 하는 풀이말('아니-')이 전체 풀이말로 오면서, '어찌마디+너기-'('이샹히 넉이-')가 이름마디로 바뀌어 기움말이 되고, 어찌마디의 임자말('한국 황뎨ᄭᅴ셔ᄂᆞᆫ…방ᄒᆡᄒᆞᄂᆞᆫ 줄노 아시ᄂᆞᆫ 것')은 전체 임자말로 변형되어 나타나게 된 것이다.(윤혜영2013:232)

2.2.2. 느낌 그림씨

이 유형은 어찌마디의 풀이말이 '느낌 그림씨'일 때 전체 임자말('A')이 생략 가능하고, 전체 부림말('B')이나 풀이마디의 임자말('B')이 전면에 나타나지 않는다. 이는 'A'와 'B'가 앞서 들은 내용이거나 문맥을 통해 짐작할 수 있을 때 생략이 가능하기 때문이다.

이 유형은 '판단 그림씨'와 마찬가지로 전체 통어적 구조의 변형으로, 전체 임자말이 매김마디의 머리말이나 매김말, 또는 다른 성분으로 나타날 수 있다. 이러한 기본 유형의 예를 15세기부터 순차적으로 보이면 다음과 같다.

(4) ㄱ. 모ᄃᆞᆫ 夫人이 다 怪異히 너겨 오ᄉᆞᆯ 벗어 뫼ᅀᆞ와셔 (내훈2:119a)
← 모ᄃᆞᆫ 夫人이 [(모ᄃᆞᆫ 夫人이) [('B가') 怪異ᄒᆞ-]풀이마디]-이 너기-
ㄴ. ᄀᆞ장 슬허ᄒᆞ거늘 본 사ᄅᆞ미 다 슬피 너겨ᄒᆞ더라 (속삼忠:5b)
← 본 사ᄅᆞ미 [(본 사ᄅᆞ미) [('B가') 슬프-]풀이마디]-이 너기-
ㄷ. 랑이 로라 괴이히 녀겨 닐오ᄃᆡ (권념:1b)
← 랑이 [(랑이) [('B가') 괴이ᄒᆞ-]풀이마디]-이 녀겨
ㄹ. 이듬힛 봄의 션묘 보오시고 긔특이 너겨 (선조 3)
← 션묘 [(션묘ㅣ) [('B가') 긔특ᄒᆞ-]풀이마디]-이 너기-
ㅁ. 소ᄌᆞᄂᆞᆫ ᄐᆡ을성이옵더니 득죄ᄒᆞ여…왓ᄉᆞ오니 어엿비 너기소셔 (쌍주:1b)
← ('A가') [('A가') [소ᄌᆡ 어엿브-]풀이마디]-이 너기-
ㅂ. 즁된 동포 즁에 혹 놀나고 괴이ᄒᆞ게 넉일 쟈도 잇슬 듯ᄒᆞ며 (1910.4.19. 841호)

← 쟈ㅣ [(쟈ㅣ) [('B가') 괴이ᄒᆞ-]풀이마디]-게 넉이-

(4ㄱ,ㄴ)은 전체 임자말('A가')은 나타나고 풀이마디의 임자말('B가')은 문맥에 나타나 생략된 경우이고, (4ㄷ,ㄹ)은 전체 임자말('A가')이 앞마디에 있으므로 생략된 경우이다. (4ㅁ)은 '시킴'이므로 전체 임자말 'A가' 자연스럽게 생략되고, 'B'는 앞마디의 임자말이라 생략된 용례이다. (4ㅂ)은 전체 임자말('A')이 매김의 머리말로 변형되어 나타나고 'B'는 문맥을 통해 알 수 있는 용례이다.

2.3. '(A에/A로) B에/B로 [(B가) 풀이말]어찌마디 너기-' 유형

2.3.1. 판단 그림씨

이 유형은 어찌마디의 풀이말이 '판단 그림씨'일 때 전체 임자말('A가')이 위치말·방편말로 변형되거나, 어찌마디의 임자말('B가')이 전체 위치말·방편말로 변형된 경우이다.

[1] 전체 임자말 변형

다음은 전체 임자말('A가')이 위치말이나 방편말로 변형된 경우이다.

[1-1] 위치말로 변형

'너기-'의 주체인 전체 임자말이 '국가, 단체, 서책'과 같은 '무정물' 또는 '신체의 일부'일 때와 '너기-'의 주체가 '유정물'이지만 어찌마디의 임자말이 전체 임자말로 빠져나온 경우에 '너기-'의 주체는 위치말로 변형되어 나타난다.

이와 같이 '너기-'의 주체가 위치말로 변형되어 나타나는 용례가 16세기 연구대상에서는 보이지 않는다. 또한, 17세기·18세기에는 '너기-'의 주체가

‘서책’이고, 19세기에는 ‘서책’과 ‘단체’로 ‘너기-’의 주체가 ‘무정물’인 용례만 나타난다. 이 유형에서 ‘너기-’의 주체가 ‘무정물’과 ‘유정물’ 모두 실현되는 용례는 20세기 초 문헌에서만 확인된다.

(5) ㄱ. 病ᄒᆞᆫ 鶻이 ᄂᆞᄌᆞ기 ᄂᆞ니 俗人의 누네 더러이 너기ᄂᆞ니 (두언17:8b)
← 俗人의 누네 더러이 너기-
← 俗人의 눈이 [B가 더럽-]-이 너기-
ㄴ. 故로 絺綌을 슬허ᄒᆞ미 업ᄉᆞ미 周ㅅ나라 詩에 아ᄅᆞᆷ다이 너기믈 보고 大練의 굵고 얼ᄆᆡ미 漢나라 史긔예 빗ᄎᆞᆯ 드리워시니 (여훈下:39b)
← 絺綌을 슬허ᄒᆞ미 업ᄉᆞ미 周ㅅ나라 詩에 아ᄅᆞᆷ다이 너기-
← 周ㅅ나라 詩ㅣ [絺綌을 슬허ᄒᆞ미 업ᄉᆞ미 아ᄅᆞᆷ답-]-이 너기-
ㄷ. 禮예 男女 ᄉᆞ이ᄅᆞᆯ 貴히 녀기고 詩예 關雎義ᄅᆞᆯ 나타내니 이ᄅᆞᆯ 말ᄆᆡ암아 니ᄅᆞ건댄 可히 重히 녀기디 아니티 몯ᄒᆞ리라 (내중2:4b)
← 禮예 男女 ᄉᆞ이ᄅᆞᆯ 貴히 녀기-
← 禮ㅣ [男女 ᄉᆞ이 貴ᄒᆞ-]-이 녀기-
ㄹ. ᄯᅩ 즁국에 가쟝 즁히 너기ᄂᆞᆫ 쟈ᄂᆞᆫ 농ᄉᆡ라 (易言2:2b)
← 즁국에 가쟝 즁히 너기-
← 즁국ㅣ [(쟈ᄂᆞᆫ=농ᄉᆡ) 가쟝 즁ᄒᆞ-]-이 너기-
ㅁ. 쇽인의 눈에 즐기ᄂᆞᆫ 바가 부쳐의 눈에ᄂᆞᆫ 더러이 넉이ᄂᆞᆫ 바ㅣ라 (1909.7.8. 618호)
← 부쳐의 눈에 쇽인의 눈에 즐기ᄂᆞᆫ 바가 더러이 넉이-
← 부쳐의 눈이 [쇽인의 눈에 즐기ᄂᆞᆫ 바가 더럽-]-이 넉이-

(5ㄴ,ㄷ,ㄹ)은 무정물인 ‘서책’과 ‘국가’가 ‘너기-’의 주체로 설정되어 위치말로 변형되었고, (5ㄱ)은 ‘너기-’의 주체는 ‘속인’일 것이나 신체의 일부인 ‘속인의 눈’으로 표현되어 위치말로 변형되었다. 또한, (5ㅁ)도 역시 ‘너기-’의 주체는 ‘부쳐’일 것이나, ‘쇽인의 눈에 즐기ᄂᆞᆫ’과 대응을 이루며 매인이름씨 ‘바’를 꾸며주는 동일한 구조로 나타난다.

[1-2] 방편말로 변형

어찌마디의 풀이말이 '판단 그림씨'일 때 '너기-'의 주체가 방편말로 변형되어 나타나는 유형이다. 이 유형은 19세기·20세기 연구대상에서만 확인되는데, 19세기 용례는 '너기-'의 주체인 전체 임자말이 '유정물'이나 '너기-' 어찌마디 구조를 사동표현으로 전환하는 과정에서 '너기-'의 주체가 방편말로 변형된 것이다. 그에 반해 20세기 초 문헌에 나타난 용례는 '너기-'의 주체로서 자격과 의무감을 강조하기 위해 방편말로 변형한 것으로 보인다.

(6) ㄱ. <u>우리로 ᄒᆞ여곰 령신의 할손례 ᄒᆞ기를</u> …<u>요긴이</u> 넉이게코져 ᄒᆞ심이라 (성경1:94b)
← [<u>우리로</u> ᄒᆞ여곰 령신의 할손례 ᄒᆞ기를 [요긴ᄒᆞ-]-이 넉이-]-게 ᄒᆞ-
← <u>우리가</u> [령신의 할손례 ᄒᆞ기가 요긴ᄒᆞ-]-이 넉이-

ㄴ. 만일 혹 셰샹의 청년으로써 ᄒᆞᆫ갓 고담쥰론ᄒᆞᄂᆞᆫ 거스로만 <u>쾌ᄒᆞ게</u> 녁이고 놀고 먹으며 게을니 잠이나 자ᄂᆞᆫ 거슬 됴와ᄒᆞ여 (1909.3.13. 523호)
← <u>셰샹의 청년으로써</u> 고담쥰론ᄒᆞᄂᆞᆫ 거스로만 [쾌ᄒᆞ-]-게 녁이-
← <u>셰샹의 청년이</u> [고담쥰론ᄒᆞᄂᆞᆫ 것만 쾌ᄒᆞ-]-게 녁이-

(6ㄴ)은 '너기-'의 주체('셰샹의 청년이')와 어찌마디의 임자말('B가')이 모두 방편말로 나타난 용례이다. 이는 전체 임자말('셰샹의 청년이')은 자격을 강조하기 위한 방편말('셰샹의 청년으로써')로 변형되고, 어찌마디의 임자말('B가'='고담쥰론ᄒᆞᄂᆞᆫ 것만')도 '너기-'의 부림말로 빠져나가지 않고 방편말로 변형된 것이다.

[2] 어찌마디의 임자말 변형

다음은 어찌마디의 임자말('B가')이 위치말이나 방편말로 변형된 경우이다.

[2-1] 위치말로 변형

어찌마디의 임자말이 위치말로 나타난 경우이다. 이와 같은 용례가 17세기·19세기 연구대상에서는 보이지 않는다. 이 유형에서 어찌마디의 임자말은 가치판단의 대상으로 강하게 인식되어 위치말로 변형된 것으로 보인다.

(7) ㄱ. 未來世예 善男子 善女人이 大乘經典에 ᄀᆞ장 珍重히 너겨 不思議心ᄋᆞᆯ 發ᄒᆞ야 닐고져 ᄒᆞ며 (月釋21:167a)
← 善男子 善女人이 大乘經典에 [ᄀᆞ장 珍重ᄒᆞ-]-이 너기-
← 善男子 善女人이 [大乘經典이 ᄀᆞ장 珍重ᄒᆞ-]-이 너기-
ㄴ. 仁ᄒᆞᆫ 者ᄂᆞᆫ 仁을 安ᄒᆞ고 知ᄒᆞᆫ 者ᄂᆞᆫ 仁에 利히 너기ᄂᆞ니라 (논어 1:30b)
← 知ᄒᆞᆫ 者ᄂᆞᆫ 仁에 [利ᄒᆞ-]-이 너기-
← 知ᄒᆞᆫ 者ᄂᆞᆫ [仁이 利ᄒᆞ-]-이 너기-
ㄷ. 일홈남 벼슬에 急히 녀겨 權셰와 종요로온ᄃᆡ ᄀᆞ마니 갓가이 ᄒᆞ야 (내중1:27a)
← ('A가') 일홈남 벼슬에 [急ᄒᆞ-]-이 녀기-
← ('A가') [일홈남 벼슬이 急ᄒᆞ-]-이 녀기-
ㄹ. 젼국 ᄇᆡᆨ셩이 일졔히 조와ᄒᆞ야 젹군으로 더부러 싸홀 일에 조곰도 어려옴이 업시 녁이더니 (1904.10.27. 86호)
← 젼국 ᄇᆡᆨ셩이 젹군으로 더부러 싸홀 일에 [조곰도 어려옴이 없-]-이 녁이-
← 젼국 ᄇᆡᆨ셩이 [젹군으로 더부러 싸홀 일이 [조곰도 어려옴이 없-]]-이 녁이-

[2-2] 방편말로 변형

어찌마디의 임자말이 방편말로 나타난 경우이다. 이와 같은 용례가 16기·17세기 연구대상에서는 보이지 않는다. 이 유형에서 15세기·18세기·19세기 용례에서는, 어찌마디의 임자말이 어떤 판단의 원인적 대상으로 강하게 인식되어 방편말로 변형된 것으로 보인다.

(8) ㄱ. 사ᄅᆞ미 다 ᄌᆞ조 드로ᄆᆞ로 榮寵히 너기거늘 貴人ᄋᆞᆫ 도ᄅᆞ혀 시르믈 사마 ᄀᆞ장 ᄂᆞᄌᆞ기 ᄒᆞ니 眞實로 미추미 어렵도다 (內訓2:64b)

← 사ᄅᆞ미 다 ᄌᆞ조 드로ᄆᆞ로 榮寵히 너기-

← 사ᄅᆞᆷ이 다 [ᄌᆞ조 드로미 榮寵ᄒᆞ-]-이 너기-

ㄴ. 사ᄅᆞ미 다 ᄌᆞ조 들음으로 榮화로이 녀기거늘 貴人ᄋᆞᆫ 도로혀 근심을 삼아 ᄀᆞ장 ᄂᆞᄌᆞ기 ᄒᆞ니 진실로 밋츰이 어렵도다 (내중2:57b)

← 사ᄅᆞᆷ이 다 ᄌᆞ조 들음으로 榮화로이 녀기-

← 사ᄅᆞᆷ이 다 [ᄌᆞ조 들음이 榮화롭-]-이 녀기-

ㄷ. 본ᄅᆡ 광쥬 새악씨로셔 새남터 외인 김셔방의게 츌가ᄒᆞ엿더니 작인이 반편 ᄀᆞᆺ흠으로 그 쟝부ㅣ 불합히 넉여 각각 살더라 (치명: 三百四 김 이사벨)

← 그 쟝부ㅣ 작인이 반편 ᄀᆞᆺ흠으로 [불합ᄒᆞ-]-이 넉이-

← 그 쟝부ㅣ [작인이 반편 ᄀᆞᆺ흠이 불합ᄒᆞ-]-이 넉이-

ㄹ. 만일 혹 셰샹의 쳥년으로써 ᄒᆞᆫ갓 고담쥰론ᄒᆞᄂᆞᆫ 거스로만 쾌ᄒᆞ게 녁이고 놀고 먹으며 게을니 잠이나 자ᄂᆞᆫ 거슬 됴와ᄒᆞ여 (1909.3.13. 523호)

← 셰샹의 쳥년으로써 고담쥰론ᄒᆞᄂᆞᆫ 거스로만 [쾌ᄒᆞ-]-게 녁이-

← 셰샹의 쳥년이 [고담쥰론ᄒᆞᄂᆞᆫ 것만 쾌ᄒᆞ-]-게 녁이-

(8ㄱ-ㄷ)은 모두 이름꼴로 보느냐 이음법으로 보느냐에 따라 통어적 구조가 달라진다. 이음법 씨끝 '-으므로'가 본디 이름꼴 '-음'에서 왔으므로 어떻게 보느냐에 따라 통어적 구조가 달라질 수밖에 없다. 그러나 (8ㄱ)과 (8ㄴ)이 각각 15세기와 18세기 문헌으로 같은 내용을 담았음에도 불구하고 이름꼴 '-음'으로 나타나는 것을 기반으로 아직 이음법 씨끝으로 굳어지지 않은 것으로 보아 방편말 변형으로 정리한다.[16] (8ㄹ)은 (6ㄴ)에서 기술한

16) 윤혜영(2011b:140)에서 언급한 바와 같이, (8)의 용례들은 어떤 방편적 느낌보다는 원인적 느낌이 강하다고 느낄 수 있다. 그러나 본 연구에서는 권재일(2005:113)에서 20세기 초기의 '-음-에'와 '-음-으로'에 대하여 '아직 접속어미로 완전히 굳어진 것 같지는 않아

바와 같이 '너기-'의 주체와 어찌마디의 임자말('B가')이 모두 방편말로 나타난 용례이다. 이는 전체 임자말은 자격을 강조하기 위한 방편말로 변형되고, 어찌마디의 임자말('B가'='고담쥰론ᄒᆞᄂᆞᆫ 것만')도 '너기-'의 부림말로 빠져나가지 않고 방편말로 변형된 것이다.

2.3.2. 느낌 그림씨

이 유형도 '판단 그림씨'와 마찬가지로 전체 임자말('A가')이 위치말·방편말로 변형되거나, '느낌 그림씨'가 어찌마디의 풀이말로 오게 되어 풀이마디의 임자말('B가')이 전체 위치말·방편말로 변형된 경우이다.

[1] 전체 임자말 변형

다음은 전체 임자말('A가')이 전체 위치말이나 방편말로 변형된 경우이다.

[1-1] 위치말로 변형

'너기-'의 주체인 전체 임자말이 '무정물'인 경우와, '너기-'의 주체는 '유정물'인데 풀이마디의 임자말이 전체 임자말로 빠져나온 경우에 '너기-'의 주체는 위치말로 변형되어 나타난다.

이와 같이 '너기-'의 주체가 위치말로 변형되어 나타나는 용례는 18세기 연구대상에서만 확인되며, 여기에서 '너기-'의 주체가 '무정물'인 경우는 나타나지 않는다.

다만 참고로 들어 두기로 한다'고 기술한 것과 같은 맥락에서 어찌마디의 임자말이 방편말로 변형된 것으로 처리하고자 한다. 이러한 과도기적 시기를 지나며 현대에 와서 원인적 의미를 지닌 이음법 씨끝으로 굳어졌으리라 짐작한다. (6ㄴ)에서 어찌마디의 임자말이 방편말로 변형되는 것은 원인적 대상을 강조하는 '-음-으로' 형태의 방편말로 변형되는 것과는 다르다. '-는 것-으로' 형태는 단순히 방편말로써 그 의미를 강조한 것이기 때문이다.

(9) 이ᄂᆞᆫ 나의 뻐 이제 니ᄅᆞ히 ᄒᆡᆼ통히 너겨 오래도록 닛지 못ᄒᆞᄂᆞᆫ 배로
라[17] (명의:어제윤음14b)
← 이ᄂᆞᆫ 나의 뻐 이제 니ᄅᆞ히 ᄒᆡᆼ통히 너기-
← 내 [(내) [이ᄂᆞᆫ 이제 니ᄅᆞ히 ᄒᆡᆼ통ᄒᆞ-]풀이마디]-이 너기-

(9)의 속구조에서 '너기-'의 주체는 '나'인데, 풀이마디의 임자말('이ᄂᆞᆫ')이 전체 임자말로 빠져나오면서 '너기-'의 주체는 위치말('나의 뻐')로 변형되어 나타난다.

[1-2] 방편말로 변형

어찌마디의 풀이말이 '느낌 그림씨'일 때 '너기-'의 주체가 방편말로 변형되어 나타나는 유형이다. 이 유형은 16세기·17세기 연구대상에서는 보이지 않는다. 19세기 용례는 '판단 그림씨'에서와 마찬가지로 '너기-'의 주체인 전체 임자말이 '유정물'이나 '너기-' 어찌마디 구조를 사동표현으로 전환하는 과정에서 '너기-'의 주체가 방편말로 변형된 것이다. 그에 반해 20세기 초 문헌에 나타난 용례는 '판단 그림씨'에서와 마찬가지로 '너기-'의 주체로서 자격과 의무감을 강조하기 위해 방편말로 변형한 것으로 보인다.

(10) ㄱ. 宮禁이 至極 重커ᄂᆞᆯ 밧긧 지브로 오래 안해 이셔 우흐론 陛下로
아ᄅᆞᆷ 어엿비 너기시논 긔롱 잇고 (내훈2:64a)
← 陛下로 어엿비 너기-
← 陛下ㅣ [(陛下ㅣ) [('B가') 어엿ᄇᆞ-]풀이마디]-이 너기-
ㄴ. 宮禁이 至극히 重커ᄂᆞᆯ 밧긧 집으로 오래 안해 이셔 우흐로ᄂᆞᆫ
陛下로 私ᄉᆞ로이 어엿비 녀기시ᄂᆞᆫ 긔롱이 잇고 (내중2:57b)
← 陛下로 어엿비 녀기-
← 陛下ㅣ [(陛下ㅣ) [('B가') 어엿브-]풀이마디]-이 녀기-

17) 이 예문의 내용은 "이는 나에게 지금까지 놀랍고 통탄스러워 오래도록 잊지 못하는 바이노라"로 현대역이 가능하다. 여기에서 '놀랍고 통탄스러워'는 'ᄒᆡᆼ통히 너겨'의 의역이다.

ㄷ. 또 맛당이 이 사름을 멀니ᄒᆞ야 그 졈졈 막고 오직 이 몸이 다란 사름으로 ᄒᆞ여곰 괴이히 녁이지 말게홈을 힘써 (성경5:89a)
← 이 몸이 [다란 사름으로 ᄒᆞ여곰 (그 행동을) [괴이ᄒᆞ-]-이 녁이지 말-]-게 ᄒᆞ-
← 다란 사름이 [(다란 사름이) [(그 행동이) 괴이ᄒᆞ-]풀이마디]-이 녁이-

ㄹ. ᄉᆞ천년 된 녯 나라의 참혹ᄒᆞᆫ 형샹은 날노 갓가온ᄃᆡ 예긔 잇ᄂᆞᆫ 청년으로 초목과 ᄀᆞᆺ치 썩기를 ᄃᆞᆯ게 녁이ᄂᆞᆫ가 (1908.5.20. 286호)
← 예긔 잇ᄂᆞᆫ 청년으로 초목과 ᄀᆞᆺ치 썩기를 ᄃᆞᆯ게 녁이-
← 예긔 잇ᄂᆞᆫ 청년이 [(예긔 잇ᄂᆞᆫ 청년이) [초목과 ᄀᆞᆺ치 썩기가 ᄃᆞᆯ-]풀이마디]-게 녁이-

(10ㄱ,ㄴ)은 같은 내용과 구조로 풀이마디의 임자말('B가')은 말할이가 되고 '너기-'의 주체는 '폐하(陛下)'이다. 그 내용을 보면 '…위로는 폐하가 사사로이 어엿비 여기신다는 기롱이 있고, 아래로는 천첩이 만족(근본)을 알지 못한다는 꾸지람을 얻어'로 해석 가능하다. 여기에서는 20세기 초 용례인 (10ㄹ)의 '예긔 잇ᄂᆞᆫ 청년'과 마찬가지로 '너기-'의 주체로서 자격과 의무감을 강조하기 위해 방편말로 변형한 것으로 보인다.

[2] 풀이마디의 임자말 변형

[2-1] 위치말로 변형

풀이마디의 임자말이 위치말로 나타난 경우이다. 이와 같은 용례가 15세기·18세기 연구대상에서는 보이지 않는다. 이 유형에서 풀이마디의 임자말은 가치판단의 대상으로 강하게 인식되어 위치말로 변형된 것으로 보인다.

(11) ㄱ. 음악을 들옴애 즐기디 아니며 맛난 거ᄉᆞᆯ 먹음애 ᄃᆞᆯ게 너기디 아니ᄒᆞᄂᆞ니 (효경:25a)
← (A가) 맛난 거ᄉᆞᆯ 먹음애 ᄃᆞᆯ게 너기-

← (A가) [(A가) [맛난 거ᄉᆞᆯ 먹음이 ᄃᆞᆯ-]풀이마디]-게 너기-

ㄴ. 그 어미 ᄯᅩ 다ᄅᆞᆫ 아ᄃᆞ릐게ᄂᆞᆫ 편히 아니 너겨 그 집의 나아오더라 (동신孝3:33b)

← 그 어미 ᄯᅩ 다ᄅᆞᆫ 아ᄃᆞ릐게ᄂᆞᆫ 편히 아니 너기-

← 그 어미 [(그 어미) [ᄯᅩ 다ᄅᆞᆫ 아ᄃᆞ리 편ᄒᆞ-]풀이마디]-이 아니 너기-

ㄷ. 텬쥬ㅣ 속속히 원죄ᄅᆞᆯ 샤ᄒᆞ샤 뎌의게 긍련이 넉이시ᄂᆞᆫ ᄆᆞᄋᆞᆷ을 발ᄒᆞᆷ이 ᄒᆞ나히오 (성경9:25a)

← 텬쥬ㅣ 뎌의게 긍련이 넉이-

← 텬쥬ㅣ [(텬쥬ㅣ) [뎌가 긍련ᄒᆞ-]풀이마디]-이 넉이-

ㄹ. 젼국 인민은 해로울지라도 나의 ᄒᆞᆫ집에나 리롭게 ᄒᆞ고져 ᄒᆞ야 국민 경졔에 아모 ᄋᆡᆨ셕히 넉이ᄂᆞᆫ ᄆᆞᄋᆞᆷ이 잇ᄂᆞᆫ 쟈ㅣ 업스니 이거시 실노 가탄ᄒᆞᆯ 바ㅣ로다 (1910.3.1. 801호)

← 쟈ㅣ 국민 경졔에 아모 [(A가) [(A가) [(국민 경졔가) ᄋᆡᆨ셕ᄒᆞ-]풀이마디]-이 넉이-]-ᄂᆞᆫ ᄆᆞᄋᆞᆷ이 잇-

← (A가) [(A가) [국민 경졔가 ᄋᆡᆨ셕ᄒᆞ-]풀이마디]-이 넉이-

(11ㄷ)은 '너기-' 어찌마디 구조가 '텬쥬가 [이러한] 마음을 발하다'라는 구조에 안겨 있는 형태이다. (11ㄹ)은 '어찌마디+넉이-' 구조가 다시 매김마디가 되고, '매김마디+이름씨'('ᄋᆡᆨ셕히 넉이ᄂᆞᆫ ᄆᆞᄋᆞᆷ')가 또 다른 풀이마디('-이 잇-')의 임자말이 되는 구조이다. 따라서 풀이마디의 임자말('국민 경졔가')이 '너기-'의 부림말로 빠져나가지 않고, 또 다른 풀이마디('ᄋᆡᆨ셕히 넉이ᄂᆞᆫ ᄆᆞᄋᆞᆷ이 잇-')의 풀이말 '잇-'에 대한 위치말로 변형되어 나타난다.[18)]

---

18) 이와 같은 맥락에서 '잇-'(有)과 '없-'(無)은 공간적 정보와 밀접하여 위치말로 변형된 것으로 보인다. 윤혜영(2013:235)에서 기술한 '없-'의 경우를 보이면 다음과 같다.

(예) 젼국 ᄇᆡᆨ셩이 일졔히 조와ᄒᆞ야 젹군으로 더부러 싸홀 일에 조곰도 어려옴이 업시 녁이더니 (1904.10.27. 86호)

← 젼국 ᄇᆡᆨ셩이 젹군으로 더부러 싸홀일에 [조곰도 어려옴이 없-]-이 녁이-

← 젼국 ᄇᆡᆨ셩이 [젹군으로 더부러 싸홀일이 [조곰도 어려옴이 없-]]-이 녁이-

어찌마디의 임자말('젹군으로 더부러 싸홀 일이')이 어찌마디의 꾸밈을 받는 '너기-'의 부림말로 빠져나가지 않고 위치말로 변형된 것이다. 다시 말해서 어찌마디의 풀이말이 풀이마디('어려옴이 없-')로 나타나고 어찌마디의 임자말이 풀이마디의 풀이말 '없-'에 대한

[2-2] 방편말로 변형

풀이마디의 임자말이 방편말로 나타난 경우이다. 이와 같은 용례는 19세기 연구대상에서만 보인다. 확인된 용례에서 풀이마디의 임자말은 '-기-으로' 형태로 변형되는데, 이는 앞서 확인한 '-음-으로'와 같이 어떤 느낌의 원인적 대상으로 강하게 인식되어 방편말로 변형된 것으로 보인다.

(12) ㄱ. 쏘 날을 뉴심ᄒᆞ여 보기로 고이히 여계 ᄂᆡ 몸을 피ᄒᆞ엿더니 즉시 위상셔 뉴부로와 통혼ᄒᆞ고 (쌍주:12b)
← (ᄂᆡ) 날을 뉴심ᄒᆞ여 보기로 고이히 여기-
← (ᄂᆡ) [(ᄂᆡ) [날을 뉴심ᄒᆞ여 보기가 고이ᄒᆞ-]풀이마디]-이 여기-

(12)는 풀이마디의 임자말('날을 뉴심ᄒᆞ여 보기가')이 어떤 느낌의 원인적 대상으로 강하게 인식되어 방편말로 변형된 것으로 보인다.

2.4. 'B(이은마디) (A가) [(B가) 풀이말]어찌마디 너기-' 유형

2.4.1. 판단 그림씨

이 유형은 앞마디에 어찌마디의 임자말 내용이 나타나는 구조로, '너기-'의 주체인 전체 임자말은 나타나기도 하고 생략되기도 한다. 이때 앞마디의 이음법 씨끝은 '-거든, -ᄂᆞᆯ, -으니, -어도, -으면, -으매' 등이 연결되어 뒷마디에 대해 의미적 종속성이 강하게 나타난다.

이러한 유형은 모든 세기에 걸쳐 나타나는데, 그 용례를 15세기부터 순차적으로 보이면 다음과 같다.

위치말로 변형되어 나타난다는 것이다. 이것은 '나는 [돈이 없다]'가 '나에게 돈이 없다'로 자연스럽게 변형되는 것과 같이 공간적 정보와 밀접한 '없-'의 의미 속성에 기인한 것으로 보인다.

(13) ㄱ. 病혼 鶻이 ᄂᆞᄌᆞ기 ᄂᆞ니 俗人의 누네 더러이 너기ᄂᆞ니 (두언 17:8b)
← 俗人의 눈이 [病혼 鶻이 ᄂᆞᄌᆞ기 ᄂᆞ로미 더럽-]-이 너기-
ㄴ. 伊尹은 그 님금이 堯舜 되디 몯홈을 붓그려 ᄒᆞ며 ᄒᆞᆫ 사ᄅᆞᆷ이 그 쳐소를 얻디 몯ᄒᆞ엿거든 져제 가매 마좀 ᄀᆞᄐᆡ 너기고 (소학 5:84a)
← 伊尹은 [ᄒᆞᆫ 사ᄅᆞᆷ이 그 쳐소를 얻디 몯홈이 져제 가매 마좀 ᄀᆞᆮ-]-이 너기-
ㄷ. 우히 평일의 시녀ᄒᆞ여 심겨 겨오시더니 여러 ᄒᆡ 셤ᄒᆞ다가 긔미년의 죽거ᄂᆞᆯ 심샹이 너기더니 (서궁:71a)
← 우히 [여러 ᄒᆡ 셤ᄒᆞ다가 긔미년의 죽음이 심샹ᄒᆞ-]-이 너기-
ㄹ. 妻ㅣ…목ᄆᆡ야 죽으니 戎君이 어딜게 너겨 太牢로ᄡᅥ 제ᄒᆞ고 (女四사:33a)
← 戎君이 [妻ㅣ…목ᄆᆡ야 죽음이 어딜-]-게 너기-
ㅁ. 당밧긔 잇ᄂᆞᆫ 모든 사ᄅᆞᆷ이 기ᄃᆞ리기ᄅᆞᆯ 임의 오래 ᄒᆞᆫ 후에 자가리아ㅣ 나오거ᄂᆞᆯ 모든 이 이샹이 녁여 연고ᄅᆞᆯ 무ᄅᆞ나 (첨례:53b)
← 모든 이 [당밧긔…자가리아ㅣ 나옴이 이샹ᄒᆞ-]-이 녁이-
ㅂ. 일신의 명예를 사고 젼일에 악힝을 슘기고져 ᄒᆞ여 외양치례로만 ᄒᆞᄂᆞᆫ 쟈ㅣ면 우리ᄂᆞᆫ 올케 녁이지 아니ᄒᆞ노라 (1910.6.21. 891호)
← 우리ᄂᆞᆫ [일신의 명예를…외양치례로만 ᄒᆞᄂᆞᆫ 쟈ㅣ 옳-]-게 녁이-

(13ㄱ)은 '너기-'의 주체가 '신체의 일부'로 나타나 위치말로 변형되고, 앞마디의 내용이 어찌마디의 임자말인 용례이다. (13ㄴ,ㄷ)은 '너기-'의 주체와 어찌마디의 임자말이 모두 앞마디에 나타난다. (13ㄹ,ㅁ,ㅂ)은 어찌마디의 임자말만 앞마디에 나타난 용례이다.

2.4.2. 느낌 그림씨

이 유형은 앞마디에 풀이마디의 임자말 내용이 나타나는 구조로, '너기-'의 주체인 전체 임자말은 나타나기도 하고 생략되기도 한다. 이때 앞마디의 이음법 씨끝은 '판단 그림씨'에서와 마찬가지로 '-거든, -늘, -으니, -어도, -으면, -으매' 등이 연결되어 뒷마디에 대해 의미적 종속성이 강하게 나타난다.

이러한 유형은 모든 세기에 걸쳐 나타나는데, 그 용례를 15세기부터 순차적으로 보이면 다음과 같다.

(14) ㄱ. 仙人이 아ᄆᆞ라토 아니코 겨시거늘 王이 荒唐히 너겨 (월석4:66b)
← 王이 [(王이) [仙人이 아ᄆᆞ라토 아니코 겨심이 荒唐ᄒᆞ-]풀이마디]-이 너기-

ㄴ. 졔ᄒᆞ고 올애도록 도라오디 아니홀식 어버이 황당이 너겨 (속삼중烈:18a)
← 어버이 [(어버이) [졔ᄒᆞ고 올애도록 도라오디 아니홈이 황당ᄒᆞ-]풀이마디]-이 너기-

ㄷ. 긔시의 시신이…떠옴디 아니커늘 문룡이 괴이히 너겨 (동신烈8:55b)
← 문룡이 [(문룡이) [긔시의 시신이…떠옴디 아니홈이 괴이ᄒᆞ-]풀이마디]-이 너기-

ㄹ. ᄆᆞᄋᆞᆷ과 ᄀᆞᆮ치 대졉을 몯ᄒᆞ오니 섭섭히 너기ᄋᆞᆸᄂᆡ (인어5:19a)
← (A가) [(A가) [ᄆᆞᄋᆞᆷ과 ᄀᆞᆮ치 대졉을 몯홈이 섭섭ᄒᆞ-]풀이마디]-이 너기-

ㅁ. 셩인이 도셩에 들어오심으로브터 샤샹이 말도 아니ᄒᆞ고 움즉이도 아니커늘 사ᄅᆞᆷ이 다 괴이히 녁여 (첨례:98a)
← 사ᄅᆞᆷ이 다 [(사ᄅᆞᆷ이) [셩인이…움즉이도 아니홈이 괴이ᄒᆞ-]풀이마디]-이 녁이-

ㅂ. 졔씨가 그 분을 이긔지 못ᄒᆞ야 슈지분의 무리ᄒᆞᆫ 힝위와 일본의 포학ᄒᆞᄂᆞᆫ 야만 힝위를 일쟝연셜ᄒᆞᄆᆡ 만당 빈긱이 모다 샹쾌히 녁이면셔 됴흔 말노 위로ᄒᆞ거늘 (1908.4.22. 262호)
← 만당 빈긱이 모다 [(만당 빈긱이) [졔씨가…일쟝연셜홈이 샹쾌ᄒᆞ-]풀이마디]-이 녁이-

(14ㄹ)만 '너기-'의 주체가 나타나지 않고, 나머지 용례는 모두 '너기-'의

주체가 나타나고 어찌마디의 임자말이 앞마디의 내용인 보기이다.

2.5. '(A가) B를 [(A가) (B를/B에) 풀이말]어찌마디 너기-' 유형

이 유형은 어찌마디의 풀이말로 일반적인 '그림씨'가 아닌 '심리 움직씨'가 선택될 때 나타나는 통어적 구조 유형이다. 윤혜영(2013:241)에서 그 구조의 다름을 20세기 초 용례로 기술한 것을 보이면 다음과 같다.

(15) 〈구조적 차이〉
ㄱ. 일반국민들이 오히려 들에 쎵을 즁히 녁이고 (1908.11.14. 430호)
← 일반국민들이 들에 쎵을 [즁ᄒᆞ-]-이 녁이-
← 일반국민들이 [들에 쎵이 즁ᄒᆞ-]-이 녁이-
ㄴ. 셰죵대왕ᄭᅴ셔 비로소 몃쳔년 된 오랜 나라에 국문이 업슴을 개탄히 녁이샤 (1908.2.25. 216호)
← 셰죵대왕ᄭᅴ셔 국문이 업슴을 [셰죵대왕ᄭᅴ셔 개탄ᄒᆞ-]-이 녁이-
← 셰죵대왕ᄭᅴ셔 [셰죵대왕ᄭᅴ셔 국문이 업슴을 개탄ᄒᆞ-]-이 녁이-

(15ㄱ)은 어찌마디의 풀이말로 '판단 그림씨'가 온 용례이고, (15ㄴ)은 어찌마디의 풀이말로 '심리 움직씨'가 온 용례이다. (15ㄱ)과 같이 그림씨가 풀이말인 경우는 어찌마디의 임자말('들에 쎵이')이 '너기-'에 대한 부림말로 인식되어 전체 부림말('들에 쎵을')로 빠져나오게 된다. 이와는 달리 (15ㄴ)은 심리 움직씨 '개탄ᄒᆞ-'가 어찌마디의 풀이말로 선택되어 어찌마디는 부림말 내지는 위치말을 필요로 하게 되고, 이 어찌마디의 부림말 내지는 위치말이 '너기-'에 대한 전체 부림말로 빠져나오게 된다. 이렇듯 어찌마디의 풀이말에 '심리 움직씨'가 위치하면 '그림씨'와는 다른 통어적 구조로 나타난다. 이러한 유형은 18세기부터 그 용례를 확인할 수 있으나, 앞서 언급한 바와 같이 다양한 '심리 움직씨'로 [5] 유형의 통어적 구조를 보이게 되는 시점은 20세기 초라 할 수 있다. 그 용례를 18세기부터 순차적으로 보이면 다음과 같다.

(16) ㄱ. 약연은 닌한의 옥당 시긴 은혜를 감격히 넉이고 (명의:어제윤음 11a)
← 약연은 닌한의 옥당 시긴 은혜를 [(약연은) 감격ᄒᆞ-이 넉이-
← 약연은 [(약연은) 닌한의 옥당 시긴 은혜에 감격ᄒᆞ-이 넉이-

ㄴ. 영국 황뎨 ᄉᆡ로 즉위ᄒᆞ야 덕이 박ᄒᆞᆫ 고로 구셰쥬의 큰 은혜를 능멸히 녁여 (텬료:서 2a)
← 영국 황뎨 구셰쥬의 큰 은혜를 [(영국 황뎨) 능멸ᄒᆞ-이 녁이-
← 영국 황뎨 [(영국 황뎨) 구셰쥬의 큰 은혜를 능멸ᄒᆞ-이 녁이-

ㄷ. 각국 황뎨폐하씌셔ᄂᆞᆫ 토이기 황뎨의 결졍ᄒᆞᆫ 것을 존즁이 넉이고 이 우에 선언ᄒᆞᆫ 쥬의에 확실히 징거가 된다 ᄒᆞ엿스니 (1905.3.7. 50호)
← 각국 황뎨폐하씌셔ᄂᆞᆫ 토이기 황뎨의 결졍ᄒᆞᆫ 것을 [(각국 황뎨폐하씌셔ᄂᆞᆫ) 존즁ᄒᆞ-이 넉이고
← 각국 황뎨폐하씌셔ᄂᆞᆫ [(각국 황뎨폐하씌셔ᄂᆞᆫ) 토이기 황뎨의 결졍ᄒᆞᆫ 것을 존즁ᄒᆞ-이 넉이-

(16ㄱ)은 어찌마디의 풀이말로 '심리 움직씨'인 '감격ᄒᆞ-'가 선택되어 어찌마디는 위치말을 필요로 하고, 이 어찌마디의 위치말은 전체 부림말로 변형되어 나타난다. (16ㄴ,ㄷ)은 어찌마디의 부림말이 전체 부림말로 빠져나온 용례이다. '심리 움직씨'인 '능멸ᄒᆞ-'와 '존즁ᄒᆞ-'가 어찌마디의 풀이말로 선택되어 어찌마디는 부림말을 필요로 하고, 그 어찌마디의 부림말이 전체 부림말로 변형되어 나타난 용례이다.

이와 같이, '심리 움직씨'가 어찌마디의 풀이말에 올 때의 통어적 구조 유형은 19세기까지 드물게 나타난다. 19세기까지는 '감격ᄒᆞ-', '통한ᄒᆞ-', '능멸ᄒᆞ-' 정도의 '심리 움직씨'가 선택되어 몇 개의 용례만 나타났으나, 20세기 초에는 '경멸ᄒᆞ다, 기탄ᄒᆞ다, 존즁ᄒᆞ다, 능멸ᄒᆞ다, 분개ᄒᆞ다, 통탄ᄒᆞ다, 분로ᄒᆞ다' 등 23종류의 다양한 '심리 움직씨'가 선택되어 많은 용례를 확인할 수 있다.

3. 통어적 구조 실현 양상

'너기다'류에 나타나는 어찌마디의 통어적 구조를 5가지 유형으로 나누어 고찰한 바를 정리하면 다음과 같다.

[1] 유형 : (A가) B를 [(B가) 풀이말]어찌마디 너기-'
[2] 유형 : '(A가) (B를) [(B가) 풀이말]어찌마디 너기-'
[3] 유형 : '(A에/A로) B에/B로 [(B가) 풀이말]어찌마디 너기-'
[4] 유형 : 'B(이은마디)(A가) [(B가) 풀이말]어찌마디 너기-'
[5] 유형 : '(A가) B를 [(A가) (B를/B에) 풀이말]어찌마디 너기-'

세기 / 유형			15C	16C	17C	18C	19C	20C 초	사용 빈도 순서
[1] 유형			○	○	○	○	○	○	1
[2] 유형			○	○	○	○	○	○	2
[3] 유형	판단 그림씨	'A가'→'A에'	○	×	○	○	○	○	5-1
		'A가'→'A로'	×	×	×	×	○	○	5-3
		'B가'→'B에'	○	○	×	○	×	○	5-2
		'B가'→'B로'	○	×	×	○	○	○	5-2
	느낌 그림씨	'A가'→'A에'	×	×	×	○	×	×	5-4
		'A가'→'A로'	○	×	×	○	○	○	5-2
		'B가'→'B에'	×	○	○	×	○	○	5-2
		'B가'→'B로'	×	×	×	×	○	×	5-4
[4] 유형			○	○	○	○	○	○	3
[5] 유형			×	×	×	○	○	○	4
유형 세부 빈도			7	5	5	9	10	10	[1] 유형이 가장 많이 쓰임

이상의 결과를 종합해 보면, '너기다'류에 나타나는 어찌마디의 통어적 구조는 기본구조에서 많은 차이를 보이지 않는 [1]유형, [2]유형, [4]유형이 차례대로 많이 쓰였음을 알 수 있다. 또한 이 세 가지 유형은 15세기부터 20세기 초까지 고루 확인할 수 있는 데 반해, '심리 움직씨'가 어찌마디의

풀이말에 올 때의 통어적 구조인 [5]유형은 18세기부터 쓰이기 시작하여 19세기까지 드물게 나타나다가 20세기 초에는 많은 용례를 확인할 수 있다. 이는 이전 시대에 비해 훨씬 다양한 '심리 움직씨'가 사용됨에 따라 [5] 유형이 자리를 잡게 된 것으로 보인다.

다섯 가지 유형 중에서 가장 사용 빈도가 낮은 [3]유형의 경우는 통어구조의 변화와 같은 특수한 경우에 국한되므로 용례가 적게 나타난다. [3]유형 가운데 어찌마디의 풀이말이 '판단 그림씨'일 때 '너기-'의 주체('A가')가 전체 위치말('A에')로 변형되는 용례는 대부분의 문헌에서 확인할 수 있다. 이렇게 위치말로 변형되는 용례가 많은 이유는 '너기-'의 주체를 '국가, 단체, 서책'과 같은 '무정물' 또는 '신체의 일부'로 삼을 수 있기 때문이다.

세기별로 살펴보면 [3]유형의 세부 항목만 차이를 보일 뿐 18세기부터는 모든 유형의 다양한 통어적 구조가 실현됨을 알 수 있다. 이는 사회적 현상과 그 맥을 함께한다. 새로운 문물과 학문들이 유입된 18세기부터는 조금 더 다양하고 복잡한 어휘와 구조가 등장하게 된다. '너기다'류와 같이 '생각'을 나타내는 데 조금 더 다양한 어찌마디 풀이말을 선택하다 보니 그 풀이말의 성격에 따라 새로운 통어 구조도 생겨난 것이다.[19]

4. 맺음말

본 연구는 15세기부터 20세기 초까지 '너기다'류에 나타난 어찌마디의 통어적 구조를 연구대상으로 하였으며, 그 통어적 구조를 체계화하고 어찌마디 변화 과정을 점검하는 것을 연구목적으로 한다. 주요 내용을 요약하면 다음과 같다.

---

19) 본 연구에서는 다루지 않았으나 어휘적 측면을 간략히 언급하자면, 단적으로 어찌마디의 풀이말 종류가 17세기까지는 60여 종에 그쳤으나 18세기에 이르러는 100여 종에 이른다.

① '너기다'류에 나타난 어찌마디의 통어적 구조를 밝히고, 나아가 '-이'에서 '-게' 어찌마디로 변해가는 과정 연구를 위해 15세기를 시작으로 20세기 초까지 공시적 연구를 선행하였다. 현대국어 연구는 현재 진행 중이며 중간점검을 위해 지금까지 선행된 연구를 토대로 통어적 구조를 중심으로 통시적으로 고찰하였다.

② 본 연구의 구체적 대상은 15세기(12개 문헌), 16세기(21개 문헌), 17세기(19개 문헌), 18세기(29개 문헌), 19세기(21개 문헌), 20세기 초(「대한매일신보」)에서 면밀히 검토하여 추출한 2,780여개의 '너기다'류에 나타난 어찌마디 통어적 구조이다.

③ '너기다'류 어찌마디의 기본구조는 'A가 B를 [어찌마디] 너기-'로 삼는다. 기본구조의 부림말('B')은 어찌마디의 임자말이 변형되어 빠져나간 것이다. 어찌마디의 통어적 구조는 기본구조를 포함해서 크게 5가지 유형으로 나누었다. 기존 공시적 연구에서는 4가지 유형으로 나누었으나, 18세기부터 한정적이긴 하나 새로운 유형이 등장하고 20세기 초에는 조금더 활발한 쓰임이 보여 본 통시적 고찰에서는 1가지 유형을 추가하였다.

④ 이 5가지 유형은 어찌마디의 풀이말이 '판단 그림씨', '느낌 그림씨', '심리 움직씨' 중 무엇이 선택되느냐에 따라 그 통어적 구조를 달리하게 된다. '판단 그림씨'가 어찌마디의 풀이말인 경우는 어찌마디의 임자말('B가')이 전체 부림말('B를')로 빠져나가고, '느낌 그림씨'의 경우는 풀이마디의 임자말이 전체 부림말로 변형된다. 또한, 어찌마디의 풀이말이 '심리 움직씨'인 경우에는 어찌마디의 부림말 내지는 위치말이 전체 부림말로 빠져나와 변형된다.

⑤ 5가지 유형 중 기본구조인 [1]유형이 가장 많이 나타나고 [2]유형이 그 다음을 잇는다. [4]유형이 그 다음을 잇고, 20세기 초에는 [5]유형이 [3]유형보다 활발한 쓰임을 보인다. [3]유형은 전체 연구대상에서 드물게 나타난다.

이 중에서 [1]유형이 가장 많이 실현되는 것은 부림말을 필요로 하는 '너기-' 류 본연의 특성 때문으로 보인다. 또한, [2]유형이 그 다음을 잇는 것은 문맥에서 알 수 있는 내용에 해당하는 성분이나 동일 성분을 생략하여 경제적 표현을 하려는 언어 대중의 심리가 반영된 것으로 보인다. 이에 반해 [3]유형은 통어구조의 변화와 같은 특수한 경우에 국한되므로 용례가 적게 나타난다. [5]유형은 '심리 움직씨'가 어찌마디의 풀이말에 올 때의 통어적 구조로 19세기까지 드물게 나타났으나 20세기 초에는 '경멸ᄒᆞ다, ᄀᆡ탄ᄒᆞ다, 존즁ᄒᆞ다, 능멸ᄒᆞ다, 분개ᄒᆞ다, 통탄ᄒᆞ다, 분로ᄒᆞ다' 등 23종류의 다양한 '심리 움직씨'가 선택되어 많은 용례를 확인할 수 있다.

이상에서 15세기부터 20세기 초까지 '너기다'류에 나타난 어찌마디의 통어적 구조를 체계화하고, 중간점검을 위해 지금까지 선행된 공시적 연구를 토대로 구조적 측면에서 고찰하였다. 앞으로 일제강점기와 해방 이후 연구까지 진행하여 중세부터 현대까지를 잇는 통시적 연구의 기반을 마련할 수 있기를 희망한다. 또한, 공시적 연구에서 다루었던 어휘적 측면과 다양한 논의('-이' 어찌마디에서 '-게' 어찌마디로 변하는 과정, 어찌마디의 풀이성 약화에 따른 어휘화 과정, 선택되는 어찌마디 풀이말의 어휘적 특성과 '인용적 어찌마디')에 대한 통시적 연구는 앞으로의 과제로 삼고자 한다.

참고문헌

고영근(1997), 『표준 중세국어 문법론』, 집문당.
권경희(1997), "국어 복합문 체계에 대한 검토-부사절을 중심으로-". 『동남어문논집』 7, 동남어문학회. 1-20쪽.
권재일(1992), 『한국어 통사론』, 민음사.
권재일(2005), 『20세기 초기 국어의 문법』, 서울대학교출판부.
김영희(2003), "내포 접속문", 『한글』 261, 한글학회. 173-206쪽.
김인택(1993), "한국어 종속마디와 어찌마디", 『국어국문학지』 30, 문창어문학회. 273-298쪽.

남기심(1985), "접속어미와 부사형어미", 『말』 10, 69-77쪽.
박성훈(2009), 『노걸대언해 사전』, 태학사.
유현경(2005), "부사절을 필수적으로 요구하는 구문에 대한 연구", 『한국어학』 29, 한국어학회. 159-185쪽.
유현경(2006), "형용사에 결합된 어미 '-게' 연구", 『한글』 273, 한글학회. 99-123쪽.
윤혜영(2008a), "17세기 국어의 인용구조 연구", 건국대 국어국문학과 박사논문.
윤혜영(2008b), "'너기다'류에 나타난 어찌마디 연구-15·16세기 중심으로-", 『한말연구』 23, 한말연구학회. 235-266쪽.
윤혜영(2010), "'너기다'류에 나타난 어찌마디 연구-17·18세기 중심으로-", 『한말연구』 27, 한말연구학회. 157-194쪽.
윤혜영(2011a), "17세기 발화풀이씨가 이끄는 어찌마디 연구-'-이/-게' 어찌마디를 중심으로-", 『동남어문논집』 31, 동남어문학회. 27-59쪽.
윤혜영(2011b), "'너기다'류에 나타난 어찌마디 연구-19세기를 중심으로-", 『언어학 연구』 20, 한국중원언어학회. 129-153쪽.
윤혜영(2013), "'너기다'류에 나타난 어찌마디 연구-20세기 초 『대한매일신보』를 중심으로-", 『언어학 연구』 28, 한국중원언어학회. 223-249쪽.
이관규(2002), "국어 부사절 범위에 대한 여러 견해와 그 한계점", 『언어』 13, 한국언어학회. 399-416쪽.
이태영(1997), 『譯註 捷解新語』, 태학사.
조오현(1991), 『국어의 이유구문 연구』, 한신문화사.
조오현,김용경(2000) "예술적 표현 형용사 연구-특히, '편하다류' 형용사를 중심으로-", 『한글』 248, 한글학회. 5-48쪽.
허 웅(1975), 『우리 옛말본』, 샘문화사.
허 웅(1989), 『16세기 우리 옛말본』, 샘문화사.
허 웅(1989), 『국어학』, 샘문화사. 274-275쪽.
허 웅(1995), 『20세기 우리말의 형태론』, 샘문화사.
허 웅(1999), 『20세기 우리말의 통어론』, 샘문화사.
허원욱(2002), "현대 국어 '-게' 어찌마디의 통어적 연구", 『한글』 255, 한글학회. 99-128쪽.
허원욱(2003), "16세기 어찌마디의 통어론적 연구", 『한말연구』 12, 한말연구학회. 181-203쪽.
허원욱(2004), 『16세기 통어론』, 신성출판사.
허원욱(2005), 『15세기 통어론』, 한국학술정보(주).
허원욱(2005), "17세기 어찌마디의 통어적 연구", 『한글』 270, 한글학회. 87-110쪽.
허원욱(2012), "18세기 어찌마디의 통어적 연구", 『한말연구』 31, 한말연구학회. 341-360쪽.
홍윤표 외(1995), 『17세기 국어사전』, 한국정신문화연구원.

중세국어 언어 변화의 흐름

정수현

1. 머리말

본 연구는 중세국어 문헌에 나타나는 '-고져' 구문과 '-오-'가 관여한 연결 어미와 종결 어미를 통해 중세국어에서의 언어 변화의 방향을 가늠해 보는 것을 목적으로 한다. 중세국어의 '-고져'는 현대국어의 '-고자'와 비슷해 보이는데 현대국어의 '-고자'는 표준국어대사전에서 "어떤 행동을 할 의도나 욕망을 가지고 있음을 나타내는 연결 어미"로 풀이하고 있다. 여기에서 주목할 것은 '의도나 욕망'의 의미를 가진다는 것이고 또 하나는 '연결 어미'라는 것이다. 따라서 우리가 중세국어의 '-고져'를 받아들일 때에도 현대국어의 '-고자' 구문과 거의 비슷하게 받아들인다. 그러나 우리는 이 두 구문의 특수성에 주목해야 한다. 바로 '하다'와 함께 연결되어 쓰인다는 점이다. 이런 구성은 현대국어의 '-으려' 구성과 매우 비슷하고 현대국어의 '-으려' 구문은 중세국어의 '-오려' 구문과 거의 같은 구성이라고 볼 수 있다. 이 두 구문 또한 그 의미도 매우 닮아 있다. 현대국어의 '-으려'는 연결 어미로 '의도나 욕망'을 나타낼 때도 쓰이고 상태의 변화를 나타낼 때에도 쓰인다.

내포문 구성에 초점이 놓인다는 사실은 언어보편적인 현상일 것이다. 또한 내포와 접속을 보면 인간의 언어가 내포에서 접속의 방향으로 (embedding에서 conjunction으로) 진행한다는 것은 많이 다루어지고 있는 사실이다.[1] 서태룡(1979)에 따르면 의미의 초점이 놓인 구성 요소의 차이 때문에 연결 어미에 의한 접속문이 의미론적 모호성을 가지게 되는 것이고 내포문과 접속문의 기저를 같은 논리로 설명할 수 있을 것이다. 정수현(2011)에서는 이러한 방향 안에서 명사구 내포문 구성에 관여하는 선어말 어미 '-오-'와 중세국어 연결 어미, 종결 어미에 관여하는 '-오-'가 기원적으로 같았을 것이라는 가능성을 제시하였다. 그 형태소적 분포가 같기 때문이다. 한편으로는 연결 어미를 설명하는 과정에서 '-오ᄃᆡ, -오려' 구문이 NP로서 해석될 수 있음을 밝히는데 주력하면서도 '-오려'와 매우 비슷한 구문인 '-고져' 구문에 대한 설명이 부족하였음이 매우 아쉬웠다. 그러나 중세국어가 변화하는 과정의 한 방향으로 내포문에서 접속문화, 서술문화 하는 과정 안에서 '-오려'와 같이 설명이 가능할 것으로 보인다.

그리고 중세국어 '-고져'의 연구는 향가에서 나타나는 '-고(古)-'[2], '-져(齊, 制)'와 연관되어 연구되었다. 중세국어에서의 '-고져'의 의미와 원망의 의미를 나타내는 '-고(古)-', '-져(齊, 制)'와 관련이 있다고 판단하기 쉽기 때문이다. 한편, 향가에서의 '-져(齊, 制)'는 종결 어미, 연결 어미로 기능한다고 분석되어 왔다.[3] 중세국어 '-고져', 현대국어 '-고자'는 연결 어미로 받아들여진다. 그러나 향가의 '-져'는 동사구 접속과 문장 종결에 관여하는 것으로

1) 유현경(2002)은 우리말에서 어말어미에 의해 실현되는 접속과 내포는, 어말어미는 모두 용언에 붙어 분포함으로써, 접속과 내포는 그 구분을 문맥에 의존할 수밖에 없는 어려움이 있음을 말하였다. 따라서 접속과 내포는 하나의 범주로 묶일 수 있다는 것이며, 우리말에서 어말어미의 가장 기본적인 속성은 용언이 문장의 여러 가지 성분으로 기능할 수 있게 해 주는 것인데 내포의 근본적인 기능은 용언이 다른 품사의 기능을 하게 하는 것이고 접속과 내포가 구조적으로 구별되는 별개의 형태 범주가 아니라고 하였다.

2) 이 선어말어미에 대한 견해는 통일되어 있지는 않다. '추측', '원망'으로 보는 견해도 있으며 인칭에 관련된 것으로 보는 견해도 있다. 그런데 중세국어의 '-고져'의 '-고-'가 쉽게 파악할 수 없는 것이 사실이기도 하다. 이 연구에서는 '-고(古)-'의 의미와 '-고져'와의 관계에 대해 단언할 수는 없다. 다만 연구사적으로 '-고져' 연구의 흐름과 연결되어 있음을 밝힌다.

3) '-져'에 선어말어미 '-고-'가 통합하여 '-고져'로 이어진 것으로 보는 견해가 있다.

보고 있다. 여기에서 동사구를 접속한다는 개념은 넓게 보아 내포문으로 볼 수 있겠다. 따라서 중세국어의 언어 변화 흐름의 방향은 내포문에서 접속문화, 서술문화 하는 과정과 밀접하게 관련이 있을 것으로 짐작된다.

앞서 밝혔듯이 이 연구에서는 중세국어 문헌에 나타난 '-고져' 구문을 주된 대상으로 한다. 중세국어 '-고져' 구문의 특성을 밝히면서 다른 연결 어미들과 비교할 것이며, 특히 비슷한 구조로 나타나는 '-오려' 구문과 비교하여 중세국어의 언어 변화의 방향성을 제시해 볼 것이다.

2. '-고져' 구문

이 장에서는 15세기 문헌에 나타난 '-고져' 구문을 살펴볼 것이다. 먼저 그에 앞서서 중세국어의 '-고져'와 뜻이 통하는 현대국어의 '-고자' 구문을 살펴보겠다.

다음은 현대국어에서의 '-고자'의 쓰임이다.

(1) ㄱ. 철수는 친구의 이야기를 <u>듣고자</u> 한다.
ㄴ. 영희는 교칙을 엄격히 <u>지키고자</u> 노력한다.
ㄷ. 그는 왕이 <u>되고자</u> 많은 사람들을 죽였다.

위의 예문에서 보다시피 현대국어에서의 '-고자'는 모두 연결 어미로서만 기능한다. 다만 보조적인 역할을 하느냐 절을 연결하느냐의 차이만 있을 뿐이다. 특히 (1ㄱ)과 같은 예문은 문어체에서나 나올 법한 구문이고 실제 말로 쓰이는 일은 많지 않다. 그렇다고 현대국어 문법에서 벗어난 것이라고 할 수 없고 매우 자연스러운 문장이다. 그러나 15세기 문헌에 나타난 '-고져' 구문은 앞에서 살핀 현대국어의 예 (1ㄱ)과 같이 'ᄒᆞ다'와 공기하는 구문이 상당히 많이 보인다.

다음은 15세기 문헌에 나타난 '-고져' 구문들이다.

(2) 그듸 ᄯᆞᄅᆞᆯ 맛고져 ᄒᆞ더이다(석상6:15ㄱ)
ᄀᆞ장 싀틋ᄒᆞ야 겨지븨 모ᄆᆞᆯ ᄇᆞ리고져 ᄒᆞ거든(석상9:7ㄴ)
有情이 주으려 밥 얻고져 ᄒᆞ야(석상9:9ㄱ)
厄이 이셔 버서나고져 ᄒᆞᇙ 사ᄅᆞᄆᆞᆫ 이 經을 닐거 외오며(석상9:40ㄴ)
彌勒菩薩이 ᄌᆞ걋 疑心도 決ᄒᆞ고져 ᄒᆞ시며(석상13:16ㄱ)
悲無量ᄋᆞᆫ 衆生ᄋᆡ 受苦ᄅᆞᆯ 슬피 너겨 빼ᅘᅧ고져 호미 그지 업슬씨오 (석상13:39ㄴ)
世尊하 願ᄒᆞᆫᄃᆞᆫ 듣ᄌᆞᆸ고져 ᄒᆞ노이다(석상13:47ㄴ)
衆生ᄋᆞᆯ 부텻 知見에 드리고져 ᄒᆞ시논 젼ᄎᆞ론 고디라(석상13:55ㄴ)
우리도 이런 眞實ㅅ 조ᄒᆞᆫ 큰 法을 得고져 ᄒᆞ야(석상19:37ㄴ)
便을 得디 몯게 ᄒᆞ고져 ᄒᆞ노이다(석상21:29ㄱ)
그ᄢᅴ 뎌 부톄 妙莊嚴王ᄋᆞᆯ 引導ᄒᆞ고져 ᄒᆞ시며(석상21:35ㄴ)
나도 이제 너희 스승니믈 보ᅀᆞᆸ고져 ᄒᆞ노니 ᄒᆞᆫᄢᅴ 가져라(석상21:38ㄴ)
王이 그 새소리ᄅᆞᆯ 듣고져 ᄒᆞ야(석상24:20ㄱ)
그궷 거시 닐오ᄃᆡ 사ᄅᆞᄆᆞᆯ 자바먹고져 ᄒᆞ노니(석상24:22ㄱ)
부텻 굴근 弟子ᄃᆞᆯ히 舍利ᄅᆞᆯ 어더 供養ᄒᆞᅀᆞᆸ고져 ᄒᆞ노니(석상24:37ㄱ)
모매 됴ᄒᆞᆫ 옷 닙고져 호매 다 제 먹논 ᄠᅳ드로 ᄃᆞ외야 나ᄂᆞ니라(월석 1:32)

(3) 三界 第一엣 諸佛 讚嘆ᄒᆞ시논 乘ᄋᆞᆯ 得고져 願ᄒᆞ리도 이시며(석상13:19)
兜率天에 가아 兜率天子ㅣ ᄃᆞ외야 世尊 뵈ᅀᆞᆸ고져 너겨 즉자히 ᄂᆞ려와(석상6:45ㄱ)
世界예 나고져 發願호ᄃᆡ 一定 몯ᄒᆞ야(석상9:18ㄴ)
ᄲᆞᆯ리 가고져 願ᄒᆞ노라(월석1:月釋序26ㄴ)
舍利弗아 衆生이 드러든 뎌 나라해 나고져 發願ᄒᆞ야ᅀᅡ ᄒᆞ리니(월석7:70ㄴ)
廻向發願ᄒᆞ야 뎌 나라해 나고져 願ᄒᆞᄂᆞᆫ 사ᄅᆞ미니(월석8:47ㄴ)
正法 듣ᄌᆞᆸ고져 發願호ᄃᆡ(월석9:36下ㄴ)

위의 예문 (2)를 살펴보면 '-고져'+'ᄒᆞ-'의 형이다. 그 아래의 (3)의 예문들은 '-고져'+'원ᄒᆞ-'의 형이라고 할 수 있다. 15세기 문헌에서 '-고져'는 'ᄒᆞ다'

와 공기하는 문형이 매우 많이 발견되면서도 동사와 나타나는 구문도 더러 있다. 그런데 그 동사가 예문 (3)에서 보는 것과 같이 매우 한정적이다. '원하다'를 제외한 동사는 거의 보이지 않을 정도이다. 이러한 분포의 이유는 '-고져'의 의미와 관계가 있을 것으로 짐작된다.[4] 또한 '-고져'는 '식브다'와 공기하여 나타나기도 하다. 이 또한 그 수가 매우 적다.

(4) 나고져 식브녀 阿難일 브리신대 오샤아 내 나리이다(월곡48ㄱ)
魔波旬이 와 부텨의 솔보디 아니 涅槃ᄒᆞ고져 식브시니잇가(월석23:100ㄱ)

그런데 여기서 살펴보아야 하는 것은 '식브다' 구문이 가지는 특수성이다. 중세국어의 '식브다'는 현대국어의 '싶다'와 같은 것인데 그 문형은 지금의 '싶다'와 크게 다르지 않아 보인다. 다음 예문 (5)는 중세국어 문헌의 '식브다' 구문과 예문 (6)은 현대국어의 '싶다' 구문이다.

(5) 하늘로셔 나신가 식브건마른 그리 아니라(월석4:33ㄴ)
僧伽梨 ᄒᆞᆫ 오슬 다마도 몬 바ᄃᆞᆯ가 식브니(월석25:46ㄱ)
(6)[5] 어릴 적에는 선생님이 되고 싶었다.
비가 오는가 싶어 빨래를 걷었다.
오늘이 자네 생일인가 싶어서 선물을 샀네.
집에 있겠다 싶어 전화를 했다.

위의 예문 (5)와 (6)을 비교해 보면 현대국어에서 '-고 싶다' 구문은 제외한 나머지 구문들은 거의 같다. '싶다' 구문이나 '식브다' 구문은 앞선 문장 전체를 하나로 내포하여 나타나는 문형이라고 볼 수 있다. 그렇다면 '-고져'

4) 황선엽(2002)에서는 '-고져'는 석독구결에 나타난 그 수가 적어 확언할 수는 없지만 소망주와 행동주가 일치하는 경우에 쓰였을 것으로 추정됨을 밝혔다.
5) 현대국어의 예문은 표준국어대사전에서 '싶다'의 용례를 인용하였다.

구문 또한 '식브다'와 공기할 때의 문형도 '-고져' 구문을 내포하는 문장으로 볼 수 있다. 물론 '-고 싶다'와 '-져 식브다' 구문을 통사론적인 실현방법에서 변화한 것으로 보는 의견도 있다 '-져'는 원망의 동사어간 '지-'와 '-어' 융합되어 의미 분화를 하면서 청유나 의도로 종결 어미 혹은 연결 어미로 분류된다는 의견이다. 그러나 '-고져'가 연결 어미인지 종결 어미인지를 따져 보는 일도 중요한 일이겠으나 중세국어의 모습이 고정적이지 않고 혼란을 보이고 있다면 그 언어 변화의 방향을 설명해 보는 일도 중요한 일이라고 생각한다.[6] 중세국어의 특징 중 하나는 'ᄒᆞ다'가 수도 없이 연결 어미뿐만 아니라 종결 어미와도 공기한다는 것이다. 이러한 중세국어의 실현에서 찾아볼 수 있는 설명은 연결 어미와 종결 어미의 차이만 있을 뿐 문장 구성적으로는 큰 차이를 인지하지 못하고 있을 수 있다는 것이다. 따라서 본 연구는 '-고져'가 연결 어미인지 종결 어미인지에 대해 답을 내리려는 것이 아니라 중세국어 언어 변화의 큰 흐름을 짐작해 보고자 하는 것이다.

'-고져 ᄒᆞ-'를 기원적으로 인용하는 말이었을 가능성에 대해 말한 견해도 있다.[7] 허웅(1989)에서는 '-고져 ᄒᆞ-'가 인용하는 말에서 기원했을 가능성을 짐작하였고 '-고져' 구문을 인용 구문과 연관하여 보았던 것이다. 이러한 분석은 우리가 앞에서 살펴본 '식브다' 구문에서 '식브다'가 종결 어미와 함께

---

6) 사실 연결 어미와 종결 어미 사이의 쓰임이 완전히 갈라져 있지는 않는 듯하다. 유현경(2003)에서는 현대국어에서 연결 어미가 종결 어미로 쓰이는 환경을 연구하였다. 연결 어미는 주로 도치와 생략의 과정을 통해 입말체에서 종결 어미적 용법으로 쓰이며(주로 이유, 나열, 대조 등), 또한 연결 어미가 종결 어미화하는 것은 어휘 형태소에서 문법 형태소로의 문법화는 아니지만 대부분의 연구에서 문법화의 하나로 다루고 있는 만큼 연결 어미와 종결 어미는 모두 어말 어미의 하위 범주로서 상보적 분포를 이루고 있다고 밝혔다. 다시 말해, 연결 어미와 종결 어미는 구조적인 차이가 아니라 기능상의 차이만을 가지고 있는 것이며, 연결 어미가 종결 어미의 자리에서 종결 어미로 기능하는 경우는 많지만 종결 어미가 연결 어미로 기능하는 경우는 없는데 이는 문법화의 단일 방향성 이론에 따라 연결 어미보다 종결 어미가 더 문법적인 요소이기 때문이라고 하였다.

7) 다른 견해로는 이탁(1999), 정혜선(2010)이 있다. 모두 그 근거는 다르지만 '-고져'의 기원적 기능을 종결어미로 보고 연결 어미의 기능을 중세국어에서 새로 획득하였다는 견해이다.

나타난 구문의 설명에 뒷받침이 될 수 있다. 종결 어미와 공기하는 '식브다' 구문은 인용 구문과 크게 다르지 않을 것이다. 다만 현대국어에서 인용문은 인용격 조사를 통해 실현되는 것으로 설명한다. 조사가 문장에 붙는 것이 당연하다고 생각할 것이다. 그렇다면 사실상 체언이나 문장이나 부사나 어미나 어디든 붙는 조사의 성질에 따라서 통사적으로 같은 구성임을 짐작할 수 있다. 따라서 인용의 말이든 아니든 문장 자체를 NP로 인식하여 내포하게 하는 사실은 변함이 없을 것이다.

3. '-오려' 구문

15세기에 빈번하게 나타나던 선어말어미 '-오-'가 관여하던 구성이 16세기 17세기에 이르러 점차 소멸해 가면서 서술문화하는 것은 이미 정수현(2011)에서 밝힌 바가 있다. 특히나 명사구 내포문에서의 소멸 방향과 연결어미, 종결 어미에서의 소멸 방향도 '-ㄹ 것'과 같은 구성으로 변화해 가는 모습은 중세국어의 언어 변화의 방향이 일정함을 보여 주는 사례로 생각했다. 그러나 기원적으로 동일한 형태소임에도 이미 15세기의 문헌에서 어미로서 기능을 하고 있었던 까닭에 연결 어미, 종결 어미에 관여하는 '-오-'와의 관계를 밝히는 데에 집중한 나머지 15세기의 다른 어미들과의 관계와 그 문형의 상관성을 밝히는 데에 소홀히 하였음을 인지하여 '-오려' 구문과 너무도 빼닮은 문형을 보이는 '-고져' 구문을 실마리로 하여 중세국어의 언어 특징과 더불어 언어 변화의 방향성을 다시 생각해 보고자 한다.

15세기 국어에서 '-오려'는 거의 대부분이 'ᄒᆞ다' 동사를 수반하는데 이러한 특징은 다른 연결어미와는 차별되는 특징이기도 하지만 '-고져'와 닮은 특징이기도 하다. 다음은 '-오려'가 'ᄒᆞ다'와 함께 나타난 구문들이다.

(7) 몬졋 法을 體호려 홇뎬 모로매(석상21:20)
부텻 모물 모ᄉᆞ보려 홀씨 브를 아니 븓게 ᄒᆞ시ᄂᆞ니라(석상23:39)
淨居天이 그ᄅᆞ쵸려 ᄒᆞ니(월곡55:기151)
本身如來ᄂᆞᆫ 八方世界 고티샤 ᄌᆞ갸 分身ᄋᆞᆯ 안쵸려 ᄒᆞ시니(월석15:61)
님금이 예셔 업스시니 내 ᄌᆞ식거든 쌔를 주서 묻ᄌᆞ보려 ᄒᆞ노라(삼강충:27)
高行이 남진 일 일코 아니 어렛거늘 어비 몯내 ᄃᆞ토아 어로려 호ᄃᆡ 몯ᄒᆞ야 잇더니(삼강열:6)
안팟 境을 一定ᄒᆞ샤ᄆᆞᆫ 안해 잇ᄂᆞᆫ ᄆᆞᅀᆞ미 반ᄃᆞ기 次第로 보ᄆᆞᆯ 블교려 ᄒᆞ샷다(능엄1:48)
이젯 부톄 經 ᄆᆞᄎᆞ시고 쏘 니ᄅᆞ샤ᄃᆡ 아니 오라 涅槃호려 ᄒᆞ시니(법화 1:108-109)
諸子ㅣ 나오면 반ᄃᆞ기 세 술위로 네 欲ᄋᆞᆯ 조초려 ᄒᆞ시더니 이제 正히 時節이니 오직 주믈 드리오쇼셔(법화2:138)
그 病證은 아기 빈 겨지비 나호려 홀 저긔 ᄇᆡ 알파 펴디 몯ᄒᆞ며(구방하:81)

(8) 엇뎨 우리그에 와 절호려 커시뇨 王이 놀라샤 讚嘆ᄒᆞ야 니ᄅᆞ샤ᄃᆡ(석상3:4)
王이 그 地獄門애 나오려 커늘 모딘 노미 닐오ᄃᆡ 王이 몯 나시리이다(석상24:18)
大法을 몰라 드를씨 涅槃호려 터시니(월곡31:기84)
새 집 지실 몯게 호려 터니(월곡56-57:기155)
부톄 衆生ᄋᆞᆯ 便安케 호려 커시든(월석4:4-5)
理家ㅣ 사ᄅᆞᆷ 브려 드러가 門 열오 講堂애 드로려 커늘(월석23:59)
다슴어미를 내툐려 커늘 閔損이 ᄉᆞ려 ᄉᆞᆯ보ᄃᆡ(삼강효:1)
醫員이 닐오ᄃᆡ 病을 아로려 커든 ᄯᅩᇰ이 ᄃᆞᆯ며 ᄡᅳ믈 맛보라(삼강효:28)
그 겨지블 ᄃᆞ려다가 구틔여 어루려 커시ᄂᆞᆯ ᄉᆞᆯ보ᄃᆡ(삼강열:30)
반ᄃᆞ기 衣裓이어나 几案ᄋᆞ로 지블 從ᄒᆞ야 내요려 타가 ᄯᅩ 다시 ᄉᆞ랑호ᄃᆡ 이 지비 오직 ᄒᆞᆫ 門이 잇고 ᄯᅩ 좁고 져그니(법화2:61)

(7)의 구문은 '-오려+ᄒᆞ다' 구문이고 (8)의 구문은 'ᄒᆞ다'의 'ᄒᆞ-'가 줄어들어 다른 어미와 통합 형태인 '커-, 터-'로 실현된 문장들이다. 15세기의 문헌에서 '-오려' 구문은 위의 (7), (8)과 같은 구문이 대다수이다. 그러나 위의 예문들과 같이 'ᄒᆞ다'와 공기한 구문만 있는 것은 아니다. 그 수가 'ᄒᆞ다'와 공기하는 구문의 수와는 많이 차이가 날 만큼 적기는 하나 다음과 같은 구문도 보인다.

(9) 滾職 돕ᄉᆞᄫᅩ려 面折廷爭커든 이 ᄠᅳ들 닛디 마ᄅᆞ쇼셔(용가121)
한 사ᄅᆞᄆᆡ게 滅度호려 니ᄅᆞ샤 授記ᄒᆞ야 付托ᄒᆞ시고(월석15:86)
곧 四衆의게 滅호려 니ᄅᆞ시니(능엄1:19)
즉재 衆의게 滅호려 니ᄅᆞ샤 授記ᄒᆞ샤 付托ᄒᆞ시며(법화4:135)
그 許可ᄅᆞᆯ 因ᄒᆞ야 群生ᄋᆞᆯ 濟度호려 盟誓ᄒᆞ니라(법화4:175)
菩薩 大悲ᄂᆞᆫ 내죵애 濟度호려 盟誓샷다(법화5:53)
如來ㅣ 이 方便으로 衆生 敎化ᄒᆞᄂᆞ니라 滅호려 니ᄅᆞ시논 ᄠᅳ들 펴시니라(법화5:145)
쟝ᄎᆞ 傳持ᄒᆞ야 맛디샤 萬世ᄅᆞᆯ 利澤호려 머그실ᄊᆡ 이런 ᄃᆞ로 菩薩이 펴 請ᄒᆞ샤ᄂᆞᆯ(법화6:97)
ᄯᅩ 般若波羅密行ᄋᆞᆯ 行티 아니ᄒᆞ야 成佛ᄋᆞᆯ 得호려 닐오미 몯ᄒᆞ리라(금강39)
버거 第十에 發願文ᄋᆞᆯ 블겨 一切ᄅᆞᆯ 濟度호려 誓ᄒᆞ노라(영가상:14)
法門無邊을 ᄇᆡ호려 誓願ᄒᆞ시ᄂᆞᆫ 젼ᄎᆞ니(원각하:1-1:5)
究竟覺ᄋᆞᆫ 알핀 根原에 니르디 몯ᄒᆞ야 ᄉᆞ멧 念이 다ᄋᆞ디 몯ᄒᆞ야 이 뮈유믈 滅호려 求ᄒᆞ며 뎌 ᄀᆞ새 가려 ᄇᆞ라니와(원각하:1-2:37)
善男子아 末世衆生아 成道호려 ᄇᆞ라ᄃᆡ(원각하:3-1:65)
그듸 爲ᄒᆞ야 決호려 니ᄅᆞ시고(남명하:75)

위의 예문들에서 보는 것처럼 대부분 'ᄇᆞ라다'와, '니ᄅᆞ다'와 나타나는 구문들이 많다.[8)] 이런 현상은 앞 장에서 살펴본 '-고져' 구문과 매우 비슷한

8) 정수현(2011)에서는 그 동안의 '-오려' 구문의 연구가 통사적 구성에 집중하지 못함을 지

것이다. 이렇게 구문의 구조가 같고 현대국어에서 '-고자'와 '-으려'의 의미가 의도와 욕망 따위를 나타내는 것으로 거의 같기 때문에 '-고져', '-오려'가 'ᄒᆞ다'와 공기하는 이유를 의미와 관계가 있을 것으로 추측해 볼 수도 있겠지만 연결 어미, 종결 어미 뒤에 'ᄒᆞ다'가 따르는 일은 중세국어에서는 매우 흔한 일로 의미와 관련 지어 설명할 수는 없을 것이다. 정수현(2011)에서는 'ᄒᆞ다'의 가장 기본적인 쓰임에 착안하여 '-오려'와 공기하는 'ᄒᆞ다' 구문의 특성을 설명하였다. 'ᄒᆞ다'의 가장 기본적인 쓰임이 동사로서의 쓰임인 것을 부인할 수 없고 기본적으로 'ᄒᆞ다'는 문장의 주성분 중 동작의 대상인 목적어를 필수적으로 필요로 하기 때문에 '-오려'가 가장 빈번히 나타난 구성인 'ᄒᆞ다'와 함께 쓰인 문장은 '니ᄅᆞ다', '바라다'와 함께 쓰인 '-오려' 구문과 마찬가지로 NP로 분석해 낼 수 있을 가능성을 제시하였다. 사실 내포문으로 인식한다는 사실은 문장(S)을 NP로서 인식한다는 것이라고 말할 수도 있는 것이다.

4. 그 밖의 구문

2장과 3장에서 살펴본 '-고져', '-오려' 구문의 큰 특징은 'ᄒᆞ다'를 수반하여 나타나는 구문들이 많이 있다는 것이다. 사실 이러한 구문은 '-고져', '-오려' 구문에서만 나타나는 것은 아니지만 그 수가 '-고져', '-오려' 구문에서와 같이 많이 나타나지는 않다. 이 장에서는 다른 연결 어미와 'ᄒᆞ다'가 함께 나타나는 구문을 중심으로 앞서 살펴본 '-고져', '-오려' 구문과의 상관성을 살펴보도록 한다.

적하고 통사적 구성에 대한 설명을 하려고 노력하였다. '-오려' 구문이 '니ᄅᆞ다', '바라다'와 함께 나타나는 쓰임을 들어 '니ᄅᆞ다', 와 '바라다'의 구문과의 통사적으로 유사함을 밝혀 '-오려' 구문이 명사구 내포문 표지로서의 선어말어미 '-오-'가 쓰인 문장 사이의 관계를 밝히려 노력하였다.

4.1. '-오ᄃᆡ' 구문

그간의 '-오ᄃᆡ'의 연구들을 살펴보았을 때 '-오ᄃᆡ'는 '-온ᄃᆡ/-올ᄃᆡ'〉'-오ᄃᆡ'의 통시적 변천 과정을 겪었으며[9] '-오ᄃᆡ'의 의미는 "前提" 혹은 "설명의 연속" 정도의 의미를 표시하는 것으로 볼 수 있다.[10]

다음은 '-오ᄃᆡ' 구문 중 'ᄒᆞ다'를 수반하는 구문들이다.

(10) 王이 ᄒᆞ샤ᄃᆡ ᄒᆞ다가 제 ᄠᅳ데 몯 마자도 저를 ᄀᆞᆯᄒᆡ에 호리리(석상 3:11ㄱ)
부톄 ᄯᅩ 舍利弗을 말이샤ᄃᆡ ᄒᆞ다가 이 이ᄅᆞᆯ 니르면(석상 13:45ㄱ)
曰은 ᄀᆞ로ᄃᆡ ᄒᆞ논 ᄠᅳ디라(월석 1:釋序4ㄴ)
나거든 ᄯᅡ해 무더ᄇᆞ료ᄃᆡ ᄒᆞ리이다(월석 8:97ㄱ)

'-오ᄃᆡ' 구문은 '-오려' 구문과 다르지 않을 것이다. 정수현(2011)에서는 '-오ᄃᆡ' 구문이 명사구 내포문에서 기원을 두고 있다는 것을 IC분석을 통해 증명하였었다.

---

9) 전정례(2000), 이승재(1995)에서는 '-ㅎ尸厶, -ノ1厶' 구성에서 통시적으로 '-尸, 1'이 탈락함으로써 중세국어의 '-오ᄃᆡ'가 형성된 것으로 보았다.
황선엽(2002)에서도 -온ᄃᆡ(-ㅎ1厶)는 선어말어미 '-오-', 관형사형 어미 '-ㄴ', 의존명사 '-ᄃᆞ', 처격조사 '-ᄋᆡ'가 통합하여 형성된 것으로 보았는데 -옳ᄃᆡ(-ㅎ尸厶)는 '-온ᄃᆡ'와 관형사형 어미만 다를 뿐, 의미나 기능, 형태적 구성도 같은 것으로 추정하였다.

10) 15세기의 '-오ᄃᆡ' 구문은 주로 인용문, 접속문 구성에 나타난다.
· 須達이 ᄯᅩ 무로ᄃᆡ 엇뎨 쥬이라 ᄒᆞᄂᆞ닛가(석상6:18)
· 護彌 닐오ᄃᆡ 그리 아니라(석상6:16)
· 내 弟子ㅣ 제 너교ᄃᆡ 阿羅漢 辟支佛이로라(석상13:61)
· 仙人이 王ᄭᅴ ᄉᆞᆯᄫᅩᄃᆡ 大王하 아ᄅᆞ쇼셔(석상11:27)
· 내 처ᅀᅥᆷ 道場애 안자 세 닐웻 ᄉᆞᅀᅵᄅᆞᆯ ᄉᆞ랑ᄒᆞ요ᄃᆡ 내 得ᄒᆞᆫ 智慧ᄂᆞᆫ 微妙ᄒᆞ야 第一이언마ᄅᆞᆫ(석상13:57-56)
예문에서와 같이 '무로ᄃᆡ', '닐오ᄃᆡ', '對答호ᄃᆡ', '너교ᄃᆡ', 'ᄉᆞᆯᄫᅩᄃᆡ' 등으로 '-오ᄃᆡ' 구문의 상당히 많은 수가 인용문에서 나타난다.

(11)[11] 내 太子를 셤기ᅀᆞᄫᅩᄃᆡ 하ᄂᆞᆯ 셤기ᅀᆞᆸ듯ᄒᆞ야(석상6:4)
ᄯᅩ 虛空애 ᄯᅡ히 ᄃᆞ외야 ᄯᅡ홀 ᄇᆞᆯᄫᅩᄃᆡ 믈 ᄇᆞᆲ듯ᄒᆞ고 므를 ᄇᆞᆯᄫᅩᄃᆡ ᄯᅡ ᄇᆞᆲ듯ᄒᆞ더니(석상6:34)

위의 예문들은 인용문과 접속문에 쓰인 '-오ᄃᆡ'와는 조금 달라 보인다. 통사적으로 보았을 때 '-오ᄃᆡ' 구문 전체는 NP로 받는 통사 구조를 보인다고 설명할 수 있다.[12] 따라서 인용문의 예문에서도 '-오ᄃᆡ' 구문은 내포문으로서 기능한다고 볼 수 있는 근거가 된다.[13] 따라서 '-오ᄃᆡ' 구문에서 본 언어 변화의 방향은 내포에서 접속으로의 방향으로 설정할 수 있겠다.

4.2. '-오니', '-오리니' 구문

다음은 '-오니' 구문이 'ᄒᆞ다'와 공기하여 나타나는 예이다.

(12) 善男子ᄃᆞᆯ하 내 디나건 諸佛ᄭᅴ 이런 祥瑞를 보ᅀᆞᄫᅩ니 이런 光明을 펴시면 큰 法을 니ᄅᆞ시더니(석상13:27)
方便力으로 다ᄉᆞᆺ 比丘 위ᄒᆞ야 說法호니 이를 轉法輪이라 ᄒᆞᄂᆞ니(석상13:59)
다ᄉᆞᆫ 소내 ᄃᆞ를 자보니 世尊하 날 爲ᄒᆞ야 니ᄅᆞ쇼셔(월석1:17)
迦葉이 能히 信ᄒᆞᅀᆞ와 能히 受ᄒᆞᅀᆞ오니 이 希有호미라(법화3:30)
巫山애 안조니 ᄯᅩ 보미로다(두시-초11:1)
벼개예 굿브로니 눉므리 두 그제로다(두시-초11:30)

(13) 우리ᄃᆞᆯ히 歡喜ᄒᆞ야 아래 잇디 아니ᄒᆞᆫ 이를 得호니 ᄒᆞ다가 世尊이 各各 記 심기샤ᄃᆡ(월석15:18)
두류믈 머거 믄득 먹디 몯ᄃᆞᆺ 호니 ᄒᆞ다가 부텻 授記를 닙ᅀᆞ오면 그려ᅀᅡ 훤히 安樂ᄒᆞ리로소이다(법화3:65)[14]

---

11) 정수현(2011: 74,75) 인용.
12) 정수현(2011: 75) 참조.
13) 인용 구문에 관한 필자의 견해는 본 연구 2장 참조.
14) 정수현(2011)에서는 'ᄒᆞ다'와 공기하는 '-오니' 구문을 다음과 같이 분석하기도 하였다.

'-오니'는 많은 구문에서 위의 예문 (12)와 같이 나타나는데 이미 연결 어미로 굳어진 것처럼 보인다.15) 그렇지만 (13)과 같이 'ᄒᆞ다'와 함께 나타나기도 하는데 그 문장의 수가 매우 많지는 않다.

다음은 '-오리니' 구문 중 'ᄒᆞ다'를 수반하는 구문들이다.

(14) 一切 外道ᄋᆡ 얽ᄆᆡ요ᄆᆞᆯ 버서나게 호리니 ᄒᆞ다가 種種 머즌 보매 떠디옛거든 다 引導ᄒᆞ야(석상 9:8ㄱ)
내이에 이셔 년 듸 옮디 아니호리니 ᄒᆞ다가 내 ᄯᆞ리 뒤도라 날 ᄇᆞ라다가(석상 11:29ㄴ)

사실 '-오리니' 구문은 '-오니' 구문보다도 더욱 어미로 굳어진 듯하다. 위와 같은 예가 극히 소수이기 때문이다.16)

연결 어미의 쓰임에서 'ᄒᆞ다'와 공기하는 예들과 그렇지 않은 예들이 뒤섞여 있다는 사실은 점점 연결어미로 굳어져 가고 있는 것이라고 생각할 수 있으면서도 변화하는 방향을 생각해 볼 수 있게 한다.

· 두류믈 머거 므득 [[먹디 몯ᄒᆞᆺ 호니]S]NP ᄒᆞ다가
이렇게 분석한 것은 '-오니'가 '-오-'가 사라지면서 연결 어미화되어 가는 과정 안에서 내포문을 구성하는 구문과 공존한다는 것을 증명하기 위해서였다.

15) 사실 15세기 문헌에서 '-오니'는 그 수가 적다. 이미 '-오-'가 사라진 형태인 '-ᄋᆞ니' 형이 많이 보인다. 완전히 연결 어미로 굳어진 것으로 보이는 구문들이다.
· 뫼ᄉᆞ바다가 果實 따 머겨 기르ᅀᆞᄫᆞ니 나히 열네히어시ᄂᆞᆯ 그 아비 ᄉᆞ랑ᄒᆞ야(석상 11:26)

16) '-오리니' 구문은 16세기 이후의 문헌에서 다음과 같은 변화를 보인다.
내 너를 두량 은만 주리니 즐기거든 곧 ᄑᆞᆯ오(번노하:22)
내 너ᄅᆞᆯ 두냥 은을 줄 써시니 즐기거든 ᄑᆞᆯ고(노언하:20)
'-오리니' 구성은 다른 연결어미 구성에 비해 일찍 굳어져 버렸고 그 과정에서 부족한 의미를 통사적 구성에 의해 보충하려는 과정이 일어났을 가능성이 있다.

4.3. 종결 어미 구문

다른 한편으로는 15세기 종결 어미와 ‘ᄒᆞ다’가 공기하는 일도 자주 보인다. 다음은 15세기 문헌에 나타난 종결 어미와 ‘ᄒᆞ다’가 함께 나타난 구문들이다.

(15) 내 實로 미혹ᄒᆞ야 어딘 사ᄅᆞᄆᆞᆯ 몰라 보아 夫人ᄋᆞᆯ 거슯지 호이다 ᄒᆞ시고(석상11:33)
내 이제 日月淨明德佛와 法華經을 供養ᄒᆞᅀᆞ보리라 ᄒᆞ고(석상20:8)
大臣이 닐오ᄃᆡ 내 方便으로 더로리라 ᄒᆞ고(석상11:19)
오ᄂᆞᆳ날 後로 다시 타 나디 아니호리라 ᄒᆞ시고(석상3:27)
이제 마리ᄅᆞᆯ 무져 衆生ᄃᆞᆯ콰로 煩惱ᄅᆞᆯ 쁘러 ᄇᆞ료리라 ᄒᆞ시고(석상3:31)
보ᄃᆞ라ᄫᆞᆫ 차바ᄂᆞᆯ 머거 모미 아래 ᄀᆞᆮ거ᅀᅡ 成佛호리라 ᄒᆞ시니(석상3:40)
諸佛도 出家ᄒᆞ샤ᅀᅡ 道理ᄅᆞᆯ 닷ᄀᆞ시ᄂᆞ니 나도 그리호리라 ᄒᆞ고(석상6:12)
네 가짓 受苦ᄅᆞᆯ 위ᄒᆞ야 ᄒᆞ노라 ᄒᆞ시고(석상3:35)
내 닐오ᄃᆡ 菩薩이 ᄃᆞ외야 劫劫에 發願行ᄒᆞ노라 ᄒᆞ야(석상6:8)
내 이제 大衆과 여희노라 ᄒᆞ야ᄂᆞᆯ(석상11:20)
太子ㅣ 道理 일우샤 ᄌᆞ개 慈悲호라 ᄒᆞ시ᄂᆞ니(석상6:5)
몯 得ᄒᆞᆫ 法을 得호라 ᄒᆞ며 몯 證ᄒᆞᆫ 道理ᄅᆞᆯ 證호라 ᄒᆞ야(석상9:13)
增上慢ᄒᆞ논 젼ᄎᆞ로 ᄆᆞᅀᆞ미 ᄀᆞ리ᄂᆞ니 그럴ᄊᆡ 제 올호라 ᄒᆞ고 ᄂᆞᄆᆞᆯ 외다ᄒᆞ야 正法을 비우ᅀᅥ 魔ᄋᆡ ᄒᆞᆫ 黨이 ᄃᆞ외리니(석상9:14)

위의 (15)의 예문들은 사실 인용 구문이 대부분이다. 인용 구문에 ‘ᄒᆞ다’와 종결 어미가 공기해서 쓰인 것은 어쩌면 당연한 것일 수 있다. 그러나 어떻게 당연한 것인지에 관한 설명이 있어야 할 것이다. 인용문은 크게 내포문 안에 넣어서 생각해 볼 수 있다. 따라서 문장(S) 자체를 하나로 받아들이게 되는 것이다.[17]

17) 본 연구 2장 참조.

5. 맺음말

지금까지 '-고져' 구문과 '-오려' 구문을 중심으로 하여 중세국어에 나타난 연결 어미 구문들을 살펴보았다.

'-고져'의 형태소 분석은 아직 확실하게 단언할 수는 없지만 중세국어에서의 언어 변화의 큰 흐름 안에 '-고져'와 '-오려'가 함께 있다고 짐작할 수 있게 한다. 또한 다른 연결 어미, 종결 어미 구문도 분석해 보조가 했다. 비록 이 연구에 연구 대상이 된 연결 어미, 종결 어미가 중세국어의 모든 어미들이 아닌 것이 매우 아쉽기는 하다. 그렇지만 필자의 견해로 중세국어의 언어 변화의 큰 흐름 안에 있는 형태소인 선어말어미 '-오-'를 기준으로 한 어미들을 연구 대상 안에 넣었기에 설명이 매우 부족은 하겠지만 앞으로 연구를 확장해 나아갈 수 있다고 생각한다.

중세국어에서 선어말어미 '-오-'는 동명사형 어미 '-ㄴ, -ㄹ, -ㅁ' 앞에 분포하면서 명사구 내포문을 구성하는 데에 관여하였다. 그런데 연결 어미, 종결 어미에서도 '-ㄴ, -ㄹ, -ㅁ' 과 '-오-'가 결합했을 것으로 짐작되는 어미들이 많이 있다. 그러나 명사구 내포문 구성에 관여하는 '-오-'와 연결 어미, 종결 어미에 관여하는 '-오-'는 그 분포가 같으므로 이를 연결 지어 설명할 수 있는 방법이 있어야 한다. 이 논문에서 그 해답을 언어 변화의 흐름 안에서 찾아보고자 한 것이다. 사실 중세국어에서 빈번하게 등장하는 '-오-'가 사라져 가는 그 자취를 따라가다 보면 서술문화하는 것을 볼 수 있는데 이러한 언어 변화의 현상은 언어보편적인 것으로 내포문이 접속문화하는 과정으로 볼 수 있었다. 또한 연결과 종결의 차이는 크지 않은 것을 확인할 수도 있었다. 게다가 '-오-'가 관여한 문장에서만이 아니라 '-고져' 구문에서도 '-오려'와 동일한 문장 구조를 가지고 있음을 확인하였다. 또한 다른 연결 어미와 종결 어미에서의 구조도 확인하였다. 이는 선어말어미 '-오-'의 기능을 규명하는 일과는 별개로 중세국어에 나타난 언어 특징이자 언어 변화의 흐름을 추측해 볼 수 있게 하는 것으로 내포문이 서술문화하는 과정 안에서 설명될 수 있는 것이다. 그러한 과정 안에서 명사구 내포문에 관여하는 선어말어미 '-오-'도 점차 그 기능을 잃어가면서 어미화하였고 또한 초점을 내포문 안에 머물게 하는 양태적 기능 또한 다른 형태소와 통사 구조로 넘겨주게 되는 것이다. 따라서 중세국어의 언어 변화의 흐름은 내포문에서 접속문화, 서술문화 하는 것으로 생각해 볼 수 있을 것이다.

참고문헌

고영근(2005), 『표준 중세국어문법론』, 집문당.

권재일(1985), 『국어의 복합문 구성 연구』, 집문당.

권재일(1998), 『한국어 문법사』, 박이정.

김방한 편(1991), 『언어학 연구사』, 서울대학교 출판부.

김유범(2007), 『중세국어 문법형태소의 형태론과 음운론』, 월인.

남기심(1985), "접속어미와 부사형어미", 『외국어로서의 한국어교육』 10, 연세대학교. 한국어학당, 69~77쪽.

리의도(1990), 『우리말 이음씨끝의 통시적 연구』, 어문각.

서울대학교 대학원 국어연구회 편(1990), 『국어연구 어디까지 왔나』, 동아출판사, 435~441쪽.

서태룡(1979), "내포와 접속", 『국어학』 제8집, 국어학회, 109~135쪽.

석주연(2002), "중세국어의 인용문과 선어말어미 '오'", 『형태론』4권 1호, 형태론학회, 1~10쪽.

안병희 · 이광호(1990), 『중세국어문법론』, 학연사.

양정호(2001), "중세국어 동명사의 선어말어미 '-오-' 연구", 서울대학교 대학원 박사학위논문.

유현경(1986), "국어 접속문의 통사적 특질에 대하여", 『한글』 191호, 한글학회, 77~104쪽.

유현경(2002), "부사형어미와 접속어미", 『한국어학』 제16집, 한국어학회, 333~352쪽.

유현경(2003), "연결어미의 종결어미적 쓰임에 대하여", 『한글』 261호, 한글학회, 123~148쪽.

이기용(1978), "언어와 추정", 『국어학』 6, 국어학회, 29~64쪽.

이숭녕(1959), "어간형성과 활용어미에서의 「-(오/우)-」의 개재에 대하여", 『서울대 논문집』 8, 서울대학교, 3~70쪽.
이숭녕(1960), "Volitive form으로서의 Prefinal ending 「-(o/u)-」의 개재에 대하여", 『진단학보』 21, 진단학회, 107~178쪽.
이숭녕(1964), "「-(오/우)-」 논고", 『국어국문학』 27, 국어국문학회, 3~20쪽.
이숭녕(1981), 『중세국어문법』, 을유문화사.
이승재(1992), 『고려시대의 이두』, 태학사.
이　용(2003), 『연결어미의 형성에 관한 연구』, 역락.
이　용(2008), "'-져'의 역사적 고찰", 『진단학보』105, 진단학회, 187~206쪽.
이인모(1975), "중세국어의 서법과 시제의 연구", 고려대학교 대학원 박사학위논문.
이인모(1977), "중세국어의 욕망법의 연구", 『국어국문학』제76권, 국어국문학, 107~111쪽.
이　탁(1999), "원망의 형태소'-져'의 기능 연구", 『어문학』제66권, 한국어문학회, 131~149쪽.
장윤희(2009), "중세국어 연결어미 형성의 문법사-'-오ᄃᆡ, -은ᄃᆡ, -은대'를 중심으로-", 『어문연구』 제38권 제2호, 한국어문교육연구회, 61~90쪽.
전정례(1991), "중세국어 명사구내포문에서의 '-오-'의 기능과 변천", 서울대학교 대학원 박사학위논문.
전정례(1994), "'-오ᄃᆡ' 구문 연구", 『국어교육』85 · 86, 한국국어교육연구회, 125~139쪽.
전정례(2000), "'-온ᄃᆡ/-올ᄃᆡ〉-오ᄃᆡ' 연구", 『한말연구』 제6호, 한말연구학회, 183~202쪽.
정수현(2011), "선어말어미 '-오-'의 기능과 변천-명사성의 약화와 그 기능 변화를 중심으로", 건국대학교 대학원 국어국문학과 박사학위논문.
정재형(1987), "초점과 그 표현 유형", 『국어국문학』 제24집, 문창어문학회, 137~156쪽.
정혜선(2010), "'-고져'의 문법 기능 변화와 해석", 『형태론』12권 1호, 형태론학회, 75~90쪽.
지춘수(1992), "15세기 국어의 내포문 연구", 『인문과학연구』 92-1, 조선대학교. 인문과학연구소, 1~36쪽.
최재희(1997), "국어 종속접속의 통사적 지위", 『한글』 238호, 한글학회, 119~144쪽.
허　웅(1965), "「인칭 어미설」에 대한 다섯 번째의 논고", 『한글』 135, 한글학회, 48~55쪽.
허　웅(1973), "15세기 국어의 주체-대상법 활용", 『한글』 152, 한글학회, 3~59쪽.
허　웅(1989), 『16세기 우리 옛말본』, 샘출판사.
홍양추(1989), "국어 부사절 내포문 연구", 『한글』 203, 한글학회, 49~92쪽.
홍종선(1997), "근대 국어 문법", 『국어의 시대별 변천 연구』, 국립국어연구원, 143~190쪽.
황선엽(2002), "국어 연결어미의 통시적 연구-한글 창제 이전 차자표기 자료를 중심으로", 서울대학교 대학원 박사학위논문.

인용한 문헌

문헌명	연도	약호
용비어천가	1447	용가
석보상절	1447	석상
월인천강지곡	1447	월곡
월인석보	1459	월석
능엄경언해	1461	능엄
법화경언해	1463	법화
구급방언해	1466	구방
두시언해	1481	두시-초
삼강행실도	1460년경	삼강
번역노걸대	1510년대	번노
노걸대언해	1670	노언

15세기 의존명사의 문법화

안 신 혜

1. 머리말

이 글은 중세국어의 의존명사가 15세기에 쓰이는 모습을 살펴보는 것을 목표로 한다. 한국어의 의존명사는 우리말의 다른 것들과 달리 독특한 특성을 갖고 있다. 의존명사는 단어로 분류되지만 자립명사와는 달리 홀로는 쓰일 수 없다. 의미에 있어서는 자립명사처럼 온전한 어휘적 의미를 지니고 있는 것들이 있는가 하면, 어휘적 의미는 거의 없이 문법적인 의미로 쓰이는 것들도 있다. 이러한 특징 때문에 의존명사는 불완전명사, 형식명사, 준자립명사, 안옹근이름씨 등의 이름으로 불리고 있다. 이러한 이름들은 의존명사가 홀로 쓰이지 못하기 때문에 단독으로 쓰이는 자립명사에 비해 완전하지 못하고, 자립명사에 비해 어휘적 의미가 희박하여 형식적인 역할을 하기 때문에 붙여진 이름들이다. 이 글에서는 의존명사의 가장 큰 특징을 선행하는 관형어의 도움 없이는 홀로 쓰이지 못한다는 점으로 보기 때문에 의존명사라는 명칭을 쓰기로 한다. 의존명사는 앞에서도 언급했듯이 자립명사에 비해 어휘적인 의미가 희박하다. 즉, 실질적인 어휘 의미로 쓰이는 의존명사에 비해 광범위한 대상을 아우르는 포괄적인 의미로 쓰이는 의존명사들이 더 많다는 뜻이다. 이것은 언어의 변화 방향을 고려하면 자연스러운 일로 의존명사는 자립명사에서 출발하여 문법화의 과정을 거쳐 어휘

적인 의미가 점점 적어져서 문법적인 의미로 쓰이게 되기 때문이다.[1)]

문법화는 어휘적으로 쓰이던 말이 덜 어휘적인 말로 변화하는 과정이다. 말은 많은 사람들이 쓰게 될수록 실질적인 의미가 엷어지게 된다. 이것을 의미의 추상화라고 하는데 일반적으로 구체적인 의미에서 추상적인 의미로 변해간다. 또 공간적인 의미에서 시간적인 의미로 번져 가는데 이것은 사람의 사고 구조에서 유사성을 볼 수 있다. 사람들은 어떤 사건에 대해 말할 때 주로 공간과 시간을 먼저 언급한다. 시간과 공간이 가장 기본적인 요소이기 때문이다. 이것은 원시추상명사인 'ᄃᆞ'와 'ᄉᆞ'가 현재 우리말에 얼마나 많이 녹아들어 있는가를 보아도 알 수 있다. 공간이나 시간은 둘 다 기본적인 개념이지만 공간이 시간보다 더 구체적인 의미이기 때문에 공간적인 의미에서 시간적인 의미로 추상화된 것으로 보인다. 또 의미가 확장될수록 심리적인 의미로 변화하게 되는데 결국은 주관적인 의미로 변화하게 된다. 그리고 이러한 과정에서 여러 의미를 획득하게 되어 그 말이 의미하는 바가 많아지게 되고, 결국 구체적인 의미는 희박해지고 실질적인 의미는 흐릿해지는 것이다. 의존명사는 어휘적 의미가 희박하다는 것 외에도 관형어의 선행을 필수로 한다는 특징이 있다. 이것이 의존명사와 다른 말들과의 차이를 더욱 두드러지게 하는 것이다.

중세국어 의존명사의 문법화를 다룬 연구는 드물지 않게 볼 수 있다. 정재영(1993)에서는 중세국어의 의존명사 중 'ᄃᆞ'의 문법화에 대해 다루었

---

1) 안주호(1996)에서는 문법화를 설명하면서 단계를 설정한다. 문법화의 과정을 겪는 단어는 실질적 어휘 의미로 쓰이다가 형식적 의미로 쓰이게 된다. 그러한 과정은 연속성 위에서 나타나게 되는데 문법화가 진행됨에 따라 몇 가지 단계를 거치게 된다. 처음에는 자립성을 갖고 쓰이던 것이 의존성을 띠게 되고, 이 과정이 더 진행되면 통사적으로 제약이 생겨 선행하는 요소나 후행하는 요소에 제약이 따르게 된다. 안주호(1996)에서는 이 과정을 의존명사가 접어화를 거쳐 조사화·어미화로 가게 된다고 하였다. 그리고 이러한 과정은 연속적으로 일어나는 것이라 단계를 정확히 나누기 어렵다고 하였다. 자립명사가 의존명사가 되기까지의 과정에도 자립명사에 가까운 의존명사가 있는가 하면 현재 의존명사로 분류되어 있지만 어미화되어 마치 어미처럼 쓰이는 것들도 있다는 의미이다. 그러므로 이것은 정도성의 차이로 이해해야 한다.

다. 'ᄃᆞ'가 어미화되는 모습을 보이고, 그 원인과 기능에 대해 설명하였다.[2]

황경수((2000)에서는 중세국어의 의존명사가 관형격표지 뒤에서 어떻게 문법화하는지에 대해 살피고, 관형사형어미 뒤에서 어떻게 문법화하는지를 살펴 그 둘의 차이에 대해 설명하였다. 'ᄃᆞ'와 'ᄉᆞ'의 어미화하는 모습에 대해 중점적으로 살펴보았는데 어떠한 환경에서 이들이 어미화하는지에 대해 설명하였다.[3]

김태곤(1986)에서는 중세의 의존명사 중에서 현대에서도 활발히 쓰이고 있는 '것, 바, 줄'에 대해 다루었다. '것'은 '일, 물건, 글자, 사람, 설명, 추정, 의도' 등의 의미로 쓰였고, '바'는 '장소, 일, 말, 사람, 마음' 등의 의미로 쓰였다. '줄'은 '사실'의 의미로 쓰였는데 현대에는 '알다, 모르다'와만 제한적으로 쓰이는 것과 달리 중세에는 '알다, 모르다, 너기다, 니르다, 업다, 잇다, 아니다'와도 공기한다고 하였다.[4]

정호완(1986)에서는 의존명사가 어미와 결합하거나 조사와 결합하여 쓰이는 모습에 대해 설명하였다. 또 합성어가 만들어지는 과정에 대해서는 살펴보았다.[5]

이 글에서는 의존명사가 15세기에 어떤 모습으로 쓰였는지에 대해 살피려고 한다. 15세기의 자료로는 석보상절과 번역노걸대를 대상으로 한다. 석보상절을 택한 이유로는 안신혜(2013)에서 이루어진 의존명사의 문법화 현상에 대한 연구의 도움을 받기 위함이고, 번역노걸대를 택한 이유는 당시의 대화체를 대상으로 하는 것이 언중들의 가장 생생한 언어생활의 모습을 엿볼 수 있을 것으로 생각되기 때문이다.

---

2) 정재영(1993), "중세국어 의존명사 'ᄃᆞ'의 어미화에 대한 연구", 한국외국어대학교 박사학위논문.

3) 황경수(2000), "중세국어 의존명사의 문법화에 대한 연구", 『인문과학논집』, 제20집, 청주대학교 인문과학연구소.

4) 김태곤(1986), "중세국어의 의존명사 연구", 『논문집』, 제22집, 제주대학교.

5) 정호완(1986), "중세국어의 의존명사 연구", 『인문과학연구』, 제4집, 대구대학교 인문과학연구소.

2. 15세기 문헌에서 보이는 의존명사

의존명사는 명칭에서만 학자들 간에 차이를 보이는 것이 아니라 그 목록에 있어서도 큰 차이를 보인다. 이것은 앞에서 설명한 문법화의 정도성에 대한 의견 차이에 따른 것이다. 하나의 같은 단어를 놓고도 그 말이 문법화 과정 중 어느 단계를 지나고 있는가에 대한 학자들의 견해는 저마다 다르다. 그렇게 때문에 어휘적 의미가 얼마나 희박한지에 대해서도 학자들 간에 견해가 일치되지 않고, 통사 제약이 어느 정도인가에 대해서도 저마다의 의견을 내놓게 되는 것이다. 이것은 언중이 의존명사를 사용하는 양상에서도 차이가 난다는 점을 보면 더 확실히 알 수 있다. 전문적인 국어학 지식이 없는 언중들도 직관에 따라 의존명사를 사용하는데, 바로 이 직관이 조금씩 차이가 나기 때문에 언어의 사용 모습에도 차이가 생기는 것이다. 그렇기에 하나의 말을 두고도 자립명사로 볼 것인지, 의존명사로 볼 것인지가 나뉘는 것이다. 아래는 안신혜(2013)에서 정리한 학자들의 의존명사 목록이다.6)

허 웅 (1975)

ᄀᆞ장, 간, 거긔, 것, 게, 겿, 곧, 그에, 녁, 닷/탓, ᄃᆞ, 다, ᄃᆞᆺ, ᄃᆞ시/드시/디시, ᄯᆞ름, ᄃᆡ/듸, 디, 대, 동, 뎌에, 덛, 만(마), 바, 분, ᄲᅮᆫ, 손ᄃᆡ, 양, 이, 이어긔, 자히, 적, 젼차

고영근 (1982)

ᄀᆞ장, 간, 거긔, 것, 게, 겿, 곧, 곧, 그에, 긔, 녁, 닷, ᄃᆞ, ᄯᆞ름, 다ᄫᅵ, ᄃᆞᆺᄃᆡ, 대, 덛, 동, 디, 만, 바, 분, ᄲᅮᆫ, ᄉᆞ, 손ᄃᆡ, ᄉᆞᆺ, 얒, 양, 이, 자히, 적, 줄, ᄒᆡ

6) 이 목록은 황경수가 제시한 의존명사 목록인데, 여러 학자들의 목록 중 가장 합당하다고 여겨지는 목록 셋을 제시한 것이다.

정호완 (1987)

ᄀᆞᆲ, ᄉᆡᆨ장, 간, 것, 게, 고(故), 곧, ᄡᅴ, ᄠᅳ, ᄣᅵ, 날, 녁, 놈, 다, 다ᄫᅵ, ᄃᆞ, ᄃᆞᆫ, ᄃᆞᆯ, ᄯᆞ롬, ᄃᆞᆺ, 대로, ᄃᆡ, 덛, 동, 듕, 디, 만, ᄆᆞᆺ, 바, ᄉᆞ, ᄉᆞᆫ, ᄉᆞᆯ, ᄉᆡ, 손ᄃᆡ, ᄉᆞᆾ, 시, ᅀᆞᆾ, 양, 이, 자, 적, 제, 줄, 자히, 테

이 글에서는 위의 의존명사들 준 현대와 다른 의미로 쓰이는 것들을 중점적으로 살펴볼 것이다. 현대와 쓰임이 거의 같은 의존명사는 여기에서는 다루지 않는다. 이 논문에서는 석보상절과 번역노걸대를 자료로 하여 의존명사들이 어떻게 쓰이고 있는지에 대해 알아볼 것이다.

2.1 석보상절에서 보이는 의존명사

(1)것

ㄱ. 慈悲ᄂᆞᆫ 衆生ᄋᆞᆯ 便安케 ᄒᆞ시ᄂᆞᆫ 거시어늘 (6:5)

ㄴ. 須達이 닐오ᄃᆡ 太子ㅅ 法은 거즛마ᄅᆞᆯ 아니ᄒᆞ시ᄂᆞᆫ 거시니 (6:24-25)

ㄷ. 布施ᄅᆞᆯ 즐겨 뒷논 거슬 앗기디 아니ᄒᆞ야(9:13)

ㄹ. 이 사ᄅᆞ미 一切 즐거ᄫᅳᆫ 거스로(19:4-5)

ㅁ. 金銀七寶 一切 됴ᄒᆞᆫ 거스로 (23: 3)

'것'은 보편성 의존명사로 어떠한 사물이나 일을 가리킬 때 쓴다. 현대에는 주로 '-ㄴ 것'이나 '-ㄹ 것'의 형태로 쓰는데, 의지나 추측을 표현하기도 한다. 위의 (1ㄱ, ㄴ)에서는 '것'이 현대의 '법'의 의미와 비슷하게 쓰이는 것을 볼 수 있다. (1ㄷ, ㄹ)은 '사물'이나 '일'의 의미로 쓰였으나, (1ㄱ, ㄴ)은 그 자리에 '법'을 대치해도 무리 없이 의미가 통하는 것을 볼 수 있다. 이것은 15세기에 '것'이 현대의 '법'처럼 '당위'의 의미로 쓰였기 때문이다. 현대에는 '당위'의 의미로 쓰이는 예가 없지는 않으나, 문어체에 국한되어 사용되고, 실제 구어에서는 거의 쓰이지 않으므로, 현대에는 그 힘을 잃은 용법이라 할 수 있다. '것'은 이미 15세기에 현대의 용법과 거의 흡사한 형태로

쓰이고 있다. 의미에서도 차이가 별로 없으며, 후행요소에 있어서도 차이가 보이지 않는다. '것'은 후행요소로 격조사인 '-이, ᄋᆞᆯ/을', 보조사인 '-ᄋᆞᆫ/은, -도, -만' 등을 갖는데 이것은 현대에도 그러하여 '것'의 뒤에는 격조사 '-이/가', 보조사 '-은, -도, -만' 등이 따른다. 또 현대의 지식만으로도 당시의 문장을 해석하는 데 아무 어려움이 없다는 것은 15세기와 현대의 '것'의 용법이 거의 다름이 없다는 것을 단적으로 말해주는 것이다. 다만 현대에는 쓰이지 않는 용법이 종종 보이는데 '것'과 관형어가 결합하여 하나의 단어처럼 쓰이고 있는 것이 그것이다. '므스것'은 관형어인 '므스'에 의존명사인 '것'이 결합하여 통사론적 구성을 이룬 것인데 이것이 마치 하나의 형태론적 구성처럼 쓰였다.

이렇게 여러 의존명사들 중에서도 '것'이 여러 어휘들과 결합하여 합성어로 생성되어 온 것은 '것'이 지닌 의미 때문이다. '것'은 '사물', '일'을 폭넓게 의미하는 보편성 의존명사이기에 선행하는 요소와 쉽게 결합하여 하나의 형태론적 구성으로 쓰일 수 있었던 것이다. 즉 '선행요소 +것'의 구성은 '선행요소의 의미를 가진 일이나 물건'의 뜻으로 쓰인다. 결국 '것'은 앞에 오는 말의 의미를 가진 하나의 단어로 기능할 수 있었던 것이다. 석보상절에서 용언이 '것'의 선행요소로 오는 경우도 흔하게 볼 수 있는데 이는 '것'의 일반적인 용법으로 현대와 다를 것이 없다. 다만 이러한 구성은 '명사 + 것'의 구성이 하나의 형태론적 구성으로 굳어진 것과는 달리 여전히 통사론적 구성으로 쓰이고 있다. 이러한 현상은 대체로 명사보다 용언이 길이가 길기 때문에 '것'과 결합하기 어려운 것으로 보인다.

(2)녁

ㄱ. ᄒᆞ녀 ᄀᆞ론 분별ᄒᆞ시고 ᄒᆞ녀 ᄀᆞ론 깃거 구쳐니러 절ᄒᆞ시고 (6:2-3)

ㄴ. 사회 녀긔셔 며느리녁 지블 婚이라 니ᄅᆞ고 며느리 녀긔셔 사회녁 지블姻이라 니ᄅᆞᄂᆞ니 (6:16)

ㄷ. 알픽 훈 光明이 東녀그로 비취시니(13:63)
ㄹ. 올훈 녀그로 닐굽 번 값도ᄅ시고 목노하 우르샤 하늘해 도라 가시니라.(23:36)

'녁'은 '방향'이나 '편' 등의 의미로 쓰였다. 현대에 쓰이는 용법과 크게 다르지 않다. (2ㄱ, ㄴ)에서는 추상적인 의미로 쓰였는데 물리적인 방향이 아닌 '편'이나 '쪽' 등의 의미로 사용되었다. (2-ㄷ)은 앞의 경우와 다르게 물리적인 '방향'의 의미로 쓰인 경우이다. '녁'은 구체적인 방향을 뜻하는 '공간'의 의미와 어떤 때의 시점을 말하는 '시간'의 의미로 쓰이는데 위의 예문에서는 '시간'의 의미로 쓰인 경우는 보이지 않는다. 15세기 문헌에서 보이는 '녁'은 '공간'을 나타내는 어휘들과 결합하여 하나의 형태론적 구성을 이루게 되는 경우가 많다. '동녘, 서녘, 들녘, 개울녘, 아랫녘, 윗녘' 등의 형태가 그러하다. '녁'은 현대로 오면서 물리적 방향의 의미에서 의미 확장을 이루어 '시간'의 의미도 갖게 되었는데, '새벽녘, 저녁녘, 샐녘, 저물녘, 어슬녘' 등처럼 다른 단어와 합쳐져 쓰이는 것을 볼 수 있다. 이러한 합성법은 위에서 살펴본 '것'의 합성법과 비슷한데 선행요소로 명사가 오면 뒤따르는 '녁'과 결합하여 하나의 형태론적 구성을 이루게 되는 것이다. 다만 '녁'은 앞에 오는 요소가 용언일 경우에도 용언의 활용형과 그대로 결합하여 하나의 형태론적 구성을 이룬다는 점이 '것'의 합성법과는 다르다. '녁'은 앞에 '공간'의 의미를 지닌 명사가 오면 하나로 결합하는 경향이 컸다. 그리고 '시간'의 의미를 지닌 선행요소일 경우에는 명사일 경우에는 말할 것도 없고, 용언의 활용형이 오는 경우에도 하나로 결합하는 현상을 보였다. 그러나 이렇게 용언의 활용형과 결합된 합성어는 그리 많지 않았다. '녁'의 앞에 '시간'의 의미를 가진 요소가 올 때에는 '어떤 때의 무렵'이라는 의미로 쓰여 두 형태론적 구성이 '선행요소가 의미하는 시간 무렵'이라는 하나의 뜻으로 쓰였다. 그렇기 때문에 '새벽녘, 저녁녘, 샐녘, 저물녘, 어슬녘' 등의 몇 가지 어휘만 만들어지게 된 것이다.

(3) ᄃᆞᆺ
ㄱ. 내 太子ᄅᆞᆯ 셤기ᅀᆞ보ᄃᆡ 하ᄂᆞᆯ 셤기ᅀᆸᄃᆞᆺᄒᆞ야 (6:4-5)
ㄴ. 뎌 藥師琉璃光如來ㅅ 功德을 내 일ᄏᆞᆮᄌᆞᆸᄃᆞᆺᄒᆞ야 (9:26)
ㄷ. 前生앳 이리 어제 본ᄃᆞᆺᄒᆞ야 (6:9)
ㄹ. 辭ᄂᆞᆫ 하ᄃᆡᆨ이라 ᄒᆞᄃᆞᆺᄒᆞᆫ 마리라. (6:22)
ㅁ. 得혼 功德도앳 가 니르ᄃᆞᆺᄒᆞ야 (19:26-27)

'ᄃᆞ'은 현대의 '듯'에 해당하는 의존명사인데 이 시기에 이미 'ᄒᆞ다'와 녹아 붙어 하나의 형태론적 구성을 이루는 것을 볼 수 있다.[7] 위의 (3ㄱ)의 '하ᄂᆞᆯ 셤기ᅀᆸᄃᆞᆺᄒᆞ야'에서는 '셤기다'와 '-ᅀᆸ-'이 결합하고 그 뒤에 'ᄃᆞᆺ'이 오는 것을 볼 수 있다. 현대의 말로는 '섬기듯 하다'의 형태로 바꾸면 자연스럽다. 현대어의 '섬기다'와 '듯하다'의 통사론적 구성은 '듯'이 어미화하여 '-듯이'의 형태로 쓰이고 다시 '섬기다'와 결합하여 '섬기듯'으로 바뀐 후, 다시 보조동사 '하다'가 통합된 것이다. 그래서 '섬기듯 하다'의 통사론적 구성으로 쓰이게 되는데 '셤기ᅀᆸᄃᆞᆺᄒᆞ야'에서는 '셤기- + -ᅀᆸ- + -ᄃᆞᆺ- + -ᄒᆞ야'가 하나로 결합되어 쓰이는 것을 볼 수 있다. 이것은 두 가지로 분석해 볼 수 있다. 먼저 현대의 용법처럼 일단 'ᄃᆞᆺ'을 'ᄒᆞ다'와 결합시킨 것으로 보는 것이다. 그러고 나서 '셤기다'와 'ᄃᆞᆺᄒᆞ다'를 결합하면 '셤기ᅀᆸᄃᆞᆺᄒᆞ야'를 구성해 낼 수 있다. 다른 한 가지는 'ᄃᆞᆺ'이 어미화하여 '셤기다'에 결합되어 쓰인 것으로 보는 것이다. 그 뒤에 'ᄒᆞ다'가 결합하면 '셤기ᅀᆸᄃᆞᆺᄒᆞ야'의 형태가 완성된다. 여기에서 문제는 'ᄃᆞᆺ'의 어미화가 먼저인지, 'ᄃᆞᆺ'의 'ᄒᆞ다'와의 결합이 먼저인지를 알아내는 것이다. 이것을 분석하여 보면 '-ᄃᆞᆺ + ᄒᆞ다'와 '- ㄴ/ㄹ+ ᄃᆞᆺᄒᆞ다'로 나누어 볼 수 있다.

7) 이성하(2000)에서는 문법화 현상의 하나로 융합에 대해 설명하였다. 융합은 둘 이상의 형태론적 구성이 하나의 형태론적 구성을 이루게 되는 것을 말하는데 허웅은 이를 '녹아붙는다'고 표현하였다. 또 이성하(2000)에서는 말의 길이도 융합의 조건에 포함된다고 하였는데 길이가 짧은 말일수록 융합될 확률이 높은 것으로 보았다. 이것은 언중이 짧은 말들을 모아 하나의 형태론적 구성으로 인식하는 것이다.

위의 분석만으로 결론내기는 어렵지만 아마도 '-듯 + ᄒᆞ다'의 형태가 먼저 이루어지지 않았을까 싶다. '듯'이 먼저 어미화된 후 '듯'이 'ᄒᆞ다'와 결합하게 된 것으로 보는 것이 자연스럽다. 아마도 '-듯'이 용언 뒤에 자주 어울려 쓰이고 그 뒤에 다시 'ᄒᆞ다'가 오는 구성이 많이 쓰이게 되면서 언중은 '듯'을 앞의 말과 하나의 형태론적 구성으로 인식하게 되었을 것으로 보인다. 또 이 형태 뒤에 'ᄒᆞ다'가 흔히 쓰이게 되자 어미화된 '-듯' 뒤에 다시 'ᄒᆞ다'를 결합하여 하나의 구성으로 사용하게 된 것이다. 그 후에 이렇게 하나의 구성으로 사용되다가 '듯ᄒᆞ다'가 떨어져 나와 별개의 용언으로 쓰이게 된 것으로 생각된다.

이와는 다르게 '셤기ᅀᆸ듯ᄒᆞ야'의 '듯'이 먼저 어미화를 이룬 것으로 보지 않고 'ᄒᆞ다'와 먼저 결합하였다고 볼 수도 있다. 그 이유는 이 '듯ᄒᆞ다'의 형태를 석보상절의 여러 곳에서 볼 수 있기 때문이다. 이것은 현대의 보조형용사 '듯하다'의 용법과 유사하게 쓰였는데 그것이 현재까지 이어져 내려온 것으로 볼 수 있다.

(3ㄹ)의 경우는 현대의 용법과는 조금 다르게 사용되었다. 'ᄒᆞ듯ᄒᆞ다'가 하나의 형태론적 구성으로 쓰이고 있는데 현대의 말로 풀이하자면 '하는 듯하다' 정도의 의미가 될 것이다. 이 말은 용언 'ᄒᆞ다'와 의존명사 '듯', 그리고 다시 용언 'ᄒᆞ다'가 융합되어 이루어진 말로 보인다. 이것 역시 위의 논리대로 생각한다면 두 가지 방식의 분석이 존재한다. 'ᄒᆞ듯ᄒᆞ다'는 'ᄒᆞ- +-듯- +ᄒᆞ다'로 분석되는데 'ᄒᆞ듯 +ᄒᆞ다'와

'ᄒᆞ- + 듯ᄒᆞ다'로 다시 분석해 볼 수 있다.

2.2. 번역노걸대에서 보이는 의존명사

(4) 것

ㄱ. 이 쟉도ᄂᆞᆫ 이 우리 아ᅀᆞ믜 짓 거시니 ~

느미 것 ᄒᆞ야ᄇᆞ리디 말라(번노 상:19ㄱ-ㄴ)
ㄴ. 사ᄅᆞᆷ 머글 것도 업슨ᄃᆡ(번노 상:55ㄴ-56ㄴ)
ㄷ. 돈 밧고와도 믿디디 아니면 ᄒᆞᆯ 거시니(번노 상:65ㄱ-65ㄴ)

번역노걸대에서 보이는 '것'은 현대의 '것'과 다른 점이 거의 보이지 않는다. 위의 예문에서도 '것'은 '물건'이나 '일'의 의미로 쓰였는데 이는 현대에서 쓰이는 의미와 다를 바가 없다. 그리고 여기에서도 관형어와 결합된 형태를 자주 볼 수 있는데 '므스것'이 그것이다. 이것은 석보상절에서도 흔히 볼 수 있는 형태였으므로 특이하다 할 것은 아니다. 그러나 석보상절에서 자주 보이는 사용법인 '당위'의 의미로 쓰이는 예를 찾아보기 어렵다는 것이 특이하다 할 만하다. 석보상절에서는 현대의 '법'과 대치되어 사용될 수 있을 정도로 '당위성', '마땅히 그래야 함'의 의미로 '것'을 쓰는 모습을 볼 수 있는데 번역노걸대에서는 이러한 사용법은 보이지 않는다. 이것은 아마도 두 자료의 특성에 따른 것으로 보인다. 석보상절은 석가의 일대기를 기록한 글이므로 실생활에서 쓰이는 구어체의 문장보다는 양반 계층에서 쓰던 문어체의 문장이 쓰였을 것이다. 그러므로 일반 서민들의 대화에서 쓰는 문장들과는 어느 정도 차이가 있을 것으로 보인다. 이에 반해 번역노걸대는 외국어 회화책이므로 구어에 가깝다고 볼 수 있다. 외국어를 배우기 위한 책이므로 최대한 그 당시의 대화체를 그대로 담기 위해 노력했을 것으로 생각된다. 이 두 가지 사실을 생각했을 때 '것'의 사용법이 문어체와 구어체의 두 범주로 나뉜다고 가정해 볼 수 있다. 문어체에서는 석보상절에서 자주 보이는 '당위성'의 의미로 '것'을 사용하였지만, 구어체에서는 사용하지 않았을 것으로 추측할 수 있다.

(5) 녁
ㄱ. 그저 이 길 븍녁 人家의 드러가 잘 ᄃᆡ 어드라 가져(번노 상:46ㄱ

-46ㄴ)
ㄴ. 네 遼東자새 어늬 녀긔셔 사ᄂᆞ뇨(번노 상:48ㄱ-48ㄴ)
ㄷ. 遼東 이녀긔 와 모다 오라(번노 하:6ㄱ-6ㄴ)
ㄹ. 네 遼東자새 어늬 녀긔셔 사ᄂᆞ뇨(번노 상:48ㄱ-48ㄴ)

'녁'은 석보상절에서의 쓰임과 크게 다를 것이 없어 보인다. 여기에서도 '방향'의 의미로 사용되었는데, '것'이 다른 단어와 결합하여 하나의 단어로 쓰이는 것처럼 '녁'도 다른 단어들과 결합하는 모습이 보인다. (5ㄱ)에서는 '븍'과 결합하여 '븍녁'으로 쓰였는데 이는 '동녘, 서녘, 들녘, 아랫녘, 윗녘, 개울녘' 등과 비슷한 형태이다. 석보상절과 마찬가지로 여기에서도 '시간'의 의미로 쓰이는 모습은 보이지 않는다.

(6) ᄃᆞᆺ
ㄱ. 이 버다 네 콩 숢기 아디 몯ᄒᆞᄂᆞᆫ ᄃᆞᆺᄒᆞ고나(번노 상:19ㄴ-20ㄱ)
ㄴ. 三十里 남즉ᄒᆞᆫ 싸히 잇ᄂᆞᆫ ᄃᆞᆺᄒᆞ다(번노 상:59ㄴ)
ㄷ. 네 나히 한 ᄃᆞᆺᄒᆞ니 어ᄂᆞ 내 슈례ᄒᆞ료(번노 상:63ㄴ)
ㄹ. ᄒᆞᆫ 져므니 잇더니 예 몯 보리로다 나간 ᄃᆞᆺᄒᆞ다(번노 하:2ㄱ)

번역노걸대에서 'ᄃᆞᆺ'은 주로 'ᄃᆞᆺᄒᆞ다'의 형태로 쓰이는 것을 볼 수 있다. 위에서 설명했듯이 'ᄃᆞ'과 'ᄒᆞ다'가 결합된 형태이다. 'ᄃᆞᆺᄒᆞ다'가 하나의 결합 형태로 쓰인다는 것은 석보상절과 다를 바가 없으나, 석보상절에서 종종 보이던 'ᄒᆞᄃᆞᆺᄒᆞ다'의 형태는 보이지 않는다. 이것 역시 위에서 살펴보았던 '것'의 용법과 비슷한 것으로 보아야 할 것 같다. 그러나 '것'의 경우는 현대에도 '당위성' 의미의 '것'이 문어체에 종종 쓰이는데, 'ᄒᆞᄃᆞᆺᄒᆞ다'는 현대에 전혀 쓰이지 않는 용법이라 확정지어 말하기 어렵다.

3. 맺음말

이 글은 15세기에 의존명사가 어떻게 쓰이는지를 알아보기 위해 시작되었다. 자료로는 석보상절과 번역노걸대를 삼았는데, 석보상절은 왕가에서 부처의 일대기를 적은 것으로 왕가의 문어체로 쓰였고, 번역노걸대는 외국어 회화책이므로 실제 대화체에 가깝게 쓰였을 것이다. 그러므로 석보상절은 당시의 양반가의 문어체를 살피기 좋은 자료이고, 번역노걸대는 양반보다는 아래 계층의 구어체를 살피기 좋은 자료이다. 이 두 자료에서 의존명사의 쓰임을 살펴보니, 당시의 의존명사의 쓰임과 현대의 쓰임에 크게 다른 점은 발견할 수 없었다. 그러나 같은 시기에 쓰인 두 책에서 의존명사 '것'과 '둣'이 다르게 쓰인 용례를 찾을 수 있었다. 석보상절에서는 '것'이 '당위성'의 표현으로도 쓰여, 현대의 '법'의 용법과 흡사하게 쓰이는 것을 볼 수 있었다. 그러나 이러한 용법은 석보상절에서만 보이고 번역노걸대에서는 보이지 않았다. 다른 의존명사들의 쓰임이 두 책에서 거의 차이가 없는 것으로 보아 이러한 점은 유의미하게 볼 만하다 하겠다. 이것은 아마도 석보상절이 문어체 문장으로 쓰인 책인데 반해 번역노걸대는 외국어 학습서이니만큼 구어체의 문장이 주로 쓰인 점에서 그 이유를 찾을 수 있을 것으로 보인다. 그러므로 당시에도 '것'이 '당위성'의 의미로 쓰이는 것은 문어체에 한정된 것이 아닐까 조심스럽게 추측해 본다.

'드'의 경우는 조금 더 조심스러운 경우이다. 석보상절에서 종종 보이는 'ᄒᆞ둣ᄒᆞ다'는 번역노걸대에서 보이지 않는데 이것은 어떻게 해석해야 할지 의문이다. '것'은 현대에도 문어체에서는 '법'의 의미로 쓰일 때가 있기 때문에 당시에도 그랬을 것이라고 추론해 볼 수 있지만 'ᄒᆞ둣ᄒᆞ다'는 현대에 전혀 쓰이지 않는 형태라 쉽게 추론하기 어렵다. 이 문제는 후속 연구가 더 이어져야 할 것으로 보인다.

참고문헌

고영진(1997), 『한국어의 문법화 과정』, 국학자료원.

김영신(1983), "석보상절의 어휘 연구", 『논문집』 제15집, 신라대학교.

김종택(1983), "석보상절의 표현구조", 『배달말』 제8집, 배달말학회.

김태곤(1986), "중세국어의 의존명사 연구", 『논문집』 제22집, 제주대학교.

김태엽(1990), "의존명사 '것'의 문법화와 문법 변화", 『대구어문논총』 제8집, 대구어문학회.

김현정(1997), "국어 명사의 문법화 과정 연구 : 어미화 과정을 중심으로", 건국대학교 석사학위논문.

서정수(1978), "'-ㄹ 것'에 관하여 : '겠'과의 대비를 중심으로", 『국어학』 제6집, 국어학회, 1978.

안주호(1996), "명사 파생의 문법화 연구 :'터 ㅎ'를 중심으로", 『어학연구』 제32집, 서울대학교 어학연구소, 1996.

안주호(1996), "한국어 명사의 문법화 현상 연구", 연세대학교 박사학위논문.

안주호(2001), "공간 명사의 문법화에 대한 연구", 『신라학연구』 제5집, 위덕대학교부설 신라학 연구소.

이성하(1998), 『문법화의 이해』, 한국 문화사.

이숭녕(1975), "중세국어 '것'의 연구", 『진단학보』 제39집, 진단학회.

이주행(1998), "한국어 의존명사의 통시적 연구 : 통사, 의미론적 고찰을 중심으로", 성균관대학교 박사학위논문.

이화숙(2004), "석보상절 권3에 대한 일고찰", 『국어사연구』 제4집, 국어사학회, 2004.

전정례(1994), "중세국어 의존명사구문에 對한 一考察", 『언어학』 제12집, 한국언어학회.

전정례(2005), 『언어변화이론』, 박이정.

정재영(1997), 『의존명사 'ᄃᆞ'의 문법화』, 태학사.

최대희(2010), "17세기 국어의 이름마디 구조 연구", 건국대학교 박사학위논문.

황경수(2000), "중세국어 의존 명사의 문법화에 대한 연구」, 『인문과학논집』 제20집, 청주대학교 인문과학연구소.

황경수*2001), "중세국어 의존명사의 의미기능에 대한 연구", 『언어학연구』 제5집, 한국중원언어학회, 2001.

흥부가 사설에 나타난 의향씨끝 고찰(2)

장 숙 영

1. 머리말

판소리는 노래를 부르는 창과 이야기를 하는 아니리가 어우러진 우리 민족 고유의 음악으로 극적인 요소를 갖춘 예술의 한 분야이다. 사설은 창의 가사 부분과 말로 하는 아니리를 두루 가리킨다(김대행, 2001:29). 또한 판소리는 스승의 소리를 후학들이 그대로 전수받는 방법으로 대물림되는 예술이라 할 수 있다. 스승에게 전수 받은 사설은 스승의 입에서 입으로 구전되는 형태이므로 스승의 문장이 제자들에게 이어진다. 이렇게 이어진 창을 문자로 기록한 사설을 창본 사설이라 할 수 있다. 말로 전수 받은 판소리는 구어로 이루어져 있고 스승이 살았던 그 시대의 말이 사설에 반영되었을 것이다.

이 연구는 판소리 흥부가 창본 사설에 나타난 의향씨끝의 목록과 양상을 알아보고자 한다. 연구 대상으로 삼은 자료는 박이정에서 출간한 흥부전 전집 1권(김진영외 4인편저, 2003)으로 '흥부가'를 부른 명창들의 창본의 사설을 채록한 것을 다시 엮은 자료집이다. 이것은 판소리 다섯 마당을 정리한 신재효의 사설부터 19세기말, 20세기초 활동한 창자, 20세기 말엽까지 활약한 창자들의 창본을 다루고 있다.

판소리 사설은 명창들의 입에서 입으로 전승되었다. 구전되어 오던 사설을 신재효가 다섯마당을 정리하여 문자화 되었고 명창들의 소리를 음반 작업을 통하여 판소리가 소리로 기록되었다. 문자로 기록된 신재효의 사설을 기반으로 많은 명창들이 판소리를 전승시켰다. 판소리의 사설은 부르는 창과 말로 내용을 전하는 아니리로 되어 있고 이것을 사설이라 되어있다. 문장으로 된 사설은 어느 스승에게 배웠느냐에 따라, 같은 스승에게 배웠더라도 노래를 부르는 창자에 따라 조금씩 다르게 나타난다. 흥부가를 정리한 신재효 사설을 비롯하여 흥부가를 부른 명창들의 창을 기록 정리한 창본 사설을 자료로 하여 사설에 나타난 의향씨끝을 분석하고자 한다. 계량적 분석을 통하여 창자들이 의향법 양상을 알아보고자 한다.

의향법(허 웅, 1995:519~522)은 말할이가 들을이에게 어떠한 요구가 있는지 없는지를 나타내는 풀이씨의 끝바꿈 범주이다. 의향법의 갈래는 '말할이가 들을이에게 어떤 요구가 있느냐 없느냐에 따라' 요구가 있으면 '서술법', 요구에 대한 대답을 요구하면 '물음법'이다. 들을이에 대해 어떠한 일을 요구 하면 '시킴법'이고, 들을이에게 자기와 함께 어떠한 일을 하기를 요구하면 '함께법'이다. 이러한 의향법은 의향씨끝에 의해 실현되고, 의향법의 갈래 중 서술법을 제외한 물음법, 시킴법, 함께법의 씨끝을 분석하고자 한다. 서술법에 대한 분석은 '흥부가 사설에 나타난 서술씨끝 양상(장숙영, 2013:521~557)'에서 자료를 가져올 것이다.

의향법은 의향씨끝에 의해 실현되고 들을이높임법과 함께 실현되기 때문에 들을이높임이 함께 나타난다. 들을이높임이 실현된 것을 의향씨끝에 포함시켜서 분석하고 의향씨끝에 따라 [높임]과 [안높임]으로 구분할 것이다. 이러한 문장에서 물음, 시킴, 함께 씨끝을 분석하여 목록화 할 것이다.

의향씨끝의 목록과 양상을 살펴보려면 먼저 문장에서 의향씨끝을 분석하고자 한다. 첫째 명창들 개인의 의향법의 양상을 알아보기 위하여 창자들의 사설에 나타난 문장을 분석할 것이다. 의향씨끝의 분석은 창과 아니리에 나타난 주어와 서술어를 갖춘 문장으로 한정한다. 서술어에 있는 의향씨끝의 분석은 한정하여 서술어에 살필 것이다. 문장을 분석하는 방법은 주어와 서술어가 갖춰진 문장과 서술어만 있는 문장도 하나의 문장으로 다루었다. 명창이 혼자하는 말이나 대화를 할 때 나타난 대답, 느낌말, 부르는 말 등 서술어로 끝맺지 않은 말은 문장 조각은 분석하지 않고 기타 빈도에 넣었다.

둘째로 흥부가 사설에 나타난 의향법을 명창 개개인에 따라 나타난 전체 문장에서 각 의향씨끝의 빈도분석을 하고자 한다. 각 명창이 부른 10개의 사설을 가지고 명창들 개개인의 의향법 범주별로 빈도 분석을 하여 서술법, 물음법, 시킴법, 함께법의 양상을 살필 것이다.

2. 흥부가 사설에 나타난 의향씨끝 양상

2.1. 물음법

이 글에서는 '심정순, 이선유, 신재효, 김연수, 김소희, 박동진, 박봉술, 정광수, 강도근 · 박봉술, 박녹주 · 박송희의 창본 사설[1])을 분석할 것이다. 명창이 부른 흥부가는 명창에 따라 제목이 조금 다르다. 심정순의 〈박타령〉, 이선유의 〈박타령〉, 신재효의 〈박흥보가〉, 김연수의 〈흥보가〉, 김소희의 〈흥보가〉, 박동진의 〈흥부가〉, 박봉술의 〈흥보가〉, 정광수의 〈흥보가〉, 강도근 · 박봉술의 〈흥보가〉, 박녹주 · 박송희의 〈흥보가〉 등이다. 이러한 흥부가 가운데 신재효의 〈박흥보가〉는 이것을 근간으로 많은 명창들이 창을 하였으므로 창본은 아니지만 다른 창본 사설과 함께 연구대상에 넣었다.

---

1) 연구 대상으로 삼은 창본 사설에 대한 자세한 설명은 장숙영(겨레어문학 제51집, 2013. 12)을 대신한다. 또한 의향씨끝의 하위 범주인 서술씨끝에 대한 자료와 설명이 필요한 경우에 이 논문을 참고한다.

이 창본을 대상으로 흥부가 사설에 나타난 의향법을 분석하여 의향씨끝의 목록을 만들어 정리할 것이다.

물음법은 말할이가 들을이에 대해서 대답을 요구하는 의향법의 한 가지로 물음씨끝으로 실현된다. 물음씨끝에 따라 물음말이 나타날 수도 있고 안 나타날 수 있다. 10명의 사설을 분석하여 흥부가에 나타난 물음씨끝의 목록을 추출하였다.

물음씨끝은 중세국어부터 쓰여진 씨끝으로 현대국어로 이어진다. 사설에 나타난 물음씨끝의 형태는 현대국어와 크게 다르지 않다. 19세기 말에서 20세기 초기국어 자료라 할 수 있는 신재효, 심정순, 이선유 창본에서 물음씨끝의 형태가 바뀐 모습을 알 수 있다.

물음을 나타내는 씨끝에는 본래 서술을 나타내는 씨끝과 다른 씨끝에서 물음으로 된 씨끝, 씨끝이 이어 붙어서 된 씨끝들이 물음씨끝으로 사용되는데 이 논의에서는 이 씨끝 모두를 물음씨끝으로 인정하여 분석하였다.

〈표 1〉 명창들의 물음씨끝 목록

창자	물음씨끝
심정순	-으냐/느냐, -으뇨/느뇨, -나/노, -은가/는가, -은고/는고, 을가/을고, -잇가/잇고, -어/아, -오/소, -으랴, -을손가, -을소냐, -으니, -지, -다고/라고, -게, -고, -을다
이선유	-으냐/느냐, -으뇨/느뇨, -나/노, -은가/는가, -은고/는고, 을가/을고, -잇가/잇고, -어/아, -오/소, -으랴, -을손가, -을소냐, -은다/는다, -은지/는지
신재효	-으냐/느냐, -으뇨/느뇨, -나/노, -은가/는가, -은고/는고, 을가/을고, -잇가/잇고, -어/아, -오/소, -으랴, -을손가, -을소냐, -은다/는다, -은지/는지, -게, -을지
김연수	-으냐/느냐, -으뇨/느뇨, -나/노, -은가/는가, -은고/는고, 을가/을고, -잇가/잇고, -어/아, -오/소, -으랴, -을손가, -을소냐, -라, -으니, -지, -게
김소희	-으냐/느냐, -으뇨/느뇨, -나/노, -은가/는가, -은고/는고, 을가/을고, -잇가/잇고, -어/아, -오/소, -으랴, -을소냐, -으니, -으이, -다니/라니
박동진	-으냐/느냐, -으뇨/느뇨, -나/노, -은가/는가, -은고/는고, 을가/을고, -

	잇가/잇고, -어/아, -오/소, -으랴, -을소냐, -라, -지, -다면서/라면서, -을지, -을래
박봉술	-으냐/느냐, -으뇨/느뇨, -나/노, -은가/는가, -은고/는고, 을가/을고, -잇가/잇고, -어/아, -오/소, -으랴, -을손가, -을소냐, -라, -으니, -은다/는다, -다고/라고, -으이, -다면서/라면서, -다니/라니, -고
정광수	-으냐/느냐, -으뇨/느뇨, -나/노, -은가/는가, -은고/는고, 을가/을고, -잇가/잇고, -어/아, -오/소, -으랴, -을손가, -라, -으니, -은지/는지, -다고/라고, -다면서/라면서
강도근	-으냐/느냐, -으뇨/느뇨, -나/노, -은가/는가, -은고/는고, 을가/을고, -잇가/잇고, -어/아, -오/소, -으랴, -을손가, -라, -지, -으이, -다니/라니, -을래
박녹주	-으냐/느냐, -으뇨/느뇨, -나/노, -은가/는가, -은고/는고, 을가/을고, -잇가/잇고, -어/아, -오/소, -으랴, -을손가, -라, -다고/라고, -으이, -을거나

1) '-으냐/느냐, -으뇨/느뇨' 형태

'-으냐' 형태는 [안높임]의 물음씨끝으로 물음말이 있는 물음이든 없는 물음이든 관계없이 사용되는 씨끝이다. 잡음씨, 그림씨에는 '-으냐'가, 움직씨에는 '-느냐'가 결합한다. '-더냐'는 '-드냐' 형태로도 나타난다. 때매김과 높임의 안맺음씨끝 '-었-', '-겠-', '-더-', '-으시-'가 결합한다. '-으시-', 10인의 명창들에 공통으로 나타나는 씨끝이다. '-느뇨' 형태는 박봉술, 강도근 · 박봉술 창본에만 나타난다. 박봉술 창본에서 '다친 제비가 제비왕에게 점고하러 들어가는 대목 중 흥부 제비가 절룩거리며 들어오는 모습을 보고 제비왕이 그 이유를 흥부 제비에게 물어보는 부분'에서 나온다. 제비왕에게 점고하는 대목이 이선유, 심정순 명창의 사설에는 나타나지 않고 나머지 사설에는 모두 나타난다. 강도근 · 박봉술, 김연수, 박동진 명창은 '졌느냐?'로 박녹주 명창은 '졌나'로, 신재효, 정광수 사설에는 '졌노'로 표현되었다. '-느뇨' 형태가 현대국어에서 많이 쓰이지 않는데 판소리에서도 쓰임이 적은 것을 알 수 있다.

(1) ㄱ. 엇의 갓다 네 오ᄂᆞ냐?〈심정순, 116:15〉

ㄴ. 興甫 안히 그 眼目에 前後 한나 본 것이냐?〈신재효, 30:9~10〉
ㄷ. 그 속에 뭣 들었느냐?〈정광수, 172:2〉
ㄹ. 유소씨(有巢氏) 구목위소(構木爲巢) 집 배우러 네 갔드냐?〈김연수, 426:2〉
ㅁ. 너는 왜 다리가 저리 봉통이 졌느뇨?〈박봉술, 604:5~6〉

2) '-나/노' 형태

'-나/노'는 [안높임] 뜻을 가진 물음씨끝으로 물음말이 있든 없든 물음을 나타낸다. 때매김 '-겟-, -엇-'과 높임 '-으시-, -으옵-', 높임토씨 '-요'도 결합하여 나타난다. 김소희, 박동진 명창의 사설에 때매김을 나타내는 '-었-'만 나오고 '-겠-'은 나타나지 않았는데 이것은 판소리 창본 사설이라는 자료의 한정으로 인한 것이라 할 수 있다. 심정순, 신재효, 김소희, 정광수 창본에서 '-나/노'가 나타나고 나머지 창본에서는 '-나'만 나타난다.

'-노' 형태는 '신재효, 심정순, 정광수, 김소희'의 사설에만 나타났다. '제비왕 점고 대목' 부분에서 창자에 따라 물음씨끝이 다르게 나타나는데 강도근 · 박봉술, 김연수, 박동진 명창은 '-느냐'로, 박녹주 명창은 '-나'로 박봉술 명창은 '-느뇨'로 표현하였다. 이선유 명창의 사설은 '너는 웨 다리를 즈는다?'로 표현하여 같은 문장을 명창들마다 다르게 나타났는데 이는 창자에 따라 물음씨끝을 선택하여 불렀다고 할 수 있어 창자 개인의 문체적 특성을 나타낸다고 할 수 있다.

(2) ㄱ. 무엇을 으더옵나?〈이선유, 328:9〉
ㄴ. 그 각다귀 갓흔 량반 쎄가 게라고 안이 갓겟나?〈심정순, 122:13~14〉
ㄷ. 이 놈이 별안간 이렇게 부자가 되었나?〈박녹주,박송희, 477:5〉
ㄹ. 왜 내가 물에 빠졌나요?〈김연수, 414:17〉
ㅁ. 내가 흥본디 무엇 하자고 찾아왔노?〈정광수, 160:2〉

3) -은가/는가, -은고/는고' 형태

[높임]의 뜻을 나타내는 물음씨끝으로 중세국어 이래로 현재까지 쓰이는 씨끝이다. '-은가/는가' 형태는 때매김 안맺음씨끝 '-었-', '-겠-', 높임 안맺음씨끝 '-으시-'와 높임토씨 '-요'가 결합한다. '-은고/는고'는 '-었-' 만 결합한 것이 나타나고 '-겠-'의 결합은 나타나지 않는다. 이 물음 형태는 10개의 창본에 모두 나타난다

(3) ㄱ. 좌이부동이 웬일인가?〈강도근 · 박봉술, 545:20〉
ㄴ. 비단 중에 무슨 비단이 웃저고리깜이 좋든개요?〈김연수, 403:9~10〉
ㄷ. 엇지히 졔비가 안이오는고?〈심정순, 113:5〉

4) '-을가/을고' 형태

[높임]의 뜻을 가진 물음씨끝으로 중세국어부터 현재까지 쓰이는 씨끝이다. 때매김 안맺음씨끝 '-었-'과 높임의 '-으시-'가 결합할 수 있는데 흥부가 판소리 창본 사설에는 나타나지 않는다. 판소리 각 대목을 표현하는데 이 씨끝으로 물어볼 때 예전의 일을 말하거나 높이는 상황이 나오지 않아서인 것 같다.

신재효, 심정순, 이선유 창본에서는 '-을가/을고' 형태만 나오고, 정광수 창본에는 '-을가/을고', '-을까/을꼬' 형태가 모두 나타난다. 김소희, 박녹주, 박동진 창본에는 '-을까/을꼬' 형태만 나온다. 강도근 · 박봉술, 김연수 창본에는 '-을고'나 '-을꼬' 형태는 나오지 않고 '-을까'만 나왔다. 박봉술 창본에는 '-을고' 형태와 '-을까' 형태만 나온다. 현대국어에서 '-을까'는 많이 사용되는데 비해 '-을꼬'는 자주 사용되지 않는 씨끝이다. 시어나 탄식할 때 사용하는 씨끝인데 판소리 사설은 전승되어온 것이므로 이 씨끝이 많이 사용되고 있음을 알 수 있다.

(4) ㄱ. 나모라도 짝가 세일까?〈심정순, 121:20〉
ㄴ. 우리 만은 권속이 그리 가자면 네 집 몃 파러 당할가?〈이선유, 347:17〉
ㄷ. 양반 생긴 모양 불이 나도 안 탈 테니 어찌하면 무사할까?〈김소희, 530:15~16〉
ㄹ. 江南이 머다 ᄒᆞ니 몃칠이면 當到ᄒᆞᆯ고?〈신재효, 20:7〉
ㅁ. 형님의 댁을 갔다가 보리로 시험하면 어쩔고?〈정광수, 145:6〉
ㅅ. 발이 둘밖에 없는데 어째 너이 될꼬?〈박동진, 245:23~24〉

5) '-잇가/잇고' 형태

[높임]을 나타내는 물음씨끝으로 중세국어 이래로 현재까지 쓰이는 씨끝이다. '-잇가'와 '-잇고', '-닛가' 형태는 현대국어에는 거의 소멸되어 쓰이지 않는 형태이다. '-ᄂᆞ잇가'와 '-니잇가' 형태는 높임 안맺음씨끝 '-습-'이 결합하여 '-습ᄂᆞ잇가', '-습닛가' 로 되는데 이것은 현대국어 '-습니까'로 이어진다. 심정순, 이선유, 신재효 사설에서는 '-잇가'와 '-잇고', '-니잇가', '-리잇가' 형태로 나타나고 나머지 다른 사설에서는 '-이까', '-습니까', '-리까' 형태가 나타난다. 김연수 사설에 '-릿가' 형태의 보기가 하나 나타나고 모두 '-까'의 형태로 변하여 나타난다. 20세기 초기에 활동하던 창자와 후기에 활동하던 창자의 표기가 달리 나타나 표기의 변화를 흥부가 창본에서 볼 수 있다.

'-잇고' 형태는 심정순 창본에서만 나타난다. '-잇고'로 표현된 문장은 '놀부 박타는' 대목 중 첫째 박에서 노인이 나와 맹자의 글귀를 인용하는 장면에서 이다. 맹자 글귀 부분이 나오는 사설은 신재효, 박동진, 심정순, 박봉술 창본 등이고, '밍ᄌᆞ - ᄃᆡ왈 왕은 하필 왈리니닛고' 문장이 나오는 것은 심정순 창본 뿐이다. 이 창본은 심정순의 구술로 1912년 매일신보에 연재된 사설이다. '연의 각'을 큰 제목으로 '박타령'을 작은 제목으로 하여 명창 심정순 구술에 해관자 책정이라고 표기되어 있다. 박이정에서 출간한 흥부전2와 3권에 있는 경판본과 국문 필사본, 활자본을 비교해보니 맹자 글귀가 나오는 판본이 있다. 흥부전 2권에는 경판본 25권[2], 신재효 가람본[3], 오영순 소장 27장본[4], 김동욱 소장 34장본[5]과 국문 필사본 김동욱 37장본[6]이다. 흥부전 3권에는 경판본으로 고려대 도서관 소장 연의각[7]과 국문 필사본 김진영 소장 46장본[8], 활자본으로 세창서관 흥부가[9]와 박문서관본 흥부전[10]이다. 창본은 심정순, 신재효, 정광수, 박동진, 박봉술에서 이 내용이 나온다.

국문 필사본은 김진영 소장 46장본 고려대 도서관 소장 연의각, 세창서관 흥부가, 신구서림본 등에서는 '-잇고' 형태가 나오는데 이것은 심정순의 박타령을 바탕으로 한 것이다. 즉 '-잇고' 형태는 심정순이 부른 창본 이외에는 나타나지 않아 심정순 명창의 문체적 특징이라 할 수 있다.

2) 혹 ᄃᆡ학도 읽으며 혹 ᄆᆡᆼᄌᆞ도 읽으며 이렷틋 집은 뒤집는지라〈흥부전 전집 2, 경판 25장본 29:15~16〉
3) 글익는 쇼ᄅᆡ가 ᄆᆡᆼᄌᆞ견 양혜왕ᄒᆞ신ᄃᆡ 왕왈 슈불원쳘이이ᄂᆡᄒᆞ시니 역ᄌᆞᆼ유이이오국호잇가〈흥부전 전집 2, 신재효본 〈박타령〉(가람본) 115:17~19〉
4) 박쇽의셔 글쇼ᄅᆡ ᄂᆞᄂᆞᆫᄃᆡ ᄆᆡᆼᄌᆞ 견양혜왕 ᄒᆞ신ᄃᆡ 왕월 슈불원쳘니니ᄂᆡ ᄒᆞ신니 역장유이국호잇ᄀᆞ〈흥부전 전집 2, 오영순 소장 〈장흥보전〉 161:21~23〉
5) 박 쏙의 글쇼리가 나되 ᄆᆡᆼ자겐 양혜왕ᄒᆞ신ᄃᆡ 왕왈 쉬불원철이이ᄅᆡᄒᆞ신니 역장유이이오국호잇가〈흥부전 전집 2, 김동욱 소장 낙장 34장본 〈흥부전〉 336:4~5〉
6) ᄒᆞᆫ 량반이 ᄆᆡᆼᄌᆞ을 일어 ᄆᆡᆼᄌᆞ견양혜왕ᄒᆞ신ᄃᆡ 왕왈 쉬불원쳔리니ᄅᆡᄒᆞ신니 역장유이리오국호잇가 ᄆᆡᄌᆡ ᄃᆡ왕 왕은 ᄒᆞ필왈리이닛고〈흥부전 전집 2, 김동욱 소장 37장본 〈흥부전〉 280:14~16〉
7) ᄒᆞᆫ 양반이 ᄆᆡᆼᄌᆞ를 일거 ᄆᆡᆼᄌᆞ견 양혜왕ᄒᆞ신ᄃᆡ 왕왈 쉬불원쳘리이ᄅᆡᄒᆞ시니 역장유이오국호잇가 ᄆᆡᆼᄌᆞ ᄃᆡ왈 왕은 하필왈리닛고〈흥부전 전집 3, 고려대도서관 소장 46장본 〈연의각〉 221:14~16〉
8) 글 익ᄂᆞᆫ 쇼ᄅᆡ가 나 ᄆᆡᆼᄌᆞ견양혜왕ᄒᆞ신ᄃᆡ 왕왈쉬불워쳘리이ᄂᆡᄒᆞ시니 역장유이리오국호잇가〈흥부전 전집 3, 김진영 소장 46장본 〈흥부전〉 160:22~23〉
9) ᄒᆞᆫ 양반이 ᄆᆡᆼ자를 읽어 ᄆᆡᆼᄌᆞ견 양혜왕ᄒᆞ신대 왕왈 쉬불원쳔리이ᄅᆡᄒᆞ시니 역쟝유이리오국호잇가 ᄆᆡᆼᄌᆞ ᄃᆡ왈 왕은 ᄒᆞ필왈 리이닛고〈흥부전 전집 3, 세창서관본 활자본 〈연의각〉 289:4~7〉
10) 한 양반은 ᄆᆡᆼᄌᆞ를 읽ᄂᆞᆫ다 ᄆᆡᆼᄌᆞㅣ 견양혜왕ᄒᆞ신ᄃᆡ 쏘 ᄒᆞᆫ편의셔ᄂᆞᆫ 통감 초권을 읽ᄂᆞᆫ다〈흥부전 전집 3, 박문서관본 활자본 〈흥부전〉 371:23~24〉

(5) ㄱ. 일긔 순치 못하온대 긔체 안녕하시닛가?〈이선유, 326:1〉
ㄴ. 형이 만일 죽고보면 한 쪼각 병신몸이 살어 무엇허오릿가?〈김연수, 448:8~9〉
ㄷ. 밍ᄌ - ᄃ왈 왕은 하필 왈리니닛고?〈심정순,102:7 〉
ㄹ. 장공예(張公藝)는 어이하야 구세동거(九世同居) 하였더이까?〈정광수, 137:20~21〉
ㅁ. 작은 서방님 안녕하셨읍니까?〈김소희, 503:18〉
ㅂ. 보리는 곡식이 아니오리까?〈강도근 · 박봉술, 550:13〉

6) '-은지/는지', '-으니', '-으랴' 형태

[안높임]을 나타내는 물음씨끝이다. '-은지/는지'는 현실을 나타내므로 때매김 안맺음씨끝'-었-, -겠-'이 결합하지 않는다. 이선유, 신재효, 박동진, 정광수, 강도근 · 박봉술, 박녹주 · 박송희 창본에 나타난다. '-으니'는 '-으냐'보다 정답고 부드럽게 물을 때 사용하는 씨끝으로 '-었-, -겠-'이 결합한다. 심정순, 김연수, 김소희, 박봉술 창본에 나타난다. '-으랴'는 자신의 느낌을 실어 반문하는 뜻을 나타낼 때나 자기의 행동에 대한 상대방의 의사를 물어보는 뜻을 가지고 있는 씨끝으로 안맺음씨끝 '-었-,' 이 결합한다. 10인의 사설에 모두 나타난다.

(6) ㄱ. 엇디ᄒ면 잘 사난지?〈신재효, 16:19~20〉
ㄴ. 내 이름을 어찌 알고 무엇 하자 와 찾는지?〈정광수, 160:1〉
ㄷ. 너 이 놈, 네 자식들 장개를 보냈으면 손자를 몇을 놓쳤겠니?〈박봉술, 586:10~11〉
ㄹ. 그래, 요새 큰서방님 성질이 어찌 되었니?〈김소희, 503:20〉
ㅁ. 외죠할미 콩죽 먹고 살앗스랴?〈심정순, 119:20~21〉

7) '-을손가', '-을소냐', '-을지' 형태

[안높임]을 나타내는 물음씨끝이다. 안맺음씨끝이 결합한 형태가 나타나

지 않는다. '-을손가'와 '-을소냐'는 '뒤집음'의 뜻이 있고 일상적으로 흔히 쓰이는 씨끝은 아니고 옛말투에서 사용되던 물음씨끝이다. 김연수, 심정순, 이선유, 신재효, 박동진, 정광수, 강도근 · 박봉술, 박녹주 · 박송희 등 8인의 창본에 나타난다. '-을소냐'는 심정순, 이선유, 신재효, 김연수, 김소희, 박동진, 박봉술 등 7인의 창본에 나타난다. '-을지'는 앞으로 있을 일에 대한 회의를 나타내는 뜻이 있고 신재효, 김연수, 박동진, 강도근 · 박봉술 창본에 나타난다.

(7) ㄱ. 웬수 갑흘 박씨여든 오작 밧비 자랄손가?〈이선유, 345:20〉
ㄴ. 金을 쥬고 밧굴쇼냐?〈신재효, 27:4〉
ㄷ. 배 일천 석을 실었던들 내 박 한 통을 당할소냐?〈김소희, 520:14〉
ㄹ. 야 흥부야, 너 삼강오륜을 알지?〈박동진, 240:7〉

8) '-오/소', '-을다', '-은다/는다', '-을거나' 형태

'-오/소'는 [높임] 뜻을 가진 물음씨끝으로 '-이오'와 '-이요'가 같이 나타난다. 높임 안맺음씨끝 '-으시-'와 때매김 안맺음씨끝 '-었-'과 '-겠-'이 결합하여 나타난다. 10인의 창본 모두에 나타난다. '-을다'는 옛말투의 물음씨끝으로 2인칭에서 사용되던 씨끝으로 20세기 초기국어에서는 쓰였으나 현대국어에서는 쓰지 않는다. 심정순 창본에만 나타난다. '-은다/는다'는 남의 말에 대하여 반문을 하는데 쓰이는 물음씨끝으로 중세국어이래로 사용되고 있다. 옛말투에서 주로 쓰인다. 신재효, 박봉술, 심정순, 이선유 창본에 나타난다.

(8) ㄱ. 당신이 나를 멍청이로 아시오?〈박동진, 199:3〉
ㄴ. 홍보 마누라 하는 말이 쌀을 얼마나 하엿쓰면 되겟소?〈이선유, 338:2〉
ㄷ. 네 엇의로 갈다?〈심정순, 131:9〉
ㄹ. 저 제비, 네가 어듸로 행헌다?〈박봉술, 623:4~5〉

ㅁ. 그대가 죽고 내가 살면 어린 자식들은 어찌 할거나?〈박녹주 · 박송희, 485:9~10〉

9) '-어/아', '-지', '-라', '-을라고', '-으이' 형태

[안높임]을 나타내는 물음씨끝이다. '-어/아'는 때매김 안맺음씨끝 '-었-'이 결합하고 높임토씨 '-요'가 결합하여 나타난다. 9인의 창본에 나타나고 김소희 창본에만 나타나지 않는다. '-지'는 안맺음씨끝과의 결합은 나타나지 않고 심정순, 박동진, 강도근 · 박봉술 창본에 나타난다. '-라'는 안맺음씨끝과의 결합은 보이지 않고 김소희, 박동진 창본에만 나타난다. '-을라고'는 박봉술, 정광수, 박녹주 · 박송희 창본에 나타나고 안맺음씨끝과의 결합은 나타나지 않는다. '-으이'는 '-으리'와 '-더'와만 어울리는 특별한 씨끝이고 높임토씨 '-요'가 결합한다. 김소희, 박봉술, 강도근 · 박봉술, 박녹주 · 박송희 창본에 나타난다.

(9) ㄱ. 놀甫가 우셔 자네가 엇디 알아?〈신재효, 40:22〉
ㄴ. 내 집 안이라도 명산이 잇는대 하필 내 집을 쓰더요?〈이선유, 347:14p
ㄷ. 쌀 셤 넘어 보리ㅅ 셤 잇지?〈심정순, 75:26〉
ㄹ. 발이 너이라?〈박동진, 245:23〉
ㅁ. 이 놈 밤새 좋은 보물(寶物)은 다 빼내고 빈 궤만 보낼라고야?〈정광수, 172:8~9〉
ㅂ. 그 속에 뭣이 들었는듸?〈박봉술, 621:4~5〉
ㅅ. 처음 잘못하였어도 후일 고치면 잘 되나니 그 뒤야 뉘 알리요?〈박녹주 · 박송희, 491:21~22〉

10) '-고', '-을래', '-게' 형태

[안높임]을 나타내는 물음씨끝이다. '-고'는 안맺음씨끝 '-으시-', '-었-'이 결합하고 박봉술, 심정순에 나타난다. '-을래'는 안맺음씨끝 결합은 나타나지

않고 박동진, 강도근 · 박봉술 창본에 나타난다. '-게'는 안맺음씨끝 결합은 나타나지 않고 심정순, 신재효, 김연수 창본에 나온다.

(10) ㄱ. 환사 호방 다 댁내가 평안하시고?〈박봉술, 589:18~19〉
ㄴ. 오, 그럼 얼마나 바칠래?〈강도근 · 박봉술, 578:9〉
ㄷ. 이 자식 투전은 무엇허게?〈김연수, 367:14〉

11) '-다고/라고', '-다니/라니', '-다면서/라면서' 형태

'-다고/라고'는 안맺음씨끝 결합은 나타나지 않고 심정순 창본에만 나타난다. '-다니/라니'는 안맺음씨끝 결합은 나타나지 않고 김소희, 박봉술, 강도근 · 박봉술 창본에 나타난다. '-다면서/라면서'는 안맺음씨끝 결합은 나타나지 않고 박동진, 박봉술, 정광수 창본에 나타난다. 같은 내용의 부분에 나타난다. 박봉술 창본에서는 '-다면서'가 줄어진 '-담서'로 나타난다.

(11) ㄱ. 엇의 가 못 살아셔 나를 보고 엇지라고?〈심정순, 68:18〉
ㄴ. 대전으로 바치다니?〈박봉술, 596:7〉
ㄷ. 뉘가 이 놈 근래에 밤이슬을 잘 맞고 다닌다면서?〈정광수, 169:15〉
ㄹ. 그는 그렇다고 허고, 내가 들으니 네가 밤이슬을 맞는담서?〈박봉술, 620:3~4〉

2.2. 시킴법

시킴법은 말할이가 들을이에 대해서 어떠한 일을 하기를 요구하는 의향법의 한 갈래로 시킴씨끝으로 실현된다. 들을이가 말할이보다 윗사람일 경우에는 들을이에 대한 '시킴'이 아니라 '간청'으로 바뀌어서 실현된다.

시킴을 나타내는 씨끝에는 본래 시킴을 나타내는 씨끝과 다른 씨끝에서 시킴으로 된 씨끝, 씨끝이 이어 붙어서 된 씨끝들이 시킴씨끝으로 사용되는데 이 논의에서는 이 씨끝 모두를 시킴씨끝으로 인정하여 분석하였다.

〈표 2〉 명창들의 시킴씨끝 목록

창자	시킴씨끝
심정순	-으라, -어라/거라/너라, -오/소, -시오, -소서, -게
이선유	-으라, -어라/거라/너라, -오/소, -시오, -소서, -게
신재효	-으라, -어라/거라/너라, -오/소, -시오, -소서, -게
김연수	-으라, -어라/거라/너라, -오/소, -시오, -소서, -게, -으렸다, -지
김소희	-으라, -어라/거라/너라, -오/소, -시오, -소서
박동진	-으라, -어라/거라/너라, -오/소, -시오, -소서, -게, -으려므나, -으렸다
박봉술	-으라, -어라/거라/너라, -오/소, -시오, -소서, -게, -으려므나
정광수	-으라, -어라/거라/너라, -오/소, -시오, -소서, -게
강도근	-으라, -어라/거라/너라, -오/소, -시오, -소서, -으려므나
박녹주	-으라, -어라/거라/너라, -오/소, -시오, -소서

1) '-으라' 형태

'말다'는 '말라'와 '마라'가 형태가 공존하여 나타난다. 10인의 사설에 모두 나타난다.

(12) ㄱ. 셔편고에 보슈포(報讐砲) 박씨를 갓다쥬라. 〈심정순, 95:22~23〉
ㄴ. 그러니께 너는 이만큼 부자가 됐으니 너 저 궤짝 저거 나 돌라. 〈박동진, 240:9〉
ㄷ. 얼른 행하 줘서 보내라. 〈박봉술, 634:14〉
ㄹ. 그 집 찾아 가지 마라. 〈김소희, 526:16〉
ㅁ. 큰 비가 올지라도 우장ᄒᆞ고 올 거이니 지질ᄒᆞ게 아지 말라. 〈신재효, 47:20~21〉

2) '-어라/거라/너라' 형태

[안높임]을 나타낸다. '-어라'와 '-아라'는 홀소리어울림 규칙에 따라 변동되는 것이고, '-여라'는 '하다'와 결합될 때, '-거라'는 '가다', '-너라'는 '오다'와

결합할 때 쓰인다. 10인의 사설에 모두 나타난다.

(13) ㄱ. 저 아전 거동을 보아라.〈박봉술, 590:15〉
ㄴ. 제발 덕분에 조르지를 말어라.〈김연수, 361:11~12〉
ㄷ. 아이고 아이고 분하여라.〈이선유, 328:18〉
ㄹ. 子息들 나간 後에 ᄯᅩ 죵 불너 일 오너라.〈신재효, 36:8~9〉
ㅁ. 살아서 멀고 먼 만리 강남 부디 평안히 잘 가거라.〈김소희, 511:14~15〉

3) '-오/소' 형태

'-오/소는 [높임]을 나타내는 시킴씨끝이다. 닿소리 다음에는 '-오'가 쓰이고 '-소'는 홀소리와 닿소리에 두루 쓰인다. 안맺음씨끝 '-옵/ᄋᆸ-'과 결합하고 토씨 '-요'가 결합하여 나타난다. 10인의 사설에 모두 나타난다.

(14) ㄱ. 한 놈 하넌 말이 날을낭은 육개장 국에 힌밥 마러주오.〈이선유, 327:19~20〉
ㄴ. 김동지 ᄃᆡᆨ에 가셔 집 한 뭇만 엇어 옵소.〈심정순, 88:23〉
ㄷ. 요런 도적놈 좀 보소요.〈박봉술, 621:8~9〉

4) '-시오' 형태

[높임]을 나타내는 명령씨끝이다. '-시오'는 '-시요'가 같이 나타나고 높임 안맺음씨끝 '-으옵-'과 결합한다. '-시오'가 줄어 '-쇼'와 '-슈'가 나타난다. 10인의 사설에 모두 나타나는데 판소리 창본이라는 자료의 한정성으로 인하여 안맺음씨끝 결합이 안되는 경우가 나타난다. 강도근 · 박봉술, 이선유 창본에는 '-으옵-'이 나오지 않았다. 박봉술, 정광수, 박녹주 · 박송희 창본에는 '-시요'가 나오고, 신재효, 심정순 사설에는 '-쇼'가 박동진 창본에는 '-슈'가 나온다. 이선유 사설에는 토씨 '그려'가 결합하여 나타난다.

(15) ㄱ. 한 졈만 잡셔 보옵시오.〈심정순, 109:20〉
ㄴ. 뒤안 굴뚝 속에 가보시오.〈김연수, 362:6〉
ㄷ. 여보쇼 世上 ᄉᆞ름 ᄂᆡ의 노ᄅᆡ 드러보쇼.〈신재효, 32:9〉
ㄹ. 말씀 마슈.〈박동진, 200:9〉
ㅁ. 자긔 형님 샛기 발고락하고 사시요그려.〈이선유, 342:4~5〉
ㅂ. 동생 동생, 나의 동생, 이 세상 사는 동안 만수무강하옵시오.〈김소희, 536:20〉

5) '-소서' 형태

[높임]을 나타내는 명령씨끝이다. 높임 안맺음씨끝 '-으옵-'과 결합한다. 김연수 창본에 '-소사'가 나타나고 신재효, 정광수 창본에 '-소셔', '-쇼셔' 등이 나타난다. 10인의 사설에 모두 나타난다.

(16) ㄱ. 果然 잘못 ᄒᆞ엿시니 넘어 震怠 마옵시고 平安이 계옵쇼셔.〈신재효, 12:13〉
ㄴ. 오륜지의(五倫之義)를 생각하여 십분통촉(十分洞燭) 하옵소서.〈정광수, 137:23〉
ㄷ. 안벽 치고 밧벽 치니 벽대장군이 나리소서.〈이선유, 341:12〉
ㄹ. 날개를 발발 떨면 놀보놈 바라보고 떨어집소사.〈김연수, 423:15~16〉

6) '-게', '-으려무나', '-으렸다', '-지' 형태

이 씨끝들은 모두 [안높임]을 나타낸다. '-게'는 심정순, 이선유, 신재효, 김연수, 박동진, 박봉술, 강도근 · 박봉술 창본에 나온다. '-으려무나'는 이선유, 박동진, 박봉술, 강도근 · 박봉술창본에 나온다. '-으렸다'는 옛말투에서 사용하는 씨끝으로 판소리에서 창자가 독백으로 관중에게 상황을 이야기해 줄 때 주로 사용되었다. 현대국어에서는 거의 쓰이지 않는다. 김연수, 박동진 창본에 나온다. '-지'는 '-제' 형태로 김연수 창본에만 나타난다.

(17) ㄱ. 던 엽즈동곳 한 기식 ᄒᆞ야 ᄉᆞ즈 보게.〈심정순, 125:21〉
ㄴ. 제비집 밋희 안저 치여다보며 ...... 어서 어서 내려지려무나.〈이선유, 344:12~13〉
ㄷ. 특별 용서를 허는 것이니 진심으로 개과천선 허렸다 어.〈박동진, 263:6〉
ㄹ. 이리 와서 내 말 듣제.〈김연수, 439:17〉

2.3. 함께법

함께법은 말할이가 들을이에게 어떠한 일을 함께 하기를 권유하는 의향법의 한 갈래로 함께씨 끝에 의해 실현된다. 움직씨에만 쓰이고 잡음씨나 그림씨에는 쓰이지 않는다.

함께씨끝 '-자', '-세', '-읍시다'는 10인의 사설에 모두 나타난다.

〈표 3〉 명창들의 함께씨끝 목록

창자	함께씨끝
심정순	-자, -세, -읍시다
이선유	-자, -세, -읍시다
신재효	-자, -세, -읍시다
김연수	-자, -세, -읍시다
김소희	-자, -세, -읍시다
박동진	-자, -세, -읍시다
박봉술	-자, -세, -읍시다
정광수	-자, -세, -읍시다
강도근	-자, -세, -읍시다
박녹주	-자, -세, -읍시다

1) '-자' 형태

'-자'는 [안높임]을 나타낸다.

(18) ㄱ. 부피가 많겠기로 곡식(穀食)을 넣어보자.〈박녹주 · 박송희, 486:15~16〉

ㄴ. 여러 말 할 것 없이, 우리 헐벗은 감에 옷 좀 해 입고 타자. 〈박봉술, 614:4〉
ㄷ. 근심걱정 흝어버리자. 〈정광수, 169:2~3〉

2) '-세' 형태

'-세'는 [높임]을 나타낸다. '-세'는 '-싀'와 '-쇠'의 형태로 나타난다. '-세'의 역사적 변천은 '-싀〉-쇠〉-세'로 볼 수 있는데 신재효가 이 사설을 정리할 때에는 아직 '-세'로 변화하지 않은 시기임을 알 수 있다.

(19) ㄱ. 兄님듸에 건너가셔 錢穀間에 어더다가 굴문 子息 살녀닙싀. 〈신재효, 7:23~24〉
ㄴ. 乾方으로 갈 터이니 졔 方位色을 ᄎᆞ져 黑孔緞을 감을 테쇠. 〈신재효, 31:8〉
ㄷ. 능구리 살무사 흑구렁이 ...... 률묵이 되는듸로 모러가셰. 〈심정순, 114:14〉
ㄹ. 경사를 보아도 우리 형제 같이 보세. 〈김소희, 517:7~8〉

위에서 살펴본 명창들의 의향씨끝을 요약하면 아래 표와 같다.

3) '-읍시다' 형태

'-읍시다'는 [높임]을 나타낸다. '-읍시다'는 중세국어 '-사-이-'를 이은 형태로 '-ᄋᆞᆸ-사-이-다〉읍싀다〉읍시다'로 형성된 것으로 볼 수 있다.

(20) ㄱ. 어서 드러가옵시다. 〈이선유, 342:14~15〉
ㄴ. 어셔 올나가사이다. 〈신재효, 35:4~5〉
ㄷ. 그럼 먼저 영감을 꾸며 봅시다. 〈박녹주, 475:12〉

〈표 4〉 명창들의 의향씨끝 요약

	씨끝	심	이	신	김1	김2	박1	박2	정	강/박	박/박
물음	-으냐/느냐	●	●	●	●	●	●	●	●	●	●
	-으뇨/느뇨	●	●	●	●	●	●	●	●	●	●
	-나/노	●	●	●	●	●	●	●	●	●	●
	-은가/는가	●	●	●	●	●	●	●	●	●	●
	-은고/는고	●	●	●	●	●	●	●	●	●	●
	-을가/을고	●	●	●	●	●	●	●	●	●	●
	-잇가/잇고	●	●	●	●	●	●	●	●	●	●
	-어/아	●	●	●	●	●	●	●	●	●	●
	-오/소	●	●	●	●	●	●	●	●	●	●
	-으랴	●	●	●	●	●	●	●	●	●	●
	-을손가	●	●	●	●			●	●	●	●
	-지	●		●	●		●			●	
	-게	●		●	●						
	-은다/는다		●	●				●			
	-은지/는지		●	●				●	●		
	-을거나										●
	-을다	●									
	-을소냐	●	●	●				●			
	-을래						●			●	
	-을지			●			●				
	-고	●						●			
	-으니	●			●	●		●	●		
	-다니/라니					●		●		●	
	-다면서/라면서						●	●	●		
	-라		●	●	●		●	●	●	●	●
	-다고/라고	●						●	●		●
	-으이					●		●		●	●
시킴	-라	●	●	●	●	●	●	●	●	●	●
	-어라	●	●	●	●	●	●	●	●	●	●
	-오/소	●	●	●	●	●	●	●	●	●	●
	-시오	●	●	●	●	●	●	●	●	●	●
	-소서	●	●	●	●	●	●	●	●	●	●
	-으렸다				●		●				
	-지				●						
	-게	●	●	●	●		●	●		●	

	-려므나						●	●			
함께	-자	●	●	●	●	●	●	●	●	●	●
	-세	●	●	●	●	●	●	●	●	●	●
	-읍시다	●	●	●	●	●	●	●	●	●	●

심: 〈심정순 박타령〉, 이: 〈이선유 박타령〉, 신: 〈신재효 박홍보가〉, 김1: 〈김연수 홍보가〉, 김2: 〈김소희 홍보가〉, 박1: 〈박동진 흥부가〉, 박2: 〈박봉술 홍보가〉, 정: 〈정광수 홍보가〉, 강/박: 〈강도근·박봉술 홍보가〉, 박/박: 〈박녹주·박송희 홍보가〉

2.3. 흥부가 사설의 의향씨끝 양상

판소리는 줄거리를 지닌 이야기를 북을 치는 고수의 장단에 맞춰 창자가 창과 아니리를 번갈아 부르는 형태로 이어지는 공연의 하나이다. 창자가 부르는 창은 노래의 일종이라 할 수 있는데 지금의 노래와 달리 문장으로 되어 있다. 판소리 흥부가의 창본 사설에 나타난 창과 아니리의 문장을 범주별로 분석하여 그 양상을 살펴보았다. 문장을 분석 방법은 의향법의 하위범주로 '서술법, 물음법, 시킴법, 함께법'으로 분류하고 대답, 느낌말, 부르는 말 등 서술어로 끝맺지 않은 말은 '기타'로 분석하였다. 기타로 분류한 것들은 의향법 하위범주로 분류하지 않았으나 문장으로 취급하여 문장개수에 포함시켰다. 10인의 명창의 사설을 형태별로 분류하고 하위범주 별로 빈도를 구하여 개인의 의향씨끝을 양상을 살폈다.

심정순은 전체 문장이 935개, 이선유는 493개, 신재효는 895개, 김연수는 1356개, 김소희는 624개, 박동진은 1146개, 박봉술은 1237개, 정광수는 813개, 강도근·박봉술은 898개, 박녹주·박송희는 682개 나타났다. 창자들의 사설에 나타난 전체 문장개수를 서술법, 물음법, 시킴법, 함께법, 기타로 분류하였다. 각 사설에 나타난 의향씨끝을 공통으로 나타난 씨끝과 그밖의 씨끝으로 묶어 빈도를 나타낸다.

1) 서술법

10인의 사설에 공통으로 나타나는 서술씨끝은 '-다, -라, -네, -으이, -어, -지, -오', 느낌씨끝은 '-구나, -구만, -을세, -을시고', 약속씨끝은 '-마'이다. 이 씨끝들이 95~98%이상 차지하고 나머지 씨끝들이 5% 미만이다.

심정순 사설에서는 서술씨끝이 460개로 의향법 전체에서 서술씨끝은 49% 차지한다. 이 중 서술이 398개, 느낌이 56개, 약속이 6개 나타난다. 서술로 쓰인 398개 중 공통으로 나온 씨끝이 385개로 96.73% 차지하고 '-다네, -을라, 나니, -으렷다, -단다' 등이 13개로 3.27% 차지한다. 느낌은 56개가 나오는데 공통씨끝이 55개로 98.21%, '-을걸'이 1개 나와 1.79% 차지한다. 약속은 6개로 '-마'가 4개, '-음세'가 2개 나타난다.

이선유 사설에는 서술씨끝이 269개로 의향법 전체에서 서술씨끝은 54.56% 차지한다. 이 가운데 서술이 227개인데 공통으로 쓰인 씨끝만 나타나고 그밖의 씨끝은 쓰이지 않았다. 이선유 사설은 사설 내용 자체가 짧아 다른 씨끝들이 사용되지 않은 것 같다. 느낌은 38개로 '-구나'가 34개, '-을시고'가 4개가 쓰였다. 약속은 '-마'가 3개, '-음세'가 1개 쓰였다.

신재효 사설에는 서술씨끝이 498개 나와 의향법 전체에서 55.64% 차지한다. 이 중 서술은 404개, 느낌은 91개, 약속은 3개 나타난다. 공통으로 쓰인 서술씨끝은 394개로 97.52% 차지하고 그밖의 씨끝으로 '-다네, -을라, -나니, -을레라, -게'가 10개 나와 7.14% 차지한다. 느낌은 91개 씨끝이 쓰였는데 공통씨끝이 86개로 94.51% 그밖의 씨끝으로 '-다네, -을라, -나니, -는지고, -고지고, -는걸, -로고, -다니'가 5개 나와 5.49% 차지한다. 약속은 '-마'가 2개, '-을게'가 1개 쓰였다.

김연수 사설에는 의향법 전체에서 서술씨끝이 721개 나와 53.17% 차지한다. 이 가운데 서술은 605개, 느낌은 112개, 약속은 4개 쓰였다. 서술의 공통씨끝이 585개로 96.69% 그밖의 씨끝 '-다네, -을라, -나니, -으렷다, -을란다, -고말고, -을거나, -당게'가 20개 나와 3.31% 차지한다. 느낌은 공통씨끝이 101개로 90.18% 그밖의 씨끝 '-는지고, -는걸, -을걸, -로고, -다니, -은데, -거든'이 11개로 9.82% 차지한다. 약속은 '-마'가 3개, '-을게'가 1개 쓰였다.

김소희 사설에는 의향법 전체에서 서술씨끝이 308개 나와 49% 차지한다. 이 중 서술은 263개, 느낌은 44개, 약속은 1개 나타난다. 서술에 나타난 공통씨끝은 259개로 98.49% 그밖의 씨끝으로 '-나니, -을란다'가 4개 쓰여 1.52% 차지한다. 느낌에 나타난 공통씨끝은 42개로 95.45% 그밖의 씨끝으로 '-구료'가 2개 쓰여 4.55% 차지한다. 약속은 '-마'가 1개 나타난다.

박동진 사설에는 의향법 전체에서 서술씨끝이 621개 나와 54.19 차지한다. 이 가운데 서술은 527개, 느낌은 93개, 약속은 1개 나타난다. 서술에 나타난 공통씨끝은 505개로 95.83% 그밖의 씨끝으로 '-다네, -을라, -을란다, -고말고, -다고, -을거나'가 22개 쓰여 4.17% 차지한다. 느낌에 나타난 공통씨끝은 81개로 87.10%, 그밖의 씨끝으로 '-고지고, -다니, -은데'가 12개 나와 12.90% 차지한다. 약속은 '-마'가 1개 쓰였다.

박봉술 사설에는 의향법 전체에서 서술씨끝이 576개가 나와 46.56% 차지한다. 이 중 서술이 485개, 느낌이 86개, 약속이 5개 나타난다. 서술에 나타난 공통씨끝은 473개로 97.53% 그밖의 씨끝으로 '-나니, -을란다, -고말고, -다고, -다니까'가 12개 쓰여 2.47% 차지한다. 느낌에 나타난 공통씨끝은 84개로 97.67% 그밖의 씨끝은 '-다니, -구료'가 각각 1개씩 나와 2.33% 차지한다. 약속은 '-마'가 1개 '-음세'가 4개 쓰여 다른 명창들과 다르게 '-음세'를 많이 쓴 것으로 나타난다.

정광수 사설에는 의향법 전체에서 서술씨끝이 430개 나와 52.89% 차지한다. 이 가운데 서술이 366개, 느낌이 61개, 약속이 3개 나타난다. 서술에 나타난 공통씨끝은 360개로 98.36%, 그밖의 씨끝으로 '-다네, -을란다, -을거나'가 6개 쓰여 1.64% 차지한다. 느낌에 나타난 공통씨끝은 58개로

95.08% 그밖의 씨끝으로 '-은데, -구료, -거든'이 각각 1개씩 쓰여 3개로 4.92% 차지한다. 약속은 '-마'가 2개, '-음세'가 1개 쓰였다.

강도근 · 박봉술 사설에는 의향법 전체에서 서술씨끝이 433개 나와 48.22% 차지한다. 이 중 서술이 376개, 느낌이 55개, 약속이 2개 나타난다. 서술에 나타난 공통씨끝은 370개로 98.36% 그밖의 씨끝으로 '-나니, -을란다, -고말고, -당게'가 6개 쓰여 1.64% 차지한다. 느낌에 나타난 공통씨끝은 52개로 94.55% 그밖의 씨끝으로 '-다니, -은데'가 3개 쓰여 5.45% 차지한다. 약속은 '-마'가 1개, '-음세'가 1개 쓰였다.

박녹주 · 박송희 사설에는 의향법 전체에서 서술씨끝이 354개 나와 51.91% 차지한다. 이 가운데 서술이 318개, 느낌이 33개, 약속이 3개 나타난다. 서술에 나타난 공통씨끝은 304개로 95.60% 그밖의 씨끝으로 '-을라, -나니, -을란다, -고말고, -을거나'가 14개 나와 4.40% 차지한다. 느낌에 공통으로 나타난 씨끝은 33개로 박녹주 · 박송희 사설에는 그밖의 씨끝이 나타나지 않는다. 약속은 '-마'가 3개 나오고 다른 씨끝은 쓰이지 않았다.

서술씨끝은 의향법 전체에서 약 50% 정도 차지한다. 서술씨끝이 사설에서 절반 정도를 차지한다는 것은 흥부가 사설이라는 특성 때문이라고 볼 수 있다. 창자 개인의 서술씨끝의 빈도를 살펴본 결과 10인의 사설에 공통으로 나타나는 씨끝이 약 95% 이상 차지하고 그밖의씨끝은 5% 미만이다. 스승의 입에서 입으로 전승된 판소리는 구어라 할 수 있고 판소리 공연에서 채록한 창본 사설은 당시의 언어를 그대로 반영한다고 할 수 있다. 연구대상으로 삼은 창본 사설에 나타난 씨끝은 흥부가를 부른 창자들이 생존한 시대의 언어일 수 있다. 특히 공통으로 나타나는 씨끝은 일상에서 보편적으로 사용되는 씨끝이고 할 수 있다. 느낌의 '-을시고'는 창이라는 특수성 때문에 10인 사설에 공통으로 나타난 씨끝이다.

그밖의 씨끝은 창자들 개인에 따라 조금씩 다르게 나타나는데 이는 창자들의 특징이라고 할 수 있다. 빈도가 극히 적게 나타나지만 이것은 스승의 언어를 그대로 이어받아 후대에 전수시키는 판소리에 나타나는 서술씨끝의 특징이라 볼 수 있다.

2) 물음법

10인의 사설에 공통으로 나오는 물음씨끝은 '-으냐, -나, -은가, -잇가, -어, -오, -랴'이다. 이 씨끝들이 약 90% 이상 차지하고 그밖의 씨끝들이 10% 남짓 쓰였다. 공통으로 쓰인 물음씨끝은 우리들이 평상시 쓰는 물음씨끝과 큰 차이 없이 쓰이고 그밖의 씨끝은 옛말체에서 주로 쓰이는 씨끝이었다. 판소리는 스승에게 전수받은 사설을 제자가 그대로 따라서 하는 형태이므로 큰 비중은 아니지만 옛말투가 쓰였다. 옛말투의 물음씨끝은 현재 노년층에 있는 어르신들이 가끔 쓰거나 한시 등에서 쓰는 경향이 있고 중·장년층에서는 거의 사용하지 않고 청·소년들에게는 알지도 못한다. 물음씨끝의 점차 사라져가는 현실이다.

심정순 사설에는 의향법 전체에서 물음씨끝이 242개 나와 25.88% 차지한다. 공통으로 쓰인 씨끝이 217개로 89.67% 그밖의 씨끝으로 '-을손가, -게, -지, -은다, -을런지, -을다, -니, -고, -라고, -랴'가 25개 나와 10.33% 차지한다. 이선유 사설에는 의향법 전체에서 물음씨끝이 77개로 15.62% 차지한다. 공통으로 쓰이는 씨끝이 69개로 89.61% 그밖의 씨끝으로 '-을손가, -은다, -은지, -을소냐'가 8개 나와 10.39% 차지한다. 신재효 사설에는 의향법 전체에서 물음씨끝이 241개 나와 26.93% 차지한다. 공통으로 쓰인 씨끝이 227개로 94.19% 그밖의 씨끝으로 '-을손가, -게, -은지, -을지, -을소냐'가 14개 나와 5.81% 차지한다.

김연수 사설에는 물음씨끝이 의향법 전체에서 296개 나와 21.83% 차지한다. 공통으로 쓰인 씨끝이 284개 나와 95.95% 그밖의 씨끝으로 '-을손가,

-지, -게, -을소냐, -니'가 12개 쓰여 4.05% 차지한다. 김소희 사설에는 물음씨끝이 의향법 전체에서 121개 나와 19.23% 차지한다. 공통으로 쓰인 씨끝이 111개 나와 91.74% 그밖의 씨끝으로 '-을소냐, -니, -라, -다니'가 10개 나와 8.26% 차지한다. 박동진 사설에는 물음씨끝이 의향법 전체에서 233개 나와 20.33% 차지한다. 공통으로 쓰인 씨끝이 217개 나와 93.13% 그밖의 씨끝으로 '-을손가, -지, 을지, -을소냐, -을런지, -다면서, -을래, -라'가 16개 나와 6.87% 차지한다.

박봉술 사설에는 의향법 전체에서 물음씨끝이 233개 나와 18.84% 차지한다. 공통으로 쓰인 씨끝이 217개로 90.56% 그밖의 씨끝이 '-을손가, -은다, -을지, -을소냐, -을런지, -다면서, -을래, -라, -니'가 22개 쓰여 9.44% 차지한다. 정광수 사설에는 의향법 전체에서 물음씨끝이 154개 나와 18.94% 차지한다. 공통으로 쓰인 씨끝이 144개로 93.51% 차지하고 그밖의 씨끝 '-을손가, -은다, -은지, -을런지, -니, -라고, -라'가 10개 쓰여 6.49% 차지한다. 강도근 · 박봉술 사설에는 의향법 전체에서 물음씨끝이 168개 나와 18.71% 차지한다. 공통으로 쓰인 씨끝이 155개 쓰여 92.26% 그밖에 씨끝 '-을손가, -지, -을런지, -을래, -라, -으이, -다니'가 13개 쓰여7.74% 차지한다. 박녹주 · 박송희 사설에는 의향법 전체에서 물음씨끝이 138개로 20.23% 차지한다. 공통으로 쓰인 씨끝이 129개로 93.48% 그밖의 씨끝 '-을손가, -을런지, -라고, -라, -으이, -을거나'가 9개 나와 6.52% 차지한다.

물음씨끝은 의향법 전체에서 약 20% 내외 차지한다. 이야기이든 창이든 내용 전개 상 물음이 필요한 때 사용되었지만 많은 비중을 차지하지는 않는다. 10인의 사설에 공통으로 쓰인 물음씨끝이 90% 이상 차지하고 그밖의 씨끝이 10% 미만 차지한다. '-잇가/잇고' 형태는 현대국어에서 거의 사용되지 않는 씨끝으로 흥부가에서 공통으로 사용된 씨끝에 포함된다. '-잇고' 형태는 심정순 사설에만 나타난다.

3) 시킴법

10인의 사설에 공통으로 나오는 시킴씨끝은 '-라, -어라, -오, -시오, -소서'가 97~100% 차지하고 그밖의 씨끝이 약 3% 정도 차지한다. 공통으로 쓰인 씨끝만 나타나는 창자도 있다.

심정순 사설에 시킴씨끝이 의향법 전체에서 193개 나와 20.64% 차지한다. 공통으로 쓰인 씨끝이 190개로 98.45% 그밖의 씨끝 '-게'가 3개 나와 1.55% 차지한다. 이선유 사설에 시킴씨끝이 의향법 전체에서 122개 나와 24.75% 차지한다. 공통으로 쓰인 씨끝이 120개로 98.36% 그밖의 씨끝 '-게'가 2개 쓰여 1.64% 차지한다. 신재효 사설에서 시킴씨끝이 의향법 전체에서 114개 나와 12.74% 차지한다. 공통으로 쓰인 씨끝이 113개로 99.12% 그밖의 씨끝 '-게'가 1개 쓰여 1.88% 차지한다. 김연수 사설에서 시킴씨끝이 의향법 전체에서 231개 쓰여 17.04% 차지한다. 공통으로 쓰인 씨끝이 225개로 97.40% 그밖의 씨끝 '-으렸다, -지, -게'가 6개 쓰여 2.60% 차지한다.

김소희 사설에는 시킴씨끝이 의향법 전체에서 136개 나와 21.79% 차지한다. 공통으로 쓰인 씨끝 136개만 나왔다. 박동진 사설에는 시킴씨끝이 의향법 전체에서 219개 나와 19.11% 차지한다. 공통으로 쓰인 씨끝이 210개로 95.89% 그밖의 씨끝 '-으렸다, -게, -려무나'가 9개 나와 4.11% 차지한다. 박봉술 사설에는 시킴씨끝이 250개 쓰여 20.21% 차지한다. 공통으로 쓰인 씨끝이 248개로 99.20% 그밖의 씨끝 '-게, -려무나'가 각각 1개 쓰여 0.80% 차지한다.

정광수 사설에 시킴씨끝은 의향법 전체에서 175개 나와 21.53% 차지한다. 공통으로 쓰인 씨끝 175개만 나타난다. 강도근 · 박봉술 사설에 시킴씨끝은 의향법 전체에서 170개 나와 18.93% 차지한다. 공통으로 쓰인 씨끝이 165개로 97.06% 그밖의 씨끝 '-게, -려무나'가 5개 쓰여 2.94% 차지한다. 박녹주 · 박송희 사설에 시킴씨끝은 141개 나와 20.67% 차지한다. 공통으로 쓰인 씨끝 141개만 나타난다.

시킴씨끝은 의향법 전체에서 약 20% 차지한다. 물음씨끝과 마찬가지로 창이든 이야기이든내용 전개 상 필요한 부분에서 사용되었다. 10인의 사설에 공통으로 나오는 씨끝과 그밖의 씨끝으로 나눌 수 있고 공통씨끝이 97% 이상 차지하고 김소희, 정광수, 박녹주 · 박송희 사설은 100% 차지한다.

4) 함께법

함께씨끝 '-자, -세, -읍시다'는 10인의 사설 공통으로 나타난다. 의향법 전체에서 약 5% 정도 차지한다. 심정순은 935개 중 17개가 나와 1.82차지한다. 이중 '-자'가 6개로 35.29%, '-세'가 9개로 52.94%, '-읍시다'가 2개로 11.76% 차지한다. 함께법 중 '-세'가 가장 많이 나타나는데 이는 흥부든, 놀부든 말하는 이가 부인이든, 박을 타주는 어떤 인물이든 듣는이를 하대하지 않고 대우해서 말하는 것을 뜻한다. 그것은 흥부가 안의 인물과 더불어 객석에서 듣는 관객에게도 가락을 맞추는 고수에게도 대우를 해주는 심정순 명창의 말법이 들어있다는 것을 알 수 있다.

이선유 명창은 전체 493개 문장 중 21개가 나와 4.26%를 차지하는데 '-자'가 5개로 23.81%, '-세'와 '-읍시다'가 8개로 38.10% 차지한다. 흥부가 내용 속의 듣는이와 관객, 고수를 높이는 말법을 사용하였음을 알 수 있다. 신재효는 895 문장 중 32개가 나와 3.58% 차지한다. '-자'가 3개로 9.38%, '-세'가 23개로 71.88%, '-읍시다'가 6개로 18.75% 차지한다. 신재효 사설은 실제로 창을 부른 창본은 아니어서 실제로 관객과 고수가 없는 상황이다. 신재효 사설에서는 내용 안에서 '-세'를 많이 사용한 것으로 보아 듣는이를 낮추지는 않고 아주 높이지는 않았음을 알 수 있다. 김연수 명창은 1356 문장 중 47개가 나와 3.47% 차지한다. '-자'가 13개로 53.29%, '-세'가 9개로 19.15%, '-읍시다'가 25개로 53.15% 차지한다. 상대방을 가장 높여서 대우하는 말법을 쓴 명창이라 할 수 있다. 김소희 명창은 전체 624 문장 중 20개로 3.21% 차지한다. '-자', '-세'가 7개로 35%, '-읍시다'가 6개로 30% 차지한다. 박동진 명창은 1146 문장 중 41개가 나타나 3.58% 차지한다. '-자'가 18개로 43.90%, '-세'가 7개로 17.07%, '-읍시다'가 16개로 39.02% 차지한다. 상대방을 낮춰 쓰는 말법을 쓰는 창자라 할 수 있다. 박동진 명창의 사설에는 해학과 골계미가 많이 나타나는데 이는 높임을 쓰지 않고 낮춤으로 흥부가의 주인공과 관객, 고수에게 친근함을 나타내고자 한 것이라 할 수 있다. 박봉술 명창은 1237 문장 중 37개가 나와 2.99% 차지한다. '-자'가 18개로 48.65%, '-세'가 9개로 24.32%, '-읍시다'가 10개로 27.03% 차지한다. 박동진 명창과 같은 경우라 할 수 있다. 정광수 명창은 전체 8133 문장 중 28개가 나와 3.44% 차지한다. '-자'와 '-세'가 11개가 나와 39.29% 차지한다. '-읍시다'가 6개로 21.43% 차지한다. 강도근 · 박봉술 명창의 사설은 898개 문장 중 32개가 나타나 3.56% 차지한다. '-자'가 12개로 37.50%, '-세'가 7개로 21.88%, '-읍시다'가 13개로 40.63% 차지한다. 상대방을 가장 높이는 말법을 쓴 명창이라 할 수 있다. 박녹주 · 박송희 명창은 682개 문장 중 18개가 나와 2.64% 차지한다. '-자'가 9개 나와 50%, '-세가' 4개로 22.22%, '-읍시다'가 5개로 27.78% 차지한다. 낮춤을 많이 사용한 창자라 할 수 있다.

함께씨끝은 의향법 전체에서 약 3% 내외 차지한다. 극히 적게 사용되었는데 이는 판소리 특성 상 등장인물 들이 함께하는 상황이 적기 때문이다. '-자, -세, -읍시다' 세 개가 나오는데 창자에 따라 사용된 씨끝이 다르게 나타난다.

5) 기타

기타는 덜 갖춰진 문장을 이른다. 심정순 사설에서 23개로 2.46%, 이선유가 4개로 0.81%, 신재효가 10개로 1.12%, 김연수가 61개로 4.50%, 김소희가 40개로 6.41% 차지한다. 박동진 사설에서 32개로 2.79%, 박봉술이 141개로 11.40%, 정광수가 26개로 3.20%, 강도근·박봉술이 95개로 10.58%, 박녹주·박송희가 31개로 4.55% 차지한다. 20세기 초기에 쓰여졌거나 창자의 소리를 채록한 사설은 대화체가 적고 창자들의 재담이 많지 않아 기타의 빈도가 적다. 신재효가 정리한 흥부가 내용을 충실하게 전달하는 이유도 있었겠지만 이 시기는 일제강점기였고 국어의 사용이 활발하지 않았던 이유도 있었을 것 같다. 근래에 채록된 사설은 명창에 따라 자신이 사설의 내용을 덧붙여 상황을 설명하거나 재미있게 하기 위해 주인공들과의 대화를 넣어 기타 빈도가 높게 나타난다.

3. 맺음말

이 연구는 흥부가 창본 사설에 나타난 의향씨끝의 목록과 양상을 살펴보았다. 연구 자료로 삼은 사설은 19세기 말엽부터 20세기 초기, 후기 국어의 의향씨끝의 모습이 나타난다. 신재효, 심정순, 이선유 사설은 20세기 초기 국어 나머지 사설은 후기 국어 모습이 나타난다. 사설이 정리된 시점, 창에서 사설이 채록된 시점에 따라 사설이 달리 나타나는데 창자에 따라 창자가 배운 스승에 따라 그 표현이 조금씩 다르다. 거시적인 입장에서 보면 차이가 없지만 흥부가 하나를 집중 분석하면 그 차이가 나타난다. 의향씨끝을 서술, 물음, 시킴, 함께씨끝으로 분석하고 의향씨끝 범주에 들어가지 않는 것을 '기타'로 처리하여 10인의 사설을 정리하고 빈도를 구하였다.

지금까지의 논의를 정리하면 다음과 같다.

첫째, 10인의 사설에 서술, 물음, 시킴, 함께씨끝에 공통으로 사용된 씨끝과 그밖의 씨끝으로 분류할 수 있다. 공통으로 사용된 씨끝은 판소리 흥부가 뿐 아니라 일반적으로 널리 사용되는 씨끝이라 할 수 있고, 그밖의 씨끝은 창자 개인이 다르게 사용한 씨끝이라 할 수 있다. 그밖의 씨끝은 각 창자들의 개인적인 말법 또는 전수 받은 스승의 특징적인 말법이라 할 수 있다. 공통이든 그밖의 씨끝이든 판소리에서 사용된 씨끝이 일상적인 삶에서 사용하는 씨끝이 같다는 것을 알 수 있다.

둘째, 느낌을 나타내는 '-을시고'가 공통으로 나타났는데 이는 판소리의 특수성 때문이 것 같다. 물음을 나타내는 '-잇가/잇고' 형태는 현대국어에서 거의 사용되지 않는데 스승의 말법을 전수받아 이어왔기 때문에 흥부가 사설에 나타난다. 시킴을 나타내는 '-라'가 나타났는데 후기 현대국어로 올수록 '-어라'로 통합된다. 함께씨끝은 판소리의 내용 상 씨끝의 사용이 극히 적게 나타난다. 기타의 경우는 심정순, 이선유, 신재효, 정광수 사설이 3% 미만 차지하는데 이 사설들은 20세기 초기에 쓰여졌거나 창자가 소리한 것을 채록한 것으로 이 시기에는 대화체가 적고 창자들의 재담이 많지 않다. 신재효가 정리한 흥부가 내용을 충실하게 전달하는 이유도 있었겠지만 이 시기는 일제강점기였고 국어의 사용이 활발하지 않았던 이유도 있었을 것 같다. 창자의 개성을 살려 사설의 내용이 길어지면 기타의 빈도가 늘어나는데 김연수, 박동진, 박봉술 사설이 그렇다.

흥보가 사설은 창본 뿐 아니라 경판본, 활자본, 국문 필사본 등 여러 본의 사설이 현재 남아있다. 내용이 거의 같아 표현도 거의 비슷하지만 이러한 여러 판본을 더 면밀히 분석하면 20세기 초기 국어 형태를 비롯하여 후기 국어의 모습까지 자세히 파악할 수 있을 것 같다. 여러 판본은 분석하여 의향씨끝의 미세한 변화를 알아보는 앞으로 수행해야할 연구 과제이다.

참고문헌

1. 기본 자료

김진영외 4인편저(2003), 『흥부전 전집 1』, 박이정.

김진영외 4인편저(2003), 『흥부전 전집 2』, 박이정.

김진영외 4인편저(2003), 『흥부전 전집 3』, 박이정.

2. 논문 및 단행본

강윤정(2003), "박동진본 〈흥보가〉 사설의 특징", 『판소리연구』 제15권, 판소리학회, 5~29쪽.

권재일(1994), "개화기 국어의 접속문 연구", 『한국학 연구』 제6집, 고려대학교 한국학 연구소, 213~247쪽.

권재일(1998), 『한국어 문법사』, 박이정.

권재일(2004), 『구어 한국어의 의향법 실현 방법』, 서울대출판부.

권재일(2005), 『20세기 초기 국어의 문법』, 서울대학교 출판부.

김대행(2001), 『우리 시대의 판소리 문화』, 역락출판사.

김병건(2010), "서술법 씨끝의 변화 유형 연구-근대국어를 중심으로-", 『한말연구』 제28집, 한말연구학회, 5~24쪽.

김석배(2006), "박록주 〈흥보가〉의 정립과 사설의 특징", 『판소리연구』 제21권, 판소리 학회, 123~163쪽.

김종철(1996), "판소리사 연구", 역사비평사.

김진영외 2인(2007), 『판소리문화사전』, 박이정.

김태엽(2001), 『국어 종결어미의 문법』, 국학자료원.

김현선(1997), "판소리의 역사적 연구", 『구비문학연구』 제5집, 한국구비문학회, 151~182쪽.

민현식(2008), "19세기 국어에 대한 종합적 검토", 『국어국문학』 제149집, 국어국문학회, 23~68쪽.

박관수(2006), 『한국 판소리 사설 형성 연구』, 국학자료원.

박영주(2000), 『판소리 사설의 특성과 미학』, 보고사.

배연형(2007), "김연수의 판소리 사설, 그 생명력의 원천", 『판소리연구』 제24권, 판소리 학회, 109~132쪽.

서종문(1984), 『판소리 사설 연구』, 형설출판사.

서종문(2009), "소리판과 판소리 사설", 『판소리연구』 제28권, 판소리 학회, 197~218쪽.

설성경(1980), "신재효 판소리 사설 연구", 『한국학논집』 제17집, 계명대 한국학 연구소.

설중환(1994), 『판소리 사설 연구』, 국학자료원.

소강춘(1995), "판소리(唱)에 나타난 남원 지역어의 움라우트", 『국어학회』 제26집, 국어학회, 227~262쪽.

신은주(2010), "심정순 일가의 소리와 내포제 문화", 『한국학연구 제35집』 고려대학교 한국학연구소, 73~118쪽.

유제호(2007), "판소리 춘향가에 있어 전달 화법 유형과 서술 효과의 상관관계", 『텍스트언어학』 제22집, 한국텍스트 언어학회, 1~31쪽.

유창돈(1964), 『이조어사전』, 연세대학교 출판부.

윤석달(2006), 『명창들의 시대』, 작가정신.

윤평현(2005), 『현대국어 접속어미 연구』, 박이정.

이강엽(1988), "판소리 사설의 문체 연구", 『열삼고전연구』 창간호, 열삼고전연구회, 247~313쪽.

이국자(1990), "판소리 서설-음성 언어적 접근을 위해", 『애산학보』 제9집, 애산학회, 59~92쪽.

장숙영(2011), "노걸대』 언해류에 나타난 문장 구조 연구", 『한말연구』 제28집, 한말연구학회, 253~280쪽.

장숙영(2013), "흥부가 사설에 나타난 의향씨끝 연구", 『겨레어문학』 제51집, 겨레어문학회, 521~557쪽.

정병욱(1981), 『한국의 판소리』, 집문당.

정병헌(1985), "신재효 판소리 사설 연구의 반성과 방향", 『국어국문학』 제25집, 국어국문학회, 179~191쪽.

정병헌(1989), "판소리 형성과 변화", 『판소리연구』 제1권, 판소리학회, 91~126쪽.

정재영(2001), "국어 감탄문의 변화", 『진단학보』 제92호, 진단학회, 293~325쪽.

정출권(2000), "판소리 향유층의 변동과 판소리 사설의 변화-『흥부가』의 사설을 중심으로-", 『판소리연구』 제11권, 판소리학회, 79~113쪽.

정충권(2001), 『판소리 사설의 연원과 변모』, 다운샘.

정희영(2006), 『판소리계 소설에 나타난 근대 국어 시제 연구:춘향전을 중심으로』, 영남대학교 교육대학원.

진경욱(1990), 『춘향전의 사설 형성 원리』, 고려대 민족문화연구소.

최난경(2001), "이선유 명창론", 『한국음악연구』 제30집, 한국국악학회, 157~190쪽.

최현배(1971), 『우리말본』, 정음사.

판소리학회 엮음(2000), 『판소리의 세계』, 문학과 지성사.

하길종(2009), "판소리 사설 춘향가의 종결표현", 『문법교육』 제11집, 한국문법교육학회, 337~363쪽.

한글학회(1990), 『판소리 사설에 나타난 우리말의 아름다움』, 한글학회.

한글학회(1992), 『우리말큰사전』, 어문각.

허웅(1975), 『우리 옛말본』, 샘문화사.
허웅(1983), 『국어학』, 샘문화사.
허웅(1989), 『16세기 우리 옛말본』, 샘문화사.
허웅(1995), 『20세기 우리말의 형태론』, 샘문화사.
홍윤표(1994), 『근대국어연구(Ⅰ)』, 태학사.
홍종선(1996), “개화기 시대 문장의 문체 연구”, 『국어국문학』 第117집, 국어국문학회, 33~58쪽.

'-기 쉽다' 구문의 대주어 분석

조용준

1. 머리말

한국어 구문 가운데는 대격에서 주격으로의 교체를 보여주는 예들이 다수 존재한다. 그 중 하나가 아래의 (1)에 예시된 '-기 쉽다' 구문이다.[1] (1ㄱ)에서는 내포문 술어 '읽다'의 개념적 목적어 '이 책'이 대격 조사와 결합하여 나타나지만, (1ㄴ)에서는 이 목적어가 주격 조사와 결합하여 나타남으로써 대격에서 주격으로의 격교체 현상을 보여 준다.

(1) ㄱ. 이 책을 읽기가 쉽다.
  ㄴ. 이 책이 읽기가 쉽다.

이 구문에 대한 연구는 아래 (2)에 예시된 영어의 소위 tough 구문과의

---

1) '-기 쉽다' 구문을 가리키는 술어로는 Gerdts and Youn(1987), 박진호(1994), 채희락(1998)의 'tough 구문', 김종명(2004)의 'tough 형용사 구문', 김영희(1998)의 '목적어 올리기 구문', 고광주(2002)의 '어렵다류 구문', 김종명(2006)의 '쉽다 구문', 여승주(2005)의 '목적어-주어 인상 구문' 등 다양하게 쓰여 왔다. 그러나 고광주(2002:2)에서 논의했듯이, 'tough 구문'은 영어와의 유사성만을 강조한다는 측면에서, '목적어 올리기 구문'이나 '목적어-주어 인상 구문'은 이동분석이라는 특정한 이론을 대변한다는 측면이 있다. 여기서는 쉽다류 형용사 중 '쉽다'를 대표형으로 삼아 '-기 쉽다 구문'으로 편의상 이 구문을 가리키고자 한다. 김종명(2006:172)에서 지적했듯이 쉽다류 형용사가 '-기' 내포문만을 취하지 않고 '- 것' 내포문뿐 아니라 일반명사도 취하기는 하나, 내포문(혹은 이에 준하는 명사구)를 취한다는 점을 강조하기 위해 이들을 통칭하여 편의상 "-기 쉽다' 구문'이라 할 것이다.

연관 속에서 통사론적으로 살펴보아왔다. 즉, 한국어의 '-기 쉽다' 구문과 영어의 tough 구문이 과연 대응 관계를 이루는지 여부를 그 연구의 출발점으로 삼은 경우가 대다수였다.

(2) ㄱ. It is tough to please John.
ㄴ. John is tough to please.

위에서 보듯 (2ㄱ)에서는 내포문 동사의 목적어로 출현한 개념적 목적어 John이 (2ㄴ)에서는 상위문의 주어로 실현되어 있다. 한국어의 격조사가 문법기능(grammatical functions)을 표시하는 것이라 해석하는 입장에 선다면 (1ㄱ)에서 대격조사와 결합한 '이 책'은 (2ㄱ)에서처럼 내포문의 목적어로 해석되고, (1ㄴ)에서는 주격조사와 결합함으로써 영어에서의 (2ㄴ)처럼 상위문의 주어로서 분석된다. 이런 관점에 서면, 당연히 이 두 구문이 서로 대응관계가 성립한다고 해석할 수 있으므로 영어의 tough 구문에 대한 분석틀을 그대로 한국어의 '-기 쉽다' 구문에 적용해도 될 것이며 실제로 그와 같은 분석들이 상당수 존재해 왔다(Gerdts and Youn, 1987; 김일곤, 1988; 김선웅, 1995; 김영희, 1998 등).

본고에서는 '-기 쉽다' 구문에서 개념적 목적어가 주격조사를 취하여 나타나는 경우를 영어의 tough 구문과의 대응 관계를 중심으로 이 명사구의 언어적 특성이 무엇인지를 찾아보고자 한다. 우선 영어의 tough 구문과 이에 대한 분석, 즉 이동 분석과 기저생성 분석에 대한 논의를 살펴보고 한국어도 동일한 선상에서 분석이 가능한지, 그리고 이들에 대한 대안은 없는 것인지를 살펴보도록 할 것이다.

2. 영어의 tough 구문과 그 분석

영어의 tough 구문에서 쓰일 수 있는 서술어는 형용사(tough, simple, impossible, hard, ...)이거나 명사(a bitch, a cinch)이고((3ㄱ)의 예), 대격-주격 교체를 보여주는 명사구는 내포문 동사의 목적어나 전치사의 목적어 ((3ㄴ)의 예)이다.(Hicks, 2009)

(3) ㄱ. $John_i$ is tough/easy/impossible/a cinch to please e_i.
ㄴ. That 1970s archeological find is easy to forget the importance of.

영어의 tough 구문에 대한 연구는 Chomsky(1964)를 비롯하여 생성문법의 초기부터 이루어져 왔으나, 여전히 이론적 처리가 어려운 구문 가운데 하나이다. 초기의 분석은 Rosenbaum(1967)과 Postal(1971)의 tough 이동(tough movement) 분석으로서, (4ㄱ)의 구조에서 외치화(extraposition)가 일어나 (4ㄴ) 구조가 형성된 후, tough 이동에 의해 목적어 위치에 있던 John이 주절의 주어 위치로 이동하는 것으로 분석하게 된다.

(4) ㄱ. To please John is tough.
ㄴ. It is tough to please John.
ㄷ. John is [tough to please t].

원리와 매개변인 이론 이후, 구성특유의(construction-specific) 변형규칙이 사라짐으로 해서 예외적 격표시 구문과 마찬가지로 인상(raising) 분석으로 재해석되어 목적어에서 주어로 인상되는 것으로 분석이 가능하겠으나, 이에는 여러 가지 문제점이 있다. 첫째는 내포문에서 대격을 받은 명사구가 주절에서 또 다시 주격을 받는다는 격이론 상의 문제점이며, 논항이 내포문의 주어(PRO)를 넘어 이동하게 됨으로써 논항이동에 대한 국부성 제약

을 어기게 된다.(Hicks, 2009:541)

이와 같은 문제점으로 인해, Chomsky (1977)은 Lasnik & Fiengo (1974)의 접근에 기대어 공운용자이동(null operator movement) 분석을 제시하였다.

(5) John$_i$ is [$_{AP}$ tough [$_{CP}$ Op$_i$ [$_{TP}$ PRO [to please t$_i$]]]

주절에 있는 주어 John은 tough 술어에 의해 의미역을 할당받지는 않음에도 불구하고 제자리에서 기저생성되어 그 자리에서 주격을 받게 된다. 대신, 내포문의 목적어 위치에 공운용자가 생성되어 동사 please의 의미역을 받고 내포문 내에서 대격을 할당받은 후, wh-구와 같은 성격을 갖게 되어 내포문 CP의 지정어(specifier) 위치로 비논항이동을 겪게 된다.

Chomsky(1977:66)에 따르면, 공운용자 분석은 내포문에 존재하는 공운용자가 의문사-이동과 동일한 모습을 보여준다. 이를 좀 더 자세히 살펴보면, 우선 (6)은 의문사-이동의 일반적인 양상이다.

(6) ㄱ. 동 후 남겨진 공백이 존재한다.
ㄴ. wonder와 같은 교량동사(bridge verb)의 경우, COMP-to-COM 탈출구(escape hatch)로 인해 외견상 하위인접조건(subjacency)을 위반한다. 다시 말해서, '장거리' 이동이 가능하다.
ㄷ. 복합명사구제약(Complex NP Constraint)나 의문사섬 제약(wh-island constraint)을 준수한다.

아래의 (7)의 간접의문문이 위의 (6)의 특성을 각각 보여준다.

(7) ㄱ. I wonder [who$_i$ John saw t$_i$].
ㄴ. I wonder [who$_i$ John believed [that Mary would claim [that Bill would visit t$_i$]]].
ㄷ. *I wonder [who John believed [the claim that Bill would visit t$_i$]].

ㄹ. *who$_i$ did you wonder [who$_j$ t$_j$ saw t$_i$]

(Takezawa, 1989:201, (35))

(7ㄱ)에서처럼 이동후 공백이 나타나며(6ㄱ), 교량동사 believed와 claimed가 쓰인 (7ㄴ)의 경우, 의문사 who가 장거리이동을 겪게 된다(6ㄴ). (7ㄷ)에서는 복합명사구 the claim that Bill would visit에서 이동이 불가능하여 복합명사구 제약을 보여주며((6ㄷ)의 예), (7ㄹ)는 wh-섬 제약을 위반하여 비문법적인 예이다.

tough 구문은 외견상 의문사가 없으나 (6)의 특성을 보여준다.

(8) ㄱ. Johni is easy (for us) [to please ti].

ㄴ. Johni is easy (for us) [to convince Bill [to do business with ti]]

ㄷ. Johni is easy (for us) [to convince Bill [that he should meet ti]]

ㄹ. *Johni is easy (for us) [to describe to Bill [a plan [to assassinate ti]]]

ㅁ. *which sonatasi are the violini easy [to play ti on ti]

(8)의 구문에 대한 현상은 간접의문문의 의문사이동에 대한 현상 (7)과 평행한 것으로서, 결국 (6)에 의해 설명하게 된다. 즉 (8ㄱ)에서는 이동 후 공백이 나타나는 것과 동일하고, (8ㄴ)에서는 교량동사 convince를 넘어서 이동이 가능하고, (8ㄹ)는 복합명사구 제약을 보여주며, (8ㅁ)은 which sonatas가 wh-섬 제약을 위반하여 비문이 됨을 설명할 수 있다. 다시 말해서, tough 구문은 간접의문문에서의 wh-이동과 평행한 양태를 보여주므로 tough 구문의 포문에서 wh-이동과 평행한 공운용자 이동이 있다고 볼 수 있다.

이와 같이 분석하게 되면 대격은 공운용자가, 주격은 주절의 주어가 받음으로써 격이론의 문제를 회피할 수 있으며, 또한, 내포문의 논항 위치에 있던 공운용자가 비논항이동을 함으로써 논항이동에 대한 국부성 제약 위배를 원천적으로 봉쇄하게 된다. 그러나 새로 생겨난 문제점은 주절의 주어, 즉 John이 어떻게 의미해석을 받느냐 하는 것이었다. 이 점은 Chomsky(1981)에서 논리형태부(Logical Form) 내에서의 구조적 재분석(reanalysis)에 의해 설명되게 된다. 즉, 논리형태부에서 (4)의 구조에 필수적으로 재분석이 동반되면, (9)의 구조가 파생된다.

(9) John$_i$ is [$_{AP}$ [$_A$ tough to please] e$_i$]]

재분석 이후에 내포문의 흔적 t$_i$는 더 이상 비논항결속되지 않고 주절의 주어에 의해 논항결속되게 됨으로써, 재분석 이후에 내포문의 공백요소 e$_i$는 공운용자의 흔적이 아니라 대용사(anaphor)의 지위를 가지며 단문화된 구조 내에서 주절의 주어에 의해 결속되어 결속조건 A를 충족하게 된다. 이때, 재분석된 형용사 tough to please와의 서술화(predication)에 의해 주절 주어 John은 의미해석을 받게 되는 것이다. 그러나, 이와 같은 재분석 가설에도 상당한 문제가 있는 바, Hicks(2009)에서 지적했듯이, wh-이동((10ㄱ)의 경우)이나 우분지 인상(right-node raising)이 재분석된 형용사 내((10ㄴ)의 경우)에서는 불가능하여야 하나, 그렇지 못하다는 점이다.

(10) ㄱ. How easy is John to please?
ㄴ. Mary is much more difficult than Sandy to please.
(Levine, 1984)

또한 주절에 주어를 기저생성할 경우, 다음과 같은 재구 효과(reconstruction effects)을 설명할 수 없게 된다.

(11) ㄱ. Pictures of himself$_i$ are hard for every photographer$_i$ to ignore.
(Hicks, 2009:(41))

ㄴ. Pictures of his_i friends are hard for every $photographer_i$ to sell. (Sportiche, 2002)

(11ㄱ)의 경우, 재귀사가 선행사 every photographer에 의해 성분통어되어야 한다는 점에서, (11ㄴ)의 경우, 결속변항 his가 선행사 every photographer에 의해 성분통어되어야 한다는 점에서 재구효과를 보여준다. 다시 말해서, 주절의 위치에 기저생성된다고 보아서는 위와 같은 재구효과를 설명하기 어렵다.

이와 같은 재구효과의 문제점을 해결하기 위해서는, Brody(1993)에서처럼, 내포문의 목적어 위치에서 주절의 주어 위치로 직접 이동하는 초기의 직접이동 분석을 수용할 수밖에 없게 된다.

(12) $John_i$ is $[_{AP}$ tough $[_{CP}$ t_i $[_{TP}$ PRO [to please t_i]]]

그러나 앞에서도 지적했듯이 직접이동분석은 논항이동이 CP의 경계를 넘어 이동함으로써 부적합이동(improper movement)의 성격을 지니게 되며, Chomsky(1977)에서처럼 공운용자 이동을 설정함으로써 이를 극복할 수밖에 없다. 따라서 위 두 문제를 극복할 수 있는 방법은 직접이동분석((12))과 공운용자 분석((5))을 혼합하는 방법일 것이다. 이는 결국, 공운용자와 주절의 주어 John이 함께 목적어 위치에서 "함께" 움직여서 공운용자는 CP의 지정어 위치로, 주어 John은 이를 넘어 주절의 주어 위치로 이동하도록 하는 분석이 될 것이다. 이것이 Hicks(2009)의 복합 공운용자 분석(complex null operator analysis)이다. 즉, (12)의 목적어 위치에 다음과 같은 복합 공운용자가 나타난다.

(13)

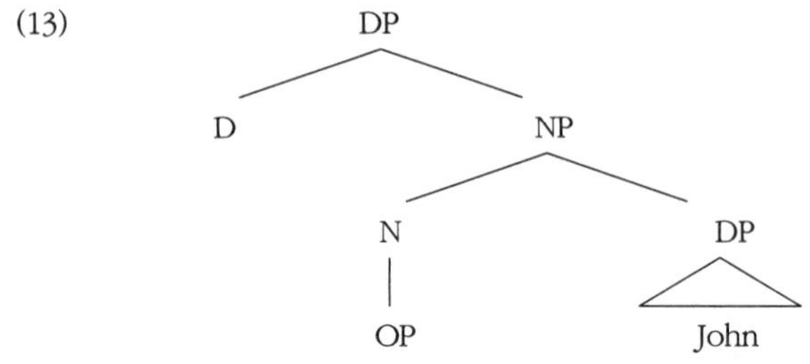

(13)의 공운용자 내 보충어 자리에 John이 숨어있다가, (14)에서처럼 명사구의 핵인 공운용자의 이동과 함께 보충어(complement) 내의 John이 CP의 지정어 위치로 숨어들었다가(smuggling), 주절의 주어 위치로 홀로 이동해 나가는 것이다.

(14) John$_j$ is [$_{AP}$ tough [$_{CP}$ [$_{DP}$ OP [$_{DP}$ t$_j$]]$_i$ [$_{TP}$ PRO [to please t$_i$]]]

그러나, 이 분석에서도 여전히, 주절의 주어 John이 어떻게 의미역을 받는지는 문제라고 할 수 있다.[2)]

위 분석들은 주절의 주어 위치에 있는 John이 내포문에서 이동하든, 혹은 주절에서 기저생성되든 모두 비의미역 위치, 즉 주절의 형용사 tough의 논항이 아니라는 점에서는 공통점을 지닌다. 그러나 그 반대의 의견, 즉 tough 구문의 주절 주어가 형용사 tough의 의미역을 받는, 즉 그 논항이라는 주장도 많이 제안되어 왔다(e.g., Postal, 1971; Berman, 1974; Williams, 1983; Browning, 1983; Wilder, 1991; B. Kim, 1995; B. Kim, 1996; B. Chun, 2006; 전부미, 2012). 그 주된 논거 중 하나는 다음 구문에서의 의미 차이이다.

---

2) Hicks(2009)에서는 지시적(referential) DP 논항의 지시(reference)를 승계(inherit)하여 전체 DP가 의미역을 받을 때, 전체 DP의 핵인 공운용자와 보충어 위치의 명사구 사이의 동일성(identity) 관계에 의해 인허되거나, 공운용자가 보충어 위치에 있는 명사구에 대상역(theme θ-role)을 할당하는 것으로 분석하였다.

(15) ㄱ. It is difficult to read this book.
ㄴ. This book is difficult to read.

(15ㄴ)는 (15ㄱ)가 갖고 있는 의미뿐만 아니라 this book의 어떤 특성으로 인해 이 책이 읽기 어렵다는 추가적인 의미를 지닌다. 이는 '책임의미(responsibility reading)'로 알려진 것으로서(van Oosten(1984), 전부미(2012) 참조), (15ㄴ)의 기저구조가 (15ㄱ)의 기저구조와 동일하다고 한다면 이 둘의 의미 차이가 없어야 할 것인데, (15ㄴ)만 책임의미를 갖고 (11ㄱ)은 그렇지 않다면 이 둘의 의미 차이의 원인을 설명할 수 없게 되므로 주어 this book이 주절에 기저생성되어야 한다고 보는 것이다.

요약하면, tough 구문에 대한 쟁점은 무엇보다도 tough 구문의 주어((15ㄴ)의 주어 this book)가 의미역 위치인가 혹은 비의미역 위치인가 하는 점이며, 둘째는 비의미역 위치라고 할 때 이 위치에 있는 명사구가 이동에 의해 도출된 것인지 아니면 기저생성된 것인지 하는 점이다.

3. 한국어의 '-기 쉽다' 구문과 그 분석

3.1 김영희(1989)의 직접이동 분석과 Song(1985)의 복합술어 분석

앞에서 지적했듯이, 영어의 tough 구문에 상응하는 것으로 보이는 한국어의 구문은 '-기 쉽다' 구문이다. 이 구문에 대한 초기의 분석으로는 김영희(1988)과 Song(1985)를 들 수 있는데, 전자는 직접이동 분석을, 후자는 복합술어 분석을 제안하였다. 김영희(1988)의 직접이동 분석에 관련하여서는 영어의 경우에서와 마찬가지의 이론적 문제점을 지적할 수 있다는 점에서 이에 대한 논의를 생략하고자 한다.[3] 반면, Song(1985)의 복합술어 분

3) 김영희(1988)에 대한 자세한 논의 및 그 경험적 문제점에 대하여는 Y.-H. Kim(2012:10-17) 참조.

석은 다음과 같이 복합술어로 기저부에 도입되는 것으로 본다.

(16) ㄱ. [$_{=n}$ [$_{S'}$[$_{S}$ ∅ 불어 배우]기]] [$_{v}$쉽다]
　　ㄴ. [$_{=n}$불어] [$_{=v}$배우기 쉽다]

(16ㄴ)에서처럼 내포문 술어와 명사화소(nominalizer) '-기', 그리고 '쉽다'가 합하여 '배우기 쉽다'라는 단일 어휘항목으로 기저부에 도입되는 것으로, 일종의 어휘적 재분석(lexical reanalysis) 이론이라고 볼 수 있다. 즉 어휘부에서 통사부로 도입되기 전에 재분석이 이뤄짐으로써 복합형용사 '배우기 쉽다'를 형성하고 이 형용사에 의해 주어 '불어'가 의미해석을 받는 것으로 이해할 수 있다. 그러나 김영희(1988)에서 지적하였듯이, 복합술어 분석을 유지하기 위해서는 부사어 수식과 관련하여 설명하기가 어려운 예가 존재한다.

(17) ㄱ. *외국어가 정확하게 어렵다.(김영희, 1989:(28ㄱ))
　　ㄴ. 외국어를 정확하게 말하기가 어렵다.(김영희, 1989:(30ㄱ))
　　ㄷ. 외국어가 정확하게 말하기가 어렵다.(김영희, 1989:(31ㄱ))

(17ㄱ)에서 보는 바와 같이, 양태부사어 '정확하게'는 형용사를 수식하기가 어려우며, 오히려 (17ㄴ)에서처럼 내포문 동사 '말하다'를 수식해야 한다. 그런데, (17ㄷ)에서처럼 복합형용사를 형성하고서도 '정확하게'가 쓰이는 것으로 보아 복합술어 분석으로서는 설명하기가 곤란한 예라고 볼 수 있겠다.

또한, 주제화 구문 (18)에서 공백 e_i의 재분석이 이뤄졌다고 보기는 어려워 보인다.

(18) [자세하게 이해하기]$_i$는 그 책이 e_i 정말 어렵다.

만약 어휘부에서 하나의 복합술어로서 도입된다면 그 중 일부가 주제화된 위의 예문을 봤을 때 우리는 복합술어 분석이 한국어 '-기 쉽다' 구문에 대한 분석으로는 올바르지 않다고 볼 수 있다.[4)]

3.2 영어의 tough 구문과 한국어의 '-기 쉽다' 구문의 대응 유무

그런데 한국어의 '-기 쉽다' 구문과 영어의 tough 구문이 통사적으로 유사한 구문일까? 이 점을 살펴보기 위해 우리는 영어에 대비하여 한국어의 '-기 쉽다' 구문이 갖고 있는 특성을 돌아볼 필요가 있다.

우선, 한국어에서 이 구문에 쓰일 수 있는 술어는 형용사로 제한되는 것으로 보인다. 김종명(2005:179-180)에 따르면 '쉽다, 어렵다, 힘들다, 불편하다'를 포함 대략 70개의 형용사가 이 구문에 쓰일 수 있다.

둘째로, 주격 교체를 보여줄 수 있는 명사구가 내포문의 술어의 목적어로 제한되는지 살펴보면, 한국어에서는 내포문 술어의 목적어 이외에도 다른 격조사를 갖는 명사구가 주격으로 교체가 가능하다. (고광주, 2002: 김종명, 2006; 채희락, 1998)

(19) ㄱ. 이곳에/이 식물이 자라기가 힘들겠다.(고광주 2002: (5))
ㄴ. 겨울에/이 잔디 구장에서 축구를 하기가 쉽다. (김종명 2006: (14))
ㄷ. 어린이들에게는 이 식당에서/이 음식을 먹기가 쉽지 않다. (김종명 2006: (15))
ㄹ. 전쟁 직후에/가 음식물을 구하기가 어려웠다. (채희락, 1998(50))

(20) ㄱ. 이 망치로/가 못을 박기가 쉽지 않다.(고광주 2002: (6))
ㄴ. 이 바이올린으로/이 소나타를 연주하기가 쉽다.(채희락, 1998(49))

4) Song(1985)의 복합술어 분석에 대한 상세한 비판은 김영희(1988)을 참조.

목적어뿐만 아니라, (19)에서 보는 바와 같이 처격어도 주격 교체가 가능하며, (20)에서처럼 구격어도 주격 교체가 가능하다. 영어에서도 전치사구의 명사구도 tough 구문이 가능하고 한국어에서 후치사는 좌초해서 홀로 쓰일 수 없으므로 구격어나 처격어가 주격 교체가 가능하다는 점이 놀랄만한 일은 아닐 것이다.

그러나 좀더 심각한 것은 김종명(2006)과 Yoon(2004)에서 지적했듯이 한국어의 '-기 쉽다' 구문에서는 영어와 달리 격겹침(case stacking)도 가능하다는 점이다.

(21) ㄱ. 어린이들에게는 이 식당에서가 음식을 먹기가 쉽지 않다.
(김종명 2006: (15))
ㄴ. 이 바이올린으로가 소나타를 연주하기가 쉽다.
(채희락, 1998:54)
ㄷ. 철수에게가 자문을 구하기가 쉽다. (채희락, 1998:54)
ㄹ. ??이 칼로가 연필을 깍기가 쉽다. (채희락, 1998:54)
ㅁ. ?도시에서가 살기가 어렵다. (채희락, 1998:54)
ㅂ. 자기 방에서/?이/에서가 철이에겐 공부하기가 어렵다.
(Yoon 2004)
ㅅ. 그 공구로/*?가/로가 나에겐 차를 고치기가 어렵다.
(Yoon 2004)
ㅇ. LA에서가 이민자들에게 음식장사를 하기가 어렵다.
(Yoon 2004)
ㅈ. 집에서가1 김 교수님께 일을 하시기가 어려우시다.
(Yoon 2004)

위의 문장들은 모두 이런 점에서 이동분석이 한국어 '-기 쉽다' 구문에 적용될 수 있는지에 대해 의심을 갖게 한다. 물론 반대로 이동현상을 보여주는 증거가 존재하는 것처럼 보이는 예도 있다.

(22) ㄱ. 이 약$_i$이 [영희에게 e_i 먹으라고 설득하기] 쉽다.
ㄴ. 이 의사$_i$가 [영희에게 e_i 만나라고 권유하기] 쉽다. (Lee 2002)

위 구문에서처럼, 마치 장거리 이동이 가능한 것처럼 보이지만, 실상은 복합명사구 제약을 위배하는 다음 예문을 볼 때 영어의 tough 구문과는 차이가 있으며 이동 현상으로 분석하기도 곤란하다.

(23) ㄱ. 그 나라$_i$가 [[[e_i 유학을 갔다 온] 사람]을 찾기]가 어렵다.
ㄴ. 북경$_i$이 [[그곳$_i$에 가서] 제대로 공부한] 사람]을 찾기]가 쉽지 않다. (김종명 2006:(16))
ㄷ. 저 두껍고 어려운 책이 [[철수가 그(것의) 서론을 읽었다고] 믿기]가 어렵다. (채희락, 1998:(41가))
ㄹ. 그 까다로운 문제가 [[철수가 혼자 힘으로 그것을 풀었다고] 주장하기]가 어렵다.(채희락, 1998:(41나))

앞서 (8ㄹ)에 예시된 영어의 tough 구문과는 달리, (23ㄱ)의 경우 이동분석에 따르게 된다면 복합명사구제약을 위배하기 때문에 이동에 의한 분석보다는 주절에 '그 나라'가 기저생성되고 내포문 내의 명사구 보문의 공백과 공지시되는 것으로 보는 것이 옳을 것이다. 이는 (23ㄴ)의 예에서처럼, 무엇보다도, 공백 위치에 복귀대명사가 가능하다는 점에서 이를 확증해 준다고 볼 수 있다. 따라서, 우리는 공운용자 분석에서와 같은 비논항이동이 한국어의 '-기 쉽다' 구문에는 나타나지 않으므로 주격교체된 명사구는 주절에 기저생성되는 것으로 분석할 수 있다.

3.3 고광주(2002)와 Chun(2006)의 기저생성 분석

만약 위에서처럼 주절에 기저생성된다면, 그 명사구가 주절의 형용사 '쉽다'에 의해 의미역을 받는지 여부를 점검할 필요가 있다. 고광주(2002)와

Chun(2006)은 한국어의 (1ㄴ)의 '-기 쉽다' 구문에서 주어 '이 책'은 이동에 의해 형성된 것이 아니고, 주절의 형용사 '쉽다'에 의해 의미역을 받는다고 주장하였다.

(1) ㄱ. 이 책을 읽기(가) 쉽다.
　ㄴ. 이 책이 읽기(가) 쉽다.

이에 대한 논거로 고광주(2002)와 Chun(2006)은 (1)의 두 구문의 의미 차이를 들었다. (1ㄴ)의 경우, (1ㄱ)의 의미도 있으나 앞서 말한 '책임 의미(responsibility reading)'의 해석도 갖게 되는데, 이때의 '책임 의미'라 함은 '이 책'이 갖고 있는 속성에 의해 '읽기가 어렵다'는 의미가 나온다는 것이다. 만약 (1ㄱ)에서 '이 책'이 이동한 것이라면 이동 후 이와 같은 의미를 갖게 되는 것을 설명하기 곤란할 것이다. 따라서 이들 분석에 따르면, '쉽다' 서술어는 (1ㄱ)처럼 내포문만을 취하는 1항 술어이거나 (1ㄴ)처럼 주어와 내포문을 동시에 취하는 2항술어로 분석되어야 한다.

이 분석에 대한 두 번째 논거는 주절의 주어가 내포문 내에 공지시될 수 있는 공백을 설정하기 곤란하다는 점이다.

(24) ㄱ. 이런 구두가 발목을 삐기 쉽다.
　ㄴ. 이런 운동이 다치기 쉽다.
　ㄷ. 컴퓨터 게임이 눈을 버리기 쉽다.
　ㄹ. 이 길이 사고 나기 쉽다.(Chun 2006: (25))

Chun(2006:670-671)에서는 (24)에서처럼 내포문 내에 공지시되는 공백을 찾기는 어려우나, 해석상 내포문과 긴밀히 연관되어 있다고 보았다. 명사구 지시체가 문장에 자신과 관련된 전형적 사건을 도입함으로써, 그 사건이 내포문에 표현된 원치 않는 결과를 가능하게 함을 전체 문장이 표현한다는 것이다. 예를 들어, (24ㄱ)의 경우, 주어 '이런 구두'는 '이런 구두를 신'는 사건을 문장에 도입하고, 전체 문장은 '만약 이런 신발을 신는다면, 아마도 이런 신발의 어떤 특성에 의해 발목을 삐게 될 것이다'라는 것을 표현한다고 보았다. 이는 '성향 형용사', '중간구문', '성향총칭문'과 마찬가지로 성향문(dispositional sentences)으로서 책임의미를 핵심적 의미요소로 하여 주어가 사동주(causer)의 의미를 갖는다고 분석하였다.

그러나 고광주(2002)와 Chun(2006)의 기저생성 분석의 문제점은 앞에서 든 (21)의 예문들의 격겹침(case-stacking) 현상을 설명하기 곤란하다는 점이다. 이들 현상을 살펴보면 각각 처격 조사(21a-d)나 구격 조사(21e)에 다시 주격조사가 결합되어 있는데, 이들이 상위문에 직접 생성되어 형용사 '쉽다'나 '어렵다'의 논항으로 분석되기는 어려울 것 같다. '이 식당에서', '자기 방에서', 'LA에서', '이민자들에게', '집에서', 그리고 '이 공구로'와 같이 처소적 의미나 도구적 의미가 '성향(disposition)' 즉 "어떤 개체가 어떤 특정 상황에 놓였을 때 관찰가능한 잠재적 형태로 존재하는 개체의 성질"(전부미, 2012:207)을 갖고 있다거나 주격조사를 취하여 나타나는 경우 의미 차이 즉 책임의미가 있다고 분석하기는 어렵다는 점에서 이들이 상위문에 기저생되었다고 보는 기저생성 이론에는 문제가 된다. 이런 점에서 우리는 주격을 받은 주절의 주어, 혹은 격겹침이 나타난 후치사구는 주절에 기저생성된 것이기는 하지만 '쉽다' 형용사에 의해 의미역을 받은 것이 아니라고 보아야 할 것이다.

3.4 한국어의 대주어(major subject) 구문과 '-기 쉽다' 구문

한국어의 주격중출구문에 대한 다양한 분석이 있어왔는데, 여기서는 이 가운데 대주어 분석을 살펴보고자 한다. '대주어'란 한국어의 주격중출구문에서 첫 번째 주격 명사구를 일컫는 것으로서(Kuroda, 1992; Yoon, 2007)[5)6)],

아래의 예 (23)에서 '철수'와 '이 옷', '언어학'을 각각 가리킨다.

(25) ㄱ. 철수가 아버지가 부자이시다.
ㄴ. 이 옷이 요즘 사람들이 많이 입는다.
ㄷ. 언어학이 취직이 어렵다.

(25)의 주격중출문은 대주어(major subject)를 갖고 있는 대주어 구문으로 볼 수 있는데, Yoon(2004; 2007; 2009)에 따르면 대주어는 다음과 같은 특성을 갖는다.

(26) ㄱ. 대주어는 문법적 주어가 아니며, 후행하는 주격 명사구가 문법적 주어이다.
ㄴ. 대주어는 서술어에 의해 의미적 선택을 받지 않을 수 있다.
ㄷ. 대주어는 문법적 주어를 선행한다.
ㄹ. 대주어는 이동에 대한 제약을 준수하지 않는다. 즉, 복합명사구 제약을 어기며, 또한 복귀 대명사가 출현할 수 있다.
ㅁ. 대주어는 다중으로 실현될 수 있다.
ㅂ. 대주어는 격겹침(case-stacking)도 가능하다.
ㅅ. 대주어는 의미화용론적 조건인 '대하여성(aboutness)'조건을 충족하여야 한다.

우선, 첫 번째 (24ㄱ)를 살펴보면, 두 개의 주격 명사구 사이에서 문법적 주어는 후행하는 주격 명사구라는 점이다.

(27)ㄱ. 이 옷이, 요즘 선생님들이 많이들 입으신다.
ㄴ. *김 선생님이, 요즘 학생들이 많이 좋아하신다.

---

5) 대주어(major subject)라는 용어는 Kuroda(1986)에 의해 (25)의 첫 번째 명사구를 지칭하기 위해 처음 사용되었다.
6) 여기서는 '철수는 책이 많다'나, '철수는 고향이 그리웠다'에서와 같은 주격 목적어가 나타나는 주격중출문은 제외하기로 한다.

(28) ㄱ. 김 선생님이, 학생들이 많이들 좋아한다.
ㄴ. *이 학생들이, 김 선생님이 많이들 좋아하신다.

문법적 주어임을 판별해주는 방법으로 많이 이용되는 것은 주체높임법 어미 '-시-'와의 호응과 복수표지 '들' 복사 여부로 알려져 있다. (27ㄱ)에서 보듯이, 주체높임법 어미와 호응하는 것은 두 번째 주어 '선생님들'이며, (28ㄱ)처럼 복수표지 '들'이 결합된 '많이들'과 대응하는 표현은 두 번째 주격 명사구 '학생들'이다. 따라서 대주어는 문법적 주어라고 보기는 어렵다.

두 번째로, 대주어는 술어에 의해 직접 의미적 선택을 꼭 받을 필요가 없다. (25ㄱ)의 주어는 술어에 의해 선택되었다기보다는 후행 명사구 '아버지'의 속격 명사구로 해석될 수 있다.

다중주어구문의 또 다른 특성으로는 대주어가 후행하는 주격명사구를 늘 선행해야 한다는 점이다.

(25) 'ㄴ. *요즘 사람들이 이 옷이 많이 입는다.

위에서 보듯이, 대주어 '이 옷이'는 원래 목적어 위치에 나타나게 되면 비문으로 판단된다.

또한, Yoon(2007)에 따르면, 복합명사구제약도 준수하지 않으며((29ㄱ)) 복귀대명사도 허용된다((29ㄴ))는 점에서, 대주어는 이동에 의해 형성되었다기보다는 기저생성된 것으로 볼 수 있다.

(29) ㄱ. 영희$_i$가 [[e_i 아버지가 하시는] 사업]이 망했다.
ㄴ. 영희$_i$가 [[그녀$_i$의 아버지가 하시는] 사업]이 망했다.
ㄷ. 언어학이 취직이 요즘 어렵다. (Yoon, 2007:(34))

또한, 대주어는 (30)에서처럼 여러 번 출현해도 괜찮다.

(30) ㄱ. 철수는 형이 회사가 부채가 많다.
ㄴ. 철수가 어깨가 오른 쪽이 다쳤다.

더불어서, (31)처럼 격겹침이 가능하다.

(31) ㄱ. 오스틴에서가 빌이 공부를 잘 했었다.(Yoon, 2004:(56))
ㄴ. 집 안에서가 순이에게 남편이 무서웠다.(Yoon, 2004:(54c))

마지막으로, 대주어는 Kuroda(1986)의 '대하여성(aboutness)' 조건이라는 의미화용론적 조건을 충족해야 한다. 여기서 '대하여성' 조건은 주의를 요하는 바, 주제(topic)의 대하여성 조건과는 차이가 있다. '대하여성' 조건은, Kuroda(1986)에 따르면, 선행 주격명사구(=대주어, major subject)와 후행하는 정태적 서술어(stative predicate) 사이에 성립하는 조건으로서, 대주어는 문장(S)에 촘스키-부가(Chomsky-adjoined)되어 또 다른 S를 형성하는 것으로서(즉, S에 관할되면서 동시에 S를 성분통어하는 명사구), 나머지 문장(S)이 이 대주어에 대한 기술로서 이해할 수 있다. 즉, (25ㄴ)의 경우,

(25) "ㄴ. [$_{S'}$ 이 옷$_i$이 [$_S$ 요즘 사람들이 많이 pro$_i$ 입는다]].

대주어 '이 옷'과 후행 문장 술어 '요즘 사람들이 많이 입는다' 사이에 성립하는 조건으로서 후행 문장 술어가 대주어 '이 옷'에 대한 기술(description)로서 이해되는 것이다. Yoon(2007)에서는 이를 특성화(characterization) 조건으로 보았는데, 이 조건에 의하면 문장서술어가 대주어를 특성화할 수 있을 만큼 충분한 성격을 가져야 한다. 아래 예에서,

(32) ㄱ. 미국 영화가 [사람들이 어느 극장에서나 요즘 쉽게 볼 수 있다/본다.
ㄴ. *미국 영화가 [존이 지금 저 극장에서 보고 있다.

(Yoon, 2007: (17b), (18))

(32ㄱ)의 경우, '사람들이 어느 극장에서나 요즘 쉽게 볼 수 있음'은 대주어 '미국영화'의 특성을 나타내기에 충분하지만, '존이 지금 저 극장에서 보고 있음'은 '미국영화'의 특성을 나타내기에 충분하지 않기에 적합하지 않다는 것이다.

Yoon(2009:626)에서는 특성화 조건은 다음과 같은 특성을 갖는 것으로 정리하였다.

(33) ㄱ. Preference for generic/habitual versus episodic interpretation of Sentential Predicate
ㄴ. Preference for the lexical predicate within the Sentential Predicate to be an individual-level predicate
ㄷ. Preference for the Major Subject to be more salient than Grammatical Subject.

즉, 총칭적/습관적 해석, 개체층위 서술어에 대한 선호, 문법적 주어에 대비한 현저성(saliency)으로 특징지을 수 있다. 이는 우리가 앞에서 '-기 쉽다' 구문에서 확인한 '책임의미'와 연관된 것으로 보인다. 즉, 특성화라는 것이 대주어에 대해 '규정적 속성(characteristic property)'을 나타낸다는 점에서 '속성'을 나타내는 것으로 볼 수 있기 때문이다. 이런 점에서 '-기 쉽다' 구문의 개념적 목적어가 주격조사를 받고 나타나는 경우를 대주어로 분석할 가능성이 존재하는 것이다.[7)]

여기서, 우리는 한국어의 '-기 쉽다' 구문과 다중주어구문과의 여러 가지 공통점을 발견하게 된다. 무엇보다도 (23)에서처럼 복합명사구제약을 준수

7) 물론 전부미(2012:219)에서 말하는 성향 개념이 갖고 있는 "가능성 양상력"의 의미는 다중주어구문의 대주어가 필연적으로 갖게되는 특성은 아니다. 그러나 이는 쉽다류 형용사와 주어 간에 맺게 되는 구성특유의 의미적 특성에 기인하는 것으로 볼 수 있다.

하지 않고, 복귀대명사를 허용한다는 점에서 이동 분석에 의해 분석하기가 어려운데, 그렇다고 (21)에서 주격조사를 취한 후치사구처럼, 상위문의 쉽다류 형용사에 의해 의미역을 받는다고 보기도 어렵다. (21) 예문에서 주격조사를 취한 후치사구의 경우에는 내포문과의 의미적 연결 없이는 이해되기가 어렵다는 점이 바로 이 점을 보여준다고 하겠다. 또한 이런 점에서 볼 때, 우리는 '-기 쉽다' 구문을 다중주어구문과 같은 맥락에서 볼 수 있으며, 선행 명사구와 후행하는 문장 서술어 사이에 성립하는 책임 의미라는 것도 다중주어구문에 대한 '대하여성' 조건, 즉 '특성화' 조건을 충족해야 하는 것으로도 이해할 수 있다. 이렇게 본다면, (24ㄴ, ㄹ, ㅂ, ㅅ, ㅈ)에 관련해서는 서로 상통한다는 점에서 '-기 쉽다' 구문도 대주어 구문 중 하나라고 결론지을 수 있게 된다.

그런데 문제는 (26ㄱ, ㄷ)에 관련된 것으로 '-기 쉽다' 구문에서 문법적 주어가 무엇인가 하는 의문이다. 만약 주격조사를 취한 개념적 목적어가 대주어라면 (26ㄱ)에서처럼 문법적 주어와 독립적으로 존재해야하지만 이를 검증할 수 있는 도구가 쉽게 마련되기가 어려운 측면이 있다. 문법적 주어인지 여부를 판가름할 수 있는 장치에 대한 이견들이 있기 때문이다. 그러나 앞에서 논의했듯이 주체높임법 어미와의 공기와 복수표지 복사를 그에 대한 판별법으로 보게 된다면 문법적 주어가 무엇인지 검증해볼 수 있을 것이다.

(34) ㄱ. ?김 선생님이 요즘 뵙기가 어려우시다.
ㄴ. ?그 학생들이 요즘 만나기가 무척들 어렵다.

이들 예문들이 정문이라고 판단되므로 '김 선생님'과 '그 학생들'이 각각 문법적 주어에 해당한다고 본다. 이렇게 보면 위 예처럼 주체높임법 어미의 결합이나 복수표지 복사가 가능하다는 측면에서 (26ㄱ)의 특성이 '-기 쉽다' 구문에는 없는 것으로 보아 대주어 분석에 이의를 제기할 수 있을 것이다. 그러나 문법적 주어와 대주어는 반드시 대립하는 개념이 아니며 문법적 주어가 대주어가 될 수도 있으나 반드시 문법적 주어만이 대주어가 되는 것은 아니라고 본다면 위의 예문을 설명할 수 있지 않을까 싶다. 대주어 분석이란 다중주어구문을 대상으로 한 것으로서 주격 명사구가 2개 이상 출현하는 경우를 대상으로 하여 선행하는 주격 명사구를 대주어로, 후행하는 주격 명사구를 문법적 주어로 분석하는 것이므로 '-기 쉽다' 구성 자체에 문법적 주어와 대주어가 반드시 분리해서 출현해야 할 이유는 없어 보인다. 다시 말해서 (26ㄱ, ㄷ)의 경우는 다중주어가 분리해서 출현하는 경우에 해당하는 것이지 문법적 주어가 대주어로 나타나는 경우에까지 확대해서 적용하기는 곤란하다. 이렇게 해석한다면 '-기 쉽다' 구문에 대한 대주어 분석에는 위의 자료가 문제가 되지 않는다고 본다.[8)]

4. 맺음말

본고에서는 한국어의 '-기 쉽다' 구문에 관련하여 이에 대응하는 영어의 tough 구문에 대한 이론을 살펴보고 '-기 쉽다' 구문에 대한 분석 특히 이동분석과 기저생성분석의 문제점을 각각 논의한 후, 한국어의 다중주어구문에 대한 대주어분석과 마찬가지로 '-기 쉽다' 구문도 대주어(major subject)로 분석되어야 함을 논의하였다. 특히 i) 쉽다류 서술어에 의해 의미적 선택을 받지 않을 수 있고, ii) 이동에 대한 제약을 준수하지 않으며(복합명사구 제약 위배 및 복귀 대명사 출현), iii) 다중실현이 가능하고, iv) 격겹침

---

8) 임홍빈(2007:443-456)의 배타적 제시로서의 '이/가' 주제설에서는 주격 조사를 취한 개념상 목적어 따위를 '잉여성분'으로 주제로 분석한다는 면에서 대주어 분석과 유사한 것 같다. 그러나 문법적 주어를 내포문이나 이에 준하는 명사구 혹은 명사절로 보고 있다는 면에서 본고의 논의와 반드시 일치하는 것은 아니다.

(case-stacking)이 가능할 뿐만 아니라, v) 의미화용론적 조건인 '대하여성(aboutness)' 조건을 충족하여야 한다는 점이 '-기 쉽다' 구문에 대한 대주어 분석을 뒷받침해 줄 수 있는 증거가 된다고 본다. 그러나 대주어라는 특성을 공유하는 다중주어구문과 '-기 쉽다' 구문이 가진 특성 중 의미화용론적 조건인 '대하여성' 조건의 정확한 규명은 아직 이뤄지지 않았다는 점에서 향후 이 조건에 대한 분석이 더 필요하다고 본다.

참고문헌

고광주(2002), "국어의 '어렵다'류 구문 연구", 『한국어학』 15, 1-24쪽.

김영희(1988), 『한국어 통사론을 위한 모색』, 한국문화사.

김종명(2006), "한국어 '쉽다' 형용사의 한 용법에 관하여: '쉽다' 형용사 및 그 구문이 지니는 통사 · 의미적 특성", 『국어국문학』 141, 171-196쪽.

박진호(1994), "통사적 결합 관계와 논항구조", 『국어연구』 123.

임홍빈(2007), 『한국어의 주제와 통사 분석: 주제 개념의 새로운 전개』, 서울대학교 출판부.

전부미(2012), "Tough 구문의 책임의미와 성향귀속", 『언어과학』 19-4, 203-222쪽.

채희락(1998), "tough-구문"과 비교구문의 영어-한국어 비교 분석", 『어학연구』 34-1, 33-71쪽.

Berman, A. (1974), *Adjectives and adjective complement constructions in English, Mathermatical linguistics and automatic translation*, Report NSF-29, The Aiken Computation Laboratory, Harvard University.

Brody, M. (1993), θ-theory and arguments, *Linguistic Inquiry* 24, 1-23.

Browning, B. (1987), *Null operator constructions*, Doctoral dissertation, MIT.

Chomsky, N. (1964), *Current issues in linguistic theory*, The Hague: Mouton.

Chomsky, N. (1977), On wh-movement, In *Formal syntax*, eds. P. Culicover, T. Wasow and A. Akmajian, 71-123, New York: Academic Press.

Chomsky, N. (1981), *Lectures on government and binding*, Dortrecht: Foris Publication.

Chun, B. (2006), Likeliness sense of swipta and its implications on *tough-constructions, Korean journal of English language and linguistics* 6-3, 655-677.

Gerdts, D. B. & C. Youn (1987), An inversion analysis of Korean tough constructions, *Harvard Studies in Korean Linguistics* II, Hanshin Publishing Company.

Hicks, G. (2009), The derivation Raising to Object out of CP, *Linguistic inquiry* 40, 535-566.

Kim, B. (1995), *A causative analysis of tough-constructions*, Doctoral dissertation, University of Texas at Austin.

Kim, B. (1996), Predication in tough-constructions, In *The proceedings of the fourteenth west coast conference on formal linguistics*, 271-286, Stanford, CA: Stanford Linguistics Association.

Kim, N. (1982), Verb phrase complements in Korean, *Linguistics in the Morning Calm*, Hanshin Publishing Company.

Kim, Y.-H.(2012), Tough-constructions in Korean and restructuring, *Language and Information Socieity* 17, 1-34.

Kuroda, S.-Y. (1992), *Japanese Syntax and Semantics*, Dordrecht: Kluwer.

Postal, P. (1974), *On raising*, Cambridge, Mass.: MIT Press.

Rosenbaum, P. (1967), *The grammar of English predicate complement constructions*, Cambridge, Mass.: MIT Press.

Song, S. C. (1985), It's tough to interpret the word 'easy,' swipta, *Linguistic Journal of Korea* 10: 111-142.

van Oosten, J. (1984), *The nature of subjects, topics and agents: A cognitive explanation*, Doctoral dissertation, University of California, Berkeley.

Wilder, C. (1991), Tough movement constructions, *Linguistische Berichte* 132, 115-132.

Williams, E. (1983), Syntactic vs. semantic categories, *Linguistics and Philosophy* 6, 423-466.

Yoon, J. (2004), Non-nominative (major) subjects and case stacking in Korean, In P. Bhaskararao and K. V. Subbarao eds., Non-nominative Subjects, Volume 2, 265-314, Amsterdam/Philadephia: John Benjamins Publishing Company.

Yoon, J. (2007), Raising of major arguments in Korean and Japanese, *Natural Language and Linguistic Theory* 25, 615-653.

Yoon, J. (2009), The distribution of subject properties in multiple subject constructions, In Y. Takubo, T. Kinuhata, S. Grzelak, and K. Nagai eds., *Japanese/Korean Linguistics* 16, 64-83, CSLI: Stanford, CA.

의존명사의 명사성 정도

최대희

1. 머리말

이 글은 15세기 문헌에 보이는 의존명사를 대상으로 각 의존명사의 명사성 정도를 '-오-'의 실현뿐만 아니라 2-3가지 명사성의 기준에 의해 살펴보는 것을 목적으로 한다.[1)]

15세기 문헌에서 선어말어미 '-오-'는 명사절을 이루는 명사형 어미 '-ㅁ' 앞에는 예외 없이 실현이 되고, 관형절을 이루는 관형사형 어미 '-ㄴ/ㄹ' 앞에서는 불규칙적으로 실현된다. 이와 관련하여 '-오-'에 대해 허웅(1975:807-876)에서는 주체-대상법으로 설명하고 있고, 전정례(1991:37)에서는 명사구 내포문 구성의 표지로 설명하고 있다. 특히 관형화 구성에서는 피수식어가 일반명사일 경우와 의존명사일 경우에 차이가 있다. 피수식어가 의존명사일 때보다 일반 명사일 경우에 '-오-'의 결합 빈도가 비교적 높고, 규칙적인 편이다. 이러한 사실을 근거로 최대희(2013:363-392)에서는 '-오-'의 기능과 '명사성의 정도'가 서로 관련성이 있음을 논의하였다. '-오-'는 명사성이 강한 구성에 실현되는 형태소로, 피수식어가 일반명사일 때는 명사성이 의존명사일 때보다 강하기 때문에 '-오-'의 실현이 더 높다고 볼 수 있다. 이 연구

1) 이 글에서 명사성은 명사가 지닌 형태 · 통사적 성질을 의미하는 개념으로 사용한다. 명사는 대체로 형태적으로는 토씨와 결합하여 쓰이고, 통사적으로는 주어, 목적어, 서술어 등의 문장 성분으로 기능한다.

에서는 '-오-'의 실현과 의존명사의 명사성과의 상관성만을 검증했기 때문에 각 의존명사의 명사성의 정도 차이를 검증하지는 못하였다.

그래서 본 연구에서는 15세기 의존명사를 대상으로 각각의 의존명사는 명사성의 차이가 있을 것이라고 판단하여, 명사성의 정도를 명사성의 기준에 의해 좀 더 구체적으로 확인하고자 한다.

연구 대상은 우선, 15세기 문헌을 대상으로 한다. 15세기 문헌을 대상으로 하는 것은, 명사성의 정도를 확인할 수 있는 기준 중에 하나인 '-오-'의 실현이 15세기 문헌에서 가장 규칙적으로 실현되고, 16세기부터 불규칙적으로 실현되다가 17세기에는 거의 소멸되어 나타나기 때문이다. 그러므로 '-오-'와 관련한 명사성의 검증은 15세기 자료가 먼저 검토될 필요성이 있다. 논리적 타당성과 신뢰성을 위해서는 15세기 전체 문헌을 살펴야 하나, 전체적으로 검토한 결과 대체적으로 '-오-'의 실현 모습이 비슷한 분포를 보이고 있다. 그래서 4개의 표본 문헌만을 선정하여 구체적이고 정밀하게 살펴볼 필요가 있었다. 살펴본 문헌은 다음과 같다.

문헌 이름	펴낸 연대	줄임
釋譜詳節	1447	석보
月印釋譜[2]	1459	월석
楞嚴經諺解	1462	능엄
內 訓	1475	내훈

다음으로, 의존명사를 대상으로 한다. 의존명사는 '관형어', '체언', '용언의 어간+관형사형 어미(-ㄴ/ㄹ)'에 이어 실현된다. 이 글에서는 의존명사의 형태를 가지고 있으나, 선행하는 형태가 '체언'일 경우와 관형사에 의한 '관형어'일 경우는 제외하고, '용언의 어간+관형사형 어미'일 경우만을 대상으

2) 월인석보는 서문, 권4, 8, 21을 대상으로 하였다.

로 한다. 이는 '-오-'가 실현된 환경을 고려한 의존명사의 명사성 검증이기 때문이다. 본 연구에서 대상으로 하는 의존명사 구문의 조건을 제시하면 다음과 같다.

(1) 의존명사 구문
* 용언의 어간+관형사형 어미(-ㄴ/ㄹ) # 의존명사

이를 대상으로 연구는 다음과 같은 방법으로 진행될 것이다.

첫째, 의존명사의 명사성을 판단하는 기준을 설정할 것이다. 최대희(2013)에서는 '-오-'의 실현과 관련하여 명사성의 정도에 따라, 세 부류로 의존명사를 분류하였는데, 이들 의존명사의 명사성 정도를 좀 더 구체적으로 증명하기 위해, 2-3가지 명사성의 기준을 추가 설정할 것이다.

둘째, 세 부류로 분류한 의존명사 목록들 간의 명사성의 정도를 살펴볼 것이다. 명사성의 기준에 의해 구체적으로 명사성의 정도를 검증할 것이다.

2. 의존명사의 명사성 정도

2.1. 의존명사 명사성의 판단 기준

최대희(2013)에서는 의존명사 명사성을 확인하기 위해 목록을 설정하였다. 의존명사 목록은 우선, 기존 연구에서 제시된 목록을 기준으로, 공통적으로 제시하고 있는 목록을 간추렸다.[3] 다음으로 (1)에서 제시하였던 의존명사 구문의 환경에 적절한가의 유무와 명사성의 기준에 따라 분류하였다.[4] 마지막으로, '-오-'의 실현 여부와 명사성의 기준을 검토하여 의존명사

3) 허웅(1975), 고영근(1982), 전정례(1991)의 연구에서 목록을 제시하였다.
4) 명사성의 기준
ㄱ. 형태론적 조건 - 격조사, 보조사, 문법형태소 등과의 결합 가능성

의 목록을 선정하였다.[5] '-오-'의 실현 여부를 통해 의존명사를 분류한 것은 '-오-'의 문장에서의 기능과 관련이 있기 때문인데, '-오-'는 대체로 15세기 문헌에서 명사성이 강한 구성에 실현되었다.[6] 이러한 과정을 통해 분류한 의존명사 목록은 다음과 같았다.

(2) 의존명사 목록
　ㄱ. 제 1 유형 - 것, 곧, 바, 이, 줄, 닷, 양
　ㄴ. 제 2 유형 - 적(제), 덛
　ㄷ. 제 3 유형 - 만, 뿐, ᄯᆞ름

본 연구에서는 이렇게 분류한 의존명사 유형들 사이에도 명사성의 차이가 있을 것이라는 판단하였다. 문법화의 과정을 보면 '자립명사 → 준자립명사 → 문법형태소'로 진행되는데, 준자립명사로 볼 수 있는 각각의 의존명사도 문법형태소로의 진행이 되는 경우가 있기 때문에 명사성의 정도에 차이가 있을 것임은 당연한 것이다. 그래서 의존명사 유형들 사이의 명사성의 정도를 확인해 보고자 하였고, 이를 증명하기 위해 다음과 같은 판단 기준을 설정하였다.

의존명사의 명사성의 정도는 의존명사의 빈도수, '-오-'의 실현 여부, 기존 연구에서 제시하였던 명사성의 기준(형태론적 조건, 통사론적 조건)에

　ㄴ. 통사론적 조건 - 여러 문장 성분으로 기능하는가와 서술어와의 통사적
　　　　　　　　　　제약 관계

5) 예를 들어 15세기 의존명사 '것'과 '적'의 예를 보면 다음과 같다.
　ㄱ. 이런ᄃᆞ로 머러 잇논 거시 업스니라 (능엄2:109)
　　내 ᄆᆞᅀᆞ미 解脫ᄋᆞᆯ 得ᄒᆞ야 뒷논 거슬 다 더러ᄇᆞ료니 (석보24:16)
　ㄴ. 부텨 겨신 적과 ᄢᅳᆺ훌씨라 (능엄1:2)
　　내 지븨 이싫 저긔 여듧 나랏 王이(석보6:7)
　(ㄱ)은 '것'의 예인데, '-오-'가 실현되지만, (ㄴ)은 '적'의 예인데, '-오-'의 실현이 보이지 않는다. 그래서 '것'은 제1유형, '적'은 제2유형으로 분류하였다.

6) 명사성이 약한 의존명사는 통시적으로 쉽게 문법형태소로 변하는 변천을 겪는다. 즉 "자립형식(N1)〉준자립형식(N2)〉기능어(N3)"로 변천해 가는 것이다. 그리하여 의존명사 구문 앞에서 '-오-'의 개입이 불규칙성을 보이게 되는 것이다.

통사론적 조건인 선행요소와의 결합 제약을 추가하여 증명할 것이다.[7] 의존명사의 빈도수는 형태, 통사론적 제약과도 관련이 있는 것으로, 빈도수가 높다는 것은 형태, 통사론적 제약을 많이 받지 않기 때문에, 일반명사와 같이 여러 성분으로 기능할 수 있으며 보편적으로 쓰인다는 것을 의미한다. '-오-'의 실현은 기존 연구에서도 밝혔듯이 명사성과 관련이 있기 때문에, 제1유형과 2,3유형을 구분하는 중요한 기준이 되며, 형태론적 조건과 통사론적 조건은 다시 각 유형들의 명사성 정도를 나누는 기준이 된다. 의존명사의 명사성의 정도 파악 기준을 다시 정리하면 다음의 (3)와 같다.

(3) 의존명사 명사성의 정도 파악 기준
ㄱ. 의존명사의 빈도수
ㄴ. '-오-'의 실현 여부
ㄷ. 형태론적 조건 - 후행요소와의 결합 제약
통사론적 조건 - 다양한 문장성분 가능성 여부,
선행요소와의 통합 제약

2.2. 의존명사의 명사성 정도 검증

의존명사의 명사성의 정도를 정확하게 파악하기 위해서는 각 유형별 의존명사를 전체를 살펴보아야 하는데, 본 연구는 의존명사들의 명사성 정도를 검증할 수 있느냐가 중요한 문제이기 때문에, 동일 유형에서 2~3개를 선정하여 이들의 정도성 차이를 검증해 볼 것이다. 검증할 의존명사 목록은 다음과 같다.

---

7) 본 논문을 구상하기 전에, 세 의존명사는 의미 기능이 서로 다르기 때문에 빈도수에 의해 명사성의 정도를 판단하는 일은 적합하지 않을 수도 있다는 것을 인지하였고, 세 의존명사는 자신의 환경에서 충분이 의존명사의 기능도 하고 있음도 확인하였다. 이러한 한계에도 불구하고, 언어 변화와 관련하여, 명사성이 약해지면 문법화의 과정을 거치고 분포 환경도 변하는 양상을 통해, 의존명사도 명사성의 정도에 차이가 있을 것이라고 판단하였고, 빈도수의 문제는 빈도수가 많다는 것은 그만큼 형태, 통사적인 제약을 받지 않기 때문에 명사적 특성이 더 강하다고 판단하여 명사성의 판단 근거로 빈도수를 설정하였다.

(4) ㄱ. 제 1 유형 - 것, 바, 줄
ㄴ. 제 2 유형 - 적(제), 덛
ㄷ. 제 3 유형 - 섇, ᄯᆞ롬

2.2.1. 제1유형의 명사성 정도 - 것, 바, 줄

① 의존명사의 빈도수

제1유형의 '것, 바, 줄'의 빈도수를 확인해 보면, '것'의 빈도가 가장 높고, '줄'과 '바'는 비슷한 빈도를 보이고 있다. 구체적으로 보이면 다음과 같다.

〈표 1〉 제1유형의 빈도수

문 헌	석보상절	능엄경언해	내훈	월인석보
것	76	275	38	52
바	9	0	36	3
줄	21	10	8	9

〈표1〉에서 확인할 수 있듯이 의존명사의 빈도수는 '것'이 현저하게 높다. '것'의 빈도수가 높다는 것은 형태론적 결합 제약이 자유롭고, 통사론적으로 여러 성분으로 기능한다고 볼 수 있는 것이다. 곧 일반 명사와 같은 특성을 많이 갖는다고 설명할 수 있을 것이다.[8)] 이러한 결합 제약의 자유로움은 현대국어에서도 그대로 이어지고 있다. '바, 줄'보다 '것'의 분포 환경이 자유롭고 빈도가 높은 이유에 대해 '것'이 더 구어적인 표현이기 때문이라고 설명하기도 한다.[9)]

8) 홍사만(2006:106)에서는 {것}이 의존명사 중 가장 보편성을 띤다는 것은 분포 제약이 적은 만큼 출현 빈도가 높다는 것과도 상관된다고 하였다.

9) 이승녕(1975)에 의하면 '것'은 구어(口語)로서 서민층에서 사용되었던 것이 차츰 세력을 뻗어간 것으로서 16세기에 들어 용례가 많아지며 일종의 서법적 표현으로 크게 발달하기 시작하였다고 하였다.

② '-오-'의 실현 여부

'-오-'는 명사성이 강한 구성에 실현되고, 명사성이 약한 구성에는 실현되지 않는다.[10] 명사성의 정도와 '-오-' 실현의 관련성을 확인해 볼 수 있는 근거로 알타이제어에서 동명사형 어미로 다루고 있는'-ㅁ, -ㄴ, -ㄹ'이다. 어미 '-ㅁ, -ㄴ, -ㄹ' 앞에 실현되는 '-오-'를 15세기 문헌에서 확인해 보면 명사형 어미 '-ㅁ'에는 '-오-'가 거의 예외 없이 실현되고, 명사적 성격보다는 동사적 성격이 많아진 어미 '-ㄴ, -ㄹ'앞에서는 불규칙적으로 실현된다.[11] 15세기 문헌에 보이는 '-오-'와 동명사형 어미 '-ㅁ, -ㄴ, -ㄹ'의 관계를 보면 다음과 같다.

(5) ㄱ. 實相ᄋᆡ 生滅이 아니 ᄒᆞᄂᆞᆫ ᄆᆞᅀᆞᆯ 알에 ᄒᆞ샤미라 (능엄1:88)
阿羅漢 ᄃᆞ외요ᄆᆞᆯ 得디 몯호ᄆᆞᆫ (능엄1:91)
ㄴ. 闍梨ᄂᆞᆫ 法이라 혼 마리니(석보6:10)
一切 法에 卽혼 ᄠᅳ디라 (능엄2:69)
ㄷ. 깃븐 ᄆᆞᅀᆞᆯ 내야 ᄒᆞᆫ 날 命終ᄒᆞ야 (석보6:42)
澹泊ᄋᆞᆫ 기픈 소햇 믈 ᄆᆞᆯᄀᆞᆫ 양ᄌᆡ니 (내훈1:28)

---

10) 관련된 연구에는 전정례(1991)과 정수현(2011)이 있다. 전정례(1991)은 통사론적 관점에서 '-오-'에 접근하고 있는 대표적 논의로 '-오-'는 선어말어미로서 통사적 기능을 갖는 요소라는 것을 밝히기 위해 형태소 설정의 객관적인 기준으로 동명사형 어미 '-ㅁ', '-ㄴ', '-ㄹ' 앞이라는 형태소적 조건을 제시하면서 종결·연결어미에서의 '-오-'와 명사형·관형사형의 '-오-'에 대해 다르게 접근하는 방식을 취하고 있다. 이러한 접근 방식은 생성문법 이론에 기반을 두어 명사구 내포문이라는 개념을 도입한 것으로 명사화, 관형화 구성에 필수적으로 나타나는 '-오-'의 기능을 명사구 내포문을 구성하는 내포선어말어미로 규정했다.
정수현(2011)은 종결·연결어미에서의 '-오-'와 명사형 관형사형 앞에서의 '-오-'가 동명사형 어미 '-ㄴ,-ㄹ, -ㅁ' 앞에 나타난다는 형태소적 분포 환경을 중시하여 연결어미·종결어미와 명사구 내포문 구성에 쓰인 '-오-'가 유기적 관련성을 가진 같은 형태소임을 밝히고, 그 기능 변화를 연구하였다.

11) 허웅(1975)에서는 '-ㄴ, -ㄹ'과 관련한 '-오-'의 실현 여부에 대해 '주체-대상법'으로 설명하였고, 전정례(1991)에서는 '-오-'를 '명사구 내포문 표지'라고 설명하고 있으며, 손주일(1996)에서는 동명사 표지의 기능이 있던 '-오/우-'가 '-ㄴ/ㄹ'이 관형화를 겪으면서 '-오/우-'를 개재하지 않게 되었다고 설명하였고, 그 시기를 15세기로 추정하고 있다.

(5ㄱ)은 명사형 어미 '-ㅁ'앞에 '-오-'가 선접된 예이고, (5ㄴ)은 '-ㄴ/ㄹ'앞에 '-오-'가 선접된 예이며, (5ㄷ)은 '-ㄴ/ㄹ'앞에 '-오-'가 선접되지 않은 예들이다.

'것, 바, 줄'은 명사성이 강한 의존명사이기 때문에 대체로 주어, 목적어, 서술어로 기능하고 있다. '-오-'실현 여부를 확인해 보면, '것'은 빈도수는 높으나 '-오-'가 실현되는 경우보다 '-오-'가 실현되지 않는 경우가 많았으며, '바'는 빈도수는 '것'보다 많지 않았으나, '-오-'가 실현되는 경우가 '-오-'가 실현되지 않는 경우보다 높았으며, '줄'은 '-오-'가 실현되는 경우가 근소하게 많은 경우도 있고, 적은 경우도 있었다. 좀 더 구체적으로 확인해 보면 〈표 2〉와 같다.

〈표 2〉 제1유형의 '-오-' 실현 여부

문 헌		석보상절		능엄경언해		내훈		월인석보	
'-오-' 실현 / 후행형		O	X	O	X	O	X	O	X
것	-은/ᄂᆞᆫ/만/도	2	5	3	13	3	1	0	0
	-이	10	16	20	50	1	4	0	15
	-을/ᄅᆞᆯ	3	8	5	49	2	13	1	12
	-이라	1	10	36	60	1	10	0	13
	-으(ᄋᆞ)로	1	4	0	7	0	0	0	0
	-와/과	0	9	1	2	0	1	0	0
	∅	0	7	5	24	0	2	0	11
	합 계	17	59	70	205	7	31	1	51
바	-은/ᄂᆞᆫ/만/도	0	0	0	0	1	1	0	0
	-이	1	0	0	0	8	1	0	0
	-을/ᄅᆞᆯ	8	0	0	0	13	3	1	0
	-이라	0	0	0	0	6	3	2	0

	합 계	9	0	0	0	28	8	3	0
줄	-이	2	3	4	0	3	1	1	1
	-을/를	5	2	2	1	0	4	6	1
	-이라	3	0	0	0	0	0	0	0
	-으(ᄋᆞ)로	0	0	0	1	0	0	0	0
	∅	3	3	0	2	0	0	0	0
	합 계	13	8	6	4	3	5	7	2

〈표2〉에서 확인할 수 있듯이 '-오-'의 실현이 의존명사별로 조금씩 차이가 있으나, '-오-'를 실현하고 있다는 점에서 '것, 바, 줄' 은 명사성이 제2, 3유형보다는 강한 의존명사임에는 틀림없다. 그러나 '-오-'의 실현을 통해, 이들 사이의 명사성 차이를 증명하기에는 어려움이 있다. 예를 들어 '바'가 '-오-'의 실현 측면에서 '것, 줄'보다 백분율이 높기 때문에 명사성이 강하다라고 말하기는 어렵다는 것이다. 위의 〈표2〉에서 보듯이 '것'도 '-오-'의 실현이 백분율에서 '바, 줄'보다 낮을 뿐이지, '-오-'의 실현은 많이 나타나고 있다. '-오-'의 실현과 명사성은 관계가 있지만, '-오-'의 실현을 통해, 명사성을 가진 세 의존명사의 정도성의 차이를 구체적으로 설명하지는 못한다고 볼 수 있다. 정리하면, '-오-'의 실현 여부는 제1유형의 의존명사들 간의 명사의 정도성 차이를 설명할 수는 없지만, 제2, 3유형과 구분할 수 있는 중요한 기준이라고 볼 수 있다.

의존명사 '것, 바, 줄' 구문이 주어, 목적어로 기능하는 경우만을 예를 들어 '-오-'의 실현 여부를 보이면 다음과 같다.

(6) ㄱ. 믈읫 有情의 ᄇᆞᇙ 거시 다 낟븐 줄 업긔 호리라 (석9:5)
齋라 혼 거시 낫계어든 밥 아니 머구미 웃드미오 (석9:18)
사ᄅᆞ미 福 求ᄒᆞ노라 ᄒᆞ야 제 맛드논 거슬 다 주ᄃᆡ (석19:3)
ㄴ. 아ᄅᆞᆷ답디 아니ᄒᆞᆫ 거시 업스며 (석19:20)
그저긔 十方 世界 ᄉᆞᄆᆞ차 ᄀᆞ린 거시 업서 (석19:42)

내 ᄒᆞ마 衆生ᄋᆡ 그에 즐거ᄫᅳᆫ 거슬 布施호ᄃᆡ (석19:3)
여러가짓 사ᄅᆞᆷ 보차ᄂᆞᆫ 거시 다 便을 得디 몯게 (석21:52)
(7) ㄱ. 믈읫 사ᄅᆞ미 뼈 사ᄅᆞᆷ ᄃᆞ외옛논 바ᄂᆞᆫ 禮와 義왜니 (내1:18)
즐기논 배 업더라 (내:25)
세 몯 내튜미 잇ᄂᆞ니 取혼 배 잇고 갈 배 업거든 (내1:78)
ㄴ. 子息의 不肖ᄒᆞᆫ 바ᄂᆞᆫ 어미 그 허므를 ᄀᆞ리와 (내3:29)
그 ᄌᆞ올아이 ᄒᆞ시던 바를 ᄃᆞᄋᆞ며 (내1:38)
므를 저긔 줄 바ᄅᆞᆯ 請티 아니 ᄒᆞ며 (내1:39)
(8) ㄱ. 后ㅣ 니ᄅᆞ샤ᄃᆡ 알ᄑᆞ디 아니혼 주리 아니언마ᄅᆞᆫ (내:2:60)
사ᄅᆞᆷ 구짓디 몯호ᄆᆞᆫ 性이 그러혼 주리 아니라 (내3:31)
眞如法이 ᄒᆞ나히론 주를 實다히 아디 몯ᄒᆞᆯᄊᆡ (능4:13)
衆生ᄃᆞᆯ히 種種 欲애 기피 貪着혼 주를 아라 (석13;55)
ㄴ. 내 보미 하니 너희ᄃᆞᆯᄒᆞᆫ 어둣던 이런 주리 이시리오 (내3:40)
惡趣예 뻐러 듧 주리 업스니라 (석9:28)
ᄇᆡ골ᄑᆞ며 ᄀᆞᆺ본 주를 아디 몯호이다 (내2:20)
내 眞實로 宮中에 사ᄅᆞᆷ 잇ᄂᆞᆫ 주ᄅᆞᆯ 알아니와 (내2:99)

(6)은 '것'의 예인데, (6ㄱ)은 '-오-'가 실현되고, (6ㄴ)은 실현되지 않고 있고, (7)은 '바'의 예인데, (7ㄱ)은 '-오-'가 실현되고, (7ㄴ)은 실현되지 않고 있으며, (8)은 '줄'의 예인데, (8ㄱ)은 '-오-'가 실현되고, (8ㄴ)은 실현되지 않고 있다.

'것, 바, 줄'의 예를 통해 '-오-'의 실현과 명사성은 관계가 있음을 확인하였으나, '-오-'실현을 통해 '것, 바, 줄'의 명사성의 정도를 명확하게 판단하는 것은 쉽지 않음을 확인하였다. 앞서 제시하였던 의존명사의 빈도수와 다음에 제시할 형태·통사론적 조건까지 확인하여야 의존명사의 정도성이 어느 정도 증명될 수 있을 것이다.

③ 형태·통사론적 조건

형태론적 조건은 후행요소와의 결합 제약을 확인하고, 통사론적 조건은 다양한 문장성분 가능성 여부와 선행요소와의 통합 제약을 확인할 것이다. 이 두 조건을 모두 충족하면 할수록 명사성이 강한 의존명사일 것이고, 덜 충족하면 덜 강한 의존명사일 것이다. 〈표2〉에서 확인할 수 있듯이, '것'은 후행어 '-은/ᄂᆞᆫ/도/만', '-이', '-을/ᄋᆞᆯ', '-이라', '으(ᄋᆞ)로', '-와/과', '∅'와 다양하게 결합하여 결합 제약이 가장 적었는데, '바'는 후행어 '-은/ᄂᆞᆫ/도/만', '-이', '-을/ᄋᆞᆯ', '-이라'와 다양하게 결합하였지만, '것'과는 달리 '으(ᄋᆞ)로', '-와/과', '∅'와 결합하는 경우는 네 문헌에서 발견하지 못했다. '줄' 또한 후행어 '-이', '-을/ᄋᆞᆯ', '-이라', '으(ᄋᆞ)로', '∅'와 다양하게 결합하였으나, '-은/ᄂᆞᆫ/도/만', '-와/과'와 결합하는 경우는 네 문헌에서 발견하지 못했다.

이처럼 '것, 줄, 바'는 다양한 후행요소와 결합할 수 있다는 점에서 명사성이 강하다고 볼 수 있으나, 후행어와의 결합에 있어서는 '것'이 '바, 줄'보다는 조금 덜 제약적임을 확인할 수 있었다. '것, 바, 줄'의 후행어와 결합양상을 보이면 다음과 같다.

(9) ㄱ. 一乘이라 ᄒᆞᆫ 거슨 三乘ᄋᆞᆯ 여희여 ᄇᆞ리고 (석보13:33)
믈읫 有情의 ᄡᅳᇙ 거시 다 낟ᄇᆞᆫ 줄 업긔 호리라 (석보9:5)
性의 根源ᄒᆞᆫ 거슬 닐오ᄃᆡ (능엄4;10)
ᄯᅩ 이 ᄯᆞ른 畜生ᄋᆡ 나혼 거시이다 ᄒᆞ고 (석보11:28)
믈블 갈 모딘 것과 어려ᄫᅳᆫ 石壁과 (석보9:24)
열 가짓 戒ᄂᆞᆫ 산 것 주기디 마롬과 (석보6:10)
ㄴ. 子息의 不肖ᄒᆞᆫ 바ᄂᆞᆫ 어미 그 허므를 ᄀᆞ리와 (내훈3:29)
淡然히 즐기논 배 업더라 (내훈:25)
水剌 므르거시ᄃᆞᆫ 감ᄒᆞ샨 바ᄅᆞᆯ 무르시고 (내훈1:36)
내 ᄆᆞᆺ 애와텨 ᄒᆞ논 배니라 (내훈3:46)
ㄷ. 엇뎨 아로ᄆᆞᆯ 셰ᇙ 주리 이시리오 (능엄5:8)
眞如法이 ᄒᆞ나히론 주를 實다히 아디 몯ᄒᆞᆯ씨 (능엄4:13)
三世옛 道理 ᄒᆞᆫ가지론 주를 니르시니라 (석보13:50)
둘헤 兼ᄒᆞ면 中 ᄃᆞ외디 몯ᄒᆞᇙ 줄로 허르시니라 (능엄1:72)

또 光明을 펴시니 이 病 업스샨 주리라 (석보23:44)
千二百 八百 功德이ᅀᅡ 議論홇 줄 업스리라 (석보19:10)

(9ㄱ)은 '것'에 후행어가 결합한 예이고, (9ㄴ)은 '바'에 후행어가 결합한 예이며, (9ㄷ)은 '줄'에 후행어가 결합한 예이다.

통사론적 조건을 확인해 보면, 우선 문장에서 '것, 바, 줄'은 여러 후행요소와 결합하여 다양한 문장성분으로 기능함을 확인할 수 있다. 그리고 선행요소와의 통합 제약을 아래의 〈표3〉을 통해 확인하였는데, 세 의존명사는 '-ㄴ, -ㄹ'과 모두 통합에 제약이 없었지만, '-ㄹ'보다는 '-ㄴ'과 통합이 더 제약이 없었다.[12] 이는 의존명사의 문법화의 과정과 관련이 있다. 의존명사가 문법화 하는 과정에서는 관형사형 어미 '-ㄴ'보다는 '-ㄹ'과 통합하여 문법화가 진행되는 것이 일반적인 경향인데, 제1유형은 아직 '-ㄴ'과 통합관계가 긴밀하기 때문에 여전히 문법적인 범주보다는 어휘적인 범주로서의 역할을 하고 있다고 볼 수 있다.

〈표 3〉 제1유형의 선행요소와의 통합 제약

선행형 \ 문헌		석보상절	능엄경언해	내훈	월인석보
것	-ㄴ	69	243	32	46
	-ㄹ	7	32	6	6
바	-ㄴ	7	0	26	2
	-ㄹ	2	0	10	1
줄	-ㄴ	14	2	8	8
	-ㄹ	7	8	0	1

12) 안주호(1997)에서는 보문소 '-ㄴ'을 취하는 경우보다 '-ㄹ'을 취하는 경우 문법화가 진전된다고 하였는데, 이는 보문소 '-ㄹ'의 의미특성과 관련이 있다고 하였다. 보문소 '-ㄹ'이 [-완료]의 의미를 가지고 있어서 '추정'이나 화자의 '의지'나 '의도'를 나타낼 수 있기 때문이라고 하였다.

'것, 바, 줄'의 명사성의 정도를 빈도수, '-오-'의 실현 여부, 형태·통사론적 조건에 의해 확인해 보았다. '것, 바, 줄'은 모두 명사성이 강한 의존명사라는 것은 분명하였다. 이 중에서도 명사성의 기준을 가장 잘 충족하고 있는 의존명사는 '것'임을 확인하였다. '것'은 출현 빈도수, 형태론적 조건, 통사론적 조건에서 '바, 줄'보다 명사성이 강했으며, '-오-'의 실현에서는 백분율은 '바, 줄'보다 낮았지만, '-오-'의 실현은 '바, 줄'보다는 많이 나타났다.

2.2.2. 제2유형의 명사성 정도 - 적(제), 덛

제2유형인 '적(제), 덛'은 제1유형에 실현되는 '-오-'가 없으나, 형태·통사 제약은 제3유형에 비해 덜 제약적이다. 이 유형은 일반적인 통사적인 변화 과정인 명사구(NP)가 부사화(ADVP), 서술문화(VP)하는 일련의 변화 과정과 일치하는 면이 있다.[13] 특히 부사화(ADVP) 경향을 보이는 의존명사들이다.

① 의존명사의 빈도수

제2유형의 '적(제), 덛'의 빈도수를 확인해 보면, '적(제)'이 많이 보이고, '덛'은 월인석보에서만 보이고 있다. 빈도수를 표로 보이면 다음과 같다.

13) 안주호(1997:39-54))에서는 의존명사가 문법형태소화 되는 과정에 대해 '자립적 어휘소〉의존적 어휘소〉접어〉어미·조사·접미사'의 과정으로 설명하고 있다. 이 과정에서 의존적 어휘소가 접어가 되는 과정을 문법화 2단계라고 설명하고 있는데, 이 단계에서는 보조동사나 의존명사가 선·후행 요소들과 결합이 긴밀해져 의존도가 높아지고, 제약적으로 쓰이는 접어가 되어 문법적인 기능을 더 많이 수행한다고 하였다.

〈표 4〉 제2유형의 빈도수

문　헌	석보상절		능엄경언해		내훈		월인석보	
'-오-' 실현 / 빈도수	O	X	O	X	O	X	O	X
적/(제)	0	35	0	2/29	0	13/34	0	71
덛	0	0	0	0	0	0	0	5

〈표4〉에서 확인할 수 있듯이, 적(제)의 빈도는 네 문헌에서 비슷하게 나타나고 있다. 특히 석보상절에서는 '적'이 많이 보이고 능엄경언해와 내훈에서는 '제'의 빈도가 '적'보다는 높게 나타나고 있다. 빈도수 면에서는 '적(제)'가 '덛'보다는 명사성이 있다고 판단할 수 있다.[14)]

② '-오-'의 실현 여부

제2유형에서는 〈표4〉에서 확인할 수 있듯이, '-오-'가 실현되는 예가 보이지 않았다. 이는 '-오-'를 명사성과 관련을 짓고 있는 본 연구에서는 명사성이 제1유형보다는 약하다고 판단할 수 있다. 다음 (10)은 '적(제)'과 '덛'의 예인데, '-오-'의 실현이 보이지 않는다.

(10) ㄱ. 잢간도 ᄒᆞᄅᆞ도 ᄂᆞᆾ 블근 저기 업스며 (내2:17)
ᄒᆞᆫ 句ㅅ 法도 니르신 저기 업고 (석24:39)
須達ᄋᆡ 精舍 지ᅀᅳᇙ 저기 부텻 나히 셜흔 네히러시니 (석6:40)
后ㅣ 겨신 저긔 內政ᄋᆞᆯ ᄒᆞ나토 帝ᄭᅴ ᄀᆞᆽ기시다 (내2:113)
길흘 ᄎᆞ자 부텻긔로 가ᄂᆞᆫ 저긔 城門애 내ᄃᆞ라 (석6:19)
茂才王密이 昌邑員이 ᄃᆞ외야 拜謁ᄒᆞ야 뵐 제 (내3:53)
네 누니 봃제 ᄆᆞᅀᆞ미 分別ᄒᆞᄂᆞ녀 (능1:55)
ㄴ. 太子ㅣ ᄀᆞᆽᄇᆞ시란ᄃᆡ 져근 덛 누버 쉬시며 (월석4;7)
내 져근 덛 수프레 드러 이실 ᄊᆞᆯ 기드리쇼셔 (월석4:32)

14) '적(제)'와 '덛'은 주로 시간과 관련된 부사어로 기능한다.

밥 머긇 덛만뎡 長常이 이ᄅᆞᆯ ᄉᆡᇰ각ᄒᆞ라 (월석8:8)
밥 머긇 덛만 ᄒᆞ야도 (월석21:87)
비록 善心을 發ᄒᆞ야도 아니한 더데 즉재 ᄆᆞᄅᆞᄂᆞ니 (월석21:17)

③ 형태·통사론적 조건

먼저, 형태론적 조건을 보면, '-적(제)'은 후행어 '-은/ᄂᆞᆫ/도/만', '-이', '-을/ᄋᆞᆯ', '-이라', '으(ᄋᆞ)로', '-와/과', '∅'와 다양하게 결합하고 있어 제1유형에 가깝게 보이나, '-오-'의 실현도 보이지 않고, 통사적으로 주로 시간과 관련되어 부사어적으로 기능하기 때문에 제2유형으로 분류하였다.[15] 후행요소와의 결합 빈도를 구체적으로 보이면 다음의 〈표5〉와 같다.

〈표 5〉 제2유형의 후행요소와의 결합 제약

문 헌		석보상절		능엄경언해		내훈		월인석보	
후행형 \ '-오-' 실현		O	X	O	X	O	X	O	X
적(제)	-은/ᄂᆞᆫ/만/도	0	1	0	1	0	0	0	2
	-이	0	2	0	0	0	1	0	0
	-을/ᄅᆞᆯ	0	0	0	0	0	4	0	0
	-이라	0	2	0	0	0	3	0	1
	-으(ᄋᆞ)로/의	0	1/27	0	2	0	5	0	32
	-와/과	0	0	0	2	0	0	0	0
	적(제)-∅	0	2	0	26	0	34	0	36
덛	-만/만뎡	0	0	0	0	0	0	0	2
	에	0	0	0	0	0	0	0	1
	∅	0	0	0	0	0	0	0	2

다음으로, 통사론적 조건을 보면, 주어, 서술어, 목적어, 부사어 등 다양하게 기능하고 있으나, 시간 관련 조사인 '-으(ᄋᆞ)로/-의'와 결합하여 부사어

15) 그 鬼神ᄃᆞᆯ히 月食ᄒᆞᇙ 저긔 八萬 四千 塔ᄋᆞᆯ ᄒᆞᆫ ᄢᅴ 셰니 (석보24:25)
像ᄋᆞᆫ 쌔즛홀 씨니 부텨 겨신 적과 쌔즛홀씨라 (능엄1;2)
이제 져믄 저그란 안족 ᄆᆞᅀᆞᆷᄭᆞ장 노다가 (석보6:11)

로 기능하는 경우와 조사가 생략되어 부사어로 기능하는 경우가 대부분을 차지하고 있어, 한정적인 기능만 수행한다고 볼 수 있다. 선행요소와의 통합 제약을 보면, 〈표6〉에서 보이는 것처럼, '-ㄴ'보다는 '-ㄹ'과 통합하여 나타나는 경우가 많이 보인다. 이는 앞에서 언급하였듯이 문법화와 관련하여 문법적인 범주로 이행될 가능성이 높은 의존명사로 보인다.[16)]

〈표 6〉 제2유형의 선행요소와의 통합 제약

선행형 \ 문헌		석보상절	능엄경언해	내훈	월인석보
적(제)	-ㄴ	12	9	7	3
	-ㄹ	23	22	40	68
덛	-ㄴ	0	0	0	3
	-ㄹ	0	0	0	2

'적(제), 덛'의 명사성의 정도를 빈도수, '-오-'의 실현 여부, 형태·통사론적 조건에 의해 확인해 보았다. '적(제), 덛'은 '-오-'의 실현을 통해 명사성이 제1유형보다는 약하였고, 이 중에서는 '적(제)'이 '덛'보다는 명사성이 강함을 확인하였다. '적(제)'은 '덛'보다 빈도수, 형태론적 조건을 더 잘 충족하였기 때문이다.

2.2.3. 제3유형의 명사성 정도 - 섄, ᄉᆞ롬

① 의존명사의 빈도수

---

16) 허웅(1975)에서는 '-옳'은 아직 실현되고 있지 않은 일, 방금 일어난 일, 장차 일어날 일, 또는 추측하는 일을 나타내는 매김법 씨끝인데, 특정한 시간 관념을 드러내지 않을 때도 이 씨끝을 사용한다고 하였다. 이는 '-은'은 시간 관념을 반드시 드러내야 하기 때문에 통합 제약이 있을 수 있고, '-옳'은 시간 관념이 드러나지 않을 때도 있기 때문에 통합 제약이 좀 더 자유로울 수 있다고 볼 수 있다.

'ᄲᅮᆫ, ᄯᆞᄅᆞᆷ'의 빈도수를 확인해 보면, 비슷한 빈도를 나타내고 있다. 다음의 〈표7〉과 같다.

〈표 7〉 제3유형의 빈도수

문 헌	석보상절		능엄경언해		내훈		월인석보	
–오–' 실현 / 빈도수	O	X	O	X	O	X	O	X
ᄲᅮᆫ	0	10	0	38	0	7	0	0
	10		38		7		0	
ᄯᆞᄅᆞᆷ	0	2	0	58	0	12	0	0
	2		58		12		0	

② '–오–' 의 실현 여부

제3유형에서도 〈표7〉에서 확인할 수 있듯이, '-오-'가 실현되는 예가 보이지 않았다. 이는 '-오-'를 명사성과 관련을 짓고 있는 이 글에서는 명사성이 제1유형보다는 약하다고 판단할 수 있다. 다음 (12)는 'ᄲᅮᆫ, ᄯᆞᄅᆞᆷ'의 예인데 '-오-'의 실현이 보이지 않는다.

(12) 부텻 몺 ᄃᆞᄅᆞ미 現홀 ᄲᅮ니 아니라 (석11:7)
ᄒᆞᆫ갓 乳ᄅᆞᆯ 取ᄒᆞ야 齋ᄅᆞᆯ 도올 ᄲᅮ니 아니라 (능6:100)
오직 내 性을 順홀 ᄯᆞᄅᆞ미로라 (내3:55)
부텨 ᄃᆞ외요ᄆᆞᆯ 授記ᄒᆞ실 ᄯᆞᄅᆞ미시니 (능1:18)

③ 형태·통사론적 조건

형태·통사론적 조건을 보면, 'ᄲᅮᆫ'은 후행어 '-이', '-이라', '-명' '-∅'와 결합하고 있지만, 통사적으로 선행요소로 '-ㄹ'만 통합하고, 상위문 서술어로 'ᄒᆞ다', '이다/아니다'와만 결합하며, 부사어, 서술어로만 기능하고 있어 형태·통사론적 제약이 있다. 'ᄯᆞᄅᆞᆷ'도 '-이다'와만 결합하고, 선행요소로서 '-ㄹ'만 통합하며, 서술어로만 기능하고 있어 형태·통사론적 제약이 있다. 오히려 'ᄲᅮᆫ'보다 결합제약이 더 제한적이다. 'ᄲᅮᆫ, ᄯᆞ름'의 후행요소와의 결합 제약을 구체적으로 보이면 다음의 〈표8〉과 같다.

〈표 8〉 제3유형의 후행요소와의 결합 제약

문　헌		석보상절		능엄경언해		내훈		월인석보	
'-오-' 실현 / 후행형		O	X	O	X	O	X	O	X
ᄲᅮᆫ	-이	0	1	0	2	0	1	0	0
	-이라	0	1	0	33	0	4	0	0
	-뎡	0	6	0	0	0	0	0	0
	-∅	0	2	0	3	0	2	0	0
ᄯᆞ름	-이라	0	2	0	58	0	12	0	0

'ᄲᅮᆫ, ᄯᆞ름'의 명사성의 정도를 빈도수, '-오-'의 실현 여부, 형태·통사론적 조건에 의해 확인해 보았다. 'ᄲᅮᆫ'은 형태론적 조건을 조금은 충족하고 있으나, '-오-'의 실현과 통사론적 조건을 충족하지 못하고 있고, 'ᄯᆞ름'은 형태·통사론적 조건의 충족도 미흡하고, '-오-'의 실현도 보이지 않아 오히려 'ᄲᅮᆫ'보다 더 명사성이 약하다고 볼 수 있다.

3. 맺음말

이 글은 15세기 문헌에 보이는 의존명사를 대상으로 각 의존명사의 명사성 정도를 '-오-'의 실현뿐만 아니라 2-3가지 명사성의 기준에 의해 살펴보는 것을 목적으로 하였다.

명사성 검증을 위해, 의존명사의 빈도수, '-오-' 실현 여부, 형태·통사론적 제약과 관련한 명사성의 기준을 선정하였다. 명사성 검증 결과는 다음과 같다.

제1유형인 '것, 바, 줄'은 모두 명사성이 강한 의존명사라는 것은 분명하였다. 이 중에서도 명사성의 기준을 가장 잘 충족하고 있는 의존명사는 '것'으로 판단된다. '것'은 출현 빈도수, 형태론적 조건, 통사론적 조건에서 '바, 줄'보다 명사성이 강했으며, '-오-'의 실현에서는 백분율은 '바, 줄'보다 낮았지만, '-오-'의 실현은 많이 나타났다. 제2유형인 '적(제), 덛'은 '-오-'의 실현을 통해 명사성이 제1유형보다는 약하였고, 이 중에서는 '적(제)'가 '덛'보다는 명사성이 강함을 확인하였다. '적(제)'은 '덛'보다 빈도수, 형태론적 조건을 더 잘 충족하였기 때문이다. 제3유형 '뿐, ᄯᆞ름' 에서는 '뿐'은 형태론적 조건을 조금은 충족하고 있으나, '-오-'의 실현과 통사론적 조건을 충족하지 못하고 있으며, 'ᄯᆞ름'은 형태·통사론적 조건의 충족도 미흡하고, '-오-'의 실현도 보이지 않아 오히려 '뿐'보다 더 명사성이 약함을 확인하였다.

참고문헌

고영근(1982), "중세어의 형식명사에 대하여", 『어학연구』18-1, 서울대학교, 83-100쪽.
권재일(1998),『한국어 문법사』, 박이정.
손주일(1996), "15세기 국어 '-ㄴ,-ㄹ' 관형사형과 '±{-오/우-}'와의 관련성", 『강원인문논총』, 강원대학교, 47-98쪽.
안주호(1997),『한국어 명사의 문법화 현상 연구』, 한국문화사.
유창돈(1964),『이조어 사전』, 연세대 출판부, 1964.
이숭녕(1975), "중세국어 것의 연구", 『진단학보』39, 진단학회, 105-138쪽.
전정례(1991), "중세국어 명사구 내포문에서의 '-오-'의 기능과 변천", 서울대학교 대학원 박사학위논문.
전정례(1995),『새로운 '-오-' 연구』, 한국문화사.
전정례(2005), 『언어변화이론』, 박이정.
정수현(2011), "선어말어미 '-오-'의 기능과 변천 -명사성의 약화와 그 기능 변화를 중심으로-", 건국대학교 박사학위논문.
정재영(1996), 『의존명사 'ᄃᆞ'의 문법화』, 태학사.
조오현(2010), 『자료로 찾아가는 국어사』, 박이정.

최대희(2010), “17세기 국어의 이름마디 구조 연구”, 건국대학교 박사학위논문.
최대희(2012), “‘것’ 구조의 문법화”. 『겨레어문학』48, 겨레어문학회, 401-430쪽.
최대희(2013), “‘-오-’의 실현과 의존명사 명사성과의 상관성 연구”, ????, 363-392쪽.
허 웅(1975), 『우리 옛말본』, 샘문화사.
허 웅(1983), 『국어학』, 샘문화사.
허원욱(1991), “15세기 국어의 이름마디와 매김마디 연구”, 건국대학교 박사학위논문.
홍사만(2006), “국어 의존 명사 {것}의 사적연구”, 『어문론총』44, 한국문학언어학회, 101-144쪽.

제3장

한국어 교육

피동법에서의 한국어 교육 문법 항목 선정

김용경

1. 머리말

1960년대 이후 교수법에서는 언어 지식과 형태 중심의 교육보다는 언어가 실제로 사용되는 맥락을 중시하는 기능 중심의 교육과 의미 중심의 교육을 강조하게 되었다. 이러한 배경에는 기존의 교수법이 형태 중심의 교육에 치우쳐 형식적 언어 지식만을 생산해 낼 뿐, 실제 의사소통 능력을[1] 생산해 내지 못하는 데 따른 반발이었다. 따라서 인간의 언어능력은 Chomsky의 언어능력, 즉 무한수의 문법적인 표현을 이해하고 쓸 수 있는 능력으로 파악되어서는 안 되고 특정 맥락이나 상황에서의 적절한 언어 사용 능력으로 변화할 수 있어야 하며, 이를 위해서는 언어 사용, 기능, 그리고 과제가 언어 교육의 주된 내용이 되어야 한다고 하였다.

의사소통식 접근법에서는 문법, 구조 등의 언어 형태적 측면은 언어 교육의 일부분이고, 기능, 사회언어학적 요소, 담화 요소 등이 더 중요한 교육 내용이 되고 있다. 문법은 가능한 한 교육하지 않으며, 교육하더라도 자연스러운 상황을 통하여 제시하며 학습자가 스스로 터득할 수 있도록 한다.

1) Hymes(1972)는 의사소통 능력을 '인간이 특정 상황에서 메시지를 전달하고 해석하며 인간 상호간에 의미를 타협하게 해 주는 능력'이라고 말하고 있다. 이를 바탕으로 Canale & Swain(1980)에서는 의사소통 능력을 '문법적 능력', '담화적 능력', '사회언어학적 능력', '전략적 능력'으로 하위분류하였다.

이러한 이유로 의사소통 중심 교수법과 과제 중심 교수법을 특별히 강조하던 때에는 문법 교수의 무용론을 제기할 정도에 이르렀다.

그렇지만 지나치게 의미만을 중시하고 유창성만을 강조하는 방식으로 모국어 화자와 같은 유창한 의사소통 능력을 신장하려는 교육 목표를 달성하기가 어렵다는 주장도 많이 있다. 외국 학자의 연구 중 Higgs and Clifford(1982), J. Frodsen(1988), Ellis(1991), Brown(1994) 등이 국내에 소개되었고, 국내에서도 김정숙(1998), 김유정(1998), 김제열(2001), 김재욱(2003), 성기철(2002), 주세형(2005), 박동호(2007), 허용(2008), 강현화(2009), 민현식(2009), 김용경(2011) 등 다수의 연구가 문법 교육의 효용성을 강조하고 있다.[2)]

최근 국내에서도 의사소통 중심의 교육이 가지는 문제점을 극복하기 위한 여러 논의가 이루어지고 있다. 허용(2008)에서는 한국어교육에서의 대조 언어학이 갖는 의의와 한계점을 논하면서 보편성과 유표성 개념을 한국어교육에 적용해 보고자 하였다. 송재목(2011)에서는 언어유형론적 분석을 통해 인간언어의 문법현상에 대한 패턴과 변수를 파악하여 이를 한국어교육에 활용하는 방법을 모색하기도 하였다.

그러나 이러한 시도가 아직은 한국어 문법 교육을 종합적이고도 체계적으로 설명하기에는 한계가 있음을 김용경(2011)에서 밝히고, 이러한 문제점을 해결하기 위한 방법으로 '문법범주론'을 적극 활용할 것을 제안한 바 있다.[3)] 그리고 '부정법'을 실현하는 다양한 층위의 문법 항목을 추출하고 이들 문법 항목을 어떻게 단계적으로 교육시킬 것인가도 언급한 바 있다.

이 연구에서는 김용경(2011) 연구의 후속편으로 '피동법'을 실현하는 문

2) 이에 대한 설명은 김용경(2011:132)에서 밝힌 것을 그대로 인용하였다.
3) '문법범주'는 모든 언어에 공통적으로 적용할 수 있는 방법이고, 대조언어학적으로나 언어유형론적으로도 유용하게 사용할 수 있는 개념이기 때문에 이를 활용하면 한국어 문법 체계 속에서 문법 범주와 관련된 항목들을 전체적인 구조 속에서 종합적으로 살펴 볼 수 있게 한다.

법 항목을 대상으로 교육 문법 항목의 종합적 제시와 항목별 특성, 수준별 문법 항목 선정도 시도해 보기로 하겠다.

2. 문법 범주를 활용한 한국어 교육 문법 체계의 필요성

의사소통 능력을 향상시키기 위해서라도 문법 교육이 체계적으로 도입되어야 한다는 주장은 설득력을 얻고 있다. 강현화(2009:24)에서는 국외에서 나타나고 있는 최근 문법 교수이론들은 문어에서 구어로, 문장 단위의 문법에서 담화 맥락 속에서의 문법으로 이동하고 있으며, 어휘적 접근에서 문법을 바라보는 시각을 넘어 담화적 접근에서 문법을 바라보고 있다고 하였다. 또한 문법 교수의 방법론을 모색함에 있어, 의사소통 접근의 틀 안에서 논의하되 점차 '문법의 형태'에 집중하며 문법을 '인식하게 하고' 나아가서는 문법 교수 자체를 명시적으로 드러내는 방향으로 전개되고 있다고 하였다. 성기철(2000:137)에서도 규칙 중심의 문법 교육과 문형 중심의 문법 교육, 의사소통 중심의 문법 교육에는 정도의 차이가 있지만 문법의 형태적 측면을 외면할 수 없다고 하였다.[4] 김정숙(1998:112)에서도 문법이나 구조 등의 언어 형태에 대한 교육의 중요성을 강조하고 있다. 김유정(1998:20)에서는 한국어 교육 기관에서 외국어를 배우는 학습자들의 대부분이 성인인 점을 감안한다면, 인지가 발달한 성인 학습자들은 외국어의 구조를 규칙으로 제시할 때, 자신의 인지 능력으로 그것을 효과적으로 받아들일 수 있다

4) 성기철(2000:137)에서는 '규칙 중심의 문법 교육은 문법 요소의 선정과 지도상의 체계화가 용이한 반면, 문법 지식에 무게가 치우쳐 의사소통에 소극적 의미를 가지기 쉬우며, 문형 중심의 문법 교육은 이보다는 개선된 것이어서, 담화를 구성하는 문장의 유형에 익숙하게 될 수 있지만, 여전히 의사소통 맥락과 유리되어, 그 활용도는 제한적일 수밖에 없다. 이에 비해 의사소통 중심의 문법 교육은 말 그대로 문법 교육의 목표에 부응하는 실용적인 교육이 될 수 있다'고 하였다. 그러면서도 문법 교육이 무엇을 중심으로 하든, 문법은 그 자체가 형태 중심적이어서 불가피한 선택이어야 한다고 하였다.

고 하였다. 주세형(2005:212)에서도 숙련된 성인 모어 화자는 자신이 표현하고자 하는 의미를 명확히 하기 위해서 어휘에 대한 지식뿐만이 아니라 문법 지식도 전략화하여 사용한다고 하였다.

이러한 논의에도 불구하고 어떻게 해야 한국어 문법 교육 체계를 보다 합리적으로 세울 수 있느냐라는 문제가 여전히 남는다. 이에 대해 김제열(2001)에서는 한국어 교육에서의 문법 체계를 국어 교육과 분리하여 보고 기능 중심의 문법 범주 항목과 의미 중심 문법 범주 항목, 그리고 기초 문법 요소를 포함시킨 문법 체계를 제시하고 있다. 또 김재욱(2003)에서는 기존의 한국어 문법 교육에 관한 논의가 주로 학습단계에 따라 가르쳐야 할 문법 요소에 맞춰져 있다고 하면서, 범주별 문법 항목 제시를 통한 한국어 문법 교육을 새롭게 제안하고 있다. 허용(2008)에서는 한국어 교육에서의 대조언어학의 의의와 한계점을 분명히 인식하여 한국어 교육 문법 체계를 구성하게 된다면 세울 때, 대조언어학의 차원에서 해결하지 못하는 것을 '보편성'과 '유표성'의 개념을 도입하여 해결하는 방안을 모색하고 있다. 송재목(2011)에서는 언어유형론적 분석을 통해 인간언어의 문법현상에 대한 패턴과 변수를 파악하게 되면 특정언어의 차이점과 공통점만을 보여주는 대조언어학에 의한 '주관적인 이해'가 아니라 한국어에 대한 '객관적인 이해'를 가능하게 할 수 있다는 주장을 펼쳤다.

이상의 논의들이 한국어 문법 교육 체계를 세우는 데 크게 기여하고 있음에도 아직 해결해야 할 문제점도 남아 있다. 김제열(2001)은 문법 형태를 기능과 의미로 구분하고 있는데 이 두 기준이 명백하고 분리될 수 있는 것이 아니고, 문법 체계를 하위분류하는 과정에서도 분류 기준이 명료하지 못하다. 또 하위 항목 간에 중복되는 경우도 발생하고 있다. 김재욱(2003)에서는 한국어 문법 체계도 문법범주별로 문법적 혹은 의미적 차이를 제시해 주어야 한다고 하였으나 구체적인 방법이나 기준을 제시하지는 못하고 있다. 허용(2008)에서도 '보편성'과 '유표성'의 개념을 도입했을 때 많은 장점이 있기는 하나 모든 문법 항목에 도입할 수 없다는 한계가 있다. 송재목(2011)도 허용(2008)과 같이 문법 항목을 보다 객관적으로 파악해 볼 수 있다는 장점은 있으나 적용상의 한계가 뚜렷하다는 점에서는 동일하다.

문법 체계를 문법범주에 따라 설명하고자 하는 방법은 고대 그리스 시대부터 있어 왔다.[5] 그리고 문법범주를 활용한 설명 방식은 여러 언어에 적용돼 온 매우 친숙한 방식이기도 하다. 그리고 대조언어학이나 언어보편성 이론, 언어유형론적 분석을 적극 활용하여 언어에 따른 차이점이나 특징을 쉽게 설명할 수 있는 방식이기도 하다.

기존의 국어문법에서는 어미나 조사의 형태나 구조 등을 파악하기 위해 형태소 중심의 분석이 이루어지면서 문법 요소를 쪼개서 보려는 경향이 많았다. 이와는 다르게 한국어 교육 문법에서는 형태보다는 사회적 맥락이나 언어적 담화 맥락을 파악하기 위해서 문법 요소의 의미와 기능을 중시하고 있다. 따라서 문법 단위를 분석적으로 파악하기보다는 같은 의미나 기능을 실현할 때는 이들을 굳이 분석하지 않으려는 경향이 강하다.[6] 문법범주를 활용하면 형태론적 구성으로 이루어진 문법 요소나 통사론적 구성으로 이루어진 문법 요소를 종합적으로 검토하여 보다 체계적이고 단계적인 한국어 교육 문법 체계를 제시할 수 있다.

(1) 시제법의 실현 방법
ㄱ. 어휘적 방법: 시간 부사(이제, 막, 방금 등)
양상동사('시작하다', '멈추다', '반복하다' 등)
ㄴ. 굴곡적 방법: 시제어미('-았/었-', '-겠-', '-더-' 등)

---

5) 이에 대한 논의는 권재일(1992, 1994) 참조
6) 최영환(1991:5)에서는 국어 피동에 대한 논의를 할 때, 피동을 표현하는 문법범주에 지나치게 집착하는 경향이 있다고 말하면서, 피동이란 전적으로 의미를 중심으로 한 개념이라고 한 바 있다.

관형사형어미('-은', '-는', '-을' 등)
ㄷ. 통사적 방법: '-고 있-', '-는 중이-', '-어 있-', '-어 버리-', '-을 것이-', '-기 시작하-', '-어 지-' 등

(1)과 같이 시제법이라는 문법범주를 실현하는 방법은 어휘적인 방법, 형태적인 방법, 통사적인 방법 등 다양하다. 그러나 국어 문법 체계에서는 이들을 의미론, 형태론, 통사론 분야에서 각기 다루게 되므로 이들을 종합하여 살펴볼 수 없다. 그러나 이를 같은 의미나 기능을 실현하는 문법 요소로 보고자 할 때는 이런 문제가 해소될 수 있다. 따라서 문법범주론을 활용하여 한국어 교육 문법 체계를 세울 수 있다면 보다 거시적으로, 그리고 통합적인 관점에서 그 체계를 세울 수 있게 될 것이다.

각각의 문법범주를 실현하는 항목들을 학습 수준에 따라 단계적으로 제시할 때에도 장점을 발휘할 수가 있다. 비록 같은 문법범주를 실현하더라도 어휘적 방법으로 실현된 항목은 어휘 항목에서 단계별로 제시하고, 굴곡적 방법과 통사적 방법으로 실현된 문법 항목은 별도의 체계에 따라 제시된다면 다른 층위에서 실현된 동일 문법 항목을 연계한 교육은 이루어지지 않는다. 그렇지만 다른 층위의 동일 문법 범주 항목을 염두에 두고 교육 문법 체계를 어휘적 층위와 굴곡적 층위, 통사적 층위를 동시에 배열하거나 학습 수준에 따라 적절하게 안배하여 제시할 수 있다.

3. 피동법의 개념과 실현 양상

피동법에 대해서는 다양한 논의가 이어져 왔다. 최현배(1971:420)는 '월의 임자가 스스로 제힘으로 그 움직임을 하지 아니하고, 남의 힘을 입어서, 그 움직임을 하는 것을 나타내는 움직씨'라고 하였다. 권재일(2012:377)은 '어떤 동작이, 주어로 나타난 사람이나 사물이 제 힘으로 행하는 것이 아니

라, 남의 행위에 의해서 되는 동작을 피동이라 하는데, 이러한 피동 표현의 문법범주를 피동법'이라고 하였다. 최영환(1991:6)은 피동의 개념을 보다 확대하여 '문장의 주어가 스스로 동작하거나 상태를 변화시키지 않고, 주어 외부에 있는 원인[7]에 의하여 그러한 동작이나 상태의 변화를 겪게 되는 것'이라고 하였다. 이 연구에서는 문법범주를 실현하는 의미나 기능을 보다 중요하게 생각하여 권재일(2012)의 피동법과 최영환(1991)의 피동 개념에 따라 논의를 전개하기로 한다.

한국어에서 피동법은 다양한 층위에서 실현될 수 있다. 우선, 어휘적인 방법으로 실현된 것이 있다. '동작성 명사-이/가'에 결합하는 '되다', '동작성 명사-을/를'에 결합하는 '받다', '당하다', '가르치다'에 대비되는 '배우다', "때리다'에 대비되는 '맞다' 등이 있다.[8] 또 '동작성 명사-을/를 당하다/받다'가 합성동사로 어휘화한 것이 포함된다.

다음은 파생적인 방법으로 실현된 것이다. 이는 동사에 '-이-', '-히-', '-리-', '-기-' 등을 결합하여 실현한다. 다음은 통사적 방법으로 실현된 것이다. 통사적 방법은 보조적 연결어미 뒤에 보조 용언이 결합하는 형태로 실현된다. '-어/아 지-'와 '-게 되-'가 있다.

피동법이 실현된 문장을 살펴보면 아래와 같다.

(2) 어휘적인 방법으로 실현된 피동문의 예
　ㄱ. 범인이 경찰에게 체포가 되었다.
　ㄴ. 그는 모든 사람들로부터 주목을 받았다.
　ㄷ. 그 사람에게 참을 수 없는 모욕을 당했다.

---

7) 이러한 외부적 원인은 명시적일 수도 있고 때로는 문맥에 의해 추측될 수 있거나, 전혀 나타나지 않을 수도 있다고 하였다.

8) 배회임(1988:6)에서는 '맞다'나 '배우다'는 문법적 징표로 피동을 나타내는 것이 아니고 대립적 어휘 자체가 갖는 피동적 해석에 불과하다고 하였다. 그러나 의미상으로라도 피동의 의미를 갖는 것은 포함하고자 한다.

ㄹ. 동네 깡패에게 얼굴을 맞았다.
ㅁ. 선생님께 춤을 배웠다.

(2)에서 '되다', '당하다', '받다', '맞다', '배우다' 등은 문장 속에서 피동의 의미를 실현하고 있다.

(3) 파생적인 방법으로 실현된 피동문의 예
ㄱ. 쌀에 돌이 섞였다.
ㄴ. 소에게 얼굴을 받혔다.
ㄷ. 뱀에게 손을 물렸다.
ㄹ. 아이가 엄마에게 안겼다.

(3ㄱ)에서는 능동사인 '섞다'에 피동접미사 '-이-'가, (3ㄴ)에서는 '받다'에 피동접미다 '-히-'가, (3ㄷ)에서는 '물다'에 피동접미사 '-리-'가, (3ㄹ)에서는 '안다'에 피동접미사 '-기-'가 각각 결합하고 있다. 이들은 모두 문장 속에서 피동의 의미를 실현하고 있다.

(4) 통사적인 방법으로 실현된 피동문의 예
ㄱ. 신맛이 느껴진다.
ㄴ. 한국에서 공부하게 되었다.

(4ㄱ)에서는 연결어미 '-어/아'에 보조동사 '지다'가 결합되어 있고, (4ㄴ)에서는 연결어미 '-게'에 보조동사 '되다'가 결합되어 있는데 모두 피동의 의미를 실현하고 있다.

이상에서 논의한 내용을 바탕으로 피동법 실현 방법을 정리하면 다음과 같다.

(5) 피동법의 실현 방법
ㄱ. 어휘적 방법: 동사에 의하여('동작성 명사-이/가+되다', '동작성 명사-을/를+받다/당하다', '맞다', '배우다', '동작성 명사+-받-/-당하-/-되-' 등)
ㄴ. 파생적 방법: 피동접미사에 의하여('-이-, -히-, -리-, -기-')
ㄷ. 통사적 방법: 통사론적 구성에 의하여('-어/아 지-', '-게 되-')

4. 피동법에서의 한국어 교육 문법 항목 선정과 배열

김유정(1998:30~31)에서는 문법 항목을 선정할 때에 유의할 점으로 네 가지를 들고 있다. 그 중, 첫째가 '국어 문법 체계 속에서 국어의 전체적인 구조를 보여줄 수 있는 것이어야 한다.'는 것이다. 마찬가지로 피동법이라는 문법범주를 한국어 교육 문법 체계 안에서 다루기 위해서는 다양한 층위에서 실현되는 문법 요소들을 전체적으로 조망할 수 있어야 한다. 기존의 논의에서는 주로 형태·통사론 범주에서 실현되는 문법 요소들을 각기 분리하여 살펴보는 경우가 많았다.

그러나 이러한 방법으로는 어휘적으로 실현되는 문법 요소를 배제할 수가 있고, 형태론적 구성으로 실현되는 피동법 실현 방법과 통사론적 구성으로 실현되는 피동법 실현 방법을 종합적으로 고려하여 항목을 선정하거나 학습 수준에 따라 단계별로 적절하게 배열하기가 어렵다.

이러한 이유로 3장에서는 모든 층위에서 실현되는 피동법을 실현하는 요소들을 총 정리해 보았다. 이 장에서는 피동법을 실현하는 다양한 층위의 요소들을 한국어 교육 문법 체계 안에서 어떻게 체계화하고 학습 수준에 따라 배열할 것인지를 다루어 보기로 하겠다.

먼저, 어휘적 방법으로 실현된 피동 표현들을 살펴보기로 하겠다. 어휘적 방법으로 실현된 것에는 '되다, 받다, 당하다, 맞다, 배우다' 등이 있는데 이들은 어휘 등급에 따라 배열할 수 있다.

(6) ㄱ. 이제 어른이 되었다.
　　ㄴ. 공부가 잘 안 된다.

국립국어원(2003)[9]에 의하면, 'N-이/가 되다'는 6,000개의 어휘 중, A등급 어휘에 해당하며, 빈도순위는 5위에 해당하므로 초급 수준(1급)에서 어휘를 제시할 수 있다. (6ㄴ)은 부정 표현과 함께 실현된 예이다.

(7) ㄱ. 선생님께 선물을 받았다.
　　ㄴ. 선생님께 책을 받았다.

(7)에 사용된 '받다'는 A등급 어휘에 해당하며, 빈도순위가 47위로 초급 수준(2급)에 해당하는 어휘이다.

(8) ㄱ. 친구에게 놀림을 당했다.
　　ㄴ. 이웃에게 모욕을 당했다.

(8)에 사용된 '당하다'는 C등급 어휘에 해당하며, 빈도순위는 675위에 해당한다. 피동 표현이지만 난이도가 높은 단어이므로 중급 수준 이상에서 제시할 수 있다. 다만, 피동 표현을 함께 설명하고자 할 때에는 '받다'를 설명할 때 같이 제시할 수도 있다.[10]

---

9) 국립국어원에서 2003년에 한국어 학습용 어휘 선정 결과 보고서를 발행했는데, 약 6,000개의 어휘를 A, B, C 등급으로 분류하여 제시한 바 있다. A등급의 어휘가 가장 난이도가 낮은 어휘들이다.

10) '받다'와 '당하다'가 피동을 실현할 때에는 반드시 앞에 '동작성 명사-을/를' 수반해야 함을 함께 설명해야 한다.

(9) ㄱ. 선생님께 한국어를 배워요.
ㄴ. 어제 한글을 배웠어요.

(9)에 사용된 '배우다'는 A등급 어휘에 해당하며, 빈도순위는 441위에 해당한다. 학습자들이 한국어를 배우는 과정에 있으므로 피동 표현이지만 빠른 시기에 배우게 된다. 초급 수준에서도 비교적 이른 시기에 학습할 수 있도록 배열한다.

(10) ㄱ. 길을 가다가 돌에 맞았어요.
ㄴ. 동생과 싸우다가 아버지한테 회초리로 매를 맞았어요.

(10)에 사용된 '맞다'는 B등급 어휘에 해당하며, 빈도순위는 1,639위에 해당한다. 이 단어의 상대어인 '때리다'는 C등급 어휘로 분류되고 있다. 중급 수준(2급 상/3급 하)에서 제시할 수 있다.

(11) ㄱ. 범인이 경찰에게 체포되었다.
ㄴ. 그는 모든 사람들로부터 주목받았다.
ㄷ. 그 제안은 다른 사람들에게 거절당했다.

예문 (6), (7), (8)에서 사용된 '동작성 명사-을/를 되다/받다/당하다'의 통사론적 구성은 예문 (11)과 같이 하나의 어휘로 실현될 수도 있다. 이러한 피동 표현은 '-되/받/당하-'의 앞에서 실현되는 동작성 명사의 난이도에 따라 다르게 제시될 수 있다. 이들 피동 표현을 함께 설명하기 위해서는 난이도가 유사한 어휘를 사용하여 중급 수준에서 함께 제시하는 것이 좋다.[11]

11) 피동 표현은 자주 사용되는 문법범주이므로 쉬운 어휘는 초급에서 다루고 형태·통사적 피동 표현은 중급에서 다뤄주는 것이 좋다.

다음은 파생적 방법으로 실현된 피동 표현들을 살펴보기로 하겠다.

(12) ㄱ. 이제 숲이 조금씩 보인다.
ㄴ. 범인이 경찰에게 잡혔다.
ㄷ. 슬픈 노래로 나를 울렸다.
ㄹ. 아이가 엄마에게 안겼다.

예문 (12)에 사용된 '보이다', '잡히다', '울리다', '안기다'에는 사동의 의미를 실현하는 사동접미사 '-이-, -히-, -리-, -기-'가 실현되고 있다. 그런데 사동접미사가 실현되는 용언은 매우 제한되어 있다. 우선, 형용사와 결합할 수가 없다. 이와 함께 아주 제한된 타동사나 자동사에 결합할 수 있다. 그래서 다음과 같은 타동사는 파생적 피동법이 실현되지 않는다.

(13) ㄱ. 수여동사: 주다, 드리다, 바치다
ㄴ. 수혜동사: 얻다, 읽다, 찾다, 돕다, 입다, 사다
ㄷ. 경험동사: 알다, 배우다, 바라다, 느끼다
ㄹ. 대칭동사: 만나다, 닮다, 싸우다
ㅁ. '하다' 파생어: 사랑하다, 조사하다, 좋아하다, 슬퍼하다
ㅂ. '이다' 파생어: 반짝이다, 펄럭이다, 긁적이다, 속삭이다

이와 함께 파생접미사가 실현되는 피동문은 능동문과 의미상 같을 지라도 문장 성분의 배열이 달라진다. 한국어의 피동문에서는 능동 표현의 주어를 다른 문장 성분으로 이동시키고 새로운 주어를 선택하게 된다.

(14) ㄱ. 사냥꾼이 토끼를 잡았다.
ㄴ. 토끼가 사냥꾼에게 잡혔다.

(14ㄱ)에서의 동작주인 '사냥꾼'은 피동문인 (14ㄴ)에서는 부사어의 자리

로 이동하게 되고, (14ㄱ)에서 피동작주인 '토끼'가 (14ㄴ)에서는 주어의 자리로 이동하고 있다. 이처럼 파생적 방법으로 피동법을 실현하기 위해서는 동사에 파생접미사를 결합시킬 뿐만 아니라 문장 성분을 이동시켜야 하는 복잡한 과정이 뒤따르게 되므로 한국어 학습자에게는 파생적 사동법을 쉽게 이해시키기가 어렵다. 따라서 파생적 피동법은 중급 수준 이상에서 문법 항목을 배열하는 것이 좋다.[12)]

다음은 통사적 방법으로 실현된 피동 표현들을 살펴보기로 하겠다.

(15) ㄱ. 새로운 법이 국회에서 만들어졌다.
ㄴ. 나는 김치를 잘 먹게 되었다.

(15ㄱ)에서는 연결어미 '-어/아'에 보조동사 '지다'가 결합하여, (15ㄴ)에서 연결어미 '-게'에 보조동사 '되다'가 결합하여 피동법을 실현하고 있다. '-어/아 지-' 구성은 보통 '상태의 변화'를 나타내고, '-게 되-' 구성은 '상태변화의 과정을 나타낸다. 이러한 통사적 피동법은 파생적 피동법에 비해 제약이 적어서 가장 활발하게 실현되고 있다.

그런데 이 두 통사적 피동법은 그 실현 과정이 조금 다르다. (15ㄱ)에서는 '-아/어 지다'의 실현과 함께 능동문의 문장 성분도 이동하고 있다.

(15) ㄱ' 국회가 새로운 법을 만들었다.

그러나 (15ㄴ)의 경우는 능동문의 문장 성분이 이동하지 않고, 형태론적

12) 국립국어원(2010:167, 168)에서는 언어지식 영역 중, 문법 영역의 학습 내용을 총 7급으로 나누어 제시하고 있다. 이 중 피동법을 제시하는 급수는 3급과 4급이다. 이 중, 3급에서는 '3. 장형 피동의 형태를 이해하고 바르게 사용한다. 5. 피동법을 안다.'가 제시되었고, 4급에서는 '2. 피동법을 사용한다.'가 제시되었다. 또 기존의 한국어능력시험(TOPIK)의 항목별 평가 기준에서도 '어휘·문법' 영역의 3급에서 피동법의 사용 능력이 제시되었다.

구성인 '먹다'가 통사론적 구성인 '먹게 되었다'로 실현되고 있다.

(15) ㄴ' 나는 김치를 잘 먹었다.

따라서 '-어/아 지-'보다 '-게 되-' 구성이 덜 제약적이다.

이상에서 어휘적 방법, 파생적 방법, 통사적 방법에 의해서 실현된 피동 표현을 모두 살펴보았다. 이제 남은 문제는 어휘적, 파생적, 통사적 방법에 의해서 실현된 문법 항목을 어떻게 단계적으로 배열할 것이냐이다.

앞에서 어휘적 방법으로 실현되는 피동 표현에 대해서는 난이도를 중심으로 배열 수준을 언급한 바 있다. 여기에서는 파생적 방법과 통사적 방법에 의해서 실현된 문법 항목들을 중심으로 문법 항목을 배열하기로 하겠다. 김유정(1998:32)에서는 15)와 같은 기준을 살펴서 문법 항목 단계적으로 배열해야 한다고 하였다.

(16) ㄱ. 사용 빈도　　　　ㄴ. 난이도
　　 ㄷ. 일반화 가능성　　ㄹ.학습자의 기대 문법

이 연구에서는 '사용 빈도'와 '일반화 가능성'에 보다 중점을 두어 피동 표현 항목을 배열하고자 한다. 왜냐하면 여기서 다루고 있는 항목은 모두 피동 표현에 한하고 있기 때문에 '난이도'나 '학습자의 기대 문법'은 크게 다르지 않다. 다만, 어느 형태가 대표성을 갖느냐와 일반화 가능성이 가장 큰 것이 무엇이냐에 따라 항목의 배열이 달라질 수 있다.

대부분의 문법 항목에서 주체높임법을 실현하는 '-(으)시-', 시제법을 실현하는 '-겠-, -더-' 등은 제시되고 있지만, 피동법을 실현하는 접미사 '-이-, -히-, -리-, -기-'는 제시하지 않고 있다. 그러나 피동법을 실현하는 대표적인 방법은 피동접미사에 의한 파생적 피동법이다. 따라서 어휘적 수준에서만 다룰 것이 아니라, 문법 항목에서도 '-이-, -히-, -리-, -기-'가 제시되어야 한다. 그리고 네 개의 접미사에서는 역사적으로 전통성을 갖는 '-이-'가 우선적으로 제시되어야 한다.[13] 피동법은 3급 또는 4급에서 제시될 수 있다.

이와 함께 통사적 피동법도 함께 제시되어야 한다. 통사적 방법으로 실현되는 형태는 '-어/아 지-'와 '-게 되-'가 있다. 이 두 방법 중 역사적으로는 '-어/아 지-'가 먼저 출현하고 있다. 이 두 통사적 방법은 파생적 방법에 비해 통사의미적 제약이 매우 적어서 현대 국어에서는 가장 보편적으로 실현되는 피동법이다.

다음은 파생적 방법과 통사적 방법으로 실현되고 있는 두 유형의 피동법 배열 문제이다. '일반화 가능성'이라는 측면에서 보면 가장 무표적이고 그것을 학습했을 때 파급(응용) 효과가 큰 것을 먼저 제시해야 한다.[14] 이 논리에 입각한다면 현대 국어에서 통사·의미적 제약이 적으면서 가장 많이 실현되고 있는 통사적 방법이 먼저 제시되어야 한다. 학습 단계가 낮은 한국어 학습자들에게는 예외적인 내용이 보다 적은 항목부터 가르치는 것이 좋다. 따라서 통사적 방법으로 실현된 '-어/아 지'와 '-게 되-' 구성을 파생적 방법보다 먼저 제시하는 편이 낫다. 이와 함께, 두 통사론적 구성 중에서도 '-게 되-' 구성은 문장 성문의 이동이 없고 통사·의미적 제약이 적어서 대부분의 동사에 결합할 수 있다. 따라서 '-게 되-' 구성은 2급 후반에서도 제시가 가능하다. '-아/어 지-' 구성은 3급 초반에 제시하고 파생적 접미사에 의한 피동법은 3급 후반 또는 4급 초반에 제시할 수 있다.

지금까지 논의한 내용을 바탕으로 여러 층위에서 실현되는 피동 표현들

13) 김용경(1995)에서는 10세기까지 피동법은 '-이-'만이 나타나고 있으며, 이후에 '-히-' 등의 접미사가 나타나고 있음을 밝히고 있다.

14) 김유정(1998:34) 참고

을 정리하여 학습 단계에 따라 배열하면 다음과 같다.

(17) 층위에 따른 피동법의 실현과 항목 배열

<table>
<tr><th colspan="2">실현 층위</th><th>어휘적</th><th>파생적</th><th>통사적</th></tr>
<tr><td rowspan="2">초급</td><td>1</td><td>동작성 명사-이/가+되다</td><td></td><td></td></tr>
<tr><td>2</td><td>동작성 명사-을/를+받다
배우다
맞다</td><td></td><td>'-게 되-</td></tr>
<tr><td rowspan="2">중급</td><td>3</td><td>동작성 명사-을/를+다하다
동작성 명사+-당하-</td><td rowspan="2">'-이-, -히-,
-리-, -기-'</td><td>-어/아 지-</td></tr>
<tr><td>4</td><td></td><td></td></tr>
</table>

5. 맺음말

이 연구는 김용경(2011) 연구의 후속편으로 문법범주를 활용하여 한국어 교육 문법 항목을 선정하고 이를 학습 수준에 따라 단계적으로 배열하는 방법을 모색하였다. 이처럼 문법범주를 활용한 한국어 교육 문법 체계 설정은 동일한 문법범주를 실현하는 문법 항목들을 종합적으로 파악할 수 있게 해 준다. 또한, 같은 문법 항목끼리의 사용 빈도, 난이도, 일반화 가능성, 학습자의 기대 문법 등을 비교하면서 이들을 체계적을 배열할 수 있게 해 준다.

이를 위해 우선 다양한 층위에서 실현하고 있는 피동 표현들을 정리해 보았다.

(1) 어휘적 방법 : 동사에 의하여('동작성 명사-이/가+되다', '동작성 명사-을/를+받다/당하다', '맞다', '배우다', '동작성 명사+-받-/-당하-/-되-' 등)

(2) 파생적 방법 : 피동접미사에 의하여('-이-, -히-, -리-, -기-')
(3) 통사적 방법 : 통사론적 구성에 의하여('-어/아 지-', '-게 되-')

이와 함께 이들의 사용 빈도와 일반화 가능성을 고려하여 피동 표현 항목들을 단계적으로 제시해 보았다.

실현 층위		어휘적	파생적	통사적
초급	1	동작성 명사-이/가+되다		
	2	동작성 명사-을/를+받다 배우다 맞다		'-게 되-
중급	3	동작성 명사-을/를+다하다 동작성 명사+-당하-	'-이-, -히-, -리-, -기-'	-어/아 지-
	4			

참고문헌

강현화(2009), "최신 문법교수 이론의 경향과 한국어교육에의 적용", 『문법 교육』11, 1-27, 한국문법교육학회.

국립국어원(2003), 『한국어 학습용 어휘 선정 결과 보고서』, 국립국어원.

국립국어원(2005), 『외국인을 위한 한국어문법1』, 커뮤니케이션북스.

권재일(1991), "한국어 문법범주에 대한 언어유형론적인 연구", 『언어학』 13, 한국언어학회, 51-74쪽.

권재일(1992), 『한국어 통사론』, 민음사.

권재일(2012), 『한국어 문법론』, 태학사.

김용경(1995), "피동법과 사동법의 역사적 상관성 연구", 『건국어문학』19·20합집, 건국대학교 국어어문학연구회.

김용경(2011), "문법범주를 활용한 한국어 문법 교육 방안 연구", 『사회언어학』제19권 2호, 한국사회언어학회, 131-150쪽.

김유정(1998), "외국어로서의 한국어 문법 교육-문법 항목 선정과 단계화를 중심으로-",

『한국어교육』19-1, 국제한국어교육학회, 19-38쪽.

김제열(2001), “한국어 교육에서 기초 문법 항목의 선정과 배열 연구”, 『한국어교육』 22-1, 국제한국어교육학회, 93-121쪽.

김재욱(2003), “외국어로서의 한국어 문법 교육”, 『이중언어학』22, 이중언어학회, 163-179쪽.

김재욱(2003), “외국어로서의 한국어 문법 교육-한국어 교육 문법의 제시 원리와 체계를 중심으로-”, 『이중언어학』 제22호, 이중언어학회, 163-179쪽.

김정숙(1998), “숙달도 배양을 위한 한국어 교육 원리 및 모형”, 『이중언어학 』15집, 이중언어학회, 103-118쪽.

김종록(2008), 『외국인을 위한 표준 한국어 문법』, 박이정출판사.

국립국어원(2010), “국제 통용 한국어교육 표준 모형 개발(연구 책임자: 김중섭)”. 국립국어원

민현식(2009), “한국어교육용 문법 요소의 위계화에 대하여”, 『국어교육연구』23, 서울대학교 국어교육연구소, 61-130쪽.

박동호(2007), 한국어 문법의 체계와 교육내용 구축 방안, 『이중언어학』 34, 159-184, 이중언어학회.

배희임(1988), 『국어피동연구』, 고려대학교 민족문화연구소.

백봉자(1990), “외국어로서의 한국어 문법”, 『동방학지』71·72합본, 동방학지, 629-644.쪽.

백봉자(2001), “외국어로서의 한국어 교육 문법”, 『한국어교육』12(2), 국제한국어교육학회, 302-331쪽.

방성원(2010), “한국어 문법론과 한국어 문법 교육론”, 『언어와 문화』6(1), 한국언어문화교육학회, 157-181쪽.

성기철(2002), “외국어로서의 한국어 문법 교육”, 『국어교육』107, 한국어교육학회, 135-161쪽.

송재목(2011), “한국어에 대한 언어유형론적 연구와 한국어교육”, 『국제한국어교육학회 제21차 국제학술대회 발표문』, 국제한국어교육학회, 311-319쪽.

한주호(2008), “한국어교육에서 연결어미의 교수방안에 대한 연구”, 『한말연구』22, 한말연구학회, 193-220쪽.

우형식(2010), “한국어 교육 문법의 체계와 내용 범주”, 『우리말연구』26, 우리말학회, 235-266쪽.

이관규(2004), “문법 영역의 위상과 문법론의 내용 체계”, 『이중언어학』26, 이중언어학회, 211-226쪽.

이윤진(2009), “한국어 교재에서의 문형 제시 양상”, 『이중언어학』39호, 이중언어학회, 213-237쪽.

이해영(2004), “한국어교육에서의 문법교육”, 『제1차 KOREAN 교육 국제 학술토론회

발표논문집 : 외국어로서의 KOREAN 교육의 과제와 발전 방향』, 이화여자대학교 한국어문학연구소, 57-65쪽.

주세형(2005), "통합적 문법 교육 내용 설계-'의미를 구성하는 문법 지식'을 중심으로-", 『이중언어학』제27호, 이중언어학회, 203-226쪽.

최영환(1991), "피동의 개념과 문법 범주", 『한국국어교육연구회 논문집』 43, 한국어교육학회, 1-24쪽.

한송화(2009), "외국어로서의 한국어 교육에서의 문법 교육 방법론", 『문법 교육』10, 한국문법교육학회, 369-395쪽.

허용(2008), "한국어교육에서의 대조언어학과 보편문법의 필요성 연구", 『이중언어학』 36호, 이중언어학회, 1-24쪽.

Brown, H. Douglas(1994), Teaching by Principles, Prentice-hall Inc.

Celce-Muricia, Marianne(1991), Grammar pedagogy in second and foreign language teaching, TESOL Quarterly 25(3), 459-480.

Krashen(1981), Second Language Acquisition and Second Language Learning, Oxford.

Leech and Svartvik(1975), A Communicative Grammar of English, London: Longman Group Ltd.

lyons. J. (1968), Introduction to Theoretical Linguistics, Cambridge: Cambridge University Press.

Pieneman(1984), Psychological constraints on the teachability of languages, Studies in Language Acquisition 6, 186-214.

Rod Ellis(2002), Methodological Option in Grammar Teaching Materials, New Perspectives on Grammar Teaching in Second Language Classrooms, Laerence Erlbaum Associates, 155-180.

Ellis(1991), Instructed second language acquisition: learning in the classroom, Oxford.

지각동화모델과 음성학습모델

김 주 연

1. 머리말

외국어 소리 습득을 설명하기 위한 모델에는 대조분석가설(Fries, 1945; Lado, 1957; Dulay & Burt, 1973), 자석효과모델(Magnet Effect Model; Kuhl, 1991, 1992)[1], 지각동화모델(Perceptual Assimilation Model: PAM; Best, 1995), 음성학습모델(Speech Learning Model: SLM; Flege, 1995) 등이 있다. 그 중 외국어 소리 습득 연구에서 가장 영향력 있게 수용되고 있는 모델은 지각동화모델과 음성학습모델이다. 두 모델은 외국어의 소리를 습득할 때 학습자들이 모국어와 목표 언어의 소리를 어떻게 관련지어 지각하는가에 따라 소리 습득의 난이도가 달라진다고 보고 주로 학습자의 모국어와 목표 외국어의 소리들이 서로 어떻게 대응 되는가에 따라서 지각과 습득의 가능

1) Kuhl(1991, 1992)의 자석효과모델(Magnet Effect Model)은 지각 능력과 음성적 원형(prototype)의 범주화 문제에 중점을 두고 외국어의 음을 모국어의 범주에 동화시켜 외국어를 구별하기 어렵다고 주장한다. 즉 음성적 원형은 지각적 범주화에 중요한 요소로 음성적 원형이 동일한 범주에 존재하는 비원형(nonprototype)을 동화시킨다는 것이다. 예를 들어 영어 원형 /i/와 /ɪ/의 경우 원형 /i/는 한국어 /i/에 부합하지만 원형 /ɪ/는 한국어 /i/의 주변에 위치할 것이다. 원형 /ɪ/는 비원형으로 분리되지만 원형과 비원형 사이의 지각 거리를 줄여 원형 /i/에 동화된다. 결국 한국인은 영어 /i/와 /ɪ/의 습득에 어려움을 겪을 것이다. 자석효과모델(magnet effect model)에서는 원형(prototype)이 지각적 마그네트(perceptual magnet)처럼 기능한다는 것과 성인 청자들은 자신만의 내부 기준을 가지고 있으며 외국어의 새로운 음을 들을 때 그 기준을 적용한다는 두 가지 중요한 개념을 보여주었다(Park, 1997).

성을 예측해 왔다. 이 논문에서는 지각동화모델과 음성학습모델의 특징을 자세히 살펴본 후 두 모델의 공통점과 차이점을 비교해 보고자 한다.

2. Best의 지각동화모델

Best와 그의 동료들이 제안한 지각동화모델은 외국어를 배운 경험이 없는 화자들이 외국어 소리를 어떻게 인지하는지 설명하기 위해 고안된 모델이다(Best, 1995; Browman & Goldstein, 1992; Fowler et al. 1990). 지각동화모델에서는 유아들이 모국어를 습득하는 과정을 통해 성인들이 처음에 어떻게 외국어를 습득하는지 설명하고 있다. 지각동화모델에 의하면 유아들이 음성을 습득할 때 소리라는 인지 체계를 통해서 지각하는 것이 아니라 어떤 조음 동작을 통해 언어의 개별적인 조음 방법의 특성을 배움으로써 음성을 습득하는 것이라고 주장한다. 이렇게 모국어의 음성 범주가 형성되면 외국어를 들었을 때 외국어와 모국어 소리 사이의 유사성을 지각하면서 외국어를 모국어에 동화시키는 것이다.

지각동화모델은 Browman & Goldstein(1992)에서 제안된 조음음운론(articulatory phonology)을 이론적 기반으로 하고 있다. 조음음운론은 직접적 현실주의(direct realism)에 바탕을 두고 있는데 직접적 현실주의는 사물을 인지하는 인지 메커니즘이다. 직접적 현실주의에 바탕을 둔 조음음운론에서는 사물을 인지할 때 사물을 추상화시켜서 간접적 매개로 인지하는 것이 아니라 직접적인 조음 제스처(articulatory gesture)를 통해서 인지한다. 전통적 소리의 기본 단위는 음소나 변이음인데 반해 지각동화모델은 각 소리의 기본 단위를 조음음운론에서 주장하는 제스처로 보고 있다. 제스처는 말소리를 산출하는 동안 나타나는 조음 동작으로 소리를 내기 위해서 가장 중요한 입술(lip), 혀끝(tongue tip), 혀(tongue body), 연구개(velic), 성문

(glottal) 등 5개의 변수(variables)를 사용한다. 예를 들어 "bad"는 입술 닫힘(lip closure)인 제스처를 가지고 시작하는데 시간이 지나면서 윗입술과 아랫입술 사이에서 변화를 수반하며 혀끝 닫힘(tongue tip closure)인 제스처와 세트를 이룬다. 한 단어에서 나타나는 제스처는 시간이 지나면서 달라지고 겹쳐지는데 이렇게 다양한 제스처가 모여 있거나 겹쳐진 것을 제스처의 조합(constellation)이라고 한다(Browman & Goldstein, 1992). 유아들은 모국어에 대한 성도(vocal track) 사용 방법을 배우고 이러한 제스처 조합을 통해 말소리의 차이를 지각한다. 따라서 지각동화모델에서는 유아와 성인이 제스처 정보를 동일한 방식으로 인지하며 외국어 음의 제스처 요소를 모국어의 제스처 조합과 어떻게 동화시키는가에 따라 지각과 습득에 있어서 차이가 생긴다고 주장한다.

Best의 지각동화모델에서는 화자들이 외국어 소리를 들었을 때 어떻게 인지하는가를 설명하기 위해 상대적인 어려움을 갖는 목표 언어와 모국어의 소리를 일대일로 대응시키지 않고 목표 언어의 두 소리를 한 쌍으로 하여 모국어 소리와 대응시켜 분류하고 있다. 이러한 목표 언어의 두 음소와 모국어의 한 음소 사이의 대응 관계는 지각동화모델을 다른 모델과 차별화시키는 가장 중요한 특징이다. 예를 들어 영어 비원순 전설고모음에는 이완(lax) 모음 /ɪ/와 긴장(tense) 모음 /i/ 2개가 있다. 그러나 영어 /ɪ-i/와 동일한 위치에 나타나는 한국어 모음은 /i/ 하나밖에 없다. 이러한 경우 지각동화모델에서는 영어 /ɪ-i/의 두 음소 쌍과 한국어 /i/ 음소가 대응되는 것이다. 따라서 영어를 배우는 한국인 학습자는 영어 /ɪ-i/를 유사한 한국어 /i/에 동화시켜서 목표 언어인 영어 /ɪ-i/의 범주 형성이 어려울 수 있다. 즉 지각동화모델은 해당 언어 소리들의 관계를 중요시 한 이러한 대응 관계에서 나타나는 동화패턴을 통하여 외국어 소리에 대한 지각의 어려움을 예측하는 것이다. Best(1995)의 지각동화모델은 각각의 외국어 음의 지각적 범주화를 기반으로 했으며 외국어가 어떻게 모국어의 음운 대조에 동화될 수 있는지에 관한 차이를 예측하기 위해 6개의 패턴을 제시했다. 〈표 1〉은 가능한 모국어와 외국어 음의 쌍별 동화 패턴과 각 경우에 예측되는 식별 효과를 나타내며 외국어 언어의 쌍을 이루는 음소들이 모국어 범주에 어떻게 지각적으로 동화되는지 설명한 것이다.

〈표 1〉 지각동화모델의 동화 패턴(Best, 1995)

범주	동화 패턴	식별 효과
두 범주 동화 (Two Category Assimilation: TC Type)	외국어의 다른 두 음소가 모국어의 각기 다른 두 음소 범주에 동화된다. (Each non-native segment is assimilated to a different native category.)	훌륭한 식별력
범주 적합도 (Category-Goodness Difference: CG Type)	두 개의 외국어 음소가 한 개의 모국어 음소의 범주로 동화되는데 이 두 개의 범주화 정도에 차이가 있다. 모국어와 외국어의 어느 한 쌍이 다른 쌍에 비해 서로 더 유사하다. (Both non-native sounds are assimilated to the same native category, but they differ in discrepancy from native "ideal".)	적당한 식별력
단일 범주 동화 (Single-Category Assimilation: SC Type)	두 개의 외국어 음소가 한 개의 모국어 음소의 범주로 지각될 때 모국어와 외국어 두 쌍의 유사성 정도가 동일하게 같거나 다르게 나타난다. (Both non-native sounds are assimilated to the same native category, but are equally discrepant from the native "ideal".)	서툰 식별력
범주 불가능 (Both Uncategorizable: UU Type)	외국어의 두 음소 모두가 언어로는 인식되지만 모국어의 어떤 범주에도 동화되지 못한다. (Both non-native sounds fall within phonetic space but outside of any particular native category.)	훌륭하거나 서툰 식별력
비범주화 대 범주화	두 개의 외국어 음소 중 하나는 모국어의 음소 범주로 지각되지만 다른 하나는 모국어 음소	훌륭한 식별력

(Uncategorized versus Categorized: UC Type)	범주로 지각되지 못한다. (One non-native sound assimilated to a native category, the other falls in phonetic space, outside native categories.)	
비 범주 동화 (Nonassimilable: NA Type)	두 개의 외국어가 모두 말소리 범주 밖으로 벗어난다. (Both non-native categories fall outside of speech domain being heard as nonspeech sounds, and the pair can vary in their discriminability as nonspeech sounds.)	훌륭하거나 적당한 식별력

〈표 1〉에서 첫 번째로 분류한 두 범주 동화(Two Category Assimilation: TC)는 모국어와 외국어 양 언어에 모두 존재하는 음소가 대립하는 것으로 외국어의 다른 두 음소가 모국어의 각기 다른 두 음소 범주에 동화되는 것이다. 예를 들어 일본어와 영어에 모두 존재하는 /w/와 /j/ 음소의 경우 일본인 학습자들이 영어의 전이음 쌍 /w, j/를 들었을 때 각각 일본어의 /w/와 /j/ 음소로 지각하였다. 이것은 일본인 학습자들이 영어의 /w, j/를 별도의 음소로 지각해서 두 범주 동화의 카테고리를 제시한 지각동화모델의 예측과 잘 부합한 것이다(Best & Strange, 1992). 두 번째로 범주 적합도(Category Goodness: CG)는 두 개의 외국어 음소가 한 개의 모국어 음소의 범주로 동화되는데 이 두 개의 범주화 정도에 차이가 있다는 것이다. 즉, 하나의 외국어 음소는 해당 모국어 음소와 유사하지만 다른 하나의 외국어 음소는 상대적으로 해당 모국어 음소와 음성적 유사성이 떨어진다. 예를 들어 일본인 학습자가 영어의 두 음소 /w, r/을 들었을 때 두 음소를 모두 일본어 음소 /w/와 유사하게 지각한다. 그런데 이때 영어 /w/는 일본어 /w/와 상당히 비슷하게 지각하지만 영어 /r/은 일본어에 동일한 음소가 없으므로 상대적으로 일본어 /w/보다 덜 비슷하게 지각한다는 것이다(Best & Strange, 1992). 따라서 영어 /w/는 일본어와 영어의 공통적인 범주에 동화되어 지각적 차이가 적으므로 학습이 일어날 가능성이 적지만 영어 /r/은

새로운 범주로 분류되어 지각적으로 학습될 가능성이 크다. 범주 적합도에서 상대적으로 유사성이 떨어지는 음소는 처음에는 생소해서 지각이 잘 안 되겠지만 빠른 시간 안에 학습이 잘 이루어진다(Best & Tyler, 2007). 세 번째로 단일 범주 동화(Single Category: SC)는 두 개의 외국어 음소가 한 개의 모국어 음소의 범주로 지각될 때 유사성의 정도가 같거나 다르게 나타난다는 것이다. 예를 들어 영어 /l, r/에 해당하는 일본어 음소는 /r/ 하나밖에 없다. 그러므로 영어를 배우는 일본인 학습자가 영어 /l, r/을 들었을 때 이 두 음소를 모두 일본어 /r/로 지각한다는 것이다. 이때 영어 /l/과 일본어 /r/, 영어 /r/과 일본어 /r/ 사이의 유사성 정도가 동일하게 나타나 지각동화모델의 단일 범주 동화 예측과 부합하는 결과를 얻었다(Best & Strange, 1992). 네 번째로 범주 불가능(Both Uncategorizable: UU)은 두 개의 외국어 음소가 실제 언어학적으로 사용되는 소리라고 느낄 수는 있지만 모국어의 범주에서는 유사한 음을 찾을 수 없는 패턴이다. 예를 들어 /ð, θ/는 영어에 존재하는 음소 쌍이지만 한국어에는 없는 음소이기 때문에 영어를 배우는 한국인 학습자들은 범주화시킬 수 없을 것이라고 예측된다. 따라서 이러한 경우 범주 불가능으로 분류한다. 다섯 번째로 비범주화 대 범주화(Uncategorized versus Categorized: UC)는 두 개의 외국어 음소 중 하나는 모국어의 음소 범주로 지각되지만 다른 하나는 모국어 음소 범주 밖에서 지각되는 경우이다. 예를 들어 /e, æ/는 모두 영어의 음소지만 일본어에 대응되는 음소는 /e/ 하나밖에 없다. 따라서 영어 /e, æ/를 일본인 학습자가 들었을 때 /e/는 범주화시키지만 /æ/에 해당하는 일본어 음소는 없기 때문에 /æ/를 일본어의 음소로 지각하지 못할 가능성이 많다. 여섯 번째로 비범주 동화(Non-Assimilable: NA)는 두 개의 외국어가 모두 말소리 범주 밖으로 벗어나는 경우이다. 미국인들에게 있어서 Zulu어의 클릭(click) 소리는 영어와는 매우 다르기 때문에 언어라기보다 혀 차는 소리로 들린다.

하지만 미국인들은 비언어음인 클릭 소리를 들어 본 적이 없었음에도 불구하고 굉장히 수월하게 클릭 소리를 구별할 수 있었다(Best, Mcroberts & Sithole, 1988). 따라서 지각동화모델에서는 외국어 학습 경험이 없더라도 목표 외국어와 모국어의 차이를 발견한다면 새로운 음은 습득이 가능할 것이라고 주장한다.

이러한 Best(1995)의 지각동화모델 이후에 성인 학습자들의 외국어 습득을 더 잘 설명하기 위해 나온 것이 Best & Tyler(2007)의 수정지각동화모델(PAM-L2)이다. 수정 지각동화모델은 성인 학습자들이 어떻게 외국어 소리를 습득해 가는지 알아내기 위해 지각동화모델을 외국어 소리 습득에 초점을 맞추어서 모국어와 외국어의 습득을 동일한 메커니즘으로 설명하고 있다. 이 모델은 지각동화모델과는 달리 4개의 패턴으로 외국어 지각 학습에 대한 음소의 동화 패턴을 충분히 설명할 수 있다고 보고 〈표 2〉와 같이 분류하고 있다.

〈표 2〉 수정 지각동화모델의 동화 패턴(Best & Tyler: 2007)

동화 패턴	식별 효과	지각동화모델에 대응되는 범주
한 개의 외국어 음소가 다른 한 개의 모국어 음소 범주에 동화된다. (Only one L2 phonological category is perceptually as equivalent(perceptually assimilated) to a given L1 phonological category)	훌륭한 식별력	두 범주 동화 (Two Category Assimilation: TC)
두 개의 외국어 음소가 한 개의 모국어 음소에 동화되는데 모국어와 외국어의 어느 한 쌍은 다른 쌍에 비해 서로 더 유사하다. (Both L2 phonological categories are perceived as equivalent the same L1 phonological category, but one is perceived as being more deviant than the other.)	적당한 식별력	범주 적합도 (Category Goodness: CG)
두 개의 외국어 음소가 한 개의 모국어 음소의	서툰 식	단일 범주 동화

범주로 지각될 때 모국어와 외국어 두 쌍의 유사성 정도가 동등하게 같거나 다르게 나타난다. (Both L2 phonological category are perceived as equivalent to the same L1 phonological category, but as equally good or poor instances of that category.)	별력	(Single Category: SC)
외국어와 모국어 간에 음운론적 동화가 일어나지 않는다. (No L1-L2 phonological assimilation.)	훌륭하거나 적당한 식별력	범주 불가능 (Uncategorized)

첫 번째로 개별 범주 동화는 하나의 외국어 음소가 하나의 모국어 음소에 유사하게 지각되는 경우이다. 학습자는 음성적 레벨에서 모국어와 외국어를 동등하게 지각하였기 때문에 더 이상의 지각적 학습이 일어나지 않을 가능성이 많고 일어난다고 하더라도 소폭일 것으로 예측된다. 따라서 이러한 경우에 학습자들은 새로운 범주를 형성할 필요를 못 느끼게 된다. 두 번째로 범주 적합도(Category Goodness: CG)는 두 개의 외국어 음소가 한 개의 모국어 음소에 대응되는 것이다. 그 중 한 개의 외국어 음소는 모국어 음소와 유사하게 지각되지만 다른 하나의 외국어 음소는 모국어 음소와의 유사성이 떨어진다. 이 경우에 모국어와 더 유사한 외국어 음소는 모국어의 범주로 동화되어 습득될 가능성이 거의 없다. 그러나 학습자들은 경험이 증가할수록 모국어와 외국어의 어휘적, 기능적인 차이를 지각하여 유사성이 떨어지는 외국어 음소는 새로운 범주를 형성하게 될 것이다. 세 번째로 단일 범주 동화(Single Category: SC)는 두 개의 외국어 음소가 하나의 모국어 음소로 지각되는 경우로 각각의 두 외국어 음소가 모국어와 동등한 정도로 유사하거나 다르게 나타나는 동화이다. 단일 범주 동화의 경우 초기의 학습자들은 지각에 어려움을 겪게 되는데 외국어 음소의 쌍을 하나의 모국어 음소에 동화시켜 동음이의어처럼 지각하게 된다. 따라서 학습자들은 새로운 음운론적 범주를 형성하기 전에 먼저 최소한 두 개의 외국어 음

소 중 하나에 대해서 새로운 범주를 형성해야 지각적으로 구별할 수 있다고 예측한다. 네 번째로 범주 불가능(Uncategorized)은 모국어와 외국어 사이에 동화가 일어나지 않는 경우이다. 학습자가 목표 외국어가 모국어 음소 범주에 들어있지 않다고 판단하면 새로운 외국어 음소를 상대적으로 쉽게 지각할 수 있다는 것이다.

〈표 1〉과 〈표 2〉에서 살펴본 것처럼 지각동화모델과 수정 지각동화모델은 동화 패턴에 있어서 약간의 차이가 있다. 지각동화모델에서는 동화 패턴을 6개로 분류하고 있는 반면 수정 지각동화모델에서는 4개로 분류하고 있다. '범주 적합도'와 '단일 범주 동화'는 두 모델에서 유사하게 분류하고 있지만 지각동화모델의 '두 범주 동화, 범주 불가능'을 수정 지각동화모델에서는 각각 '개별 범주 동화'와 '범주 불가능'으로 다루고 있다. 특히, 지각동화모델의 '두 범주 동화'는 두 개의 대립되는 외국어 쌍이 각각 모국어 범주에 동화되는 패턴이었으나 수정 지각동화모델의 '개별 범주 동화'는 하나의 외국어 음이 하나의 모국어 범주에 동화되는 패턴이다. 그 밖에 지각동화모델에서는 '비범주화 대 범주화, 비범주 동화'를 추가하여 다루고 있다. 두 모델을 종합해 보면 외국어 습득의 어려움이 가장 큰 유형은 '단일 범주 동화'일 것이다. 두 개의 외국어 음이 하나의 모국어 음에 동화될 때 그 정도가 같거나 다르다면 학습자에게 있어서는 구별이 가장 어려울 것으로 예상되기 때문이다. 다음으로 습득이 어려운 쌍은 '범주 적합도'일 것이다. 이 유형도 두 개의 외국어 음이 하나의 모국어 음에 동화되는 것이기는 하지만 그 정도에 있어서 차이를 가지기 때문에 '단일 범주 동화'보다는 습득의 어려움이 적을 것으로 예상된다. 다음으로 '범주 불가능'은 모국어에 없는 소리이기 때문에 오히려 더 잘 지각하여 상대적으로 습득이 용이할 것으로 예상된다. 마지막으로 '범주 동화'는 지각적 학습이 필요 없기 때문에 습득이 가장 용이할 것이다.

3. Flege의 음성학습모델

Flege와 동료 연구자들은 모국어를 습득한 성인 학습자들이 외국어를 학습하는 데 어려움을 겪는 이유를 설명하기 위해 음성학습모델을 개발하였다. 음성학습모델은 외국어를 배우는 학습자들이 목표 언어의 원어민처럼 말할 수 없는 이유는 원어민과 동일한 방식으로 지각하지 못하기 때문이라고 가정하고, 외국어에 대한 경험이 증가할수록 지각 능력이 향상되어 원어민에 가깝게 말할 수 있다고 주장하였다. 따라서 외국어를 배우는 성인 학습자들의 음성 습득 능력은 모국어 습득이 끝난 이후에도 남아 있어 평생 지속적인 학습이 가능하다는 것이다(Flege, 1981, 1987a, 1992, 1995, 2002). 음성학습모델을 설명하기 위한 많은 선행 연구에서는 결정적 시기(critical period)를 지나서 외국어를 배운 성인 학습자들의 산출은 외국어에 노출된 경험이 많으면 많을수록 원어민의 발음에 가까워지며 외국어의 많은 산출 오류는 지각적 능력을 바탕으로 하고 있다고 주장하였다(Bohn & Flege, 1992; Flege, Munro, & MacKay 1995; Flege, Yeni-Komshian & Liu, 1999; Piske et al., 2001, 2002; MacKay et al., 2001). 특히 음성학습모델에서는 학습자의 언어 경험과 지각된 언어의 유사성을 소리 범주 형성의 중요한 기준으로 삼고 있다.

학습자의 언어 경험을 나타내는 척도로는 외국어 사용 국가에 거주한 기간(Length of residence), 외국어 사용 거주 지역에 도착한 나이(Age of arrival), 외국어 학습을 시작한 나이(Age of learning), 모국어와 외국어의 사용량(Flege, 2002; Flege & MacKay, 2004), 외국어 학습의 양과 질(Flege & Liu, 2001; Jia & Aaronson, 2003) 등이 있다. 이 중 가장 많이 언급되고 있는 외국어 사용 국가에 거주한 기간, 외국어 사용 거주 지역에 도착한 나이, 외국어 학습을 시작한 나이를 중심으로 언어 경험에 따른 증거들을 살펴보도록 하겠다.

우선 외국어 사용 국가에 거주한 기간은 외국어 학습의 중요한 변수지만 학습자의 지각 능력에 미치는 영향에 대한 선행 연구 결과는 혼합되어 있다. 예를 들어 미국에 거주한 기간이 긴 독일인 영어 학습자의 경우 독일어와 유사한 /i, ɪ, ɛ/ 모음은 정확하게 산출하지 못했지만 독일어에 없는 새로운 영어 음소 /æ/는 언어 경험이 증가함에 따라 발음이 향상된 것으로 나타났다(Bohn & Flege, 1992). 다른 연구에서는 독일어, 스페인어, 중국어, 한국어 영어 학습자들을 대상으로 외국어 사용 국가에 거주한 기간이 평균 7.3년인 그룹과 0.7년인 그룹으로 나누어 그 기간에 따른 영어 모음의 산출과 지각 실험을 하였다. 그 결과 영어 /i, ɪ/의 경우 외국어 사용 국가에 거주한 기간이 긴 한국어와 스페인어 학습자들은 거주 기간이 짧은 학습자들보다 더 정확하게 발음하지 못했다. 또한 외국어 사용 국가에 거주한 기간이 길고 짧은 독일어와 중국어 학습자들 모두 영어 /i, ɪ/의 길이에서 원어민과 차이가 컸다. 이와 같이 외국어 사용 국가에 거주한 기간에 상관없이 학습자의 모국어에 따라 정확도에 차이가 있었기 때문에 외국어에 대한 노출을 더 많이 받은 그룹이 그렇지 않은 그룹에 비해 일괄적으로 더 정확하게 발음한다고 보기는 어려웠다. 그리고 외국어에 대한 경험이 많은 학습자도 원어민처럼 발음하지는 못했다. 즉 학습자의 외국어 사용 국가에 거주한 기간만으로는 외국어 습득에 대해 예측하기 어렵고 학습자의 모국어에 따른 차이도 큰 변수로 작용한 것으로 나타났다(Flege, Bohn & Jang, 1997).

다음으로 해당 외국어 사용 거주 지역에 도착한 나이도 외국어 학습에 있어서 중요한 변수로 작용하는데 선행 연구를 살펴보면 Flege, Yeni-Komshian & Liu(1999)는 미국에 도착한 나이가 다른 240명의 한국어 원어민을 대상으로 영어 발음 실험을 하였다. 그 결과, 비록 일부분의 피험자들은 원어민의 발음과는 상당한 차이가 있었지만 14살 이후에 미국에 도착한 사람들보다 12살 이전에 미국에 도착한 사람들의 영어 발음이 더 좋았고, 8살 이후에 미국에 도착한 사람들보다 학교에 입학하기 전에 미국에 도착한 사람들의 영어 발음이 더 좋았다고 밝혔다. 해당 외국어 사용 거주 지역에 도착한 나이는 모국어와 외국어의 사용량과도 상관관계가 있었다. 3~11살에 미국에 도착한 사람들은 그 이후에 미국에 도착한 사람들보다 영어를 더 많이 사용하였다. 즉 해당 외국어 사용 거주 지역에 도착한 나이가 어린 사람들이 모국어를 덜 사용하였고 이 사람들이 외국어의 지각과 산출에 있어서 더 원어민의 발음에 가까웠으며 모국어보다 영어의 숙달도가 더 높게 나타났다(Flege, Munro, & MacKay 1995; Piske et al., 2001; MacKay, Meador & Flege, 2001). 이러한 언어 경험은 외국어 음성 습득에 큰 영향을 주며 지속적인 입력이나, 동기 부여 등의 다른 변수가 작용하면 여전히 습득의 가능성이 열려 있다는 것이다.

마지막으로 외국어를 학습하기 시작한 나이를 살펴보면 아이들은 성인들보다 /ɛ/와 /æ/의 차이를 더 크게 느낀다. 그러므로 독일인 성인 학습자들은 /ɛ/와 /æ/를 구별하는 데 어려움을 겪었다. 또한 Munro et al.(1996)은 영어를 3세에서 21세 사이에 배우기 시작한 240명의 이탈리아 학습자들을 대상으로 외국어 모음의 발음이 외국어 학습 시작 나이에 미치는 영향을 연구하였다. 외국어 학습 시작 나이에 상관없이 영어를 배우는 이탈리아 학습자들은 영어 모음을 잘 구별하였다. 하지만 외국어 학습 시작 나이가 10세 이상인 학습자들이 발음한 특정 영어 모음 /ɚ/의 경우에는 대부분 외국인 말투가 남아 있었다. 한편 자음은 모음과는 좀 다르게 나타났는데 이탈리아어에 존재하지 않는 /ð/와 /θ/의 경우 10살 즈음부터 영어를 배우기 시작한 이탈리아 학습자들은 영어 원어민과 비슷하게 발음하는 것으로 나타났다. 또한 영어 /p, t, k/의 성대진동개시시간(Voice Onset Time: 이하

VOT)은 어린 나이에 영어를 배우기 시작한 이탈리아 학습자들이 정확한 VOT를 가지고 발음하였다(Flege et al., 1995). 따라서 외국어 습득에 있어서 학습 시작 나이가 중요한 변수로 작용할 수는 있겠지만 모든 개개인에게 동일하게 적용되는 것은 아니다.

음성학습모델에서 범주 형성의 또 다른 중요한 기준은 모국어와 외국어의 유사성이다. 음성학습모델은 외국어를 습득할 때 그 유사성에 따라 모국어와 외국어가 서로 어떻게 영향을 주고받는지 밝히기 위해 모국어와 외국어 간의 음성 상호작용(L1-L2 phonetic interactions)에 초점을 맞추고 있다. 이 음성 상호작용은 모국어와 외국어의 유사성에 따라 음성범주동화(phonetic category assimilation)와 음성범주이화(phonetic category dissimilation)라는 기제가 작용한다는 것이다. 음성범주동화는 모국어와 외국어 음소 사이에 실제로 차이가 있음에도 불구하고 학습자가 이 둘을 유사하게 인식함으로써 외국어 음소의 새로운 범주 형성이 되지 않았을 때 나타나는 기제이다. 학습자들은 외국어 소리 산출을 위해 가장 가까운 모국어의 소리를 처음으로 사용한다. 그러나 학습 경험이 증가함에 따라 그 차이를 인식하게 되고 그에 따라 수정과 융합 과정을 거치게 되면서 점진적으로 외국어 소리를 습득해 나간다. 그러나 이렇게 융합된 음성 범주는 새로운 음성 범주 형성을 방해하여 결국 중간 언어(interlanguage)를 생성하게 된다(윤은경, 2010). 예를 들어 Flege(1987b)에서는 프랑스인 영어 학습자와 미국인 프랑스어 학습자[2])를 대상으로 프랑스어 /t/와 영어 /t/에 대한 산출을 실험했다. 영어 /t/와 프랑스어 /t/는 동일한 음소로 표시되지만 프랑스어 /t/는 영어 /t/에 비해 VOT가 짧다. 실험 결과, 프랑스인 영어 학습자는 프랑스어 단일언어구사자(monolingual)가 발음한 프랑스어 /t/의 VOT보다 영어 /t/의 VOT를 더 길게 발음했다. 또한 영어의 영향을 받아 프랑스어 /t/의 VOT

2) 이들은 모두 프랑스어와 영어를 사용하는 이중언어구사자(Bilingual)들이다.

를 프랑스어 단일언어구사자보다 더 길게 발음했다. 그러나 미국인 프랑스어 학습자의 경우는 그 반대의 결과가 나타났다. 결국 이 두 그룹에서는 음성 습득이 이루어졌지만 모국어와 외국어 모두 단일언어구사자에 가깝게 발음하지 못하여 새로운 외국어의 음성 범주 형성을 하지 못했다.

반면 음성범주이화는 모국어에 없는 외국어의 새로운 음소가 범주를 형성할 때 작동하는 기제이다. 모국어의 음운 체계 안에서 각각의 음소들이 음성적 거리를 유지하는 것처럼 새롭게 형성된 외국어 음소도 공통된 음운 공간 안에서 서로 차이가 나도록 거리를 유지하는 것이다. 예를 들어 Flege & Eefting(1988)에서는 어릴 때 영어를 배운 스페인 화자가 발화한 스페인어 /p, t, k/를 가지고 산출 실험을 하였다. /p, t, k/의 VOT는 스페인어보다 영어가 상당히 긴 편이다. 이 실험의 결과 스페인어와 영어 이중언어구사자들은 스페인어보다 영어 /p, t, k/의 VOT를 길게 발음하고 스페인어 단일언어구사자보다 스페인어 /p, t, k/에서 상당히 짧은 VOT를 산출했다. 스페인어 /p, t, k/ 범주는 지속적인 음성적 대조를 유지하기 위한 노력 때문에 새로운 영어 /p, t, k/ 범주로부터 이화된 것이다. 결국 이중언어구사자들은 모국어와 외국어 양쪽 모두에서 각 언어의 단일언어구사자들과는 다른 산출을 하게 되는 것이다.

음성학습모델에서 외국어 소리 습득이 어떻게 이루어지는지 〈표 3〉에서 살펴보도록 하겠다. 〈표 3〉은 4개의 가정과 7개의 가설을 통해서 구체적인 외국어 소리 습득에 대해 설명하고 있다. Flege(1995)의 음성학습모델의 가설은 가정과 선행연구의 결과를 근거로 설정된 것이다(Flege, 1981, 1987a, 1992).

〈표 3〉 음성학습모델을 구성하는 가정과 가설(Flege, 1995b)

	가정(Postulates)
가정 1	모국어 소리 학습을 위해 사용된 메커니즘과 처리 과정(예를 들어 소리 범주를 형성하는 것)은 평생 남아 있어 외국어 학습에 적용될 수 있다. (The mechanisms and process used in learning the L1 sound system, including category formation, remain intact over the life span and can be applied to L2 learning.)
가정 2	각 개별 언어 고유의 말소리 특징들은 음성학적 범주라고 불리는 장기 기억 장치에 남아 있다. (Language-specific aspects of speech sounds are specified in long-term memory representation called phonetic categories.)
가정 3	어린 시절 형성된 모국어에 대한 음성 범주는 모국어와 외국어의 음성적 특징을 반영하면서 평생에 걸쳐 발전한다. (Phonetic categories established in childhood for L1 sounds evolve over the life span to reflect the properties of all L1 or L2 phones identified as realization of each categories.)
가정 4	이중언어구사자들은 공통된 음운적 공간에 존재하는 모국어와 외국어의 음성학적 범주 사이의 대조를 유지하려고 노력한다. (Bilinguals strive to maintain contrast between L1 and L2 phonetic categories, which exist in a common phonological space.)
	가설(Hypotheses)
가설 1	모국어와 외국어의 소리들은 추상적인 음소적 레벨이 아닌 변이음 레벨에서 서로 지각적으로 이어져 있다. (Sounds in the L1 and L2 are related perceptually to one another at a position-sensitive allophonic level, rather than at a more abstract phonemic level.)
가설 2	이중언어구사자들이 모국어와 외국어 소리 사이의 음성적 차이를 조금이나마 지각할 수 있다면 가장 가까운 모국어 소리와 차이를 보이는 외국어 소리에 대한 새로운 음성 범주를 형성할 수 있다. (A new phonetic category can be established for an L2 sound that differs phonetically from the closest L1 sound if bilinguals discern at least some of the phonetic differences between the L1 and the L2 sounds.)
가설 3	외국어 소리와 가장 가까운 모국어 소리 사이에 지각된 음성적 차이가 더 크면 클수록 두 소리 사이의 음성적 차이는 구분되어질 가능성이 커진다.

	(The greater the perceived phonetic dissimilarity between an L2 sound and the closest L1 sound, the more likely it is that phonetic differdences between the sounds will be discerned.)
가설 4	모국어와 외국어의 음성적 차이와 외국어 소리의 구별 능력은 외국어 학습을 시작한 나이가 증가하면 줄어들게 된다. (The likelihood of phonetic differences between L1 and L2 sounds, and between L2 sounds that are noncontrastive in the L1, being discerned decreases as AOL increases.)
가설 5	L2 소리의 범주 형성은 동등분류 메커니즘에 의해 방해를 받을 수도 있다. 이러한 경우 단일 음성적 범주는 지각적으로 이어진 모국어와 외국어 소리들을 처리하는 데 사용된다. 결국 우리가 소리를 낼 때 이 소리들은 서로 닮아가게 된다. (Category formation for an L2 sound may be blocked by the mechanism of equivalence classification. When this happens, a single phonetic category will be used to process perceptually linked L1 and L2 sounds(diaphones). Eventually the diaphones will resemble one another in production.)
가설 6	이중언어구사자의 범주가 모국어 범주로부터 멀어지게 되어 모국어와 외국어 공통의 음운적 공간에 있는 범주들 사이의 음성적 대조를 유지하게 되는 경우와 이중언어구사자들의 표현이 단일언어구사자들과는 다른 특성에 바탕을 둘 때 외국어 소리에 대해 이중언어구사자가 형성한 음성적 범주는 단일언어구사자들의 범주와는 다를 수 있다. (The phonetic category established for L2 sounds by a bilingual may differ from a monolingual's if: 1) the bilingual's category is "deflected" away from an L1 category to maintain phonetic contrast between categories in a common L1-L2 phonological space; or 2) the bilingual's representation is based on different features, or festure weight than a monolingual's.)
가설 7	소리의 산출은 음성적 범주에서 나타나는 특징에 점차적으로 부합하게 된다. (The production od sound eventually corresponds to the properties represented in its phonetic category representation.)

〈표 3〉에서 가설 1은 모국어와 외국어 소리를 비교할 때 각 언어의 음소와 음소 사이의 관계뿐만 아니라 변이음과 변이음 단계에서의 관계도 중요하다는 것이다. 예를 들면 일본어에는 영어 /l/ 과 /r/에 해당되는 유음(liquid)이 하나밖에 없기 때문에 일본인 영어 학습자가 영어 /l/ 과 /r/을 학습할 때 어려움을 느낀다. 영어 /l/ 과 /r/은 음절 내의 위치에 따라 음향

적 차이를 보이는데 일본인 영어 학습자들은 영어의 /l/ 과 /r/이 낱말의 처음에 올 때보다 낱말의 끝에 올 때 더 구분을 잘 했다(Best & Strange, 1992). 따라서 일본어의 유음과 영어의 유음은 변이음 레벨에서 연결되어 있다고 할 수 있다. 가설 2는 모국어 음소와 비슷한 외국어 음소는 구별하기 어렵지만 만약 이 둘의 음성적 차이를 지각한다면 모국어와 비슷한 외국어 소리라도 새로운 음성 범주를 형성할 수 있다는 것이다. 학습자들이 외국어를 습득할 때 처음에는 가장 가까운 모국어 소리를 사용하기 때문에 모국어의 간섭으로 인해 새로운 범주 형성이 어렵지만 외국어와의 차이를 인식하게 되면 외국어의 새로운 음성 범주를 형성할 수 있다.

가설 3은 모국어와 유사한 외국어 사이의 음성적 차이가 더 크면 클수록 두 소리를 더 잘 구별할 수 있다는 것이다. 예를 들면 영어 /r/과 /l/에 해당되는 일본어는 /r/ 하나뿐이다. 그런데 일본인 영어 학습자들은 영어 /r/과 /l/ 중 영어 /l/을 일본어 /r/에 인지적으로 더 가깝게 느낀다(Sekiyama & Tohkura, 1993). 따라서 일본인 영어 학습자들은 일본어 /r/과 영어 /r/의 음성적 차이를 더 크게 느끼므로 영어 /l/보다 영어 /r/을 더 잘 구분해 낼 것이라는 것을 예측할 수 있다. 가설 4는 모국어와 외국어의 음성적 차이를 구별하는 능력은 외국어 학습 시작 나이가 증가하면 줄어들게 된다는 것이다. 즉 성인 외국어 학습자는 학습 시작 나이가 어린 학습자보다 모국어와 외국어의 음성적 차이를 잘 구별하지 못한다. 예를 들면 독일어 /ε /와 영어 /æ/의 차이는 독일인 영어 성인 학습자보다 10살 어린이가 더 잘 구별하는 것으로 나타났다(Butcher, 1976). 따라서 성인이 된 이후에 외국어 학습을 시작한 독일인 영어 성인 학습자의 경우 독일어 /ε /와 영어 /æ/의 음성적 차이를 구별하는데 어려움을 겪게 된다는 것이다.

가설 5는 모국어와 유사한 외국어 소리의 경우 학습자가 이 둘을 구별하지 못하므로 학습이 어렵다는 것이다. 즉 모국어와 외국어가 유사하다고 판단되면 서로 영향을 주고받아 결국 새로운 음성 범주가 형성되지 않고 융합되어 중간 언어를 생성한다. 예를 들면 이탈리아어 · 영어 이중언어구사자들은 영어 /b/와 이탈리아어 /b/의 산출과 지각을 위해 하나의 음성적 범주를 사용했다. 따라서 이탈리아어 · 영어 이중언어구사자들은 두 언어가 서로 영향을 주어 결국 영어 /b/와 이탈리아어 /b/의 구별이 모두 어렵게 될 것이다(MacKay et al., 2001). 가설 6은 이중언어구사자가 구사하는 외국어는 단일언어구사자와는 다르다는 것이다. 이중언어구사자는 모국어와 외국어의 모음들을 개인의 음운 공간 안에서 대비를 유지하기 위해 분산시켜 놓는다. 예를 들면 프랑스어 · 영어 이중언어구사자인 10살짜리 소년이 /p, t, k/를 발음할 때 프랑스어와 영어 모두에서 단일언어구사자보다 강도가 약한 VOT 값을 가지고 발음하는 것을 발견할 수 있었다. 이 소년은 프랑스어와 영어 사이에서 음성적 대조를 유지하였지만 결국 두 언어 모두의 /p, t, k/의 산출에서는 원어민과 차이가 있었다(Mack, 1990). 가설 7은 외국어를 습득하게 되면 결국 원어민과 비교적 비슷하거나 정확하게 조음하게 된다는 것이다. 학습자의 산출 오류는 지각에 의한 것이므로 우선적으로 지각이 발달하면 음성 특징을 습득하게 되어 산출도 이에 적합하게 발달된다.

음성학습모델에서는 이러한 가정과 가설을 근거로 모국어와 외국어를 동일한 기준으로 대응시키면서 모국어와 외국어 음소의 유사성에 따라 새로운 소리(new), 유사한 소리(similar), 동일한 소리(identical)의 3가지 유형으로 분류하고 있다(Flege, 1981, 1987a). '새로운 소리'는 모국어와 외국어 음소간에 대응되는 IPA 기호가 없으며 음성학적으로 차이가 있는 음으로 모국어에는 없고 목표 언어에만 있는 음소이다. 즉, 이러한 음소는 학습자의 모국어 범주에 없는 음으로 목표 언어를 습득할 때 유사한 음보다 더 쉽게 새로운 범주를 형성할 것이라고 예상되는 음이다. 예를 들어 영어 /e/는 일본어 /e/로 범주화되어 유사한 범주로 분류될 수 있으나 영어 /æ/는 일본어에서 /e/의 범주로 분류되지 않아 '새로운 소리'로 분류될 것이다. '유사한 소리'는 모국어와 외국어의 음소 목록에서 동일한 IPA 기호를 사용하기는 하지만 실제 음향적 속성에서는 많이 차이가 나는 음소이다. 예를 들어 무성 폐쇄음(stop consonant)인 /t/는 프랑스어와 영어의 음소 목록에 모두 있지만 조음 위치에서 차이가 있다. 프랑스어에서는 치음(dental)으로 조음되고 영어에서는 치경음(alveolar)으로 실현되어 동일한 IPA를 공유함에도 불구하고 '동일한 소리'로 분류되지 않고 '유사한 소리'로 분류 되는 것이다(Labov, 1981). 이 '유사한 소리'는 학습자의 모국어와 유사함으로 인해 서로의 발음에 영향을 미쳐 지각에 방해를 받는다. 그러므로 음성적 거리가 가까울수록 습득이 더 어려울 것으로 예측한다. '동일한 소리'는 모국어와 외국어의 음소 목록에서 동일한 IPA 기호를 사용하며 음성학적으로나 음향학적으로도 차이가 없는 음소로 모국어와 외국어 사이에 동등한 대응관계를 이루고 있는 대응쌍이다. 예를 들어 한국어 /i/와 영어 /i/를 '동일한 소리'로 분류할 수 있는데 조음 위치에 있어서 차이가 거의 없는 소리는 원어민에 가깝게 습득하는 것이 가능할 것이라고 예측한다.

4. 지각동화모델과 음성학습모델 비교

지금까지 외국어 말소리 습득에 대한 모델 중 지각동화모델과 음성학습모델에 대해서 각각 살펴보았다. Best의 지각동화모델과 Flege의 음성학습모델은 아래의 〈표 4〉와 같은 공통점과 차이점을 갖는다.

〈표 4〉 지각동화모델과 음성학습모델의 공통점과 차이점

		지각동화모델	음성학습모델
공통점	지각 능력	외국어 경험이 증가할수록 지각 능력이 향상된다.	
	학습 능력	모국어 습득 경험이 지속적으로 외국어 학습에 영향을 미친다.	
	범주화 기준	유사성을 기준으로 하지만 범주화 기준이 명확하지 않다.	
차이점	지각의 기본 단위	음성적 제스처	청각적 신호
	모국어와 외국어 음소의 대응 관계	음소 쌍 간의 대응 관계	음소의 일대일 대응 관계
	범주 성립의 난이도	외국어 대립 쌍이 하나의 모국어 범주에 동화 될 때 가장 어려움	유사성이 큰 음은 범주 성립이 어렵고 유사성이 적은 음은 범주 성립이 용이함
	외국어의 습득	모국어와 유사한 외국어의 경우 더 이상 지각 학습이 일어나지 않음	모국어와 유사한 외국어의 경우 상호작용에 의해 산출됨
	연구 대상	유아들의 모국어 습득, 학습 초기 학습자들의 외국어 습득	이중언어구사자, 외국어 습득 경험이 있는 학습자

첫 번째 공통점은 외국어 학습 경험이 증가할수록 학습자의 지각 능력이 향상될 것이라는 데 의견을 같이 한다. 외국어를 사용하는 나라에서의 경험이 풍부한 학습자들은 경험이 적은 학습자들에 비해 처음에 어려워했던 외국어의 차이에 대해 더 잘 범주화하고 구별할 수 있었다(Flege, Takagi & Mann, 1996; Best & Tyler, 2007). 예를 들면 미국에 거주한 기간이 긴 독일인 영어 학습자의 경우 독일어와 유사한 /i, ɪ, ɛ/ 모음은 정확하게 산출하지 못했지만 독일어에 없는 새로운 영어 음소 /æ/는 언어 경험이 증가함

에 따라 발음이 향상된 것으로 나타났다(Bohn & Flege, 1992). 또한 프랑스어를 배우는 미국인 학습자들의 경우도 경험이 많은 학습자가 경험이 적은 학습자에 비해 프랑스어 /y/를 더 정확하게 발음했다(Flege, 1987b). 두 번째 공통점은 외국어 습득 시 모국어를 배운 경험이 성인이 된 이후에도 지속적으로 영향을 미친다는 것이다. Flege(1995)에서는 모국어 음성을 배울 때 사용된 메커니즘이 그대로 남아 있어 평생 동안 외국어 학습에 적용될 수 있다고 하였다. 또한 Best & Tyler(2007)는 성인이 되어서 방언 등의 접촉으로 모국어 말소리 능력이 변화하는 것처럼 외국어를 배우는 것도 새로운 인지 학습 능력이 요구되어 지속적인 학습이 이루어진다고 하였다. 즉 성인 학습자들이 외국어를 배울 경우 학습 초기에는 모국어의 간섭으로 음성 오류를 일으키지만 학습 경험이 증가할수록 발음이 향상된다고 할 수 있다. 세 번째 공통점은 두 모델 모두 소리 분류에 있어서 범주화 기준이 명확하지 않다는 것이다. 두 모델 모두 모국어와 외국어의 유사성을 기준으로 범주화를 설명하고 있지만 유사성의 정도에 대해서는 정확한 기준을 제시하지 못하고 있다. 예를 들어 음성학습모델의 경우 영어 /iː/와 한국어 /i/의 분류를 생각해 보면 한국어 모음 /i/와 영어 모음 /iː/를 '동일한 소리'로 분류해야 할지 '유사한 소리'로 분류해야 할지에 대한 기준이 명확하지 않다. 또한 지각동화모델의 경우도 영어 /iː/와 /ɪ/ 쌍이 한국어 /i/에 대응되기는 하지만 영어 /iː/와 /ɪ/가 한국어 /i/에 대해 각각 유사성에 있어서 어떤 차이가 있는지에 대한 기준이 명확하지 않다.

다음은 Best의 지각동화모델과 Flege의 음성학습모델의 차이점에 대해 살펴보도록 하겠다. 첫 번째, 두 모델은 지각의 기본 단위가 다르다. 지각동화모델의 기본 지각 단위는 음성적 제스처이며 제스처를 통해 말소리의 차이를 지각한다고 주장한다. 예를 들어 "bad"라는 낱말을 들을 때 지각동화모델에서는 '입술 닫힘'인 제스처를 가지고 시작한다. 그리고 시간이 지나면서 윗입술과 아랫입술 사이에서 변화를 수반하며 '혀끝 닫힘'인 제스처와 세트를 이루어 지각한다. 반면 음성학습모델에서는 학습자들이 외국어를 지각할 때 일반적으로 음성을 지각할 때 사용하는 청각적 신호(acoustic cue)를 가지고 인지한다는 것이다. 즉 소리의 실제적이고 물리적인 특성으로 소리의 강도(amplitude)나 피치(pitch) 등을 말한다. 특히 모음의 경우는 포먼트가 모음 인식의 주요한 신호라고 생각한다. 예를 들면 미국 남성 원어민이 발화한 영어 모음 /i/의 F1이 294Hz이고 F2가 2275Hz인 평균 포먼트를 가진다(Yang, 1996). 두 번째는 모국어와 외국어 음소의 대응 관계이다. Best의 지각동화모델에서는 상대적인 어려움(relative difficulties)을 갖는 목표 언어의 두 음을 한 쌍으로 하여 음소적 대응 관계로 분류하고 있는 반면 Flege의 음성학습모델에서는 학습자들의 모국어와 목표 언어의 음성을 일대일의 대응 관계로 보고 있다. 예를 들어 지각동화모델에서는 영어 /i, ɪ/와 한국어 /i/로 대응시키는 반면 음성학습모델에서는 영어 /i/와 한국어 /i/를 '유사한 소리'로 분류한다. 세 번째는 범주 성립의 난이도인데 외국어 습득 초기 연구에서는 모국어에 존재하지 않는 외국어 소리의 차이를 인지하는 것이 어렵다고 하였다. 일본인 영어 학습자들이 영어 /r, l/을 습득할 때 일본어에는 유음이 하나만 존재하므로 다른 하나의 습득이 어렵다는 것이다(Mackain, Best & Starange, 1981). 지각동화모델에서는 영어 /r, l/ 쌍이 일본어 /r/에 대응될 때 습득이 가장 어렵다고 하였다. 즉 외국어의 두 개의 음소 쌍이 하나의 모국어에 대응 될 때 습득의 난이도가 가장 높게 되는 것이다. 한편 음성학습모델에서는 영어 /l/과 일본어 /r/의 유사성이 높아 영어 /r/은 상대적으로 습득이 어렵다. 외국어와 모국어가 서로 상호작용을 일으켜 지각 조정 과정을 거치지만 외국어와 모국어가 융합되어 결국 중간언어가 산출되는 것이라고 보고 있다. 네 번째는 외국어 습득에 관한 것이다. 지각동화모델에서는 모국어와 유사한 외국어의 경우 더 이상 지각적 학습이 일어나지 않는다고 한다(Best & Tyler, 2007). 예를 들어 한국인 영어 학습자가 영어 /i/를 한국어 /i/와 동일하다고 판단하면 더 이상 학습을 하지 않게 된다는 것이다. 반면 음성학습모델의 경우 처음에는 영어 /i/를 모국어와 유사하게 인식하지만 경험이 증가할수록 두 소리의 차이를 인지하게 되어 서로 상호작용하면서 지속적으로 학습이 일어난다는 것이다. 이와 같이 습득에 대한 차이는 있지만 결국 두 모델 모두 원어민과 같은 발음을 하는 것은 어렵다고 예측한다. 마지막으로 연구 대상에서도 차이를 보인다. 초기 지각동화모델에서는 유아들을 대상으로 유아들의 모국어 습득에 대한 연구를 하였고 그 이후에 외국어 학습 초기 학습자들을 대상으로 외국어 습득 연구를 하였다. 그러나 음성학습모델에서는 주로 이중언어구사자나 외국어 습득 경험이 있는 학습자를 대상으로 연구를 진행하였다.

참고문헌

윤은경(2010), "한국어 단모음 습득 연구", 한국외국어대학교 박사학위논문.

Best, C. T. & Tyler, M. D. (2007). Nonnative and second-language speech perception: Commonalities and complementaries. In O.-S. Bohn & M. Munro (Eds.), *Language Experience in Second Language Speech Learning: In Honor of James Emil Flege* (pp. 13-34). Amsterdam: Benjamin.

Best, C. T. (1995). A direct realist view of cross-language speech perception. In W. Strange (Eds.), *Speech Perception and Linguistic Experience: Issues in cross-language research* (pp. 171-204). Timonium, MD: York Press.

Best, C. & Strange, W. (1992). Effects of phonological and phonetic factors on cross-language perception of approximants. *Journal of Phonetics*, 20, 305-330.

Best, C. T., McRoberts, G. W., & Sithole, N. N. (1988). The phonological basis of perceptual loss for nonnative contrasts: Maintenance of discrimination among

Zulu clicks by English-speaking adults and infants. *Journal of Experimental Psychology: Human Perception and Performance*, 14, 345-360.

Bohn, O. S. & Flege, J. E. (1992). The production of new and similar vowels by adult German learners of English. *Studies in Second Language Acquisition*, 14(2), 131-158.

Browman, C. P. & Goldstein, L. (1992). Articulatory phonology: An overview. *Phonetica*, 49, 155-180.

Butcher, A. (1976). *The Influence of the Native Language on the Perception of Vowel Quality.* M. Phil. thesis, University of Kiel.

Dulay, H. C. & Burt, M. K. (1973). Should we teach children syntax? *Language Learning*, 23, 245-258.

Flege, J. (1987a). A critical period for learning to pronounce foreign langugaes? *Applied Linguistics*, 8, 162-177.

Flege, J. (1987b). The production of "new" and "similar" phones in a foreign language: Evidence for the effect of equivalence Classification. *Journal of Phonetics*, 15, 47-65.

Flege, J. E & Eefting, W. (1988). Imitation of a VOT continuum by native speakers of English and Spanish: Evidence for phonetic category formation. *Journal of the Acoustical Society of America*, 83-2, 729-740.

Flege, J. E. & Mackay, I. R. A. (2004). Perceiving vowels in a second language. *Studies in Second Language Acquisition*, 26(1), 1-34.

Flege, J. E. (1981). The phonological basis of foreign accent: A hypothesis, TESOL *Quarterly*, 15, 443-455.

Flege, J. E. (1992). Speech learning in a second language. In C. A. Ferguson, L. Menn, & C. Stoel-Germmon (Eds.), *Phonological Development: Models, Research, and Applications* (pp. 565-604). Timonium, MD: York Press.

Flege, J. E. (1995). Second language speech learning theory, findings, and problems. In W. Strange (Eds.), *Speech Perception and Linguistic Experience: Issues in cross-language research* (pp.233-277). Timonium, MD: York Press.

Flege, J. E. (2002). Interaction between the native and second-language phonetic systems. In P. Burmeister, T. Piske & A.Rohbe (Eds.), *An Integrated View of Language Development: Papers in Honor of Henning Wode* (pp. 217-244). Trier: Wissenschaftlicher Verlag Trier.

Flege, J. E. (2003). Assessing constraints on second-language segmental production and perception. In N. O. Schiller & A. Meyer (Eds.), *Phonetics and Phonologyin*

Language Comprehension and Production (pp. 319-355). Berlin: Walter de Gruyter.

Flege, J. E. & Liu, S. (2001). The effect of experience on adults' acquisition of a second language. *Studies in Second Language Acquisition*, 23(4), 527-552.

Flege, J. E., Bohn, O. S., & Jang, S. (1997). Effect of experience on non-native speakers' production and perception of English vowels. *Journal of Phonetics*, 25, 437-470.

Flege, J. E., Munro, M. J., & MacKay, I. R. A. (1995a). Effects of age of second-language learning on the production of English consonants. *Speech Communication*, 16, 1-26.

Flege, J. E., Munro, M. J., & MacKay, I. R. A. (1995b). Factors affecting strength of perceived foreign accent in a second language. *Journal of the Acoustical Society of America*, 97, 3125-3134.

Flege, J. M., Takagi, N., & Mann, V. (1996). Lexical familiarity and English-language experience can affect Japanese adults' perception of /r/ and /l/. *Journal of the Acoustical Society of America*, 99, 1161-1173.

Flege, J., Yeni-Komshian, G., & Liu, S. (1999). Age constrains on second language acquisition, *Journal of Memory and Language*, 41, 78-104.

Fowler, C. A., Best, C. T., & McRoberts, G. W. (1990). Young infants' perception of liquid coarticulatory influences on following stop consonants. *Perception & Psychophysics*, 48, 559-70.

Fries, C. C. (1945). *Teaching & Learning English as a Foreign Language*. Ann Arbor: University of Michigan Press.

Jia, G., & Aaronson, D. (2003). A longitudinal study of Chinese children and adolescents learning English in the United States. *Applied Linguistics*, 24, 131-161.

Kuhl, P. K. (1991). Perception, cognition, and the ontogenetic and phylogenetic emergence of human speech. In S. E. Brauth, W. S. Hall & R. J. Dooling (Eds.), *Plasticity of Development* (pp.73-106). Cambridge, MA: The MIT Press.

Kuhl, P. K. (1992). Psychoacoustics and prototypes. In L. Werner & E. Rubel (Eds.), *Development Psychoacoustics* (pp. 293-332). Washington, DC: American Psyhological Association.

Lado, R. (1957). *Linguistic Across Cultures*. Ann Arbor: University of Michigan Press.

Labov, W. (1981). Resolving the neogrammarian controversy. *Language*, 57, 267-309.

Mack, M. (1990). Phonetic transfer in a French-English bilingual child. In P. H. Nelde (Eds.), *Language Attitudes and Language Conflict* (pp.). Germany Bonn: Dü mmler.

MacKay, I. R. A., Flege, J. E., Piske, T., & Schiru, C. (2001). Category restructuring during second-language speech acquisition. *The Journal of the Acoustical Society of America*, 110(1), 516-528.

MacKay, I. R. A., Meador, D., & Flege, J. E. (2001). The identification of English consonants by native speakers of Italian. *Phonetica*, 58, 103-125.

Munro, M., Flege, J. & MacKay, I. (1996). Effects of age of second-language learning on the production of English vowels. *Applied Psycholinguistics*, 17, 313-334.

Piske, T., MacKay, I. R. A., & Flege, J. E. (2001). Factors affecting degree of foreign accent in an L2: A review. *Journal of Phonetics*, 29, 191-215.

Park, S. G. (1997). *Australlan english pronunciation acquisition by Korean Japanese learners of English*. PH. D. dissertion, The University of Queensland.

Sekiyama, K. & Tohkura, Y. (1993). Inter-language differences in the influence of visual cues in speech perception. *Journal of Phonetics*, 21, 427-444.

Yang, B. G. (1996). A comparative study of American English and Korean vowels produced by male and female speakers. *Journal of Phonetics*, 24, 245-261.

대학생들의 작문에서 나타나는 연결어미 사용 분석

박 혜 란

1. 머리말

1.1 연구 목적과 의의

언어를 배우는 데에는 여러 가지 목표가 있겠지만 궁극적인 목표는 그 언어를 사용하고 있는 모국어 화자와 비슷하게 언어를 구사하기 위함이다. 언어를 모국어 화자처럼 구사한다는 것은 복문을 생성할 수 있는 능력이 있다는 것이다. 그 복문을 구사하는 방법 중 하나가 바로 연결어미 사용이다. 한국어에는 많은 연결어미가 있고 같은 형태의 연결어미라 하더라도 다양한 의미기능이 있기 때문에 한국어 학습자들이 연결어미를 올바르게 익혀 자유자재로 사용한다는 것은 쉬운 일이 아니다. 이처럼 연결어미 사용의 중요성뿐 만 아니라 연결어미가 가지고 있는 의미기능이나 종류들이 다양하다보니 자연스럽게 연결어미에 대한 연구가 활발하게 이루어져왔다. 그러나 그동안 한국어 학습자들의 연결어미 사용에 대한 연구는 오류분석이 그 주를 이루었다. 또한 연결어미의 종류와 의미기능의 다양성 때문에 전반적인 연구보다는 세부적인 연구가 그 주를 이루었는데 최근 들어 연결어미의 전반적인 사용에 관한 연구가 조금씩 진행되어 오기 시작하였다.

본고에서는 대학생들의 작문에서 나타나는 전반적인 연결어미 사용에 대해서 분석하고자 한다. 한국어 학습자들의 작문을 대상으로 하여 학습자들이 어떠한 연결어미를 사용하고 있는지 빈도를 중심으로 살펴보고 모국어 학습자들의 연결어미 사용과 비교할 것이다. 본고에서 알아보고자 하는 바는 다음과 같다.

1) 한국어 학습자와 모국어 화자의 연결어미 사용 양상
2) 사용되는 연결어미의 대체 표현

1.2. 연구대상

본고에서는 중국인 한국어 학습자와 한국어를 모국어로 하고 있는 화자 두 그룹을 조사대상으로 하였다. 한국어 학습자의 경우 건국대학교 실용한국어 1, 2[1)]를 수강하고 있는 중국학생 총 42명을 대상으로 하였다. 이때 교사가 제시하는 주제를 바탕으로 작문을 하였는데 이때 정확한 자료를 얻기 위하여 학생들은 책이나 사전 등을 볼 수 없는 것을 원칙으로 하였다.[2)] 그 결과 취합된 작문은 총 74편으로 2040문장이었다. 한국어를 모국어로 하는 화자는 대학생 20명이 쓴 글을 대상으로 하였다. 글의 종류에 따라 사용하는 어투가 달라질 수도 있음을 감안하여 독후감과 보고서형식의 리포트 20편을 대상으로 하였다.

1.3. 연결어미의 분류

한국어에는 다양한 연결어미의 의미범주가 있기 때문에 그 체계를 세우는 일은 결코 쉽지 않을 것이다. 따라서 학자들에 따라 연결어미의 의미기

---

1) 실용한국어 1,2는 건국대학교에 입학한 외국인 대학생들이 의무적으로 들어야 하는 과목으로 언어교육원의 5, 6급에 해당된다.
2) 작문의 연구 자료는 5급 학생 22명이 11월 1일, 2일, 11일에 쓴 것과 6급 학생 20명이 11월 2일에 쓴 것을 대상으로 하였다.

능과 분류방법이 다르다. 기존에 제시된 연결어미의 의미 기능으로는 명칭의 차이가 조금씩은 있겠으나 '나열, 대조, 선택, 배경, 선행, 원인, 조건, 결과, 양보, 동시, 목적, 강화, 비유, 비교, 반복'이 있다(주시경 1910, 초현배 1937, 이익섭 · 임홍빈 1983, 권재일 1985, 윤평현 1989, 최재희 1989, 전혜영 1989, 남기심 · 고영근 1993, 임홍빈 · 장소원1995, 서정수 1996, 이은경 1996, 이익섭 · 채완 1999).[3)]

본고에서는 국립국어원에서 정리한 『외국인을 위한 한국어 문법1』의 연결어미 목록을 기준으로 삼았다. 연결어미 목록에는 사용되는 모든 연결어미가 제시된 것은 아니다. 〈표1〉의 어미들은 한국어 교육 기관에서 사용되는 교재에 나타난 연결어미 중 공통적으로 나타나는 것을 중심으로 제시한 것이다.[4)]

〈표 1〉국립국어원의 연결어미 분류

의미범주		연결어미
나열		-고, -(으)며
시간	동시	-(으)면서, (으)며, -자, -자마자
	순서	-고, -아서/어서
	전환	-다가
대립 · 대조		-(으)나, -지만, -는데/-(으)ㄴ데, -아도/어도
이유 · 원인		-아서/어서, -(으)니, -(으)니까, -(으)므로, -느라고
조건		-(으)면, -(으)려면, -아야/-어야
목적		-(으)러, -(으)려고, -도록, -게
인정		-아도/-어도, -(으)ㄹ지라도, -더라도
선택		-거나, -든지
방법 · 수단		-아서/-어서, -고
배경		-는데/-(으)ㄴ데, -(으)나

3) 남수경 · 채숙희(2004)에서 정리한 것을 바탕으로 함.
4) 국립국어원,『외국인을 위한 한국어문법 1』, 커뮤티케이션북스, 2005.

2. 작문에서의 연결어미 사용

이 장에서는 한국어 학습자와 모국어 화자가 쓰기를 할 때 어떤 연결어미를 사용하고 있는지를 먼저 살펴보고 그 다음으로 주로 사용되는 연결어미와 그 기능에 대해서 살펴보도록 하겠다.

2.1. 작문에서 나타나는 한국어 학습자의 연결어미 사용양상

2.1.1. 작문에서 한국어 학습자가 사용하는 연결어미

작문의 대상은 실용한국어1, 2를 수강하는 중국인 한국어 학습자이다. 작문은 총 2040문장으로 이중 연결어미가 사용되지 않은 것은 1098문장[5)], 연결어미가 사용된 것은 942문장이었다. 이 문장들 중 연결어미가 적게는 한 번 많게는 다섯 번까지 사용되었는데 그것을 정리하면 다음과 같다.

〈표 2〉 한국어 학습자가 작문에서 사용한 연결어미

연결어미	문장에서의 연결어미 사용					총 사용 횟수	빈도(%)
	첫 번째	두 번째	세 번째	네 번째	다섯 번째		
-고	278	106	41	6	2	433	31.33
-아/어서	234	58	18			310	22.43
-(으)면	134	42	4	2		182	13.17
-지만	67	10	2			79	5.72
-(으)니까	38	16	5			59	4.27
-는데	28	13	7			48	3.47
-(으)면서	34	9	2			45	ㅋ3.26

5) 이 연구에서는 권재일(1985)를 참고하여 통사론적으로 두 문장을 연결한 것만을 조사대상으로 하였다. 따라서 학생들이 사용한 문장 중 '먹고 싶다', '가고 있다' 등의 보조적 연결어미와 인용 구문으로 다루어진 내포문등은 조사대상에서 제외하였다.

-으므로	21	14		4		39	2.82
-아/어도	19	12	4			35	2.53
-(으)러	16	12				28	2.03
-며	14	6				20	1.45
-더니	14					14	1.01
-자마자	8	3		1		12	0.87
-(으)려고	7	2	2			11	0.80
-거나	3	5		2		10	0.72
-게	2	4	3		1	10	0.72
-도록	4	3	3			10	0.72
-더라도	6	2				8	0.58
-려면	4	1				5	0.36
-자	4					4	0.29
-라도		2	2			4	0.29
-고자	2				1	3	0.22
-아/어야	3					3	0.22
-건만		2		1		3	0.22
-든지		2				2	0.14
-고서	1	1				2	0.14
-기에	1					1	0.07
-든가			1			1	0.07
-으나		1				1	0.07
합계	942	326	94	16	4	1382	100

위의 〈표 2〉를 통해서 볼 때 한국어 학습자의 연결어미 사용양상은 다음 몇 가지로 나누어서 살펴볼 수 있다.

첫째, 학습자들이 만든 2040문장 중에서 연결어미를 사용한 문장은 942개였다. 이때 사용된 어미는 29개로 모두 1,382번을 사용되었다.[6]

둘째, 학습자들이 연결어미를 사용하여 만든 문장은 전체문장의 약 46%

정도이다. 그 중 연결어미를 적게는 한 번에서 많게는 다섯 번까지 사용하였다.

(1) ㄱ. 한국 사람들은 매우 깨끗하고 예의도 있다.
ㄴ. 노후에 편안하게 살기 위해서 열심히 일하고 저금해야 된다.
ㄷ. 지금처럼 나를 외국으로 보내주시고 집에서 계속 내 학비를 벌고 계셔서 자꾸 눈에 밟힌다.
ㄹ. 한국에 온 후 친구를 만났는데 일요일마다 우리같이 식당에 가서 맛있는 음식을 먹고 노래방에 가서 즐겁게 노래한 까닭에 파김치가 되었다.
ㅁ. 처음 한국에 왔을 때 너무 아름답고 신기하고 한국어를(가) 너무 재미있고, 한국 사람의 옷이 너무 예쁘다는 생각해서 한국에 들어왔고 공부한다.

(ㄱ)과 같이 문장에서 연결어미를 한 번만 사용한 것은 616번으로 65.39%였고 (ㄴ)과 같이 두 번 사용한 것은 232번으로 24.63%, (ㄷ)과 같이 세 번 사용한 것은 74번으로 8.28%, (ㄹ) 네 번 사용한 것은 12번으로 1.27%, (ㅁ)다섯 번 사용한 것은 4번으로 0.42%였다. 이것으로 미루어 볼 때 학습자들은 보통 연결어미를 한 번 내지 두 번 사용하는 것이 대부분인 것으로 나타났다.

셋째, '-고'와 '-아/어서', '(으)면'이 10%이상의 높은 빈도로 사용[7]이 되고 있는데 이 셋의 빈도가 모두 69.3%로 학생들이 다른 연결어미에 비해서 이

---

6) 남수경 · 채숙희(2004)에서 한국어 학습자의 작문 분석 결과 총 36개의 연결어미가 사용되었다고 하였다. 차이점으로는 본고에서는 '-라도', '-고자', '-려면'이 사용됨이 나타났고 남수경 · 채숙희(2004)에서는 '-되', '-느라고', '-다니', '-을수록' ,'-으니', '-다가', '-다면'등이 더 사용되는 것으로 나타났다.

7) 남수경 · 채숙희(2004)에서는 한국어 학습자의 연결어미사용을 조사하였는데 가장 높은 빈도수를 보이는 것이 '-고, -으면, -아/어서'라고 하였고, 세 연결어미가 전체 연결어미의 70%정도를 차지한다고 하였다. 본고의 연구에서도 '-고, -으면, -아/어서'가 가장 많이 사용된다는 점에서 연구결과가 어느 정도 일치한다고 볼 수 있다.

세 연결어미를 자주 사용하고 있음을 알 수 있다.

2.1.2. 한국어 학습자가 자주 사용하는 연결어미의 의미범주 빈도

다음으로 한국어 학습자가 작문에서 자주 사용하고 있는 연결어미는 다양한 의미범주를 갖고 있다. 다음 〈표 3〉에서 학생들이 어떠한 의미범주로 연결어미를 사용하고 있는지에 대해서 살펴보기로 하자.

〈표 3〉 한국어 학습자들이 연결어미의 의미기능과 비율[8)]

순위	연결어미	의미범주	빈도(%)	사용횟수	
1	-고	나열	79.7	345	433
		방법 · 수단	11.3	49	
		시간-순서	9.0	39	
2	-아/어서	이유 · 원인	59.6	185	310
		시간-순서	40.4	125	
3	-(으)면	조건	100	182	182
4	-지만	대립 · 대조	100	79	79
5	-(으)니까	이유 · 원인	100	59	59
6	-는데	배경	66.7	32	48
		대립 · 대조	33.3	16	
7	-(으)면서	시간-동시	100	45	45
8	-으므로	이유 · 원인	100	39	39
9	-아/어도	인정	71.4	25	35
		대립 · 대조	38.6	10	
10	-(으)러	목적	100	28	28

첫째, 전체적인 사용빈도를 살펴보면 한국어 학습자들이 사용하는 연결어미의 의미는 대체적으로 편중되어 있는 것으로 나타났다. '-고'의 경우 다

8) 위 목록은 작문 자료를 대상으로 한 남수경 · 채숙희(2004)와 김서형(2011)의 목록과 비슷하다. 단, 김서형(2011)과는 차이점이 조금 나타나는데 이는 김서형(2011)의 경우이 연결어미의 분류의 기준을 의미범주로 나누었기 때문이다.

른 의미범주보다 '나열'은 79.6%로 압도적으로 높은 빈도로 사용된다. '-는데'의 경우도 의미기능이 '배경'과 '대립·대조'로 나뉘는데 '배경'이 66.7%로 사용되고 있음을 보이고 있다. '-아/어도'의 경우 '인정'과 '대립·대조'로 나뉘는데 '인정'의 경우 71.4%의 높은 빈도로 사용되고 있는 것을 알 수 있었다.

둘째, 위의 세 연결어미가 하나의 의미에 편중되어 있다면 '-아/어서'는 비슷한 빈도로 사용된다. 그 의미기능은 '이유·원인'과 '시간-순서'인데 각각 59.6%, 40.1%로 비슷한 빈도로 사용됨을 알 수 있다.

셋째, 각각의 의미 기능별로 나누어 보았을 때 높은 빈도로 사용된 연결어미가 있다. 한국어 학습자들이 선행절과 후행절을 '이유-원인'으로 연결하고 싶을 때에는 '-아/어서'와 '-(으)니까', '(으)므로'를 사용하는데 그 사용빈도는 각각 65.4%, 20.8%, 13.8%였다. 즉, '이유-원인'의 의미기능으로 연결어미를 사용할 때 '-아/어서'가 가장 많이 사용되었다. '시간·순서'로 연결어미를 사용할 때에는 '-아/어서'와 '-고'를 사용하는데 이때 '-아/어서'가 86%의 매우 높은 빈도로 사용된다. 선행절과 후행절이 대립되는 상황에서는 '-지만', '-는데', '-아/어도'가 사용되는데 이때, '-지만'이 71.2%로 높은 빈도로 사용되었다.

다음 〈표4〉는 고빈도 연결어미를 의미범주에 따른 연결어미의 사용횟수와 빈도를 정리한 것이다.

〈표 4〉 의미기능에 따른 연결어미의 사용빈도

의미범주	연결어미	사용횟수	빈도(%)
이유-원인	-아/어서	185	65.4
	-(으)니까	59	20.8
	-으므로	39	13.8
시간-순서	-아/어서	185	86.0
	-고	30	14.0

대립 · 대조	-지만	79	71.2
	-는데	16	14.4
	-아/어도	16	14.4

2.2. 작문에서 나타나는 모국어 화자의 연결어미 사용양상

2.2.1. 작문에서 모국어 화자가 사용하는 연결어미

모국어 화자의 경우 대학생 20명이 쓴 논설문과 독후감 20편을 대상으로 하였다. 총 1215문장을 살펴보았는데 이중 연결어미가 사용되지 않은 것은 463문장, 연결어미가 사용된 것은 752문장으로 연결어미가 사용된 문장이 사용되지 않은 문장보다 더 많은 것으로 조사되었다. 이 문장들 중 연결어미가 적게는 한 번 많게는 여덟 번까지 사용이 되었는데 그것을 정리하면 다음과 같다.

〈표 5〉모국어 화자가 작문에서 사용한 연결어미

연결어미	문장에서의 연결어미 사용								총 사용 횟수	빈도 (%)
	첫번째	두 번째	세 번째	네 번째	다섯 번째	여섯 번째	일곱 번째	여덟 번째		
-고	274	145	34	10	5	14			482	32.15
-아/어서	135	71	53	15	4				278	18.55
-지만	70	32	5	10	4	3			124	8.27
-며	40	14	29	3	9	4		1	100	6.67
-면서	35	21	4		6		1		67	4.47
-(으)면	39	21		6					66	4.40
-는데	24	2	9						35	2.33
-(으)니까	15	16					1		32	2.13
-게	14	7	8			2			31	2.07

-(으)러	19	2							21	1.40
-으므로	16	4							20	1.33
-(으)려면	7	5		6					18	1.20
-(으)려고		5		7					12	0.80
-자	3	3	4						10	0.67
-아/어도			3	6					9	0.60
-라도	4	2		3					9	0.60
-(으)나	3	4	1						8	0.53
-도록	4		2	1					7	0.47
-자마자	4	2				1			7	0.47
-더니	2		5						7	0.47
-더라도	2	4							6	0.40
-고서	2		1	2					5	0.33
-고자	2	3							5	0.33
-거나	3	2							5	0.33
-든가	2	1	1						4	0.27
-아/어야	1	2							3	0.20
-기에	2								2	0.13
-(으)ㄴ/는/(으)ㄹ 지	7		17	22		4	11		61	4.07
-다/라고	3	3	9		1	2			18	1.20
-듯이	3	2	4						9	0.60
-다시피	4		1		2	1			8	0.53
-다가	4	1		2					7	0.47
-(으)니	2	4	1						7	0.47
-되	1	1	2						4	0.27
-느라고	2		1						3	0.20
길래		1	2						3	0.20
-(으)ㄹ수록	3								3	0.20
-거든	1	1							2	0.13
-거니와		1							1	0.07
합계	752	382	196	93	31	31	13	1	1499	100

위 〈표 5〉를 통해서 볼 때 한국어 화자의 연결어미 사용양상은 다음 몇 가지로 나누어서 정리할 수 있다.

첫째, 모국어 화자들 작문한 1,215문장 중에 연결어미를 사용한 문장은 752개였다. 이때 사용된 어미는 모두 39개로 모두 1,499번 사용되었다. 한국어 학습자들이 의 연결어미를 사용한 것에 비해 모국어 화자는 작문을 할 때 약 1/3이상 연결어미를 더 사용하는 것으로 나타났다.

둘째, 모국어 화자들이 연결어미를 사용하여 만든 문장은 전체문장의 약 61%정도인데 그 중 연결어미 사용횟수는 적게는 한 번부터 많게는 여덟 번까지 사용하였다. 문장에서 연결어미를 한번 사용한 것은 370번으로 49.20%, 두 번 사용한 것은 186번으로 24.73%, 세 번 사용한 것은 103번으로 13.70%, 네 번 사용한 것은 62번으로 8.24%, 여섯 번 사용한 것은 18번으로 2.39%, 일곱 번 사용한 것은 12번으로 1.60%, 여덟 번 사용한 것은 1번으로 0.13% 로 나타났다. 이것으로 모국어 화자들은 연결어미를 사용하여 복문을 사용하는 경향이 높다는 것을 알 수 있다. 그리고 문장에서 세 번째까지 사용한 연결어미의 사용빈도가 전체 연결어미 사용빈도의 약 87%에 이르는 것으로 미루어 볼 때 모국어 화자들은 보통 네 번까지 연결어미를 많이 사용한다고 볼 수 있다.

셋째, '-고', '-아/어서'가 10%이상의 높은 빈도로 사용되고 있는데 이 둘의 사용빈도는 전체의 52.4%로 자주 사용되는 연결어미가 '-고', '-아/어서'인 것으로 나타났다.

2.2.2. 모국어 화자가 자주 사용하는 연결어미의 의미기능과 빈도

모국어 화자가 작문에서 자주 사용하고 있는 연결어미와 그 연결어미가 가지고 있는 다양한 의미의 사용빈도에 대해서 살펴보기로 하자.

〈표 6〉 모국어 화자들이 주로 사용하는 연결어미의 의미기능과 비율

순위	연결어미	의미 범주	빈도(%)	사용횟수	
1	-고	나열	83.7	375	448
		방법 · 수단	11.2	50	
		시간-순서	5.1	23	
2	-아/어서	이유 · 원인	50.9	142	278
		시간 · 순서	50.1	136	
3	-지만	대립 · 대조	100	124	124
4	-(으)며	시간-동시	55	55	100
		나열	45	45	
5	-(으)면서	시간-동시	100	67	67
6	-(으)면	조건	100	66	66
7	-(으)ㄴ/는/(으)ㄹ 지		100	61	61
8	-(으)ㄴ/는데	배경	74.3	25	34
		대립 · 대조	25.7	7	
9	-(으)니까	이유 · 원인	100	32	32
10	-게	목적	100	31	31

첫째, 전체적인 사용빈도를 살펴보면 특정 연결어미가 특정 의미기능으로 사용됨을 볼 수 있다. '-고'의 경우 나열의 의미로 사용된 것이 83.8%로 그 쓰임이 다른 의미보다 훨씬 높음을 알 수 있고, '-(으)ㄴ/는데'의 경우 설명의 의미가 73.4%로 대립의 의미보다 사용빈도로 사용됨을 알 수 있다.

둘째, 각각의 의미 기능별로 나누어 보았을 때의 사용빈도는 다음과 같다. '나열'의 의미로 '-고'와 '-(으)며'가 있는데 각각 89.3%, 1.7%로 나타났다. '동시'의 의미로 사용이 된 연결어미는 '-(으)며', '-(으)면서'가 있는데 각각 45.1%, 54.9%로 비슷한 빈도로 사용됨을 알 수 있었다. 반면에 '이유 · 원인'을 나타내는 연결어미는 '-아/어서', '-(으)니까', '-으므로'가 있는데 각각 73.2%, 16.5%, 10.3%로 '-아/어서'의 사용빈도가 높은 것으로 나타났다. '시

간 · 순서'에는 '-아/어서'와 '-고'가 사용이 되었는데 각각 87.7%, 12.3%가 사용되었다. '대립 · 대조'의 의미로 사용된 경우에도 주로 사용된 연결어미가 나타났는데 '-지만'과 '-는데'중에 각각 94.7%, 5.3%로 '-지만'의 사용이 높은 것으로 나타났다.

즉, 동시의 의미일 때를 제외하면 각 의미에 따라 사용되는 연결어미가 한정되어있음을 볼 수 있다. 이를 표로 보면 다음과 같다.

〈표 7〉 의미범주에 따른 연결어미의 사용빈도

의미범주	연결어미	사용횟수	빈도(%)
나열	-고	375	89.3
	-(으)며	45	1.7
동시	-(으)며	55	45.1
	-(으)면서	67	54.9
이유 · 원인	-아/어서	142	73.2
	-(으)니까	32	16.5
	-으므로	20	10.3
시간 · 순서	-아/어서	135	87.7
	-고	19	12.3
대립 · 대조	-지만	124	94.7
	-는데	7	5.3

3. 연결어미 대체 표현

한국어 학습자들의 연결어미 사용과 더불어 특징적으로 나타났던 것이 바로 연결어미가 오는 자리에 표현[9]이 사용되는 것이다. 표현이 사용되는

9) 『외국인을 위한 한국어 문법1, 2』에서는 어미나 조사 이외의 것들을 표현이라는 용어로 사용하였다. 수업 현장에서는 이들을 표현또는 문법이라고 지칭한다. 본고에서는 『외국

조건은 연결어미가 쓰이는 조건과 일치하는 경우가 많다. 이 장에서는 연결어미가 들어갈 자리에 어떤 표현이 연결어미대신 사용되는지를 살펴보기로 하겠다.

3.1. 한국어 학습자들의 연결어미 대체 표현

연결어미를 대체하는 표현에서 주목할 만 한 것은 자주 사용되는 표현들이 고빈도 연결어미와 대체되어 사용되는 때가 많다는 점이다. 이에 대해서는 밑의 〈표 8〉을 살펴본 후에 이야기하도록 하자.

〈표 8〉 연결어미와 교체가능한 표현과 사용횟수

사용된 표현	첫 번째	두 번째	세 번째	네 번째	다섯 번째	총 사용횟수
-기 때문(에)	34	10	2			46
-(으)ㄴ까닭에	17	5		3		25
-(으)ㄴ/는 덕분에	2	1				3
-(으)ㄴ/는 탓에	1					1
-(으)ㄴ/는데반해	47		8			55
-(으)ㄹ뿐만아니라	59	38	16			113
-(으)ㄴ데다가	12		1			13
-(으)ㄹ뿐더러	9	4	2			15
-기 위해(서)	24	7				31

다음 예문을 살펴보자.

(1) ㄱ. 승덕은 산이 많기 때문에 과일도 많다.
ㄴ. 나는 전공수업을 듣기 때문에 매일 파김치가 된다.
ㄷ. 이런 생각이 들었기 때문에 나도 마음을 열고 점점 사람들하고

인을 위한 한국어 문법1, 2』에서 나온 용어를 사용하기로 한다.

친해졌다.

ㄹ. 작은 포탈라 궁 안에 천수관음상도 있기 때문에 매년 많은 관광객들이 찾아온다.

(2) ㄱ. 한국에 온 후 많은 한국 친구를 사귀는 까닭에 한국 문화에 대한 것을 배웠다.

ㄴ. 한국 문화를 더 알고 싶은 까닭에 한국에 오게 되었다.

ㄷ. 그의 취미는 나와 비슷한 까닭에 우리는 쉽게 교류했습니다.

ㄹ. ~~~ 유학을 간 까닭에 다른 중국학생들보다 내가 더 재미있습니다.[10)]

(3) ㄱ. 한국친구를 사귀는(사귄)덕분에 한국문화에 대해서 자세히 알 수 있었다.

ㄴ. 한국에 온 덕분에 더 넓은 세상을 알게 되었다.

ㄷ. 요리를 못하는 탓에 생활이 불편해졌다.

위 예문(1)과 (2)에서는 각각 후행절의 원인이 되는 의미로 선행절에 '-기 때문(에)'와 '까닭에'가 사용되고 있다. 각 표현의 의미를 살펴보면, '까닭에'는 어떤 일의 원인이나 조건을 나타낼 때 사용하는 것으로 명사 '까닭'에 조사가 붙은 것이고 '-기 때문(에)'는 어떤 일의 이유나 원인임을 나타내는 표현이다.[11)] (3)의 (ㄱ~ㄴ) '-(으)ㄴ/는 덕분에'와 '-(으)ㄴ/는 탓에'또한 이유나 원인을 나타내는 표현인데 '-(으)ㄴ/는 덕분에'의 경우 긍정적 원인을, '-(으)ㄴ/는 탓에'의 경우 부정적 원인을 나타내는 표현이다. 이 넷은 선행절이 후행절의 원인이 되는 상황에서 연결어미 '-아/어서'와 교체되어 사용될 수 있다. 따라서 위의 〈표 8〉에서 보이는 사용은 학습자들이 이유와 원인을 나타내는 '-아/어서'대신 사용한 것으로 보아도 무방할 것으로 생각된다.

---

10) 예문에서 나타난 오류는 수정하지 않고 학생들이 쓴 그대로 옮겼다.

11) 『외국인을 위한 한국어 문법2』 '-기 때문'을 어떤 일의 원인이나 까닭임을 나타낸다라고 설명하고 있는데 이를 통해 '-기 때문'과 '까닭'의 의미가 서로 동일성을 갖는 것을 알 수 있다.

(4) ㄱ. 유학생활은 힘들은데(힘든데) 반해 재미있다.
ㄴ. 날씨가 더운데 반해 맛있는 과일도 많이 있으니까 좋다.
ㄷ. 꿈들은 항상 아름다운데 반해 그 과정은 고생과 어려움을 겪을게 틀림없다.
ㄹ. 한국어는 글자를 쓰기는 쉬운데 반해 문법이 너무 어려우서(어려워서) 처음에 한국어를 배울 때 많이 고생했다.

(4)에서 사용된 표현은 '-(으)ㄴ/는데반해'로 앞뒤 문장이 반대되는 내용임을 나타내는 연결어미'-지만'과 교체해서 사용할 수 있다.

(5) ㄱ. 유리코가 예쁘고 착하다.
ㄴ. 유리코가 예쁘며 착하다.
ㄷ. 유리코가 예쁜데다가 착하다.
ㄹ. 유리코가 예쁠 뿐만 아니라 착하다.
ㅁ. 유리코가 예쁠뿐더러 착하다.

(5)에서 사용된 '-(으)ㄹ뿐만 아니라'와 '-(으)ㄹ뿐더러'는 각각 학생들에게 각각 건국대학교 3급, 5급 문법으로 '앞의 사실에 더해 뒤의 사실까지 있어서 더 어떠하다는 것을 말할 때 사용함'의 의미로 교수되고 있다. 위의 (5)에서 보듯이'-(으)ㄹ뿐만 아니라'와 '-(으)ㄹ뿐더러'는 연결어미 '-고(나열관계)', '-며', '-데다가'와 비슷한 의미 상황에서 교체되어 사용될 수 있다.[12)]

(6) ㄱ. 나는 꿈을 이루하기 위해서 산다.
ㄴ. 나의 꿈이 미래가 아니라는 것을 증명하기 위해서 열심히 해야한다.
ㄷ. 인생은 꿈을 이루기 위해서 산다.

---

12) 물론 ㄱ과 ㄴ의 의미가 더 유사하고 ㄷ, ㄹ, ㅁ이 의미적으로 더 가깝다. 따라서 '-고'는 주로 나열 가깝고 '-(으)ㄹ뿐더러'는 상태나 상황에 무엇이 덧붙여짐을 나타내는 표현이기 때문이다. 하지만 학생들에게 교수할 때에는 이러한 미묘한 의미차이를 엄격하게 교수하지 않는다. 또한 먼저 배웠던 문법을 사용하여 교체하며 교수를 하고 있기 때문에 위의 예문에서 사용된 것들이 유사성이 없다고 볼 수는 없다.

ㄹ. 한국의 전통 가옥의 모습을 보고 전통 문화를 알기 위해서 북촌 한옥마을을 구경했다.

ㅁ. 스트레스를 받기 때문에 여가생활을 즐기기 위해서 여행을 가곤 한다.

(6)에서 사용된 표현 '-기 위해(서)'는 목적이나 의도를 나타내는 표현으로 연결어미 '-(으)려고'와 그 의미가 유사하다. 문장에서 '-(으)려고'가 사용된 것은 모두 11번이고 '-기 위해(서)'가 사용된 것은 31번이다.

3.2. 모국어 화자들의 연결어미 대체 표현

다음 〈표 9〉에서 모국어 화자들은 어떤 표현을 사용하고 있는지 알아보도록 하자.

〈표 9〉 연결어미와 교체가능한 표현과 사용횟수13)

사용된 표현	첫 번째	두 번째	세 번째	네 번째	다섯 번째	여섯 번째	일곱 번째	여덟 번째	총 사용 횟수
-기때문에	40	25	10	5		4			84
-기위해서	36	15		4				6	61
-(으)ㄴ/는데반해	4	1	1						6
-은 데다가	2								2

모국어 화자들의 경우 한국어 학습자보다 훨씬 적은 종류의 표현을 사용하였다.

(7) ㄱ. 하지만 그것은 어디까지나 그 로봇이 그렇게 프로그래밍되었기 때문에 가능해지는 것이다.

13) 위의 표현은 한국어 학습자들이 사용한 표현을 기준으로 하였다.

ㄴ. 인간에게는 이기적인 본능이 있기 때문에 모든 일이든지 인간은 자신에게 유리한 쪽으로 진실을 해석해 나간다.
ㄷ. 지금은 로봇이 발달하고 있는 단계이기 때문에 그 정체성에 대하여 확실하게 구분지을 수…….
ㄱ′. 하지만 그것은 어디까지나 그 로봇이 그렇게 프로그래밍되어서 가능해지는 것이다.
ㄴ′. ……인간에게는 이기적인 본능이 있어서 모든 일이든지 인간은 자신에게 유리한…….
ㄷ′ 지금은 로봇이 발달하고 있는 단계여서 그 정체성에.....

(7)의 표현 '-기 때문에'는 후행절의 원인을 나타내는 표현으로 연결어미 '-아/어서'와 바꾸어서 사용이 가능하다. 따라서 ㄱ~ㄷ에 '-아/어서'를 넣어 ㄱ′ ~ㄷ′ 로 문장을 바꾸어서 사용해도 무방함을 알 수 있다. '-아/어서'의 경우 총 문장에서 278번 사용이 되었고 '-기 때문에'는 총 84번이 사용되었다.

(9) ㄱ. 이에 누가 거짓인지 구별하기 위해서 동분서주하는 형사부장이 있었다
ㄴ. 하지만 그는 살아가기 위해서 더욱 자신을 철절하게 …….
ㄷ. 자신이 진짜 사람이라는 것을 증명하기 위해서 동분서주하게 된다.
ㄹ. ……그 속에서 그는 살아가기 위해서 폭력을 무기로 삼았다.

(9)의 표현 '-기 위해서'는 목적이나 의도를 나타내는 표현으로 연결어미'-으려고'와 의미면에서 유사하다.[14] 하지만 사용에서는 '-기 위해서'가 61번 사용된 반면 연결어미 '-으려고'는 12번으로 나타나 연결어미 사용이 더 적음을 알 수 있다.

---

14) 『외국인을 위한 한국어 문법2』'-기 위해(서)'와 '-으려고'가 의미상 유사하나 '-기위해(서)'는 앞의 행위가 뒤의 행위를 하는 목적임을 주로 나타내 두 행위 사이에 목적 관계가 존재하는 반면, '-으려고'는 단순히 의도만을 나타낼 수 있으므로 또 다른 행위가 뒤따르지 않은 '-으려고 하다'의 구성으로 쓰일 수 있다고 하였다.

(10) ㄱ. 기존의 춘향전에서는 선과 악의 구도가 분명히 나누어지는데 반해 이 작품에서는 변사또가 그다지 악한의 입장에 선 것이라고 생각이 되지……
ㄴ. 아내 역을 맞은 여배우의 이미지가 매우 강한데 반해 남편의 이미지는 매우 약했다.
ㄷ. 인간의 본성은 착한데 반해 살아가면서 환경이 만드는 …….
ㄹ. …… 설득력은 떨어지는데 반해 흥미는 매우 높아져서 …….

(10)의 표현 '-(으)ㄴ 데 반해'는 선행절과 후행절이 반대되는 내용임을 나타내는 의미로 '-으나', '-지만'과 바꾸어서 사용할 수 있다. 표현'-(으)ㄴ 데 반해'의 경우 11번 사용하였고 연결어미 '-으나'는 9번 '-지만'은 124번 사용하였다.

4. 맺음말

지금까지 한국어 학습자와 모국어 화자의 연결어미 사용양상에 대해 알아보았다. 한국어 학습자와 모국어 화자의 작문에서의 연결어미 사용은 몇 가지 차이점을 보이고 있다.

첫째, 한국어 학습자가 사용하는 연결어미가가 한정되어 있으나 모국어 화자와 비교하여 보았을 때 상위 10개의 연결어미는 거의 비슷한 것으로 나타났다. 사용빈도가 높은 연결어미를 보았을 때 한국어 학습자와 모국어 화자 공통으로 '-고'와 '-아/어서'의 사용이 제일 많았고 그 다음으로 빈도에 따른 차이는 있으나 사용하는 연결어미는 거의 비슷했다. '-지만', '-(으)면', '-(으)면서', '-는데', '-(으)니까', 모두 7개가 동일한 사용을 보였고 한국어 학습자는 '-아/어도'와 '-으므로'를, 모국어 화자는 '-(으)ㄴ/는/(으)ㄹ 지'와 '-(으)며', '-게'를 사용한 것이 달랐다. 각 연결어미의 사용빈도에서는 차이가 있지만 주로 사용하는 연결어미는 한국어 학습자와 모국어 학습자가 크게 다름을 보이지는 않았다.

둘째, 한국어 학습자와 모국어 화자의 연결어미 사용 개수에서 차이가 있었다. 주로 사용하는 연결어미가 크게 다르지 않더라도 전체 사용하고 있는 연결어미는 크게 다름을 보였다. 한국어 학습자들의 경우 29개의 연결어미를 사용하지만 모국어 화자들의 경우 39개의 연결어미를 사용하는 것으로 나타났다. 한국어 학습자의 경우 '-건만', '-든지'를 더 사용하였고 모국어 화자의 경우 '-(으)ㄴ/는/(으)ㄹ 지', '-다/라고', '-듯이', '-다시피', '-다가', '-(으)니', '-되', '-느라고'등 12개의 연결어미를 더 사용하는 것으로 나타났다.

주로 사용하는 연결어미가 비슷하므로 차이가 크게 않다고 할 수도 있으나 모국어 화자들이 사용한 연결어미는 중·고급에서 교수되어지는 연결어미라는 점이 주목할 만 할 것이다.

〈표 10〉 한국어 학습자와 모국어 화자의 연결어미 사용 비교

한국어 학습자		모국어 화자	
연결어미	빈도	연결어미	빈도(%)
-고	31.33	-고	32.15
-아/어서	22.43	-아/어서	18.55
-(으)면	13.17	-지만	8.27
-지만	5.72	-며	6.67
-(으)니까	4.27	-면서	4.47
-는데	3.47	-(으)면	4.40
-(으)면서	3.26	-는데	2.33
-으므로	2.82	-(으)니까	2.13
-아/어도	2.53	-게	2.07
-(으)러	2.03	-(으)러	1.40
-며	1.45	-으므로	1.33
-더니	1.01	-(으)려면	1.20
-자마자	0.87	-(으)려고	0.80
-(으)려고	0.80	-자	0.67

-거나	0.72	-아/어도	0.60
-게	0.72	-라도	0.60
-도록	0.72	-(으)나	0.53
-더라도	0.58	-도록	0.47
-려면	0.36	-자마자	0.47
-자	0.29	-더니	0.47
-라도	0.29	-더라도	0.40
-고자	0.22	-고서	0.33
-아/어야	0.22	-고자	0.33
-건만	0.22	-거나	0.33
-든지	0.14	-든가	0.27
-고서	0.14	-아/어야	0.20
-기에	0.7	-기에	0.13
-든가	0.7	-(으)ㄴ/는/(으)ㄹ 지	4.07
-으나	0.7	-다/라고	1.20
		-듯이	0.60
		-다시피	0.53
		-다가	0.47
		-(으)니	0.47
		-되	0.27
		-느라고	0.20
		-길래	0.20
		-(으)ㄹ수록	0.20
		-거든	0.13
		-거니와	0.07

셋째, 문장 안에서 사용된 연결어미의 횟수 또한 달랐다. 한국어 학습자들의 경우 한 문장 안에서 최대 5번까지 사용하는 것으로 나타났고, 모국어 화자들의 경우에 연결어미를 최대 8번까지 사용하는 것으로 나타났다. 연결어미의 평균 사용 횟수를 보았을 때 한국어 학습자들의 경우 한 문장에

서 평균 하나의 연결어미를 사용하는 것으로 나타났고, 모국어 화자들의 경우 평균 2개의 연결어미를 사용하는 것으로 나타났다.[15] 이로 미루어 볼 때 모국어 화자들이 한국어 학습자들에 비해 약 2배 정도 연결어미를 더 사용함을 알 수 있었다.

넷째, 연결어미와 바꾸어서 사용할 수 있는 표현들을 살펴보면 연결어미 대신 적지 않게 사용됨을 알 수 있다. 전체 작문한 문장에 대비하여 보았을 때 '-아/어서'는 15.19%를 사용하였고 이 의미에 해당하는 표현들은 3.67% 정도 쓰였기 때문에다. 이러한 결과가 왜 나오는지에 대한 의견은 다음과 같다. 표현과 교체되어 사용되는 연결어미들은 대부분 초급에서 교수된다. 반면 위의 표현들은 중 · 고급에서 교수된다.[16] 이 중 초급에서 교수되는 내용은 보통 구어체 중심이고 중 · 고급에서 교수되는 표현들은 문어체가 많다. 따라서 학생들이 사용한 표현들은 학생들이 문어체로 인식하고 있기 때문에 작문상황에서 의도적으로 더 많이 사용했다고 볼 수 있을 것이다. 모국어 화자가 잘 사용하지 않는 표현들이 자주 사용되는 것도 이러한 의도성 때문이라고 볼 수 있다. 여기서 특이할 만 한 점은 다음이다. '-(으)ㄹ 뿐만 아니라'는 건국대학교 3급에서, '-(으)ㄹ뿐더러'는 5급에서 교수되고 있는데 교체되어 사용될 수 있는 환경에서 학생들이 선호해서 사용하는 것은 '-(으)ㄹ뿐만 아니라'로 나타났다. 학생들이 5급에서 배운 것이 아닌 3급에서 배운 표현을 더 많이 사용한다는 것은 익숙함과 새로운 것에 대한 부담감 때문인 것으로 생각된다.

---

15) 연결어미의 사용횟수는 다음과 같이 구하였다.
평균 사용하는 연결어미 횟수 = 전체 문장에서 연결어미를 사용한 횟수 /전체 문장 수

16) 건국대학교 『한국어』책을 기준으로 하였으나 급에 따른 문법 제시는 기관마다 큰 차이를 보이지 않는다.

〈표 11〉 대체 사용된 표현 비교

사용된 표현	빈도[17)]	사용된 표현	빈도
-기 때문(에)	2.25	-기 때문(에)	6.91
-(으)ㄴ까닭에	1.22		
-(으)ㄴ/는 덕분에	0.14		
-(으)ㄴ/는 탓에	0.05		
-(으)ㄹ뿐만 아니라	5.53		
-(으)ㄴ데다가	0.64	-(으)ㄴ데다가	0.64
-(으)ㄹ뿐더러	0.74		
-(으)ㄴ/는데 반해	2.64	-(으)ㄴ/는데 반해	0.49
-기 위해(서)	1.52	-기 위해(서)	5.02

이상에서 대학교에 재학 중인 한국어 학습자와 모국어 화자의 연결어미 사용과 그 대체 표현을 비교하여 보았다. 이와 같은 결과를 토대로 한국어 학습자들이 갖는 취약점과 모국어 화자의 사용과 차이점을 파악하여 한국어를 더 잘 구사하기 위한 교육방법을 모색할 수 있을 것이다. 따라서 후에 현재 연결어미를 교수하는 방법에 한계점을 찾고 효과적인 교수방안을 논의해 보도록 할 것이다.

본고의 첫머리에서 주지하였듯이 한국어 학습자들의 목적은 바로 한국 사람처럼 한국어를 구사하는 것이다. 앞으로 학습자들이 조금 더 모국어 화자처럼 한국어를 구사하기 위해서 더 다양한 교육방법과 효과적인 교육 방법이 개발이 필요한 시점이라고 생각된다.

참고문헌

고석주 외(2004), 『한국어 학습자 말뭉치와 오류분석』, 한국문화사.
국립국어원(2005), 『외국인을 위한 한국어문법 1』, 커뮤티케이션북스.

17) 표현에 대한 빈도는 전체 사용한 문장에 대한 빈도값을 구하였다.

권재일(1985), 『국어의 복합문구성 연구』, 집문당.
김서형(2011), "한국어 학습자의 대체 표현 연구", 『한국어학』50, 한국어학회.
김중섭(2002), "한국어 학습자의 연결어미오류양상에 관한 연구", 『한국어교육』13권 2호, 국제한국어교육학회, 87-109쪽.
남기심 · 고영근(1985), 『표준국어문법론』, 탑출판사.
남수경 · 채숙희(2004), 『한국어 학습자의 연결어미 사용 연구』,
박동호(2006), "한국어 연결어미의 분석과 그 교육방안", 학술대회.
백동자(1999), 『외국어로서의 한국어 문법사전』, 연세대학교 출판부.
안주호(2008), "한국어 교육에서 연결어미의 교수방안에 대한 연구",『한말연구』 22, 한말연구학회.
이광규(2005), 『학교문법론』, 월인.
이은경(1999), "구어체 텍스트에서의 한국어 연결 어미의 기능", 『국어학』34, 국어학회.
이은경(2000), 『국어의 연결어미 연구』.
이익섭 · 채완(2000), 『국어문법론강의』, 학연사.
최재희(1991), 『국어 접속문 구성 연구』, 탑출판사.
허웅(1983), 『국어학-우리말의 오늘 어제』, 샘문화사.

중국인 학습자의 유의 관계어 오류 분석 및 개선 방안

추육영

1. 머리말

의미가 같거나 비슷한 어휘들은 일반적으로 유의어라고 하는데, 유의어가 많다는 것은 한국어 어휘의 제일 뚜렷한 특성이고, 어휘 확장을 위한 교육 방법에서 유의어 교육을 가장 널리 사용하고 있다. 하지만, 유의어의 변별과 사용은 직관을 가진 모국어 화자에게도 쉽지 않은 문제이고 외국인 학습자들에게는 더 큰 어려움이 따른다. 지금까지 외국인을 대상으로 한 유의어 교육 연구는 대부분 중, 고급 중국인 유학생들을 대상으로 연구하였으며, 초급 중국인 학습자를 대상으로 한 연구가 많지 않다. 그러나 어휘 학습은 단계적으로 이루어졌 있으며, 초급에서의 유의어 변별 교육은 소홀하면 안 된다. 또한, 중국에서 한국어의 발전 속도를 고려할 때,[1] 중국내 대학생들을 대상으로 한 유의어 연구는 시급하고 실질적인 의미를 가진다.

따라서, 본고는 한국어 교육이 활발하게 진행되는 중국 산동 청도(青島) 5개 대학을 선정하여, 저학년 대학생들에게 설문 조사를 통해 유의어 파악에 있어서의 어려움을 밝힐 것이며, 해당 교육 방법과 해결 방안을 제시하고자 한다.

---

1) 2011년까지 중국에서 한국어과를 설립한 대학은 총 107개나 된다.

2. 연구 대상, 내용 및 방법

중국인을 대상으로 한 유의어 선행 연구들을 살펴보면, 대부분 중, 고급 수준의 중국인 유학생들을 대상으로 하였고, 연구 내용은 특징 품사류, 고유어, 한자어 등 부분적이고, 연구 방법은 유의어간의 사소한 의미 변별에 중점을 두었다.[2] 하지만, 성공적인 제2언어 습득을 위하여 적합한 교수 방법이 이외에 학습자, 교수자, 교재 및 교과 과정 등의 역할도 중요하다. 따라서 본고에서는 학습자, 교수자, 교재 및 교과 과정 등 외부 요인들도 같이 분석할 것이며, 논의 구성은 아래와 같이 정리할 수가 있다.

먼저 중국 산동 청도(靑島)의 5개 대학 1-2학년 학생들에게 TOPIK[3] 7-26회 초급 67문항들을 설문 조사할 것이다. 1학년 조사된 학생 수는 27명, 48명, 44명, 29명, 28명이며, 2학년은 16명, 22명, 36명, 28명, 30명이다.[4]

그 다음은 조사 결과에 대해 오류 원인에 따른 유형별 분석이다. 오류 유형의 틀을 정하기 위하여, 우선 초급 문항들의 평가 유형 분석하여, '평가 문항별' 유형을 추출할 것이며, 이정희(2002)의 오류 유형 분류를 종합해서 '학습자 환경에 따른 오류 유형' 두 가지로 나눌 것이다. 이를 바탕으로 유형별 숙달도를 파악하고 부족한 부분의 교육 방법과 해결 방안 을 제시할 것이다.

한편, 본고의 주제는 유의어지만, 문항을 분석해 보면 순수 유의어 변별

---

2) 부사 유의어: 정영교(2011), 여위령(2011), 응문도(2011), 왕리후에이(2012), 만리(2012), 이수남 (2012), 최옥춘(2013).
전체 어휘: 가재은(2009), 주하(2010), 왕애려(2012)
고유어와 한자어: 강미함(2011), 유추문(2011), 방가미(2012)

3) 한국어능력시험(韓國語能力試驗TOPIK; Test of Proficiency in Korean)은 국가기관인 국립국제교육원에서 주관하는 한국어 능력 시험으로 국가가 직접 운영하는 시험이다. 시험 대상은 외국인이나 한국어를 모국어로 하지 않는 사람들이다. 1997년 한국학술진흥재단에서 처음 시행하였으며, 사업 주관기관은 1999년부터 한국교육과정평가원으로 변경되어 2011년1월부터 국립국제교육원으로 재변경되었다.

4) 5개 대학교 각자 모집하는 학생수는 달라서 통일시키기가 어렵다.

하는 문항이외에는 문장과 비슷한 의미를 가진 단어의 선택('시간이 없다'-'바쁘다') 등 문항도 많이 있어서 '유의 관계어'로 정한기로 한다.

3. 오류 원인에 따른 유형 분류

초급 67문항의 평가 유형을 살펴보면, 결합된 낱말의 기본적 의미 파악하는 문항들이 제일 많다(문항39 질문하다-물어보다).[5] 그 이외에는 다의어의 문맥에 따른 의미 파악 및 선택(문항47 떠나다-출발하다),[6] 연어 관계에 따른 단어 파악(문항60 안경을 쓰다-안경을 끼다),[7] 동음이의어의 파악(문항5 어리다-적다),[8] 유의어군의 변별(문항45 적다-어리다)[9] 등 5가지가 있다.

〈표 1〉 초급 유의어 문항의 평가 유형 및 문항수

번호	유형	문항수
1	결합된 낱말의 기본 의미 파악	51문항
2	연어 관계에 있는 낱말의 쓰임	8문항
3	동음이의어의 파악	1문항
4	다의어의 문맥에 따른 의미 선택 및 파악	6문항
5	유의어군의 변별	1문항

5) 결합된 낱말의 기본 의미 파악이란 학생들이 표준국어대사전에 따라 해당 단어의 기본적 뜻을 안다면 제대로 풀 수가 있는 문항들을 말하는 것이다.

6) 이런 유형은 문항은 다의어로 출제하였으며, 그 다의어가 문맥에 따른 의미 선택 및 파악 능력을 평가하는 유형을 말하는 것이다.

7) 본고에서는 국립국어원 표준국어대사전을 참조하여, '공기 관계를 존재하는 두 개 이상의 단어가 결합하여 의미적으로 하나의 단위를 이루는 말'로 정의한다. 연어 관계에 있는 낱말 쓰임이란 연어 관계를 가진 단어들과 교체 가능한 단어들의 파악 능력을 평가하는 유형들이다. 이런 유형들은 연어 관계를 제대로 파악한다면 물음 문항과 비슷한 의미를 가진 답안을 선택할 수가 있다.

8) 이 유형은 문항은 동음이의어로 출제하였으며, 이를 잘 파악한다면 그와 대응된 유의어를 찾을 수가 있는 유형을 말하는 것이다.

9) 유의어군의 변별 유형은 문항과 유의어된 답지가 2개로 나타나는 문항을 말하는 것이다.

한편, 한국어 오류 유형 연구에 있어서 이정희(2002)는 체계적으로 논의한 바가 있었다. 그는 원인에 따라서 '모국어의 영향에 의한 오류', '목표어 영향에 의한 오류' 과 '교육 과정에 의한 오류'로 나누었다. 따라서 본고는 〈표1〉과 종합하여 '평가 문항별 오류 원인'과 '학습자 환경에 따른 오류 원인' 두 가지 오류 유형으로 분류한다.

〈표 2〉 오류 원인에 따른 유형 분류

큰 분류	소분류
평가 문항별 오류 원인 분석	a. 결합된 낱말의 기본 의미 파악
	b. 유의어군의 변별
	c. 연어 관계에 있는 낱말의 쓰임
	d. 동음이의어의 파악
	e. 다의어의 문맥에 따른 의미 선택 및 파악
학습자 환경에 따른 오류 원인 분석	f. 교수자 문제
	g. 학생 수준 문제
	h. 교과 과정 문제
	i. 교재 문제

〈표2〉에 따르며, 학습자 환경에 따른 유형별 오류 원인은 교수자, 학생 수준, 교과 과정 및 교재 등 다양하게 나타날 수가 있다. 중국에서는 일반적으로 전공 필수 과목은 반드시 이수해야 할 과목으로서 종합 한국어(정독), 한국어 회화, 한국어 듣기, 한국어 쓰기, 한국어 읽기 등 과목들로 구성되며, 정독(精讀) 과목은 모든 교과목 중의 주 과목으로써, 배당되는 시간도 제일 많다. 그래서 본고도 정독(精讀) 과목을 중심으로 5개 대학교의 교재, 교과 과정 등을 비교 · 분석할 것이다.[10)]

10) 정독(精讀)과목은 중국 대학 한국어 전공자들의 전공 수업이며, 종합 한국어라고 볼 수 가 있다. 이 과목은 모든 교과목 중의 주 과목으로써, 배당되는 시간도 제일 많다.

먼저 교재를 살펴보면, A, C, D대학은 한국 연세대학교『한국어 교정』이며, B대학은 2학년부터 A, C, D대학과 같지만, 1학년 교재는 중국 이선한(2001)의『한국어 1-2』이다. 그리고 E대학에서는 중국연변대학교의『기초 한국어』를 사용하고 있다.[11] 이 세 가지 교재에서 어휘들을 해당 모국어로 설명하고 있지만, 의미 관계에 따라 제시하거나 정리하지 못하다는 공통점이 있다.

학생 수준은 입학 성적을 말하는 것이며, 2012년까지 5개 대학에서 A대학은 제일 높고 그 다음은 E대학이다. 종합적으로 평가할 때, D대학은 B, C대학보다 조금 낮은 편이라고 볼 수가 있다.

그 다음에 5개 대학 28명 교수자의 '학력, 민족, 전공, 직위'와 '유의어의 개념, 유의어 변별 방법' 등에 대한 조사이다.

〈표 3〉 5개 대학교 교수자의 기본 정보

대학	순서	학력	민족	전공	직위
A대학	1	박사	조선족	한국 근현대 사회와 문화연구	교수
	2	박사	한족	한국 근현대 사회와 문화연구	부교수
	3	박사수료	한족	한국 고전문학연구	강사
	4	박사	조선족	한국어와 한국문학연구	강사
	5	박사	한족	남북한 외교, 동아시아 국제관계 연구	강사
B대학	1	박사	한족	언어학	강사
	2	박사	조선족	정치학	강사
	3	석사	한족	시장마케팅	강사
	4	석사	한족	문학	강사
	5	석사	한족	언론정보학과	강사
	6	석사	한족	언론정보학과	강사
C대학	1	석사	조선족	한국문학	부교수
	2	석사	한족	한국언어학	강사

11) 연세대학교 어학당,『한국어 교정 1-6』, 세계도서출판사, 2007.
연변대학교, 『기초 한국어1-4』,『고급 한국어1-2』,흑롱강민족출판사, 2009.

	3	박사 과정	한족	번역	강사
	4	박사 과정	한족	한국어교육	강사
	5	박사 과정	한족	한국어교육	강사
D대학	1	박사	조선족	亞非語言文學[12]	부교수
	2	박사	조선족	한국문학	강사
	3	박사	한족	외국어로서의 한국어교육학	강사
	4	박사	조선족	한국문학	강사
	5	박사 과정	한족	국어국문	강사
	6	박 사 과정	한족	언어학	강사
	7	석사	조선족	중한비교문학	강사
E대학	1	박사	조선족	중한비교문학	교수
	2	박사	조선족	한국현대문학	부교수
	3	박사	조선족	국어국문	부교수
	4	박사	조선족	한국사	부교수
	5	박사	조선족	교육	강사

〈표3〉에 따르며, 대부분 교수자는 석사 이상의 학위를 소지하고 있으며, 한족과 조선족으로 돼 있다. 그리고 한국어와 관련된 전공은 국어학, 한국문학 등이 있는데, 외국어로서의 한국어 교육학을 전공한 교수자들은 적은 편이다. 그 이외에는 외교, 교육, 한국사, 정치학, 언어학, 시장마케팅 등 다른 전공자도 있다. 그리고 유의어 인지도 조사 결과를 보면, 많은 교수자들은 유의어의 개념을 다소 알고 있지만, 정확하게 제시한 교수자는 많지 않았다.[13]

---

12) 亚非语言文学학과는 중국에서 제일 먼저 亚非语言文学과 관련된 교육 및 연구 학과 중의 하나이다. 주로 베트남어, 인도네시아어, 필리핀어, 태국어, 미얀마어, 조선(한국어)어, 몽골어를 대상으로 교육, 연구하고 있다. 그리고 전공은 동남아 문화, 고대서아언어문학, 조선(한국)언어문화, 조선한국어번역 연구, 태국언어문화, 몽골언어문화, 비교언어학, 동아서술언어학과 동방민간문학 등이 있다.

13) 需要具备类义词方面专门知识的教师进行系统的教育 °(1명),初级阶段简单的, 高

마지막으로, 5개 대학교 교과 과정은 1-2학년 정독 과목을 중심으로 시간 배정표를 살펴보았는데, 〈표4〉를 보면, E대학은 610시간으로 제일 많고, 그 다음은 A대학이다.

〈표4〉 각 대학교 1-2학년 정독(精讀) 과목 시간 배정표

학기 / 학교	1학기	2학기	3학기	4학기	합계
A대학	136	136	136	136	544
B대학	124	136	136	136	532
C대학	128	128	96	96	448
D대학	96	128	128	128	480
E대학	130	160	160	160	610

4. 중국 대학생 유의 관계어의 오류 분석

이 장에서는 〈표2〉에 따라 유형별 중국 대학생 유의 관계어의 오류 원인을 분석할 것이다. 문항들은 모두 4지 선다형으로 5개 대학 평균 정답률에 따라 '아주 낮음(30%미만)', '낮음(30.01%-50%)', '보통(50.01-70%)', '높음(70.01-90%)', '아주 높음(90.01%이상)' 등 5단계 숙달도로 나눌 수가 있다.

级阶段按照类别, 具体化(1명), 需要方法论的指导, 方法是教学的依据也是学生学习特别是自学的依据(1명), 通过具体举例说明(1명), 比较教育, 掌握具体的语言环境(2명), 상황극을 통해 재미있게 할 수 있을 것 같습니다. (1명), 반의 검증법, 나열 검증법, 성분 검증법, 치환 검증법, 문법 체격 검증법, 결합 검증법 (1명)

〈표 5〉 5단계 숙달도별 문항수 통계

학년 / 숙달도	1학년	2학년
아주 낮음	2개	
낮음	11개	
보통	13개	
높음	28개	10개
아주 높음	13개	57개
합계	67개	67개

한편, 5개 대학교 평균 정답률과 오답률, 개별 대학교의 정답률과 오답률 비교한 결과, 다시 '보편적 정상분포', '보편적 비정상 분포'와 '개별적 비정상 분포' 등 3가지 분포 양상으로 재분류할 수가 있다.[14] 그리고 '보편적 비정상 분포' 문항들은 전체 5개 대학에서 나타나므로 〈표3〉에서 제시한 5가지 '평가 문항별 오류 원인'을 중심으로 분석할 것이다. '개별적 비정상 분포' 문항은 해당 대학 교수자의 세부 전공이 어휘 교육과 적절하지 않다는 문제, 학생 입학 성적 차이, 교과 과정 문제 및 교재 문제 등 종합적으로 나타나는 '학습자 환경에 따른 오류 원인'을 분석할 것이다. 마지막으로, '보편적 정상 분포' 문항들은 비교적 숙달도가 높아서 조사 결과 및 평가 유형만 제시할 것이다.

4.1.1 숙달도 '아주 낮음' 문항 분석[15]

여기에 있는 2문항은 1학년에서만 나타나며 모두 보편적 비정상 분포 문

14) 여기서 전체 평균 정답률이 오답률보다 높으며, 모든 개별 대학의 정답률도 오답률보다 높은 양상은 '보편적 정상 분포'라고 하며, 전체 평균 정답률이 오답률보다 낮으며, 모든 개별 대학의 정답률도 오답률보다 낮은 양상은 '보편적 비정상 분포'라고 한다. 그리고 전체 평균 정답률은 오답률보다 높지만, 특정 대학 1-2개의 정답률이 오답률보다 낮은 양상은 '개별적 비정상 분포'라고 한다.

15) 숙달도에 따른 유형을 제시되는 순서는 〈표2〉에서 제시된 '소분류 오류 유형'이다. 해당 급수에서 나타나고 있는 오류 유형만 제시하고 설명하기로 한다.

항이다. 오류 유형은 결합된 낱말의 기본 의미 파악과 연어 관계에 있는 낱말의 쓰임 등이 이다.

1) 결합된 낱말의 기본 의미 파악

문항24). 가: 버스가 조금 전에 떠났어요? 나: 네, (②) 갔어요. ①곧 ②방금 ③먼저 ④자주

이 문항은 [시간적으로 짧음]의 뜻으로 쓰이는 정도부사 '조금'과 [이전, 과거]의 의미로 쓰이는 명사 '전'이 함께 쓰일 때 쓰이는 의미를 알고 있는지 평가하는 문항이다. 정답이 '방금'인데, '먼저'를 선택한 학생이 79.7%나 되었다.

먼저(79.8)〉**방금(28.8)**〉곧(8.88)〉자주(7.34)

문항24) '조금 전'은 [시간적으로 이전] 과 [그 시간의 짧다]의 뜻이 결합된 것으로 [말하는 시간보다 바로 조금 전]이란 뜻으로 쓰이는 '방금'과 유의적 관계에 있다.

그러나, '먼저'는 단순히 [시간적으로나 순서상으로 앞선 때]란 의미이며, 그 시간의 정도성에 대하여 언급이 없다. 학생들이 '먼저'를 선택한 것은 결합된 의미를 제대로 파악하지 못해서 생긴 현상이다.

2) 연어 관계에 있는 낱말의 쓰임

문항60). 가: 민수 씨는 안경을 써요? 나: 네, 안경을 (①). ①껴요 ②차요 ③받아요 ④입어요

이 문항은 한국어에 나타나는 연어 관계를 알고 있는지 평가하는 문항이다. 정답은 '끼다'인데 '입다'를 선택하는 학생이 51.38%로 과반을 넘고 있다.

입다(51.38)〉**끼다(25.42)**〉받다(19.42)〉차다(4.96)

낱말밭으로 볼 때, '입다, 끼다, 받다, 차다'는 모두 착용동사이며, 각자 결합된 대상이 다르다. 문항60)에서의 '쓰다'는 [모자 따위를 머리에 얹어 덮거나 얼굴에 어떤 물건을 걸거나 덮어쓰다]의 뜻으로, 이때 '안경'과 결합할 수 있는 단어는 '끼다'이다. 학생들은 오답인 '입다'를 오히려 51.38%나 많이 선택하였으며, 이는 착용동사와 관련된 연어 관계 파악이 부족해서 나타난 오류이다.

4.1.2 숙달도 '낮음' 문항 분석

숙달도가 '낮음'으로 나타난 문항은 11문항이며, 3문항이 보편적 비정상 분포이고, 8문항이 개별적 비정상 분포 문항들이다.

(1) 보편적 비정상 분포 문항

여기에 있는 3문항의 오류 유형은 결합된 낱말의 기본 의미 파악, 다의어의 문맥에 따른 의미 선택 및 파악과 유의어군의 변별 등이다.

1) 결합된 낱말의 기본 의미 파악

문항39). 가: 제니 씨, 한국어를 공부할 때 누구한테 질문해요? 나: 저는 한국친구에게 (④). ①어울려요 ②연락해요 ③가져가요 ④물어봐요

이 문항은 [누구에게 의문이나 질의]의 뜻으로 쓰인 한자어 '질문하다'의 기본적 의미 파악 능력을 알아보는 문항이다. 정답은 '물어보다'인데, 학생들은 그보다 '연락하다'를 41.3%나 선택하였다.

연락하다(41.3)〉**물어보다(31.16)**〉어울리다(19.11)〉가져가다(10.33)

문항39)의 '질문하다'와 정답인 '물어보다'는 [질의]란 뜻을 가지고 있지만, '연락하다'는 [누구에게 소식을 전함]의 뜻이다. 학생들은 '질문하다'의 기본적 의미를 잘못 파악하고 있다.

2) 다의어의 문맥에 따른 의미 선택 및 파악

> 문항30). 가: 제가 부탁한 편지를 보냈어요?
> 나: 네, 오전에(①)
> ①부쳤어요 ②떠났어요 ③받았어요 ④만들었다

이 문항은 '보내다'의 문맥에 따른 의미 선택 및 파악 능력을 평가하는 문항이다. 정답은 '부치다'인데, 학생들은 오답인 '받다'를 36.2%나 잘못 선택하였다.

받다(36.2)〉**부치다(34.38)**〉떠나다(21.08)〉만들다(7.54)

표준국어대사전에 따르면, '보내다'는 '…을 …에/에게,…을 …으로' 등 형식으로 사용할 때는 '사람이나 물건 따위를 다른 곳으로 가게 하다.', '일정한 임무나 목적으로 가게 하다.', '('시집'이나 '장가'와 함께 쓰여) 결혼을 시키다.', '사람을 일정한 곳에 소속되게 하다.' 등 여러 뜻이 있다. 문항30)의 경우는 '사람이나 물건 따위를 다른 곳으로 가게 하다'의 의미로 쓰이면, 학생들은 이를 잘못 파악하고 있다.

3) 유의어군의 변별

문항45). 가: 누가 더 나이가 적어요? 나: 민호 씨가 더 (③) ①짧아요 ②넓어요 ③어려요 ④나빠요

이 문항은 '적다', '작다'와 '짧다'의 변별 능력을 평가하는 문항이다. 정답은 '어리다'지만, 학생들은 '어리다'를 37.28%만 선택하였고 '짧다'를 38.02%로 많이 선택하였다.

짧다(38.02)〉 **어리다(37.28)**〉 나쁘다(15.88)〉 넓다(8.96)

문항45)의 '적다'는 [일정한 기준에 못 미치는 상태]란 뜻으로 쓰이는 형용사이다. 정답인 '어리다'는 [나이가 비교 대상보다 적다]의 의미로 그와 비슷하다.

한편, '小'의 의미를 가진 '작다'는 '大'와 대조되며, '키가 크다'를 말할 때는 '짧다(短)'와 대조되기도 한다. 그와 동시에 [어느 정도나 수준에 미치지 못한 상태]를 표현할 때, '적다'는 '작다', '짧다'와 유의 관계를 가지고 있다. 그래서 이 문항은 학생들이 '적다'를 유의어인 '작다, 짧다'와 혼란을 일으켜 생긴 오류이다.

(2) 개별적 비정상 분포 문항

여기에 있는 8문항은 학습자 환경 때문에 오류 정도의 차이가 생겼으며, 주로 교수자 문제, 학생 수준과 교수자 문제, 교과 과정과 교수자 문제, 교재와 교수자 문제 등이 있다.

1) 교수자 문제로 인해 생긴 오류

문항3). 어제는 영수 씨의 생일이었어요. 그래서 선물을 <u>했어요</u>. (②) ①봤어요 ②줬어요 ③받았어요 ④만들었어요

이 문항의 정답은 '주다'이며, 조사 결과는 정상적으로 나타나고 있지만, 1학년 B, C대학에서는 개별 비정상 분포를 보인다.

주다(43.42)〉받다(32.02)〉만들다(19.52)〉보다(5.04)

〈표 6〉 문항3)의 대학별 답지 선택률

학교	보다	주다	받다	만들다
A대학	0%	88.9%	11.1%	0%
B대학	**2.1%**	**12.5%**	**50%**	**35.4%**
C대학	**2.3%**	**13.6%**	**50%**	**34.1%**
D대학	17.2%	41.4%	27.6%	13.8%
E대학	3.6%	60.7%	21.4%	14.3%
평균	5.04	43.42	32.02	19.52

〈표6〉에서 나타나듯이, B, C대학에서는 정답이 12.5%, 13.6%만 선택되었고, '받다'가 50%나 높게 선택되었다. 하지만, C대학의 교재와 같은 A, D대학에서는 정상적 분포라서 교재 문제가 아니다. 그리고 〈표4〉를 살펴보면, B, C대학과 비슷한 시간을 배정한 A대학에서는 정상 분포라서 교과 과정 문제로 볼 수가 없다. 한편, 학생 수준을 보면, D대학은 B, C대학과 비슷해도 불구하고 정상 분포라서 학생 수준 문제도 아니다. 그러므로 〈표3〉에 따르면, B, C대학의 교수자들에 문제가 있다.

문항61). 가: 점심 때 뭘 <u>시킬까요</u>? 나: 비빔밥을 (④) ①넣읍시다 ②받습니다 ③요리합니다 ④주문합시다

이 문항의 정답은 '주문하다'인데, 전체 평균 정답률로 보아, 조사 결과가 정상으로 나타나지만, E대학에서 개별적 비정상 분포를 보인다.

주문하다(49.72)〉요리하다(30.36)〉넣다(11.88)〉받다(7.32)

〈표 7〉 문항61)의 대학별 답지 선택률

학교	넣다	받다	요리하다	주문하다	선택 안함
A대학	3.7%	18.5%	37%	40.7%	0%
B대학	25%	4.2%	20.8%	50%	0%
C대학	27.3%	0%	22.7%	50%	0%
D대학	**3.4%**	**10.3%**	**7%**	**79.3%**	**0%**
E대학	0%	3.6%	64.3%	28.6%	3.6%
평균	11.88	7.32	30.36	49.72	0.72

〈표7〉에 따르며, E대학에서는 정답보다 '요리하다'가 64.3%로 높게 선택되었다. E대학의 교재는 A, C, D대학과 다르지만, A, C, D대학 교재와 다른 B대학에서 정상 분포라서 교재 문제로 볼 수가 없다. 그리고 E대학의 정독 배정 시간은 다른 대학과 비슷하게 나타나므로 교과 과정 문제로 보기 어렵다. 한편, E대학 학생 수준과 비슷한 A대학에서 정상 분포라서 학생 수준의 문제도 아니다. 그러므로 〈표3〉에 따라며, E대학의 교수자에 문제가 있다고 본다.

문항5). 은영 씨는 저보다 세 살이 어려요. (④)
①길어요 ②짧아요 ③많아요 ④적어요

이 문항의 정답은 '적다'인데, 전체 평균 정답률로 보아, 조사 결과는 정상으로 나타나고 있지만, A, D대학에서는 개별적 비정상 분포를 보인다.

적다(46.44)〉길다(20.57)〉많다(19.46)〉짧다(12.05)

〈표 8〉 문항5)의 대학별 답지 선택률

학교	길다	짧다	많다	**적다**	선택 안함
A대학	**25.9%**	**3.7%**	**40.7%**	**25.9%**	**3.7%**
B대학	6.25%	6.25%	12.5%	75%	0%
C대학	4.5%	4.5%	9.1%	81.8%	0%
D대학	**48.3%**	**17.2%**	**20.7%**	**13.8%**	**0%**
E대학	17.9%	28.6%	14.3%	35.7%	3.6%
평균	20.57	12.05	19.46	46.44	1.46

이 문항은 A, D대학에서는 정답을 25.9%, 13.8%만 선택했고 '많다'와 '길다'를 40.7%, 48.3%나 많이 선택하였다. A대학은 B, C대학의 교재와 같아서 교재 문제라기 어렵다. 그리고 〈표4〉에 따르면 D대학의 정독 시간은 남은 4대학보다 적지만, B, C, E대학과 비슷한 시간 배정한 A대학은 비정상 분포라서 교과 과정 문제로 볼 수가 없다. 또한, A대학의 학생 수준과 비슷한 E대학, D대학의 학생 수준과 비슷한 B, C대학에서 정상 분포이어서 학생 수준과 관련이 없다. 그러므로 〈표3〉에 따르면 이는 A, D대학의 교수자에 문제가 있다.

2) 학생 수준과 교수자 문제로 인해 생긴 오류

이런 오류 유형은 개별적 비정상 분포로 나타난 대학 학생들의 입학 성적은 정상 분포로 나타난 대학과 차이가 있으며, 교수자들에도 문제가 있는 문항이다. 모두 2문항이며, B, C, D 대학에서 나타나고 있다.

문항62).	가: 여기 강물이 참 깨끗하지요? 나: 네, 정말 (①) ①맑아요 ②예뻐요 ③깊어요 ④차가워요

이 문항의 정답은 '맑다'인데, 전체 평균 정답률로 보아, 학생들의 선택은 정상 분포로 나타나지만, 1학년 B, C, D대학에서는 개별적 비정상 분포를 보인다.

맑다(41.92)〉예쁘다(29.5)〉차갑다(17.36)〉깊다(11.18)

〈표9〉 문항62)의 대학별 답지 선택률

학교	맑다	예쁘다	깊다	차갑다
A대학	59.2%	14.8%	0%	25.9%
B대학	**31.2%**	**41.7%**	**22.9%**	**4.2%**
C대학	**27.3%**	**45.5%**	**22.7%**	**4.5%**
D대학	**27.6%**	**24.1%**	**10.3%**	**37.9%**
E대학	64.3%	21.4%	0%	14.3%
평균	41.92	29.50	11.18	17.36

문항62)의 B, C, D대학에서는 정답률이 22.9%, 22.7%, 10.3%로 나타나고 있으며, '차갑다'가 41.7%, 45.5%, 37.9%로 높게 선택되었다.

> 문항4). 이사갈 집을 구하고 있는데 좋은 집이 있을 까요? (④)
> ①갖고 ② 듣고 ③사고 ④ 찾고

이 문항의 정답은 '찾다'이며, 조사 결과는 보편적 정상 분포지만, 1학년 B, C, D대학에서는 개별적 비정상 분포를 보인다.

찾다(33.5)〉사다(31)〉갖다(23.4)〉들다(9.89)

〈표 10〉 문항4)의 대학별 답지 선택률

학교	갖다	들다	사다	**찾다**	선택 안함
A대학	18.5%	3.7%	18.5%	51.8%	7.4%
B대학	**12.5%**	**6.25%**	**56.2%**	**25%**	**0%**
C대학	**9.1%**	**4.5%**	**59.1%**	**27.3%**	**0%**
D대학	**48.3%**	**20.7%**	**6.9%**	**24.1%**	**0%**
E대학	28.6%	14.3%	14.3%	39.3%	3.5%
평균	23.40	9.89	31.00	33.50	2.18

〈표10〉에 따르면, B, C, D대학에서는 30% 미만의 숙달도를 보이며, '사다'와 '갖다'가 56.2%, 59.1%로 선택되었다.

문항62)과 문항4)의 학습자 환경에 따라 오류 원인을 분석해 보면, B, C, D대학의 교재와 같은 A대학은 정상 분포라서 교재 문제라고 보기 어렵다. 그리고 〈표4〉를 보면 B대학은 A대학과 같은 시간이 배정돼 있지만 A대학은 정상 분포라서 교과 과정 문제로 볼 수가 없다. 그리고 A, E대학 학생들의 수준은 B, C, D대학보다 높게 나타나서 B, C, D대학에서 개별적 비정상 분포의 하나 원인으로 볼 수가 있다. 또한, 〈표3〉에 따르면, A, E대학 교수자의 문제점도 있어서 B, C, D대학에서 비정상 분포의 이유는 학생 수준 차이와 교수자 문제 등에 있다고 본다.

3) 교과 과정과 교수자 문제로 인해 생긴 오류

이런 오류 유형은 비정상 분포로 나타나는 대학의 교과 과정에 문제가 있으며, 〈표3〉에 따라 교수자에서도 문제가 보이는 문항들이다. 모두 2문항이며, 1학년 D, E대학에서 나타나고 있다.

> 문항48). 가: 선생님 나중에 다시 올 까요?
> 나: 네, (④)오세요.
> ①먼저 ②아마 ③날마다 ④이따가

이 문항의 정답은 '이따가'이며, 전체 평균 정답률로 보아, 조사 결과는 보편적 정상 분포지만, 1학년 D, E대학에서는 비정상 분포를 보인다.

이따가(38.74)〉날마다 (26.96)〉먼저(19.24)〉아마(13.36)

〈표11〉 문항48)의 대학별 답지 선택률

학교	먼저	아마	날마다	이따가	선택 안함
A대학	25.9%	7.4%	11.1 %	51.8%	3.7%
B대학	4.2%	22.9%	14.6%	56.2%	0
C대학	0%	22.7%	13.6%	61.4%	0
D대학	**41.4%**	**13.8%**	**24.1%**	**20.7%**	**0**
E교학	**25%**	**0%**	**71.4%**	**3.6%**	**0**
평균	19.30	13.36	26.96	38.74	0.74

이 문항은 D, E대학에서 정답률은 각각 20.7%, 3.6%이며, '먼저'와 '날마다'가 41.4%와 71.4%로 높게 선택되었다.

> 문항55). 가: 방이 정말 <u>크네요</u>.
> 나: 네, 이 방이 우리 기숙사에서 제일 (②)
> ①낮아요 ②넓어요 ③멀어요 ④비싸요

이 문항의 정답은 '넓다'이며, 조사 결과는 보편적 정상 분포로 나타나지만, 1학년 D, E대학에서는 개별 비정상 분포를 보인다.

넓다(48.16)〉비싸다(26.14)〉멀다(12.96)〉낮다(12.72)

〈표 12〉 문항55)의 대학별 답지 선택률

학교	낮다	**넓다**	멀다	비싸다
A대학	0%	74.1%	22.2%	3.7%
B대학	8.3%	58.3%	0%	33.3%
C대학	6.8%	59.1%	0%	34.1%
D대학	**41.4%**	**20.7%**	**6.9%**	**31%**
E대학	**7.1%**	**28.6%**	**35.7%**	**28.6%**
평균	12.72	48.16	12.96	26.14

이 문항은 D, E대학은 정답을 20.7%, 28.6%만 선택하였고, 오답인 '낮다'와 '멀다'를 41.4%, 35.7%로 선택하였다.

문항48)과 문항55)의 학습자 환경에 따른 오류 원인을 분석해 보면, E대학의 교재는 A, C, D대학과 다르지만, B대학은 A, C, D대학과 교재가 달라도 정상적 분포를 보여서 교재 문제로 볼 수가 없다. 한편, 〈표4〉를 보면, 정상 분포로 나타나는 A, B, C대학에서는 비슷하지만, D, E대학은 3대학과 큰 차이가 보인다. 또한, 〈표3〉에 따르면, 두 대학 교수자 문제도 있어서 D, E대학의 개별 비정상 분포 원인은 교과 과정과 교수자에 있다.

4) 교재와 교수자 문제로 인해 생긴 오류

이런 오류 유형은 정상 분포와 비정상 분포로 나타나는 대학의 교재가 다르며, 개별적 비정상 분포로 나타나는 대학의 교수자들에도 문제가 있는 유형이다. 1학년 B, E대학에서 한 문항만 있다.

문항21). 가: 오전에 어디 갔다 왔어요?
나: 병원에 (④)
①갈아탔어요 ②가져갔어요 ③올라왔어요 ④다녀왔어요

이 문항의 조사 결과는 정상 분포지만, 1학년 B, E대학에서는 개별적 비정상이다.

다녀오다(31.22)〉갈아타다(27.26)〉가져가다(24.24)〉올라오다(16.34)〉선택안함(0.42)

〈표 13〉 문항21)의 대학별 답지 선택률

학교	갈아타다	가져가다	올라오다	다녀오다	선택 안함
A대학	18.5%	37%	0%	44.4%	0%
B대학	**39.3%**	**32.1%**	**14.3%**	**14.3%**	**0%**
C대학	27.3%	4.5%	20.4%	45.4%	0%
D대학	27.1%	6.2%	22.9%	41.7%	2.1%
E대학	**24.1%**	**41.4%**	**24.1%**	**10.3%**	**0%**
평균	27.26	24.24	16.34	31.22	0.42

〈표13〉을 보면, B, E대학의 정답률은 14.3%, 10.3%이며, '갈아타다'와 '가져가다'를 39.3%, 41.4%로 높게 선택하였다. 교재를 살펴보면, 비정상 분포로 나타난 B, E대학에서는 A, C, D대학과 다른 교재를 쓰고 있다. 또한, 〈표3〉에 따르면, 두 대학 교수자 문제도 있어서 B, E대학의 개별 비정상 분포 원인은 교재와 교수자에 있다고 본다.

4.1.3 숙달도 '보통' 문항 분석

숙달도가 '보통'으로 나타난 문항은 13문항이 있으며, 1학년에만 나타나다. 그리고 10문항이 개별적 비정상 분포이며, 3문항이 보편적 정상 분포이다.

(1) 개별적 비정상 분포 문항

여기에 있는 10문항에서 8문항은 교수자 문제로 인해 오류가 생겼으며, 남은 2문항은 교과 과정과 교수자 문제이다.

1) 교수자로 인해 생긴 오류

학교별로 볼 때, E대학 교수자로 인해 오류가 생긴 문항은 제일 많으며 5문항이 있다. A, E대학 교수자로 인해 오류가 생긴 문항은 한 문항이며, A대학 교수자로 인해 오류가 생긴 문항은 2문항이다.

가) E대학 교수자로 인해 오류가 생긴 문항들

> 문항12). 가: 저분이 하는 말을 알아들을 수 있어요? (②)
> 나: 네, 어느 정도 알아들을 수 있어요.
> ①찾을 ②이해할 ③설명할 ④생각할

이 문항의 정답은 '이해하다'인데, 전체 평균 정답률을 보면, 1학년의 조사 결과는 보편적 정상 분포지만, E대학에서는 개별적 비정상 분포를 보인다.

이해하다(50.64)〉설명하다(28.98)〉생각하다(16.4)〉찾다(3.22)

〈표14〉 문항12)의 대학별 답지 선택률

학교	찾다	**이해하다**	설명하다	생각하다	선택 안함
A대학	0%	51.8%	18.5%	25.9%	3.7%
B대학	2.1%	56.2%	18.8%	22.9%	0%
C대학	0%	61.4%	15.9%	22.7%	0%
D대학	6.9%	55.2%	31%	6.9%	0%
E대학	**7.1%**	**28.6%**	**60.7%**	**3.6%**	**0%**
평균	3.22	50.64	28.98	16.40	0.74

〈표14〉를 보면 E대학은 28.6%만 정답을 선택하였고, 60.7%가 '설명하다'를 정답보다 많이 선택하였다.

> 문항9). 그동안 잘 지냈어요? (③)
> ①들었어요 ②만났어요 ③있었어요 ④보았어요

이 문항의 정답은 '있다'인데, 전체 평균 정답률을 보면, 1학년의 조사 결과는 보편적 정상 분포이지만, E대학에서는 개별적 비정상 분포를 보인다.

잘있다(66.06)〉듣다(20.94)〉보다(8.26)〉만나다(3.54)〉선택 안함(1.16)

〈표 15〉 문항9)의 대학별 답지 선택률

학교	듣다	만나다	**있다**	보다	선택 안함
A대학	14.8%	0%	81.5%	0%	3.7%
B대학	10.4%	0%	83.3%	4.2%	2.1%
C대학	9.1%	0%	88.6%	2.3%	0%
D대학	27.6%	3.4%	44.8%	24.1%	0%
E대학	**42.8%**	**14.3%**	**32.1%**	**10.7%**	**0%**
평균	20.94	3.54	66.06	8.26	1.16

〈표15〉를 보면, E대학에서는 정답이 32.1%만 선택되었고, '듣다'가 42.8%로 정답보다 많이 선택되었다.

> 문항56). 가: 오늘 수업은 언제 마쳐요?
> 나: 오후 한 시에 (①)
> ①끝나요 ②나와요 ③떠나요 ④모여요

이 문항의 정답은 '끝나다'인데, 전체 평균 정답률을 보면, 1학년의 조사 결과는 보편적 정상 분포이지만, E대학에서는 개별적 비정상 분포를 보인다.

끝나다 (68.42)〉떠나다(18.96)〉나오다(9.36)〉모으다 (3.14)

〈표16〉 문항56)의 대학별 답지 선택률

학교	**끝나다**	나오다	떠나다	모이다
A대학	70.4%	25.9%	0%	3.7%
B대학	95.8%	0%	2.1%	2.1%
C대학	100%	0%	0%	0%
D대학	75.9%	13.8%	3.4%	6.9%
E대학	**0%**	**7.1%**	**89.3%**	**3.6%**
평균	68.42	9.36	18.96	3.26

〈표16〉을 보면 A, B, C, D대학의 숙달도는 모두 70% 이상이지만, E대학에서는 정답을 선택하는 학생이 없었고, '떠나다'를 89.3%로 정답보다 많이 선택하였다.

문항65). 가: 영수 씨는 몇 시쯤 집에서 나갔어요?
나: 여섯 시쯤(④)
①살았어요 ②앉았어요 ③설명해요 ④출발해요

이 문항의 정답은 '출발하다'인데, 전체 평균 정답률을 보면, 1학년의 조사 결과는 보편적 정상 분포지만, E대학에서는 개별적 비정상 분포를 보인다.

출발하다(67.44)〉살다(15.46)〉설명하다(9.58)〉앉다(7.52)

〈표17〉 문항65)의 대학별 답지 선택률

학교	살다	앉다	설명하다	**출발하다**
A대학	22.2%	0%	7.4%	70.4%
B대학	4.2%	2.1%	2.1%	91.7%
C대학	4.5%	0%	0%	95.4%
D대학	0%	6.9%	24.1%	69%
E대학	**46.4%**	**28.6%**	**14.3%**	**10.7%**
평균	15.46	7.52	9.58	67.44

〈표17〉을 보면 B, C대학의 숙달도는 90% 이상으로 나타나고 있는 반면에, 개별적 비정상 분포인 E대학에서는 '살다'를 46.4%로 정답보다 많이 선택하였다.

문항40). 가: 그동안 잘 있었어요?
나: 네, 저는 잘 (③)
①들었어요 ②배웠어요 ③지냈어요 ④만났어요

이 문항의 정답은 '지내다'인데, 전체 평균 정답률을 보면, 1학년의 조사 결과는 정상 분포이지만, E대학에서는 개별적 비정상 분포를 보인다.

잘 지내다(63.98)〉듣다(20.94)〉만나다(8.26)〉배우다(5.12)

〈표18〉 문항40)의 대학별 답지 선택률

학교	듣다	배우다	**지내다**	만나다
A대학	3.7%	0%	92.6%	3.7%
B대학	12.5%	4.2%	77.1%	6.25%
C대학	13.6%	0%	84.1%	2.3%
D대학	34.5%	0%	48.3%	17.2%
E대학	**42.8%**	**21.4%**	**17.8%**	**17.8%**
평균	21.42	5.12	63.98	9.45

〈표18〉을 보면 E대학에서는 정답을 17.8%만 선택하였고, '듣다'를 42.8%로 많이 선택하였다.

이상 문항12), 문항9), 문항28), 문항65), 문항30)의 학습자 환경에 따라 오류 원인을 분석해 보면, A, C, D대학과 다른 교재를 쓰고 있는 E대학은 비정상 분포지만, B대학은 A, C, D대학의 교재와 달라도 정상 분포라서 교재 문제로 볼 수가 없다. 그리고 〈표4〉를 살펴보면, E대학은 A, B, C대학교와 비슷하지만, 비정상적 분포로 나타나서 교과 과정 문제로 보기가 어렵다. 한편, E대학 학생 수준과 비슷한 A대학에서 정상적 분포이고 학생 수준의 문제도 아니다. 그러므로 〈표3〉에 따르면, E대학의 교수자에 문제가 있다.

나) A, E대학 교수자 문제로 오류가 생긴 문항

문항18). 수미 씨는 언제나 웃는 얼굴이에요. (②)
①가끔 ②항상 ③자주 ④매우

이 문항의 정답은 '항상'인데, 전체 평균 정답률을 보면 1학년의 조사 결과는 보편적 정상 분포지만, A, E대학에서는 개별적 비정상 분포로 나타난다.

항상(52.14)〉자주(40.76)〉가끔(6.4)〉매우(0.68)

〈표 19〉 문항18)의 대학별 답지 선택률

학교	가끔	**항상**	자주	매우	선택 안함
A대학	**0%**	**33.3%**	**66.7%**	**0%**	**0%**
B대학	4.2%	75%	20.8%	0%	0%
C대학	0%	79.5%	20.5%	0%	0%
D대학	20.7%	58.6%	17.2%	3.4%	0%
E대학	**7.1%**	**14.3%**	**78.6%**	**0%**	**0%**
평균	6.40	52.14	40.76	0.68	0.00

〈표19〉를 보면 A, E대학의 숙달도는 33.3%, 14.3%로 낮으며, '자주'를 66.7%, 78.6%로 선택하였다. 하지만, A대학의 교재와 같은 C, D대학에서는 정상 분포라서 교재의 문제로 보기는 어렵다. 그리고 〈표4〉를 살펴보면, A, E대학은 B, C대학과 비슷하지만 비정상 분포라서 교과 과정 문제도 아니다. 학생 수준을 보면, A, E대학은 B, C, D대학보다 높아도 불구하고 비정

상 분포로 나타나서 학생 수준과 관련이 없다고 생각한다. 그러므로 〈표3〉에 따르면, A, E대학의 교수자에 문제가 있다고 본다.

다) A대학 교수자 문제로 인해 오류가 생긴 문항들

문항23). 가: 병원이 어디에 있어요?
나: 백화점 맞은편에 있어요.(④)
①근처 ②사이 ③가운데 ④건너편

이 문항의 정답은 '건너편'인데, 전체 평균 정답률을 보면 1학년의 조사 결과는 보편적 정상 분포지만, A대학에서는 개별적 비정상 분포를 보인다.

건너편(55.94)〉근처(34.02)〉가운데(7.18)〉사이(2.1)〉선택안함 (0.74)

〈표20〉 문항23)의 대학별 답지 선택률

학교	근처	사이	가운데	**건너편**	선택 안함
A대학	**48.1%**	**0%**	**7.4%**	**40.7%**	**3.7%**
B대학	29.2%	0%	4.2%	66.7%	0%
C대학	29.5%	0%	0%	70.4%	0%
D대학	27.6%	6.9%	17.2%	48.3%	0%
E대학	35.7%	3.6%	7.1%	53.6%	0%
평균	34.02	2.10	7.18	55.94	0.74

〈표20〉에서 A대학은 정답을 40.7%만 선택하였고, 오답인 '근처'를 48.1%로 정답보다 더 많이 선택하였다.

문항10). 취직 때문에 고민이 많아요. (③)
①내용 ②느낌 ③걱정 ④경험

이 문항의 정답은 '걱정'인데 전체 평균 정답률을 보면, 1학년의 조사 결과는 보편적 정상 분포지만, A대학에서는 개별적 비정상 분포로 나타나고 있다.

걱정(61.34) 〉 경험(18.02)〉 내용(10.12)〉 느낌(8.86)〉 선택 안함 (1.62)

〈표21〉 문항10)의 대학별 답지 선택률

학교	내용	느낌	**걱정**	경험	선택 안함
A대학	**18.5%**	**0%**	**29.6%**	**48.1%**	**3.7%**
B대학	12.5%	10.4%	70.8%	4.2%	2.1%
C대학	9.1%	9.1%	77.3%	2.3%	2.3%
D대학	3.4%	3.4%	86.2%	6.9%	0%
E대학	7.1%	21.4%	42.8%	28.6%	0%
평균	10.12	8.86	61.34	18.02	1.62

〈표21〉을 보면 A대학에서는 정답을 18.2%로 선택하였고, '경험'을 48.1%로 정답보다 많이 선택하였다.

문항23), 문항10)의 학습자 환경에 따라 분석해 보면, A대학의 교재와 같은 C, D대학교에서는 정상 분포라서 교재의 문제로 보기 어렵다. 〈표4〉를 살펴보면, A대학은 B, C, E대학과 비슷하지만 비정상적 분포라서 교과 과정 문제로 볼 수가 없다. 한편, A대학 학생 수준과 비슷한 E대학에서 정상적 분포라서 학생 수준의 문제도 아니다. 그러므로 〈표4〉에 따르면, A대학의 교수자에 문제가 있다고 본다.

2) 교과 과정과 교수자로 인해 생긴 오류

이런 오류 유형은 비정상 분포인 대학의 교과 과정에 문제가 있으며, 〈표3〉에 따라 교수자에도 문제가 보이는 문항들이다. 모두 2문항이고 D대학에서 나타나고 있다.

문항33). 가: 무슨 색깔 제일 좋아해요?
나: 파란색을 (②)좋아해요.
①조금 ②가장 ③별로 ④항상

이 문항의 정답은 '가장'인데, 1학년 전체 평균 정답률을 보면, 보편적 정상 분포지만, D대학에서는 개별적 비정상 분포를 보인다.

가장(50.38)〉별로(21.26)〉항상(13.41)〉조금(13.17)〉선택 안함(1.6)

〈표 22〉 문항33)의 대학별 답지 선택률

학교	조금	**가장**	별로	항상	선택 안함
A대학	14.8%	51.8%	11.1%	22.2%	0%
B대학	4.17%	64.6%	25%	4.17%	2.1%
C대학	4.5%	65.1%	25%	2.3%	2.3%
D대학	**13.8%**	**27.6%**	**34.5%**	**24.1%**	**0%**
E대학	28.6%	42.8%	10.7%	14.3%	3.6%
평균	13.17	50.38	21.26	13.41	1.60

〈표22〉를 보면 A, B, C, E대학의 숙달도는 정상 분포지만, D대학은 정답을 27.6%만 선택하였고, '별로'를 34.5%나 선택하였다.

문항42). 가: 수미 씨는 쉬는 날이 언제 입니까?
나: 저는 내일이(①).
①휴일 ②평일 ③약속 ④주말

이 문항의 정답은 '휴일'인데, 전체 평균 정답률을 보면 1학년의 조사 결과는 보편적 정상 분포지만, D대학교에서는 개별적 비정상 분포로 나타나고 있다.

휴일(57.94)〉약속(25.08)〉주말(10.66)〉평일(6.30)

〈표 23〉 문항42)의 대학별 답지 선택률

학교	**휴일**	약속	주말	평일	선택 안함
A대학	70.4%	7.4%	22.2%	0%	0%
B대학	68.7%	4.2%	22.9%	4.2%	0%
C대학	72.7%	2.3%	25%	0%	0%
D대학	**17.2%**	**6.9%**	**51.7%**	**24.1%**	**0%**
E대학	60.7%	10.7%	3.6%	25%	0%
평균	57.94	6.30	25.08	10.66	0.00

〈표23〉을 보면 D대학에서는 17.2%만 정답을 선택하였고, 51.7%가 오답인 '주말'을 선택하였다.

문항33), 문항42)의 학습자 환경에 따라 분석해 보면, D대학의 교재와 같은 A, C대학에서는 정상 분포라서 교재 문제로 보기는 어렵다. 〈표4〉를 살펴보면, D대학은 정상 분포로 나타난 A, B, C, E대학과 달라서 비정상 분포의 한 원인으로 보인다. 한편, 〈표3〉에 따르면, D대학 교수자도 문제가 있어서 이는 D대학의 '교과 과정 문제'와 '교수자 문제' 등이 복합적으로 나타난 것이다.

(2) 보편적 정상 분포 문항

여기에 있는 3문항의 오류 유형을 보면 '결합된 낱말의 기본 의미 파악, 연어 관계에 있는 낱말의 쓰임, 다의어의 문맥에 따른 의미 파악.' 등이다.

문항11). 저 사람은 사람들이 많이 <u>아는</u> 배우예요. (④)
①편리한　②이상한　③조용한　④유명한

1) 결합된 낱말의 기본 의미 파악

이 문항은 '알다'의 기본적 의미인 [어떤 사실이나 존재, 상태에 대해 의식이나 감각으로 깨닫거나 느끼다]를 알고 있는지 평가하는 문항이다. 1학년 5개 대학교의 평균 정답률이 56.4%이며, 보편적 정상 분포로 나타나고 있다.

2) 연어 관계에 있는 낱말의 쓰임

> 문항67). 가: 여기에 이름을 <u>적어요</u>?
> 나, 네, 거기에 (②)
> ①파세요 ②쓰세요 ③지우세요 ④잊으세요

이 문항은 동사 '적다'가 '이름'과 함께 쓰일 때의 의미를 알고 있는지 평가하는 문항이다. 1학년 5개 대학교의 평균 정답률이 60.98%이며, 보편적 정상 분포로 나타나고 있다.

3) 다의어의 문맥에 따른 의미 선택 및 파악

> 문항47. 가: 몇 시에 <u>떠나요</u>?
> 나: 한 시에 (③)
> ①지내요 ②걸려요 ③출발해요 ④기다려요

이 문항은 다의어인 '떠나다'의 [있던 곳에서 다른 곳으로 옮기다.]라는 문맥에 따른 의미의 사용법을 알고 있는지 평가하는 문항이다. 1학년 5개 대학교의 평균 정답률이 57.88%이며, 보편적 정상 분포로 나타나고 있다.

4.1.4 숙달도 '높음' 문항 분석

숙달도가 '높음'으로 나타난 38문항에서 1학년에 28문항, 2학년에 10문항이다.[16] 그리고 개별적 비정상과 보편적 정상 문항만 있으며, 모두 6문항이 있다. 1학년과 2학년에 각각 3문항이 있다.

(1) 개별적 비정상 분포 문항

여기에 있는 6문항의 오류 원인은 교수자에 있으며, 1학년 A, D, E대학에서는 하나씩 이며, 2학년 B대학에서는 한 문항, D대학에서는 2문항이다.

> 문항26). 가 : <u>지난해</u>에는 어디로 여행을 갔어요?
> 나 : (②) 에는 제주도로 갔어요.
> ① 어제 ② 작년 ③ 주말 ④ 일요일

이 문항의 정답은 '작년'인데, 전체 평균 정답률을 보면, 1학년 조사 결과는 보편적 정상 분포로 나타나지만, A대학에서는 개별적 비정상 분포를 보인다.

1학년 **작년(71.02)**〉어제(16)〉주말(8.74)〉일요일(4.2)

〈표 24〉 문항26)의 대학별 답지 선택률

학교	어제	**작년**	주말	일요일
A대학	**48.1%**	**40.7%**	**11.1%**	**0%**
B대학	0%	95.8%	4.2%	0%
C대학	0%	100%	0%	0%
D대학	6.9%	79.3%	3.4%	10.3%
E대학	25%	39.3%	25%	10.7%
평균	16.00	71.02	8.74	4.20

16) 본 연구에서 3-4학년은 중급과 고급 문제 총 154개도 조사하기 때문에, 3-4학년에게 초급 문제를 적당히 줄여서 27개만 하였다.

〈표24〉를 보면, A대학에서는 정답을 40.7%로 선택하였고, '어제'를 48.1%나 선택하였다. 하지만 A대학의 교재와 같은 C, D대학은 정상 분포라서 교재의 문제라고 할 수 없다. 그리고 〈표4〉를 보면, 1학년 A대학은 남은 대학과 비슷해서 교과 과정 문제로 보기 어렵다. 한편, 학생 수준을 살펴보면, A대학과 비슷한 수준인 E대학에서 정상 분포라서 학생 수준 문제도 아니다. 그러므로 〈표3〉에 따르면, A대학의 교수자에 문제가 있다고 본다.

문항44) 가: 여름에 비가 많이 <u>와요</u>. 나: 네, 비가 많이 (③). ① 다녀요 ② 떠나요 ③ 불어요 ④ 내려요

이 문항의 정답은 '내리다'인데, 전체 평균 정답률을 보면, 1학년 조사 결과는 보편적 정상 분포로 나타나고 있지만, D대학에서는 개별적 비정상 분포를 보인다.

내리다(72.6)〉떠나다(16.6)〉불다(7.44)〉다니다(3.32)

〈표 25〉 문항44)의 대학별 답지 선택률

학교	다니다	떠나다	불다	**내리다**
A대학	7.4%	11.1%	0%	81.5%
B대학	2.1%	2.1%	8.3%	87.5%
C대학	0%	0%	4.6%	95.4%
D대학	**0%**	**44.8%**	**17.2%**	**37.9%**
E대학	7.1%	25%	7.1%	60.7%
평균	3.32	16.60	7.44	72.60

〈표25〉를 보면, D대학은 정답을 37.9%만 선택하였고, '떠나다'를 44.8%나 선택하였다. D대학의 교재와 같은 A, C대학은 정상 분포라서 교재 문제

라고 할 수 없다. 그리고 〈표4〉에 따르면, 1학년 D대학은 남은 대학과 비슷해서 교과 과정문제로 보기 어렵다. 한편, 학생 수준을 살펴보면, D대학과 비슷한 수준인 B, C대학에서 정상 분포라서 학생 수준 문제도 아니다. 그러므로 〈표3〉에 따르면, D대학의 교수자에 문제가 있다.

문항50) 가: 수진 씨는 컴퓨터를 자주 <u>써요</u>? 나: 네, 매일 (③). ① 배워요 ② 바꿔요 ③ 사용해요 ④ 물어봐요

이 문항의 정답은 '사용하다'인데, 평균 정답률을 보면, 1학년 조사 결과는 보편적 정상 분포로 나타나고 있지만, E대학에서는 개별적 비정상 분포를 보인다.

사용하다(74.86)〉바꿔다(8.98)〉물어보다(8.62)〉배우다(7.52)

〈표 26〉 문항50)의 대학별 답지 선택률

학교	배우다	바꿔다	**사용하다**	물어보다
A대학	0%	3.7%	96.3%	0%
B대학	6.2%	2.1%	87.5%	4.2%
C대학	6.8%	0%	93.2%	0%
D대학	10.3%	3.4%	75.9%	10.3%
E대학	**14.3%**	**35.7%**	**21.4%**	**28.6%**
평균	7.52	8.98	74.86	8.62

〈표26〉을 보면, E대학은 정답을 21.4%로 선택하였고, '바꿔다'를 35.7%나 선택하였다. E대학의 교재는 A, C, D대학과 다르지만, A, C, D대학의 교재와 다른 B대학에서는 정상 분포라서 교재의 문제로 볼 수 없다. 그리고 〈표3〉에 따르면, 1학년 E대학은 남은 대학교와 비슷해서 교과 과정 문제로 보기 어렵다. 한편, 학생 수준을 살펴보면, E대학과 비슷한 수준인 A

대학에서 정상 분포라서 학생 수준 문제가 아니다. 그러므로 〈표3〉에 따르면, E대학의 교수자에 문제가 있다고 본다.

문항18). 수미 씨는 언제나 웃는 얼굴이에요. (②) ①가끔 ②항상 ③자주 ④매우

이 문항의 정답은 '항상'인데, 전체 평균 정답률을 보면, 2학년 조사 결과는 보편적 정상 분포로 나타나지만, B대학에서는 개별적 비정상 분포를 보인다.

항상(75.96)〉자주(18.26)〉가끔/매우(2.18)〉선택 안함(1.38)

〈표 27〉 문항18) 2학년의 대학별 답지 선택률

학교	가끔	**항상**	자주	매우	선택 안함
A대학	0%	100%	0%	0%	0%
B대학	**0%**	**40.9%**	**59.1%**	**0%**	**0%**
C대학	3.8%	80.8%	11.5%	3.8%	0%
D대학	7.1%	71.4%	10.7%	7.1%	3.6%
E대학	0%	86.7%	10%	0%	3.3%
평균	2.18	75.96	18.26	2.18	1.38

〈표27〉을 보면, 2학년 B대학은 정답을 40.9%로 선택하였고, '자주'를 59.1%나 선택하였다. B대학의 교재와 같은 A, C, D대학에서는 정상 분포라서 교재의 문제로 볼 수 없다. 〈표4〉를 살펴보면, A대학은 B대학과 같은 시간이어서 교과 과정의 문제라고 보기도 어렵다. 한편, 학생 수준을 살펴보면, B대학과 비슷한 수준인 C, D대학에서 정상적 분포라서 학생 수준 문제도 아니다. 그러므로 〈표3〉에 따르면, B대학의 교수자에 문제가 있다.

문항16). 집 근처에 공원이 있어요? (②)
① 먼 곳 ② 가까운 곳 ③ 어두운 곳 ④ 밝은 곳

이 문항의 정답은 '가까운 곳'인데, 전체 평균 정답률을 보면 2학년 조사 결과는 보편적 정상 분포로 나타나지만, D대학에서는 개별적 비정상 분포를 보인다.

가까운 곳(81.42)〉어두운 곳(18.58)〉먼 곳/밝은 곳(0)

〈표28〉 문항16) 2학년의 대학별 답지 선택률

학교	먼 곳	**가까운 곳**	어두운 곳	밝은 곳
A대학	0%	100%	0%	0%
B대학	0%	100%	0%	0%
C대학	0%	100%	0%	0%
D대학	**0%**	**7.1%**	**92.9%**	**0%**
E대학	0%	100%	0%	0%
평균	0.00	81.42	18.58	0.00

〈표28〉을 보면, A, B, C, E대학 2학년의 숙달도는 100%지만, D대학은 정답을 7.1%로 선택하였고, '어두운 곳'을 92.9%나 선택하였다.

문항60). 가: 민수 씨는 안경을 써요?
나: 네, 안경을 (①).
①껴요 ②차요 ③받아요 ④입어요

이 문항의 정답은 '끼다'인데, 2학년 조사 결과는 보편적 정상 분포지만, D대학에서는 개별적 비정상 분포를 보인다.

끼다(77.68)〉입다(15.94)〉차다(6.36)〉받다(0)

〈표 29〉 문항60) 2학년의 대학별 답지 선택률

학교	**끼다**	차다	받다	입다
A대학	100%	0%	0%	0%
B대학	86.4%	13.6%	0%	0%
C대학	69.2%	11.5%	0%	19.2%
D대학	**42.8%**	**0%**	**0%**	**57.2%**
E대학	90%	6.7%	0%	3.3%
평균	77.68	6.36	0.00	15.94

〈표29〉를 보면, D대학은 정답을 42.8%만 선택하였고, '입다'를 57.2%나 선택하였다.

2학년 D대학에서 개별적 비정상 분포가 나타나는 문항16)과 문항20)을 학습자 환경에 따라 분석해 보면, D대학의 교재와 같은 A, B, C대학에서는 정상 분포라서 교재의 문제로 볼 수가 없다. 그리고 〈표4〉에 따르면, D대학보다 정독 시간을 적게 배정된 C대학이나 많게 배정된 E대학에서는 모두 정상 분포라서 교과 과정 문제로 보기 어렵다. 한편, 학생 수준을 살펴보면, D대학과 비슷한 수준인 B, C대학에서 정상 분포라서 학생 수준 문제도 아니다. 그러므로 〈표3〉에 따르면, D대학의 교수자에 문제가 있다.

(2) 보편적 정상 분포 문항

여기에 있는 문항은 모두 32 문항이 있으며, 1학년 25문항, 2학년 7문항이 있고 학년별 평가 유형을 정리하면 아래와 같다.

〈표 30〉 1학년 숙달도 '높음' 보편적 정상 문항(25문항)

문항	평가 유형
14. 전화를 걸다-하다 70.22	연어 관계에 있는 낱말의 쓰임
41. 노래를 잘하다-잘 부르다 83.92	
59. 보내다-부치다 75.02	다의어의 문맥에 따른 의미 선택 및 파악
27. 주문하다-시키다 72.94	결합된 낱말의 기본 의미 파악
16. 근처-가까운 곳 76.26	
19. 밑-아래 77.78	
32. 매일-날마다 77.84	
38. 아주-매우 78.32	
13. 다음해-내년 79.32	
58. 예쁘다-아름답다 80.34	
54. 빨리-일찍 80.88	
36. 재미있다-즐겁다 81.32	
64. 기분이 좋다-기쁘다 71.86	
46. 밑-아래 84.02	
43. 정말-참 84.7	
22. 말하다-이야기하다 85.58	
1. 그러나-그런데 85.88	
35. 모두-다 85.92	
25. 참-아주 85.98	
49. 또-다시 86.08	
34. 만나다-보다 86.26	
20. 모두-다 88.22	
57. 아주-매우 89.14	
52. 시간이 없다-바쁘다 89.54	
63. 다시-또 89.78	

〈표 31〉 2학년 숙달도 '높음' 보편적 정상 문항(7문항)

문항	평가 유형
23. 맞은 편-건너편 83.64	결합된 낱말의 기본 의미 파악
66. 너무-아주 88.62	
9. 잘 지내다-잘 있다 84.26	
27. 주문하다-시키다 85.92	
30. 보내다-부치다 86.12	다의어의 문맥에 따른 의미 선택 및 파악
3. 선물을 하다-주다 84.14	연어 관계에 있는 낱말의 쓰임
14. 전화를 걸다-하다 89.64	

4.1.5 숙달도 '아주 높음' 문항 분석

〈표5〉를 보면, 숙달도가 '아주 높음'으로 나타난 문항은 모두70문항이며, 1학년 13문항, 2학년 57문항이고 학년별로 보면 아래와 같다.

〈표 32〉 1학년 숙달도 '아주 높음' 문항 (13문항)

문항	평가 유형
66. 너무-아주 91.98	결합된 낱말의 기본 의미 파악
17. 마치다-끝내다 92.98	
6. 가격-값 93.26	
37. 죄송하다-미안하다 93.26	
53. 공부하다-배우다 93.84	
28. 함께-같이 94.36	
31. 감사하다-고맙다 94.72	
51. 같이-함께 95.06	
7. 다-모두 95.12	
15. 함께-같이 95.82	
8. 삼십 분-반 95.96	
29. 아버지와 어머니-부모님 97.62	
2. 토요일-주말 98.16	

〈표 33〉 2학년 숙달도 '아주 높음' 문항 (57문항)

문항	평가 유형
29.아버지와 어머니-부모님 100	결합된 낱말의 기본 의미 파악
31. 감사하다-고맙다 100	
32. 매일-날마다 100	
35. 모두-다 100	
49. 또-다시 100	
56. 마치다-끝나다 100	
58. 예쁘다-아름답다 100	
7. 다-모두 100	
62. 깨끗하다-맑다 90.74	
21. 갔다오다-다녀오다 90.8	
24. 조금 전-방금 92.34	
43. 정말-참 94.02	
19. 밑-아래 94.1	
63. 다시-또 95.12	
20. 모두-다 95.68	
64. 기분이 좋다-기쁘다 95.72	
17. 마치다-끝내다 95.76	
52. 시간이 없다-바쁘다 95.78	
10. 고민-걱정 95.9	
13. 다음 해-내년 95.94	
26. 지난해-작년 96.78	
55. 크다-넓다 96.88	
22. 말하다-이야기하다 97.12	
25. 참-아주 97.4	
42. 쉬는 날-휴일 97.64	
11. 많이 알다-유명하다 97.74	
2. 토요일-주말 97.94	
38. 아주-매우 98	
8. 삼십분-반 98.18	

57. 아주-매우 98.02	
15. 함께-같이 98.3	
1. 그러나-그런데 98.56	
37. 죄송하다-미안하다 98.66	
39. 질문하다-물어보다 98.66	
6. 가격-값 98.66	
28. 함께-같이 98.74	
46. 밑-아래 99.08	
51.같이-함께 99.08	
53. 공부하다-배우다 99.08	
12. 알아듣다-이해하다 99.22	
34. 만나다-보다 99.22	
54. 빨리-일찍 99.28	
33. 제일-가장 99.34	
36. 재미있다-즐겁다 99.34	
48. 나중에- 이따가 99.34	
45. 적다-어리다 92.68	유의어군의 변별
41. 노래를 잘하다-잘 부르다 93.1	연어 관계에 있는 낱말의 쓰임
4. 구하다-찾다 95.86	
44. 비가 오다-내리다 96.86	
67. 적다-쓰다 98.5	
50. 쓰다-사용하다 99.28	
5. 어리다-적다 90.1	동음이의어의 파악
61. 시키다-주문하다 95.4	다의어의 문맥에 따른 의미 선택 및 파악
40. 잘 있다- 잘 지내다 97.74	
9. 보내다-부치다 98.18	
65. 나가다-출발하다 98.36	
47. 떠나다-출발하다 99.22	

5. 오류 유형별 숙달도 통계 및 개선 방안 제시

이 절에서는 '평가 문항별 오류 유형'과 '학습자 환경에 따른 오류 유형'으로 나누어 숙달도와 분포를 통계하고 중국 대학생들이 파악이 부족한 유형을 밝힌 다음에 이제 따른 개선 방안을 제시하고자 한다.

5.1 교육 방법

5.1.1 평가 문항별 오류 통계

〈표1〉에서 제시했듯이, 주로 5가지가 있으며, 결합된 낱말의 기본 의미 파악 유형이 제일 많고, 그 다음에 다의어의 문맥에 따른 의미 선택 및 사용과 연어 관계에 있는 낱말의 파악 유형순이다. 그리고 순수 유의어군의 변별 유형은 비교적 많지 않다. 숙달도와 분포별 유형별로 정리, 분석하면 아래와 같다.

(1) 결합된 낱말의 기본 의미 파악

이 유형은 모두 102문항이고, 보편적 분포로 나타난 문항은 87문항이다. 보편적 비정상은 2문항이며, 보편적 정상은 85문항이다. 숙달도로 볼 때, '아주 낮음', '낮음'과 '보통' 문항도 각각 하나만 있으며, '높음'은 45문항이다. 그리고 59문항의 숙달도는 '아주 높음'에 있다. 이를 통하여 중국 대학생들은 이 유형의 숙달도가 높다고 본다.

(2) 연어 관계에 있는 낱말의 쓰임

이 유형은 모두 16문항이 있으며, 모두 보편적 분포로 나타나고 있다. 그 중에서 보편적 비정상 분포는 하나만 있다. 숙달도로 볼 때, '아주 낮음'과

'보통'으로 나타난 문항은 각각 하나만 있으며, '높음'은 8문항이다. 그리고 6문항의 숙달도는 '아주 높음'으로 나타나고 있다. 중국 대학생들은 이 유형의 파악이 비교적 좋은 것으로 나타나고 있다.

(3) 다의어의 문맥에 따른 의미 선택 및 사용

이 유형은 모두 12문항이 있으며, 보편적 정상 분포로 나타나고 있다. 숙달도로 보면, '높음' 이상이 9문항이고 남은 숙달도는 각각 한 문항 있다. 이를 통하여 중국 대학생들은 이 유형의 숙달도가 높은 편으로 본다.

(4) 동음이의어의 파악

이 유형은 모두 2문항이고 보편적 정상 분포로 나타나고 있다. 숙달도로 보면, '높음' 과 '아주 높음'은 하나가 있으며, 중국 대학생들에게 동음이의어 교육이 비교적 잘되고 있다고 할 수 있다.

(5) 유의어군의 변별

이 유형은 모두 2문항이며, 보편적 비정상과 보편적 정상은 하나씩이다. 숙달도로 볼 때, '낮음'과 '높음'은 하나씩이 있으며, 중국 대학생들은 유의어 변별 능력이 우수함과 낮음으로 양분되어 있음을 확인할 수가 있다. 그래서 앞으로 유의어 변별 문제의 교육은 지속적으로 강화되어야 한다고 생각한다.

지금까지 평가 문항별에 따른 오류 유형을 숙달도 및 분포별 정리 · 분석하였다. 그 중에서 유의어군의 변별 이외 유형은 숙달도가 높아서 따로 교육 방안을 제시하지 않을 것이다. 그리고 5개 대학교 모두 숙달도가 낮은 유의어군의 변별 유형에 대하여 교육 방법을 제시할 것이다.

5.1.2 교육 방법의 제시

유의어의 의미 차이를 분석하는 일은 유의어 변별에 가장 효과적인 방법이며, 크게 의미적, 통사적, 화용적으로 나눌 수가 있다. 의미적 측면의 차이로는, 강조하는 측면의 차이, 동작 방식의 차이, 지시대상의 의미 영역의 차이, 정도의 차이, 긍정, 부정적 의미 내포의 차이가 있고, 화용적 측면의 차이로는 화자 태도의 차이, 격식, 비격식의 차이, 사용하는 분야의 차이가 있으며, 통사적 측면의 차이로는 통사적 결합 차이 등이 있다.

그리고 유의어 변별에 대하여, 지금까지 주된 방법은 반의 검증법, 나열 검증법, 성분 검증법, 치환 검증법, 문법 체격 검증법, 결합 검증법 등 6가지 방법이 있는데, 교실 활동에서 현장과 적합한 방법을 선택하여 이용한다면, 보다 쉽게 유의어 변별을 할 수가 있다. 그리고 어휘 제시 방안에 있어서 유의어 쌍의 의미 차이를 제시할 때 유용하게 사용할 수 있는 방법은 가시적인 자료를 활용하는 방법, 제2언어를 활용하는 방법, 맥락을 활용하는 방법으로 나눌 수가 있다. 최근에 유의어 변별 및 지도에서는 '격자형 비교표(격자표), 정도 차이 비교표, 벤 다이어그램 제시, 연어 관계의 활용, 시적 맥락, 장면과 상황의 활용' 등 방안도 많이 활용하여 해당 품사 및 대상에 맞게 지도하고 있다.

하지만, 실제 5개 대학교 28명 교수자들에 대해 유의어 변별 방법의 조사 결과, 안다고 하는 교수자는 9명밖에 없었다. 이를 통하여, 진정한 전문성을 갖춘 교수자의 양성만이 이 문제를 해결할 수 있는 핵심이라 생각한다.

5.2 학습자 환경에 따른 오류 유형 및 해결 방안

5.2.1 학습자 환경에 따른 유형의 통계

여기에 있는 유형은 주로 학습자 학습 환경에 따른 오류 유형이며, 교과 과정과 교수자 문제, 교재와 교수자 문제, 학생 수준과 교수자 문제, 순수 교수자 문제 등이 오류 원인에 해당한다.

(1) 교과 과정과 교수자 문제로 인해 생긴 오류

이 유형은 모두 4문항이며, 숙달도 '낮음'과 '보통'은 각각 2문항이 있다. 이를 통하여 교재 문제는 중국 학생들에게 유의 관계어 파악에 있어서 영향을 미치지만 크지 않은 것으로 보인다.

(2) 교재와 교수자 문제로 인해 생긴 오류

여기에 있는 문항은 모두 한 문항만 있으며, 숙달도가 '낮음'으로 나타나고 있다. 이를 통하여 교재 문제는 중국 학생들에게 유의 관계어 파악에 있어서 영향이 미치지만 크지 않은 것으로 보인다.

(3) 학생 수준과 교수자 문제로 인해 생긴 오류

이 유형의 2문항은 모두 '낮음'으로 나타나고 있기 때문에, 학생 수준 문제는 중국 학생들에게 유의 관계어 파악에 있어서 영향을 미치지만 크지 않은 것으로 보인다.

(4) 순수 교수 문제로 인해 생긴 오류

이 유형은 제일 많고 모두 21문항이 있으며, 숙달도로 볼 때, '낮음'은 3문항, '보통'과 '높음'은 각각 8문항이다. 이를 통하여 중국 대학생들은 유의 관계어의 파악에 있어서 교수자의 영향을 많이 받으며, 중국 대학교 교수자의 문제에 대한 해결은 시급한 과제로 보인다.

이상으로 학습자 환경에 있는 교재, 교과 과정, 학생 수준, 교수자 오류 원인 등을 등급과 숙달도별 정리 · 분석한 결과, 교수자의 문제는 중국 대학생들이 유의 관계어 파악에 있어서 주된 요인이며, 시급한 문제로 본이다.

5.2.2 해결 방안의 제시

교수자는 교육에 있어 중요한 역할을 하는 사람이다. 모든 교육적 활동이 곧 교수자를 통해 이루어지며, 효과적인 교육의 수행을 위해 교수자들은 수많은 역할을 담당해야 한다. 따라서 교수자와 학생 간의 관계는 다른 어떤 교육 환경보다 중요하며, 교수자의 가르침은 학생들에게 직접적인 영향을 미치기 때문에 교수자의 자질과 역할이 보다 더 학생들에게 직접적인 요인으로 작용한다고 볼 수 있다[17].

김준희(2006:48)에서는 한국어 교수로서의 전문성이란 한국어에 관한 전문적 지식, 한국어 교육에 관한 전문 지식, 한국어 교육을 위한 다양한 교수 방법, 한국 문화와 학습자의 언어 문화에 대한 지식 등으로 정리하였다. 이상으로 볼 때, 교수, 특히 한국어 교수는 전문적 지식뿐만 아니라 교육 방법, 도덕적 자질 등 종합적인 자격을 갖춰야 한다.

한편, 한국에서는 2005년 7월 시행된 국어기본법에서는 한국어 교원 능력 시험 및 전문인 교수 양성 과정을 위한 필수 이수 과정을 5개 영역을 통하여 제정하였다. 크게 한국어학, 일반 언어학 및 응용학, 외국어로서의 한국어교육론, 한국문학, 한국어교육실습 등 5가지로 구성돼 있다. 하지만, 〈표4〉의 조사 결과를 보면, 대부분 한국문학을 전공하고 한국어 교육과 다소 거리가 있다.[18] 교수자들의 전공은 한국문학, 중한비교문학, 亞非語言系 등이 많으며, 한국어 교육학을 전공하는 교수자는 3명만 있다. 그 이외에는 언어학, 시장마케팅, 정치학, 한국문학, 언론정보학 등 다른 전공들도 있다. 이는 많은 교수자들이 중국에서 한국어 대학원을 다녔으며, 중국 한

17) 김준희, “한국어 교수 양성 제도의 실태와 전망 -국어기본법 시행 이후를 중심으로”, 『한말연구』, 한말연구학회, 제18집1호, 2006, p45 재인용.

18) 조사 결과에 따르면, 5개 대학교 교수들은 크게 조선족과 한족으로 나눌 수가 있다. 조선족의 경우는 ‘정치학’, ‘행정학’, ‘역사학’, ‘한국 문학’등 전공이 많으며, 한족은 주로 ‘한국 문학’등 전공이다. 한국에서 한국어 교육학 전공을 하는 한족 교수도 있지만, 수량이 적다.

국어과에 설치돼 있는 대학원의 전공이 한국 문화, 한국 문학, 한국언어학, 중한언어비교 등만 있기 때문이다[19]. 중국 대학교 한국어과 고학년에서 문학 수업도 개설되지만, 그보다 한국어 교육 전공 지식이 필요한 과목이 더 많다. 중국 대학교 한국어과 교수자에 있는 문제점을 해결하기 위하여 아래와 같은 제안을 하고자 한다.

첫째, 학교와 나라에서는 현직 교수자들에게 재교육을 받거나 전문성을 양성할 수 있는 해외 파견 연수를 시켜야 한다. 교수자의 수업 전문성은 양성 과정에서 시작하여 교수자의 전 생애를 통해서 발달되고 변화된다. 이 과정에서 교수자 연수나 전문성 신장 경험은 수업 전문성 발달을 위한 좋은 계기나 자극이 되기도 한다. 한국어과 교수자로서 한국어 교육과 관련된 교수 방법 및 전공 지식을 일정한 수준을 기본적으로 갖추어야 하며, 그 나라의 정치, 경제, 사회, 문화 등 전반적인 면에 대해 폭넓은 지식도 있어야 한다. 한국에서 재교육을 받거나 파견 연수를 철저히 시키면, 교수자들은 교육 현장에서 필요한 전공 지식을 갖출 수가 있고 중국에서의 한국어 교육을 한 층 더 발전시킬 수가 있다.

둘째, 학교에서 신임 교수자를 채용할 때, 지금보다 교수자들의 세부 전공과 교육 현장에서 필요한 지식이 맞는지를 확인해야 한다. 그리고 교수자 채용할 때 학위도 중요하지만, 그 교수자의 해당 분야의 연구 성과도 같이 검토해야 한다. 가능하면 석, 박사 학위를 받자마자 즉시 교수자로 임용하는 일이 없도록 주의해야 한다.

셋째, 교수자 승진 자격 기준을 강화하여 강의 평가의 결과를 승진에 반

19) 중국에서 한국어과는 小語種(소어종)에 속하며, 朝鮮語과라고 한다. 그리고 한국어과 관련된 대학원을 개설한 대학교는 많지 않다. 현재 중국에서 석사 모집한 대학교는 주로 '북경대학교, 북경외국어대학교, 대외경제무역대학교, 천지외국어학원, 대련외국어학원, 길림대학교, 연변대학교, 복단대학교, 상해외국어대학교, 산동대학교, 서안외국어대학교, 연대대학교, 해방군외국어학원'등 13개가 있으며, 전공은 '한국문학', '한국 문화', '한중언어비교', '한국언어학'등 몇 가지가 있다. '한국어 교육'과 관련된 전공은 없다.

영해야 한다. 교수자는 자기 전공 분야에 대해 연구도 중요하지만, 교수자의 핵심 업무가 가르치는 일이다. 학생들의 강의 평가를 통해 그 교수자의 교수 방법 및 전공 지식이 수업에 맞는지 어느 정도 알 수가 있다. 반대로, 교수들자에게 앞으로 교육을 어떻게 해야 할 지의 지표가 되기도 한다.

넷째, 교수자로서 장기적으로 한국어와 관련된 학회에 적극 참가하여 학문의 새로운 연구 동향과 성과를 파악해야 한다. 또한, 다양한 교수 방법도 빨리 알 수가 있으며, 수업 시간에 맞는 교수 방법을 사용할 수가 있다.

다섯째, 자기보다 훌륭한 동료들에게 배우는 자세가 있어야 하며, 학과에서 시범 강의 실시를 통하여 교수자들간의 교육 내용과 지도 방법의 교류 계기를 제공할 수가 있도록 해야 한다.

6. 맺음말

이상으로 중국 산동 청도에 있는 5개 대학의 초급 수준 대학생들은 유의 관계어를 파악에 있어서의 오류를 유형별 분석하였고, 해당 유형의 교육 방법과 해결 방안을 제시하였다. 그중에서 '평가 문항별' 오류 유형에서 '순수 유의어군의 변별'의 숙달도가 낮은 편으로 나타나며, 그에 해당된 교육 방법을 정리하였다. 한편, '학습자 학습 환경'에 따른 오류 유형에서는 순수 '교수자 문제' 문제로 인해 생긴 오류는 제일 많고 해결해야 시급한 과제이다. 따라서 이에 대하여 '해외 연수시키기', '전공에 맞는 교수 모집하기', '강의 평가 결과를 승진에 반영시키기', '시범 수업을 실시하기' 등의 해결 방안을 제시하였다.

본고는 다각도 분석을 통해 오류 원인을 분석하였고, 원인별 교육 방법과 해결 방안도 제시하였기 때문에, 중국내 대학생들이 유의 관계어를 지도하는데 도움이 되리라 본다. 그리고 교육 현장에서 활용할 수 있는 수업 방안의 개발을 앞으로의 과제로 남긴다.

참고문헌

국립국어연구원(1999), 『표준 국어 대사전』, 두산동아.

김광해(2003), 『등급별 국어교육용 어휘』, 박이정.

김광해(2000), 『비슷한 말 반대말 사전』, 도서출판 낱말.

조오현 외(2000), "예술적 표현 형용사 연구 2 : 어둡다류를 중심으로", 『겨레어문학』, 제25집1호, 겨레어문학회.

가재은(2009), "한국어 어휘 학습 지도 방안 연구-초급 중국인 학습자 중심으로", 공주대학교 석사학위논문, 2009.

강미함(2011), "중국인 한국어 학습자를 위한 유의어 교육 방안 연구-고유어와 한자어 간의 유의어를 중심으로", 인하대학교 석사학위논문.

만 리(2011), "한국어 교재의 시간부사 분석- 유의어 시간부사를 중심으로", 상명대학교 석사학위논문.

방가미(2012), "한.중 유의어 대조 연구-능력 시험 중급 어휘를 중심으로", 경희대학교, 석사학위논문.

여위령(2012), "초급 중국인 학습자를 위한 한국어 시간부사 유의어 교육 방안 연구", 부산외국어대학교 석사학위논문.

왕리후에이(2012), "한국어 학습자를 위한 부사 유의어 교육 방안 연구:정도부사 중심으로", 청주대학교 석사학위논문.

왕애려(2012), "중국인 고급 학습자를 위한 한국어 유의어 교육 방안 에 대한 연구",경희대학교 석사학위논문.

웅문도(2011), "'벌써'와 '의미'의 교육내용 구축과 사용 양상 연구: 중국인 학습자를 중심으로", 경희대학교 석사학위논문.

유추문(2011), "한국어 학습자를 위한 유의어 교육 연구: 고유어와 한자어 간의 유의어를 중심으로", 숙명여자대학교 석사학위논문.

정영교(2011), "한국어 교육을 위한 양태부사 유의어 의미분석과 제 시방안 연구", 세종대학교 석사학위논문.

주 하(2010), "한국어 유의어 교육 방안에 관한 연구: 중국인 한국어 고급 학습자를 중심으로", 중앙대학교 석사학위논문.

최옥춘(2013), "한중 시간부사 유의어 대조 연구", 경희대학교 석사 학위논문.

제4장

텍스트와 글쓰기

이상 시의 [+신체] 어휘 공기어 고찰

이 만 식

1. 머리말

이상 연구는 문학 연구에 있어서 많은 주목을 받았고 현재도 진행 중이다. 일찍이 30년대 최재서, 김기림 등에서부터 시작하여 50년대 이후 이어령, 임종국, 고석규 등에 의해 본격화되었다. 70년대 들어서서는 이상 연구 방법론이 매우 다양하게 전개되어 주로 정신분석학적 방법이 활용되었고, 80년대에는 형식주의와 구조주의에 입각하여 연구되기도 하였으며, 90년대 들어서면서 더욱 다양한 시각에서 이상의 연구는 계속되었다. 대개 텍스트 언어 실험에 관점을 두거나 탈근대적인 불안과 부정의 문학, 나르시시즘형의 자의식 등에 초점을 둔 것이 많았다.

지금까지의 주된 연구방법론은 역사주의, 구조주의, 심리학적 관점, 문예사조적인 접근이 대강이었다. 그러나 여기에서 다시 되새겨봐야 할 사실은, 시는 언어의 절정으로서 결국 언어의 테두리 안에서 성립한다는 사실이다. 근본적 도구가 말과 글이며 언어의식의 통로를 통해 발현된다는 점에서 언어 자체를 도외시 하고는 시 전반에 함축되어 있는 시정신을 구명하기 어렵다는 점이다. 다시 말해 이상 시의식을 열어보는 열쇠를 그가 사용하는 언어 자체에 먼저 주목하고 이를 바탕으로 각 연구 방법론을 접목시켜 살펴보는 것이 필요하다는 것이다.

이 연구는 이상 시에 나타난 [+신체] 공기어의 네트워크를 분석하고자 한다. 네트워크 분석의 목표는 구조나 연결망 형태를 도출하고 관계성으로 체계의 특성을 살피는 것이다. 이는 객관적이고 과학적인 이상 시연구를 위한 시어 자료를 토대로 가능하고 이 시어들의 네트워크 형성을 살피는 데에서부터 시작한다.

네트워크란 어떤 관련 있는 어휘와 어휘 사이를 연결하는 선분(link, arc, edge)에 의해 이어진 결점(node, vertex)의 집합을 뜻하는 개념으로, 결점은 그 환경의 구성요소(가령 사람, 사물, 시 · 공간, 역할 등)을 나타내며 선분은 구성 성분의 관계(정보의 흐름이나 물리적 경로)를 나타낸 것이다. 네트워크 분석은 결점 간의 연결 정도와 연결망 밀도 등을 정량적인 방법으로 해석함으로써 언어 표현에 내재된 일정한 현상을 찾아내는 일이다.

하나의 단어는 주변의 단어들과 일정한 문맥을 형성한다. 그리고 그 문맥 속에서 단어의 의미는 더욱 명확해진다. 즉, 공기관계가 단어의 의미를 기술하는 데에 사용되기도 하며, 문맥이 단어의 정보를 결정한다고도 말한다. 이처럼 하나의 단어는 문맥 속에서 공기하는 단어들과 일종의 네트워크를 형성한다. 한 단어의 특성을 정확하게 파악하거나 그 사용 양상을 파악하기 위하여 단어와 공기어가 형성하는 네트워크를 분석할 필요가 있다. 단어와 공기어가 형성하는 네트워크는 단어의 네트워크이지만, 그것은 개념 내지는 사물의 네트워크로 해석이 가능하기 때문이다.

시 역시 생각으로 쓰는 것이 아니라 말로 쓴다. 결국 그것을 형상화할 수 있는 최선의 어휘 배합을 위한 탐구에 집중한다. 따라서 시 텍스트 생산은 어휘의 배열에서부터 시작한다.[1] 따라서 이상이 사용한 단어의 공기어가 이루는 네트워크는 시 텍스트 생산을 위한 어휘의 배열의 의식적, 무의식적 언어 행위이다. 그러므로 시의식은 시 언어의 근간을 이루는 사물(개

---

1) 이석규(2007:317) 참조.

념)의 네트워크로 해석할 수 있다.

이 연구의 대상은 임종국 편『이상 전집』 제3부 시집에 수록된 총 98편 시를 대상으로 컴퓨터로 전산화하여 말뭉치를 만들었다. 이어 전체 말뭉치를 어절 분석하였다. 그리고 이상 시 작품에서 사용된 시어 중에서 10회 이상 반복적으로 쓰인 어휘를 주요어휘로 삼고 이 대상어로 한 공기관계 네트워크를 살폈다. 공기관계 네트워크는 작가 이상의 머릿속에 각인되어 있는 어휘들의 연결망이다. 따라서 작가 이상의 의식 구조에 내재되어 있는 개념 구조이므로 시인의 작품 속에 함축되어 있는 시의식을 과학적으로 분석할 수 있다.

[+신체]의 의미자질을 갖는 시어를 대상어로 삼는 까닭은 문학적 언어 형성에 필수적 작용이자 요체인 신체화된 상상력에 주목하고, 이것이 직접 반영된 시어의 범주가 [+신체]이기 때문에 이를 대상어로 설정한다. 대상어는 [+신체]의 의미자질을 가지면서 사람 몸의 각 부분의 이름을 나타내는 주요어휘에 대한 네트워크 분석을 할 것이다.

(1) 대상어 설정 기준
ㄱ. [+신체]의 의미자질을 갖는 시어
ㄴ. 이상 시어 말뭉치에서 10회 이상 쓰인 주요어휘

(1)의 대상어 설정 기준에 따라 대상어를 [+소재]의 의미자질을 갖는 대상어, [+신체]의 의미자질을 갖는 대상어, [+사람]의 의미자질을 갖는 대상어로 구분하여 네트워크 분석을 할 것이다.

이러한 네트워크 분석의 목표는 언어 연결망 속에 반영된 언어, 정신, 문화 영역을 역으로 이끌어 내는 작업에 있다. 이상에 있어서도 이상의 정신과 생활 등이 창작 세계에 영향을 끼쳤음은 당연할 것이고 이는 그의 작품 속에 그대로 녹아 있을 것이다. 언어가 수많은 요소들이 복잡한 관계로 맺어진 복잡계(Complex system)[2]로 이루어져 있듯이 시적 진술도 복잡계로 이루어져 있어, 이를 네트워크 도식을 통해 구명할 필요가 있다. 이는 이상의 시의식을 구체적으로 해명하는 과학적 접근으로서 의의가 있다.[3]

2. [+신체] 어휘의 네트워크

시인 이상의 시어 말뭉치에서 10회 이상 사용된 주요어휘 중에서 신체어는 '눈, 얼굴, 발, 피, 몸, 피부, 팔, 땀, 골편' 등이 있다. 신체어는 [+신체]의 의미자질을 가지며, 사람신체의 일부를 나타내는 어휘이다. [+신체]의 의미자질을 가지는 대상어와 공기관계에 있는 어휘를 살펴 시인의 작품의 구조나 시의식을 이미지 도식화하고자 대상어로 설정했다. [+신체]의 의미자질을 가지는 신체어의 순위, 절대빈도, 상대빈도를 제시하면 아래와 같다.

[+신체] 어휘의 순위와 빈도

단어	순위	절대빈도	상대빈도(%)
눈	10	39	0.016
얼굴	11	38	0.015
발	24	18	0.007
피	26	16	0.007
몸	27	15	0.006
피부	28	14	0.005
팔			
땀	30	11	0.004
골편			

2) 강범모(2010:25)는 언어가 복잡계인 이유는 첫째, 언어 속의 수많은 언어 요소들이 복잡한 상호 관계에 의해 연관되어 있고, 둘째, 언어 사용자들이 언어를 사용하면서 서로 복잡한 상호작용을 하고 있기 때문이다.

3) 이 논문은 이만식의 '이상 시의 어휘 사용 양상과 공기관계 네트워크 연구'를 완성하기 위하여 네트워크 기초 연구를 누적해온 주요어휘 분석 중 일부분이다.

[+신체] 대상어의 순위는 시어 말뭉치에서 출현하는 전체 명사의 순위로, 눈은 10위, 얼굴은 11위, 발은 24위, 피는 26위, 몸은 27위, 피부와 팔은 28위, 땀과 골편은 30위를 차지한 어휘다. 절대빈도는 말뭉치에서 나타난 실제 빈도이며, 상대빈도는 전체 명사 가운데 차지하는 비율로, 말뭉치에서 출현한 명사의 수로 나눈 것이다. 절대빈도와 상대빈도로 보면, '눈, 얼굴, 발, 피, 몸, 피부, 팔, 땀, 골편' 순으로 출현빈도가 많이 나타나고 있다. 신체어인 대상어와 한 문장 안에서 나타나는 공기어를 알아보자. 대상어인 9개의 신체어와 그 공기어를 차례로 정리하되 2회 이상 공기되는 어휘들만을 정리하여 제시할 것이다.

첫째, 대상어 '눈'과 공기하는 어휘를 제시하면 아래와 같다.

'눈' 의 공기어

<table>
<tr><th>순위</th><th>공기어</th><th>공기빈도</th><th>예상빈도(E)</th></tr>
<tr><td>1</td><td>있다</td><td>15</td><td>0.313</td></tr>
<tr><td>2</td><td>나</td><td>12</td><td>0.251</td></tr>
<tr><td>3</td><td>그</td><td rowspan="2">10</td><td rowspan="2">0.209</td></tr>
<tr><td>4</td><td>여자</td></tr>
<tr><td>5</td><td>것</td><td>8</td><td>0.167</td></tr>
<tr><td>6</td><td>뜨다</td><td>7</td><td>0.146</td></tr>
<tr><td>7</td><td>내</td><td rowspan="2">5</td><td rowspan="2">0.104</td></tr>
<tr><td>8</td><td>보다</td></tr>
<tr><td>9</td><td>하다</td><td rowspan="2">4</td><td rowspan="2">0.084</td></tr>
<tr><td>10</td><td>않다</td></tr>
<tr><td>11</td><td>앞</td><td rowspan="5">3</td><td rowspan="5">0.063</td></tr>
<tr><td>12</td><td>속</td></tr>
<tr><td>13</td><td>크다</td></tr>
<tr><td>14</td><td>감다</td></tr>
<tr><td>15</td><td>없다</td></tr>
</table>

16	암흑		
17	같다	2	0.042
18	휘파람		
19	소리		
20	서다		
21	버리다		
22	개(狗)		
23	사람		
24	존재하다		
25	무엇		
26	아니되다		
27	일(事)		
28	위		
29	말다		
30	기괴하다		
31	역시		
32	한(一)		
33	참		
34	때		
35	또		
36	떨다		

대상어 '눈'과 문장 안에서 2회 이상 공기하여 나타나는 공기어는 모두 36개 어휘이다. 공기어는 '있다, 나, 그 · 여자, 것, 뜨다, 내 · 보다, 하다 · 않다, 앞 · 속 · 크다 · 감다 · 없다 · 암흑, 같다 · 휘파람 · 소리 · 서다 · 버리다 · 개(狗) · 사람 · 존재하다 · 무엇 · 아니되다 · 일(事) · 위 · 말다 · 기괴하다 · 역시 · 한(一) · 참 · 때 · 또 · 떨다' 등의 순서로 많은 출현빈도를 보인다. 이들 공기어를 체언, 용언, 수식언으로 구분하여 정리하면 아래와 같다.

(2) '눈'의 공기어 구분

ㄱ. 체언 : 나, 그, 여자, 것, 내, 앞, 속, 암흑, 휘파람, 소리, 개(狗),

사람, 무엇, 일(事), 위, 한(一), 참, 때
ㄴ. 용언 : 있다, 뜨다, 보다, 하다, 않다, 크다, 감다, 없다, 같다, 서다, 버리다, 존재하다, 아니되다, 말다, 기괴하다, 떨다
ㄷ. 수식언 : 역시, 또

(2)를 보면, 공기어 출현빈도 기준으로 '눈'의 공기어 중에 상위 3개의 체언은 '그, 것'을 제외하면, '나, 여자, 내'이고, 용언은 '있다, 뜨다, 보다'이다. 대상어 '눈'과 공기관계를 이루는 불완전 명사 '것'과 대명사 '그'는 시어의 함축적 의미를 어휘적으로 파악하기 어려움이 있으므로 공기어의 상위 목록에서 제외했다.

둘째, 대상어 '얼굴'과 공기하는 어휘를 제시하면 아래와 같다.

'얼굴' 의 공기어

순위	공기어	공기 빈도	예상 빈도	순위	공기어	공기 빈도	예상 빈도
1	것	24	0.744	37	그렇다	2	0.062
2	있다	16	0.496	38	고양이		
3	보다	15	0.465	39	낳다		
4	하다	14	0.434	40	내려앉다		
5	저			41	형용(形容)		
6	사내	12	0.372	42	수		
7	없다	11	0.341	43	네		
8	어머니	9	0.279	44	영혼		
9	내	8	0.248	45	틀리다		
10	나	7	0.217	46	눈(雪)		
11	여자	6	0.186	47	쵸콜레이트		
12	웃다			48	참		
13	생각하다	5	0.155	49	짓다		
14	배고프다			50	조용하다		
15	그것			51	정말		
16	아니다			52	둘(二)		
17	같다			53	이후		

18	틀림없다	4	0.124	54	이외		
19	되다			55	더		
20	때문			56	이렇다		
21	버리다			57	울다		
22	한(一)	3	0.093	58	돌아오다		
23	그			59	무섭다		
24	오다			60	어떻다		
25	대체			61	않다		
26	아해			62	아무것		
27	적			63	사람		
28	속			64	심다		
29	험상궂다			65	표정		
30	일(事)			66	듯		
31	아버지			67	세상		
32	말하다			68	미소		
33	밑	2	0.062	69	무엇		
34	머리카락			70	반(半)		
35	어째서			71	믿다		
36	반드르르하다						

대상어 '얼굴'과 2회 이상 공기하는 공기어는 모두 71개 어휘이다. 출현 빈도가 많은 순서대로 나열하면 '것, 있다, 보다, 하다 · 저, 사내, 없다, 어머니, 내, 나, 여자 · 웃다, 생각하다 · 배고프다 · 그것 · 아니다 · 같다, 틀림없다 · 되다 · 때문 · 버리다, 한(一) · 그 · 오다 · 대체 · 아해 · 적 · 속 · 험상궂다 · 일(事) · 아버지 · 말하다, 밑 · 머리카락 · 어째서 · 반드르르하다 · 그렇다 · 고양이 · 낳다 · 내려앉다 · 형용(形容) · 수 · 네 · 영혼 · 틀리다 · 눈(雪) · 쵸콜레이트 · 참 · 짓다 · 조용하다 · 정말 · 둘(二) · 이후 · 이외 · 더 · 이렇다 · 울다 · 돌아오다 · 무섭다 · 어떻다 · 않다 · 아무것 · 사람 · 심다 · 표정 · 듯 · 세상 · 미소 · 무엇 · 반(半) · 믿다' 등과 같다. 이들 공기어를 체언과 용언으로 구분하여 정리하면 아래와 같다.

(3) '얼굴'의 공기어 구분

ㄱ. 체언 : 것, 저, 사내, 어머니, 내, 나, 여자, 그것, 때문, 한(一),

그, 아해, 적, 속, 일(事), 아버지, 밑, 머리카락, 고양이, 형용(形容), 수, 네, 영혼, · 눈(雪), 쵸콜레이트, 둘, 이후, 이외, 아무것, 사람, 표정, 듯, 세상, 미소, 무엇, 반(半)

ㄴ. 용언 : 있다, 보다, 하다, 없다, 웃다, 생각하다, 배고프다, 아니다, 같다, 틀림없다, 되다, 버리다, 오다, 험상궂다, 말하다, 반드르르하다, 그렇다, 낳다, 내려앉다, 틀리다, 짓다, 조용하다, 이렇다, 울다, 돌아오다, 무섭다, 어떻다, 않다, 싶다, 믿다

ㄷ. 수식언 : 대체, 어째서, 참, 정말, 더

(3)에서 공기어의 출현빈도를 토대로 보면, '얼굴'의 공기어 중에 상위 3개의 체언은 '사내, 어머니, 내 · 나'이고 용언은 '있다, 보다, 하다'이다. 여기서 '얼굴'의 공기어 중 상위 2개는 '것, 저'는 불완전 명사와 대명사로, 수식과 대용의 기능을 받는 것으로 함축적인 의미를 어휘적으로 판단하기 어려움으로 제외했다.

셋째, 대상어 '발'과 공기하는 어휘를 제시하면 아래와 같다.

'발' 의 공기어

순위	공기어	공기빈도	예상빈도(E)
1	것	5	0.038
2	내	3	0.023
3	손	2	0.015
4	나오다		
5	속		
6	있다		
7	보다		
8	아프다		
9	나		

대상어 '발'과 2회 이상 공기하는 공기어는 모두 9개 어휘이다. 출현빈도가 많은 순서대로 나열하면 '내, 손, 나오다, 속, 있다, 보다, 아프다, 나' 등과 같다. 이들 공기어를 체언과 용언으로 구분하여 정리하면 아래와 같다.

(4) '발'의 공기어 구분
ㄱ. 체언 : 것, 내, 손, 속, 나
ㄴ. 용언 : 나오다, 있다, 보다, 아프다

(4)에서 공기어의 출현빈도를 토대로 보면, '발'의 공기어 중에 체언은 '내, 손, 속, 나'이고 용언은 '나오다, 있다, 보다, 아프다'이다. 공기어의 수가 적어나 상위를 공기어를 정하여 기술하기는 어렵지만 체언에서 '나 · 내'가 많은 빈도로 공기관계를 이루고 있으며, 용언에서도 '나오다'가 많은 빈도로 공기관계를 형성하고 있음을 알 수 있다. (4)에서도 '발'의 공기어 중 '것'은 불완전 명사로, 수식을 받는 것으로 함축적인 의미를 어휘적으로 판단하기 어려움으로 제외했다.

넷째, 대상어 '피'와 공기하는 어휘를 제시하면 아래와 같다.

"피" 의 공기어

순위	공기어	공기빈도	예상빈도(E)
1	하다	5	0.071
2	것	4	0.057
3	나		
4	내		
5	있다	3	0.043
6	묻다		
7	같다	2	0.028
8	아래		

9	빨다		
10	뼈		
11	地		
12	젖다		
13	滿月		
14	흐르다		
15	없다		
16	삼십		
17	륜		
18	달빛		
19	그리고		
20	보다		
21	一枝		

대상어 '피'와 2회 이상 공기하는 공기어는 모두 21개 어휘이다. 출현빈도가 많은 순서대로 나열하면 '하다, 것, 나, 내, 있다, 묻다, 같다, 아래, 빨다, 뼈, 地, 젖다, 滿月, 흐르다, 없다, 삼십, 륜, 달빛, 그리고, 보다, 一枝' 등과 같다. 이들 공기어를 체언, 용언, 수식언으로 구분하여 정리하면 아래와 같다.

(5) '피'의 공기어 구분
ㄱ. 체언 : 것, 나, 내, 아래, 뼈, 地, 滿月, 삼십, 륜, 달빛, 一枝
ㄴ. 용언 : 하다, 있다, 묻다, 같다, 빨다, 젖다, 흐르다, 없다, 보다
ㄷ. 수식언 : 그리고

(5)의 공기어 출현빈도를 토대로 보면, '피'의 공기어 중에 상위 3개의 체언은 '나, 내, 아래,'이고 용언은 '하다, 있다, 묻다'이다. '피'의 공기어 중 '것'은 불완전 명사로, 수식을 받는 것으로 함축적인 의미를 어휘적으로 판단하기 어려움으로 제외했다.

다섯째, 대상어 '몸'과 공기하는 어휘를 제시하면 아래와 같다.

'몸' 의 공기어

순위	공기어	공기빈도	예상빈도(E)
1	나	8	0.098
2	하다	7	0.086
3	속	5	0.061
4	내	3	0.037
5	그		
6	것		
7	오다		
8	보다		
9	같다	2	0.024
10	버티다		
11	두다		
12	두(二)		
13	없다		
14	깊다		
15	가볍다		
16	느끼다		
17	이렇다		
18	기입하다		
19	동안		

대상어 '몸'과 2회 이상 공기하는 공기어는 모두 71개 어휘이다. 출현빈도가 많은 순서대로 나열하면 '나, 하다, 속, 내, 그, 것, 오다, 보다, 같다, 버티다, 두다, 두(二), 없다, 깊다, 가볍다, 느끼다, 이렇다, 기입하다, 동안' 등과 같다. 이들 공기어를 체언과 용언으로 구분하여 정리하면 아래와 같다.

(6) '몸'의 공기어 구분
ㄱ. 체언 : 나, 속, 내, 그, 것, 두(二), 동안
ㄴ. 용언 : 하다, 오다, 보다, 같다, 버티다, 두다, 없다, 깊다, 가볍다, 느끼다, 이렇다, 기입하다,

(6)에서 공기어의 출현빈도를 토대로 보면, '얼굴'의 공기어 중에 상위 3개의 체언은 '나, 속, 내'이고 용언은 '하다, 오다 · 보다'이다.

여섯째, 대상어 '피부'과 공기하는 어휘를 제시하면 아래와 같다.

'피부' 의 공기어

<table>
<tr><th>순위</th><th>공기어</th><th>공기빈도</th><th>예상빈도(E)</th></tr>
<tr><td>1</td><td>있다</td><td>6</td><td>0.069</td></tr>
<tr><td>2</td><td>여자</td><td>5</td><td>0.058</td></tr>
<tr><td>3</td><td>내</td><td rowspan="2">4</td><td rowspan="2">0.046</td></tr>
<tr><td>4</td><td>생각하다</td></tr>
<tr><td>5</td><td>것</td><td rowspan="4">3</td><td rowspan="4">0.035</td></tr>
<tr><td>6</td><td>가다</td></tr>
<tr><td>7</td><td>벗다</td></tr>
<tr><td>8</td><td>마리아</td></tr>
<tr><td>9</td><td>없다</td><td rowspan="10">2</td><td rowspan="10">0.023</td></tr>
<tr><td>10</td><td>같다</td></tr>
<tr><td>11</td><td>사람</td></tr>
<tr><td>12</td><td>길</td></tr>
<tr><td>13</td><td>얼굴</td></tr>
<tr><td>14</td><td>네</td></tr>
<tr><td>15</td><td>아니하다</td></tr>
<tr><td>16</td><td>쓸쓸하다</td></tr>
<tr><td>17</td><td>심다</td></tr>
<tr><td>18</td><td>속</td></tr>
</table>

〈표-14〉을 보면, 대상어 '피부'와 2회 이상 공기하는 공기어는 모두 18개 어휘이다. 출현빈도가 많은 순서대로 나열하면 '있다, 여자, 내 · 생각하다, 것 · 가다 · 벗다 · 마리아, 없다 · 같다 · 사람 · 길 · 얼굴 · 네 · 아니하다 · 쓸쓸하다 · 심다 · 속' 등과 같다. 이들 공기어를 체언과 용언으로 구분하여 정리하면 아래와 같다.

(7) '피부'의 공기어 구분
ㄱ. 체언 : 여자, 내, 것, 마리아, 사람, 길, 얼굴, 네, 속
ㄴ. 용언 : 있다, 생각하다, 가다, 벗다, 없다, 같다, 아니하다, 심다, 쓸쓸하다

(7)의 공기어 출현빈도를 토대로 보면, '피부'의 공기어 중 상위 3개의 체언은 '여자, 내, 마리아'이고 용언은 '있다, 생각하다 · 가다'이다. (7)에서 '피부'의 공기어 중 '것'은 불완전 명사로, 수식을 받는 것으로 함축적인 의미를 어휘적으로 판단하기 어려움으로 제외했다.

일곱째, 대상어 '팔'과 공기하는 어휘를 제시하면 아래와 같다.

'팔' 의 공기어

순위	공기어	공기빈도	예상빈도(E)
1	내	11	0.088
2	그	6	0.048
3	사기컵	4	0.032
4	두(二)		
5	나		
6	들다(擧)	3	0.024
7	것		
8	사수하다	2	0.016

9	손		
10	끊다		
11	면도칼		
12	막다		
13	같다		

대상어 '팔'과 2회 이상 공기하는 공기어는 모두 18개 어휘이다. 출현빈도가 많은 순서대로 나열하면 '내, 그, 사기컵 · 두(二) · 나, 들다(擧) · 것, 사수하다 · 손 · 끊다 · 면도칼, 막다 · 같다' 등과 같다. 이들 공기어를 체언과 용언으로 구분하여 정리하면 아래와 같다.

(8) '팔'의 공기어 구분
ㄱ. 체언 : 내, 그, 사기컵, 두(二), 나, 것, 손, 면도칼
ㄴ. 용언 : 들다(擧), 사수하다, 끊다, 막다, 같다

(18)의 공기어 출현빈도를 토대로 보면, '얼굴'의 공기어 중에 상위 3개의 체언은 '여자, 내, 마리아'이고 용언은 '있다, 생각하다 · 가다'이다. '피부'의 공기어 중 '것'은 불완전 명사로, 수식을 받기 때문에 함축적인 의미를 어휘적으로 판단하기 어려움으로 제외했다.

여덟째, 대상어 '땀'과 공기하는 어휘를 제시하면 아래와 같다.

"땀" 의 공기어

순위	공기어	공기빈도	예상빈도(E)
1	속	2	0.012
2	내리다		
3	같다		
4	흘리다		
5	잔등		

6	젖다		
7	곳		
8	초엽(草葉)		
9	있다		
10	흐르다		
11	그		
12	꽃		

대상어 '땀'과 2회 이상 공기하는 공기어는 모두 12개 어휘이다. 출현빈도가 많은 순서대로 나열하면 '속, 내리다, 같다, 흘리다, 잔등, 젖다, 곳, 초엽(草葉), 있다, 흐르다, 그, 꽃' 등과 같다. 이들 공기어를 체언과 용언으로 구분하여 정리하면 아래와 같다.

(9) '땀'의 공기어 구분
ㄱ. 체언 : 속, 잔등, 곳, 초엽(草葉), 그, 꽃
ㄴ. 용언 : 내리다, 같다, 흘리다, 젖다, 있다, 흐르다

(9)의 공기어 출현빈도를 토대로 보면, '땀'의 공기어 중 체언은 '속, 잔등, 곳, 초엽(草葉), 그, 꽃'이고 용언은 '내리다, 같다, 흘리다, 젖다, 있다, 흐르다'이다. (9)의 '땀'의 공기어는 공기빈도가 모두 2회로 출현빈도 상 우열을 가를 수 없었다.

아홉째, 대상어 '골편'과 공기하는 어휘를 제시하면 아래와 같다.

'골편' 의 공기어

순위	공기어	공기빈도	예상빈도(E)
1	그	3	0.017
2	있다		
3	살다	2	0.011
4	것		
5	두개골		
6	피		
7	보다		
8	일(事)		
9	이빨		
10	없다		
11	그렇다		

대상어 '골편'과 2회 이상 공기하는 공기어는 모두 11개 어휘이다. 출현빈도가 많은 순서대로 나열하면 '그 · 있다, 살다 · 것 · 두개골 · 피 · 보다 · 일(事) · 이빨 · 없다 · 그렇다' 등과 같다. 이들 공기어를 체언과 용언으로 구분하여 정리하면 아래와 같다.

(10) '골편'의 공기어 구분
ㄱ. 체언 : 그, 것, 두개골, 피, 일(事), 이빨
ㄴ. 용언 : 있다, 살다, 보다, 없다, 그렇다

(10)의 공기어 출현빈도를 토대로 보면, '골편'의 공기어 중 체언은 '두개골, 피, 일(事), 이빨'이고 용언은 '있다, 살다, 보다, 없다, 그렇다'이다. '골편'의 공기어에서 체언은 '그'를 제외하면 출현빈도 상 우열을 가를 수 없고, 용언은 '있다'가 다른 공기어보다 빈도가 상위에 있다.

[+신체]의 의미자질을 가지고 있는 신체어 아홉 개의 대상어와 공기하는 공기어를 살펴보았다. 그 결과 신체어인 대상어들은 체언에서 '나 또는 내', '여자'와 공통적으로 공기관계를 형성하고 있었고, 용언에서 '있다'와 공기관계를 공통적으로 이루고 있다. 특이한 점은 얼굴의 공기어 중 체언은 '사내, 어머니'와 공기관계를 이루고 있다. 이러한 결과에서 대상어 '땀과 골편'은 공기어의 빈도에서 우열을 분류하기가 어려워서 고려되지 못했다.

[+신체]의 의미자질을 가진 대상어와 공기어를 시각화한 네트워크를 제시하면 아래의 그림과 같다.

[+신체] 어휘의 공기어 네트워크

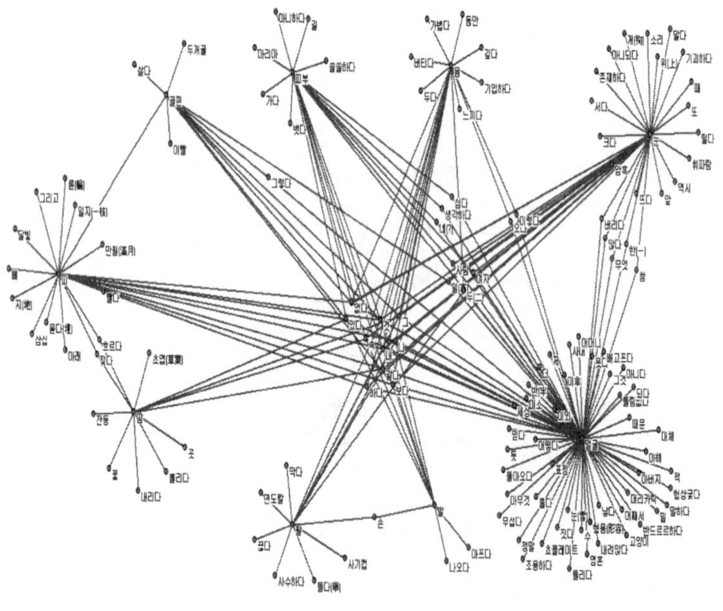

(밀도 : 0.021, 평균연결정도 : 2.944, 중심화 지표: 0.02)

노드의 내항연결은 하나의 노드가 연결을 받는 링크의 수를 가리키는 것으로, 내항연결정도(input degree, indegree)로 공기하는 어휘의 양상을 알아볼 수 있다. 신체어인 아홉 개의 대상어 중 한 대상어는 평균 2.944개의 어휘와 관계를 맺는다. 그리고 네트워크의 밀도는 0.021이다.

네트워크는 데이타의 크기에 따라 네트워크의 밀도는 차이를 보이기 때문에 연결정도 중심성(degree centrality)를 통해서 개별적인 노드가 다른 노드와 연결을 맺는 정도를 확인할 수 있다. 즉, 노드는 기본적으로 많은 연결을 가진 노드가 네트워크에서 핵심적인 역할을 하고, 상대적으로 중요한 위치한다. 이렇듯 연결정도 중심성은 관계적 논리에 의해 계산되는 지표이다. 따라서 연결정도 중심성이 높은 노드는 동원할 수 있는 자원이나 정보를 많이 보유할 가능성이 높다. 연결정도의 중심성은 0.02이다.

네트워크에서 공기어의 양상에 대한 지표는 아래와 같이 파악할 수 있다.

(11) Input Degree partition
ㄱ. Dimension: 142
ㄴ. The lowest value: 1
ㄷ. The highest value: 72

위에서 'Dimension: 142'은 네트워크에 나타난 노드(단어)의 수를 뜻하므로, 신체어에 공기어의 노드(단어) 수가 142인 사실을 알 수 있다. 또한, 'the lowest value: 1'은 대상어에 공기된 공기어의 최소빈도는 1회라는 사실을 알 수 있고, 'the highest value: 72'는 대상어에 공기된 공기어의 최대빈도가 72회 공기된 사실을 알 수 있다.

대상어와 공기하는 구체적인 어휘는 (12)에 표시할 수 있다.

(12) [+신체] 어휘의 전체 공기어 양상

Cluste	Freq	Representative
1	105	달빛, 두개골, 듯, 때, 륜(輪), 마리아, 만월(滿月), 면도칼, 미소, 반(半), 뼈, 사기컵, 삼십, 세상, 소리, 아래, 아무것, 앞, 위(上), 이빨, 지(地), 표정, 개(狗), 곳, 그것, 길, 꽃, 눈(雪), 동안, 때문, 머리카락, 밑, 사내, 수, 아버지, 아해, 암흑, 어머니, 영혼, 이외, 이후, 일지(一枝), 잔등, 저, 적, 초엽(草葉), 쵸콜레이트, 형용(形容), 휘파람, 고양이, //가볍다, 기괴하다, 끊다, 돌아오다, 들다(擧), 떨다, 막다, 무섭다, 묻다(埋), 믿다, 버티다, 빨다, 사수하다, 살다, 쓸쓸하다, 아니되다, 어떻다, 존재하다, 크다, 가다, 감다, 기입하다, 깊다, 나오다, 낳다, 내려다, 내리다, 느끼다, 되다, 두다, 뜨다, 말다, 말하다, 반드르르하다, 배고프다, 벗다, 서다, 아니다, 아니하다, 아프다, 울다, 웃다, 조용하다, 짓다, 틀리다, 틀림없다, 험상궂다, 흘리다 // 또, 역시, 그리고, 대체, 더, 정말, 어째서
2	14	네, 손, 무엇, 한(一) // 이렇다, 버리다, 심다, 오다, 그렇다, 흐르다, 젖다, 않다, 생각하다 // 참
3	4	일(事), 여자, 사람, 두(二)
4	1	하다
6	6	그, 나, 속 // 있다, 없다, 보다
7	2	내, 같다
8	1	것
9	1	발
11	1	골편
12	1	땀
13	1	팔
18	1	피부

19	1	몸
22	1	피
35	1	눈
72	1	얼굴

(12)에서 'cluster'는 공기하여 함께 나타나는 어휘의 수이므로, '얼굴'은 72개의 공기어와 나타나고, '눈'은 35개의 공기어와 나타나며, '피'은 22개의 공기어와 나타나며, '몸'은 19개 공기어와 함께 나타난다. 'Freq'는 'Representative'에 나타나는 어휘의 수를 말하고, 'Representative'은 공기관계에 있는 어휘이다. '얼굴, 눈, 피, 몸'과 같은 공기관계에 놓인 어휘 수가 많을수록 네트워크의 밀도가 높아지고, '달빛, 두개골, 듯, 때……' 등과 같은 공기관계에 어휘 수가 많을수록 네트워크의 밀도는 낮아진다.

신체어인 대상어의 공기어는 중앙집단(central groups), 주변집단(peripheral groups), 중간집단(imtermediate groups)로 구분하여 살펴볼 수 있다. 즉, 신체어인 대상어는 주변집단이 중앙집단보다 많은 링크가 가지고 있다. 따라서 네트워크는 대상어간 차별성을 많이 드러나고, 네트워크의 밀도도 상대적으로 낮음을 알 수 있다. 중앙집단에 속한 공기어는 '것, 그'를 제외하면 체언 '나, 내, 속'이 있고, 용언에 '있다, 없다, 보다, 하다, 같다'가 있음을 확인할 수 있다.

3. 맺음말

이상에서 대상어를 [+신체]의 의미자질을 가진 대상어로 하나의 문장에서 함께 나타나는 공기관계에 있는 공기어를 추출하고, 말뭉치에서 대상어와 공기어 사이의 관계가 느슨한지 긴밀한지를 빈도를 살펴보고, 대상어의 공기관계를 바탕으로 해서 네트워크를 분석하였다.

[+신체]의 의미자질을 가지는 어휘인 '눈, 얼굴, 발, 피, 몸, 피부, 팔, 땀, 골편'의 공기어를 제시한다.

[+신체] 어휘의 공기어 목록

구 분		공 기 어
눈	체언	나, 그, 여자, 것, 내, 앞, 속, 암흑, 휘파람, 소리, 개(狗), 사람, 무엇, 일(事), 위, 한(一), 참, 때
	용언	있다, 뜨다, 보다, 하다, 않다, 크다, 감다, 없다, 같다, 서다, 버리다, 존재하다, 아니되다, 말다, 기괴하다, 떨다
	수식언	역시, 또
얼굴	체언	것, 저, 사내, 어머니, 내, 나, 여자, 그것, 때문, 한(一), 그, 아해, 적, 속, 일(事), 아버지, 밑, 머리카락, 고양이, 형용(形容), 수, 네, 영혼, ·눈(雪), 쵸콜레이트, 둘(二), 이후, 이외, 아무것, 사람, 표정, 듯, 세상, 미소, 무엇, 반(半)
	용언	있다, 보다, 하다, 없다, 웃다, 생각하다, 배고프다, 아니다, 같다, 틀림없다, 되다, 버리다, 오다, 험상궂다, 말하다, 반드르르하다, 그렇다, 낳다, 내려앉다, 틀리다, 짓다, 조용하다, 이렇다, 울다, 돌아오다, 무섭다, 어떻다, 않다, 심다, 믿다
	수식언	대체, 어째서, 참, 정말, 더
발	체언	것, 내, 손, 속, 나
	용언	나오다, 있다, 보다, 아프다
피	체언	것, 나, 내, 아래, 뼈, 地, 滿月, 삼십, 륜, 달빛, 一枝
	용언	하다, 있다, 묻다, 같다, 빨다, 젖다, 흐르다, 없다, 보다
	수식언	그리고
몸	체언	나, 속, 내, 그, 것, 두(二), 동안

	용언	하다, 오다, 보다, 같다, 버티다, 두다, 없다, 깊다, 가볍다, 느끼다, 이렇다, 기입하다,
피부	체언	여자, 내, 것, 마리아, 사람, 길, 얼굴, 네, 속
	용언	있다, 생각하다, 가다, 벗다, 없다, 같다, 아니하다, 심다, 쓸쓸하다
팔	체언	내, 그, 사기컵, 두(二), 나, 것, 손, 면도칼
	용언	들다(擧), 사수하다, 끊다, 막다, 같다
땀	체언	속, 잔등, 곳, 초엽(草葉), 그, 꽃
	용언	내리다, 같다, 흘리다, 젖다, 있다, 흐르다
골편	체언	그, 것, 두개골, 피, 일(事), 이빨
	용언	있다, 살다, 보다, 없다, 그렇다

[+신체]의 의미자질을 갖는 대상어의 공기어를 제시한 것이다. 대상어 '땀'과 '골편'을 제외하고 다른 대상어와 공기하는 공기어는 '나, 내'이다. 공기어 '나, 내'는 아마도 이상 자신을 지칭한 것이다. 또한 이것은 대상어 '눈, 얼굴, 발, 피, 몸, 피부, 팔'이 시 작품에서 함축적 의미를 갖고 있는 점을 알 수 있다. 이러한 공기관계의 있는 어휘를 고려하여 시인 이상의 시의식을 분석해야 한다. 즉, 대상어 '눈'은 '여자'와 고빈도로 공기하고, '얼굴'은 '사내와 어머니'와 고빈도로 공기한다. 또, '발'은 '손'과 고빈도로 공기하고, '피'는 '뼈, 아래'와 공기하며, '몸'은 '속'과 공기하며, '피부'는 '여자'와 공기하며, '팔'은 '사기컵, 손'과 공기하며, '땀'은 '속, 잔등'과 공기하며, '골편'은 '두개골, 피'와 공기한다. 이들 공기관계에 있는 시어들이 시 작품에서 함축하고 있는 의미를 추론할 필요가 있다. 이러한 논의는 4장에서 할 것이다.

(13) [+신체]의 의미자질을 가진 중앙 집단 대상어의 공기어
* 체언 : 내, 나, 속
* 용언 : 있다, 없다, 보다, 하다, 같다

[+신체] 공기어는 비인간화, 비신체적으로 공기관계를 맺고 있고 관찰자적 입장, 심미적 요소가 없다는 점, 가정 환경과 여자 관계가 시의식에 지대한 영향을 끼쳤을 수 있다는 점을 시사한다.

이상에서 논의한 네트워크 분석의 결과와 시사하는 바를 토대로 작가 이상의 시의식을 세부적으로 논의하는 것은 다음의 과제다.

참고문헌

강범모(2003), 『언어, 컴퓨터, 코퍼스 언어학-컴퓨터를 이용한 국어 분석의 기초와 이론』, 고려대학교출판부, 2003.

강범모(2010), "공기어에 기초한 의미/개념 연관성의 네트워크 구성", 『한국어 의미학』 32, 한국어의미학회, pp 1-28.

강범모 · 김흥규(2009), 『한국어 사용 빈도』, 한국문화사.

고 은(2003), 『이상평전』, 향연.

국립국어원 편(2002), 『현대 국어 사용 빈도 조사』, 국립국어원.

권영민 엮음(2009), 『이상전집』1-4, 문학에디션 뿔.

권영민(1998), 『이상문학연구60년』, 문학사상사.

김병선 외(2007), 『한국현대시어 빈도사전』, 한국문화사.

김병선(1993), "현대시 데이터베이스 구축에 관한 연구", 『한국어문』 3집, 정신문화연구원, pp 85-150.

김윤식(1995), 『이상문학전집-연구 논문 모음』, 문학사상사.

김지수(1998), "이상 시에 나타나는 수와 상징", 『동남어문논집』8, 동남어문학회.

김진해(2000), "국어 연어 연구", 경희대학교 대학원 박사학위논문.

김혜영 외(2011), "사건명사의 공기어 내트워크 구성 및 분석", 『언어와 언어학』50, 한국외국어대학교 언어연구소, pp 81-106.

남영신(1988), 『우리말 분류 사전』, 한강문화사.

남원진(1997), "이상연구", 『한국현대작가연구』, 박이정.

노대규(1999), 『시의 언어학적 분석』, 국학자료원.

이상문학회 편(2009), 『이상시작품론』, 도서출판 역락.

이석규(2007), 『언어의 예술』, 글누림.

이어령(1995), 『詩 다시 읽기』, 문학사상사.

이영자(1989), 『이상시 연구』, 양문각.
임종국 편(1966), 『이상 전집』, 문성사.
전정예(2005), 『언어 변화 이론』, 박이정.
조동일(1990), 『한국문학통사』, 지식산업사.
조오현 외(2000), "예술적 표현 형용사 연구 2", 『겨레어문학』 25, 겨레어문학회.
최현배(1983), 『(깁고 고침) 우리말본』, 정음사.
허 웅(2000), 『20세기 우리말의 형태론』, 샘문화사.
Jakobson. Roman, 『문학 속의 언어학』, 신문수 편역, 문학과지성사, 1989.
Riffaterre, Michael (1978). 『Semiotics of Poetry』. 『시의 기호학』, 유재천 역, 믿음사, 1989.

신문 광고에 나타난 부사의 분포와 사용 양상

서은아

1. 머리말

이 연구는 현대 광고에서 부사의 분포 및 사용 양상을 밝히는 것을 목적으로 한다. 이를 통해 광고 언어로서 부사의 기능 및 특징을 이해하고자 한다.

서은아(2011:135~137)에서 이미 밝힌 바와 같이 광고 언어의 사용 빈도는 명사(57.3%)〉동사(20.8%)〉형용사(8.3%) 순으로 나타난다. 이들 품사의 사용 빈도가 높은 것은 광고의 속성상 상품의 특징을 설명하거나 상품 구입을 요구하는 내용이 많기 때문이다.[1] 이는 곧 상품의 특징이나 우수성 그리고 상품 구입을 요구하는 메시지 구성이 광고의 설득 전략으로 선호되고 있음을 의미한다.

이와 관련하여 광고 언어에 관한 연구도 고빈도 어휘를 중심으로 이루어짐에 따라 부사에 관한 연구는 상대적으로 많지 않다. 그런데 광고에 사용되는 부사의 빈도가 결코 낮은 것은 아니다[2]. 초기 신문 광고가 시작된

---

1) 조빈스키(Sowinski 1998 : 69ff)는 광고에 사용빈도가 높은 품사로 명사〉형용사〉동사 순으로 제시하면서 그 이유를 다음과 같이 제시하고 있다. 명사는 광고 대상의 고유성을 두드러지게 하고 광고 대상의 특징을 하나하나 열거하여 강조할 때 자주 사용된다. 형용사는 어떤 대상의 특성을 서술하고 평가하는 기능을 지니고 있어서 상품이나 서비스의 우수성을 강조할 때 흔히 사용되는 반면에 동사는 고객에게 상품 구입을 요구하거나 상품의 사용 방법을 설명할 때 자주 사용된다.

2) 서은아(2011:134~137)에서는 1896년부터 1996년까지 100년 동안 사용된 어휘의 품사별 분포를 전체 어휘와 개별 어휘로 구별하여 제시하고 있다. 부사의 분포 양상을 보면 1기

1896년부터 1945년 사이에 부사의 사용 빈도는 매우 높게 나타났고, 1990년대 후반까지 '가장, 더욱, 많이, 잘, 제일' 등의 어휘가 꾸준히 사용되었다(서은아 2011:135~137).

앞선 연구에서 광고에 사용된 부사를 다룬 연구는 거의 찾아보기 어렵다. 신현숙(1995), 김주현(1996), 최용기(1999, 2000, 2001ㄱ,ㄴ) 등을 중심으로 품사별 빈도나 어종별 분포를 살핀 연구와 유수현(2001), 홍수진(2005), 정진숙(2007) 등을 중심으로 외국의 광고 어휘와 한국의 광고 어휘를 비교한 연구, 최명원(2001), 서은아(2009, 2011, 2012) 등을 중심으로 광고 언어의 통시적 특징을 살핀 연구가 있을 뿐이다. 서은아(2013)는 고빈도 명사 어휘의 의미 유형과 분포 양상에 초점을 둔 연구이다.

따라서 이 연구에서는 2000년부터 2011년까지 신문 광고에 사용된 부사를 조사 대상으로 삼고, 서은아(2011, 2012)에서 제시한 방법론을 토대로 부사의 분포와 사용 양상을 밝히고자 한다.

이 연구의 조사 대상으로 삼은 신문 자료는 다음과 같은 이유에서 표본 조사 방법을 선택한다. 첫째, 신문의 발행 면수가 많아 게재된 광고를 모두 조사하는 것이 어렵고, 둘째, 동일한 내용의 광고가 일정 기간 여러 신문에 지속적으로 게재되기 때문에 광고가 중복된다는 문제점이 발생한다. 이러한 문제점을 줄이기 위해 다음과 같은 기준으로 자료를 수집한다. 첫째, 2000년부터 2011년 사이에 발간된 동아일보, 조선일보, 중앙일보를 대상으로 매년 1일자 신문을 조사한다. 둘째, 광고 자료는 동일한 신문에 같은 내용의 광고가 1회 이상 게재된 경우는 하나만 자료로 삼는다. 다만, 내용이

(1896~1910)의 개별 어휘는 명사(1,793개)〉동사(641개)〉부사(137개) 순으로 나타났다. 2기(1911~1945)의 전체 어휘는 명사(4,074개)〉동사(1,661개)〉부사(802개) 순으로, 개별 어휘는 명사(1,331개)〉동사(484개)〉부사(193개) 순으로 나타났다. 이처럼 부사는 초기 광고에서 개별 어휘뿐만 아니라 전체 어휘에서도 다양한 어휘가 사용되었고, 전체 사용면에서도 높은 빈도였음을 알 수 있다.

달라진 경우는 각각 조사 대상에 포함한다.

지금까지 제시한 조사 대상 신문 자료를 정리하면 다음과 같다.

〈표 1〉 광고 자료

시기	광고 수	문장 수	어절 수
2000~2011	257	1,377	13,596

이 연구의 분석 대상 자료는 광고 수로 257개, 문장 수로 1,377개, 어절 수로 13,596개에 달한다.

2. 부사의 분포 양상

2.1. 부사의 분포

2010년부터 2011년까지 신문 광고에 사용된 부사를 전체 어휘와 개별 어휘로 나누어 살펴보았다. 전체 조사 대상 자료에 나타나는 모든 어휘의 수를 뜻하는 전체 어휘는 856개이고, 조사 대상에서 중복되는 어휘를 제외한 개별 어휘는 150개로 조사되었다.

다음의 〈표 2〉는 고빈도 부사 목록을 제시한 것이다.

〈표 2〉 고빈도 부사 어휘

	어휘	빈도	비율		어휘	빈도	비율
1	더	104	12.15	24	또	8	0.93
2	함께	64	7.48	25	늘	8	0.93
3	이제	61	7.13	26	그대로	8	0.93
4	더욱	41	4.79	27	역시	7	0.82
5	잘	30	3.5	28	널리	7	0.82

6	물론	24	2.8	29	특히	6	0.7
7	두근두근	23	2.69	30	조금씩	6	0.7
8	가장	21	2.45	31	왜	6	0.7
9	꼭	20	2.34	32	없이	6	0.7
10	및	15	1.75	33	언제나	6	0.7
11	그리고	15	1.75	34	신속히	6	0.7
12	지금	13	1.52	35	가까이	6	0.7
13	모두	13	1.52	36	훨씬	5	0.58
14	많이	13	1.52	37	활짝	5	0.58
15	매일매일	12	1.4	38	정말	5	0.58
16	설사	11	1.29	39	저마다	5	0.58
17	오래	10	1.17	40	빨리	5	0.58
18	다시	10	1.17	41	보다	5	0.58
19	바로	9	1.05	42	먼저	5	0.58
20	확	8	0.93	43	다	5	0.58
21	직접	8	0.93	44	깨끗이	5	0.58
22	열심히	8	0.93	45	그래서	5	0.58
23	또한	8	0.93	46	그냥	5	0.58

〈표 2〉는 빈도 수 5회 이상인 부사를 정리한 것으로 가장 사용 빈도가 높은 어휘는 '더' 104회(12.15%)이고, 그 다음으로는 '함께, 이제, 더욱'이 각각 64회(7.48%), 61회(7.13%), 41회(4.79%)로 나타났다.

(1) ㄱ. 현대·기아자동차가 새로운 사옥에서 자동차전문기업의 첫 발을 내딛습니다. 고객의 사랑에 보답한다는 마음으로 더 좋은 자동차를 만들겠습니다. (중략) (동아일보 2001)

ㄴ. (중략) 지구촌 모든 사람들이 더 행복한 새해가 되었으면 좋겠습니다. 한국 경제가 다시 도약하는 2002년이 되었으면 좋겠습니다. (중략) (동아일보 2002)

ㄷ. 당신이 꿈꾸는 2004년 LG가 다짐하는 2004년 어느 해보다 새로운 마음으로 LG는 2004년을 맞이합니다. 당신이 꿈꾸는 더 아름다

운 2004년-새로운 마음가짐으로 LG가 만들겠습니다.(조선일보 2004)

ㄹ. (생략) 소중한 분들과 더 자주 통화하세요 부담없는 하나폰 005 국제전화로 세계 어디라도 옆집 걸듯 마구 거세요!(조선일보 2005)

ㅁ. (생략) 당신께 꼭 필요한 책, 당신이 정말 좋아하는 책을 만들기 위해 더 열심히 당신을 배우겠습니다.(조선일보 2008)

예문 (1)은 고빈도 부사 '더'와 수식 성분을 제시한 것인데, (1ㄱ,ㄴ,ㄷ)은 서술어, (1ㄹ, ㅁ)은 부사어를 수식한다.

(2) ㄱ. (생략) 국가 고객만족도 3년 연속 1위 — (중략) 다양한 금융상품과 나날이 더해가는 서비스로 고객 여러분께 더 큰 만족으로 찾아뵐 것을 약속드리며 올 한 해도 씨티은행과 함께 더 큰 꿈과 희망을 이뤄가십시오.(중앙일보 2001)

ㄴ. (생략) 우리 맛을 지키고 발전시켜 온 58년 장인정신으로 더 큰 행복을 드리기 위해 다시 태어나겠습니다. 샘표와 함께 더욱 행복하세요!(조선일보 2004)

ㄷ. (생략) 지금 우리에게 필요한 것은 실속 있고 경제적인 선물입니다. 그 어떤 것보다 경제적인 성문, 금강제화상품권 어려울 때일수록 모두 함께 더 열심히 뛰어야 합니다.(동아일보 2001)

예문 (2)는 고빈도 부사 '함께'가 수식하는 성분을 제시한 것인데, (2ㄱ)은 서술어, (2ㄴ,ㄷ)은 부사어를 수식한다.

(3) ㄱ. (중략) 관절염 그동안 지긋지긋하셨죠, 이제 의약품으로 제대로 치료하십시오. (생략) 이제 관절염 치료제 글루코사민 「오스테민」으로 시작하십시오.(조선일보 2006)

ㄴ. (생략) 흉터걱정, 이제 그만 메디폼은 상처에 촉촉한 습윤 환경을 조성, 딱지가 생기지 않아 흉터걱정이 없습니다. (생략)(조선일보

2003)

ㄷ. (생략) 이제 더 쉽고 간편한 방법으로 당신의 건강을 체크하세요. 작고 편리해서 언제 어디서나 매일 혈당측정이 가능한 원터치 호라이즌! (생략) (조선일보 2008)

ㄹ. (중략) 물이 술맛을 결정합니다. 뉴그린은 미네랄이 살아있는 대관령 기슭 청정수를 자연 그대로 빚었습니다. 뉴그린은 맛이 더욱 깨끗하고 부드러워졌습니다(중앙일보 2000)

ㅁ. (생략) 2007년 새해에도 현대자동차는 대한민국의 발전을 위해 더욱 힘차게 달려가겠습니다. (생략) (조선일보 2007)

예문 (3)은 부사 '이제, 더욱'이 문장에서 수식하는 성분을 제시한 것인데, (3ㄱ,ㄴ,ㄷ)의 '이제'는 각각 '서술어, 부사어'를 수식하고, (4ㄹ,ㅁ)의 '더욱'은 각각 '서술어, 부사어'를 수식한다.

2.2. 부사의 종류

부사는 용언이나 다른 말 앞에 높여 그 뜻을 분명하게 하는 품사로 수식하는 위치나 수식 범위에 따라 다양하다.

이익섭(2005:26~28)에서는 부사의 종류를 문장부사, 접속부사, 의성의태어로 분류하고 있다. 문장부사는 문장을 꾸미는 부사로 '부디, 만일, 무릇' 등이 있고, 접속부사는 문장과 문장, 구와 구, 단어와 단어를 이어주는 부사로 '그리고, 그러나, 그런데, 그러면, 그러므로, 따라서, 또, 또한, 또는, 혹은, 곧, 즉, 게다가, 더욱이' 등이 해당한다. 권재일(1992:226~231)과 임지룡 외(2005:189)에서는 부사의 종류를 크게 성분부사와 문장부사로 분류하였다. 임지룡 외(2005:189)에서는 성분부사의 하위 범주를 다시 세분하여 용언의 내용을 실질적으로 꾸미는 성상부사, 특정 대상을 가리키는 지시부사, 부정의 뜻을 가진 부정부사, 사물의 소리와 모양을 흉내 내는 의성 및 의태부사 등으로 나누었다.

(4) ㄱ. 성분부사: 성상부사, 지시부사, 부정부사, 의성부사, 의태부사.
ㄴ. 문장부사: 양태부사, 접속부사

부사의 종류를 성분부사와 문장부사로 나누고, 성분부사의 하위 범주는 임지룡 외(2005:189)을 따른다. 문장부사의 경우 접속부사 외에 말하는 사람의 태도를 표현하는 양태부사를 추가한다.

광고에 사용된 부사의 종류를 정리하면 다음의 〈표3〉과 같다.

〈표 3〉 부사의 종류

종류	성분부사					문장부사	
개수	성상 부사	지시 부사	부정 부사	의성 부사	의태 부사	양태 부사	접속 부사
빈도(개수)	108	14	1	1	15	0	11
비율 (%)	72	9.33	0.67	0.67	10	0	7.33

〈표 3〉에 따르면 광고에 사용된 부사를 성분부사와 문장부사로 나누어 살펴본 결과 150개의 개별 어휘 가운데 성분부사의 빈도가 139개(92.67%)로 높게 나타났다. 반면에 문장부사는 단지 11개(7.3%)에 지나지 않았다. 전체 부사 종류 가운데 성상부사의 사용 빈도가 108개(77.7%)로 가장 높게 나타났다. 뿐만 아니라 성분부사 가운데도 부정부사나 의성부사는 1회(9,33%)에 그쳤고, 지시부사, 의태부사의 경우도 각각 14개(9.33%), 15개(10%)로 성상부사에 비해 사용 빈도가 현저하게 낮다. 또한 문장부사의 경우 접속부사만 11회(7.33%) 실현되었을 뿐 양태부사는 하나도 나타나지 않았다. 이러한 결과를 통해 알 수 있는 것은 부사가 수식하는 성분이 주로 서술어에 집중되어 있음을 의미한다.

부사의 종류에 따라 어휘 목록을 정리하면 다음의 〈표4〉와 같다.

〈표 4〉 부사의 종류와 어휘 목록

부사의 종류	어휘 목록
성상부사	더, 함께, 더욱, 잘, 가장, 꼭, 다시, 확, 직접, 열심히, 그대로, 널리, 특히, 조금씩, 왜, 신속히, 가까이, 훨씬, 저마다, 보다, 깨끗이, 그냥, 종일, 조금, 높이, 거의, 한결, 포근히, 어김없이, 스스로, 따로, 골고루, 충분히, 제때제때, 정작, 유난히, 아무리, 변함없이, 대폭, 깊이, 그만, 구석구석, 훌쩍, 현저히, 한껏, 완벽히, 살짝, 반드시, 미리, 마냥, 마구, 때로, 당당히, 단순히, 모두, 많이, 빨리, 너무, 제일, 천천히, 다, 정말
지시부사	이제, 지금, 매일매일, 바로, 언제나, 먼저, 한발, 아직도, 이미, 마침내, 방금, 잠시, 오래, 하루하루, 늘
부정부사	못
의태부사	두근두근, 들락날락, 허둥지둥, 오순도순, 우뚝, 활짝
접속부사	및, 그리고, 또한, 또, 그래서, 그러나, 그래도

3. 부사의 사용 양상

광고에 사용된 고빈도 부사 목록 가운데 가장 사용 빈도가 높은 '더, 함께, 이제, 더욱'을 중심으로 문장에서 호응하는 성분의 유형과 특징을 살펴보기로 한다.

(5) ㄱ. 당신이 꿈꾸는 2004년 LG가 다짐하는 2004년/어느 해보다 새로운 마음으로 LG는 2004년을 맞이합니다. 당신이 꿈꾸는 더 아름다운 2004년-새로운 마음가짐으로 LG가 만들겠습니다.(조선일보2004)

ㄴ. (중략) 우리 맛을 지키고 발전시켜 온 58년 장인정신으로 더 큰 행복을 드리기 위해 다시 태어나겠습니다. 샘표와 함께 더욱

행복하세요!(조선일보 2004)

ㄷ. 한국 종이산업의 뿌리 페이퍼코리아가 최고의 디지털프린팅 소재 나투라로 한 번 더 진화합니다.(조선일보 2009)

ㄹ. 지난해 아껴둔 마음들을 활짝 펼쳐 보세요. 기쁜 일도 좋은 마음도 나누면 두 배… 새해엔 더 많이 나누세요.(생략) (조선일보 2004)

ㅁ. (생략) 소중한 분들과 더 자주 통화하세요. 부담없는 하나폰 005 국제전화로 세계 어디라도 옆집 걸듯 마구 거세요!(조선일보 2005)

부사 '더'는 서술어, 부사어를 수식한다. 예문 (5ㄱ,ㄴ,ㄷ)은 서술어를, (5ㄹ,ㅁ)은 부사어를 수식하고 있는 실제 사례이다. 이 중에 부사 '더'는 서술어 수식의 빈도가 가장 높게 나타난다.

부사 '더'가 수식하는 서술어를 보면, 37개의 개별 어휘 가운데 형용사가 30개(81.08%)로 가장 높고, 그 다음으로 동사 5개(13.51%), 부사 2개(5.41%)로 나타난다. 이처럼 부사 '더'가 동사보다 형용사를 수식하는 빈도가 높았던 것은 '더'의 의미 때문이다. 즉, '더'는 '계속하거나 그 위에 보태다', '어떤 기준보다 정도가 심하게 또는 그 이상'의 두 가지 의미가 있다. 그런데 광고에서 사용되는 부사 '더'는 주로 후자의 의미로 사용된다. 즉 (5ㄱ,ㄴ)에서 '아름답다, 크다'는 '아름다운 기준 이상'이나 '일반적인 행복의 기준 이상'을 강조하는 것이다.

(6) ㄱ. (생략) 그는 늘 프로임을 알고 있습니다. 그는 늘 곧은길을 가려고 합니다. 귀하를 위해 올해에도 체어맨이 함께 합니다. (동아일보 2001)

ㄴ. 함께 가요, 희망으로! 새날입니다. 소망하는 것들을 말해보세요. (생략) (조선일보 2003)

ㄷ. (생략) 이제 현대는 세계 일류기업을 실현하는 새로운 모습과 각오로 희망의 새 천년을 국민 여러분과 함께 설계해 나가겠습니다.

(중앙일보 2000)

(7) ㄱ. 이제 감각으로 듣는 거야! (생략) 이제 FS만의 감각 플레이가 시작된다. (조선일보 2001)

ㄴ. (생략) 이제 효능효과를 보고 선택하십시오. (생략) 그러나 입냄새는 물론, 각종 구강질환의 원인인 세균까지 씻어내려면 꼭 케어가글을 선택하세요.(조선일보 2002)

ㄷ. 인테리어 글라스, 이제 까다롭게 주문하세요! (생략) 이제 에코글라스로 당신의 공간을 Style up!하세요 (동아일보 2011)

(8) ㄱ. (생략) 뉴타운 업그레이드/미아 동부센트레빌 미아 · 길음 뉴타운의 혜택과 균형개발촉진지구의 특권을 동시에 누리는 강북의 새로운 중심 - 미아 동부센트레빌 강북 뉴타운을 더욱 아름답게 만들겠습니다.(조선일보 2004)

ㄴ. (생략) 뉴그림은 맛이 더욱 깨끗하고 부드러워졌습니다.(동아일보 2000)

ㄷ. (생략) 아름다운 생활공간을 통해 화목한 가정을 만들어온 한샘-올해에는 전 세계 가정이 행복해지도록 더욱 노력하겠습니다. (동아일보 2002)

예문 (6~7)의 부사 '함께'와 '이제'는 대부분 서술어를 수식하는 것을 알 수 있는데, 서술어 가운데 동사와 호응하는 것을 볼 수 있다. (6)의 부사 '함께'는 29개의 개별 어휘가 모두 '동사'를 수식하는 것으로 나타났다. 또한 (6ㄷ)과 같이 '~와/과 함께'의 구성으로 쓰는 예가 27회 사용되었다. (7)의 부사 '이제'는 43개의 개별 어휘 가운데 '동사'를 수식하는 예는 38회 (88.37%)로 가장 높은 빈도이고, 부사, 형용사는 각 1회(2.33%)로 조사되었다. 또한 '명사+조사'의 형태가 3회(6.98%)로 나타났다. 이처럼 '함께, 이제'는 형용사보다 동사를 수식하는 양상이 두드러지는데, 이는 부사의 의미 특성에 의한 것으로 보인다. 즉, '함께'는 '한꺼번에, 더불어'의 의미이기 때문에 동사와는 호응하지만 형용사와는 호응하기 어렵다. 또한 부사 '이제'는 지시부사로 '바로 이때에'라는 시간적 의미를 갖기 때문에 '함께'처럼 형용사와는 호응하기 어렵지만 동사와는 호응하기 쉽다.

(8)의 부사 '더욱'은 문장에서 서술어 '아름답다, 깨끗하다, 노력하다'를 수식한다. 그런데 '더욱'이 수식하는 서술어 유형을 살펴보면 41개의 개별 어휘 가운데 형용사가 26개(63.41%)이고, 동사가 7개(17.07%), 기타 8개(19.51%)로 조사되었다. 부사 '더욱'은 '정도나 수준 따위가 한층 심하거나 높게'라는 의미를 갖기 때문에 동사보다는 형용사와 호응할 수 있는 것이다.

지금까지 고빈도 부사 어휘 가운데 사용 빈도가 높았던 '더, 함께, 이제, 더욱'이 문장에서 호응하는 성분을 살펴보았는데, 부사어보다 서술어를 수식하는 비율이 높게 나타났다. 서술어 유형은 부사 어휘에 따라 다른 양상으로 나타났는데, 부사 '더, 더욱'은 형용사를 수식하는 빈도가 높았고, '함께'와 '이제'는 동사를 수식하는 빈도가 높았다. 이는 부사 어휘와 서술어의 의미 특성에 의한 것으로 보인다.

4. 맺음말

이 연구는 현대 광고에서 고빈도 부사 목록을 조사하고, 이를 토대로 부사의 사용 양상을 살펴보았다. 지금까지의 결과를 정리하면 다음과 같다. 첫째, 2010년부터 2011년까지 신문 광고에 사용된 부사를 전체 어휘와 개별 어휘로 나누어 살펴보았는데, 전체 어휘는 856개이고, 개별 어휘는 150개로 조사되었다.

둘째, 부사 고빈도 어휘에서 가장 사용 빈도가 높은 어휘는 '더'로 104회(12.15%)이고, 다음으로는 '함께, 이제, 더욱'로 각각 64회(7.48%), 61회(7.13%), 41회(4.79%)로 나타났다.

셋째, 부사의 종류를 살펴본 결과 성분부사가 1,139개(92.67%)로 가장 빈도가 높았고, 성분부사 가운데 성상부사의 사용 빈도가 108개(77.7%)로 가장 높게 나타났다.

넷째, 고빈도 부사 어휘 '더, 함께, 이제, 더욱'이 문장에서 부사어와 서술어를 주로 수식하는데, 부사어보다 서술어를 수식하는 빈도가 높게 나타났다. 특히 부사 어휘에 따라 서로 호응하는 서술어의 유형이 다르게 나타났다, '더'와 '더욱'은 형용사를 수식하는 빈도가 각각 30개(78.9%), 26개(63.41%), '함께'와 '이제'는 동사를 수식하는 빈도가 각각 29개(100%), 38개(88.37%)로 나타났다.

앞으로 다양한 고빈도 부사 어휘와 서술어의 수식 관계를 살핌으로써 부사 어휘와 서술어의 수식 양상에 대한 유형적인 특징을 밝힐 수 있을 것으로 생각한다. 이는 후일의 작업으로 남겨둔다.

참고문헌

권재일(1992), 『한국어 통사론』, 민음사.
김광해(2009), 『국어 어휘론 개설』, 집문당.
김주현(1996), "광고에 대한 언어학적 연구—한국어와 독일어 광고텍스트를 중심으로", 건국대학교 석사논문.
서은아(2009), "개화기 신문광고에 사용된 어휘 연구", 『겨레어문학』 42, 겨레어문학회. 47~68쪽.
서은아(2011), "신문 광고 어휘의 품사별 어종별 분포 양상", 『한글』 294, 한글학회. 125~160쪽.
서은아(2012), "광고 어휘의 호응 양상 비교 연구-개화기 광고와 현대 광고를 중심으로-", 『한글』 298, 한글학회. 209~245쪽.
서은아(2013), "신문 광고에 사용된 명사의 의미 유형과 분포 양상", 『겨레어문학』 50, 겨레어문학회. 103~128쪽.
신현숙(1995), "광고언어에서의 국어·외국어 혼용 양태 연구", 숙명여자대학교 석사논문.
유수현(2001), "프랑스와 한국 광고언어의 언어학적 특성", 영남대학교 석사논문.

이익섭(2005), 『한국어 문법』, 서울대학교 출판부.

임지룡 외(2005), 『학교 문법과 문법 교육』, 박이정.

정동규(2000), "광고언어에서의 단어유희". 『독어학』 2, 한국독어학회, 185~206쪽.

정진숙(2007), "한·일 신문광고의 어휘 분석-동아일보, 매독신문을 중심으로", 단국대학교 석사논문.

최명원(2001), 「독일의 광고언어에 반영된 시대정신과 그 변화", 『독일어문학』 16, 한국독일어문학회, 363~387쪽.

최용기(1999), "광고 언어 조사연구: 고유어와 한자어를 중심으로", 『한말연구』 5. 한말연구학회. 217~247쪽.

최용기(2000), "광고 언어 조사연구(1): 외래어 표기를 중심으로", 『겨레어문학』 25. 겨레어문학회. 147~180쪽.

최용기(2001ㄱ), "광고 언어 오용 사례: 광고 언어의 외래어 표기", 『새국어소식』 7월호, 국어연구원.

최용기(2001ㄴ), "광고 언어 오용 사례: 광고 언어의 외래어 표기(2)", 『새국어소식』 8월호, 국어연구원.

홍수진(2005), "독일광고와 한국광고에 사용된 어휘의 특성에 관한 연구—인쇄 광 고의 헤드라인과 슬로건에 사용된 어휘의 품사를 중심으로—", 숙명여자대학교 석사논문.

Baumgart, Manuela. 1992. Die *Sprache der Anzeigenwerbung*. Eine Linguistische Analyse aktueller Werbeslogans. Heidelberg: Physica-Verlag.

Römer, Ruth. 1976. *Die Sprache der Anzeigenwerbung*. 5. Aufl., Düsseldorf.

Sowinski, B. 1998. Werbung. Niemeyer, Tubingen.

박정희 대통령 취임사의 거시구조 분석

김 형 주

1. 머리말

이 연구는 텍스트의 한 유형으로서 대통령 취임사에서 발견되는 속성을 기술하는 데 목적이 있다. 이는 궁극적으로 대통령 취임사의 일반적인 규칙성을 찾기 위한 연구로서의 의의를 갖는다. 이를 위해 박정희 대통령(제5~9대)의 취임사를 중심으로 대통령 취임사의 거시구조(macrostructure)[1]를 분석하기로 한다.

오늘날 대통령에게 요구되는 가장 기본적인 자질 가운데 하나는 수사적 리더십(rhetorical leadership)이다. 이와 관련하여 1984년 Thedore O. Windt Jr., Kathleen H. Jamieson, Roderick P. Hart 등이 대통령의 말을 대통령 수사학(Presidential Rhetoric)이라는 독립적인 학문 분야로 논의하기 시작하였고(Aune et al., 2008:3~4), 이후 Tulis(1987), Campbell & Jamieson(1990) 등에 의해 정치 수사학의 한 분야로 발전하였다.

국내에서는 윤희중(1982), 김은주(1986), 김광웅(1993), 이상철(1998) 등에 의해 대통령 수사학에 관한 논의가 시작되었고, 대통령 취임사를 중심으로 이를 발전시킨 연구로는 이원표(2000, 2002), 김현국(2001), 이범수·김민영(2006a, 2006b), 유동엽(2007), 이재원(2013) 등이 있다. 대통령 취임사의

1) 김현국(2001)은 '텍스트 구조', 이원표(2002)는 '수사 구조', 유동엽(2007)은 '주제 전개 구조', 이재원(2013)은 '연설 구조'라는 용어를 사용한다.

구조와 관련하여 이원표(2000:94~115, 2002:431~450)는 취임사의 구조를 친화관계 정립하기, 취임식의 성격 규정하기, 대통령으로서 정체성 구축 및 정권 합리화하기, 신화말하기, 새로운 과제와 도전 지적하기, 정책제시하기, 협력구하기, 격려하기, 요약하고 상호조율하기로, 김현국(2001:285)은 제15대 대통령의 취임사 구조를 도입부(인사)-몸체부(정부의 성격, 현재상황, 각 부문별 정책)-결론부(동참 호소)로, 이범수·김민영(2006b:197~198)은 노무현 대통령의 취임사 구조를 들머리, 얼거리, 밝히기, 마무리로, 유동엽(2007:8~22)은 주제도입부(감회, 감사인사, 의미부여, 다짐, 협력당부), 주제발전부Ⅰ(지난 역사 언급 혹은 현재 상황 제시), 주제발전부Ⅱ(정책이나 목표 제시), 주제종결부(협력당부, 다짐)로, 이재원(2013:231)은 들머리, 얼거리, 벼리, 마무리로 세분하고 있다.

이 연구에서는 대통령 취임사의 구조적 특징을 분석하기 위해 Techtmeyer(1984)의 기능 의사소통적 대화분석 모형에 따라 대통령 취임사의 거시구조를 순차적인 발화 목적과 기능을 중심으로 기능단계(functional phase)와 부분단계(subphase)로 나누고, 각 단계가 어떻게 구성(박용익, 2001:278)되는지 살펴보고자 한다.

2. 박정희 대통령 취임사의 거시구조

일반적으로 대통령 취임사는 '취임 선언'과 '국정방향제시'를 중심으로 '감사, 약속, 요청' 등의 과제 목적을 달성하는 데 초점이 놓인다. 따라서 대통령 취임사의 기능단계는 취임선언단계, 국정방향제시단계, 마무리단계로 나눌 수 있다. 취임선언단계의 과제 목적은 '취임 선언'과 '감사'에, 국정방향제시단계의 과제 목적은 '국정방향제시'와 '약속'에, 마무리 단계의 과제 목적은 '요청'에 초점이 놓이게 된다. 이러한 관점에서 박정희 대통령의 취임사를 살펴볼 것이다.

2.1. 취임선언단계

(1) 단군 성조가 천혜의 이 강토 위에 국기를 닦으신 지 반만년, 연면히 이어 온 역사와 전통 위에, 이제 새 공화국을 바로 세우면서 나는 국헌을 준수하고, 나의 신명을 조국과 민족 앞에 바칠 것을 맹세하면서 겨레가 쌓은 이 성단에 서게 되었습니다. 나의 사랑하는 삼천만 동포들이여! 나는 오늘 영예로운 제3공화국의 대통령에 취임하면서, 이 중한 시기에 나를 대통령으로 선출해 주신 국민 여러분에게 감사드리며, 보람있는 이 날의 조국을 보전하기에 생명을 바치신 순국선열과 공산침략에서 나라를 지켜 온 충용스러운 전몰장병 그리고 독재에 항거하여 민주주의를 수호한 영웅적인 4월혁명의 영령 앞에 나의 이 모든 영광을 돌리고자 합니다. 한편 나는 국내외로 매우 중요한 이 시기에 대통령의 중책을 맡게 됨에, 그 사명과 책무가 한없이 무거움을 깊이 통감하고, 자주와 자립과 번영의 내일로 향하는 민족의 우렁찬 전진의 대오 앞에 겨레의 충성스러운 공복이 될 것을 굳게 다짐하는 바입니다.

예문 (1)의 제5대 박정희 대통령의 취임사는 단군의 '역사적 정통성'을 계승한다는 내용으로 시작하여 '취임 선언'을 하면서 '감사'와 '감회'를 표현하는 순서로 내용이 전개된다.

일반적으로 '취임 선언'은 자신이 대통령이 되었다는 사실을 공표하고, 대통령의 직무를 성실하게 수행할 것을 다짐하는 내용으로 구성되는데[2], 제5대 박정희 대통령 취임사에서는 "이제 새 공화국을 바로 세우면서 (중략) 겨레가 쌓은 이 성단에 서게 되었다. (중략) 제3공화국의 대통령에 취임하면서 (중략) 이 시기에 대통령의 중책을 맡게 됨에 (중략) 겨레의 충성스러운 공복이 될 것을 굳게 다짐한다."라는 내용으로 표현되었다. 그리고

2) 대통령 취임사의 시작부, 즉 취임선언단계의 목적은 '취임 선언'에 있으므로 자신이 대통령이 되었다는 사실 공표와 자신의 직무를 성실히 수행하겠다는 다짐은 '감회'나 '다짐'으로 분석하기보다 '취임 선언'으로 분석하는 것이 타당하다.

"나를 대통령으로 선출해 주신 국민 여러분"을 지목한 다음, "순국선열, 전몰장병, 4월혁명의 영령"을 언급하여 '감사'의 마음을 표현하고, "사명과 책무가 한없이 무거움을 깊이 통감한다."라는 말로 '감회'를 언급하였다.

(2) 단군 성조가 천혜의 이 강토 위에 국기를 닦으신 지 반만년, 연면히 이어 온 역사와 전통 위에, 이제 대한민국 제6대 대통령으로 취임하면서, 나는 국헌을 준수하고, 나의 신명을 조국과 민족 앞에 바칠 것을 맹세하며, 겨레가 쌓은 이 성단에 서게 되었습니다. 나는 나의 이번 임기에 속하는 앞으로의 4년간이 이 나라의 자주와 자립과 번영이 안착하는 대망의 70년대를 향한 중대한 시기임을 깊이 명심하고, 책임이 한없이 무거움을 통감하며, 일하는 대통령으로서 조국 근대화 작업에 앞장서서 충성스럽게 나라와 겨레를 위해 봉사할 것을 굳게 다짐하는 바입니다.

예문 (2)의 제6대 박정희 대통령의 취임사는 단군의 '역사적 정통성'을 계승한다는 내용으로 시작하여 '취임 선언'을 하면서 '감회'를 표현하는 점은 같지만 '감사'의 말이 생략되어 있다. 아울러 제5대에 이어 연임을 하였기 때문에 이전 정부를 평가하는 "새 공화국을 바로 세우다."와 같은 표현을 찾아보기 어렵다.

제6대 박정희 대통령의 취임 선언은 "이제 대한민국의 제6대 대통령으로 취임하면서 (중략) 겨레가 쌓은 이 성단에 서게 되었다. (중략) 충성스럽게 나라와 겨레를 위해 봉사할 것은 굳게 다짐한다."라는 내용으로 표현되었다. 그리고 '감회'는 "책임이 한없이 무거움을 통감한다."라는 내용으로 언급되었다.

(3) 사랑하는 5천만 국내외 동포 여러분! 그리고 내외 귀빈 여러분! 제2차 세계 대전의 포화가 멎은 지 어느덧 사반세기, 오늘 우리는 인류의 이상인 평화와 번영을 다짐하는 새 시대의 문턱에 섰습니다. 나는

> 이 시기야말로, 인류가 대화와 협조의 윤리를 존중하여 공존 공영하는 세계 평화의 새 질서 확립의 기회요, 아시아인에게는 아시아 고유의 전통을 바탕으로 다양 속의 조화를 이룩해야 할 교류와 협력의 시기이며, 우리 한국 국민에게는 조국 근대화의 굳건한 터전 위에서 국토 분단의 비극을 종식시켜야 할 통일의 연대가 되어야 하겠다고 생각합니다. 이 역사적인 새 시대의 출발점에서 조국과 인류 사회를 위해 이바지해야 할 사명이 참으로 크고 또한 무거움을 통감하면서, 나는 겨레의 공복으로서 주저보다는 용기를 앞세우고, 편안보다는 보람을 일깨워 맡은 바 대임완수에 심혈을 바칠 것을 역사와 민족 앞에 서약합니다.

예문 (3)의 제7대 박정희 대통령의 취임사는 평화와 통일이라는 '역사적 과제'를 제시하는 내용으로 시작하여 '취임 선언'을 하면서 '감회'를 표현하는 순서로 내용이 전개된다. 제6대와 마찬가지로 '감사'의 말은 생략되어 있다.

제7대 박정희 대통령의 취임 선언은 "이 역사적인 새 시대의 출발점에서 (중략) 나는 겨레의 공복으로서 (중략) 맡은 바 대임완수에 심혈을 바칠 것을 역사와 민족 앞에 서약한다."라는 내용으로 표현되었다. 그리고 '감회'는 "사명이 참으로 크고 또한 무거움을 통감한다."라는 내용으로 언급되었다. 제7대 취임사에서부터 "사랑하는 5천만 국내외 동포"와 "내외 귀빈"을 언급하는 '청중 호출'이 취임사 맨 앞으로 이동하였는데, 이것이 이후 대통령 취임사의 일반적인 형식으로 자리를 잡게 된다.

> (4) 친애하는 5천만 동포 여러분! 그리고 내외 귀빈 여러분! 우리는 오늘 고난과 시련의 역사에 종지부를 찍고, 안정과 번영의 보람찬 새 역사를 기록해 나가야 할 엄숙하고도 뜻깊은 전환점에 섰습니다. 이 자리에 모인 우리들은 이 순간을 지켜보는 역사의 증인들입니다. 나는 지금부터 우리가 기록해야 할 역사는 활기찬 창조의 새 역사이어야 하며, 민족의 자주성에 입각한 영광의 역사이어야 한다고 굳게 믿는 바입니다. 이러한 민족사의 새로운 출발점에서 나는 국민 여러분의

> 절대적 지지 속에 민족통일과 번영의 대임을 맡은 제8대 대통령으로서 헌법이 부여한 책임과 의무를 성실히 이행할 것을 조국과 민족의 양심 앞에 엄숙히 맹세하였습니다. 나는 우리 조국의 안정과 평화, 통일과 번영에 대한 온 겨레의 염원 속에서 마련된 이 식전이, 나에게는 막중한 책임과 숭고한 사명의 십자가를 지게 하는 헌신의 제단이며, 우리 모두에게는 조국의 밝고 희망찬 내일을 위해 온 겨레의 뜻과 힘을 하나로 묶는 구국 유신의 대광장이라고 믿습니다.

예문 (4)의 제8대 박정희 대통령의 취임사는 통일과 번영이라는 '역사적 과제'를 제시하는 내용으로 시작하여 '취임 선언'을 하고, '감회'를 표현하는 순서로 내용이 전개된다. 제6~7대와 마찬가지로 '감사'의 말은 생략되어 있다.

제8대 박정희 대통령의 취임 선언은 "이러한 민족사의 새로운 출발점에서 (중략) 8대 대통령으로서 헌법이 부여한 책임과 의무를 성실히 이행할 것을 조국과 민족의 양심 앞에 엄숙히 맹세하였습니다."라는 내용으로 표현되었다. 제8대 대통령 취임사에서 가장 눈에 띄는 부분은 7대에 이어 연임을 하면서도 이전 정부를 평가하는 듯한 "오늘 고난과 시련의 역사에 종지부를 찍는다."라는 표현을 사용하고 있다는 점과 일종의 '감회'로서 취임식의 의미를 "숭고한 사명의 십자가를 지게 하는 헌신의 제단"이라든가 "구국 유신의 대광장"이라는 비유적 표현을 사용하고 있다는 점이다.

> (5) 친애하는 5천만 동포 여러분! 그리고 내외 귀빈 여러분! 대망의 80년대를 눈앞에 바라보면서 역사의 새 장이 펼쳐지는 이 순간에 우리는 민족 웅비의 부푼 꿈과 새로운 결의를 다짐하며 오늘 이 자리에 모였습니다. 온 국민의 집념과 땀이 어린 이 보람찬 중흥의 창업 도정에서, 개발의 60년대와 약진의 70년대에 쌓아올린 빛나는 금자탑이 있기에 내일의 우리에게는 부강한 선진 한국의 웅장하고도 자랑스러운 모습이 뚜렷이 떠오르고 있습니다. 그러므로 지금부터 우리가 도전하는

> 80년대는 새 역사 창조를 향한 자신과 긍지에 가득찬 웅비의 시대가 될 것입니다. 다가오는 연대야말로 기필코 고도 산업 국가를 이룩하여 당당히 선진국 대열에 참여하고, 번영과 풍요 속에서도 인정과 의리가 넘치는 복지 사회를 이룩해야 할 시기입니다. 이제까지 축적된 민족의 힘과 슬기를 유감없이 발휘하여 우리 역사상 다시 한 번 민족 문화의 개화기를 맞이하는 위대한 연대가 되어야 하겠습니다. 그리하여 우리의 숙원인 조국의 평화적 통일에 획기적인 진전을 성취함으로써 유구한 역사 속에 연면히 이어온 민족사의 정통성을 드높이고 평화와 안정과 번영을 향한 인류 역사의 진운에 적극 기여해야 하겠습니다. 이처럼 장엄한 민족사의 분수령에서 제9대 대통령의 무거운 책무를 맡게 된 나는, 이 시대를 함께 사는 온 국민과 더불어 항상 고락을 같이 하면서, 우리 세대에게 주어진 엄숙한 소명을 받들어 헌신할 것을 조국과 민족 앞에 굳게 맹세하는 바입니다.

예문 (5)의 제9대 박정희 대통령의 취임사는 경제 개발과 복지 사회 구현, 평화적 통일이라는 '역사적 과제'를 제시하는 내용으로 시작하여 '취임 선언'을 하면서 '감회'를 표현하는 순서로 내용이 전개된다. 제6~8대와 마찬가지로 '감사'의 말은 생략되어 있다.

제9대 박정희 대통령의 취임 선언은 "이처럼 장엄한 민족사의 분수령에서 (중략) 제9대 대통령의 (중략) 헌신할 것을 조국과 민족 앞에 굳게 맹세한다."라는 내용으로 표현되었고, '감회'는 "무거운 책무"로 매우 짧게 언급되었다.

지금까지 살펴본 박정희 대통령 취임사의 기능단계 중 취임선언단계에 대한 분석 내용을 표로 정리하면 다음과 같다.

〈표 1〉 박정희 대통령 취임사 취임선언단계의 부분단계 분석

구분	부분단계
제5대	역사적 정통성, 청중 호출, 취임 선언, 감사, 감회
제6대	역사적 정통성, 취임 선언, 감회
제7대	청중 호출, 역사적 과제, 취임 선언, 감회
제8대	청중 호출, 역사적 과제, 취임 선언, 감회
제9대	청중 호출, 역사적 과제, 취임 선언, 감회

2.2. 국정방향제시단계

대통령 취임사에서 국정방향제시단계는 〈표2〉의 어절 수만 놓고 봐도 다른 단계에 비해 비교할 수 없을 만큼 분량이 많다. 그만큼 대통령 취임사에서 차지하는 비중이 높다고 할 수 있다.

〈표2〉 박정희 대통령 취임사의 어절 수 비교

구분	취임선언단계	국정방향제시단계	마무리단계
제5대	123어절	1,053어절	60어절
제6대	77어절	787어절	29어절
제7대	111어절	615어절	194어절
제8대	127어절	879어절	203어절
제9대	180어절	889어절	72어절

제5대 박정희 대통령 취임사에서는 3·1 운동과 6·25 동란의 침략 분쇄, 4월혁명 등 긍정적인 '역사적 성찰'을 언급[3])한 다음, "준엄한 노정"이 기다리

3) 4월혁명의 정신을 계승하려는 의도에 초점을 맞추면 긍정적인 의미의 '역사적 성찰'로 평가할 수 있지만, 4월혁명을 언급하면서 이전 정부를 부정부패한 독재로 기술하는 점에 초점을 맞추면 부정적인 역사 인식으로 평가할 수 있다.

고 있다는 부정적인 '현실 인식'을 전제로 '제1의 국정방향'을 정치, 경제, 사회 분야의 혁신과 조국의 근대화로 제시하고, 이를 위해 범국민적인 참여와 민족의 단합을 '요청'[4]한다. 그리고 '청중 호출'에 이어 '제2의 국정방향'을 통일로 제시한 다음, '제3의 국정방향'을 경제개발로 제시하고, 이를 위해 여야의 협조와 민관의 단합을 '요청'한다.

제6대 박정희 대통령 취임사에서는 국정방향을 제시하기에 앞서 의례적으로 '청중 호출'을 사용하는데, 이러한 방식은 이후 대통령 취임사의 일반적인 형식으로 자리를 잡는다. 제6대 대통령 취임사에서는 '청중 호출'에 이어 "100년 전의 쇄국과 고립이 100년의 고난과 정체를 가져왔다."라는 부정적인 '역사적 성찰'을 언급한 다음, "인류에 공헌할 때가 되었다."라는 긍정적인 '현실 인식'을 전제로 '제1의 국정방향'을 신생국가의 정치적 독립과 경제적 자립으로, '제2의 국정방향'을 6·8 총선의 시행착오 수정으로, '제3의 국정방향'을 참신한 정치 풍토 조성과 평화적 정권 교체로, '제4의 국정방향'을 3대 공적(빈곤, 부정부패, 공산주의) 추방으로, '제5의 국정방향'을 삼위일체(산업구조, 국토구조, 소득구조의 균형)의 근대화 작업으로, '제6의 국정방향'을 통일로 제시한다. '요청'은 '제2～6의 국정방향'을 제시할 때 사용되었다.

제7대 박정희 대통령 취임사에서는 5·16 혁명과 1960년대의 긍정적인 '역사적 성찰'[5]을 언급한 다음, "한반도를 뒤덮고 있는 긴장의 짙은 안개가 좀처럼 가실 줄 모른다."라는 부정적인 '현실 인식'을 전제로 '제1의 국정방향'을 평화를 추구하는 국제 조류에 능동적인 동참과 평화 통일로, '제2의 국

4) 국정방향제시단계에 '약속'이 아니라 '요청'이 자주 등장한다는 것은 행동의 주체가 대통령이 아니라 국민이라는 것을 의미한다. 실례로 국정방향으로 근대화를 제시하면서 '요청'을 하는 것은 대통령으로서 근대화를 이루기 위해 최선을 다하겠다고 말하는 대신에 근대화를 이루기 위해서는 국민의 노력이 꼭 필요하다고 말하는 식이다.

5) 이범수 외(2006a:202)에서는 박정희 대통령 취임사 중에 집권 후기(7～9대 취임사)로 갈수록 과거에 대한 진술이 긍정적으로 바뀐다는 사실을 지적하고 있다.

정방향'을 통일 국력 확보와 경제개발로, '제3의 국정방향'을 전통문화의 계승·발전으로, '제4의 국정방향'을 사회 부조리를 척결하기 위한 정신혁명으로 제시한다. '약속'은 '제1~3의 국정방향'을 제시할 때 사용되었고, '요청'은 '제4의 국정방향'을 제시할 때 사용되었다.

제8대 박정희 대통령 취임사에서는 우리의 역사가 영예와 오욕으로 점철되었으며, 수난과 비운의 연속이었다는 부정적인 '역사적 성찰'을 언급한 다음, 바로 긍정적인 '현실 인식'을 드러내며 5·16 혁명을 시작으로 1, 2차 경제개발 5개년 계획과 새마을운동의 긍정적인 '업적 평가'를 제시한다. 그리고 '제1의 국정방향'으로 국력 배양을 통한 통일 조국 구현을, '제2의 국정방향'으로 10월 유신의 정신을 계승한 국정 전반의 일대 개혁을 강조하고, 남북의 평화와 번영, 생산적인 민주주의 기틀 수립, 농공병진, 사회보장제도 확충, 사회지도층의 솔선수범, 전통문화의 계승 발전 등의 정책을 나열하고, '제3의 국정방향'으로 공직자의 솔선수범을 제시한다. '요청'은 '제1의 국정방향'을 제시할 때 사용되었고, '약속'은 '제2~3의 국정방향'을 제시할 때 사용되었다.

제9대 박정희 대통령 취임사에서는 6·25 동란 직후 빈곤과 침체, 체념과 무기력 속에서 벗어나지 못했다는 부정적인 '역사적 성찰'을 언급한 다음, 바로 긍정적인 현실 인식을 드러내며 경제 발전과 새마을운동의 '업적 평가'를 제시하고 국민에게 '감사'의 말을 전한다. 하지만 다시 부정적인 '현실 인식'을 전제로 분발을 '요청'한다. 그리고 나서 '제1의 국정방향'으로 완전 자립경제 달성, 자주국방 확립, 사회개발 확충, 정신문화 계발, 평화통일 등을 나열하고, '제2의 국정방향'으로 앞서 제시한 국정방향의 성공적인 추진을 위해 효율적인 정치제도의 발전을 강조하고, '제3의 국정방향'으로 통일 조국을 건설을 제시한다. '약속'은 '제1, 제3의 국정방향'을 제시할 때 사용되었고, '요청'은 '제2의 국정방향'을 제시할 때 사용되었다.

지금까지 살펴본 박정희 대통령 취임사의 기능단계 중 국정방향제시단계에 대한 분석 내용을 표로 정리하면 다음과 같다.

〈표3〉 박정희 대통령 취임사 국정방향제시단계의 부분단계 분석

구분	부분단계
제5대	역사적 성찰, 현실인식 / 국정방향제시Ⅰ(근대화), 요청 / 청중호출, 국정방향제시Ⅱ(통일) / 국정방향제시Ⅲ(경제개발), 요청
제6대	역사적 성찰, 현실인식 / 청중호출, 국정방향제시Ⅰ(신생국의 정치적 독립과 경제적 자립) / 청중호출, 국정방향제시Ⅱ(6·8총선의 과오 수정), 요청 / 청중호출, 국정방향제시Ⅲ(참신한 정치 풍토 조성과 평화적 정권 교체), 요청 / 청중호출, 국정방향제시Ⅳ(3대 공적 추방), 요청 / 청중호출, 국정방향제시Ⅴ(삼위일체의 근대화), 요청 / 청중호출, 국정방향제시Ⅵ(통일), 요청
제7대	청중호출, 역사적 성찰, 현실인식 / 청중호출, 국정방향제시Ⅰ(통일), 약속 / 청중호출, 국정방향제시Ⅱ(경제개발), 약속 / 청중호출, 국정방향제시Ⅲ(전통문화의 계승), 약속 / 국정방향제시Ⅳ(정신혁명), 요청
제8대	청중호출, 역사적 성찰, 현실인식, 업적평가 / 청중호출, 국정방향제시Ⅰ(통일), 요청 / 청중호출, 국정방향제시Ⅱ(개혁), 약속 / 청중호출, 국정방향제시Ⅲ(공직자의 솔선수범), 약속
제9대	청중호출, 역사적 성찰, 현실인식, 업적평가, 감사 / 청중호출, 현실인식, 요청 / 국정방향제시Ⅰ(개혁), 약속 / 청중호출, 국정방향제시Ⅱ(정치발전), 요청 / 청중호출, 국정방향제시Ⅲ(통일), 약속

2.3. 마무리단계

(6) 이제 여기에 우람한 새 공화국의 아침은 밝았습니다. 침체와 우울, 혼돈과 방황에서 우리 모든 국민은 결연히 벗어나 생각하는 국민, 일하는 국민, 협조하는 국민으로 재기합시다. 새로운 정신, 새로운

> 자세로써 희망에 찬 우리의 새 역사를 창조해나갑시다. 끝으로 하느님의 가호 속에 탄생되는 새 공화국의 전도에 영광 있기를 빌며, 이 식전에 참석하신 우방친우들에게 감사의 뜻을 표함과 아울러 동포 여러분의 건강과 행운 있기를 축원하는 바입니다. 감사합니다.

예문 (6)의 제5대 박정희 대통령의 취임사는 앞에서 이미 수차례 언급했던 새 공화국의 탄생을 아침에 비유하면서 전 국민의 동참을 거듭 '요청'하고, 참석자(우방친우)에 대한 '감사'와 동포의 건강과 행운을 '기원'하는 순서로 내용이 전개된다.

일반적으로 대통령 취임사의 마무리단계는 '요약'의 기능보다 '요청'의 기능이 강하다. 즉, 대통령으로서 자신이 앞서 제시한 국정방향에 따라 대통령의 직무를 성실히 수행할 테니 국민의 적극적인 지지와 동참을 요청하는 것이다.

> (7) 끝으로 사랑하는 동포 여러분의 영광과 행운을 빌고, 오늘 우리와 자리를 같이 하지 못하는 북한 동포들에게 하느님의 인용 있기를 빌며, 멀리 우리를 찾아 이 식전에 참여하신 우방의 친우들에게 감사드리는 바입니다.

예문 (7)의 제6대 박정희 대통령의 취임사는 동포의 영광과 행운을 '기원'하고, 북한 동포에 대한 하느님의 관용을 '기원'하며, 참석자(우방친우)에 대한 '감사'를 표현하는 순서로 내용이 전개된다.

> (8) 사랑하는 국민 여러분! 이제 우리는 경제 개발의 토대 위에서 국가 발전의 다음 단계에 대한 구상을 가다듬고, 그 전진 방향에 대한 국민적 합의를 서로 다짐할 때가 왔습니다. 나라 살림을 앉아서 구경하는 방관자가 되지 말고, 여기에 발벗고 뛰어들어 함께 걱정하고 서로 힘써 나가는 참여자의 긍지를 가지고, 주인의 책임과 사명을 다하는

데서 보람을 찾는 국민이 될 것을 당부합니다. 국민들의 절대적인 지지와 신임을 바탕으로 어려운 국정 운영에 나의 모든 것을 바쳐왔던 지난날을 돌이켜 보고 조국의 먼 앞날을 내다보면서, 나는 지금 이 순간 벅찬 감회 속에 조국을 향한 나의 간절한 소망을 다시 되새겨 봅니다. 가난한 농촌의 아들로 태어나 동족 상잔의 비극적인 시대에 살면서, 나는 자나깨나 이 땅에서 가난을 몰아내고 남북의 부모 형제가 얼싸안고 재회의 기쁨을 누릴 통일조국의 실현을 희구해 왔습니다. 5천만 우리 민족이 삼천리 금수강산 이 땅 위에서 자유와 번영과 평화의 기쁨을 누려보자는 나의 이 열망은 더욱 진하고 뜨거워짐을 절감합니다. 어찌 이것이 나 혼자만의 소망이겠습니까? 남녘에 살거나 북쪽에 살거나, 수륙 만리 이방에 살거나, 내 조국 내 민족을 사랑하는 우리 국민 누구나의 가슴속에 타오르고 있는 민족의 염원이 아니겠습니까? 우리 함께 단결하여 전진해 나갑시다. 이 소망, 이 염원이 우리들의 피땀어린 자주적 노력으로 활짝 피어나는 날, 그 날은 바로 위대한 한국의 횃불을 온 누리에 밝히는 민족 성전의 축제일이 될 것을 나는 확신합니다.

예문 (8)의 제7대 박정희 대통령의 취임사는 국민에게 주인의식을 '요청'한 다음, 자신의 벅찬 '감회'에 이어 국민의 단결을 '요청'하는 순서로 내용이 전개된다.

(9) 친애하는 국민 여러분! 우리는 서로 이 강토 위에서 영원토록 사랑을 가꾸어 나가야 할 한 핏줄의 아들. 딸들입니다. 서로 힘을 합쳐서 비능률과 부조리, 퇴폐와 낭비가 스스로 자취를 감추고, 합리와 능률, 성실과 근면이 뿌리를 박은 아름다운 생활풍토를 이룩해 나갑시다. 그리고, 다시는 전쟁의 포성이 울리지 않게 하고, 그 대신 번영과 정의의 꽃이 만발하는 희망과 행복의 통일조국, 위대한 한국을 건설합시다. 그 날의 영광을 앞당기기 위해, 다같이 이 보람찬 유신의 대행진에 참여합시다. 그리고 힘차게 끈기있게 전진합시다. 그리하여 이 위대한 유신의 횃불을 무궁한 조국의 영광과 더불어 길이 우리 후손들에게 물려줍시다. 우리는 오늘 고난과 시련의 역사에 종지부를

찍고, 안정과 번영의 보람찬 새 역사를 기록해 나가야 할 엄숙하고도 뜻깊은 전환점에 섰습니다. 이 자리에 모인 우리들은 이 순간을 지켜보는 역사의 증인들입니다. 나는 지금부터 우리가 기록해야 할 역사는 활기찬 창조의 새 역사이어야 하며, 민족의 자주성에 입각한 영광의 역사이어야 한다고 굳게 믿는 바입니다. 이러한 민족사의 새로운 출발점에서 나는 국민 여러분의 절대적 지지 속에 민족통일과 번영의 대임을 맡은 제8대 대통령으로서 헌법이 부여한 책임과 의무를 성실히 이행할 것을 조국과 민족의 양심 앞에 엄숙히 맹세하였습니다. 나는 우리 조국의 안정과 평화, 통일과 번영에 대한 온 겨레의 염원 속에서 마련된 이 식전이, 나에게는 막중한 책임과 숭고한 사명의 십자가를 지게 하는 헌신의 제단이며, 우리 모두에게는 조국의 밝고 희망찬 내일을 위해 온 겨레의 뜻과 힘을 하나로 묶는 구국 유신의 대광장이라고 믿습니다.

예문 (9)의 제8대 박정희 대통령의 취임사는 국민 모두가 유신의 대행진에 동참할 것을 '요청'한 다음, 대통령의 책임과 의무를 성실히 이행할 것을 '다짐'하고, 취임선언단계에서 이미 한 번 언급했던 비유적 표현을 거듭 사용하여 '감회'를 말하는 순서로 내용이 전개된다.

(10) 친애하는 국민 여러분! 나는 유구한 민족사에서 오늘이 차지하는 위치를 지켜보면서, 영광된 민족의 대행진을 이끌어 나갈 엄숙하고도 막중한 책임을 절감하며, 다시금 온 국민의 아낌없는 협조와 분발을 당부하고자 합니다. 불과 수년 전 우리가 체제를 정비하여 세계적인 유류 파동과 인도지나 반도가 적화된 직후의 위기를 슬기롭게 극복했던 굳센 단결의 교훈을 결코 잊어서는 안됩니다. 우리 모두 방방곡곡에 세차게 메아리치는 개혁과 창조와 전진의 우렁찬 발걸음을 더욱 재촉하면서, 격동과 시련을 겪고 있는 오늘의 세계 속에서 한민족의 찬연한 횃불을 밝힙시다.

예문 (10)의 제9대 박정희 대통령의 취임사는 대통령의 "막중한 책임"을 언급함으로써 '감회'를 먼저 말하고, 개혁과 창조의 발걸음에 국민이 적극 협조해 줄 것을 '요청'하는 순서로 내용이 전개된다.

지금까지 살펴본 박정희 대통령 취임사의 기능단계 중 마무리단계에 대한 분석 내용을 표로 정리하면 다음과 같다.

〈표4〉 박정희 대통령 취임사 마무리단계의 부분단계 분석

구분	부분단계
제5대	요청, 감사, 기원, 인사
제6대	기원, 기원, 감사, 인사
제7대	청중 호출, 요청, 감회, 요청
제8대	청중 호출, 요청, 다짐, 감회
제9대	청중 호출, 감회, 요청

3. 맺음말

지금까지 제5대부터 제9대까지 박정희 대통령 취임사를 중심으로 대통령 취임사의 거시구조를 살펴보았다. 이 연구는 박정희 대통령의 취임사에 국한된 연구라는 점에서 일정 부분 한계가 있지만, 박정희 대통령의 취임사가 대통령 취임사의 기본적인 형식을 마련하는 데 참고가 되었다는 점에서 연구의 의의를 찾을 수 있다.

박정희 대통령 취임사의 기능단계를 취임선언단계, 국정방향제시단계, 마무리단계로 세분하여 살펴본 결과, 대통령 취임사의 시작부에 해당하는 취임선언단계에는 '역사적 정통성'이나 '역사적 과제'를 전제로 '취임 선언'이 이루어지며, 이 과정에서 '감사'나 '감회'가 언급되는 것을 확인할 수 있

었다. 그리고 대통령 취임사의 중심부에 해당하는 국정방향제시단계에는 '역사적 성찰'과 '현실 인식'을 전제로 '국정방향'을 제시하는데, 일반적으로 '역사적 성찰'이 긍정적이면 '현실 인식'이 부정적이고, '역사적 성찰'이 부정적이면 '현실 인식'이 긍정적인 형태로 제시되는 것을 확인할 수 있었다. 끝으로 대통령 취임사의 종결부에 해당하는 마무리단계에는 '요청'과 '다짐'이 언급되는 것을 확인하였다.

참고문헌

구현정(1997), 『대화의 기법』, 한국문화사.

김광웅(1993), "역대 대통령의 취임사에서 밝혀진 이념과 정책", 행정논총 31-1, 한국행정연구소, 60~68.

김은주(1986), "박정희 대통령 연설문의 수사체계 분석", 서울대학교 신문학 석사학위논문, 서울대학교 대학원.

김현국(2001), "연설문의 문체 연구: 대통령 취임사를 중심으로", 청람어문교육 23, 청람어문교육학회, 243~297.

김형주(2010), "텔레비전 시사토론 대화의 구조와 전략", 건국대학교 국어학 박사학위논문, 건국대학교 대학원.

박용국(2001), 『대화분석론』, 도서출판 역락.

유동엽(2007), "대통령 취임사의 텍스트언어학적 연구", 서울대학교 국어학 석사학위논문, 서울대학교 대학원.

윤희중(1984), 『한국정치커뮤니케이션 연구』, 나남출판사.

이범수·김민영(2006a), "대통령 취임사의 수사학적 분석-박정희 대통령 취임사를 중심으로", 한국소통학회 2006년 가을학술대회, 한국소통학회, 193~216.

이범수·김민영(2006b), "연설텍스트의 수사적 체계 분석-노무현 대통령 취임사를 중심으로", 수사학 4, 한국수사학회, 179~209.

이상철(1998), "Republic of Korea President Kim Young-Sam's Rhetoric in the 1992 Campaign and the First Year in Office: An Institutional Study of Presidential Rhetoric in Democratization", 미네소타대학교 박사학위논문.

이원표(2000), "Presidents' inaugural speeches: Rhetorical structure and democratization of discourse", 사회언어학 8-1, 한국사회언어학회, 87~166.

이원표(2002), 『담화분석 방법론과 화용 및 사회언어학적 연구의 실례』, 한국문화사.

이재원(2013), "박근혜 대통령 취임사의 수사학적 분석-키케로의 생각의 수사학을 중심으로", 텍스트언어학 35, 한국텍스트언어학회, 229~254.

James A. Aune, Martin J. Medhurst(2008), 『The Prospect of Presidential Rhetoric』, Texas A&M University Press.

Jeffrey K. Tulis(1987), 『The Rhetorical Presidency』, Princeton: Princeton University Press.

Karlyn K. Campbell, Kathleen H. Jamieson(1990), 『Deeds done in words: Presidential rhetoric and the genres of governance』, Chicago: The University of Chicago Press.

Roderick P. Hart(1984), 『Verbal style and the presidency: A computer- based analysis』, New York: Academic Press.

전기 안전 캠페인 텍스트 분석

윤재연

1. 머리말

TV광고는 전달력과 파급력이 매우 크다는 점에서 매우 효과적인 커뮤니케이션 도구이며, 그런 의미에서 정부에서는 공공정책을 효과적으로 알리기 위한 도구로서, TV광고를 활용하고 있다. 그런데 공공정책 광고는 늘 똑같은 이미지, 진부한 표현으로 수용자들에게 외면 받는 것이 현실이다. 국민의 세금으로 만들어지는 만큼, 정책 광고 본연의 목적을 잘 수행하기 위해 수용자에게 외면 받는 광고를 양산해서는 안 될 것이다. 이에 본 연구에서는 공공정책 광고를 대상으로 텍스트성을 분석함으로써, 공공정책 광고가 수용자에게 흥미를 끌지 못하는 이유를 찾고, 그 발전 방안을 모색하고자 한다. 이 글에서는 공공정책 광고 가운데 특히, 전기 안전 캠페인을 대상으로 분석하고자 한다.

2. 연구 대상 및 방법

2.1. 연구 대상

정부의 정책 광고는 정부의 정책을 알리고, 국민의 동의를 얻기 위한 과정이므로, 이에 맞는 적절한 광고 제작이 이루어져야 한다. 김영욱(2010:314)에서도, 정부 광고는 정부와 정책에 대한 긍정적인 마인드와 태도 획득, 국민의 지지와 이해의 고양 등의 기능을 가지며, 이는 매우 상대적인 가치와 함께 정파성에 함몰될 가능성을 내포하고 있으므로, 정부 당국의 일방적인 주장이 아니라 국민의 합의를 담보하는 장치가 없다면 정부 광고는 세금을 유용한다는 비난에 직면할 수 있음을 지적한 바 있다. 이에 본 연구에서는 정부의 정책 광고가 과연 효율적인 커뮤니케이션 도구로서 기능하고 있는가 하는 관점에서 문제를 찾고, 그 해결 방안을 모색하고자 하는 것이다. 이 글에서는 정책 광고 가운데 특히 전기 안전 캠페인을 중심으로 살펴보고자 하며, 구체적인 연구 대상은 2002년부터 2014년까지 공중파에서 방영되었던 전기 안전 캠페인 총 20편이다. 연구 대상의 목록은 [표 1]에 제시한 바와 같다.[1)]

〈표 1〉 연구 대상 목록 (연도별 내림차순)

no.	광고	날짜 / 요약	no.	광고	날짜 / 요약
1		2014-01-09 온 세상을 안전하게 편	11		2005-12-26 정겨운 고향 편
2		2012-06-01 지켜주세요 편	12		2005-09-01 아카펠라 편

1) 자료는 국내 최대 광고 사이트인 'TVCF'에서 얻었다. 사이트에서 얻을 수 있는 전기 안전 캠페인은 총 22편뿐이었는데, 연구 대상을 20편만으로 정한 것은, 1편은 1999년도 자료라 너무 오래되었고, 1편은 공사 작업 현장에서의 전기 안전에 대한 것으로서, 나머지 20편이 일상에서의 전기 안전 캠페인인 점과 달라 제외했기 때문이다.

3		2011-02-15 작은 관심 편	13		2005-07-01 장마철 편
4	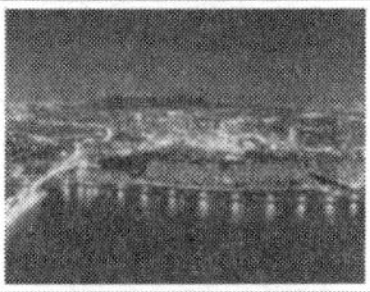	2010-02-08 1초 관심 편	14		2005-02-24 유치원 편
5		2009-02-06 에버세이 편	15		2004-11-11 마술 편
6		2008-09-06 아빠랑 약속 편	16		2004-09-21 연극 무대 편
7		2008-04-05 조심 편	17	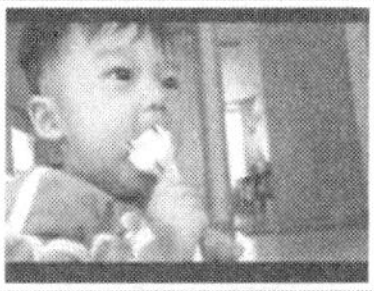	2004-03-23 세 살 버릇 편
8		2007-09-20 습관 편	18	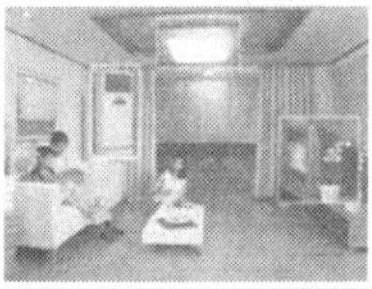	2003-08-01 약속 편
9		2007-04-01 비보이 편	19		2003-03-01 괜찮겠지 편
10		2006-05-01 이사 편	20		2002-09-01 옐로카드 편

2.2. 연구방법

광고는 대표적인 설득 커뮤니케이션이다. 이 글에서는 전기 안전 캠페인에서 전달하는 메시지 내용 및 메시지 표현과 관련하여, 텍스트 특성을 분석함으로써, 설득 커뮤니케이션 도구로서의 전기 안전 캠페인의 효과에 대해 논의하고자 한다. TV 광고를 의사소통의 행위로서 바라볼 때, 효과적인 광고 텍스트를 생산하고자 하는 텍스트 구성과 조직의 문제는, 의사소통 발화체로서 요구되는 텍스트성과 깊게 연관된다. R.de Beaugrande · W.Dressler(1981)는 텍스트가 완전한 의사소통의 발화체가 되기 위해서 응집성(coherence), 응결성(cohesion), 의도성(intentionality), 용인성(acceptability), 정보성(informativity), 상황성(situationality), 텍스트상호성(intertextuality)의 일곱 가지 기준에 부합해야 한다고 보았는데, 이 글에서 전기 안전 캠페인의 효과에 대한 논의는 R.de Beaugrande · W.Dressler(1981)이 제안한 텍스트성을 이론적 바탕으로 삼을 것이다.

3. 전기 안전 캠페인의 텍스트 특성

전기 안전 캠페인은 설득 텍스트로서 효과적으로 기능하지 못하는 것으로 보인다. 이에 3장에서는 전기 안전 캠페인의 텍스트 특성을 살펴봄으로써, 전기 안전 캠페인이 수용자의 흥미를 유발하지 못하는 이유를 찾고, 그 개선 방안을 모색하고자 한다. 전기 안전 캠페인의 텍스트 특성은 메시지 내용과 텍스트 구성 차원에서 각각 살필 것이다.

3.1. 메시지 내용

1) 주제

전기 안전 캠페인이 갖고 있는 가장 큰 문제는 이들 광고에서 전달되는 주제가 거의 동일하여 진부하게 느껴진다는 점이다. 전기 안전 캠페인에서 전달하는 메시지는 '전기 안전의 필요성과 방법'이라고 요약할 수 있을 정도로 대동소이하다. 거의 대부분의 캠페인에서 '(가족/이웃/대한민국의) 행복을 위해 전기 안전을 지키자', '전기 안전에 관심을 갖고 이를 실천하자'는 메시지를 전달하고 있고, 전기 안전을 지키는 방법으로, '문어발식 코드 꽂기를 삼가라. 정기적으로 누전 차단기를 눌러 전기 안전을 점검하라. 젖은 손으로 전기 사용하지 않도록 하자.'는 메시지를 제시하고 있다. 이들이 주된 메시지라는 것은, 연구 대상 20편의 광고에서 주로 사용되고 있는 어휘가 무엇인지를 통해 명확하게 드러날 것으로 생각하는 바, 이에 고빈도 어휘[2])를 추출하고, 그 결과를 [표2]에 제시하였다.

〈표 2〉 전기 안전 캠페인 고빈도 어휘

	고빈도 어휘	등장 횟수	해당 광고 (※ 아래 숫자는 표1의 광고 목록 번호)	광고 편수	%
1	안전	52	1~20 (단, 19는 포함되지 않음)	19	95
2	행복	20	1, 2, 4, 8, 9, 10, 11, 12, 15, 20	10	50
3	약속, 지키다	17	2, 4, 5, 6, 8, 16, 18, 20	8	40

2) 주로 사용된 어휘는, 최소 5회 이상, 5편 이상의 광고에서 나타나는 것 만을 포함하였다. 예를 들어, '조심'이라는 어휘는 총 7회 사용되었으나, 오직 〈no.7〉에서만 나타나므로, 고빈도 어휘 목록에 포함하지 않았다. 한편, [표2]에 제시된 어휘 이외에도 '문어발, 젖은 손, 누전차단기'도 고빈도 어휘로 등장한다. 그런데 이들은 '전기 안전'을 지키는 방법과 관련된 어휘들로서, [표3]에서 따로 다룰 것이기 때문에, [표2]에는 포함하지 않았다.

4	관심	10	1, 3, 4, 11, 15, 16	6	30
5	실천	7	6, 13, 14, 15, 16, 20	6	30
6	편리	6	5, 7, 12, 18, 19	5	25
7	감전	6	7, 9 13, 19, 20	5	25

[표2]에 제시된 바와 같이, 가장 많이 나온 어휘는 '안전'으로, 19편(95%)의 광고에서 총 52회 사용되었다. 두 번째로 빈도수가 높은 어휘는 '행복'으로, 10편(50%)의 광고에서 총 20회 사용되었다. 세 번째 고빈도 어휘는 '약속, 지키다'로서, '약속'이 '지키다'는 의미를 포함하고 있다는 점에서 '약속'과 '지키다'를 동일 어휘로 처리하였고, 이는 8편(40%)의 광고에서 총 17회 사용되었다. 네 번째 고빈도 어휘는 '관심'으로, 6편(30%)의 광고에서 총 10회 사용되었다. 다섯 번째 고빈도 어휘는 '실천'으로 6편(30%)의 광고에서 총 7회 사용되었다. '편리'와 '감전'은 각각 5편(25%)의 광고에서 6회씩 사용되었다. 연구 대상이 전기 안전 캠페인인 만큼, '안전', '지키다', '실천'과 같은 어휘의 빈도수가 높은 것은 어쩌면 당연한 결과로 보인다. 그러나 이를 감안한다 하더라도, '행복'이 등장하는 광고가 10편(50%)이나 된다는 것은, 전기 안전 캠페인이 주로 '행복'에 대해서 이야기하고 있다는 것을 의미하며, 이는 수용자로 하여금 '전기 안전 캠페인의 메시지는 단조롭고, 진부하다'고 느끼도록 하는 원인이 된다. 그리고 '단조롭고, 진부한' 메시지는 결국 수용자의 흥미를 떨어뜨리는데, 상투적이고 반복되는 메시지에 흥미를 갖는 사람은 없기 때문이다.[3] 따라서 전기 안전 캠페인의 메시지에 변화를 주어야 할 필요가 있다. 그렇다면 전기 안전 캠페인의 메시지의 다양화를 어떻게 꾀할 수 있을 것인가? 과연 전기 안전 캠페인에서 메시지를 다양화

3) R.de Beaugrande · W.Dressler(1981)는 언어 체계 안에서 생산되는 모든 발화체들은 정보적일 수 있는데, 그것이 너무 자명하거나, 너무 어려운 경우에는 수용자에게 흥미를 끌지 못한다고 본다.

하는 것이 가능할까? 아래의 '금연 캠페인'을 참고한다면, 이에 대한 해답의 실마리를 찾을 수 있을 것이다. [예1]~[예3]은 매우 뻔해 보이는 '금연'이라는 메시지를 매우 다양한 관점에서 표현하고 있는데, [예1][4]은 '흡연 행위'를 '호흡'과 연관지어 '금연'에 대한 새로운 해석을 부여하였고, [예2]는 '금연'을 '금연 결심'이라는 메시지로 확장하였으며, [예3]에서는 '담배'를 '침묵의 살인자'로 새롭게 규정하였다.

[예1] 금연 캠페인, 호흡 편 | 2009-06-11

자막 : 사람을 살리는 호흡이 있습니다.
사람을 죽이는 호흡도 있습니다.
당신의 호흡은 어떻습니까?

NA : 세상은 함께 호흡합니다.
사람과 사람이 함께 하는 곳
그 곳은 언제나 금연구역입니다.

자막 : 담배연기 없는 건강한 대한민국

[예2] 금연 캠페인, 마지막 담배 편 | 2009-12-01

자막 : 25살, 마지막 담배
32살, 마지막 담배
38살, 마지막 담배
45살, 마지막 담배
마지막 담배, 몇 년째 입니까? - 이하 생략

4) 정리된 [예]에서 'NA'는 '내레이터'를 의미한다.

[예3] 레드써클 캠페인, 침묵의 살인자 편 | 2011-11-02

자막 : The Silent Killer 침묵의 살인자
남 : 1년만 금연해도 심뇌 혈관질환의 위험이 절반으로 줄어듭니다.
NA : 건강한 혈관을 지키는 레드써클 캠페인
자막 : 질병관리본부 대한고혈압학회

'금연'에 대한 이러한 새로운 해석은 수용자로 하여금 '금연 캠페인'이 '참신하다'고 느끼도록 하고, 광고에 대한 호감을 형성하는 데 중요한 역할을 한다. '참신하고 창의적인 아이디어'는 일반 상품 광고에만 필요한 요소가 아니다. 공공정책 캠페인에서도 '참신하고 창의적인 아이디어'는 수용자의 흥미와 호감을 형성하기 위해 매우 중요한 요소이다. 따라서 전기 안전 캠페인이 수용자에게 적극적으로 수용되도록 하기 위해서는 좀 더 참신한 발상과 아이디어를 떠올리도록 노력해야 할 것이다.

2) 전기 안전 수칙

메시지 내용 차원에서 전기 안전 캠페인의 흥미를 떨어뜨리는 또 다른 요인으로는, 전기 안전 캠페인에서 제시되는 '전기 안전 수칙'에서 찾을 수 있다. 총 20편의 전기 안전 캠페인 중, 〈no.1〉, 〈no.6〉, 〈no.19〉을 제외한 17편(65%)에서 전기 안전을 지키는 구체적인 방법을 제시하고 있는데, 수용자에게 거의 동일한 안전 수칙을 당부하고 있다는 점에서 수용자의 흥미를 끌지 못한다. 그것이 수용자에게 새로운 정보로 인식되지 않기 때문이다. 연구 대상 20편에서 제시되는 전기 안전 수칙의 유형 및 빈도는 [표 3]과 같다.

〈표 3〉 전기 안전 캠페인의 안전 수칙 유형 및 빈도

	전기 안전 수칙	해당 광고 (※ 아래 숫자는 표1의 광고 목록 번호)	광고 편수	%
1	문어발 주의	2, 4, 6, 7, 8, 9, 12, 14, 15, 17, 20	11	55
2	누전차단점검	3, 6, 7, 8, 9, 10, 12, 13, 15, 18, 20	11	55
3	젖은 손 주의	2, 4, 7, 8, 9, 17, 20	7	35
4	전문가 점검	3, 7	2	10
5	절약, 플러그 뽑기	3, 7	2	10
6	전열기 주의	11, 15	2	10
7	플러그 깊게 꽂기	7	1	5
8	안전덮개	6	1	5
9	전선위 못질	7	1	5
10	감전 주의	19	1	5

[표3]에 제시된 바와 같이, 가장 많이 등장하는 전기 안전 수칙은 '문어발식 코드 꽂기 금지'와 '정기적인 누전 차단 점검'이다. 이들 수칙은 각각 11편(55%)의 캠페인에서 제시되었다. 그 다음으로는 '젖은 손으로 코드 꽂기 금지'로, 총 7편(35%)에 나온다. 이들 외에 나머지 수칙들은 기껏해야 2편의 광고에서 나온다는 점에서, 전기 안전 캠페인의 주된 메시지는 '문어발식 코드 꽂기 금지', '정기적인 누전 차단 점검', '젖은 손으로 코드 꽂기 금지'라 해도 무리가 없을 것으로 보인다. 게다가 이들 세 메시지는 하나의 광고에서 함께 나오는 경우가 대부분이므로, 수용자들은 전기 안전 캠페인에서는 늘 똑같은 얘기만 한다는 인상을 갖게 될 수밖에 없다.

전기에 대한 안전은 시대를 막론하고 중요한 가치임에는 틀림없다. 그러나 그 메시지가 진부하여 수용자의 흥미를 유발하지 못한다면, 캠페인으로서의 제 역할을 다할 수 없다. 따라서 수용자에게 외면 받지 않을 수 있는

좀 더 참신한 아이디어를 찾아야 한다. '전기 안전'이라는 메시지로 표현될 수 있는 것이 뻔하고, 너무 한정적이지 않느냐는 생각은 안일한 생각일 뿐이다.

3) 등장인물

메시지 내용 요소 차원에서 전기 안전 캠페인을 살펴보면, 유독 단란한 가족이 자주 등장하는 것을 확인할 수 있는데, 이 또한 전기 안전 캠페인을 진부하다고 느끼도록 하는 요인이 된다. 연구 대상 20편의 등장인물 유형을 분석한 결과는 다음 [표4]와 같다.

〈표 4〉 등장인물 유형별 연구 대상 목록

	등장인물	해당 광고 (※ 아래 숫자는 표1의 광고 목록 번호)	계 (편)	%
1	단란한 가족	1, 2, 5, 6, 8, 10, 11, 13, 17, 18, 20	11	55
2	단순 화자, 내레이터	4, 9, 12, 14, 15, 16, 19	7	35
3	기타	3, 7	2	10
	계		20	100

[표4]에서 보듯, 총 11편(55%)의 광고에서 단란한 가족이 등장한다. 따라서 전기 안전 캠페인에 유독 단란한 가족이 자주 등장한다고 보아도 무방할 것으로 생각한다. 그렇지만 11편(55%)은 절반을 조금 넘는 수준에 불과하므로, 이것이 전기 안전 캠페인을 뻔하다고 느끼게 하는 절대적인 원인이라 단언하기는 어렵다. 그럼에도 불구하고, 전기 안전 캠페인에서 단란한 가족이 등장하는 것이 텍스트의 식상함을 유발한다고 보는 이유는, 등장인물이 주로 단란한 가족일 뿐만 아니라, 텍스트 구성 방식까지도 유사한 경

우가 많기 때문이다. 다음의 [예4]~[예6]를 살펴보면, 이러한 점이 분명해진다. [예4]~[예6]은 단란한 가정에서 부모와 아이가 함께 전기 안전의 필요성과 수칙에 대해 이야기하는 방식으로 구성되어 있는데, 광고의 메시지와 등장인물뿐만 아니라, 메시지 전달 방식까지 비슷하기 때문에, 별 차이가 느껴지지 않는다. 심지어 이들은 텍스트의 마무리조차 비슷하다. 세 광고 모두 화목한 가족의 모습을 보여주는 것으로 끝맺고 있다. 그런데 여기서 중요한 것은, 이들이 방영된 때가 각각 2002년, 2005년, 2009년으로, 그 시간적 차이가 무려 3~4년에 이른다는 점이다. 몇 년씩 차이가 나는 광고가 이처럼 유사한 방식으로 전개되고 있는 점은 해당 광고를 진부하게 느끼도록 하는 주요한 원인이 된다.[5]

[예4] 전기 안전 캠페인, 옐로카드 편 (no.20) | 2002-09-01

아이 : 엄마 다녀왔습니다.
엄마 : 어~ 우리 손 씻고 과일먹자.
아이 : 네.
NA : 전기, 젖은 손으로 만지면 감전의 위험이 있습니다.

아이 : 아빠, 옐로우 카드.
NA : 문어발식 콘센트 사용은 합성의 원인이 됩니다.
아이 : 엄마, 옐로우 카드.
NA : 정기적 누전점검은 필수

자막 : 한국전기 안전공사에서는 2년에 한 번씩 귀댁의 전기를 점검해 드립니다.
NA : 작은 실천이 가족의 행복을 지켜줍니다 우리 가족 행복지수는 금메달 전기 안전 함께하는 약속입니다

5) 시리즈 광고는 장기간의 컨셉을 가지고, 하나의 주제 속에서 진행되는 광고로, 텍스트의 생산자는 여러 편으로 이루어진 광고들의 주제, 비주얼, 카피, 심벌, 칼라 등에 있어서 의도적으로 공통점을 유지한다. 따라서 유사한 방식이 광고를 진부하게 느껴지도록 한다는 주장에 이의를 제기할 수도 있을 것이다. 그러나 [예4]~[예6]이 지니는 유사성은 시리즈 광고가 갖는 텍스트 구성상의 유사성과는 분명한 차이가 있다. 이들의 메시지, 등장인물, 내용 전개 방식이 유사하다고는 하나, 텍스트 생산자가 의도적으로 이러한 유사성을 지니도록 했다고 보기 어렵기 때문이다.

[예5] 전기 안 전 캠페인, 장마철 편 (no.13) | 2005-07-01

TV화면 : 오늘부터 전국이 장마권에 접어들면서 소나기...
아이 : 아빠, 뭐 하시는 거예요?
아빠 : 장마철에는 누전차단기를 점검해 줘야 돼 이렇게.
엄마 : 어머, 뭐 하시는 거예요?
아빠 : 장마철,
아이 : 대비중입니다.
NA : 장마철 누전에 의한 감전사고 예방을 위해 누전차단기 점검은 필수입니다. 전기 안전은 우리의 생명과도 직결됩니다.

NA : 미리미리
다함께 : 한 번 더 꼼꼼하게
자막 : 장마철 전기 안전 반드시 실천합시다.

[예6] 전기 안전 캠페인, 아빠와의 약속 편 (no.6)) | 2008-09-06

NA : 2007년 전기로 인한 화재 9,091건
자막 : 문어발식 배선은 매우 위험합니다
남아1 : 아 코드를 한꺼번에 많이 꽂으면 안 되는구나

자막 : 콘센트 안전덮개를 사용하세요.
남아2 : 안전덮개도 사용해야 돼
자막 : 누전차단기는 정기적으로 점검하세요.
여아 : 아빠 차단기 점검 하셨어요?

아빠 : 그럼~. 너희들도 잘 봤지? 이제부터 전기 안전수칙 잘 지키도록 아빠랑 꼭 약속하는 거야
함께 : 네~

NA : 쉽고도 간단한 전기 안전수칙
자막 : 문어발식 배선 금지 전열기 사용 후 플러그 뽑기 불량 전기가구 교체 누전차단기 점검 젖은 손 전기 사용금지
NA : 소중한 가족을 위해 지금 실천이 필요한 때입니다

4) 모델

전기 안전 캠페인의 메시지 내용 요소로서, 광고에 등장하는 인물들이 대체로 무명 모델인 점도, 전기 안전 캠페인이 수용자의 흥미를 끌기 어려운 이유 중의 하나이다. 광고의 메인 모델[6] 중심으로 연구 대상 20편을 살핀 바를 간단히 정리하면, [표5]와 같은데, 유명인이 등장[7]하는 경우는 총 20편 가운데 8편(40%)에 불과하며, 이 중 〈no.20〉을 제외하고는 이들 유명인이 모두 내레이터 역할을 하고 있다는 점에 주목할 필요가 있다.

〈표 5〉 화자 유형별 연구 대상 목록

	화자	해당 광고 (※ 아래 숫자는 표1의 광고 목록 번호)	계 (편)	%
1	무명	6, 7, 8, 9, 10, 11, 12, 13, 14, 15, 17, 18	12	60
2	무명+유명	1, 2, 3, 4, 5, 16, 19, 20	8	40
	계		20	100

광고에서 유명 모델과 무명 모델을 사용했을 때 그 효과의 차이가 존재하는가를 밝히기 위해 지금까지 많은 연구들이 있어 왔으나, 유명과 무명 모델의 차이만으로 광고 효과의 차이를 설명하기는 여전히 어려운 것이 사실이다. 그럼에도 불구하고, 유명 모델과 무명 모델은 광고에서 기여하는

6) '메인 모델'이란 광고의 핵심 메시지를 전달하는 데 주요한 역할을 담당하는 인물을 말한다. '엑스트라'를 제외한 광고의 중심 화자나 내레이터를 의미한다.

7) 이 글에서는 광고의 메인 모델을 '무명'과 '유명'으로 나누었는데, '무명'은 광고의 중심 화자가 일반인이나, 무명 모델인 경우이고, '유명'은 광고의 중심 화자가 연예인인 경우이다. 다만, 〈no.4〉에 등장하는 '전기안전 공사 사장'은 연예인도 아니고, 얼굴이 널리 알려진 사람도 아니지만, 관공서의 장(長)이라는 점에서 '유명'에 포함하였다. 이에 '유명'으로 분류된 모델은 다음과 같다. 첫째, '강석우, 길용우, 이순재, 조형기, 박순천, 최란' 등은 대한민국 국민이라면 이름만 들어도 누군지 알 수 있는 인물이라 유명인에 포함하였다, 둘째, 〈no.16〉의 연극배우들은 이름은 익숙하지 않으나, TV에서 자주 볼 수 있는 인물들이므로 유명인에 포함하였다. 셋째, '한국전기 안전공사 사장'은 유명인에 포함하였다.

바에 분명한 차이가 있다. 상품 특성과 타깃 수용자의 속성에 따라 적합한 모델이 따로 있기 때문이다. 따라서 광고의 모델은 매우 신중하게 선택되어야 한다. 예를 들어, 아무리 인기가 많은 연예인이라도 그가 금전적으로 사회적 물의를 일으킨 적이 있는 사람이라면, 절대로 금융 상품의 광고 모델로는 발탁되지 않을 것이다. 금융 상품은 신뢰를 매우 중요하게 생각하기 때문이다. 또 평소에 단아하고 얌전한 이미지를 갖고 있는 사람을 역동적인 스포츠 관련 제품의 모델로 기용되지는 않을 것이다. 모델과 제품의 이미지가 충돌하기 때문이다.

광고에서 인기 연예인을 모델 사용하는 이유는 그들이 갖고 있는 매력이 상품에 고스란히 전이되기 때문이다.8) 인기 연예인에 대한 호감 자체가 수용자를 끄는 흥미 요소가 될 수 있고, 따라서 비싼 비용을 감수하면서까지 인기 연예인을 모델로 기용하고자 하는 것이다.

[예7] 유니세프, 여러분의 마음을 보내주세요 편 | 2013-12-31

NA : 상상해 보세요. 굶주리는 어린이가 한명도 없는 세상
질병으로 고통받는 어린이도 없는 행복한 세상
우리는 과연 이런 세상을 만들수 있을까요
어린이를 사랑하는 마음을 한데 모으면 만들수 있습니다
지구촌 모든 어린이를 위해 여러분의 마음을 보내주세요
- 이하 생략-

[예7]은 유니세프의 광고로, 김연아의 갈라쇼의 일부 장면과 도움의 손길이 필요한 아프리카 어린이의 모습을 교차 편집한 영상으로 구성되어 있으며, 김연아가 내레이터 역할을 하고 있다. 김연아가 수용자의 관심과 호감을 형성하기에 충분히 매력적인 인물이라는 점을 부인하는 사람은 없을 것

8) '매력적인 것'에 호감을 느끼는 것은 인간의 보편적인 심리 특성 가운데 하나이다. 광고에서 인기 연예인을 모델로 내세우는 것은 바로 이러한 심리적 특성에 기인한다.

이다. 게다가 김연아는 유니세프 친선대사이며, 김연아의 갈라쇼 주제곡이었던 Avril Lavigne의 'imagine'이 세계평화를 기원하는 메시지를 담고 있다는 것은 전 세계적으로도 널리 알려진 사실이다. 따라서 김연아는 유니세프 메시지의 전령으로서 매우 적합한 인물이라 하겠다.

그런데 전기 안전 캠페인에 등장하는 유명인들은, 그들이 인지도가 높은 인물임은 분명하지만, 수용자에게 호감을 형성할 만한 '매력적'인 모델이라고 단언하기 어렵다. 또한 '박순천, 조형기'가 '엄마, 아빠' 역할을 맡아 연기를 하고 있는 〈no.20〉를 제외하고는, 이들 유명인은 모두 전형적이고 단순한 내레이터 역할을 하고 있는데, [예7]의 김연아처럼 광고의 메시지와 부합하는 면을 찾기도 어렵기 때문에, 수용자에게 호감을 형성하기 위한 유명인 모델로서의 기능을 제대로 하고 있다고 보기 어렵다.

한편, 광고에서 무명 모델[9]이 등장하는 광고들도 매우 많은데, 광고에서 이런 모델을 사용하는 이유는 그들이 수용자와 비슷한 사람들이기 때문이다. 무명 모델과 수용자 사이의 '유사성'이 친근함을 유발하고, 이러한 친근감을 바탕으로 하여, 광고 모델의 감정을 공유하도록 하기 위해서이다.[10] 무명 모델을 사용하는 광고는 대체로 소박한 일상 제품 광고인 경우가 많고, 그들의 제품 사용에 대한 만족감을 표시하는 광고들이 주를 이루는데, 수용자들은 등장인물의 제품에 대한 만족감의 표시가 광고를 위해 필연적으로 조작된 만족감이라는 것을 알면서도 수용자는 그들과의 유사성을 바탕으로 그들의 체험을 공유하게 되는 것이다.

---

9) 이들은 수용자와 마찬가지로 진짜 평범한 일반인일 수도 있고, 무명의 연예인일 수도 있다. 그러나 수용자가 이들의 차이를 구분하기는 어려운 일이므로, 둘 다 '무명 모델'로 다루었다.

10) '익숙하거나 친숙한 것', '비슷한 것'에 호감을 느끼는 것 또한 인간이 갖는 보편적인 심리적 특성이다. 광고에서 일반인을 모델로 기용하는 것은 바로 이러한 심리적 특성을 반영한 것이다.

[예8] 정관장, 남편의 마음 편 | 2014-01-10

여 : 설에 우리집은 그냥 간단하게 하자. 우리집은 괜찮아.
남 : 좋은 거 해드리자. 다른 사람도 아니고.

여 : 오올~ 데리고 산 보람이 있네
자막 : 설의 마음 사은 행사 1/14~1/30
남NA : 당신께 만큼은 정관장

[예8]에서 부부가 대화를 나누는 상황은 매우 일상적이며, 이를 무명의 모델이 이를 매우 자연스럽게 보여주고 있다. 대화의 상황과 모델의 연기가 매우 자연스럽기 때문에, 오히려 유명 배우가 부부의 연기를 하는 것보다 훨씬 더 현실적으로 느껴지게 하며, 수용자가 쉽게 공감할 수 있도록 한다.

전기 안전 캠페인의 경우, 모든 광고에서 무명 모델이 등장하고 있으며, 그들 또한 광고의 핵심 메시지를 전달하는 중요한 역할을 담당하고 있다.[11] 그러나 이들 무명 모델들은 광고에서 무명 모델이 갖는 본질적이고 긍정적인 기능, 즉 유사성을 바탕으로 한 친근감을 형성하는 데 대부분 실패하고 있다. 일상적인 모습을 연기하고 있으나 전혀 일상적으로 느껴지지 않기 때문이다. 모든 광고가 미리 짜 놓은 대본대로 진행된다는 점을 감안하더라도, 전기 안전 캠페인 속 인물들이 주고받는 대화나 상황은 지나치게 인위적이다. 그들이 주고받는 대화는 지나치게 작위적이고, 그들이 연기도 매우 어색하다. 바로 이러한 점이 광고에 대한 비호감을 형성하고 거부감을 갖게 하도록 하는 것이다. 예를 들어, [예9]는 유치원 교사와 아이들의

11) [표5]에 보인 바와 같이, 유명 모델만 나오는 전기 안전 캠페인은 없다. 또한 유명인이 내레이터로서 중요 메시지를 전달하는 경우라 하더라도, 이들 광고에 등장하는 무명 모델 역시 핵심 메시지를 전달하는 데 중요한 역할을 하고 있다.

대화를 통해 전기 안전에 대한 메시지를 전달하고 있는데, 이들 대화는 전혀 자연스럽지 않다. 광고 속 아이들처럼, 선생님이 원하는 대답을 그렇게 정확하고 조리 있게 대답할 수 있는 유치원생들이 과연 얼마나 있겠는가?

[예9] 전기 안전 캠페인, 유치원 편 (no.14) | 2005-02-24

여 : 그럼, 이번엔 이건 뭔가요? / 아이들 : 문어요~
여 : 문어하면 뭐가 떠올라요? / 여아 :오징어랑 둘이 닮았어요.
남아 : 우리 아빠요 술안주로 드세요.
아이들 : 하하하하
여아 : 전기요. 전기코드는요, 문어발로 꽂지 말라고 엄마가 그러셨어요.
여 : 맞아요. 콘센트에 코드를 여러 개 꽂으면 큰불이 날 수도 있죠. 문어발처럼 하면 절대 안 돼요. / 아이들 : 네~
– 이하 생략 –

수용자에게 전혀 흥미롭지 않은, 상투적이고, 당위적이며, 계도적인 메시지를, 무명 모델들의 어색한 연기를 통해 전달받는 것은 수용자 입장에서는 결코 흥미로운 일이 될 수 없다. 연기력이 부족한 무명 모델들이 현실에서는 절대로 하지 않을 법한 어색한 어투를 사용해 억지스런 연기를 보고 있는 수용자들에게 그들이 전달하는 메시지의 중요함보다는 어색함이 먼저 인지된다는 것을 반드시 기억해야 할 것이다.

3.2. 텍스트 구성

1) 메시지 전달 구조

전기 안전 캠페인은, 텍스트 수용자를 텍스트에 적극적으로 관여시키지 못하는, 텍스트 생산자의 일방적인 메시지가 주어진다는 점에서 수용자의 흥미를 끌기 어렵다. 게다가 완결된 메시지는 전형적인 내레이터에 의해 전달된다는 점도 텍스트를 지루하게 만드는 요인이 된다. 연구 대상 20편에서 내레이터의 '일방적 서술'로써 메시지를 전달하는 경우는 총 16편(80%)이나 되는데, CM의 가사로써 메시지를 전달하는 'CM형'에도 내레이터의 일방적 서술이 포함되어 있으므로,[12] 연구 대상의 총 19편(95%)이 내레이터에 의한 메시지 전달 구조를 사용하고 있다고 하겠다. 연구 대상의 메시지 전달 구조에 대한 분석 결과는 [표6][13]과 같으며, [그림1]은 전기안전 캠페인에 등장하는 전형적인 내레이터들의 모습이다.

〈표 6〉 메시지 전달 구조에 따른 연구 대상 목록

	메시지 전달 구조		해당 광고 (※ 아래 숫자는 표1의 광고 목록 번호)	계 (편)	%
1	일방적 서 술	M+NA	6, 12, 13, 14, 15, 16, 17, 19, 20	9	45
		NA	1, 3, 8, 9, 10, 11, 18	7	35
2	CM형	CM+NA	2, 4, 5	3	15
		CM	7	1	5
	계			20	100

설득 텍스트로서의 광고에서 가장 중요한 것은 수용자를 적극적으로 개입시키는 것이다. 텍스트 생산자는 수용자의 흥미를 끌기 위해 메시지를 새롭고 낯선 것으로 만들기 위한 다양한 장치들을 마련하고, 이들의 의미를 회복하는 과정을 수용자의 몫으로 남겨둔다. 따라서 정보의 정확성을 중시

---

12) [표6]에서, 내레이터가 없는 유일한 경우는 〈no.7〉인데, 사실 이 경우에도 내레이터가 아예 등장하지 않는 것은 아니다. 그러나 내레이션이 핵심 메시지와 무관한 정보를 준다는 점에서 제외하였다. 〈no.7〉에서 내레이터의 발화는 "이 광고는 지식경제부와 한국전기안전공사가 함께 합니다."뿐이다.

13) [표6]에서 'NA'는 내레이터 단독 서술자인 경우, 'M+NA'는 내레이터와 모델이 서술자인 경우, 'CM+NA'는 CM형 광고에 내레이터가 따로 등장하는 경우를 의미한다.

〈그림 1〉 광고별 내레이터 (일부)

〈no.2〉 내레이터 〈no.3〉 내레이터 〈no.5〉 내레이터 〈no.4〉 내레이터

하는 일부 보험 광고[14]를 제외하고는 일방적으로 전달하는 경우는 거의 찾아보기 어렵다. 아래의 [예10]과 [예11]을 비교하여 보면, 전기안전 캠페인의 메시지가 일방적 전달 구조를 갖는다는 점이 분명해질 것이다.

[예10] 전기 안전 캠페인, 마술사 편 (no.15) | 2004-11-11

남 : 상상을 현실로 만들 수 있다는 것 마술만이 가진 매력이죠. 관객들이 제 마술을 보면서 놀라워하는 것이 가장 행복한 순간이랍니다.

남 : 가끔은 무대에서 저도 놀랄 때가 있습니다. 마술을 한지 10년이 지났어도 순간의 방심이 이런 실수를 만들 때가 그렇죠

NA : 겨울철 전기 사고 예방. 지금이 준비할 때입니다. 간단한 점검과 지속적인 관심으로 예방할 수 있습니다.
남 : 끊임없는 관심과 실천이 행복이라는 마술을 부릅니다.
산업자원부와 한국전기안전공사가 함께 합니다.

[예10]의 화자는 마술사와 내레이터이다. 전체적인 이야기를 이들 화자의 일방적인 진술로 전개하고 있기 때문에, 수용자에게 흥미로운 텍스트가 되지

14) 이들 보험 광고가 단지 정보의 정확성 때문에, 일방적 서술 방식을 사용한다고 보기는 어렵다. 대체로 광고주가 영세한 경우에 이러한 방식을 많이 사용하는 것으로 보아, 내레이터에 의한 일방적 서술형 광고는 광고주의 경제적 여건과 관련된 부분이 클 것으로 생각한다.

못한다. 수용자들은 그냥 화자가 하는 말을 그냥 듣고만 있어야 할 뿐, 수용자가 메시지 해석에 적극적으로 개입할 만한 여지가 전혀 없기 때문이다.

화면의 구성이 단조로운 점도 수용자의 흥미를 잃게 하는 원인이 된다. 화면에는 화자의 모습과 관객들의 모습이 번갈아 나오는데, 하다못해 화자가 마술사인데도 눈길을 끄는 마술쇼 하나 보이지 않는다. 이러한 상황에서 수용자들은, 마술사가 마술을 왜 좋아하는지, 이 이야기를 하고 있는 의도가 무엇인지 끝까지 참고 들어줄 만큼 너그럽지 않다.

게다가 [예10]은 응집력이 잘 갖춰지지 않은 텍스트이다. [예10]의 전체 내용은 '마술의 매력 → 마술을 하면서 행복한 순간 → 아찔했던 경험 → 전기 사고 예방'의 네 단계로 구성되어 있는데, 각 단계가 내용상 유기적 긴밀성을 갖지 않는다. 특히, 마술사의 얘기를 하다말고, 갑자기 전기 사고 예방의 얘기로 이어지는 내용 전개 과정은 수용자들에게 더욱 의아한 느낌을 줄 수밖에 없는데, '마술사의 이야기'로부터 '전기 사고 예방'에 대한 화제가 긴밀하게 도출되지 않기 때문이다.

[예11] 모뉴엘 클링클링, 진짜 청소 끝 편 | 2013-10-10

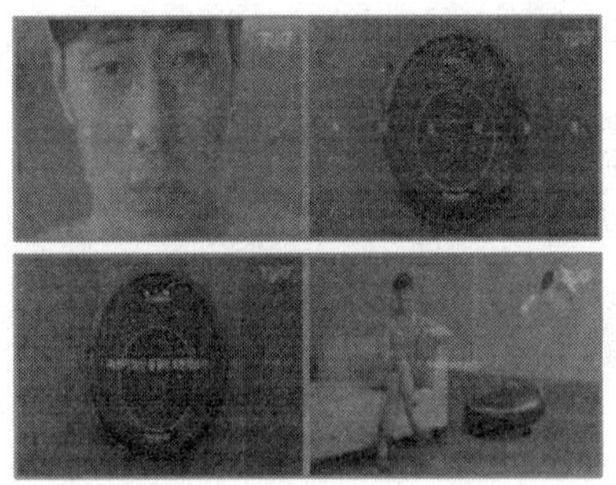

남NA : 물걸레질까지 완벽해야 진짜 청소 끝이라는
남NA : 여자의 마음에
남 : 모뉴엘이 답한다
NA : 마르지 않는 물걸레 로봇 청소기 Cling Cling
자막 : 물탱크 장착, 캐치맙 물걸레, ...
남 : 모뉴엘

[예10]과 대조적으로, [예11]은 화자에 의해 메시지가 전달되는 방식으로 구성되어 있으나, 지루하거나 진부한 느낌을 주지 않는다. 화면의 구성은

단조롭지 않고, 메시지 구성에 있어서도 수용자들이 개입할 여지를 많이 남겨두었기 때문이다. 첫 번째 발화 "물걸레질까지 완벽해야 진짜 청소끝이라는."은 정보가 완전히 갖춰지지 않은 불완전한 발화이다. 정보의 불완전성은 수용자의 호기심을 끄는 데 중요한 역할을 한다. 게다가 화면에는 화자가 등장하되, 직접 말을 하고 있는 모습이 아니라 정지된 모습으로 등장한다. 이러한 영상은 발화와 결합하여 마치 화자의 생각을 들여다보고 있는 느낌을 준다. 이런 점은 수용자의 주의를 끄는 데 매우 적극적으로 작용한다. 또한 "여자의 마음에 모뉴엘이 답한다."는 발화는 '모뉴엘이 어떤 답을 주는지'에 대한 정보는 감춤으로써, 수용자로 하여금 그 답을 찾기 위해 광고에 적극적으로 개입하도록 한다.

내레이터가 등장해서 주요 메시지를 전달하는 구조를 갖는 것은 전형적인 공공정책 광고의 구성 방식이며, 이것이 전기 안전 캠페인을 지루하게 만드는 점은 분명하다. 그러나 단지 내레이터가 등장한다고 해서 광고가 지루해지는 것은 아니다. 중요한 점은 메시지가 '일방적으로' 서술된다는 데 있다. 메시지가 일방적으로 서술된다는 것은 수용자가 메시지를 해석하기 위해 관여하거나 개입할 여지가 전혀 없는 완결된 메시지가 전달된다는 것을 의미한다. 텍스트 구성에 있어서 메시지의 불일치성과 불연속성은 수용자의 시선을 사로잡는 데 중요한 역할을 한다. 불일치성은 제시된 정보가 수용자가 가지고 있는 세계 지식에 어긋나는 것을 의미하고, 불연속성은 언어 구성체에서 어떤 자료가 빠져 있는 듯한 것을 말하는데, 텍스트의 수용자는 주어진 정보의 불연속성과 불인치성을 해소하기 위해 메시지 해석에 적극적으로 관여하게 된다. 따라서 텍스트의 생산자는 텍스트의 정보성을 의도적으로 조작함으로써, 텍스트를 흥미로운 것으로 만들고자 노력해야 한다.

2) 장면 구성

TV는 시청각 매체이지만 수용자를 자극하는 데는 청각적 요소보다는 시각적 요소의 역할이 더 크다. 눈에 보이는 이미지가 귀로 들리는 소리보다 더 쉽게 수용자를 자극하기 때문이다. 따라서 텍스트의 생산자는 세련되고 감각적인 영상, 참신하고 창의적인 발상을 담고 있는 영상을 통해 수용자의 시선을 사로잡으려 한다. TV광고 전체 텍스트를 구성하는 단위인 장면을 구성하는 데 있어서도, 언어와 영상의 단조로운 결합을 피하고자 노력한다. 그런데 전기 안전 캠페인은 장면 구성에 있어서 영상이 언어적 메시지를 있는 그대로 시각화한 것에 그칠 뿐이어서 재미를 주지 못한다.[15] 전기 안전 캠페인의 장면 구성상의 특성을 좀 더 명확하게 밝히기 위하여, 전기 안전 캠페인의 주된 메시지(전기 안전 수칙)가 드러나는 장면의 언어와 영상의 대응 관계를 살펴보았다. [표7]은 그 결과이다.

〈표 7〉 주요 메시지의 장면 구성 방식

	언어 : 영상	문어발 금지	누전차단 점검	젖은 손 금지
		광고수 (광고목록)	광고수 (광고목록)	광고수 (광고목록)
1	발화 = 영상	4 (6, 7, 14, 20)	6 (3, 6, 7, 10, 13, 20)	3 (7, 17, 20)
2	자막 = 영상	5 (8, 9, 12, 15, 17)	4 (8, 9, 12, 15)	2 (8, 9)

15) 영상은 언어에 비해 상대적으로 모호하다. 따라서 TV광고의 영상만으로 텍스트 생산자의 의도를 읽기 어려운 경우들이 많다. 게다가 전기 안전 캠페인의 성격상, 수용자에게 전기 안전의 실천 방법을 명확하게 제시한다는 점에서 언어와 영상이 동일한 내용을 표현하는 것이 오히려 광고의 목적에 부합하는 것이 될 수 있다. 그러나 TV광고가 효과적인 설득 커뮤니케이션의 도구가 되기 위해서는 우선 수용자의 흥미를 끌 수 있어야 한다는 점에 초점을 맞추면, 이러한 진부함을 탈피할 효과적인 방안은 반드시 필요하다 할 것이다.

3	영상 단독	2 (2, 4)	1 (18)	1 (1)
계		11	11	7

[표7]의 '발화=영상'은 발화와 자막과 영상이 완전히 동일한 내용을 표현하고 있는 경우로, 아래의 [예12]와 같은 경우이다. [예12]는 <no.6>의 한 장면으로, "콘센트 안전 덮개 사용"이라는 메시지를 모델의 발화, 자막, 그리고 영상으로 표현하고 있는데, 이 때 영상은 발화와 자막의 문자 그대로의 표현에 불과하다.

[예12] 전기 안전 캠페인, 아빠와의 약속 편 (no.8) | 2008-09-06

자막 : 콘센트 안전덮개를 사용하세요.
남아2 : 안전덮개도 사용해야 돼

[표7]의 '자막=영상'은 자막과 영상이 완전히 동일한 내용을 표현하고 있는 경우로, 아래의 [예13]과 같은 경우이다. [예13]은 <no.8>의 한 장면으로, 해당 장면은 별도의 발화 없이 자막과 영상만으로 구성되어 있다. 자막과 영상이 완전히 동일한 내용을 표현하고 있기 때문에, 자막이 없이 영상만으로도 표현된 의미를 파악하는 것은 어렵지 않다. 자막이 없더라도 이것이 누전 차단기를 점검하는 모습이라는 것은 분명히 전달된다.

[예13] 전기 안전 캠페인, 가장 좋은 습관 편 (no.8) | 2007-09-20

자막 : 매월 1회 누전차단기 점검

[표7]의 '영상 단독'은 자막과 영상이 완전히 동일한 내용을 표현하는 것

은 아니지만, 전기 안전 캠페인의 주된 메시지를 영상으로 형상화하고 있는 경우이다. [예14]는 ⟨no.2⟩의 한 장면으로, "오빠 전기 안전 지켜주세요."라는 발화와 '젖은 손으로 코드를 꽂으려 하고 있는 남자 아이'의 영상이 대응하고 있는데, 영상이 발화를 문자 그대로 표현한 것은 아니다. 다만, 전기 안전 캠페인에서 빈번하게 등장하는 메시지인 '젖은 손 금지'를 영상으로 제시하고 있다는 점에서 '영상 단독'으로 분류하였다.

[예14] 전기 안전 캠페인, 지켜주세요 편 (no.2) | 2012-06-01

여아 : 오빠 전기 안전 지켜주세요.

이처럼 전기 안전 캠페인의 영상은 언어 표현을 그대로 시각화한 경우가 대부분인데, 이런 영상은 수용자의 시선을 끌지 못한다. 아래의 [예15]와 같이, 언어와 영상의 대응에 있어서 참신한 아이디어가 필요하다.

[예15] 삼성생명 골든밸런스, 모빌 편 | 2014-04-03

남 : 종신보험이란
지금도 나중에도

많이 벌 때 적게 벌 때
작은 병에도 큰 병에도
필요할 때 힘이 돼야죠.

당신의 인생자금
황금비율로 맞춰보세요
NA : 삼성생명 종신보험의 새 약속
남 : 골든 밸런스

[예15]에서는 "지금도 나중에도"를 '마트로시카'와 '안락의자'로, "많이 벌 때, 적게 벌 때"를 '양팔 저울의 동전의 많고 적음'으로, "작은 병에도 큰 병에도"를 '약 봉지'와 '링거 병'으로 대조하여 표현하고 있는데, 언어 정보를 단순화하여, 명확하게 그러면서도 참신하게 영상화한 점이 매우 돋보인다. 전기 안전 캠페인에서도 이러한 참신한 아이디어를 모색할 필요가 있다.

4. 맺음말

TV광고는 설득 텍스트로서, 설득이라는 커뮤니케이션 목적을 달성하기 위해서는 무엇보다도 먼저 수용자의 흥미를 자극할 수 있어야 할 것이다. 그런데 기존의 전기 안전 캠페인은 수용자의 흥미를 끌지 못한다는 점에서 설득 텍스트로서의 기본 기능을 다하지 못하는 것으로 보인다. 이에, 전기 안전 캠페인이 수용자의 흥미를 끌지 못하는 이유를 텍스트의 메시지 내용 차원과 구성 차원에서 분석하고, 그 해결 방안을 모색하고자 하였는데, 지금까지 논의한 내용을 종합적으로 제시하면서 글을 마무리 하고자 한다.

첫째, 전기 안전 캠페인이 갖고 있는 가장 큰 문제는 이들 광고에서 전달되는 주제가 늘 똑같다는 점이다. 금연 캠페인은 '금연'이라는 큰 주제는 동일하지만, '흡연은 사람을 죽이는 호흡', '언제까지 마지막 담배를 피울 것인가'와 같이, 개별 광고 텍스트를 구체적으로 실현하는 데 있어서 주제의 다양성을 꾀하고 있다. 전기 안전 캠페인도 이와 같이 '전기 안전'이라는 큰 틀은 유지하되, 구체적인 텍스트의 주제를 실현하는 데 있어 다변화를 모색해야 할 것이다.

둘째, 전기 안전 캠페인에 늘 똑같은 전기 안전 수칙만을 이야기하는 것도 텍스트를 진부하게 만들고 흥미를 떨어뜨리는 요인이 된다. 이 문제는 메시지 내용 차원뿐만 아니라, 메시지 표현 차원에도 걸쳐 있는데, [표3]과 [표7]에서 보인 바와 같이, 늘 똑같은 메시지를 늘 똑같은 방식으로 전달하는 것이 문제이다.

셋째, 전기 안전 캠페인에는 언제나 단란한 가정의 모습이 나온다는 점도 텍스트를 식상하게 만드는 요인이 된다. 또한 등장인물들의 연기가 대체로 자연스럽지 않고 일상적이지 않아서, 광고에서 무명인 모델이 갖는 긍정적 기능인 유사성, 친근감 부여를 하지 못한다는 점도 문제이다.

넷째, 전기 안전 캠페인의 메시지는 주로 내레이터에 의해 전달되는데, 이러한 방식은 공공정책 광고의 전형적인 방식이라는 점에서 수용자의 흥미를 떨어뜨린다. 또한 메시지를 구성함에 있어, 수용자의 흥미를 끌기 어려운 일방적인 전달 구조를 취한다는 점에서 수용자에게 호감을 주지 못한다.

다섯째, TV광고 텍스트를 구성하는 개별 단위인 장면에서 언어와 영상의 메시지가 1:1 대응하는 경우가 많다는 것도 문제이다. 이는 장면을 이루고 있는 언어와 영상 둘 중에서 어느 하나가 없더라도, 그 의미를 파악하는 데 전혀 어려움이 없다는 것을 의미하는데, TV광고가 라디오광고가 아니라는 점에서, 있으나마나한 영상을 포함하고 있는 것은 재고의 여지가 있다. 게다가 TV광고에서 수용자의 시선을 사로잡는 데 있어서, 영상이 언어보다 보다 적극적으로 기여한다는 점에서, 참신한 표현에 대한 고민이 좀 더 필요할 것으로 보인다.

참고문헌

김영욱 (2010), "선전인가 공익인가 우리나라 정부광고 집행의 문제점과 대안", 『커뮤니케이션이론』6-1, 한국언론학회, 295-336쪽.

박주연 외 (2005), "정부 부처의 효율적인 정책 홍보 전략에 관한 연구", 『광고학연구』16-4, 한국광고학회, 31-54쪽.

윤재연 (2009), "텔레비전 광고 구조의 텍스트 언어학적 연구", 건국대학교 박사학위 논문.

윤재연 (2012a), "TV 광고 텍스트의 장면 연구", 『한말연구』30, pp. 105-136쪽.

윤재연 (2012b), "TV 광고 텍스트의 응결성", 『한국어학』56, 한국어학회, 183-217쪽.

이두원 (2005), "국가 정책홍보의 커뮤니케이션 전략 탐색연구-공중관계 커뮤니케이션의 문제점과 개선방안을 중심으로", 『커뮤니케이션학연구』13-1, 한국커뮤니케이션학회, 180-209쪽.

허진아 (1995), "시리즈 광고의 효과에 관한 연구", 숙명여자대학교 석사학위논문.

R. de Beaugrande · W.Dressler(1981)/김태옥 · 이현호(譯), 『텍스트언어학 입문』, 한신문화사.

* 자료 출처 : www.tvcf.co.kr

사용자를 고려한 의약(외)품 사용 설명서의 내용 표현 개선 방안

김준희

1. 머리말

현대 의료사회는 건강한 삶의 질 향상과 더불어 행복 추구의 본질적 욕구를 충족시키기 위하여 많은 변화 속에서 발전하고 있다. 더구나 과학 기술이 급격히 발전하고 사회가 복잡해짐에 따라 의료 환경도 많은 변화를 겪고 있으며, 의료 보건 관련 행위 역시 단순히 질병 치료를 돕는 데에서 나아가 환자와 사회에 대한 인문 사회학적 이해를 바탕으로 하는 복합적 성격을 갖게 되었다.[1)]

이러한 변화에 큰 영향을 미치는 것은 인터넷의 발달이다. 인터넷은 인문 사회 과학을 넘어 의료 보건 과학의 정보를 다양한 방법으로 제시하며 일반인의 요구를 반영하고 있다. 따라서 사람들의 건강에 대한 관심이 날로 높아지고, 이와 함께 의료 보건 정보에 대한 접근 역시 쉬워지면서 일반인들에게 좀 더 정확하고, 이해하기 쉬운 정보를 제공할 필요가 있다.

의료보건 분야의 문서에는 라틴어, 그리스어 기반의 전문용어의 사용과 신속한 의사소통과 업무 수행을 위한 축약어의 사용이 빈번하다.[2)] 그러다

---

1) 신선경(2006), 의과대학생을 위한 글쓰기 교육의 필요성과 방향, 작문연구 2, 한국작문학회.
2) 가천대학교 의료보건 글쓰기 강의안(2014) 참고.

보니 의료 보건 관련 전문가들 사이의 의사소통인 경우에는 효율적이나, 환자나 일반인과 같은 비전문가들과 의사소통하는 경우에는 어려움이 있다. 보다 나은 의료 보건 서비스를 제공하는 측면에서뿐만 아니라 최근과 같이 건강 관련 정보의 접근이 쉬워지고 정보 전달의 대상이 다양해지는 상황에서 일반인 사용자를 고려한 의료 보건 관련 전문 용어의 사용에 변화가 요구된다.

현재 일반인에게 제공되는 의약(외)품 사용 설명서가 전문가에게 적합한 문서로 작성되면서 최종 사용자인 일반인에게는 이해하기 어려운 문서임은 경험적으로 이미 알고 있는 사실이다. 이렇게 의약품 사용설명서의 내용을 주지하지 않아서 다양한 문제가 제기되었을 때에는 단순히 의약품 제조사의 책임의 문제를 떠나 사용자의 안전에 치명적인 피해를 입을 수 있기 때문에 매우 심각한 문제가 된다. 최근 식품의약품안전처(식약처)에서는 이러한 의약품 사용 설명서의 개선 필요성을 반영하여 올 상반기에 전문가와 일반인을 고려한 의약품 안전 사용 설명서의 분리 제작을 위한 가이드라인을 마련하겠다고 밝혔다.[3)]

이 논문은 현대 의료 환경의 변화 속에서 제공되는 다양한 의료 보건 정보들 중 하나인 의약(외)품 사용 설명서의 언어 개선 방안에 대한 모색을 목적으로 한다. 이를 위해 주변에서 쉽게 접할 수 있는 의약(외)품 사용 설명서의 실태를 살펴보고 의약(외)품 사용 설명서의 개선 방안을 마련한다. 이 과정에서 일반인에게 유용한 의료 보건 관련 정보를 제공하기 위해 쉽고 명확한 글쓰기의 필요성을 강조함으로써 사용자를 고려한 글쓰기의 태도를 익힐 수 있을 것이다.

---

3) 최봉영, "의약품 사용설명서 의약사 · 일반인용 따로 만든다", 2013.11.8 (http://www.dailypharm.com/Users/News/NewsView.html?ID=177301)

2. 의약(외)품 사용 설명서의 표시에 관한 규정

의약품 사용 설명서란 소비자가 의약품을 복용하거나 사용할 때 의약품의 효과와 사용 시 주의사항을 쉽게 알 수 있도록 일반 의약품의 외부용기 포장에 또는 별도의 용지에 의약품의 효능·효과, 용법·용량, 사용상의 주의사항 등을 적어 놓은 것을 말한다.

보건복지부의 의약품 분류기준에 의하면 의약품은 크게 일반의약품, 전문의약품으로 분류된다. 그리고 사람이나 동물의 질병 진단 및 치료 등의 목적으로 사용되어 신체에 약리학적 영향을 주는 의약품과는 구별되는 의약 외품이 있는데 인체에 미치는 영향이 경미한 위생상의 용도로 제공되는 지면류(생리대, 거즈 등), 구취 또는 액취의 방지제(구중청량제, 치약제 등), 모발의 염모 · 염색 · 제모제, 인간에게 질병을 전염시킬 우려가 있는 곤충이나 동물의 구제를 위한 살충 · 살서제 등이 이에 해당한다.[4] 쉽게 이해하면 전문가의 처방이 있어야 구입할 수 있는 전문의약품과 전문가의 처방 없이 일반인이 약국에서 살 수 있는 일반의약품, 그리고 일상적으로 많이 사용하고 있는 의약외품으로 분류할 수 있다.

이들 모두에는 의약(외)품 사용 설명서가 반드시 필요한데, 여기에 고지되는 내용을 보면 그 의약(외)품의 원료나 성상, 효능 · 효과, 사용상의 주의사항, 저장방법, 포장 단위, 제조자, 수입자 등이다. 식품의약품안전처(이하 식약처)에서는 의약품 표시 등에 관한 규정과 의약외품 표시 규정 제 1조에서 다음과 같이 설명하고 있다.

---

4) 보건복지부 법령 정보 참조(http://www.mw.go.kr/front_new/jb/sjb0 402vw.jsp? PAR_MENU_ID=03&MENU_ID=030402&page=2&CONT_SEQ=45495&SEARCHKEY= TITLE &SEARCHVALUE=의약품)

(1) 의약품 표시 등에 관한 규정 제1조

「약사법」 제38조, 제56조부터 제59조까지 및 「의약품 등의 안전에 관한 규칙」 제48조제10호, 제60조제1항, 제69조제1항제11호, 제69조제8항, 제71조제14호에 따라 의약품 낱알식별 표시 대상, 방법, 등록절차 등과 의약품의 용기나 포장 또는 첨부문서 기재사항의 글자 크기, 줄 간격, 기재방법 등을 정함으로써 의약품의 투약과실을 예방하고 알기 쉽고 정확한 의약품 정보를 제공하는 것을 목적으로 한다.

(2) 의약외품 표시 규정 제1조

제1조(목적) 이 규정은 「약사법」(이하 "법"이라 한다) 제65조의2 및 「의약품 등의 안전에 관한 규칙」 제75조제10호에 따라 의약외품의 용기나 포장 및 첨부문서의 기재사항 작성 시 기재방법 및 예외사항 등을 정함으로써 정확한 의약외품 정보를 제공하는 것을 목적으로 한다.

의약품 표시 등에 관한 규정에서는 이하 18개 조항과 6개의 부칙, 그리고 별표 및 서식 들을 통해 어떠한 내용을 기재해야 하는지를 예시하였다. 그리고 의약외품 표시 규정에서는 이하 7개의 조항과 별표를 들어 예시를 보이고 있다. 아래 (3)과 (4)는 의약품 표시의 예와 의약 외품 표시에 관한 예시이다.

(3) 의약품 표시에 관한 규정 (제2013-250호)

항목	기재내용(예시)
효능·효과	[효능·효과] 내용요약
용법·용량	[용법·용량] 내용요약
사용상의 주의사항	[사용상의 주의사항] 1. 경고 : 요약기재(사람, 성분, 행위 등) 2. 다음 사람은 복용(사용)하지 말 것 : 사람 요약기재

	3. 복용하는 동안 다음의 약을 복용(사용)하지 말 것/복용하는 동안 다음의 행위를 하지 말 것 : 성분 또는 행위 요약기재
	4. 다음 사람은 복용 전 (~~)*와 상의할 것 : 사람 요약기재 * 각 제제의 성격에 따라 기재할 수 있다
	5. 복용후 다음의 경우 즉각 중지하고 (~~)*와 상의할 것 : 요약기재 * 각 제제의 성격에 따라 기재할 수 있다
	이 내용은 소비자의 안전한 선택을 위해 허가사항을 요약한 것으로 복용 전 반드시 첨부문서를 확인할 것

(4) 의약외품 표시에 관한 규정 (제2014-99호)

기재사항		기재요령 및 순서
용법·용량		**용법·용량** 요약기재
사용상의 주의사항		사용상의 주의사항
	경고	1. **경고** 요약기재(사람, 성분, 행위 등)
	금기	2. **다음과 같은 사람은 이 제품을 사용하지 말 것** 사람 요약기재
		3. **이 제품을 사용하는 동안 다음의 제품을 사용하지 말 것** 성분명 요약기재
		4. **이 제품을 사용하는 동안 다음의 행위를 하지 말 것** 행위 요약기재
	신중투여	5. **다음과 같은 사람은 이 제품을 사용하기 전에 의사, 치과의사, 약사와 상의할 것** 사람 요약기재
		6. **다음과 같은 경우 이 제품의 사용을 즉각 중지하고 의사, 치과의사, 약사와 상의할 것. 상담 시 가능한 한 이 첨부문서를 소지할 것.** 요약기재 또는 "첨부문서 참조" 문구 기재

기재사항		기재요령 및 순서
	기타 사용 시 주의사항	**7. 기타 이 제품의 사용 시 주의사항** 요약기재 또는 "첨부문서 참조" 문구 기재
	저장(보관) 시 주의사항	**8. 저장(보관) 시 주의사항** 요약기재 또는 "첨부문서 참조" 문구 기재

이렇게 식약처에서 제시한 사항을 바탕으로 모든 의약품과 의약외품은 사용 설명서를 작성해해야 한다. 심지어 글자의 크기, 색깔, 위치, 정보제시 방법까지 고시하고 있는데 식약처의 고시 사항으로 본다면 매우 표준화된 사용 설명서를 만들고 있을 것이라 생각할 수 있다.

그러나 실제 우리가 접하는 의약(외)품의 사용 설명서는 그렇지 못하다. 우리가 접하는 대부분의 의약(외)품 사용 설명서는 사실 일반인을 위해 마련된 것이기 보다는 의사나, 약사 등 의료인을 위한 설명서이기 때문이다. 의약(외)품의 사용 설명서는 의료 보건 전문가들이 환자들의 질병 치료나 건강 유지를 위한 유효한 처방을 위해서 의약(외)품의 효과와 효능, 사용 시 주의사항 등에 대한 정보를 제공한다. 따라서 의료 전문가들 간의 의사소통의 관점에서 이러한 사용서는 크게 문제되지 않는다.

그렇지만 의약(외)품을 실제 사용하는 사람들은 환자나 일반인이라고 할 때, 의사나, 약사 등 전문 의료인을 위한 의약(외)품 사용 설명서를 이해하는 데는 다소 불편한 점이 많다. 왜냐하면 의약(외)품 사용 설명서에서 설명하고 있는 정보는 대부분 전문용어로 표현되고 있으며, 잘 쓰지 않는 한자어나 번역투의 문장으로 이루어져 쉽게 이해할 수 없기 때문이다. 따라서 의약(외)품의 최종 사용자가 일반인이라고 했을 때 의약(외)품의 사용 방법이라든지, 주의사항이라든지, 용법 등에 대한 일반 사용자를 고려한 쉽고 정확한 의약(외)품 사용 설명서가 따로 마련될 필요가 있다.

최근 의약품 사용 설명서에 제시된 정보의 유용성이나 접근성에 대한 논의가 불거지면서 사용자에 따른 차별화된 사용설명서 필요성이 제기되었다.

(5) 국회 보건복지위원회 소속 새누리당 류지영 의원은 1일 복지부 · 식약처 종합국감에서 "현재 제공되고 있는 의약품 사용설명서를 보면 너무 어렵거나 불필요한 정보가 많다"면서 "미국이나 유럽처럼 의약사 등 전문가용과 일반인용으로 나눠 정보를 차등 제공할 필요가 있다"고 제안했다.[5)]

이러한 제안에 대해 식약처에서는 적극적인 검토를 하였고, 2013년 12월에 이와 같은 조항의 입법예고를 하였다.[6)] 그리고 일단 내년 상반기까지 일반인용 사용 설명서 제작을 위한 가이드라인을 만든다는 방침을 발표하였다.

(6) ㄱ. 위해성 관리 제도 도입(안 제4조의2, 제47조, 제48조)
의약품으로 인한 부작용을 최소화하기 위하여 신약 또는 희귀의약품 등의 제조판매 · 수입품목허가를 신청하거나 품목허가를 받은 자는 환자용 사용설명서, 안전사용보장조치 등 위해성 완화 조치방법을 포함하는 종합적인 의약품 안전관리계획을 제출할 수 있도록 함

ㄴ. 일반의약품 요약표시 기재 시행(안 제69조)
국민들이 일반의약품의 용기나 포장에 기재된 정보를 쉽게 확인할 수 있도록 의약품 품목허가를 받은 자, 수입자가 효능 · 효과, 용법 · 용량, 사용 · 취급 시 주의사항을 요약하여 일부만을 적을 수 있도록 함

---

5) 최은택, "의약품 사용설명서, 의약사 · 일반인용 구분 검토", 201.11.01. (http://www.dailypharm.com/Users/News/NewsView.html?ID=177059)

6) 2013년12월3일 식품의약품 안전처 공고 제2013-273호에 의하면「의약품 등의 안전에 관한 규칙」을 개정함에 있어 그 취지와 주요내용을 국민에게 널리 알려 의견을 구하고자 「행정절차법」 제41조에 따라 입법예고하였다.(입법예고는 관계부처 협의가 끝난 법령안에 대하여 국민의 의견을 듣기 위한 절차로 법령 소관부처는 의견 청취 후 그 의견을 반영하여 법령안을 수정하고, 규제심사, 법제처심사, 국무회의 심의에서도 여러 가지 의견을 반영하여 최종 법령안을 도출하게 된다.)

(6ㄱ)에서 보는 것처럼 의약품의 환자용 사용 설명서를 만들어야 한다는 것과 (6ㄴ)에서와 같이 일반인들이 쉽게 이해할 수 있고, 일반인들에 필요한 정보만을 담은 간단한 사용 설명서를 작성하는 방안을 마련하였다.

이에 본 연구는 전문가들을 위한 의약(외)품 사용 설명서가 아닌 일반인에게 좀 더 용이한 의약(외)품 사용설명서가 필요하다는 데에 논의의 초점을 두고, 현재 의약(외)품 사용 설명서의 항목과 그 내용 표현을 국어사용의 관점에서 살펴보려고 한다. 논의의 대상으로는 안구건조증상의 치료제로 많이 사용되는 리포직 점안겔[7]과 하메론[8]이라는 약품의 사용설명서이다. 두 약품은 현대인에게 빈번하게 발병하는 안구건조증의 치료제로 일반적으로는 인공눈물이라는 이름으로 쉽게 사용하고 있다. 특별히 전문가의 처방 없이 약국에서 구입할 수 있는 일반의약품과 전문가의 처방이 필요한 전문의약품의 사용 설명서, 그리고 의약외품[9]으로 분류되는 상처 치료를 위한 밴드의 사용 설명서를 함께 살펴봄으로써 의약(외)품 사용 설명서의 구성 형식과 그 내용 표현의 실태를 살펴보도록 한다.

---

7) 일반의약품 131, 리포직TM 점안겔, 바슈롬

8) 전문의약품 하메론 mini 점안액, 삼천당제약주식회사

9) 의약외품이란 「약사법」 제2조 제4호 및 7호에 의하여 다음과 같이 정의하고 있다.

> "의약외품(醫藥外品)"이란 다음 각 목의 어느 하나에 해당하는 물품(제4호 나목 또는 다목에 따른 목적으로 사용되는 물품은 제외한다)으로서 보건복지부장관이 지정하는 것을 말한다.
>
> 가. 사람이나 동물의 질병을 치료ㆍ경감(輕減)ㆍ처치 또는 예방할 목적으로 사용되는 섬유ㆍ고무제품 또는 이와 유사한 것
>
> 나. 인체에 대한 작용이 약하거나 인체에 직접 작용하지 아니하며, 기구 또는 기계가 아닌 것과 이와 유사한 것
>
> 다. 감염병 예방을 위하여 살균ㆍ살충 및 이와 유사한 용도로 사용되는 제제

3. 의약(외)품 사용 설명서의 항목 및 내용 표현의 실태

3.1. 항목

의약(외)품 사용 설명서의 항목은 대개 다음과 같다. (7)의 ①은 전문의약품과 ②의 일반 의약품의 사용 설명서의 항목을 보인 것이고 (8)의 ③과 ④는 의약외품의 사용 설명서의 항목을 보인 것이다.[10)]

(7) 의약품 사용 설명서의 항목

① 하메론(전문의약품)	② 리포직(일반의약품)
원료약품의 분량	원료약품 및 분량
성상	성상
효능 · 효과	효능 · 효과
용법 · 용량	용법 · 용량
제품사용법	사용상의 주의사항
사용상의 주의사항	저장방법
포장단위	포장단위
저장방법 및 사용기간	기타[11)]
기타[12)]	제조자, 수입자
제조의뢰자, 제조자	

10) 이하 ①, ②, ③, ④는 각 의약(외)품의 사용설명서를 의미하는 고유 번호가 된다.

11) 기타의 내용은 다음과 같다.

만약 구입시 사용(유효)기간이 경과되었거나 변질, 변패 또는 오염되었거나 손상된 제품인 경우 복용(사용)하지 마시고 구입처에서 교환하시기 바랍니다.

개정연월일:2013.1.30.

12) 기타의 내용은 다음과 같다.

만약 구입시 사용기간이 경과하였거나 변질, 변패 또는 오손된 제품이 발견될 경우에는 구입하신 약국을 통하여 교환하여 드리겠습니다.

개정:SD-2013-01-11

(8) 의약외품 사용 설명서의 항목

③ 메디폼 II(의약외품)	④ 스카메디엘 밴드(의약외품)
제품의 구성 및 특성	성상
효능`효과	용법`용량
용법 • 용량	효능 • 효과
사용방법(그림 포함)	사용설명서(그림 포함)
제품명	사용상의 주의사항
중량	저장방법
유효기간, 포장단위, 제조 번호, 제조년월 별도표시	사용(유효)기간
기타[13]	기타[14]
제조자, 판매자	판매자, 제조자, 제조의뢰자

(7), (8)의 사용 설명서의 항목을 살펴보면 다음과 같다. 먼저 상단에 원료 약품의 분량이나 성상(사물의 성질이나 상태를 이르는 말)을 표기하고, 효능과 효과를 명시한다.[15] 효능(efficacy)이란 무선화된 통제 시행에서 다른 치료들에 대한 어떤 치료의 상대적인 효과의 크기를 가리키는 데 반해 실제 임상 장면에서 치료로 인한 향상 정도를 가리키는 것은 효과(effectiveness)다. 즉, 효능은 이상적인(실험적인) 상황에서 특정한 중재(약

13) 기타의 내용은 다음과 같다.

이 제품은 공정거래위원회 고시 소비자 분쟁 해결 기준에 의거 교환 또는 보상받을 수 있습니다.

14) 기타의 내용은 다음과 같다.

본 제품은 엄격한 제조 및 품질검사를 한 의약외품입니다. 만약 구입시 사용(유효)기간이 경과하였거나 변질, 변패 또는 오염 및 손상된 제품이 발견될 경우에는 구입한 약국을 통하여 교환하여 드립니다.

기타 자세한 사항이나 궁금한 사항은 대화제약(주) DDS사업부 (전화:02-6716-1078)로 문의하시기 바랍니다.

15) ③은 '성상' 대신 '제품의 구성 및 특성' 부분에 성상의 내용을 담고 있다.

투여 등)의 이로운 정도를 말하고, 효과는 일상적인(실제 임상) 상황에서 특정인에게 어떤 중재가 무엇을 해줄 수 있는지를 말하는 것이다.[16) 따라서 '효능'의 부분이 의료 보건 전문인들에게 더 큰 관심 부분이라면 일반인에게 궁금한 부분은 '효과'의 측면일 것이다. 따라서 좀 더 쉽게 이해할 수 있는 용어로 표현할 필요가 있다.

용법이란 그 의약품의 사용 방법을 의미하고 용량이란 그 의약품의 1회 사용량과 함께 1일 사용량을 말하는데, 보편적으로 이 두 가지를 동시에 명시하고 있다. 용법 및 용량에는 그 의약품을 어떤 대상에게 얼마큼 사용해야 하는지를 명시하고 있는데, 일반 의약품인 ②처럼 성인과 소아를 구별하여 표기하는 반면에 전문 의약품인 ①은 대상의 구별 없이 일반적인 용법과 용량을 표기하고 있다. ③, ④의 경우에도 역시 대상에 따른 차이 없이 일반적인 용법과 용량을 표기하고 있다.

의약품의 사용 방법을 명시하는 것은 통일되지 않고 있다. ①과 ④처럼 제품사용법을 구체적으로 보이고 사용상의 주의사항을 명시하고 있는 반면, ②는 사용상의 주의사항만을 명시하고 있다. ③의 경우에는 사용방법만 명시하고 있다. 용법에서도 간단한 사용법을 명시하고 있는데 사용 방법 항목에서는 좀 더 구체적이고 자세히 의약품의 사용 방법을 절차적 방법으로 설명하고 있다는 점에서 차이가 있다.

그리고 의약품 ①, ②와 의약외품 ③의 경우에는 포장단위를 표기하고 있다. 또, 순서의 차이는 있지만 모든 의약품이 저장방법과 유효기간[17) 또

16) 쉽게 말하면 효능은 이상적인 상황에서 과학자들이 관심이 있는 부분이고 효과는 실제 임상 상황에서 의사와 환자가 관심이 있는 부분이다. http://www.zema9.com/hani_column/267720 참고.

17) 유효기간은 유효기한의 표현과 혼동될 수 있다. 그 표현을 사용하는 대상에 따라 구별해서 사용해야 하는데, 예를 들면 식품, 화장품, 약품, 같은 경우에는 '기한'이라는 표현이 더 적절하고, 상품의 경우에는 '기간'이 더 정확한 표현이다. 유효 기한은 그 때까지만 효력이 있는 날짜로, '마지막 날'만 표시되는데, 유효 기간은 대개'시작 날~ 마지막 날'로 상품에 표시한다. 상품에는 발매 날짜(또는 생산 날짜)만을 밝히고, '유효 기간 : 발매

는 사용기간을 표기하고 있다. 저장방법이란 그 의약품의 보관 지침을 의미하는 것이고, 사용기간 또는 유효기간이란 '주로 상품 따위에서, 그 상품의 효력이나 효과를 정상적으로 사용할 수 있는 기간'[18]을 의미하는 것으로 그 의약품의 효능이나 효과를 제대로 보일 수 있는 기간을 말한다. ①에는 저장방법과 유효기간을 함께 보이고 있는데, '제조일로부터 36개월'이라는 방법으로 유효기간을 표시하고 있다. ②는 저장방법만을 표기하였고 ③은 저장방법은 표기하지 않았고 유효기간과 제조번호와 제조년월, 그리고 포장단위를 별도표기하고 있다. ④는 저장방법과 사용(유효)기간을 모두 표기하였다.

네 가지 의약(외)품 모두 기타의 내용으로 약품에 이상이 있는 경우에는 교환하라는 문구를 표시하고 있다. 단, 의약품의 사용기간이 지났거나 변질이나 오염이 되어 손상된 제품일 경우에 한해서 교환해 준다는 것이다. 다만, ③의 경우에는 구체적인 이상의 설명 없이 '공정거래위원회 고시 소비자 분쟁 해결 기준'에 의거한다고 표현하였다.

마지막으로는 대부분의 의약품이 제조자나 수입자, 또는 제조의뢰자, 판매자를 표시하였다. 그리고 ②에는 그 이외에도 자세한 정보를 참조할 사이트를 소개하고 있고, 의약품의 주의사항을 반복하기도 하고, 소비자 상담실의 전화번호를 명시하기도 하는 등 한 장의 의약품 사용설명서 안에 여러 가지 정보를 담고 있음을 알 수 있다.

지금까지 살펴 본 의약품 사용 설명서의 항목은 대부분 일정한 항목으로 형식화되어 있긴 하나 그 내용에 있어서 중복이 되고 있다. 그리고 해당 의약품의 사용 설명을 하는 데 있어서 전문용어를 사용하고 있는 경우가 많았다.

날짜(또는 생산 날짜)로부터 ~일간'처럼 표시할 수 있는데, 이렇게 쓰는 경우에는 '기간'이라는 용어를 사용할 수 있다.

18) 이하 논의의 과정에서 필요한 단어의 의미는 표준국어대사전을 참고한다.

그러나 앞에서도 언급했던 것처럼 전문 의료보건인 뿐만 아니라 일반인에게도 이해 가능한 쉽고 정확한 의약품 사용 설명서도 필요한 실정이다. 따라서 일반인을 위하여 꼭 필요한 최소한의 의약(외)품 관련 정보와 사용상의 주의사항, 사용의 방법을 쉽고 정확한 용어로 간단하게 설명하고 있는 또 하나의 의약(외)품 사용 설명서가 마련되어야 할 것이다.

3.2. 내용 표현 실태

이 장에서는 의약(외)품 사용 설명서의 내용 표현이 일반인에게 필요한 정보를 제공해야 한다는 관점에서 '성상', '용량, 용법', '사용방법' 및 '사용상의 주의사항'을 중심으로 살펴 볼 것이다. 그리하여 우리말의 규범에 어긋나거나 순화의 측면에서 수정되어야 할 부분들을 점검하고 사용자의 이해를 돕는데 좀 더 적절한 표현들로 수정한다.

3.2.1. 성상

의약(외)품 사용 설명서에서 가장 먼저 제시하고 있는 정보인 원료약품의 구성을 설명하는 부분에는 모두 전문용어로 표기되어 있다. 전문 의료보건인에게 필요한 정보를 제공하기 위한 전문용어의 사용은 효율성이나 정확성의 측면에서 필요한 방법이다. 그렇지만 이후에 제공되는 정보들의 표현 방법에서는 전문용어를 넘어 잘 쓰이지 않는 어려운 한자어를 남용하는 예들이 발견된다. 예시 문서에서 '성상'의 항목을 살펴보면 다음과 같다.

(9) 성상

①	무색투명 플라스틱 용기에 든 무색투명하고 점조성이 있는 수성의 액상 점안액
②	폴리호일 재질의 튜브에 든 백색의 탁하고 점성을 가진 점적성의 점안

	(눈에 넣음)겔
③19)	하이드로콜로이드 형태의 점착성 제품으로서 반투과성으로 수분증발을 조절해 주는 폴리우레탄 필름 외부층과 상처 접촉면으로 점착특성이 있으며 창상부위의 분비물을 흡수하고 상처를 보호하는 하이드로 콜로이드 층으로 구성
④	본품은 엷은 백색 내지 담황색의 콜로이드패드로 된 친수성 드레싱 용품으로서 지지체, 하이드로콜로이드 함유 상처보호층 및 지질박리지의 3층으로 이루어져 있습니다.

(9) ①의 내용을 보면 '무색투명 플라스틱'은 '무색투명(無色透明)'이라는 한자어를 수식의 구성성분 없이 뒤에 오는 플라스틱 용기라는 두 개의 단어와 결합하여 표기하고 있다. 게다가 뒤따라 동일한 단어 표현이 더 어색하게 만드는데, '무색투명한' 또는 '색이 없고 투명한 플라스틱 용기'라는 표현으로 바꾸면 좀 더 자연스럽다. '점조성(粘稠性)'이라는 단어는 '끈기가 있고 밀도가 조밀한 성질'라는 뜻인데, 일반인에게는 다소 어려운 한자어이다. '수성' 역시 '물의 성질'이라는 한자어이며 '액상'은 '액체의 상태'라는 의미이고, '점안액'이란 '점안'이 '눈에 안약을 떨어뜨려 넣음'이라는 뜻이므로 '점안액'은 '눈에 안약을 떨어뜨려 넣는 액체'라는 의미가 된다. 따라서 '수성', '액상', '점안액'에는 공통적으로 '액체'라는 의미가 중복되어 있다.

그러므로 좀 더 간단하고 이해하기 쉽게 일반인을 위한 의약(외)품 사용 설명서를 만든다면 다음과 같은 표현이 더 적절하다.

(10) 성상
① 하얗고 투명한 플라스틱 용기에 든 무색의 끈적이는 물로, 눈에 넣는 약임.

(9) ②의 내용을 보면 '폴리호일'은 '폴리 포일'이 외래어 표기법에 적합하

19) ③은 '제품의 구성 및 특성'의 내용 가운데 성상의 특성으로 보이는 일부를 발췌했다.

고 '백색'은 구지 한자로 쓰기보다 '하얀색'이라는 표현이 더 자연스럽다. '점성을 가진 점적성의 점안겔' 역시 '점성'이라는 '차지고 끈끈한 성질'이라는 의미와 '점적성'이라는 '액체가 방울방울 떨어지는 일. 또는 그 방울'이라는 사전적 의미, 그리고 '겔(gel)'이라는 단어가 가진 '용액 속의 콜로이드 입자가 유동성을 잃고 약간의 탄성과 견고성을 가진 고체나 반고체의 상태로 굳어진 물질'이라는 의미에서 유추하면 역시 '끈끈한'이라는 의미가 중복됨을 알 수 있다.

그리고 ①과 ②를 비교해 보면 먼저 용기의 특징을 말하고, 그 의약품의 성질을 보이고, 그리고 사용 방법을 표현하는데, ①의 '점조성이 있는 수성'이 '끈적이는 물의 성질' 정도로 이해된다면 ②의 '점성을 가진 점적성'은 '차지고 끈적이는 액체가 방울방울 떨어지는'이라는 의미를 보이고 있어 정보의 제공 방식이 다름을 알 수 있다.

아울러 성상의 차이를 가장 직접적으로 인식할 수 있는 단어는 '점안액과 점안겔'에서 보여준 것처럼 '액체' 또는 '겔'이라는 표현이다. 이 역시 점안액과 점안겔의 단어 구성이 '한자어+한자어'와 '한자어+외래어'로 되어 있는데 동일한 구성으로 통일할 필요가 있을 것이다. 그렇지만 '액체'를 'liquid'라고 표현하기도 적절하지 않고 '겔'이란 '액체의 덩어리' 정도로 해석되는데 이를 대체할 적절한 표현을 찾지 못했다.

(11) 성상

② 투명한 플라스틱 튜브에 든 하얀색의 탁하고 끈적한 겔의 형태로, 눈에 넣는 약임.

(9) ③의 경우는 더 어렵다. 우선 '하이드로 콜로이드'라는 의학적 용어는 최근 상처 치료에 많이 사용되고 있어서 자주 접하는 용어로 '분산매가 물이거나 물이 기본 성분으로 들어 있는'의 의미로 사용되고 있는데, 일반인

에게는 '습윤 밴드'의 의미정도로 이해할 수 있다. '점착성'이란 '끈끈하게 착 달라붙는 성질'의 의미이며, '반투과성'이란 '장애물에 빛이 비치거나 액체가 스미면서 통과하지 않는 성질'의 의미정도로 해석하면 뒤에 설명하는 '수분 증발을 조절해 준다'는 의미와 어울릴 수 있다. '폴리우레탄' 역시 '우레탄 결합을 주요 구성 요소로 가지는 사슬 모양의 고분자 화합물을 통틀어 이르는 말. 내열성, 내마모성, 내용제성(耐溶劑性), 내약품성이 뛰어나며 탄성 섬유、도료、접착제、합성 피혁 원료 따위로 쓰인다'라는 사전적 의미를 고려하여 '탄성이 있는 제형'임을 파악할 수 있을 것이다. 이러한 성질의 필름을 '외부층'으로 하고, 즉 '표면'으로 만들고, 상처에 닿는 '상처 접촉면' 역시 '점착'특성, 즉 '끈끈하게 착 달라붙는 성질'이 있고, '칼이나 총, 검 따위에 다친 상처 부위'라는 '창상 부위'는 '상처 부위' 정도로 해석하면 될 것이다. 일반인의 이해를 돕기 위한 의약품의 성상을 쉽고 간단하게 정리하면 다음과 같다.

(12) 제품의 구성 성분(성상)
③ 끈적한 습윤 밴드 형태의 제품으로 겉표면은 액체가 밖으로 스며나오지 않아 수분 증발을 막아주는 톡톡한 탄성 필름으로 되어 있다. 상처와 접촉하게 되는 면은 상처 부위의 분비물을 흡수하고 상처를 보호하는 습윤 밴드로 끈끈해서 상처에 잘 붙는다.

(9) ④의 '엷은 백색'이라는 표현은 '엷은 하얀색'의 의미인데 다소 모호하다. 이 밴드의 상태를 보아 '반투명'을 의미하는 듯하고, '콜로이드패드로 된 친수성'은 앞서 '하이드로 콜로이드'와 유사한 의미로 해석하여 '습윤 패드'로 이해 할 수 있다. 따라서 '반투명의 담황색 습윤 패드'로 된 상처를 치료하는 용품이라고 표현할 수 있을 것이다. '지지체'란 '고정상 액체를 보존시키기 위한 것'으로 습윤밴드의 성분을 보존해주는 밴드 가장 겉 표면을

의미한다. '지질박리지'란 '규소 수지를 한 면 또는 양면에 바른 종이. 점착성 물질을 보호하는 데 쓴다'는 사전적 의미를 갖고 있는데, 쉽게 '밴드의 끈적거리는 성분을 보호하기 위해 붙여진 투명한 비닐' 정도로 표현하면 좋을 것이다. 즉, 이 밴드는 '3중 구조로 이루어진 반투명한 하얀색의 습윤밴드'라는 성상을 표현하고 있는 것이다.

(13) 제품의 구성 성분(성상)
④ 이 밴드는 3중 구조로 이루어진 반투명한 하얀색의 습윤밴드이다.

지금까지의 논의를 정리하면 의약품 사용 설명서에는 비슷한 한자어들을 나열함으로써 중복된 의미를 제시한다거나 일반인들이 이해하기 어려운 단어들을 사용하는 등 올바른 우리말 순화의 측면이나 대상에 따른 이해의 측면에서 문제가 되는 표현들이 많이 발견됨을 알 수 있다. 규범적 측면에서 문제가 되는 것들은 반드시 고쳐야 하는 것이지만 순화의 측면에서 제기되는 문제는 반드시 고쳐야 할 문제는 아니다. 때문에 사용자에 따른 효용의 측면에서 다양한 논의가 제기되고 있는 상황이다. 그렇지만 일반인 대상을 위한 쉬운 의약품 사용 설명서를 작성해야 한다면 이러한 표현 방법들은 제고해야 할 필요가 있다.

3.2.2. 용법 · 용량

용법 및 용량의 항목에는 일반적으로 의약품을 1회에 얼마나 사용해야 하는지, 그리고 하루에 몇 번을 사용해야 하는지 등을 나타낸다.

(14) 용법 · 용량

①	1회 1방울 1일 5~6회 점안한다. 증상에 따라 적절히 증감한다. 보통 0.1% 제제를 투여하고 중증 질환 등에서 효과가 불충분한 경우에는 0.3% 제제를 투여한다.
②	성인: 증상의 정도에 따라 1회 1방울 1일 2~5회 결막낭 내에 점안하고, 취침 시에는 약30분 전에 점안한다(그렇지 않을 경우 눈꺼풀의 점착 위험이 증대된다) 일반적으로 건조성 각결막염 치료는 장기간 또는 지속적인 치료가 필요하므로 안과의사와 상담하여야 한다. 소아: 소아에 대한 임상실험은 없다. 소아에게는 의사의 책임 하에 사용한다.
③	환부의 1일 1회 내지 수회 1매씩 부착합니다.
④	본 품 1매의 지질박리지를 제거하고 상처 중앙에 문질러 부착합니다.

(14) ①의 예에서 우리말의 구조가 약간 부적절하거나, 불필요한 한자어의 사용을 줄이는 것으로 표현을 바꾸어 보면 ①은 '1회에 1방울을 1일 5~6회 눈에 넣는다. 증상에 따라 적절히 더 넣거나 덜 넣는다' 정도로 표현할 수 있다.

(14) ②의 경우는 다른 예들과 달리 용법과 용량을 성인과 소아로 나누어 표기하고 있는데, 이는 올바른 사용설명서를 위한 바람직한 태도로 보인다. 다만 '결막낭'이란 전문용어의 사용보다는 결막낭이란 '아래 눈꺼풀을 잡아당기어 안구와 연결된 부분'을 의미하므로 '눈꺼풀 안 쪽'이라고 표현하면 쉽게 이해할 수 있을 것이다.[20] 다만 '겔' 형태인 이 의약품은 액체와는 달리 1방울의 크기가 사용자가 얼마나 짜느냐에 따라 다를 수 있으므로 용량의 정확성을 필요로 하는 의약품이라면 크기를 구체적으로 제시하는 것이 좋을 것이다.

---

20) 이밖에 '건조성 각결막염'이란 병명의 전문용어 사용은 논의를 달리하여야 할 부분으로 본 논문에서는 다루지 않는다.

(14) ③의 경우는 우리말의 규범에 어긋나게 조사를 사용하고 있는데, '환부의'가 아니라 위치를 표현하는 부사격 조사를 사용하여 '환부에' 또는 '아픈 부위에'로 표현되어야 한다. 그리고 한자어의 '부착' 대신에 '붙입니다' 정도로 바꾸면 우리말 순화의 측면에서도 바람직할 것이다.

(14) ④의 경우는 '지질박리지'라는 용어를 좀 더 쉽게 표현하도록 한다. 앞서 설명했던 것처럼 쉽게 '밴드의 끈적거리는 성분을 보호하기 위해 붙여진 투명한 비닐' 정도로 표현하면 좋을 것이다.

3.2.3. 사용방법

①과 ③에는 사용방법이 표기되어 있고 ②에는 사용상의 주의사항이 표기되어 있다. 사실 사용방법과 사용상의 주의사항은 전문 의료 보건인뿐만 아니라 일반인 사용자에게도 매우 중요한 정보이다. 충분히 의사나 약사에게 고지 받을 수도 있지만 그렇지 않은 경우도 많기 때문에 사용방법 및 주의사항에 대한 충분한 설명이 필요하다.

먼저 ①의 경우에는 제품 사용법의 6가지 항목을 눈에 띄게 구별되도록 박스로 처리하였다.

(15) ①의 제품사용법

ㄱ. 손을 깨끗이 씻는다.
ㄴ. 제품 윗부분에 약액이 고여 있을 수 있으니 제품상단의 손잡이를 잡고 한번 털어주십시오.
ㄷ. 한 손으로 제품 상단의 손잡이를, 다른 손으로 제품 하단의 손잡이를 잡고 돌리시면 용기와 뚜껑이 분리됩니다. 이 때 약액의 오염을 방지하기 위하여 뚜껑 및 약액이 흘러나오는 용기 끝 부분에 손이 닫지 않게 합니다.
ㄹ. 용기의 끝이 직접 눈에 닿지 않도록 주의하여 점안합니다.

ㅁ. 점안 후, 뚜껑을 분리된 용기에 밀어 넣어 닫습니다.
ㅂ. 제품 보관용기에 넣어 보관해 주십시오.

(15)의 제품사용법 6개의 항목은 전체적으로 어미의 통일성에서 문제가 있다. (15ㄱ), (15ㄷ), (15ㄹ), (15ㅁ)의 어미 형식이나 (15ㄴ), (15ㅂ)의 형식으로 통일하여 서술어의 형식을 '씻습니다, 점안합니다, 닫습니다'라고 한다면 '텁니다, 보관합니다'라고 하든지, '손이 닫지 않게 합니다-손이 닫지 않게 하십시오, 점안합니다-눈에 넣으십시오, 닫습니다-닫으십시오' 등으로 바꾸어 일관성 있는 문서를 만들어야 한다.

그리고 '제품 윗부분'과 '제품상단'은 같은 말 다른 표현이다. 이 역시 통일하도록 하며 '점안'이라는 한자어도 쉬운 우리말인 '눈에 넣다'로 표현하는 것이 좋다. '약액'이라는 표현도 정확하게 약의 성상을 설명한다는 측면에서 사용하고 있으나 '약'이라는 단어 하나만으로도 충분히 '약액'의 의미를 포함할 수 있다고 생각한다.

(15ㅂ)은 목적어가 생략된 문장이다. 정확한 설명을 위해 '제품'을 또는 '약'을 이라는 목적어를 명시해야 한다. 다만 의약품을 '제품'이라는 단어로 설명하는 것은 다소 부적절한 표현이라고 생각한다.

아울러 이러한 사용방법을 좀 더 이해하기 쉽게 하기 위해서 그림을 함께 보이는 것도 좋은 방법이 될 것이다. 의료 보건 기술문서의 특성 상 그림과 함께 설명을 붙인다면 훨씬 간결하고 효율적이면서도 정확한 사용방법을 익힐 수 있기 때문이다.

여기에 ①은 제품 사용방법과 함께 사용상의 주의사항도 5가지 항목으로 자세히 설명하고 있다.

(16) ①의 사용상의 주의사항

ㄱ. 다음 환자에는 투여하지 말 것.
ㄴ. 이상반응
ㄷ. 상호작용
ㄹ. 적용상의 주의
ㅁ. 보관 및 취급상의 주의사항

그런데 (16)의 항목 중 일부는 사용자의 입장에서 알아두어야 할 사항으로 보인다. 그럼에도 별다른 구분 없이 전문 의료 보건인에게 필요한 정보를 전문용어로 설명하면서 뒷부분에는 일반인에게 유용한 정보를 나열하고 있다. 또한 (16ㄹ)의 내용은 제품 사용법의 내용에 포함되어야 할 부분도 있는데 각 항목에 넣어야 할 내용을 정해서 중복된 정보를 제시하지 않도록 할 필요가 있다. 기술문서의 측면에서 본다면 의약품 사용 설명서도 각 항목에 제시해야 할 내용을 표준화하여 반영하는 것이 문서의 품질도 높일 뿐만 아니라 경제성을 높일 수 있는 방법이 될 것이다.

사용상의 주의사항에서도 역시 좀 더 쉽고 정확한 표현이 필요하다. 먼저, (16ㄱ), (16ㄴ)은 전문 의료 보건인에게 필요한 정보라고 한다면 (16ㄷ), (16ㄹ), (16ㅁ)은 일반인이 의약품을 사용하면서 지켜야 할 항목이라고 할 수 있다. 따라서 좀 더 일반적인 단어의 사용을 하는 것이 접근성에 수월한 문서가 되는데, '적용상의 주의'란 표현은 '적용'이라는 단어 자체가 갖는 일반적 의미와 '의약품을 눈에 넣는 과정에서 주의할 점'이라는 의미가 명확하지 않다는 것이다. '상호작용' 역시 '이 약을 다른 약과 사용할 때 주의할 점'을 설명하고 있는데 이러한 표현으로는 일반적 단어의 이해가 방해를 하기 때문에 쉽게 이해가지 않을 수 있다.

(16ㄱ)의 '환자에는'도 '환자'는 사람이기 때문에 '환자에게는'이 더 적절

한 표현이다. 각 항목의 표현 방법을 보면 '주의사항'의 항목에서 반복적인 '주의' 또는 '주의사항' 또는 '-말 것'이라는 금지의 표현을 사용하면서 일관성이 없다. 따라서 주의사항 아래의 항목으로 일관된 설명의 방법을 선택하여 문서의 통일성을 갖출 필요가 있다.

②의 사용상의 주의사항은 전문 의료인이 아니라 일반 사용자를 위한 표현으로 작성하였다. 내용에서도 이상증상을 설명한 부분을 제외하면 일반인을 배려하여 전문 용어에 대한 설명을 포함하고 있다. (17)은 ②의 사용상의 주의사항 중 일부이다.

(17) ②의 사용상의 주의사항

4. 기타 이 약의 사용 시 주의할 사항
ㄱ. 정해진 용법 · 용량을 지킬 것. ㄴ. 이 약은 점안용으로만 사용할 것. ㄷ. 이 약의 투여 전에 콘텍트렌즈는 제거해야 하며 이 약 점적 30분 이후에 재착용 할 것. ㄹ. 만약 다른 점안제를 동시에 사용할 경우에는 적어도 15분의 간격을 두고 투여하며 이 약을 항상 가장 나중에 사용할 것. ㅁ. 투여 후에 겔제가 안구표면으로 흡수될 때까지 짧은 시간동안 시야흐림 현상이 발생할 수 있으므로 운전이나 기계조작 시 주의할 것. ㅂ. 사용 후 뚜껑을 닫을 것. ㅅ. 눈꺼풀의 점착을 피하기 위하여 작은 방울로 투여할 것. ㅇ. 용기의 끝이 안구에 닿지 않도록 주의하여야 하며, 용기의 끝이 눈꺼풀 및 속눈썹에 닿으면 눈곱이나 곰팡이 등에 의해 약액이 오염 또는 혼탁(흐림)될 수 있으므로 주의 할 것. 또한 혼탁(흐림)된 것은 사용하지 말 것. ㅈ. 오염을 방지하기 위해 가급적 공동으로 사용하지 말 것.
5. 저장상의 주의사항

이 가운데 좀 더 쉬운 표현으로 바꾸면 좋을 몇 가지를 살펴보면 먼저, (17ㄷ)을 보면 '이 약 점적 30분 이후'라는 표현에는 조사가 없다. 그리고 '점적'이라는 단어는 '액체가 방울방울 떨어지는 일. 또는 그 방울'이라는 뜻으로 쉽게 이해하기에는 어려운 한자어이다. 따라서 필요한 조사를 붙이고 일반인을 위하여 쉬운 표현으로 바꾸면 '이약을 눈에 넣고 30분이 지난 후에' 정도로 고칠 수 있다. 그리고 '눈꺼풀의 점착'이라는 용어도 '눈꺼풀이 끈끈하게 달라붙는 현상'이라는 표현으로 '점착'이라는 단어를 설명해 주는 것이 좋다. 마지막으로 '저장상의 주의사항'이라는 표현보다 '보관상의 주의사항'이라는 표현이 다른 의약품 사용 설명서와 통일성을 보일 것이다.

(18) ③의 사용방법

사용 전의 준비사항
ㄱ. 본 제품의 유효기간이 유통기간 내에 있는지 확인하고 포장에 손상이 있거나, 제품이 오염되었는지를 확인한 후 유효기간이 경과하였거나, 손상 및 오염이 있는 제품은 사용하지 않습니다. ㄴ. 상처를 물이나 생리식염수로 씻고 완전히 건조시킵니다. ㄷ. 피부가 깨끗한지 확인하고 건조 후 크림이나 로션을 바르지 않습니다. ㄹ. 사용설명서를 잘 읽은 후 사용합니다.

③의 경우는 사용전의 준비사항과 사용방법 및 조작순서로 나누어 사용방법을 제시하였다. 그런데 사용전의 준비사항의 내용과 사용방법 및 조작순서의 내용이 중복되어 (18ㄴ)의 내용과 (18ㄱ)이 중복되어 잉여 정보를 만들고 있다. (18ㄷ)에서도 '피부'라는 표현보다는 '상처의 피부'가 또는 '상처 부위'가로 좀 더 구체적으로 표현해 주는 것이 의미를 명확하게 전달할 수 있다.

(19)의 '조작 순서'라는 표현은 기계를 조작하는 의미로 파악되는 것이 일

반적이므로 보습밴드를 사용하는 방법과 순서를 설명하는 것이라면 '사용 순서'라는 표현이 더 적절하다고 생각한다. 그리고 (19ㄹ), (19ㅁ)의 어미를 다른 문장들과 통일시켜 '붙여주세요-> 붙입니다', '교체해 주십시오-> 교체합니다'로 바꾸도록 한다. 문장에서 사용한 단어에서도 (19ㄹ)의 '삼출액'이라는 단어는 바로 다음 문장에서는 '진물'이라는 단어로 표현하고 있다. 따라서 좀 더 쉬운 표현으로 통일할 필요가 있다.

이렇게 그림과 함께 사용방법을 설명하는 것이 일반인에게는 더 쉽게 사용방법을 이해할 수 있게 한다. 그러므로 의료보건 기술문서의 수월성을 높이기 위해 정확한 그림과 함께 쉽고 정확한 설명을 담은 의약품 사용 설명서를 마련해야 하고, 사용 전의 준비사항에 어떠한 내용을 제시할 것인지 사용방법의 내용과 비교하여 잉여정보를 줄이도록 한다.

(19) ③의 사용방법 및 조자작 순서

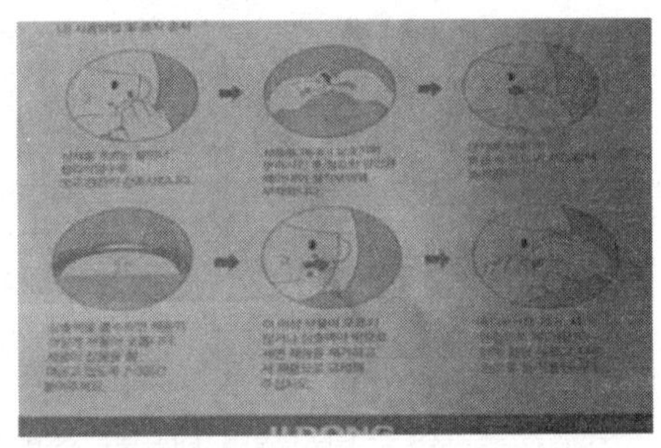

ㄱ. 상처를 흐르는 물이나 생리식염수로 씻고 완전히 건조시킵니다.
ㄴ. 제품을 꺼내어 보호지와 분리시킨 후 필요한 양만큼 떼어내어 상처 부위에 부착합니다.
ㄷ. 상처에 적용 후 붙을 수 있도록 부드럽게 눌러줍니다.
ㄹ. 삼출액을 흡수하면 제품이 하얗게 부풀어 오릅니다. 제품이 진물을 잘

머금고 있도록 2~3일간 붙여주세요.
ㅁ. 더 이상 부풀어 오르지 않거나 삼출액이 밖으로 새면 제품을 제거하고 새 제품으로 교체해 주십시오.
ㅂ. 메디폼 H를 제거 시 한손으로 메디폼 H의 한쪽 끝을 누르고 다른 손으로 들어 올립니다.

④의 사용설명서는 의약외품 겉면에 그림과 함께 보이고 있다. 이를 보이면 다음과 같다.

(20) ④의 사용설명서

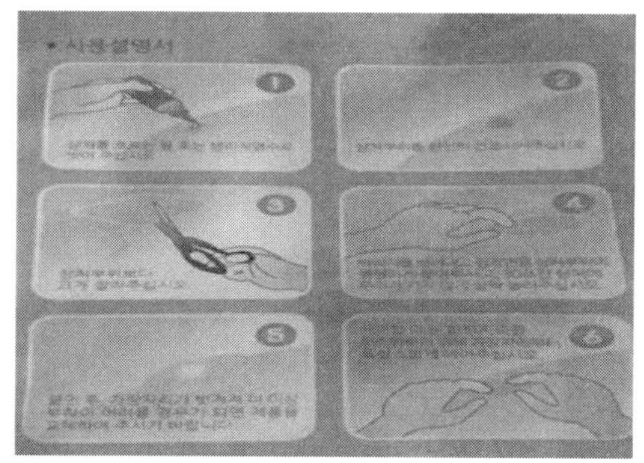

ㄱ. 상처를 흐르는 물 또는 생리식염수로 씻어 주십시오.
ㄴ. 상처 부위를 완전히 건조시켜 주십시오.
ㄷ. 상처부위보다 크게 잘라주십시오.
ㄹ. 박리지를 벗겨내고 점착면을 상처부위에 평평하게 붙여주시고, 30초간 상처에 무리가 가지 않게 살짝 눌러주십시오.
ㅁ. 붙인 후 가장자리가 벗겨져 더 이상 부착이 어려울 경우가 되면 제품을 교체하여 주시기 바랍니다.
ㅂ. 제거할 때는 피부자극을 최소화하기 위해 가장자리부터 조심스럽게 떼어주십시오.

(20)의 사용설명서에서도 각 문장의 어미가 통일되지 않고 있다. 따라서 (20ㅁ)의 '교체하여 주시기 바랍니다'는 '교체하여 주십시오'로 고쳐야 한다. 그리고 (20ㄷ)은 목적어가 생략되어 의미 파악이 불분명할 수 있으므로 '밴드를'이라는 목적어를 넣어 '밴드를 상처 부위보다 크게 잘라주십시오'라고 표현하는 것이 좋다.

(20ㄹ)의 '박리지'란 '규소 수지를 한 면 또는 양면에 바른 종이. 점착성 물질을 보호하는 데 쓴다'는 사전적 의미를 갖고 있는데, 쉽게 '밴드의 끈적거리는 성분을 보호하기 위해 붙여진 투명한 비닐' 정도로 표현하면 좋을 것이다.

(20ㅁ)에도 생략된 목적어를 넣어 '밴드를 붙인 후'라고 표현하는 것이 명확하고, '더 이상 부착이 어려울 경우가 되면'의 구조는 '더 이상 부착이 어려우면'으로 간단히 표현하도록 한다. (20ㅂ)에는 '제거할 때는'에서의 '제거'와 '떼어주십시오'의 '떼다'를 한 문장 안에서 사용하며 동일한 의미를 다르게 표현하고 있다. 따라서 문장의 앞부분을 생략하고 '피부자극을 줄이기 위해 가장자리부터 조심스럽게 떼어주십시오'라고 표현하면 더 간단하고 쉽게 이해할 수 있다.

(21) ④ 사용상의 주의사항

ㄱ. 감염된 상처 및 깊은 상처에는 사용하지 마십시오.
ㄴ. 가려움증, 발진, 발적(충혈되어 붉어짐) 등이 나타나면 전문의와 상담하십시오.
ㄷ. 사용한 제품을 재사용하지 마십시오.
ㄹ. 상처에 연고, 크림 및 요오드 용액 등의 소독약을 본 제품과 같이 사용하지 마십시오.
ㅁ. 제품을 일찍 제거해야 하는 경우에는 미온수에 불려 제거하십시오.
ㅂ. 당뇨나 혈액순환부전이 있는 환자 및 짓무르기 쉬운 피부를 가지고 있는 환자에게는 사용하지 마십시오.

(21) ④의 사용상의 주의사항은 일반인 사용자가 주의해야 할 내용을 정리한 것이다. 그러나 (21ㅂ)은 '환자에게는'이라는 표현 때문에 전문 의료인에게 더 주지해야 할 내용으로 보인다. 따라서 안전 사용 설명서의 사용 대상자가 누구인지를 명확히 설정하고 문서를 작성하는 것이 좋다. (21ㅁ)의 '제품'이라는 단어가 가진 일반적 의미 때문에 밴드의 사용 설명서에 사용하기에는 다소 어색하다. 따라서 어색한 표현을 바꾸고, 쉬운 우리말로 정리해 보면 '밴드를 일찍 떼어야 하는 경우에는 미지근한 물에 불려 떼어내십시오'라고 표현할 수 있다.

지금까지 일반인을 대상으로 한 쉽고 정확한 사용 설명서의 필요성을 강조하기 위해 4개의 의약(외)품 사용 설명서의 항목 및 내용 표현을 살펴보았다. 의약(외)품 사용 설명서에 표현된 어려운 전문용어와 한자어를 쉬운 표현으로 고쳐 보았고, 우리말 구조와 표현에 적합한 문장들로 고쳐 보았다. 물론 이런 표현 방법이 의료 보건 전문인들 간의 의사소통에는 오히려 경제성과 효율성을 떨어뜨릴 수도 있을 것이다. 그러나 대상에 따른 기술문서의 이해 가능성을 고려한다면 일반인을 위한 의약(외)품 사용 설명서의 표현은 달라야 한다. 그러기 위해서 사용자를 고려한 전문용어의 체계적인 순화작업도 필요하고 우리말 규범에 적합한 표현을 사용하여 이해하기 쉬운 의약(외)품 사용 설명서를 만들어야 하는 것이다.

좀 더 완벽한 의약(외)품 사용 설명서를 만들기 위해서는 의료 보건 전문인과 국어학자와의 협업을 통해 정확하고 쉬운 단어를 찾아 우리말 구조에 적합한 문장으로 의약(외)품 사용 설명서의 내용표현을 고민해야 한다. 다만, 그 전에 의료 보건 기술문서의 형식과 내용을 표준화 하여 각 항목의 내용 구성을 좀 더 명확하게 규정할 필요가 있다.[21] 고시된 표준 항목에

21) 앞서 살펴본 것처럼 식약처에서 고시한 의약품 표시에 관한 규정(제2013-250호), 의약외

필요한 내용을 규정하고, 여기에 쉬운 전문용어를 사용하여 우리말 규범에 맞는 표현으로 사용자를 고려한 이해가기 쉬운 의약(외)품 사용 설명서를 만들어야 할 것이다.

4. 맺음말

지금까지 의약(외)품 사용 설명서의 항목과 내용 표현을 살펴, 문제점과 함께 이를 어떻게 개선해야 할지를 예로 들어 설명하였다. 이를 정리하면 다음과 같다.

1) 의료 보건 전문인을 위한 의약(외)품 사용 설명서와 일반인을 위한 의약(외)품 사용 설명서가 분리되어야 한다. 전문 의료 보건인을 위한 의약(외)품 사용 설명서만큼이나 일반인을 위한 쉽고 간단한 의약(외)품 사용 설명서가 필요하기 때문에 다양한 사람들이 사용하는 의약(외)품에는 대상을 고려한 쉽고 간단한, 그리고 정확한 사용 설명서가 만들어져야 한다.

2) 고시된 의약(외)품 사용 설명서의 항목에 적절한 내용의 표준화가 필요하다. 즉, 각 항목의 제시어가 내용에 맞는 적절한 용어로 제시되는지, 각 항목의 내용들이 서로 중복되지는 않는지, 각 항목의 제시어와 그에 포함해야 할 내용에 대한 표준안을 만드는 것이다. 아울러 문서의 문장은 짧고 간결할 것, 그리고 그러한 문장들 사이에는 일관성이 있어야 하며, 설명의 체계를 일관되게 배치하여서 의료 보건 기술 문서의 품질을 높여야 할 것이다.

3) 의약(외)품 사용 설명서의 내용표현은 우리말 규범에 맞는 문장을 사

품 표시에 관한 규정(제2014-99호)에 따라 항목을 구성하고 있으나 그 내용에 있어서 중복이 되거나 불필요한 부분들이 있기 때문이다.

용해야 한다. 어떠한 문서든 국어의 규범을 지켜야 하는 것은 당연하지만, 특별히 의료 보건 기술문서에서 국어의 규범을 지켜야 하는 것은 무엇보다 국민의 건강과 안전에 직결된 된 문제이기 때문에 더 그렇다.

4) 전문용어의 체계적이고 지속적인 순화작업으로 일반인 사용자에게 쉽고 정확한 의약(외)품 사용 설명서를 만들어야 한다. 물론 의료보건의 학문적 특성으로 대부분 외국어인 전문용어들을 학자들마다 다양하게 표기하고, 대개의 의료보건 전공서들이 번역투의 문장을 사용하는 경우가 많다. 전문용어의 순화작업에는 아직도 여러 가지 논의가 있으나[22] 다행히 의료보건 용어의 순화 작업의 결과로 전문용어들의 대부분이 정리되었고, 어려운 용어들은 괄호 안에 쉬운 우리말 표현을 병기하는 추세이다. 그러므로 전문용어의 효율성 만큼이나 중요한 일반인 사용자를 위한 정보 제공을 위해 쉽고 정확한 표현으로 작성된 의약(외)품 사용 설명서가 마련되어야 할 것이다.

참고문헌

강희윤(1998), “의약품 사용설명서의 이해도에 관한 연구”, 『식의약논문집』1, 중앙대학교 의약식품대학원.

국립국어원(2007), 『전문용어 연구』, 태학사.

김기영(2009), “의약품의 부작용에 대한 제조물책임의 영역과 의사의 설명의무:독일과 우리나라 판례에 대한 비교법적 고찰을 중심으로”, 『비교사법』 16-2, 한국비교사법학회.

대한간호학회 출판위원회(2013), “간호학 연구방법론별 바람직한 글쓰기”, 『대한간호학회지』 33-7, 대한간호학회.

신선경(2006), “의과대학생을 위한 글쓰기 교육의 필요성과 방향”, 『작문연구』 2, 한국작문학회.

은희철 외(2013), 『아름다운 우리말 의학 전문용어 만들기』, 커뮤니케이션북스.

22) 전문용어의 순화에 관한 논의는 국립국어원(2007), 은희철(2013), 지재근(2011), 최형용(2012) 등에서 좀 더 자세히 살펴볼 수 있다. 전문용어의 순화에 관한 논의는 다음 연구에서 살펴보도록 한다.

지재근(2006), 『의학용어 이야기』, 도서출판 아카데미아.
지재근(2011), "의학용어 순화의 실태와 문제점", 『새국어생활』 21권 2호, 국립국어원.
최형용(2011), "전문용어의 형태론", 『한중인문학연구』 31, 한중인문학회.
가천대학교 의료보건 글쓰기 강의안(2014)

■ 의약(외)품 사용 설명서 자료

하메론 점안액, 삼천당제약주식회사, (주)디에이치피코리아	전문의약품
리포직 점안겔, BAUSCH+LOMB	일반의약품
메디폼 H (주)제네웰, 일동제약	의약외품
스카메디엘 밴드, 보령제약	의약외품

■ 참고 사이트
식품의약품안전평가원
http://www.nifds.go.kr/nifds/03_info/info05.jsp?article_no=3570&board_no=68&mode=view
식약처
http://www.mfds.go.kr/index.do
약사신문
http://pharmnews.co.kr/news/news_content.asp?part=%BA%B8%B0%C7%C1%A4%C3%A5&sno=41560
최봉영, "의약품 사용설명서 의약사 · 일반인용 따로 만든다", 2013.11.08. http://www.dailypharm.com/Users/News/NewsView.html?ID=177301
최은택, "의약품 사용설명서, 의약사 · 일반인용 구분 검", 2013.11.01. http://www.dailypharm.com/Users/News/New sView.html?ID=177059

사회적 소통망에 나타나는 청소년의 언어 사용 실태

김 유 권

1. 머리말

1.1 연구 목적 및 대상

이 연구의 목적은 최근 사회적 소통망(Social Network Service: 이하 SNS라 칭함) 가운데 카카오스토리에 나타나는 청소년들의 언어 사용 실태를 언어학적 관점에서 살펴보는 것이다. 최근 스마트폰의 사용이 급증하면서, 다양한 SNS 공간에서의 언어 사용 또한 활발히 이루어지고 있다. 따라서 미투데이, 페이스북, 트위터 등의 공간에서 이루어지는 언어 사용에 대한 연구 또한 많이 이루어졌다.[1] 이러한 상황에서 2012년 3월부터 또하나의 SNS로 카카오스토리가 등장했다. 이는 카톡(실시간 채팅 기능) 서비스의 연장선으로 등장한 것으로 이전의 SNS보다 사용 방법이 손쉬워 그 사용자의 수가 상대적으로 급증하고, 연령층 또한 다양하게 되었다.[2] 특히 청소년들의 사용이 급증하고 있다는 점에서, 그들의 언어사용 실태를 구체적으로 반영하고 있다고 할 수 있다. 카카오스토리는 이전의 SNS에 비해 태도적인 면에서 일상적이고, 즉흥적이며, 구어적인 면이 강하다. 그리고 사진

1) 대표적으로 이정복(2012-ㄱ)과 이정복(2012-ㄴ) 등을 들 수 있다.
2) 트위터, 페이스북, 카카오스토리에 대한 접속요인과 최근 현황에 대해서는 홍삼열·오재철(2012)참고.

과 함께 적절한 상황을 표현하기에 속도면에서도 빠르고, 댓글과 함께 대화가 쉽다는 점에서 청소년들에게 많은 선호를 받고 있는 실정이다. 이러한 점에 입각해서, 본 연구는 카카오스토리를 이용하는 청소년들의 언어 실태를 표기법과 변동규칙 측면에서 살펴보고, 그 특징을 알아보고자 한다.

1.2 조사 방법 및 기간

카카오스토리는 카톡을 통해 친구를 맺고, 참여할 수 있는 SNS다. 따라서 연구자는 개인적으로 청소년들과 친구 관계를 맺어 그들의 카카오스토리를 조사하였다. 그들의 카카오스토리에 댓글 형식으로 참여하기도 하고, 연구자의 카카오스토리에 댓글로 참여한 청소년들을 연결고리로 다시 그들의 친구 카카오스토리를 조사하기도 하였다. 연구자가 참여한 댓글은 자료에서 제외하였으며, 가급적 그들만의 언어 사용 상황에서 나오는 자료를 수집하였다. 자료 범위는 카카오스토리 공간에 쓰여진 모든 문자들을 포함시켰으며, 하트♥와 같은 기호와 문장 부호들도 포함시켰다. 또한 자연스런 언어 상황이라는 점에서 카카오스토리에 올려진 글뿐만 아니라 그 글에 참여한 댓글도 자료에 포함시켰다.[3] 따라서 이 연구는 카카오스토리에 올려진 모든 시각적 측면(사진은 제외)을 전사하여 언어학적으로 분석하는 방법을 취했다고 할 수 있다.

조사 기간은 연구자가 카카오스토리를 시작한 2012년 3월 24일부터 2013년 4월 5일까지로 하였다. 또한 조사 대상의 청소년들은 남학생 20명, 여학

3) 실제로 다른 사회적 소통망과는 달리, 청소년들의 카카오스토리의 본문에 쓴 글과 그 본문에 달려진 댓글은 태도나 표현 면에서 크게 차이나지 않았다. 그러나 트위터나 페이스북은 본문의 내용과 댓글의 내용이 태도면에서 차이가 있다. 즉 페이스북이나 트위터의 본문은 댓글과는 달리 진지하고, 불특정 다수를 향하고 있다는 점이 카카오스토리와 차이가 있다.

생 20명이고, 구체적인 학년은 중학생 2학년부터 고등학생 3학년까지이다. 지역적으로는 주로 경기도 포천시에 거주하는 청소년들이며, 서울시 강동구와 송파구에 거주하는 학생들도 포함되어 있다.[4)]

2. 카카오스토리에 나타나는 표기법 실태

기존의 인터넷 통신 언어 사용 실태에 대한 연구로는 이정복(2012-ㄱ)을 들 수 있다. 이정복(2012-ㄱ)은 트위터 등의 SNS에서 쓰이는 통신 언어의 사용 실태와 세대 간 의사소통 문제의 원인을 파악한 연구로 다섯 가지 동기-경제성 · 표현성 · 오락성 · 유대성 · 심리적 해방성-로 사용 실태를 기술하고 있다.[5)] 이 연구는 이러한 업적의 토대 위에서 동기적인 면을 고려하면서 언어적 실태에 주목하여 표기법[6)]과 변동규칙을 중심으로 10대의 언어 사용 실태를 살펴보고자 한다. 많은 부분에서 앞선 연구들과 유사한 부분들이 있었고, 최근의 카카오스토리라는 사회적 소통망의 특성에 기인하는 새로운 특징들도 살펴볼 수 있었다. 이러한 점을 볼 때, 21세기 국어의 통신언어의 위상은 규범적이고 표준적인 언어생활과 또다른 대등한 위치로서 통신언어가 자리를 잡고, 비규범적이고 방언적인 맥을 형성한다고 할 수 있을 것이다.

---

4) 이는 연구자가 학원 강사로 근무했던 지역의 학생이기 때문이다.

5) 이정복(2012-ㄱ)의 다섯 가지 동기를 구체적으로 살펴보면 다음과 같다.
경제적 동기: 줄임말, 자음으로 적기, 소리나는 대로 적기, 서술어 줄이기, 붙여적기
표현적 동기: 의성의태어사용, 음소바꾸기, 그림 글자의 쓰임
오락적 동기: 끝말잇기, 빈카 채우기, 퀴즈
유대 강화 동기: 자음자 사용, 지역방언형 사용
심리적 해방 동기: 욕설 비속어 사용

6) 통신언어의 표기적 특성을 살핀 연구로는 이주희(2010)이 있으며, 그 특성으로 '연음 및 소리나는 대로 적기'와 '음차표기'를 제시하고 있다.

카카오스토리에 나타나는 청소년 언어 사용 실태 가운데 표기적 특성은 우선 섞어적기(혼철)의 특성을 들 수 있다. 즉 이어적기(연철)와 나눠적기(분철)가 혼합되어 사용되고 있다. 이주희(2010)의 언급대로 연음과 소리나는 대로 적기가 사용된다고 볼 수 있지만, 일정한 규칙대로 표기되고 있다고 보기는 어렵다. 청소년들은 오히려 일정한 규칙없이 표기 형태를 선택하고 있다.

(1) ㄱ.이어적기의 예
주글래 내애정표현따라하지마!
조은소리할꺼가테서물어보는거냐?ㅋ
(1) ㄴ.나눠적기의 예
시발최파다너가 걍죽어라ㅋㅋㅋㅋ
엉니신청곡은아이유의좋은날이여^^

위의 예문 (1)의 ㄱ과 ㄴ에서처럼 카카오스토리에서 청소년들은 일정한 규칙없이 이어적기와 나눠적기의 표기를 선택하고 있다. 물론 '좋은'의 경우처럼 모음이 이어질 때, 'ㅎ'을 탈락시킨 후 이어적기를 하는 경우도 드러난다.

또한 'ㅆ'받침을 'ㅅ'받침으로 쓰는 표기 형태가 두드러진다. 또한 뒤에 ㅋ(크크크)를 쓰려는 의도에서 앞말의 받침으로 ㅋ이 선택되는 표기가 많이 나타난다. 물론 이것도 일정한 규칙이라고 할 수는 없을 정도로 수의적이다. 그러나 이 현상은 다른 SNS에 비해 카카오스토리에서 두드러지는 현상이라고 할 수 있다. 그 이유는 카카오스토리가 다른 SNS에 비해 구어적인 성격이 강하기 때문이다.

(2) ㄱ. 받침 /ㅆ/ 이 /ㅅ/으로 쓰이는 경우
맛잇겟당...어디서 팔아 당장 토크해봐(맛있겠다)
저거졸라재밋써....(재밌어)
오늘우린만낫찌♥-♥(만났지)
학교에서야자중인데..공부안하고놀고잇는중..큰일낫네..(있는 중..큰일났네)

(2) ㄴ. 받침 /∅/ 에 /ㅋ/이 첨가되어 쓰이는 경우
나보다심하지안냨ㅋㅋㅋㅋㅋㅋㅋ(심하지않냐)
앞머리까고다녘ㅋㅋㅋㅋㅋㅋㅋㅋ(까고다녀)
ㅋㅋㅋㅋㅋㅋ캌ㅋㅋㅋㅋ앜ㅋㅋㅋ신수아웃겼ㅋㅋㅋㅋㅋ
(카..아..아웃겨)
아..애들은돈도업곸ㅋㅋ배도부르고어디들리느랔ㅋㅋ(돈도고 ㅋㅋ어디들리느라ㅋ)

위의 보기에서 나타나는 현상에 대한 이유는 이정복(2012-ㄴ)에서의 지적처럼, 맞춤법에 대한 부담감이 가져온 결과라고 할 수 있고, 빨리 메시지를 작성하려는 데서 오는 오타와도 관련있다고 할 수 있다. 그러나 이러한 현상은 점점 청소년들이 사용하는 언어의 한 성격으로 굳어지고 있다고 봐야한다는 점에서 시사하는 바가 크다. 띄어쓰기 문제 또한 위의 사항들과 맥을 같이 한다고 할 수 있다. 최소한 사회적 소통망에서만큼은 한글맞춤법 띄어쓰기 조항은 무시되어지는 것이 기본적인 전제라고 할 수 있고, 오히려 실수로 띄어쓰기를 한다고 해야 할 정도로 그 실태는 가지각색이다.

(3). (-): 붙임, (//): 띄어 씀
ㄱ. 민증쓰다 뺏겻나보구나 위조하지마 다 걸려(서술어//서술어//서술어//부사어//서술어)
ㄴ. 푸힛ㅋㅋㅋ우리강택이가 이랫어여ㅋ(독립어-주어부 // 서술어)
ㄷ. 우리아파트102동지하엔진실에서불낫으~소방차6대오고구급치2

대오고날리낫으!!5분전에
와서진압하는데잘안되나벼~방송실에서계속방송하고밖에선불끄
고…무서버라….ㄷㄷ
(부사어-서술어-서술어-서술어-서술어-서술어-부사어-서술어=서
술어-부사어-서술어-
사어-부사어-서술어-부사어-서술어-서술어 :전부 띄어쓰기 안함)

예문(3)에서 보면, 일관되게 띄어쓰기를 한 경우(ㄱ)부터 어느 부분만 띄어쓴 경우(ㄴ), 그리고 모두 띄어쓰기를 하지 않은 경우(ㄷ)가 나타난다. 연구자가 정리한 자료에 의하면, 대부분의 자료에서 띄어쓰기가 이루어지지 않았다. 이러한 실태의 배경에는 기존의 규범에 대한 저항과 문자 작성에 대한 시간적 경제성이 깔려 있다고 할 수 있다. 아울러 띄어쓰기 대신, 문장부호나 이모티콘, 그리고 자모자로서 그 공백을 메꾸는 경향도 보여주고 있다.

(4) 띄어쓸 공간을 다른 수단으로 메꾼 사례들

ㄱ. ㅠㅠ이게머야…ㅠㅠ또울엇네ㅠㅠ7번방선물검나슬프네…마지막에 펑펑울엇네ㅠㅠ안본사람(은업겟지만)꼭봐야됨!!추천!!

ㄴ. 머가어뜨케된거야!!!왜왜왜!!!홍수가경찰서에가는건데!!!ㅠㅠ보호관찰이면꼭가는겨??그 런게어딧어ㅜㅜ

ㄷ. 까악~수요일에수학여행가공~목요일레크레이션할땐춤추고…에휴… ㅋㅋㅋ멋잇을테니!! 아마도…(자신감×)기대…는하지는마…ㅋㅋㅋㅋ ㅋㅋㅋㅋㅋㅋㅋㅋㅋㅋㅋㅋㅋㅋ절대루하지마!!

물론 (4)의 경우는 문장과 문장 사이를 감정 처리 또는 강조하려는 의도에서 이루어진 것이지만, 하나의 특징적인 표기로 볼 수 있다.

카카오스토리에서 보이는 표기적 특성 가운데 또하나는 한글전용이 주로 이루어지고 있다는 점이다. 물론 간혹 알파벳표기도 드러나기는 하나,

청소년들이 주로 한글전용을 선택하는 것으로 나타난다. 한자표기는 단 한 건도 나타나지 않고 있다는 것도 특징 가운데 하나이다.

(5) ㄱ. 한글전용의 예
이글을 복사해서 자신의 스토리를 확인해보세요♥♥♥
베넨바우어 크루이프? 오..굳
100%레알트루
공유 500개는 스틸시리즈 카나 무료나눔
공유 1500개는 레이저 데스에더 신형 무료나눔
아디다스져지이벤트
당장롸잇나우
왓더뻐킹아유쎄잉?
지금웨이크업햇서
(5) ㄴ. 알파벳 사용의 예
hohoho
(5) ㄷ. 혼용의 예
글로벌 게이밍기어 회사인 레이저(Razer) 그리고 스틸시리즈 (SteelSerie)브랜드 등

대부분 (5)ㄱ처럼 한글전용이 나타나고, 드물게 (5)ㄴ처럼 우리말을 알파벳으로 표기하거나 (5)처럼 한글에 알파벳을 괄호로 표기하는 경우가 나타난다. 재미있는 경우는 '왓더뻐킹아유쎄잉?'의 경우처럼 영어를 한글로 음차해서 표기하는 경우도 있다는 것이다.

3. 카카오스토리에 나타나는 변동규칙[7]

카카오스토리에 나타나는 청소년들의 언어 실태를 음운적 측면에서 살

7) 이에 대한 연구로 이주희(2010)이 있으며, 음운적 특성을 동화와 비동화로 나눈 후, 비동화는 이화, 탈락 및 축약, 첨가 등으로 나누어 살펴보고 있다.

펴볼 때, 이 연구에서는 변동규칙을 중심으로 파악하기로 한다. 변동규칙이란 허웅(1985)에 의하면, 같은 계통의 변이 형태에 있어서, 기본형태에서 비기본형태에로의 음운의 바뀜을 말한다.[8)] 카카오스토리 공간에서 표기에 반영된 것을 중심으로 살펴보기로 하겠다.

〈1〉 일곱끝소리되기

카카오스토리에 나타나는 변동규칙을 살펴볼 때, 우선 음절 끝소리규칙에 해당하는 표기가 보였다.

(6) 준비햇다며ㅠㅠ감동이야ㅜㅜ진자폰만지고잇는데케익ㅋ이내앞에(케잌--〉케익)

외래어이긴 하지만 8개의 끝소리에 맞춰 표기된 경우다. 앞에서 언급했듯이 카카오스토리에서 청소년들은 대부분 받침규정을 어기고 있는 실정이다. /ㅆ/받침을 /ㅅ/받침으로 쓰기 때문에 이에 대해서는 예로 들지 않았다.

〈2〉 소리이음

카카오스토리 공간에서 청소년들이 많이 선호하는 표기로 소리이음이 있다. 소리이음을 실현하기 전에 음운탈락을 먼저 실현한 후, 소리이음을 실현한다. 그러나 이 경우 청소년들의 올바른 표기에 대한 부담이 작용한 것으로 보인다.

(7) 남고는 가튼반친구로인해서 생긴다(같은--〉가튼)
ㅋㅋㅋ열시미해여징ㅋㅋㅋ(열심히--〉열시미)

---

8) 구체적인 변동규칙에 대해서는 허웅(1985) 참고.

수아표보꿈밥의양이란...(볶음밥--> 보꿈밥)
지리때무네화나---(때문에--> 때무네)
ㅋㅋㅋㅋㅋㅋ싸머거찌렁--(먹었지롱--> 머거찌롱)

위의 예에서 /열심히/의 경우 /ㅎ/을 탈락시킨 후 소리이음을 실현시켰고, /볶음밥/의 경우는 /보꿈밥/으로 소리이음이 실현되었다. 이는 청소년들의 언어유희적 의도도 개입되었다고 할 수 있다.

〈3〉 겹받침줄이기

겹받침줄이기는 겹받침의 둘째 닿소리가 끝소리 자리에서 없어지는 현상이다. 예를 보면, 다음과 같다.

(8) 붕어빵왕실어함(싫어--> 실어)

소리나는 대로를 표기하는 습관을 고려했을 때, 겹받침 /ㄹㅎ/을 /ㄹ/로 인식한 것으로 보인다.

〈4〉 /ㄴ/의 /ㄹ/되기

일반적으로 자음동화의 하나로 다루는 현상이다, 닿소리가 이어나는 현상으로 허웅(1985)에서는 /ㄴ/과 /ㄹ/은 그 자체가 어떻든 이어날 수 없다고 설명하고 있다, 다음과 같은 예가 보인다.

(9) 집어던지고날리도아니다.(난리--> 날리)

〈5〉 콧소리되기

앞서 〈4〉와 함께 자음동화 현상으로 분류되는 항목이다. 이 경우는 비음화현상이라고도 한다. 실제로 청소년 표기에서 많이 드러나는 현상이다.

(10) 존나이쁘구만뭐^^(좆나--〉존나--〉존나)
ㅋㅋㅋ검나맛잇오~~ㅋㅋ(겁나--〉검나)
교회끈나고폭풍흡임했음ㅋㅋㅋㅋ(끝나고--〉끋나고--〉끈나고)
끈낸건업고..셤날짜는다가오고..(끝낸--〉끋낸--〉끈낸)
저건수아손임니당(입니당--〉임니당)

변동의 성격상 일곱끝소리되기 현상이 먼저 일어나고 뒤이어 실현된다.

〈6〉 입천장소리되기(구개음화)

입천장소리되기(구개음화)는 청소년들이 실제 언어생활에서 많은 어려움을 느끼는 변동규칙 가운데 하나다.[9] 그래서 해당 사례는 /같이/--〉/가치/밖에 나타나지 않았다.

(11) 꿈에라도나타나줘라가치놀자(같이--〉가치)

그런데, 특이한 현상으로 입천장소리를 입천장소리 되기와는 반대로 혀끝소리로 내는 사례들이 드러났다.

(12) 쪽♥♥♥그리고디밍이은디닝 아쉽지만(지민--〉디민, 은진--〉은딘)
부룹딩ㅎㅎㅎㅎㅎ(부룹지--〉부룹디)
당욘하디헿♥(당욘하지--〉당욘하디)
♥낼내가깨워듐(깨워줌--〉깨웓듐)
아푸디안을께요♥(아푸지--〉아푸디)

9) 실제로 청소년들과의 교육현장에서 /밭이/, /밭은/, /밭을/에 대한 정확한 발음이 이루어지지 않음을 확인한 바 있다. 특히 /밭이/를 /바치/로 입천장소리되기로 실현하여 발음할 줄 아는 청소년들이 매우 적었음을 확인하였다. 그러나 상대적으로 /같이/, /같은/, /같을/에 대해서는 정확하게 입천장소리되기를 실현하여 발음하였다.

이러한 현상은 이미 이정복(2012-ㄴ)에서 지적한 바 있지만, 카카오스토리라는 SNS에서도 드러나는 특징적인 현상이라고 할 수 있다. 이러한 현상에 대한 이유로는 규범에 대한 저항과 언어유희적 측면이 함께 작용한 것으로 보인다.

〈7〉 ㅣ치닮기

일반적으로 Umlaut라 불리는 현상이다. 청소년들 사이에서는 입말에서도 특정 몇몇을 제외하고는 많이 보이지 않는 현상이다.

(13) 아~~짱깨 졸라땡긴달ㅋㅋㅋ(당기다--〉땅기다--〉땡기다)

〈8〉 거센소리되기

음운축약 가운데 하나로 자음축약에 해당된다. 그 출현 빈도가 잦은 현상 가운데 하나다.

(14) 안보는게조타…(좋다--〉조타)
와..우린숯불갈비준다고해노코(놓고--〉노코)
그래..두번다시이러시간이없엇음조켓어(좋겟어--〉조켓어)

〈9〉된소리되기

된소리되기도 거센소리되기와 함께 자음축약의 하나다. 즉 된소리의 짝이 있는 약한소리가 겹쳐지거나, 같은 서열의 약한소리와 된소리가 겹쳐지면 두소리가 한 소리가 되는 현상이다.

(15) 지리알려줘따고(줬다고--〉줘따고)

그런데 위의 언어내적 요인에 의한 된소리되기 외에 언어외적인 요인에

의한 된소리되기도 나타나고 있다.[10)]

(16) 가운데쪼기잇는데애가더이뽀우힛@> 〈@(조기--> 쪼기)
찌은이~~어여오셈~~~(지은이--> 찌은이)

한편 된소리를 내야 하는 경우인데 예사소리로 나타내는 경우도 나타났다. 이 역시 입천장소리되기를 혀끝소리로 내는 심리와 유사한 것으로 보인다.

(17) 가르켜주는데 자증내서미안해..♥(짜증--> 자증)

〈10〉 홀소리줄임

홀소리를 줄여서 표현하는 현상도 나타난다. 변동규칙에서 홀소리가 줄어드는 경우는 반홀소리되기와 홑홀소리되기가 있다. 여기서는 이를 구분하지 않고 살펴보기로 한다.

(18) 시작해놧더라무엉..♥(놓았더라--> 놧더라)
제야낭 여기어댱어댱(어디야--> 어댜)

위의 예에서는 둘 다 반홀소리되기로 줄여진 경우라고 볼 수 있다.

〈11〉홀소리 없앰

카카오토리에서 보여지는 홀소리없앰, 즉 탈락은 /ㅣ/를 없애는 경우, /ㅓ/를 없애는 경우, /ㅜ/를 없애는 경우로 나타난다.

(19) /ㅣ/탈락
난 너가 젤좋아(제일--> 젤)
애드라채너수궁금하면갠톡ㄱㄱ(개인--> 갠)

10) 이에 대해서는 김유권(2004), 한명숙(2011) 참고.

(20) /ㅓ/탈락

왜나한테 미우미우 안함 ㅅㅂ(미워--> 미우)

(21) /ㅜ/탈락

애들하고눈쌈하고시비붙다가급친해지고~~(싸움--> 쌈)

암튼! 니가겁나바쁘고(아무튼--> 암튼)

이렇게 홀소리를 없애는 경우는 궁극적으로 경제적 효과, 즉 줄임 형태를 위한 의도에서 라고 할 수 있다.

〈12〉닿소리없앰

닿소리의 경우도 /ㄴ/을 없애는 경우, /ㄹ/을 없애는 경우, /ㅎ/을 없내는 경우로 나타난다. 그러나 일반적인 변동규칙에서와는 달리 그 탈락 환경이 음운적이지 않다.

(22) /ㄴ/탈락-마이,마니

그점마이미안하고그저미안할따름이다!(많이--> 마이)

(23) /ㄹ/탈락

내일가까?(갈까--> 가까)

(24) /ㅎ/탈락

지금보다낫지안아요선생님ㅋㅋㅋㅋㅋ(않아요--> 안아요)

조은소리할꺼가테서물어보는거냐?ㅋ(좋은--> 조은)

근까나만너조아하나바?(좋아--> 조은)

안자는줄아로저놔했는데ㅠㅠ(전화--> 저놔)

아! 우짜노 셤이다ㅜㅜㅜㅜ(시험--> 시엄--> 셤)

〈13〉 /ㄴ/덧나기

변동규칙에서의 /ㄴ/덧나기와는 달리 이름 등의 명사에 이유없이 /ㄴ/을 첨가하는 사례가보인다.

(25) 왁ㅐ내가사줘야겟네 우리채년이(채연이--> 채년이)

〈14〉 /ㄹ/첨가

변동규칙에서는 표현을 똑똑하게 하려는 의도에서 /ㄹ/이 겹치는 경우가 있으나, 여기에서는 발음습관이 반영된 것으로서 /ㄹ/이 첨가된 것으로 보인다.

(26) 기달려(기다려--> 기달려)

〈15〉 /ㅇ/첨가

원래 국어의 변동규칙에서는 /ㅇ/첨가현상이 없다. 그러나 표현의 재미와 귀여움 등을 나타내려는 의도에서 카카오스토리뿐만 아니라 여러 SNS에서 이러한 /ㅇ/이 첨가되어 나타난다. 하나의 특징일고 할 수 있다.

(27) 날따라올라면멀엇당(멀었다--> 멀었당)
오션월드유 전망개쩔어용(쩔어요--> 쩔어용)
ㅜㅜ귀차낭(귀찮아--> 귀차낭)
너무좋나방♥(좋나봐--> 좋나방)
♥600일♥~~~~넘 조아용~~@(좋아요--> 조아용)

〈16〉그외 모음첨가, 유음화, 재분석

이외에도 카카오스토리에서 드러나는 몇 가지 음운적 특징들이 있다. 우선 이유없이 모음/ㅣ/와 /ㅜ/가 첨가되어서 쓰이는 경우가 있고, 영어의 발음습관을 반영한 듯, 유음화현상이 반영된 경우, 그리고 가장 눈여겨 볼 사항으로 재음소화의 경우가 있다.

(28) 모음첨가
/ㅣ/첨가 - 은쥬(은주)

/ㅜ/첨가 - 맛나겟쥐(만나겟지)

(29) 유음화-스터뤼그룹(스터디그룹)

(30) 재음소화

지금도안자고잇서?(있어--> 잇서)

지각햇송(했어--> 햇송)

방금다머것서(먹었어--> 머것서)

누나가더그럴거같아생겻슴서왜그랙(생겼음--> 생겻슴)

홍깔ㄹㄹㄹㄹ버거싶퍼ㅠㅠㅠㅠ(싶어--> 싶퍼)

위의 예 가운데 (30)재음소화는 문자 작성시 오타나 자판상의 편리함 때문이라기보다는 일종의 재미와 SNS 상의 특이한 말투가 반영된 것이라고 보는 것이 타탕하다고 생각한다. 마지막으로 전설모음화 '질겨야겟구만(즐겨야겟구만--> 질겨야겟구만)과 같은 사례도 나타난다.

4. 맺음말

지금까지 사회적 소통망 가운데 카카오스토리에 나타나는 청소년들의 언어 실태를 표기법과 변동규칙 양상을 중심으로 살펴보았다. 사회적 소통망을 중심으로 한 언어 연구는 최근 급증하고 있으며, 다양한 방법으로 진행되고 있다. 하지만 그 사회적 소통망의 성격에 따라 약간씩 그 언어 실태가 차이가 있다고 할 수 있다. 최근 스마트폰의 확산과 더불어 가장 손쉽게 채팅과 사회적 소통기능을 담당하게 된 것으로 카카오스토리가 주목되고 있으며, 특히 청소년들에게 가장 일상적인 언어생활을 반영할 수 있는 도구로 부각되고 있다. 본 연구는 이 점에 주목하여, 카카오스토리에 나타나는 청소년들의 표기법 양상과 변동규칙 양상을 살펴보았다.

표기법은 첫째, 이어적기(연철표기)와 나눠적기(분철표기)가 함께 나타났고, 둘째 /ㅆ/받침이 /ㅅ/받침으로 대체되고 있다. 그리고 받침에 /ㅋ/이 첨가되면서 그 뒤에 웃음을 나타내는 'ㅋㅋㅋ(크크크)'표기가 이어지는 경우가 많았다. 셋째, 띄어쓰기는 거의 무시되었으며, 문장 끝에는 감정을 나타내는 부호들을 채워 사용하는 경향이 있다. 넷째, 한글전용이 이루어지고 있다는 점도 특징이라고 할 수 있다.

변동규칙은 표기법과는 다르게 표기가 소리로 실현되는 규칙이라고 할 수 있다. 그러나 이 연구에서는 청소년들의 카카오스토리에서의 표기가 소리를 반영하고 있다는 전제하에서 변동규칙 양상과 관련지었다. 그러한 결과 국어 변동규칙 양상과 유사한 것도 있었지만, 국어 변동규칙에는 나타나지 않는 몇 가지 요소들도 있었다. 첫째, 입천장소리되기와 된소리되기의 경우, 반대 방향으로의 현상이 나타나는 경우가 있었다. 둘째, 국어 변동규칙에는 없는 줄임(축약)과 없앰(탈락)이 나타났다. 샛째, 재음소화라는 과거 16·17세기때의 현상이 나타나기도 했다. 이는 언어유희와 관련된 것으로 파악된다.

지금 대한민국의 청소년들은 정보 과학기술의 발전으로 여러 가지 혜택을 누리고 있다. 그러나 언어생활의 측면에서는 학교에서 배우는 규범적인 것과는 다르게 비규범적이고 방언적인 언어생활이 이루어지고 있는 실정이다. 주목할 사항은 사회적 소통망에서 청소년들이 매우 활발하게 활동하고 있다는 것이다. 그렇다고 해서, 이러한 현실을 간과할 수도 없고, 해서도 안 된다고 생각한다. 이 연구는 이러한 앞으로의 국어 생활과 관련하여 청소년들의 사회적 소통망에서의 언어 실태를 살펴봄으로써 그 방향을 가늠해 보고자 했다는 점에서 의의를 지닌다고 할 수 있다, 끝으로 문법적·의미적·담화적인 방면에서도 이러한 내용들을 살펴봐야 하는 것이 앞으로의 과제라고 할 수 있다.

참고문헌

김선화(2013), "통신 언어에 나타난 청소년들의 문장 종결방식 연구", 한국교원대학교석사학위논문.

김유권(2004), "경음화 현상에 대한 사회언어학적 연구", 『겨레어문학』32, 겨레어문학회.

박동근(2012), "[X-남], [X-녀]류의 통신언어의 어휘 형성과 사회적 가치 해석", 『사회언어학』제20권 1호, 한국사회언어학회.

이정복(2012ㄱ), "인터넷 통신 언어 실태와 세대 간 의사소통의 문제",『배달말』49, 배달말학회.

이정복(2012ㄴ), "스마트폰 시대의 통신 언어 특징과 연구과제", 『사회언어학』제20권 1호 한국사회언어학회.

이주희(2010), "통신언어의 표기와 음운적 특성", 『언어연구』27-1, 경희대학교 언어연구소.

한명숙(2011), "한국어의 어두 경음화현상 연구", 건국대학교 박사학위논문.

홍삼열 · 오재철(2012), "소셜네트워크서비스 사용자 접속요인 비교분석: 트위터, 페이스북, 카카오스토리를 중심으로", 『인터넷정보학회논문지』제13권 6호, 한국인터넷정보학회.

홍숙영(2012), 『SNS와 토론』, 내하출판사.

허웅(1985), 『국어음운학』, 샘문화사.

대학 글쓰기 교재 속에 나타난 '논증하기' 구성 및 내용 고찰

원흥연

1. 머리말

최근 대학에서는 '글쓰기'에 대한 중요성의 재조명으로 글쓰기 관련 과목을 교양필수과목으로 지정하고 있으며, 그 분야를 단순한 기초교양과목에서 영역별, 계열별 등으로 확대, 강화하고 있는 추세이다.[1] 왜냐하면, '글쓰기' 교육은 대학에서의 학문 연구뿐만 아니라 사회에 진출하여서도 그 영향을 미치기 때문이다. 그러나 위와 같은 글쓰기 수업의 확대, 강화 추세는 대학에서 이루어지고 있는 글쓰기 교육의 외적인 변화 부분이며, 글쓰기 교육에 대한 내적인 변화는 여전히 어려움을 겪고 있는 실정이다.[2]

예를 들면, 대학 글쓰기 교육의 확대로 인해 다양한 글쓰기 강좌가 생겨났지만, 글쓰기 관련 강좌들이 서로 연계되지 못하고, 그 체계도 불명확하

---

1) 대학에서의 글쓰기 교육 현황과 운영 방식, 교재 개발 실태는 다음을 참고하였다.
정희모(2005), "대학 글쓰기 교육의 현황과 방향", 『작문연구』1호, 한국작문학회, 111~136쪽.
허재영(2009), "대학 글쓰기 교과의 운영 방식과 교재 개발 실태", 『한말연구』25, 한말연구학회, 345~376쪽.

2) 정희모(2005:114)에서는 대학 글쓰기 교육의 현황을 외적 부분(하드웨어 분야)과 내적 부분(소프트웨어적인 분야)로 나누어 보고 있으며, 대학 글쓰기 교육의 내적 문제를 강의 요원의 문제, 강의 프로그램의 문제, 행정 지원의 문제로 요약하고 있다.

여 글쓰기 관련 강좌가 따로따로 진행되고 있는 실정이며, 그에 따라 강의의 내용이 중복되는 현상도 일어나고 있다. 또한 대학 글쓰기에 대한 이론적 연구와 대학 글쓰기 교육 과정에 대한 연구도 부족하고, 글쓰기 특성상 수강생의 수가 제한되어야 함에도 불구하고 많은 학생들이 강의식 수업을 받고 있는 경우도 적지 않다.[3] 그리고 대학 글쓰기 교육을 담당하는 전임 교원의 전문성 결여도 대학 글쓰기 교육의 내적 문제 중 하나이다.[4] 이러한 내적 문제를 지니고서는 외적인 부분의 변화와 확대에도 불구하고 제대로 된 대학 글쓰기 교육이 실현되지 않을 것이다.

따라서 이 글에서는 대학 글쓰기 교육을 현장에서 담당하고 있는 교수자로서 대학 글쓰기 교육 내용과 과정을 보여주는 대학 글쓰기 교재를 연구 대상으로, 그 중에서도 글쓰기 서술 방식 중 '논증하기' 부분을 고찰하여 대학 글쓰기 교육의 내적 개선 방안을 모색해 보는 것을 목적으로 한다.[5]

---

3) 대학 글쓰기 교육의 현황과 문제에 대해서는 김승종(2003), 이재승(2005), 정희모(2005), 나은미(2008), 허재영(2009), 김현정(2012) 등이 있다. 현재 대학에서의 글쓰기 교육은 완성된 단계가 아니라 성장, 발전하고 있는 과도기적 단계이다. 앞선 연구들에서는 대학 글쓰기 교육의 문제점, 개선 방안 등을 찾아 볼 수 있으며, 대학 글쓰기 교육의 확대 및 교과목 운영이 보다 체계적으로 이루어지고 있는 사례는 정희모(2005), 김현정(2012), 박정하(2013)을 참고할 수 있다.

4) 이재승(2005:52~53)에서는 작문 교육이 성공적으로 이루어지기 위해서는 이를 담당하는 사람들의 전문성 신장이 무엇보다 필요하다고 밝히고 있으며, 담당 강사의 워크숍, 작문 교육 프로그램, 교재 등을 체계적으로 운용할 필요가 있다고 해결 방안을 제시하고 있다. 작문 영역의 교사 전문성 내용에 관한 연구는 옥현진(2013)을 참고할 수 있다.

5) 이정옥(2005:169)에서는 대학 글쓰기 교육의 목표와 방향을 세 가지로 정리하고 있다. 또한 각각의 입장에서 나타날 수 있는 위험성을 함께 제시하고 있는데 내용은 다음과 같다. 첫째 글쓰기 강좌를 교양과목이라는 점에 강조하여, 정서법이나 문장 작성법을 가르치는 데 충실한 입장이다. 이 입장은 글의 내용을 다루지 않고 기계적인 교정 교육의 범주에 머물 수 있는 위험성이 갖고 있다. 둘째 글의 여러 가지 장르에 입각하여 구체적인 글쓰기 기술이나 글을 구성하는 전략을 가르쳐야 한다는 입장이다. 이는 전통적 장르에 입각한 글쓰기 교육으로 대학에서 실제 쓰고 있는 보고서와 소논문의 상황과는 거리가 멀다고 보고 있다. 셋째 논리학이나 비판적 사고에 입각한 사고 교육에 중점을 두어야 한다는 입장이다. 이러한 입장은 글쓰기가 사고력 향상을 위한 도구로 전락하여, 모든 지식 행위의 기초가 되는 바른 글쓰기 교육을 배제하거나 제대로 달성하기 어려운 점이 있다고 밝히고 있다.

대학교 글쓰기 교육은 일반적인 글쓰기와 다르게 어떤 주제나 문제에 대한 자신의 생각이나 주장을 펼칠 수 있는 글쓰기가 실행되어야 한다. 대학교의 학문적 연구는 사고 과정을 거쳐 그 생각이나 지식을 구조화하고 글을 매개로 표현하는 것인데, 대학 글쓰기 교육에서 이러한 학문적 연구 활동을 할 수 있게 하는 기본적인 능력을 배양해야 하기 때문이다. 자신의 생각이나 주장을 펼치는 글쓰기 진술 방법은 '논증하기'에 가까운 성격을 지니고 있다. 따라서 이 연구에서 연구 대상으로 삼은 '논증하기'는 대학 글쓰기 교육 내용에서 매우 중요한 부분이라고 할 수 있다.[6)]

대학 글쓰기 교재는 글쓰기 교육 내용을 기본적으로 보여주고 있는 자료이다. 교재의 내용으로 글쓰기 교육 내용을 모두 살필 수 있는 것은 아니지만, 교재를 통해 현재 진행되고 있는 글쓰기 수업 내용을 간접적으로 관찰할 수는 있다. 따라서 이 연구는 대학 글쓰기 교육 내용을 보여주고 있는 교재를 연구 대상으로 삼았으며, 특히 대학 글쓰기 교육에서 중요한 부분을 차지하는 '논증하기' 내용을 고찰해 봄으로써 대학 글쓰기 교육 내용의 내적 발전에 이바지하고자 한다.

이 연구의 방법은 먼저 대학 글쓰기 교재 10권을 선정하고, 교재 속에 나타난 '논증하기' 부분의 구성 및 내용을 각각 정리하였다. 그러고 나서 교재에 나타난 특성 및 문제점을 통해 앞으로 대학 교재에서 '논증하기' 내용의 구성이 어떻게 나아가야 하는가를 간단하게 모색해 보았다.

이와 관련된 선행 연구로는 대학 글쓰기 교재 내용의 전체 구성을 논의한 이주섭(2000), 전은주(2005), 김병길(2008), 정선희(2008), 구자황(2012)

6) 이정옥(2005:171)에서는 "대학 글쓰기 교육이 가야할 새로운 목표는 논증적 글쓰기에 두어야 한다."라고 제시하고 있다. 참고로 김병구(2009)에서는 대학에서 수행해야할 '논증적 글쓰기' 교육을 설득의 논리에 기초한 공적인 글쓰기(공적인 문제를 합리적인 방식으로 해결하기 위해 수행되는 글쓰기) 교육의 차원에서 접근할 필요성을 주장하며, 논증적 글쓰기의 다양하고도 체계적인 실천을 모색하고 있다.

등이 있다.[7] 그러나 이러한 연구는 대학 글쓰기 교재의 전체 구성 내용을 살펴보는 전반적인 연구이다. 대학 글쓰기 교재에서 다루고 있는 '논증하기' 항목을 구체적으로 논의한 연구는 찾아보기 힘들다. 또한 '논증 교육'에 관련된 선행 연구는 교육대학원의 석사, 박사 학위 논문이 많이 있으며, 적용 범위는 대학 글쓰기가 아닌 초·중·고등학교의 글쓰기인 경우가 많다.[8]

따라서 이 연구는 현재 대학 글쓰기 교재에서 '논증하기'의 내용이 어떻게 구성되어있는지를 구체적으로 알 수는 기회를 제공하며, 대학 글쓰기 교육 내용의 개선을 위한 세부 항목의 연구로서 대학 글쓰기 교육의 내적 발전을 도모할 수 있는 교재 개발에 기본적인 연구 자료가 될 수 있을 것이다.

2. 대학 글쓰기 교재에 나타난 '논증하기' 고찰

교재는 글쓰기의 이론과 글쓰기 훈련 과정을 포함할 수 있는 내용으로 구성되어져야 한다. 그래야만, 글쓰기 능력을 향상시키고자 하는 글쓰기 수업의 목표를 달성할 수 있기 때문이다.

이 연구에서는 위와 같은 취지로 현재 대학교에서 사용하고 있는 대학 글쓰기 교재 중 '논증하기' 부분의 구성 및 내용을 먼저 정리하고, 대학 글쓰기 교재의 '논증하기' 내용 구성이 어떻게 나아가야 하는지를 모색하여

---

7) 이주섭(2000), "대학작문 교재 구성의 양상", 『한국어문교육』 9호, 한국교원대학교 한국어문교육연구소, 247~266쪽.
전은주(2005), "대학 작문 교재의 동향과 개선 방향", 『새국어교육』, 71호, 한국국어교육학회, 311~333쪽.
김병길(2008), "대학 글쓰기 교재 개발 과정 연구", 『작문연구』 제7권, 한국작문학회, 153~179쪽.
정선희(2008), "대학 글쓰기 교재 분석과 개선 방안", 『이화어문논집』 26, 189~208쪽.
구자황(2012), "대학 글쓰기 교재의 구성에 관한 일고찰", 『어문연구』 74, 363~382쪽.

8) 논증적 글쓰기와 관련된 논문 중에 초·중·고등학교에서 실행할 수 있는 지도 방법 연구로 김예원(2008), 소윤희(2013) 등 교육대학원 석사 학위논문이 많이 있으며, 논증 교육의 내용 연구로는 서영진(2012), 서승아(2010) 등의 교육대학원 박사학위논문이 있다.

볼 것이다.

이 연구에서 살펴본 교재는 글쓰기의 서술 방식인 '논증하기' 내용을 갖추고 있는 것으로서, 대학 글쓰기 교육에서 종합적인 교양 글쓰기 교육을 기본적인 목표로 삼고 있는 교재들이다. 이 연구에서는 10권을 찾아 살펴보았다.[9)]

이 연구에서 살펴본 대학 글쓰기 교재 10권은 다음과 같다.[10)]

(1) 고성환 · 이상진(2010), 『글쓰기』, 한국방송통신대학교출판부.
(2) 관동대학교글쓰기교재편찬위원회(2012), 『대학인의 글쓰기』,도서출판경진.
(3) 국어과교재편찬위원회편(2002), 『말하기와글쓰기』,울산대학교출판부.
(4) 김명석 외 3(2012, 개정판), 『글쓰기』, 성신여자대학교 출판부.
(5) 이만식 · 김용경(2007), 『글쓰기와 말하기를 어떻게 할 것인가』, 한울출판사.
(6) 이상호 · 이현지(2008), 『대학생을 위한 글쓰기』, 한국학술정보(주).
(7) 이화여자대학교 교양국어 편찬위원회 엮음(2009), 『우리말과 글쓰기』, 이화여자대학교출판부.
(8) 정은임 외 8(2012), 『글쓰기와 표현』, 강남대학교 국어국문학과와 채륜.
(9) 정희모 외 7(2008), 『대학 글쓰기』, 도서출판 삼인.
(10) 호서대학교대학인의글쓰기편찬위원회(2010), 『대학인의글쓰기』, 이회출판.

---

9) 필자는 대학 글쓰기 교재가 계열별, 영역별 글쓰기로 심화, 발전하기 전에 교양 교육의 일환으로 종합적 글쓰기에 대한 기반이 갖추어진 종합적 글쓰기 교재가 있어야 한다고 본다. 따라서 본 연구의 대상 교재는 계열별, 영역별로 심화된 교재를 제외하였으며, 기본적으로 교양 글쓰기 교육을 할 수 있는 종합적인 교재를 선택하였다.

10) 제시된 교재 순서는 편집자의 가나다 순서이다.

2.1. 교재에 나타난 '논증하기' 구성 및 내용 정리

여기서는 연구 대상으로 삼은 대학 글쓰기 교재들에서 나타난 글쓰기 서술 방식 '논증하기'와 관련된 목차를 먼저 제시하고, 본문의 내용을 항목들뿐만 아니라 서술하고 있는 내용들까지 본문과 각주에서 직접 보여주는 방식으로 정리하였다.

(1) 고성환 · 이상진(2010), 『글쓰기』, 한국방송통신대학교출판부.

이 교재에서는 제Ⅲ부 여러 가지 글쓰기에서 제1장 글을 펼치는 방법(1): 설명과 논증으로 '논증하기'를 싣고 있다(121~133쪽).

내용을 보면 시작 부분부터 '탈무드'의 시작부에 나오는 매우 유명한 이야기로 기술을 하고 있다.[12)] 이 이야기는 '논증'을 설명하기 위해 쉬운 이야기로 접근한 것으로서 딱딱하고 어렵게 느껴지는 '논증'을 보다 부드럽고 쉽게 이해시킬 수 있는 방법으로 접근하였다고 볼 수 있다. 이 교재에서는 개념과 논증 방법을 간략하면서도 쉽게 설명하는 기술이 돋보인다. 그러나

11) 제Ⅲ부 여러 가지 글쓰기에서는 제1장과 제2장 외에도 제3장 성찰적 글쓰기, 제4장 비평적 글쓰기, 제5장 실용적 글쓰기가 있다.

12) 랍비를 찾은 학자에게 랍비가 '두 사람의 굴뚝 청소부'의 이야기를 갖고 질문을 던진 이야기임.

이 교재는 강의와 설명 중심의 교재로서 새로운 내용 구성이 필요하다.[13]

논증을 설명한 후 논증이 충족될 수 있는 요건을 4가지 제시하고 있다. 그리고 명제, 논거, 추론(귀납논증, 연역논증)[14], 논박(논증의 유의사항) 내용을 기술하고 있다. 마지막으로 연습문제와 교재 내용에 참고가 되었던 참고문헌을 제시하면서 '논증하기' 내용 부분을 마친다.

교재에서 기술하고 있는 작은 목차 및 용어들을 간략하게 옮겨 보면 다음과 같다.[15]

· 논증, 논증의 충족 요건, 논증의 과정[16], 명제(命題, propostion, 사실명제, 가치명제, 정책명제)[17], 논거(論據, data)[18], 논거의 종류(사실논거, 소견논거, 추론)[19], 추론 방법(귀납적 방법과 연역적 방법), 귀납법[20], 예증

13) 이 교재는 한국방송통신대학교 교재로서 학교와 수강생 특성상 설명과 강의 중심의 기술이 부득이하게 이루어질 수도 있을 거라 생각한다. 그러나 글쓰기 교재는 궁극적으로 이론과 글쓰기능력을 향상시킬 수 있는 방향으로 나아가야 하기 때문에 문제점을 지적하였다.

14) 귀납논증: 예증을 통한 일반화, 유추를 통한 논증
연역논증: 대전제, 소전제, 결론의 삼단논법

15) 작은 목차 및 주요 용어들을 제시하는 이유는 교재의 내용을 간접적으로나마 보여줄 수 있다고 생각했기 때문이다. 작은 목차 및 용어들을 제시하면서 그에 대한 설명이 필요하다고 생각되는 부분은 각주로 그 내용을 보여주었으며, 그 설명 내용 기술은 연구 대상 교재에 있는 내용을 직접 옮기는 방법으로 하였다.

16) 명제설정, 추론, 논거를 제시하는 방식으로 진행됨

17) 어떤 사실 혹은 문제에 대한 의견이나 신념, 판단, 주장 등을 단일한 언어적 표현으로 나타낸 것이다. 필자가 독자에게 받아들이기를 요구하는 의견, 즉 필자의 주장은 논증에서 명제의 형식으로 제시되고, 명제는 단일해야 하고, 정확하고 간결하게 표현해야 하며, 공정성과 객관성을 지녀야 한다고 설명하고 있다.

18) 논거는 명제의 타당성이나 진실성을 뒷받침하기 위해 쓰는 논리적인 증거로서 논거를 제시하는 방법으로는 그 출처를 정확하게 밝혀야 하고, 논증에 필요한 사실만 이용하며, 불필요한 논거를 제시하지 않아야 하고, 논거를 과장하여 해석하거나 왜곡해서도 안 된다고 설명하고 있다.

19) 교재에서 제시하고 있는 논거의 종류 및 설명은 다음과 같다.
· 사실논거: 누구나 객관적으로 인정할 만큼 확실하고 구체적이며, 현실적인 사실로 뒷받침한 논거
· 소견논거: 신뢰성 있는 그 방면의 권위자 또는 전문가의 의견, 경험자나 목격자의 증언 따위로 뒷받침한 논거

(arguments by example)을 통한 일반화[21], 귀납법의 오류(성급한 일반화의 오류, 근시안적 귀납의 오류, 오도된 생생함의 오류, 태만한 귀납법의 오류 등)[22], 유추를 통한 논증(arguments by analogy)[23], 유추의 오류[24], 연역법[25], 연역법의 한계[26], 연역 추리 타당화 과정[27], 삼단논법[28], 논박(論駁)[29], 논박의 유의점[30], 논증의 유의사항

· 추론(推論, reasoning): 논거와 논거 사이의 관계를 명백히 드러내 주면서 하나의 결론을 이끌어 내는 과정

20) 귀납은 연역과는 달리 사실적 지식을 확장해 준다는 특징을 가지고 있지만, 제한된 인간의 경험에 의지하고 있기 때문에 단지 일정한 개연성을 지닌 가설을 유도할 뿐 논리적 필연성을 가져다주지 못한다고 기술하고 있으며, 귀납적 추리는 예증을 통한 일반화와 유비적인(analogically) 추리로 구분하고 있다.

21) 어떤 명제를 입증하기 위해 하나 혹은 그 이상의 특정하고 개별적인 예들을 제시하면서 같은 부류의 나머지 모든 사례에서도 그와 마찬가지의 결론을 얻을 수 있을 것이라고 추단하는 경우로서, 일반화를 할 때 적절한 표본(sample)을 골라내는 것이 좋고, 어느 정도 조사를 한 후에 적절한 표본을 생각하여 예증을 해야 하며, 언제나 그 반대되는 예(counterexample)를 찾아보려고 애써야만 이 일반화에 대해 공정한 태도를 유지할 수 있다고 한다.

22) 논리적 오류를 알아두면 글쓴이의 주장은 물론 타인의 주장이 타당한지를 판단하는 데 매우 유용하다고 하고 있다.

23) 사물 상호간에 대응하여 존재하는 동등성 또는 동일성(유비類比)으로부터 추론해 내는 것이어서 유비추리라고 기술하고 있다.

24) 전혀 다른 사물이나 상황을 비본질적인 유사성에 근거하여 비유할 때 생기는 오류로, 유추의 유의점으로 문학적 표현인 비유적 표현과 객관적 논증과정을 혼동하여 글을 쓰는 일이 있어서는 안 된다고 설명하고 있다.

25) 귀납과 달리 전제와 결론의 구체적인 내용은 문제로 삼지 않고 있으며 논증 과정은 엄격한 논리적 규칙에 의존한다고 기술하고 있다.

26) 전제에 없었던 새로운 사실적 지식의 확장을 가져다주지는 못한다. 이미 전제 속에 포함되어 있는 정보를 명확하고 새롭게 도출해 낸다.

27) 모두가 타당해야 성립하는 세 단계로 대전제, 소전제, 결론이 있고 이를 삼단논법이라 한다.

28) 대전제와 결론을 잇는 소전제가 적절하지 못할 때는 설득력을 잃기 쉽다. 삼단논법의 결론은 대전제와 소전제가 진실(truth)이고 그 결론이 두 개의 전제로부터 논리적으로 추론하여 나온 결론이어야 한다. 그리고 연역법이 늘 삼단논법에 의해서만 이루어지지는 않고, 대전제나 소전제 중 하나를 생략하고 하나의 전제를 바탕으로 논리를 전개하는 경우도 있다고 한다.

29) 논박은 어떤 주장이나 의견에 대하여 그 잘못된 점을 조리 있게 공격하여 말하는 것을 가리킨다. 주장자의 논증이 지니는 약점을 드러내거나 반대가 되는 증거들을 제시하는 것, 또는 논리적인 오류 등을 지적하는 것이 이에 해당된다. 논박은 어떤 의견에 대해 분명하게 동의할 수 없을 때, 논박을 통해 자신의 주장을 피력할 수 있다. 그러나 논박을 통해서 자신의 주장이 옳다는 것을 입증할 수는 없다. 논박은 상대의 문제를 지적하

이 교재에서 설명하고 제시하는 '논증하기' 내용은 다른 교재들과 비슷하다. 이 교재의 좋은 점은 '논증하기' 내용에서 다루는 개념들과 과정들을 간단하지만 명료하게 기술하고 있다는 점이다. 학생들이 '논증하기'의 전체적인 개념을 수월하게 이해할 수 있도록 하였다. 하지만, 글쓰기 교재는 이론과 적용 및 활동이 수반되어야 하므로 교수-학습 활동 내용을 보충할 필요가 있다.

(2) 관동대학교 글쓰기 교재 편찬위원회(2012), 『대학인의 글쓰기』, 도서출판 경진.

3장 문장의 기술
1. 올바른 문장 쓰기
정확한 단어의 선택, 바른 문자의 쓰기, 기타 어문규정
2. 문단의 이해
문단의 개념, 좋은 문단의 요건, 문단의 구성,
문단의 종류와 연결
3. 기술의 방법: 설명하기, **논증하기**

이 교재에서는 3장 문장의 기술 3. 기술의 방법 논증하기에서 이 연구의 대상인 '논증하기'를 구성하고 있다(108~118쪽).

내용을 보면, 먼저 논증을 설명하고 명제와 논거의 개념을 밝히며, 논리적인 추론으로 연역적 추론, 귀납적 추론, 유추적 추론, 변증법적 추론 그리고 오류를 보여주고 있다. 마지막으로 연구 과제를 제시하면서 '논증하기'를 마치고 있다. 이 교재의 좋은 점은 개념 설명 후 글쓰기 진술 방법 '논증

여 그의 논리적 허점이나 증거의 불충분을 제시하는 것이지 이것으로 그에 반대하는 자신의 주장이 옳다는 것을 입증할 수는 없다.

30) 논박의 방법이 사람에 대한 공격으로 보인다면 이는 '인신공격의 오류'를 범하는 것으로 윤리적으로 문제가 된다.

하기'가 실제로 글쓰기에서 어떻게 적용될 수 있는지를 직접 보여주고 있는 점과 연구과제에 해당되는 글과 답을 교재에 직접 쓸 수 있도록 줄 칸을 남겨 놓은 것이다. 예문에는 현재 글쓰기에 적용할 수 있는 내용의 전제들을 제시하고, 나아가 그 추론 방법을 통해 실제 글쓰기를 어떻게 할 수 있는지 한 단락으로 쓰여진 예문을 직접 보여 주고 있다.[31] 대학 글쓰기 교재들에서 비슷하게 제시하고 있는 논리적인 추론 방법과 개념들 그리고 추론의 전형적인 예문[32]들은 학생들에게 글쓰기 진술 방법 '논증하기'에 대한 실제적인 도움을 주지 못하였다. 그러나 이 교재는 실제 주장할 수 있는 전제 내용들을 보여주고, 추론 방법을 통해 쓸 수 있는 한 단락의 예문을 제시함으로서 글쓰기에 '논증하기'가 어떻게 적용될 수 있는가를 직접적으로 도와주고 있다. 전형적인 예들과 실제적인 예들을 모두 보여줌으로서 학생이 이미 알고 있던 지식들을 일차적으로 정리해주고, 나아가 글쓰기 능력을 발전시킬 수 있는 실제적인 학습 내용을 제공하였다고 볼 수 있다.

---

31) 교재 111쪽 예문을 보면 다음과 같다.

· 텔레비전 자막의 개선안은 현실에 바탕을 두고 마련해야 한다.(대전제)

↓

· 텔레비전은 국어학자의 전유물이 아니고 반드시 국어교과서가 되어야 할 이유도 없다.
· 텔레비전의 주시청자는 젊은 층이고, 이들은 자막에 익숙할 뿐만 아니라 이에 강한 흥미를 느끼고 있다.

↓

· 언어 규범에 맞으면서도 재미와 흥미를 유발하는 자막을 적절히 활용해야 한다.(결론)

자막의 문제점을 지적하는 목소기가 높더라도 자막의 효율적 활용이라는 측면에서 개선안을 현실에 바탕을 두고 마련해야 한다. 국어학자들은 각종 어문 규범을 어기고 있는 자막에 대해 국어 오염의 주범이 자막인 양 목소리를 높이고 있다. …… 그러나 텔레비전은 국어학자들만 보는 것이 아니고 반드시 국어 교과서가 되어야 할 이유도 없다. ……규범에 잘 맞으면서도 재미와 흥미를 유발해 공해라고 느끼지 못할 자막을 적절히 활용하는 것이 올바른 개선 방향일 것이다.

32) 예를 들면 교재들에서 연역법을 설명할 때, 다음과 같은 전형적인 예들을 많이 제시하고 있다.

예) · 모든 사람은 죽는다. : 대전제
· 소크라테스는 사람이다. : 소전제
· 그러므로 소크라테스는 죽는다. : 결론

교재에서 기술하고 있는 작은 목차 및 용어들을 간략하게 옮겨 보면 다음과 같다.[33)]

· 논증, 명제[34)](사실명제, 가치명제, 당위(정책)명제), 명제가 갖추어야 할 요건, 논거(사실논거와 소견논거), 추론(귀납적 방법, 연역적 방법), 삼단논법(대전제, 소전제, 결론의 기본형식)[35)], 유추적 추론, 변증법적 추론[36)], 오류[37)]

이 교재에서 설명하고 제시하는 '논증하기'의 내용 중 개념 설명은 다른 교재들과 비슷하지만, 필요한 개념을 설명하면서 실생활과 관련이 깊은 예문들을 제시한 것은 다른 교재들과 차이가 있다. 기존의 교재에서는 '논증하기'가 논리학[38)]에서 살피는 사고 과정과 추론의 타당성 그리고 오류에 치우쳐 기술되었다면, 이 교재에서는 이러한 내용의 문제점을 개선하고, 실제적으로 적용할 수 있는 글쓰기 진술 방식 '논증하기'를 보여주었다고 할 수 있다.

(3) 국어과교재편찬위원회 편(2002), 『말하기와 글쓰기』, 울산대학교 출판부(UUP).

---

33) 첫 번째 연구 대상 교재를 통해 '논증하기' 내용에서 기술하고 있는 개념 설명을 각주에서 자세하게 보였다. 따라서 두 번째 교재부터는 개념 설명 내용이 비슷하거나 중복된다고 생각되어지는 것은 생략하였다.

34) 명제의 예를 다음과 같이 들고 있다.
· 나는 B보다 A라는 시인을 좋아한다.(명제 아님, 단순히 취향의 문제)
· A는 B보다 훌륭한 시인이다.(명제가 됨, 하나의 판단)

35) 삼단논법의 예
· 태양계의 모든 행성은 태양 주위를 돈다. (대전제)
· 지구는 태양계의 행성이다(소전제)
· 그러므로 지구는 태양 주위를 돈다(결론)

36) 상반된 두 가지 사실을 차례로 제시한 후 양자를 종합하여 발전적인 견해를 제시하는 것.

37) 교재에서 제시하고 있는 논리 과정의 유의점
첫째, 논리적 타당성을 참과 혼동하는 오류를 범하지 않아야 함
둘째, 같은 단어를 상이한 의미로 사용하는 오류에 빠지지 않아야 함
셋째, 논점에 대한 무지에서 오는 오류를 범하지 않도록 유의해야 함

38) 논리학은 대략적으로 볼 때, 전제로부터 결론이 도출될 수 있는 논증들이 어떤 것들이 있는지에 초점을 두고, 그 구조를 밝히는 학문이라 볼 수 있다.

이 교재에서는 제2부 글쓰기의 기초 2.4.2 논증의 방법에서 '논증하기'를 구성하고 있다(102~111쪽).

내용을 보면 '논증'의 설명을 시작으로 주장, 논거 제시, 추론에서 연역적 추론과 귀납적 추론을 제시하고 있으며, 정당한 논증이 되기 위해 주의할 점으로 마무리하고 있다. 이 교재에서는 개념 설명과 예 그리고 연습의 순서로 각각의 내용을 전개하고 있다. 이 교재에서는 연습 문제에서 분석해야 할 예문의 길이가 다른 교재에 비해 길다. 그리고 문제의 성향도 글쓰기를 직접하는 것이라기보다는 글쓰기 이전에 해야 할 읽기와 생각하기에 초점을 맞춘 것 같다.[39] 읽기와 쓰기는 그 연관성이 매우 깊기는 하지만 글쓰기 교재에서 진술하기 방법의 '논증하기' 부분은 글쓰기에 더 초점을 맞추는 것이 바람직하다고 생각한다.

교재에서 기술하고 있는 작은 목차 및 용어들을 간략하게 옮겨 보면 다음과 같다.

---

39) 다음 [연습5]의 문제를 보면 그 성격을 짐작할 수 있다.
아래 예문은 1993년 평민사에서 간행된 『한국인의 과학정신』이란 책에 실린 박성래의 '훌륭한 과학적 전통, 간지(干支)라는 글의 전문이다. 이 글에서 필자는 어떤 주장을 하고 있고 그 주장에 대한 논거와 그 증거는 무엇인지 생각해 보도록 하자.

· 논증, 논증의 과정[40], 주장[41], 논거[42], 논거의 종류(사실, 통계, 권위를 가진 의견, 자연과학의 원리 혹은 공리(axiom)[43]), 추론[44](연역적 추론, 귀납적 추론), 삼단논법(연역적 추론의 대표적인 예)[45], 일반화와 유추(귀납적 추론의 대표적인 예), 일반화('통계'가 가장 대표적인 예), 성급한 일화[46], 유추[47], 정당한 논증이 되기 위해 주의할 점[48]

---

40) 논증의 과정은 첫째 주장을 세우고 둘째 논거를 제시한 후 셋째 추론을 통해 필자의 주장이 타당함을 입증하는 것으로 이루어진다고 기술하고 있다.

41) 주장을 세울 때 주의해야 할 점은 첫째 주장은 논증할 수 있는 내용이어야 하고, 둘째 주장에는 하나의 내용만이 포함되어야 한다고 설명하고 있다.

42) 논거는 주장의 근거를 가리키고, 일상생활에서 증거라고 부르는 것과 같은 의미라고 기술하며, 자연과학 분야의 논문 중 결과 부분이 이에 해당한다고 설명하고 있다.

43) 교재에서는 '상대성 원리'는 자연과학의 원리의 예이고, '평행성의 공리'는 공리의 예라고 기술하고 있다.

44) 추론은 원래 논리학에서 전제로부터 결론을 이끌어 내는 과정을 가리키는 말로서, 논리학에서 사용되는 'inference'가 이에 해당한다고 한다. 논증에서는 논거를 근거로 삼아 자신의 주장을 결론으로 이끌어 내는 과정이 이 추론에 해당한다고 할 수 있고 자연과학 논문 중 '고찰(discussion)' 부분이 이에 해당한다고 설명하고 있다.

45) (1) 일반적인 사실(대전제) (2) 개별적인 사실(소전제) (3) 결론을 제시하는 방법으로 다음과 같은 예가 가장 고전적인 예이다. 이때 대전제가 참이면 필연적으로 결론 역시 참이 된다. 연역적 방법에 의한 추론의 예를 하나 더 들고는 있으나, 기존의 교재들처럼 고전적인 예를 제시하고 있는 데서 크게 벗어나고 있지 않다.
 · 대전제: 모든 사람은 죽는다.
 · 소전제: 소크라테스는 사람이다.
 · 결　론: 그러므로 소크라테스는 죽는다.
 · 대전제: 수학적인 계산에 의한 것은 과학적인 것이다.
 · 소전제: 간지는 수학적인 계산에 의한 것이다.
 · 결　론: 그러므로 간지는 과학적이다.

46) 성급한 일반화를 피하기 위해서는 첫째 충분한 수효의 사례를 검토해야 하고, 둘째로 검토된 사례는 그 부류를 대표할 수 있는 전형적인 것이어야 한다. 마지막으로 반례가 있으면 반드시 이에 대한 해명도 마쳐야만 성급한 일반화라는 비판을 피할 수 있다고 한다.

47) 유추의 과정 예는 다음과 같은 예11)를 보이고 있다.
 · A 의 속성은 a, b, c, d 이다.
 · B 의 속성은 a, b, c 이다.
 · 그러므로 B는 속성 d 도 가지고 있을 것이다.

48) 주의할 점을 다른 교재에 비해 글쓰기에 적용할 수 있도록 자세하게 기술하고 있다. 참고가 될 것 같아 그 내용을 모두 보인다.
"주장, 논거, 추론'의 측면으로 나누어 몇 가지 제시함, 주장의 범위를 논문, 보고서로 한정한다면 논문, 보고서의 내용이 타당한 것이 되기 위해 주의할 점이라고 좁혀서 생각해도 좋다."

이 교재는 인문, 사회, 자연과학 등 여러 분야의 학생들을 대상으로 '논증하기'를 설명하고 있기 때문에 각 분야에서 조금 다르게 적용될 수 있는 용어들을 간략하게나마 서로 연관 지어 기술하고 있다. 이는 교양 교육의 종합적인 글쓰기 교재로서 바람직한 방향이며, 나아가 심화된 전공 분야의 글쓰기 교재와 수업으로 발전할 수 있는 기본적 토대가 된다. 그런데 이 교재도 설명이나 해설을 통한 학습이 주를 이루고 있어, 글쓰기 능력 향상을 위한 효과적인 교수-학습 상황을 만들기는 어렵다.

---

(1) 주장: 주장을 내세우기 전에 자신이 현재 내세우려는 주장과 관련하여 이전에 어떤 주장이 있었는지를 모두 검토해 보아야 한다. 그렇지 않으면 이전에 이미 논증된 주장을 다시 반복해서 할 위험이 있다. 자연과학 논문에서는 '서론' 부분에서 이를 언급하게 되어 있다. 또 주장에는 반드시 논거를 제시해야 한다. 논문이나 보고서의 문장 중 하나라도 주장만을 내세우고 논거 제시 없이 얼버무리는 문장이 있어서는 안 된다.
(2) 논거: 논거는 정확해야 한다. 잘못된 통계나 대표성이 없는 표본 추출 그리고 남의 글에서 전체 문맥을 무시하고 인용하는 경우 등은 모두 부정확한 논거에 속한다.
(3) 추론: 용어나 개념이 명확해야 한고 명확하지 않은 경우에는 먼저 정의를 내려 주어야 한다. 특히 이 점은 서양 연구자들에 비해 동양 연구자들이 능숙하지 못한 것이 사실이다. 그러므로 항상 전공분야의 용어사전이나 개론서를 손 닿는 곳에 두고 조금이라도 의심스러운 점이 있으면 그때 그때 확인해 보는 습관을 들여야 한다.
(4) 반론: 독자가 가질 수 있는 반론을 미리 생각해 보고 이에 대한 대답을 제시하도록 노력해야 한다. 이를 위해서는 논문이나 보고서를 다 완성하더라도 바로 공표하지 말고 다만 며칠이라도 시간이 지난 후 객관적인 눈을 가지고 다시 읽어 보거나 같은 전공의 동료나 선후배에게 읽어 달라고 부탁할 것을 권하고 싶다.
(5) 논리의 일관성: 추론이 설득력을 얻기 위해서는 글 전체를 통해 논리의 일관성을 유지해야 한다. 논점이 바뀐다는 것은 예를 들면 접촉사고가 났을 때 잘잘못을 따지다가 상대방의 반말 사용을 트집 잡는 경우이다. 접촉사고가 났을 때 논증의 요점은 그 접촉사고가 나의 잘못에 의한 것이냐 아니면 상대방의 잘못에 의한 것이냐이지 상대방이 자신에게 반말을 사용하는 것이 옳으냐 그렇지 않으냐는 논증의 대상이 아니다. '사람에의 논증(Personal attack)'이 논점 일탈의 대표적이고 가장 흔한 예이다.
예) 서정주의 시는 문학적으로 가치가 없다. 왜냐하면 친일을 한 사람이니까
(6) 논증은 설득의 과정이므로 감정에 치우치거나 독자에게 자신의 주장을 강요하지 말고 상대(독자)를 최대한 배려하여 친절하고 예의있게 진행해야 효과를 얻을 수 있다. 실제 논증 과정에서 독자가 필자의 서술 방식에 호감을 느끼게 되느냐 그렇지 않느냐가 논증이 끝난 후 독자의 반응에 적지 않는 영향을 주는 것이 사실이다.

(4) 김명석 외 3(2012, 개정판), 『글쓰기』, 성신여자대학교 출판부.

Ⅱ. 글쓰기의 기초 1. 묘사 2. 서사 3. 설명 **4. 논증**

이 교재는 Ⅱ. 글쓰기의 기초 4. 논증에서 '논증하기'를 구성하고 있다(122~141쪽).

내용을 보면, 논증이란 무엇인가를 설명하기 위해 먼저 대화 예문으로 시작을 하고, 대화에 나타난 질문과 답에서 왜, 어떻게, 어째서라는 상황을 설명한다. 논증적인 글은 논증을 요구하는 '왜'에 대해 답하는 글임을 기술하고 있는 부분이다. 이 교재에서는 이렇게 논증을 설명한 후 논증의 종류 연역논증과 귀납논증을 설명하고[49], 논증적인 글쓰기를 할 때 유념해야 할 점을 세 가지로 정리하여 제시하고 있다. 마지막으로 '함께하기'라는 글쓰기 활동 문제를 내고, 학생이 쓴 글의 예시를 보여줌으로써 '논증하기' 내용을 마치고 있다.

이 교재는 교수-학습 활동이 교재를 통해 활발하게 이루어질 수 있도록 구성하였다. 다시 말해 예문으로 교재 내용을 시작하면서, 본 수업 내용을 들어가기 전 학생들의 호기심과 동기를 유발시켰고, 그 후 설명을 통해 본 수업 내용의 필요성을 인지하게 하였으며, '함께하기'라는 활동을 통해 학생들 스스로 인지한 것을 확인하고 적용해 볼 수 있도록 구성하였다. 특히 '함께하기'의 문제는 매우 구체적이고 실용적이어서 학생들의 이해와 활동을 돕는 데 큰 도움을 주고 있다.[50] 이러한 점은 이 교재의 장점이라 할

49) 이 교재에서는 논증방법을 '형식, 사례, 유의사항'의 내용을 포함한 표로 잘 정리해서 보여주고 있다.

50) '함께하기1'의 예를 보이면 다음과 같다.

함께하기1 다음에 나오는 '왜' 질문들을 설명을 요구하는 것과 논증을 요구하는 것으로 나눠보자.

1. 철이는 개를 무서워해. 왜? 개를 보자마자 도망을 가더라고.
2. 철이는 개를 무서워해. 왜? 어릴 때 개한테 크게 물린 적이 있거든.

수 있다. 또한 교재 내용의 구성 순서가 크게 '논증이란 - 논증의 종류 - 논증적인 글쓰기를 할 때 유념해야 할 점 - 한 편의 논증적인 글을 써 보기'로 되어 있어 교수자에게 '논증하기' 수업 내용을 적정한 차시로 나누어 진행할 수 있도록 도와주고 있다.

교재에서 기술하고 있는 작은 목차 및 용어들을 간략하게 옮겨 보면 다음과 같다.

> · 논증, 연역논증(삼단논법과 명제논리[51]), 귀납논증(유비논증, 열거에 의한 귀납, 인과논증, 가설연역법 네 가지가 있음), 잘못된 유비추리, 성급한 일반화의 오류, 편향된 통계의 오류, 인과논증(일치법, 차이법, 공변법), 원인과 결과를 혼동하는 오류, 선후관계와 인과관계를 혼동하는 오류, 공통원인 무시하는 오류, 가설연역법, 후건긍정의 오류, 논증적인 글쓰기의 유념사항[52]

이 교재에서 설명하고 제시하는 '논증하기' 내용들은 다른 교재들과 크게 차이가 나지 않는다. 하지만, 간략한 설명과 개념들을 표로 제시하는 형식에 차이가 있다. 또한 '명제논리, 인과논증, 가설연역법' 등을 간단하게나

---

3. 미국이 이라크를 침공했어. 왜? 그야 이라크에 있는 엄청난 석유를 확보하기 위해서지.
4. 미국은 이라크를 침공하지 않았어야 해. 왜? 침공 후에 이라크의 평화를 유지할 준비가 하나도 안 되어 있었잖아.
5. 동물은 고통을 느끼지 않아. 왜? 동물은 영혼이 없거든. 왜? 영혼이 있으면 말을 할 수 있어야 하는데 말을 못하잖아.
6. 나는 알코올 중독자가 아니야. 왜? 내가 술 마셔서 업무에 지장을 준 적 있어?
7. 철이와 민이는 곧 결혼을 할 거야. 왜? 둘이 사랑에 빠졌거든.

51) 명제논리 형식으로 전건긍정식, 후건부정식, 선언지 제거법, 가언삼단논법, 딜레마논증을 제시하고 있다.

52) 교재에 실린 논증적인 글을 쓰면서 유념해야 할 점은 다음과 같다.
(1) 다른 사람들과 다른 자신의 생각이 무엇인지를 분명히 해야 한다.
(2) 내가 납득시키고자 하는 독자의 수준을 정확히 가늠해야 한다.
기본요소: 나의 새로운 견해, 견해에 대한 일차적 근거
추가요소: 일차적 근거에 대한 이차적 근거, 상대방의 예상 반론에 대한 답변, 나와 다른 입장들 소개 및 반박
(3) 연역논증은 논증적인 글의 뼈대이며, 귀납논증은 그 뼈대에 붙이는 살이다.

마 제시한 것도 다른 교재 내용들과 다른 점이다. 글쓰기에서 활용할 수 있는 '논증하기' 방법을 다양하게 보여준 것은 이 교재의 장점이지만, 그 다양한 '논증 방법'들을 글쓰기에서 어떻게 직접적으로 적용할 수 있는지를 보여주지는 못하고 있어 아쉽다.

(5) 이만식 · 김용경(2007), 『글쓰기와 말하기를 어떻게 할 것인가』, 한올출판사.[53]

제3장 본격적인 글쓰기의 절차와 방법 1. 주제 선정 2. 구상과 예비 개요 작성 3. 자료 수집과 정리 4. 구성과 최종 개요 작성 5. 글쓰기(집필) 1) 제목잡기 2) 서두 시작하기 3) 문장 쓰기 4) 단락 쓰기 5) 글쓰기의 진술 방식 (1) 설명 **(2) 논증** (3) 묘사 (4) 서사 6) 마무리하기 6. 퇴고(고치기)

이 교재에서는 제3장 본격적인 글쓰기의 절차와 방법 5. 글쓰기(집필) 5) 글쓰기의 진술 방식 (2) 논증에서 '논증하기'를 구성하고 있다(133~137쪽).

내용을 보면, 논증을 설명하고 논증의 요소들을 제시하는 것으로 시작하고 있다. 논증의 요소에는 명제(주장), 논거, 추론의 방식, 반박 및 쟁점 등이 있다고 기술하고 있으나 교재에서는 명제, 논거, 추론만을 설명하고 있

53) 이 교재에는 '제4장 7. 논술문 쓰기 1) 논술문이란? 2) 논술문의 작성 요령 3) 논술문에서 범하기 쉬운 오류와 정확한 문장 쓰기'처럼 논술문 쓰기가 따로 교재에 구성되어 있다. 글의 진술 방식 '논증하기'와 '논술문 쓰기'는 관련이 깊지만, '논증하기'는 글의 진술 방식의 하나로 보고, '논술문 쓰기'는 '논증하기'를 통한 한 편의 글로 완성된 것을 말하는 경우가 많다. 따라서 이 연구에서는 '논술문'에 초점을 맞춘 1)과 2)는 대상 범위에서 제외하고, 3)은 논증하기 과정에서 나타날 수 있는 오류 내용과 연관이 깊다고 보아 연구 대상에 포함하였다.

다. 논증에 필요한 개념을 간단한 설명과 문장 단위의 예문을 제시하면서 기술하고 있다. 그리고 개념 설명을 마친 후 5~6문장이 되는 짧은 단락의 예문을 보여주고 있다. 이 교재에서는 글쓰기 진술 방식 '논증하기'에 대한 내용이 다른 교재에 비해 매우 짧다. 이러한 것은 교재의 전체 구성에서 볼 수 있듯이 글쓰기뿐만 아니라 대화 부분까지 그 내용이 방대하게 구성되었기 때문이다. 글쓰기와 대화의 방대한 내용 구성으로 인해 글쓰기 과정의 세세한 부분을 자세하게 제시할 수 없었을 것이다. 또한 교재 내용의 초점을 글쓰기 과정보다는 실용적인 글쓰기의 실제 부분[54]에 두고, 제4장 논술문 쓰기를 따로 구성하였기 때문에 글쓰기 진술 방식 '논증하기' 내용은 짧아질 수밖에 없었을 것으로 이해된다.

교재에서 기술하고 있는 작은 목차 및 용어들을 간략하게 옮겨 보면 다음과 같다.

· 논증, 논증구성요소(명제(주장), 논거, 추론의 방식, 반박 및 쟁점), 명제의 요건(유의점), 논거(사실논거와 의견(소견)논거), 추론(귀납법 추론 방법, 연역법 추론 방법, 유추적 방법), 연역법(삼단논법), 귀납법[55], 유추법, 오류[56]

54) 글쓰기의 실제로 '이력서 쓰기, 자기소개서 쓰기, 기사문 쓰기, 경조문 쓰기, 문서 쓰기, 논문 및 리포트 쓰기, 논술문 쓰기, 프레젠테이션 만들기'가 구성되어 있다.

55) 개별명제를 전제로 하여 일반적인 명제를 추론해 내는 문장 전개 방법으로, 이때의 소주제문은 결론인 일반명제임을 설명하고 있다.

56) 교재 262쪽 오류 내용은 다음과 같다.
(1) 심리적 오류: ① 동정(연민)에의 호소 ② 공포(위험, 위협, 힘)에의 호소 ③ 증오(분노)에의 호소 ④ 사적 관계에의 호소 ⑤ 대중에의 호소 ⑥ 부적합한 권위에의 호소 ⑦ 인신 공격 ⑧ 정황에의 호소 ⑨ 피장파장(역공격) ⑩ 원천봉쇄(우물에 독 뿌리기)
(2) 자료적 오류: 자료에 대한 그릇된 판단에서 잘못된 결론을 도출하는 오류: ① 성급한 일반화 ② 잘못된 유추 ③ 무지에의 호소 ④ 의도 확대 ⑤ 잘못된 인과 관계(원인오판) ⑥ 합성의 오류 ⑦ 분할의 오류 ⑧ 흑백론적 사고 ⑨ 복합질문 ⑩ 논점 일탈
(3) 언어적 오류: ① 애매어 ② 애매한 문장 ③ 은밀한 재정의 ④ 강조 ⑤ 범주 오류

이 교재에서 설명하고 제시하는 '논증하기' 내용들은 다른 교재들과 비슷하다. 그러나 '논증하기'에서 쓸 수 있는 명제들을 글쓰기의 소주제문과 연결시켜 설명하고 있는 부분은 학생들에게 명제가 글쓰기에 어떻게 적용되는지를 보여주는 좋은 예이다. 이 교재는 전반적으로 참여형 수업보다는 강의형 수업을 유도하는 내용이 많다. 따라서 글쓰기 진술 방식인 '논증하기' 내용 부분도 설명식으로 많이 이루어져 있다. 이 교재는 교수자의 일방적인 강의 내용 중심보다는 학생들의 참여를 유도하는 내용 구성으로 나아갈 필요가 있다.

(6) 이상호 · 이현지(2008), 『대학생을위한글쓰기』, 한국학술정보(주).[57]

이 교재에서는 Ⅲ. 논증적 글쓰기의 기초 1. 논증의 원칙 2. 논증의 형식 3. 논증적 글쓰기의 과정에서 '논증하기'를 보여 주고 있다(35~60쪽).

내용을 보면, 논증이 일상생활에서도 가깝게 있다는 설명을 대화의 예를 들면서 시작하고 있다. 그리고 논증하기는 갖추어야할 요건 '전제(이유), 결론(주장)'이 있어야 함을 설명하고 있다. 그 후 논리학에서 다루는 연역법과 귀납법을 살펴보면서 논증의 형식을 다루고 있다. 연역법은 간단한 전제와

57) 이 교재는 대학교에서 사용하는 대학 교재가 아니라 책 제목에서도 알 수 있듯이 대학생을 대상으로 쓴 글쓰기 서적이다. 대상을 대학생으로 하고, 전반적인 내용이 글쓰기에 있으며, 본 연구 대상인 '논증하기'의 필요성을 부각시키고 있어 이 연구의 연구 대상으로 삼았다.

결론의 예들을 두 개씩 보이면서 설명하고 있으며[58], 6~7문장이 되는 한 단락을 제시하고 그 내용을 전제와 결론으로 분석해보는 설명이 이어진다. 논증 방식과 실제적인 글쓰기 진술 방식의 적용 연계를 어려워하는 학생들에게 이런 방법은 '논증하기' 방법이 글쓰기에 어떻게 적용될 수 있는지를 보여주는 좋은 예시 방법이다. 예를 들고 있는 논증 형식의 문장들도 쉽고 평이한 내용을 제시하고 있어서 전형적인 예들만 보이고 있는 다른 교재들과 차이를 보이고 있다. 논증 형식을 기술하고 난 다음에는 논증적 글쓰기의 과정으로 텍스트 읽기, 글의 구조 짜기, 집필과 퇴고를 기술하고 있다. 이 부분에서는 글의 구조 짜기에서 '논증하기'의 요소들을 어떻게 구성할 수 있는지 그림으로 보여준 것이 돋보인다.[59]

교재에서 기술하고 있는 작은 목차 및 용어들을 간략하게 옮겨 보면 다음과 같다.

---

58) 교재에서 제시하고 있는 예는 다음과 같다.
예1) 전제1) 비가 오면 땅이 젖는다/ p이면 q이다
전제2) 비가 온다/ p이다.
결론: 따라서 땅이 젖을 것이다./ 따라서 q이다.
예2) 전제1) 모든 책은 종이로 이루어진 것이다. / 모든 S는 M이다.
전제2) 모든 종이로 이루어진 것은 불에 탄다. / 모든 M은 P이다.
결론) 따라서 모든 책은 불에 탄다. / 따라서 모든 S는 P이다.

59) 교재 56쪽에서 보인 그림은 다음과 같다.

작은 목차	- 큰 목차	- 결론부
근거1을 위한 근거1		
근거1을 위한 근거2	주장에 대한 근거1	
근거1을 위한 근거3		
근거2를 위한 근거1		
근거2를 위한 근거2	주장에 대한 근거2	결론: 자신의 주장
근거2를 위한 근거3		
근거3을 위한 근거1		
근거3을 위한 근거2	주장에 대한 근거3	
근거3을 위한 근거3		

· 논증, 주장, 논거(전제 혹은 이유), 주장(결론), 논증 형식(연역법, 귀납법), 논증과정[60], 연역논증, 귀납논증, 논증적 글쓰기의 과정(텍스트읽기, 글의 구조 짜기, 집필과 퇴고

이 교재에서 설명하고 제시하는 '논증하기'의 내용은 다른 교재들 내용과 비슷하지만, 내용 설명을 위해 쉽게 풀어서 기술한 방식은 이 교재의 좋은 점이다. 설명 중심의 기술 방식으로 글쓰기 진술 방식 '논증하기'를 잘 이해하도록 도와주었지만, 글쓰기를 활동해보는 연습문제가 없는 것은 이 교재의 아쉬운 점으로 남는다.

(7) 이화여자대학교 교양국어 편찬위원회 엮음(2009), 『우리말과 글쓰기』, 이화여자대학교출판부.[61]

02 글의 설계도 1. 문단은 생각의 단위이다 소주제문과 문단, 연속성과 통일성 **2. 논리는 생각의 고리이다** **논리의 역할, 좋은 논증의 조건** 3. 구성은 생각의 짜임이다 구성의 다양한 유형, 개용 작성의 과정

이 교재에서는 02 글의 설계도 2. 논리는 생각의 고리이다: 논리의 역할, 좋은 논증의 조건에서 '논증하기' 내용을 보여주고 있다(62~78쪽).

60) 주장을 설정하고 그것을 보증할 수 있는 전제를 찾은 다음 그것이 합리성을 얻을 수 있도록 배열하는 과정으로 기술하고 있다.

61) 이 교재의 목차에서 보면 '03 글의 결과 색 2. 진술은 전략이다' 부분에서 '진술의 구체적 전개' 부분이 본 연구의 대상으로 보이지만, 이 부분의 내용은 교재 '02 글의 설계도' 부분에서 '논리, 논증' 부분의 내용을 참고하라고 하고 있어, 본 연구에서는 '02 글의 설계 2. 논리는 생각의 고리이다 - 논리의 역할, 좋은 논증의 조건' 부분을 연구대상으로 살펴보았다. 참고로 이 교재는 2013년에 초판을 부분 개편한 개정판이 나와 있다. 하지만 기본적인 틀과 내용에 큰 변화는 없는 것으로 판단되어 개정판 이전의 것을 연구 대상으로 삼았다.

내용을 보면 문단과 문단을 연결해 주는 것이 논리이며, 글에 논리가 서 있을 때 그 의미가 효과적으로 읽는 이에게 전달될 수 있음을 설명하고 있다. 또한 논리의 역할이 일상생활 속의 대화, 논설문과 같은 글 그리고 문학 작품에서도 필요하다고 자세하게 기술하고 있다. 그리고 논리의 방법으로는 추론의 방법이 있고, 그중 귀납법과 연역법, 유비추론을 예로 들고 있다. 설명을 마친 후에는 연습문제를 제시하고 있다. 마지막은 좋은 논증의 조건 내용이며, 연습문제로 글쓰기 진술 방식 '논증하기'가 마무리 되고 있다.

교재에서 기술하고 있는 작은 목차 및 용어들을 간략하게 옮겨 보면 다음과 같다.

· 논리, 추론, 귀납법[62], 연역법[63], 유비추리, 좋은 논증의 조건[64]

이 교재에서 설명하고 제시하는 '논증하기' 내용은 다른 교재의 내용과

62) 구체적이고 특수한 사실들(경험)을 통해 보편적 원리를 추출해 내는 것으로, 과학사의 많은 발견은 귀납적 일반화의 과정을 거쳐서 이루어졌음을 설명하고 있다. 귀납법은 경험을 바탕으로 지식을 체계화하고 새로운 진리를 수립하는 추론 방법임을 추가 설명하고 있다.

63) 연역적 추론은 완전히 새로운 무엇인가를 이끌어낼 수는 없지만, 지식을 축적해 가며 세계를 이해하는 데 있어서 중요한 역할을 하고 있으며, 죽음이나 우주 등과 같이 경험적으로 쉽게 확인할 수 없는 세계를 설명하는 데 유용하고. 연역적 추론을 바탕으로 하는 글은 논리의 형식 상 신뢰할 만한 결론이 도출되기에 안정적이고 설득력이 있는 장점이 있다고 기술하고 있다.
귀납적 추리와 연역적 추리는 구체적 사례와 일반적 원리 사이를 오가면서 세계를 이해하고 체계화하는 방법으로 두 방법은 실제적으로는 상호 보완적으로 활용된다는 것을 강조하고 있다.

64) 좋은 논증의 조건을 간략하게 보이면 다음과 같다. 문단이나 글 전체를 구성할 때 다음의 다섯 가지 조건이 다 적용되고, 이것은 또한 논리적인 글을 읽고 평가하는 잣대가 된다고 기술하고 있다.
1) 수용 가능한 전제가 필요하다.
2) 전제와 결론은 연관되어야 한다.
3) 전제가 적절하고 충분해야 한다.
4) 기본 개념이 설정되어야 한다.
5) 예상되는 반론에 대비해야 한다.

별 차이가 없는 기본적인 내용으로 추론 방법과 좋은 논증의 조건이다. 내용은 별 차이가 없지만 그 수는 다른 교재에 비해 매우 간략하다. 하지만 설명할 대상들을 줄이면서, 선택한 내용들을 자세하게 설명하고 있어 학생들이 기본적인 논증하기 내용을 쉽게 이해할 수 있도록 만들었다. 좋은 논증의 조건에서는 잘못 추론된 명제들을 갖고 그것의 내용이 왜 잘못 추론된 내용인지와 어떤 내용이 더 추가되어야하는지 설명해 주고 있다. 실제 글쓰기에서 범할 수 있는 비논리적인 내용을 어떻게 수정할 수 있는지 모색해 보는 내용으로서 학생들에게 문제 해결 능력의 구체적인 방안을 제시하고 있다. 학생들에게 '논증하기' 방법이 글쓰기 과정에서 어떻게 활용되며, 어떤 방법으로 논리성을 확보할 수 있는지 제시해 주는 것은 글의 진술 방식 '논증하기' 부분에서 갖추어야할 내용이다. 이 교재는 연습문제를 소단원이 끝날 때마다 제시하면서 강의와 설명식으로 마칠 수 있는 글쓰기 수업을 실제 글쓰기 활동으로 연결하고 있다. 교재에서 제시하고 있는 글쓰기 활동(연습문제)은 글쓰기 교재에서 갖추어야할 내용 중에 한 부분을 차지한다.

(8) 강남대학교국어국문학과(정은임 외8)(2012), 『글쓰기와표현』, 채륜.

이 교재에서는 제1부 글쓰기의 기초 02. 표현과 진술 방법 4) 논증에서 글쓰기의 진술 방식 '논증하기'를 구성하고 있다(91～98쪽).

내용을 보면, 논증을 먼저 간단하게 정의하고, 논증의 목적을 설명하고 있다. 신문에 나온 칼럼을 예문으로 제시하여 학생들이 논증의 목적을 교수자가 아닌 제2의 목소리로 이해할 수 있도록 구성하였다. 그다음은 논증의 방법을 제시하고 있다. 대표적인 논증의 방법인 연역추론과 귀납추론만을 그림 도식과 예문 하나로 아주 간단하게 제시하고 있다. 끝부분에서는 논증의 과정에서 유의해야할 오류에 대한 설명만으로 앞부분에서 기술하고 있는 묘사, 서사, 설명 부분의 끝 부분 '과제 제시'와는 다르게 마치고 있다.[65]

교재에서 기술하고 있는 작은 목차 및 용어들을 간략하게 옮겨 보면 다음과 같다.

· 논증, 논증의 목적, 논증의 방법(연역적/귀납적 방법), 논증의 오류[66]

이 교재도 앞서 살펴본 이화여자대학교 글쓰기 교재와 마찬가지로 복잡할 수 있는 다양한 논증 방법들을 대표적인 방법 두 가지만 그림 도식과 하나의 예문을 통해서 매우 간단하게 제시하고 있다. 이 교재의 좋은 점은 전형적인 예문에서 벗어나 쉽게 접근할 수 있는 내용의 예문을 쓴 것이다.[67] 아쉬운 점은 논증 방법의 예문이 두 세 문장 수준으로만 제시되었다

65) 표현과 진술 방법에서 '묘사, 서사, 설명'에서는 '과제 제시'로 내용을 마치고 있는데, '논증' 부분에서는 '과제 제시'가 없이 끝을 맺고 있다.

66) 논증의 과정에서 유의해야 할 점은 오류를 피하는 것이고, 논증의 오류는 대부분 논리적 사고가 치밀하지 않거나 의도적으로 자신의 불리한 입장을 성급히 모면하고자 하는 데서 발생한다고 기술하고 있다.
교재에서 제시한 오류의 종류는 다음과 같다.
· 전건 부정의 오류, 후건 긍정의 오류, 성급한 일반화의 오류, 순환논증의 오류, 흑백사고의 오류, 논점 이탈의 오류, 대중에 호소하는 오류, 인신공격의 오류, 잘못된 유비 추론의 오류, 분할의 오류, 결합성의 오류, 인과관계로 인한 오류

67) 교재에서 제시한 연역 추론의 예를 보면 다음과 같다.
모든 사람은 꿈을 꾼다. → 대전제
영철이, 길동이, 하늘이는 사람이다. → 소전제
따라서 영철이, 길동이, 하늘이는 꿈을 꾼다. → 결론

는 것이다. 글쓰기 진술 방식 '논증하기'는 단순히 두 세 문장을 연결하는 수준에서 그쳐서는 안 된다. 대학교 글쓰기 교재로서 사고와 표현의 폭을 넓힌 최소한 단락과 단락 사이를 논리적으로 연결하는 예문의 제시가 필요하다.

(9) 정희모 외 7(2008), 『대학 글쓰기』, 도서출판 삼인.[68)]

제3부 학술적 글쓰기의 방법 08 논점 분석하기 논점 찾기, 대립하는 견해 분석하기, 논점 세우기 **09 논증하기** **논증의 과정, 논거 제시의 방법**

이 교재에서는 09 논증하기-논증의 과정, 논거 제시의 방법에서 '논증하기' 내용을 구성하고 있다(206～224쪽).

내용을 보면 논증하기란 무엇인가와 논증의 조건을 간단하게 기술하고 논증의 과정을 설명하고 있다. 논증의 과정에서는 주장이 하나의 문장으로 나타나야 하고, 그 주장의 근거가 제시되어야 하며, 근거들을 통해 주장을 입증할 수 있어야 한다고 한다. 논증 과정에서 유의해야 할 사항[69)]을 보여주고, 예문을 통해 논증의 과정을 설명하고 있다. 논거 제시의 방법으로는

---

68) 이 교재는 대학 신입생들을 위해 구성한 책으로서 연세대학교 문과대학 국어국문학과 교수들과 연세대학교 학부대학 글쓰기 교수들의 집필진으로 이루어진 교재이다.

69) 교재에서 제시하고 있는 논증 과정에서 유의해야 할 사항은 다음과 같다.
· 주장의 내용이 타당한지 점검한다.
· 주장을 감정적으로 내세우지 않는다.
· 장황하기 않게 주장을 진술한다.
· 논거는 정확하고 구체적이어야 한다.
· 논거는 수긍할 수 있는 것이어야 한다.
· 논증한 것 이상을 주장하지 않는다.

구체적인 사실과 확실한 근거를 보이는 실증, 예증, 반증, 추론을 들고 있다. 이러한 내용들은 긴 예문 하나를 제시하고 그것을 분석함으로써 설명을 시도하고 있다. 설명을 마치고는 두 세 문제의 연습문제를 제시함으로써 학생들에게 논증의 과정을 통한 글쓰기 문제해결 방안을 모색해 볼 수 있도록 하고 있다. 마지막 부분에는 본문에서 참고한 참고문헌을 보여주고 있다.

교재에서 기술하고 있는 작은 목차 및 용어들을 간략하게 옮겨 보면 다음과 같다.

· 논증, 논증의 과정, 논증 과정에서 유의해야 할 사항, 논거를 제시하는 방법(실증, 예증, 반증, 추론)[70]

이 교재는 다른 교재 '논증하기'에서 설명하고 제시한 개념 및 용어들을 사용하고 있지 않다. 예를 들면, 명제, 전제, 대표적인 추론의 방법인 귀납적 방법과 연역적 방법 등의 용어를 사용하고 있지 않다. 이 교재는 '논증하기'의 원리 즉 논증의 과정과 제시 방법을 논증 용어와 개념 설명으로 끝내는 경우와 달리 원리 적용의 예문과 연습문제로 구성하고 있다. 이러한 원리학습[71] 접근 방법은 대학 글쓰기 교재가 좀 더 발전적으로 변화할 수 있

---

70) 교재에서 정의한 실증, 예증, 반증, 추론을 보면 다음과 같다.
실증: 확실한 증거와 정확한 데이터를 제시하는 방법이다.
예증: 어떤 사실에 대해 시례를 들어 논증하는 것, 예증은 객관적인 데이터를 중시하는 실증과 달리 선택 가능한 사례를 제시하는 방법이다.
반증: 어떤 주장에 대하여 그것을 부정하는 증거를 드는 일, 또는 어떤 사실에 반대되는 증거를 제시함으로써 자신의 주장을 입증하는 것을 말한다.
추론: 구체적인 사실이나 확실한 근거를 제시하여 논증하기보다는 잘 알려지고 쉽게 인정할 수 있는 사례를 바탕으로 이후의 판단을 유추해 내는 논증의 과정이다. 학술적인 글쓰기에서 수행하는 논증은 많은 경우 이러한 추론 과정을 통해 이루어진다.

71) 원리학습은 원리를 내재화(內在化)하여 개인의 실제적 행동으로 나타나는 수준의 학습이다. 원리의 학습을 위해서는 ① 학습이 완성되었을 때 학습자가 보여야 할 행동의 형태를 알려주고, ② 이전에 학습된 것이면서 원리를 구성하는 개념의 재진술(再陳述)을

는 좋은 방식이라고 생각한다.

(10) 호서대학교 대학인의 글쓰기 편찬위원회(2010), 『대학인의 글쓰기』, 도서출판 이회.

이 교재에서는 제1장 글쓰기의 과정 4. 글의 진술과 표현 4.3. 논증과 설득에서와 제3장 논증적 글쓰기에서 '논증하기' 내용을 구성하고 있다(50~54, 100~121쪽).[72] 제1장 4.3. 논증과 설득에서 글쓰기의 전개 과정인 진

학습자에게 자극하고, ③ 학습자에게 개념을 적절한 순서로 조합할 수 있도록 언어적 진술을 하며, ④ 질문의 방식으로 학습자에게 원리의 구체적인 적용 예를 시범 보이도록 하며, ⑤ 학습이 끝난 후에는 원리를 언어적으로 진술해 보도록 하는 것이 권장된다.(출처: 서울대사범대학교 교육연구소(1995), 『교육학용어사전』, 하우출판사)

72) 이 교재에서는 논증하기를 제1장 4.3. 논증과 설득에서 간단하게 설명하고 제3장 논증적 글쓰기에서 자세하게 다루고 있다. 따라서 본 연구에서는 제3장 논증적 글쓰기도 연구 대상으로 살펴보았다.

술과 표현에 초점을 두고 기술하고 있고, 제3장 논증적 글쓰기에서 제목에서 볼 수 있듯이 논증적 글을 쓰는 전 과정을 기술하고 있다. 이 연구에서는 제1장 4.3. 논증과 설득과 제3장 1. 논증의 구조, 4. 논증하는 글쓰기만을 살펴보았다.[73)]

내용을 보면, '제1장 4.3. 논증과 설득'에서 글쓰기에는 일상적으로 자연스럽고 합리적인 논증적 사고가 필요하고, 논증은 주어진 조건이나 사실을 확인하는 일로부터 시작한다고 기술하고 있다. 그 예로 결론의 기초가 되는 판단이나 조건을 전제로 글의 전개 방법을 시도한 예문을 제시하고, 그 예문을 분석하면서 글쓰기에 논증을 실제 적용할 수 있도록 돕고 있다. 독자의 입장에서 글의 논리를 추론하는 방법으로 귀납 추론과 연역 추론이 있는데, 글을 쓰는 사람의 입장에서도 귀납적인 논리 전개와 연역적인 논리 전개 방법을 쓰는 것은 글쓰기의 좋은 방법이 된다고 설명하고 있다. 귀납법의 통계적 귀납 추론과 유비 추리를 제시하고 있다. 주어진 조건이나 추리 과정이 잘못되었을 때 오류가 발생하는데, 그 오류를 판단하는 것은 글을 쓰는 과정에서 중요한 활동이 될 수 있다고 한다. 하지만, 오류의 판단은 종합적인 사고의 틀에서 자연스럽게 이루어져야 한다고 강조한다.

제3장 논증적인 글쓰기 '1. 논증의 구조'에서는 논증의 구성 요소 전제와 결론을 설명하고 있다. 특히 논증에는 가정인지 결론인지를 암시하는 단어들이 있음을 기술하고 있다.[74)] 그리고 논증을 문제 해결을 위한 것으로 보

---

73) 2. 논증과 과제, 3. 과제 분석, 5. 자료와 논증 부분은 연구 대상에서 제외하였다. 왜냐하면, 이 부분의 내용들은 진술 방식인 논증하기에 초점을 둔 것이 아니라 '논증적 글쓰기'를 하는 전체적인 과정에서 고려해야할 과제 문제와 자료에 대한 내용이기 때문이다. 이러한 내용들은 진술 방식 '논증하기' 방법과 간접적인 관련은 있겠으나 직접적인 관련은 없다고 생각하였다. 따라서 이 연구에서는 제외하였다.

74) 전제 지시구에서 가정임을 암시하는 단어들은 "왜냐하면", "…라는 이유에서"가 있고 결론 지시구에서 결론임을 암시하는 단어들은 "그러므로"와 "따라서"가 있다고 기술하고 있다. 그러나 모든 논증이 이러한 전형적인 지시구를 갖추고 있을 필요는 없다고 추가 설명을 하고 있다.

고, 대부분의 논증은 어떤 주장과 그 근거로 전개된다고 기술하고 있다. 논증의 과정에서 반론을 통한 주장도 가능함을 설명하면서 반론이 있는 주장을 도식화하여 제시하고 있다.[75] 소단원이 끝날 때마다 활동문제를 제시하고 있다. '4. 논증하는 글쓰기'에서는 서론에 이어 정의 방법과 예시 방법 등을 통해 전개하고 결론을 짓는 과정을 간단하게 제시하고 있다. 그리고 귀납법에서 증거로 사용되는 사례의 원칙[76]과 잘못 적용한 오류(성급한 일반화, 태만한 귀납)에 대해 기술하고 있다. 연역법에서는 가장 일반적인 삼단논법을 제시하고 있다. 그리고 삼단논법에서 범할 수 있는 가장 대표적인 세 가지 오류를 보여준다.[77]

교재에서 기술하고 있는 작은 목차 및 용어들을 간략하게 옮겨 보면 다음과 같다.

· 논증, 설득, 전제, 귀납적 추론, 연역적 추론, 통계적 귀납 추론, 유비 추론, 연역적 논증(가설 연역법), 전제, 결론, 주장, 근거, 반론, 성급한 일반화, 태만한 귀납, 삼단논법(대전제, 소전제, 결론), 오류

이 교재의 내용은 다른 교재들의 내용과 크게 차이가 있지는 않다. 그런데 교재의 구성에서 다른 교재들과 차이가 있다. '논증하기'를 글의 진술 방법에서 '논증과 설득'에서 제시하고 또 다른 장에서 '논증적 글쓰기'라는 제목을 갖고 다르게 접근하고 있다. 글의 진술 방식 '논증하기'와 장르적 관점

---

75) 교재 105쪽에서 도식화하고 있는 그림을 간단하게 그 내용만 소개하면 다음과 같다. 최초의 주장(근거, 구체적 증거, 주장)-예상되는 반론(반론, 반론의 증거)-반론에 대한 논박(반박, 반박 증거)-결정적 단정(단정)

76) 교재 117쪽에 제시한 귀납적인 추론을 구성하는 원칙에는 다음이 있다.
첫째, 관찰 사례가 유사할수록 결론은 약화된다.
둘째, 관찰 사례가 서로 다른 것일수록 결론은 강화된다.
셋째, 결론의 범위가 좁을수록 개연성이 크고 넓을수록 개연성은 적다.

77) 교재에서는 삼단논법에서 범할 수 있는 가장 대표적인 세 가지 사례를 전건 부정의 오류, 후건 긍정의 오류, 불합리한 결론의 오류로 제시하고 있다.

에서 본 '논증적 글쓰기'는 차이가 있다. 따라서 이러한 구분과 구성이 교재에 반영된 것 같다. 하지만 이러한 구분과 구성은 그 내용이 반복되어 있어 효과적이라고 볼 수 없다. 특히 제3장의 교재 내용은 많은 것을 포함하고 있지만 그 연결성이 떨어지고, 그 내용이 글쓰기의 능력을 향상시킬 수 있는 실제 글쓰기의 적용과 활용부분의 내용이 아니라 논증적 글쓰기를 할 때 사용할 수 있는 논증 방법들의 개념 설명이라는 것이 가장 아쉽다.

2.2. '논증하기' 내용 구성의 나아갈 방향

2.1.에서 연구 대상인 대학 글쓰기 교재 10권의 '논증하기' 부분을 정리하였다. 2.2.에서는 2.1.에서 정리한 '논증하기'의 부분을 종합적으로 재정리하고, 재정리한 내용과 각각의 교재에서 나타난 문제점을 토대로 '논증하기' 내용 구성의 나아갈 방향을 간단하게 모색해 보고자 한다.

(1) 교재에 나타난 '논증하기'의 종합적 정리

2.1에서 살펴본 대학 글쓰기 교재에서 '논증하기' 부분에 나타난 개념 및 내용 요소들을 정리해 보면 다음과 같다.

· 논증의 정의(설득의 목적을 가짐)
· 논증의 요건(쟁점 · 갈등이 있는 상황을 갖고 있음)
· 논증의 구성 요소: 명제(결론), 논거, 추론
· 논박(반박)
· 명제의 구분: 사실명제, 가치명제, 정책명제
· 논거의 구분: 사실논거, 소견논거
· 추론의 형식: 연역적 추론, 귀납적 추론
· 연역적 추론의 전형적인 방법: 삼단논법(대전제, 소전제, 결론)
· 귀납적 추론의 방법: 일반화(통계를 통한 일반화)와 유추(유비적인 추리)

· 논증할 때 유의점(기본적인 태도와 문장의 내용 및 기술 문제)
· 오류의 종류(추론 과정에서 나타나는 형식적 오류, 비형식적 오류)
· 예문들(이론의 이해를 돕는 실제 문장, 단락, 한 편의 글)
· 연습문제(연구과제, 활동문제, 함께하기 등으로 나타남)
· 참고 문헌 제시

대학 글쓰기 교재에서 '논증하기' 구성 순서 및 내용은 위에 제시한 것이 거의 대부분의 내용이다. 각각의 교재들에서 나타난 '논증하기' 부분의 구성 순서와 내용들은 조금씩 차이가 있지만,[78] 위에 제시한 내용들에서 크게 벗어나지는 않는다.[79] 각각의 교재에서 나타난 '논증하기' 내용과 다른 교재들과의 차이점은 앞 선 2.1장에서 교재별로 각각 자세하게 정리하였으므로 여기서는 그 내용을 생략하고 위에서 정리한 내용들을 토대로 교재들에서 나타난 문제점을 정리해보고자 한다.[80]

대학 글쓰기 교재 '논증하기'의 문제점은 첫 번째 그 내용이 글쓰기의 직접적인 접근이 아닌, 사고력과 글쓰기 중간 단계의 내용들로 이루어졌다는 것이다. 예외적인 교재들도 있지만 대부분 '논증하기' 내용이 논리적 법칙과 그 방법 그리고 추론의 타당성 여부를 가릴 수 있는 오류에 치우쳤다. 물론 '논증하기'가 논리적 사고와 직접적인 관련이 있고 추론을 할 때 논리적 법칙이 중요하지만, 글쓰기 교재에서는 '논리적 법칙'에 치우친 개념과

78) 교재들에서 나타나는 차이로는 다양한 추론의 방법 유무, 오류의 다양성 유무, 예문의 분량 차이, 연습문제 유무, 연습문제의 답을 쓸 수 있는 여백의 유무, 참고문헌 제시 유무 등이 있다.

79) 다른 9권의 교재와 가장 큰 차이를 보이는 교재는 '정희모 외 7(2008), 『대학 글쓰기』, 도서출판 삼인.'이다. 다른 9권의 교재들에서 제시하고 있는 추론 방법인 연역 추론, 귀납 추론 등과 같은 용어들을 사용하지 않고, 논거를 제시하는 방법으로 실증, 예증, 반증, 추론의 방법이 설명, 기술되고 있다.

80) 이 연구의 목적은 각각의 교재에서 나타난 차이점을 고찰하는 것이 아니라 지금의 대학 글쓰기 교재에 나타난 '논증하기' 내용을 전반적으로 정리하고 그 내용을 토대로 앞으로 대학 글쓰기 교재에서 '논증하기'가 어떻게 구성되고 기술되어야 하는지를 모색해 보는 것이기 때문에 종합적 고찰이 필요하다.

과정 설명보다는 그러한 방법을 활용한 글쓰기 적용 사례 및 활용 부분의 접근이 더 필요하다.

둘째 '논증하기'에서 다루고 있는 용어 및 개념이 너무 많다. 많은 용어 및 개념들은 교재 전체 분량의 한계로 인해 '논리적 법칙'과 글쓰기의 연결 고리 부분을 놓치고 단순히 '논리적 법칙'만을 소개하고 알려주는 정도로 끝나게 한다. 종합적인 기본 교양으로서의 글쓰기 교재이기 때문에 많은 논리적 법칙을 설명 위주로 소개하는 것은 바람직한 모습이라고 볼 수 없다. 따라서 '논리적 법칙'은 간략하게 줄이고 그것을 활용하여, 실제 글쓰기 능력을 배양할 수 있는 실질적인 내용으로 바뀌어야 하겠다.

셋째 대학 글쓰기 교재들에서 대부분 추론 형식의 가장 기본이 되는 연역 추론과 귀납 추론의 방법만을 고수하고 있으며, 다양한 논거 제시 방법을 모색하고 있지 않다. 기존의 추론 형식이 기본이 되는 것은 사실이지만, 새로운 논거 제시 방법을 찾아보려는 노력은 앞으로 대학 글쓰기 교재에서 필요하다고 생각한다. 학생들에게 '논증하기' 방법이 글쓰기 과정에서 어떻게 활용되며, 어떤 방법으로 논리성을 확보할 수 있는지를 보다 다양하고 구체적으로 제시해 주는 것은 글의 진술 방식 '논증하기' 부분에서 갖추어야할 내용이다. 특히 '논리적 법칙'에 치우친 '논증하기' 내용에서는 새로운 논거 방법 모색이 시급하다. 대학들은 학생들의 논리력과 창의력을 키우기 위해 글쓰기 교육을 주목하고 교양 강좌의 외적 변화를 시도하고 있다. 그런데 정작 글쓰기 수업의 내용인 내적 변화가 이루어지지 않고 새로운 모습을 찾는데 인색하다면, 글쓰기 수업의 미래가 밝지만은 않을 것이다. 정희모 외 7(2008)에서처럼 논거 제시 방법을 기존의 교재들에서 보이는 연역 추론과 귀납 추론 방법에서 벗어나 실제적인 글쓰기에서 활용할 수 있는 '실증, 예증, 반증, 추론'의 내용으로 접근 시도한 것은 이 시점에서 바람직한 현상이라고 볼 수 있다.

넷째 '논증하기'에서 보여주는 예문에 관한 문제이다. 교재들에서 제시된 예문들이 '논리학'에서 다루는 전형적인 예에서 벗어나지 못하고 있으며, 그 분량 또한 문장 수준에서 끝나는 경우가 많다. 교재들 사이에서 제시한 예문들이 다른 교재에서 비슷하게 변형된 것도 있다.[81] 이러한 전형적인 예문들은 실제로 주장할 수 있는 '논증하기'에 대한 다양한 주제 접근을 보여주지 못하며, 실제 활용도도 떨어진다. 김명석 외 3(2012), 이만식 · 김용경(2007) 등에서처럼 예문의 내용들을 실생활에서 찾아볼 수 있는 쉬운 것에서부터 학문적으로 논할 수 있는 다양한 내용으로 변화시킬 필요가 있다.

교재들에서 제시한 예문의 길이도 문장 범위에서 벗어나 하나의 소주제문을 갖고 있는 한 단락 나아가 짧게 완성된 글 한편 정도로 길어져야 한다. 글쓰기 진술방식 '논증하기'는 문장 단위의 표현을 익히는 것이 아니라 논리적 생각의 흐름을 파악할 수 있는 글의 표현을 익히는 것으로써, '논증하기'에서 제시하는 예문의 길이는 최소한 다섯 문장 이상인 짧은 한 단락 이상이어야 한다.

다양한 내용을 표현한 예문과 생각의 흐름을 볼 수 있는 한 단락 또는 한 편 분량의 예문은 '논증하기'의 글쓰기에서 좋은 본보기가 될 수 있으며, 나아가 쓰기와 밀접하게 관련된 '읽기'의 효과도 얻을 수 있다. 이상호 · 이현지(2008)에서는 '논증하기'에서 텍스트를 어떻게 읽어나가야 하는지에 대해 자세하게 다루고 있다. 쓰기에 앞서 읽기가 매우 중요하며, 읽기가 많이 되어있어야 글쓰기 내용 생성에 도움을 줄 수 있는 것은 사실이지만, 글쓰기 교재에는 읽기보다는 쓰기에 초점을 둔 내용이 그 중심을 이루어야 한다. 따라서 글쓰기 교재에서는 읽기의 방법을 자세하게 다루는 것보다는 좋은 예문을 제시함으로써 읽기와 쓰기의 효과를 동시에 얻는 방법이 더

81) 삼단 논법의 전형적인 예 '모든 사람은 죽는다. 소크라테스는 사람이다. 그러므로 소크라테스는 죽는다.'의 예문은 많은 교재에 실려 있으며, 태아와 그 생명의 중요성을 다루는 예문은 두 세 교재에서 비슷하게 나타나고 있다.

효율적일 것이다.

다섯째 추론 과정에서 나타나는 오류 내용에 대한 문제이다. 오류 내용을 판단하는 일은 논리적인 글을 쓰기 위한 중요한 활동 중 하나이다. 오류 판단의 분석 활동은 종합적인 사고의 과정에서 나타나는 것으로 글쓰기를 할 때 자연스럽게 판단할 수 있는 능력을 갖추어야 한다. 따라서 '논증하기'에서 논리적 과정이 잘못된 글들을 예문으로 제시하며 정확하게 분석해 보는 것은 좋은 방법이며 내용이다.

그러나 현재 교재들에서는 오류 판단 및 분석을 논리적인 방법에서 제시하는 수준에 머물러 있다. 진술된 문장들이 단순히 오류인지 아닌지를 판단하고 보여주는 것은 글쓰기에 큰 도움을 주지 못한다. 이화여자대학교 교양국어 편찬위원회 엮음(2009)에서처럼 잘못 추론된 명제들을 갖고 그것의 내용이 왜 잘못 추론된 내용인지와 어떤 내용이 더 추가되어야하는지 자세하게 설명해 주는 것이 필요하다. 이러한 내용은 실제 글쓰기에서 범할 수 있는 비논리적인 내용을 어떻게 수정할 수 있는지 모색해 보는 과정으로서 문제 해결 능력의 구체적인 방안을 제시하는 바람직한 방향이다.

여섯째 마지막으로 연습문제(활동문제)에 관한 문제이다. 대학 글쓰기 교재에서 아직도 설명 위주의 강의형 수업을 유도하는 교재 내용이 많다. 특히 논리적 방법을 함께 제시하고 있는 '논증하기' 부분의 내용에서 더욱 그렇다. 교재 전체에 연습문제 항목이 없는 경우도 있지만, '논증하기'에서만 연습문제 항목이 없는 경우도 있었다.

학습한 원리를 적용해 볼 수 있는 연습문제가 없는 경우와 연습문제를 제시하고 있지만 형식적인 경우 모두 글쓰기 교재에서 문제가 된다. 왜냐하면, 글쓰기 수업은 학생들의 이해를 높이는 것에 목적이 있는 것이 아니라 글쓰기 능력 향상에 목적이 있기 때문이다. 따라서 글쓰기 진술방식 논증하기에서 글쓰기의 원리 설명과 더불어 그 원리를 적용해 볼 수 있는 연습문제가 반드시 필요하다.

기타로는 참고 문헌의 제시 여부 문제와 연습문제를 할 수 있는 여백의 공간 주기 문제이다. 몇 몇 교재들은 참고 문헌을 제시하고, 연습 문제 해결 및 글쓰기를 할 수 있는 여백을 주고 있다. 그러나 아직도 많은 교재들에서 참고 문헌을 제시하고 있지 않고, 글쓰기 여백을 주고 있지 않다. 교재는 학생들에게 글쓰기 능력을 향상시킬 수 있는 방법들을 최대한 활용한 교육적 가치가 있는 내용들과 방법들이 실려야 한다. 따라서 교재 본문에서 참고한 참고 문헌의 목록뿐만 아니라 본문을 이해하고 활용할 수 있는 참고 문헌이나 글을 제시해 주는 것도 바람직한 방향이며, 형식으로 치우칠 수 있는 연습문제를 직접 활용할 수 있도록 권장해주는 글쓰기 여백 주기도 좋은 방법이 될 것이다.

이상으로 대학 글쓰기 교재에 나타난 '논증하기' 내용의 종합적 정리와 문제점을 살펴보았다. 이러한 문제점 연구가 글쓰기 진술 방식 '논증하기' 내용 변화에 기본적인 자료로 보탬이 되길 바라며, 나아가 대학 글쓰기 교재 연구, 개발에도 이바지하길 바란다.

(2) '논증하기' 내용 구성의 나아갈 방향

대학 글쓰기 교재에서 '논증하기' 내용이 어떻게 구성되었으며, 그 내용들은 어떤 것들이 있는지 그리고 문제점은 무엇인지 앞에서 살펴보았다. '논증하기'의 문제점을 정리하면서 대학 글쓰기 교재에서 '논증하기'의 내용이 어떤 방향으로 해결되어야하는지에 대한 검토도 간단하게나마 하였다. 여기서는 앞선 내용들을 토대로 '논증하기' 내용의 형식적인 면과 내용적인 면이 나아갈 방향을 재정립하면서, 글쓰기 진술 방식 '논증하기' 내용 구성의 나아갈 방향을 다시 한 번 정리하고 모색해 보겠다.

대학 글쓰기 교재에서 '논증하기' 내용은 먼저 '논리적 법칙' 중심에서 글쓰기 중심으로 나아가야 한다. '논증하기'는 논리적 사고와 그 과정을 바탕으로 글쓰기가 이루어지는 것이 사실이다. 하지만 글쓰기 교재에서는 '논증하기' 내용이 생각하기 중심보다는 실제 글쓰기에 도움이 되는 직접적인 글쓰기 원리와 방법에 초점을 맞춰야 한다.

글쓰기 진술 방식 '논증하기'는 자신의 생각과 주장을 타인에게 정확하게 전달하는 것을 목적으로 한다. 따라서 논증하기를 하는 필자는 논증 방식을 통해 자신의 생각과 주장이 합리적일 수 있도록 만든다. 여러 가지 논증 방식을 활용하기 위해 '논리적 법칙'들이 필요하기는 한데, 현행 대학 글쓰기 교재에서 보여주는 소화하기도 어려울 정도의 많은 '논리적 법칙'들과 단순한 설명만으로는 글쓰기의 도움과 필요를 채워줄 수 없다.[82)]

따라서 많은 논리적 법칙들을 전체적인 글쓰기 진술 방식 '논증하기'의 맥락에 따라 기본적인 방법을 중심으로 간단하고 명료하게 재정리할 필요가 있으며, 이론과 실제의 단계별 연계성을 갖는 재구성이 필요하다.[83)] 위와 같은 새로운 내용 접근은 글쓰기 진술 방식 '논증하기'의 능력 향상을 위한 직접적이고 구체적인 글쓰기 방법들에 대해 더 많은 관심과 노력을 가질 때 비로소 가능할 것이다. 예를 들면 실제 글쓰기에 활용할 수 있는 구체적인 논증 모형 및 구조 또는 구성 요소를 제시하는 방법을 모색해 보는 것도 글쓰기 진술 방식 '논증하기' 내용 구성에 좋은 방향이 될 수 있을 것이다.[84)]

---

82) 교재 속에 실린 많은 '논리적 법칙'들은 글쓰기 진술 방식 '논증하기'를 강의하는 시간이나 기간 동안 많은 시간 할애를 필요로 한다. 따라서 정해진 시간이나 기간 동안 다 이해하고 사용하기는 어려움이 있다. 또한 이러한 이론과 개념적 설명은 실제 글쓰기 적용 시간과 활용 시간을 빼앗을 수 있다.

83) '논증하기' 내용 구성의 연계성은 수업을 진행하는 교수자나 학습을 하는 학생들에게 모두 도움을 줄 수 있다. 내용 구성의 연계는 곧 그 내용들을 순차적으로 제시할 수 있는 기본 방향을 정해줄 수 있기 때문에 수업을 진행하는 교수자들에게도, 이해하고 활용하는 학생들에게도 좋을 것이라 생각된다.

84) 이 연구에서 살펴본 교재들에서는 김명석 외 3(2012(개정판):132), 이상호 · 이현지

글쓰기에서는 글쓰기 방법과 글쓰기 훈련을 모두 할 수 있는 종합적인 교재가 필요하다. 이러한 기본적인 입장에서 글쓰기 훈련 부분을 강화할 수 있는 부분은 교재에 실린 예문들과 연습문제들이다. 따라서 글쓰기 진술 방식 '논증하기' 내용 구성에서는 실제적인 예문의 제시와 학생들 스스로 문제를 해결해 보는 연습문제가 필요하다. 예문은 새로운 개념이나 이론을 제시할 때마다 5~6문장 정도 되는 것을 보여주는 것이 좋고, 소단원이나 큰 단원이 끝날 때는 그것을 활용하고 직접 써 볼 수 있는 연습문제를 제시해 주는 것이 좋다.

이상으로 대학 글쓰기 교재를 통해 '논증하기' 구성 및 내용 부분을 정리하고, '논증하기' 내용 구성의 나아갈 방향을 간단하게 모색하였다. 이 연구는 교재에 나타난 글쓰기 진술 방식 '논증하기' 부분의 종합적인 고찰로서 앞으로 '논증하기' 내용 구성의 변화와 발전에 조금이나마 보탬이 될 수 있으리라 기대한다.

3. 맺음말

현재 대학 글쓰기 수업은 외적 변화에 비해 내적 변화가 많이 이루어지고 있지 않은 상황이다. 대학 글쓰기 수업이 예전 교양 국어에서 변화하면서 외적 변화가 먼저 이루어지기는 하였지만, 대학 글쓰기 수업을 이루는 외적인 환경과 내적인 환경이 함께 발맞추어 성장, 발전하지 못하면 글쓰기 수업의 목표를 달성하지 못하는 문제들이 발생하게 된다. 따라서 지금 우리는 대학 글쓰기의 외적 변화와 더불어 내적 변화에 관심을 가져야 하며,

(2008:56), 호서대학교 대학인의글쓰기편찬위원회(2010:105)에서 찾아볼 수 있다. 내용은 2.1. 교재에 나타난 논증하기 내용 정리 부분에서 찾아볼 수 있다. 논증의 모형과 구조는 스티븐E. 툴민 지음, 고현범 · 임건태 옮김(2006:157~176)과 조셉 윌리엄스 · 그레고리 콜럼 지음, 윤영삼 옮김(2008:73~79) 등에서도 참고할 수 있다.

그에 대한 지속적인 연구 태도도 지녀야 한다.

대학교에서 학생들은 새로운 사실들을 논리적으로 증명하고, 그것을 새로운 이론과 지식들로 창출하여 표현하며, 나아가 사회 공동체와도 원활하게 소통할 수 있는 능력을 키워야 한다. 대학 글쓰기 수업이 이와 같은 대학 교육의 기본적인 목표를 달성할 수 있도록 도와주어야 하는데, 글쓰기 수업의 다양한 내용 속에서도 글쓰기 진술 방식 '논증하기'가 그러한 역량을 키울 수 있도록 돕고 있다.

따라서 이 연구에서는 내적 변화의 중요성과 시급함을 깨닫고 그에 맞춰 대학 글쓰기 수업의 강의 내용과 밀접하게 관련이 있는 대학 글쓰기 교재에 초점을 두었으며, 특히 교재 속에 나타난 글쓰기 진술 방식 '논증하기'를 고찰하였다.

글쓰기 수업은 학생과 교수가 서로 상호작용을 활발히 하며 진행되어야 하고, 이를 효율적으로 뒷받침하고 활용할 수 있는 교재가 있어야 한다. 대학 글쓰기 수업 내용 중에 중요한 학습 내용으로 자리 잡은 '논증하기' 부분의 고찰을 통하여 앞으로 나아갈 방향을 정리해 보면 다음과 같다.

먼저 글쓰기 진술 방식 '논증하기'가 '논리적 법칙'에 치우치지 말고, 글쓰기 본연의 자리로 돌아와야 한다. 둘째, 강의형 수업을 유도하는 많은 이론과 설명을 피하고 참여형 수업을 진행할 수 있는 간략하면서도 실제 적용 가능한 원리가 필요하다. 셋째 이론과 글쓰기 적용 및 활용이 수반될 수 있는 예문과 연습 활동을 제공해야 한다. 예문들은 전형적인 예문과 실제적인 예문들이 조화를 이룰 수 있도록 구성하며, 예문의 길이는 읽기에 도움이 될 수 있는 한 단락 이상의 것이 좋다. 또한 연습 문제 제시 후 학생들이 직접 쓸 수 있는 빈 공간을 제공하는 방법도 연습문제 활용에 도움을 준다. 넷째, 기본적인 추론 방법과 더불어 추론 방식의 다양성에 대해 연구해야 하며, 객관적이고 공정한 논거를 충분하게 제시할 수 있는 방법을 모색해야 한다. 예를 들면, 실제 글쓰기에 활용할 수 있는 구체적인 논증 모형 및 구조 또는 구성 요소를 제시할 필요가 있다. 기타 각각의 내용들이 연결성을 갖고 구성되어야 하며, 교재에서 참고한 참고 문헌뿐만 아니라 학생들이 이해를 돕기 위해 찾을 수 있는 참고 문헌 제시도 필요하다.

이상으로 대학 글쓰기 교재 속에 나타난 '논증하기' 구성 및 내용을 고찰하였다. 이 연구는 대학 글쓰기 수업의 내적 변화를 가속화하는데 기본적인 자료로서 보탬을 줄 수 있으리라 본다. 이 연구를 통해 논증하기의 내용을 수정, 보완할 수 있으며, 나아가 대학 글쓰기 교재 구성에도 도움을 줄 수 있으리라 기대한다.

본 연구는 글쓰기 교재 속에 나타난 '논증하기' 구성 및 내용을 정리하는 것이 일차적 목적이었으므로 그 목적에 충실한 기본적인 자료가 된다. 짧게나마 '논증하기' 내용 구성의 나아갈 방향을 모색하였지만 많이 부족하다. 그러나 이 연구가 대학 글쓰기 과정에서 논증하기에 대한 관심을 높이는데 기여하길 바라며, 글쓰기 교재에서 '논증하기' 내용 구성의 구체적인 방법들을 모색해 보는 출발점으로 이바지하길 바란다.

참고문헌

강남대학교 국어국문학과(2012), 『글쓰기와표현』, 채륜, 91~98쪽.

경북대학교 글쓰기 편찬위원회(2004),『대학생을위한글쓰기』,경북대학교출판부.

고성환 · 이상진(2010), 『글쓰기』, 한국방송통신대학교출판부, 121~133쪽.

관동대학교 글쓰기 교재편찬위원회(2012),『대학인의 글쓰기』,도서출판 경진,108~118쪽.

구자황(2012), "대학 글쓰기 교재의 구성에 관한 일고찰", 『어문연구』74, 363~382쪽.

국어과교재편찬위원회 편(2002), 『말하기와 글쓰기』, 울산대학교출판부(UUP), 102~111쪽.

김명석 외(2012), 『글쓰기』(개정판), 성신여자대학교 출판부, 122~141쪽.

김병구(2009), "대학 글쓰기 교육과 계열별 글쓰기:논증적 글쓰기 교육에 대한 비판적 고찰", 『반교어문연구』27권, 반교어문학회, 5~29쪽.

김병길(2008), “대학 글쓰기 교재 개발 과정 연구”, 『작문연구 』제7권, 한국작문학회, 153~179쪽.

김승종(2003), “한국 대학 작문 교육의 실태와 발전 방향”, 『인간은 어떻게 말하고 쓰는가』, 월인, 7~34쪽.

김예원(2008), “논증적 글쓰기 지도 방법 연구 - 문제해결전략을 중심으로”, 한국외국어대학교 교육대학원 석사학위논문.

김현정(2012), “대학 "글쓰기" 교과 운영 현황과 개선 방안 연구”, 『우리어문연구』43, 177~201쪽.

나은미(2008), “대학에서의 글쓰기 교육 현황 분석: 과목 개설 현황 및 교재를 중심으로”, 『우리어문연구』 제32집, 우리어문학회, 7~34쪽.

박정하(2013), “대학 글쓰기 교육 이대로 좋은가”, 『사고와 표현』제6집 2호, 한국사고와표현학회, 7~33쪽.

서정미(2013), “대학 교양교육에서의 교양국어 교재 구성-학습자 요구 분석을 중심으로-”, 『한말연구』33, 한말연구학회, 165~186쪽.

성시형(1995), “대학 작문 교과서의 실태 분석과 개선 방안에 관한 연구”, 한양대학교 대학원 박사학위 논문.

소윤희(2013), “근거 생성 전략을 적용한 논증적 글쓰기 지도 방안 연구”, 한국교원대학교 교육대학원 석사학위논문.

신선경(2012), “지식 융합 시대의 대학 글쓰기 교육의 방향”, 『사고와 표현』 제5집 2호, 한국사고와표현학회, 41~65쪽.

옥현진(2013), “작문 영역의 교사 전문성 탐색”, 『작문연구』제18권, 한국작문학회, 297~326쪽.

울산대학교 국어국문학부 국어과 교재 편찬위원회(2002), 『말하기와 글쓰기』, 울산대학교 출판부, 102~111쪽.

원만희(2009), “대학 글쓰기 교육의 개선 방향과 방법에 관한 시론”, 『교양교육연구』 3-1, 한국교양교육학회, 105~118쪽.

이만식 · 김용경(2007), 『글쓰기와 말하기를 어떻게 할 것인가?』, 한올출판사, 216~266쪽.

이상호 · 이현지(2008), 『대학생을 위한 글쓰기』, 한국학술정보(주), 35~60쪽.

이순영 · 김주환(2013), “미래핵심역량과 대학작문교육”, 제31회 한국작문학회 학술대회 자료집, 한국작문학회, 73~82쪽.

이재승(2005), “작문 교육의 현황과 발전 과제”, 『작문연구』 제1호, 한국작문학회, 39~64쪽.

이정옥(2005), “대학 글쓰기 교육의 새로운 방향 모색”, 『작문연구』 제1호, 한국작문학회, 165~192쪽.

이주섭(2000), “대학작문 교재 구성의 양상”, 『한국어문교육』 9호, 한국교원대학교 한국어문교육연구소, 247~266쪽.

이화여자대학교 교양국어 편찬 위원회(2009), 『우리말과 글쓰기』, 이화여자대학교 출판부, 62~78쪽.
전은주(2005), "대학 작문 교재의 동향과 개선 방향", 『새국어교육』, 71호, 한국국어교육학회, 311~333쪽.
정선희(2008), "대학 글쓰기 교재 분석과 개선 방안", 『이화어문논집』26, 189~208쪽.
정희모 외 7(2008), 『대학 글쓰기』, 도서출판 삼인, 206~224쪽.
정희모(2005), "대학글쓰기 교육의 현황과 방향", 『작문연구』제1호 작문연구회, 111~136쪽.
허재영(2009), "대학 글쓰기 교육의 운영 방식과 교재 개발 실태", 『한말연구』25, 한말연구학회, 345~376쪽.
호서대학교 대학인의 글쓰기 편찬위원회(2010), 『대학인의 글쓰기』, 도서출판 이회, 50~54쪽, 100~121쪽.
스티븐E. 툴민 지음, 고현범 · 임건태 옮김(2006), 『논변의 사용』, 고려대학교 출판부.
조셉 윌리엄스 · 그레고리 콜럼 지음, 윤영삼 옮김(2008), 『논증의 탄생』, 홍문관.

글쓴이 소개 (논문 게재 순)

조오현 (건국대학교)
김연희 (대진대학교)
김병건 (춘천교육대학교)
최영미 (경동대학교)
한명숙 (안양대학교)
박동근 (건국대학교)
허원욱 (건국대학교)
윤혜영 (한라대학교)
정수현 (건국대학교)
안신혜 (용인송담대학교)
장숙영 (건국대학교)
조용준 (건국대학교)
최대희 (건국대학교)
김용경 (경동대학교)
김주연 (건국대학교)
박혜란 (건국대학교)
추육영 (중국 청도농업대학교)
이만식 (경동대학교)
서은아 (상명대학교)
김형주 (상명대학교)
윤재연 (건국대학교)
김준희 (가천대학교)
김유권 (대진대학교)
원흥연 (호서대학교)